DER KALTE KRIEG

W0375063

Jeremy Isaacs und Taylor Downing

DER KALTE

KRIEG

EINE ILLUSTRIERTE GESCHICHTE, 1945–1991

WILHELM HEYNE VERLAG
MÜNCHEN

HEYNE SACHBUCH
19/790

Aus dem Amerikanischen von
Markus Schurr
Heike Schlatterer
Norbert Juraschitz

Titel der Originalausgabe: Cold War. An Illustrated History, 1945–1991
Erschienen bei Little, Brown and Company, Boston

Umwelthinweis:
Dieses Buch wurde auf chlor- und säurefreiem Papier gedruckt.

Taschenbucherstausgabe 12/2001
Copyright © 1998 by Jeremy Isaacs Productions and Turner Original Productions
Copyright © 1999 der deutschsprachigen Ausgabe by Diana Verlag AG, München und Zürich
Wilhelm Heyne Verlag GmbH & Co. KG, München
http://www.heyne.de
Printed in Germany 2001
Umschlagillustration: Bildarchiv des Presse- und Informationsamtes der Bundesregierung (Bundesbildstelle), Berlin
Umschlaggestaltung: Hauptmann und Kampa Werbeagentur, CH-Zug
Satz: Leingärtner, Nabburg
Druck und Verarbeitung: Offizin Andersen Nexö, Leipzig

ISBN 3-453-19710-0

WAR
PEACE

Für alle Kampfgefährten

Inhalt

SECONDS
60
5
10
15
20
25
30
35
40
45
50
55

Vorwort

Dieses Buch erzählt die zentrale Geschichte unseres Jahrhunderts. Es richtet sich an Leser, die sich für Zeitgeschichte und für die Ereignisse interessieren, die die zweite Hälfte des 20. Jahrhunderts geprägt haben: die – militärische, wirtschaftliche, ideologische – Konfrontation der beiden großen Machtblöcke, der Vereinigten Staaten und der Sowjetunion, die unmittelbar nach dem Zweiten Weltkrieg begann und mit der Auflösung der Sowjetunion endete. Wann immer möglich, beginnt jedes Kapitel an dem Punkt, an dem das vorhergehende aufhörte; die Geschichte hat einen Anfang, einen Mittelteil und einen Schluß.

Die Vereinigten Staaten und die Sowjetunion waren die großen Protagonisten, aber nahezu jedes Land auf der Welt war in irgendeiner Weise in die Ereignisse verwickelt. Das Buch untersucht die Auswirkungen des Kalten Krieges auf die Kontinente, auf Asien, den Nahen Osten, Afrika, Nord- und Südamerika. Es schildert nicht nur die große geopolitische Auseinandersetzung, sondern die alltäglichen Veränderungen der sowjetischen und der amerikanischen Gesellschaft – oder das Ausbleiben von Veränderungen. Wir zeichnen nicht nur zentrale strategische Diskussionen nach, sondern erörtern auch ihre Folgen für das alltägliche Leben in Ost und West. Der Kalte Krieg war mehr als ein Rüstungswettlauf. Er betraf viele Aspekte des Lebens – Ideologie und Wissenschaft, Kultur und Sport.

Wir berichten von den großen Krisen – Berlin, Budapest, Havanna, Prag, Saigon –, die uns mehr als einmal an den Rand eines Atomkrieges gebracht haben. Jede Seite war in der Lage, die andere zu zerstören und alles Leben auf der Erde auszulöschen.

Dieses Buch entstand aus einer Fernsehserie, die ebenfalls den Titel *Der Kalte Krieg* trägt und von Ted Turner für CNN produziert wurde. Die Idee dazu hatte Ted Turner bei einem Aufenthalt in Sankt Petersburg im August 1994. Im November 1994 schlug Pat Mitchell, damals Präsident der Turner Original Productions, Jeremy Isaacs das Projekt vor. Isaacs sammelte ein Team aus Historikern, Journalisten und Dokumentarfilmern.

Allen, die an der Produktion der Fernsehserie mitgewirkt haben, verdankt das Buch mehr, als wir ausdrücken können. An erster Stelle danken wir Ted Turner, weil er nicht nur den Plan entwickelte, sondern darüber hinaus sicherstellte – was heute nicht selbstverständlich ist –, daß wir die nötigen finanziellen Mittel bekamen. Wir hoffen, wir sind seinem Anliegen gerecht geworden. Wir danken weiterhin Pat Mitchell, heute Präsident von CNN Productions, Time Inc. Television, für viele anregende Ratschläge. Ganz besonders herzlich danken wir Martin Smith, dem Produzenten der Serie, der mit Engagement und Professionalität das Projekt im vorgegebenen zeitlichen und finanziellen Rahmen durchgeführt hat.

Für die Fernsehserie wurden 500 Interviews mit Beteiligten und Zeitzeugen geführt, darunter Politiker wie Castro, Gorbatschow, Bush, Männer, die ihnen unterstanden, wie McNamara, Westmoreland, Kissinger und Schewardnadse, und ganz normale Männer und Frauen aus allen Kontinenten, die jene Zeit miterlebt und mit durchlitten haben. 8500 Filmbeiträge wurden aus Archiven in aller Welt zusammengestellt. Beim Aufspüren der Augenzeugen und des Archivmaterials spielte das Rechercheteam eine entscheidende Rolle.

Überaus wertvoll waren für uns die Hinweise und Anmerkungen der drei wichtigsten historischen Berater bei der Produktion der Serie: John Lewis Gaddis, Inhaber der Robert-Lovett-Professur für Militär- und Marinegeschichte an der Yale University in New Haven, Connecticut; Lawrence Freedman, der Leiter der Forschungsabteilung für Kriegsgeschichte am King's College in London, und Wladislaw Subok vom National Security Archive in Washington, DC. Sie haben jede Einstellung und jede Zeile des Drehbuchs zur Serie überprüft.

Von unschätzbarem Wert für unsere Arbeit waren die Veröffentlichungen des Woodrow Wilson International Center for Scholars in Washington, DC, die vom Cold War International History Project zuerst unter der Leitung von James G. Hershberg herausgegeben wurden und mittlerweile unter der Ägide von Christian Ostermann erscheinen. In dem Mitteilungsblatt werden in Übersetzung Dokumente von zentraler Wichtigkeit für die Geschichte des Kalten Krieges veröffentlicht, die inzwischen in Archiven im ehemaligen Ostblock zugänglich geworden sind.

Thomas Blanton, Wlad Subok und Bill Burr im National Security Archive haben uns aus ihrer riesigen Datensammlung mit einer Fülle von Fakten versorgt, die für uns überaus hilfreich waren, und darüber hinaus mit anregenden Kommentaren. Alexander Tschubarian vom Moskauer Institut für Universalgeschichte hat uns ebenfalls unterstützt.

Jerome Kuehl hat uns detaillierte kritische Anmerkungen (denen wir nicht immer folgten) geliefert und einiges zusätzliches Material beigesteuert, insbesondere einen Beitrag über die Literatur im Kalten Krieg. Philip French, angesehener Filmkritiker des Londoner *Observer*, hat einen Beitrag über die Filmproduktion im Kalten Krieg verfaßt. Beiden danken wir. Und wir danken Isobel Hinshelwood, die mit einzigartiger Gründlichkeit immer wieder Fakten überprüft hat.

JEREMY ISACCS
TAYLOR DOWNING
London, April 1998

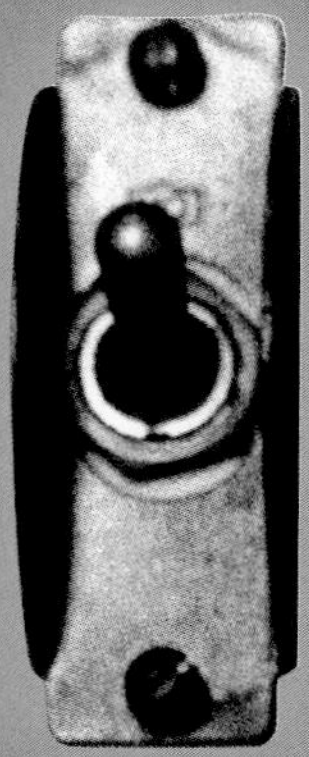

Torgau, 1945

Waffenbrüder. Die sowjetischen Soldaten hatten sich westwärts in Hitlers Reich vorgekämpft, die Amerikaner und die übrigen Alliierten ostwärts. Am 25. April 1945 trafen bei Torgau an der Elbe amerikanische und russische Soldaten aufeinander. Für die Kameras wiederholten sie die Begegnung noch einmal.

Waffenbrüder

1917–1945

6. Juni 1944. Alliierte Truppen landen in der Normandie und eröffnen die langersehnte zweite Front in Europa, wo die Russen seit 1941 einen einsamen Kampf gegen die deutsche Wehrmacht führten. Zwei Drittel aller deutschen Soldaten waren an der Ostfront im Einsatz.

April 1945

Drei Jahre lang war die Rote Armee in erbitterten Kämpfen unaufhaltsam nach Westen vorgerückt. Die Sowjets hatten sich rund 2500 Kilometer von Stalingrad nach Berlin durchgekämpft und waren nun zum letzten Angriff bereit. Von den Stränden der Normandie marschierten amerikanische und britische Truppenverbände durch Europa und erreichten im selben Monat das Herz von Hitlers Reich. Das Ende des Krieges in Europa stand bevor.

Die Wehrmacht zerfiel buchstäblich. Die meisten deutschen Soldaten wollten sich lieber den Amerikanern ergeben als den Russen – sie fürchteten, die Russen würden Rache nehmen für die deutschen Greueltaten in der Sowjetunion. Auch die deutschen Zivilisten begrüßten die Amerikaner. Die Männer der 69. Infanteriedivision der amerikanischen 1. Armee hatten bei ihrem Eilmarsch durch Mitteldeutschland in sieben Tagen fast 300 Kilometer zurückgelegt. Als sie rund 25 Kilometer östlich von Leipzig die Mulde erreichten, machten sie halt und warteten auf weitere Befehle. Alle fragten sich: »Wo sind die Russen?«

Am 25. April wurden amerikanische Patrouillen vorausgeschickt, um das Gelände bis zur Elbe zu erkunden. Diese kampferprobten Männer scheuten das Risiko; sie waren so weit gekommen und wollten nur noch den Krieg überleben. Etwa um 11.30 Uhr nahm eine Patrouille in der Nähe von Strehla an der Elbe Fühlung mit Einheiten der Roten Armee auf. Sie schossen grüne Leuchtkugeln ab und signalisierten damit den Russen, daß sie »Freunde« waren, dann überquerten sie auf einer Pontonbrücke den Fluß. Am anderen Ufer fielen sich die Soldaten beider Heere in die Arme. Mit Wodka tranken sie zuerst auf Stalins Wohl, dann auf Trumans und zuletzt auf Churchills Wohl. Irgend jemand zauberte eine Ziehharmonika hervor und begann zu spielen. Unter den russischen Soldaten waren auch Frauen, einfache Soldaten und Offiziere, sie tanzten mit den Amerikanern. Amerikaner und Russen schworen einen feierlichen Eid: Sie wollten alles in ihrer Macht Stehende tun, um Frieden und Freundschaft zwischen ihren beiden Staaten zu bewahren und zu fördern. Wer von ihnen hätte gedacht, daß ihre beiden Länder sich in den folgenden 50 Jahren über die Gräben des Kalten Krieges hinweg haßerfüllt anstarren würden?

Sie benutzten immer noch Panjewagen, zerstückelte Kavallerie, ihre Geschütze wurden von Pferden gezogen … Wir fragten uns, wie sie mit so primitiven Waffen gegen die Deutschen etwas ausrichten konnten … Die Soldaten ritten auf Pferden. Es war, als würde das Mittelalter auf die amerikanische Zeit treffen.

Soldat James Kane
beim Zusammentreffen mit den Russen an der Elbe, April 1945

Der Niedergang der Zarenherrschaft

Das asiatische Rußland reicht bis an den Pazifik und die Beringstraße. Jenseits der Meerenge entdeckte 1741 eine russische Expedition das rund 60 Kilometer entfernte Alaska. Als die amerikanischen Pioniere auf ihrem unaufhaltsamen Vormarsch nach Westen Kalifornien erreichten, stießen sie bei Fort Ross auf Russen – keine 100 Kilometer nördlich von San Francisco. Im Jahr 1867 gelang es Außenminister William Seward, dem russischen Zaren Alaska abzukaufen. Nichts störte damals die Beziehungen zwischen den beiden mächtigen Nachbarn.

Nach drei Jahren anhaltender Anstrengungen im Ersten Weltkrieg erhob sich das russische Volk im März 1917 gegen die despotische Zarenherrschaft und zwang Zar Nikolaus II. abzudanken. In ganz Rußland brachen soziale Unruhen aus. Eine wachsende Gruppe radikalsozialistischer Revolutionäre, die Bolschewiken, machte sich schon seit Jahren die Unzufriedenheit der Arbeiter und Bauern zunutze. Ihr Anführer Wladimir Iljitsch Lenin, ein brillanter Theoretiker und Stratege, lenkte während seiner zeitweiligen Verbannung die Revolutionäre mit flammenden Schriften aus dem Exil. Am Abend des 6. November – nach dem alten Kalender am 24. Oktober, daher der Name Oktoberrevolution – brachte eine Handvoll Bolschewiken den Winterpalast, den Sitz der Provisorischen Regierung, in ihre Gewalt und übernahm die Macht. Lenin und andere waren überzeugt, daß die Geschichte auf ihrer Seite stand, daß der Kapitalismus am Rande des Zusammenbruchs wankte und daß der Übergang zur Weltrevolution nur eine Frage der Zeit war.

Nur wenige glaubten damals, daß die Regierung der Bolschewiken sich halten würde: Immerhin mußte sie die gleichen sozialen, wirtschaftlichen und politischen Probleme bewältigen, vor denen ihre Vorgänger gestanden hatten. Damit sich die revolutionäre Regierung ganz den inneren Problemen widmen konnte, stellte sie Ende November die Kriegshandlungen ein und unterzeichnete im März 1918 einen Friedensvertrag mit Deutschland, obwohl sie harte Bedingungen und einen erheblichen Gebietsverlust hinnehmen mußte. Die Bauern bekamen Land, privater Handel wurde untersagt, die gesamte Industrie verstaatlicht. Ein zentraler Rat für die Planung der Volkswirtschaft wurde eingerichtet, eine Geheimpolizei gegründet, die Tscheka, die dem neuen Regime die uneingeschränkte Gefolgschaft sichern sollte. Lenins Regierung erwies sich als ebenso autoritär wie das Zarenregime. Aus Protest gegen die Maßnahmen der Regierung erhoben sich mehrere nationalistische und konterrevolutionäre Gruppierungen, die sogenannten »Weißen«, gegen die Bolschewiken, die unter der Führung Leo Trotzkis die »Rote« Armee aufstellten. Zwischen Weißen und Roten entflammte ein erbitterter Bürgerkrieg.

Die Westmächte verfolgten mit Bestürzung die Revolution der Bolschewiken. Sozialistische Ideen waren zwar seit Jahrzehnten in Umlauf, aber Rußland war der erste Staat, in dem eine Umsetzung der marxistischen Lehre versucht wurde. Deshalb fühlten sich die Alliierten verpflichtet zu intervenieren. 14 000 britische Soldaten wurden zur Unterstützung der antibolschewistischen Truppen nach Nordrußland entsandt, französische, japanische, kanadische und amerikanische Soldaten griffen in die Kämpfe ein. Die polnische Armee marschierte in die Ukraine ein und besetzte Kiew. Der damalige britische Kriegsminister Churchill regte an, das unterlegene Deutschland wieder aufzubauen, um gemeinsam den Kommunismus zu bekämpfen. Er faßte seinen politischen Kurs in dem Satz zusammen: »Tod den Bolschewisten. Hoch die Hunnen.«

Doch die Intervention der Alliierten konnte die Bolschewiken nicht aufhalten. Bauern und Arbeiter sammelten sich hinter dem roten Banner, um die fremden Eindringlinge hinauszuwerfen und die in der Revolution versprochenen Ziele Frieden, Land und Brot einzufordern. Nach dem Bürgerkrieg in Rußland festigte sich das bolschewistische Regime. Die Partei der Bolschewiken nannte sich seit 1918 Kommunistische Partei Rußlands, später der Sowjetunion (KPdSU). Die Union der Sozialistischen Sowjetrepubliken (UdSSR) erhielt 1924 ihre erste Verfassung.

Präsident Woodrow Wilson und die Vereinigten Staaten boten der Welt eine Alternative zum Kommunismus an. Zunächst hatte Wilson die Vereinigten Staaten in dem Weltkrieg, der die Staaten Europas seit 1914 entzweite, offiziell neutral gehalten, aber im April 1917 erklärte er vor dem Kongreß, daß »die Welt sicher für die Demokratie« gemacht werden müsse, und führte die Vereinigten Staaten an der Seite der Briten, Franzosen und damals auch der Russen in den

Der Bahnhof von Tiflis, Januar 1920. Unter den Menschen, die vor dem Vormarsch der Bolschewiken fliehen, sind auch Soldaten der russischen »weißen« Konterrevolutionäre.

Lenin

Lenin wurde 1870 als Wladimir Iljitsch Uljanow in Simbirsk geboren, einer Provinzstadt an der Wolga. Sein Vater war Lehrer und Schulinspektor des Gouvernements. Lenin wurde bereits in seinem ersten Jahr an der Universität Kasan vom Studium ausgeschlossen, weil er an einer Demonstration radikaler Gruppen teilgenommen hatte. Er konnte aber später als externer Student sein Examen an der Juristischen Fakultät der Universität Sankt Petersburg ablegen.

Mit 19 Jahren entdeckte Lenin die Werke von Karl Marx, für ihn der Schlüssel zu Rußlands künftiger Entwicklung. Doch sollte das Land direkt vom Feudalismus zum Kommunismus übergehen, ohne ein kapitalistisches Stadium zu durchlaufen, wie Marx es vorhergesagt hatte. Entschlossene Revolutionäre würden für diese Abkürzung sorgen.

Der Erste Weltkrieg ermöglichte ihm die Probe aufs Exempel. Nach dem Zusammenbruch der russischen Zarenherrschaft war ein Staatsstreich der Bolschewiken in greifbare Nähe gerückt. Lenin übernahm persönlich die Kontrolle über die Revolution und wurde Chef der neuen Regierung.

Lenin prägte die Gestalt der neuen Union der Sozialistischen Sowjetrepubliken. Sozialistische Grundsätze sollten sicherstellen, daß es unter der strengen Führung der Bolschewiken eine angemessene Bildung, freie Gesundheitsversorgung, gemeinschaftlichen Landbesitz und Gerechtigkeit für alle geben würde. In der Praxis aber brachte die »Diktatur des Proletariats« ein intolerantes, monolithisches Einparteisystem und einen politisch motivierten Terror hervor, der den Terror der Zarenherrschaft weit übertraf.

Nach mehreren Schlaganfällen starb Lenin 1924 im Alter von 53 Jahren.

Amerikanische Soldaten marschieren 1920 in Wladiwostok ein. Die Westmächte befürchteten, der Bolschewismus könnte sich über Rußlands Grenzen hinaus ausbreiten, und versuchten den neuen kommunistischen Staat gleich bei seiner Geburt zu zerschlagen. Sie scheiterten.

Krieg. Nach der deutschen Niederlage legte er bei der Friedenskonferenz in Versailles seine Vierzehn Punkte vor, einen Plan, wie die Ursachen von Ungerechtigkeiten beseitigt und der Krieg ein für allemal geächtet werden sollte. Seine erklärten Ziele waren die Selbstbestimmung der Völker, offene Märkte und kollektive Sicherheit. Der freie Handel war die Garantie für nationalen Wohlstand und die Freiheit des einzelnen; ein Völkerbund sollte gegründet werden, der politische Unabhängigkeit und territoriale Integrität garantieren würde. Wilson wollte liberale amerikanische Werte ins Zentrum der Weltpolitik stellen.

Das weitere Jahrhundert war geprägt von der Rivalität der beiden gegensätzlichen Ideologien: Lenins Staatskommunismus auf der einen Seite, Wilsons liberaler Kapitalismus freien Unternehmertums auf der anderen Seite. Doch die beiden Staaten zogen sich nach dem Ersten Weltkrieg praktisch aus Europa zurück. Der amerikanische Senat, beherrscht vom Isolationismus, ratifizierte weder den Versailler Friedensvertrag noch die Satzung des Völkerbundes. Im Jahr 1920 wurde Warren G. Harding in einem erdrutschartigen Sieg zum amerikanischen Präsidenten gewählt, er war mit dem Wahlspruch »Rückkehr zur Normalität« angetreten. Washington überließ die Europäer sich selbst. Lenin und sein Nachfolger widmeten sich unterdessen ganz der Festigung ihrer Kontrolle über das Leben im Sowjetstaat.

Der Mann aus Stahl

In der Sowjetunion folgten auf Lenins Tod (1924) jahrelange Machtkämpfe. Am Ende ging daraus Stalin, der »Mann aus Stahl«, siegreich als Lenins Nachfolger hervor. Er gab das Konzept der Weltrevolution zwar nicht völlig auf, legte aber Nachdruck auf den Aufbau des »Sozialismus in einem Land«.

Stalin

Der Mann, der nach Lenins Tod zum obersten Sowjetführer aufrückte, war 1879 als Sohn eines armen Schuhmachers im Dorf Gori im Kaukasus zur Welt gekommen. Jossif Wissarionowitsch Dschugaschwilis Mutter hatte gehofft, ihr Sohn würde Priester werden, doch seine Ausbildung endete mit dem Ausschluß aus dem orthodoxen Priesterseminar im nahe gelegenen Tiflis. Insgeheim war er für die Bolschewiken als Agitator tätig. Mehrfach wurde er verhaftet und nach Sibirien verbannt, entkam aber immer wieder. 1912 gab er sich den Namen Stalin; im selben Jahr nahm Lenin ihn in das Zentralkomitee auf. Bei der Oktoberrevolution 1917 spielte er eine untergeordnete Rolle. Doch dank seines Organisationstalents und seines guten Gedächtnisses war er bald unentbehrlich für die Partei. 1922 wurde er zum Generalsekretär der KP ernannt. Lenin warnte in seinem Testament vor Stalin. Doch nach Lenins Tod konnte Stalin seine Stellung behaupten und seine Konkurrenten ausschalten. Er blieb für den Rest seines Lebens Generalsekretär.

Stalin setzte in seiner alles beherrschenden Stellung in der UdSSR die zwangsweise Industrialisierung und die Kollektivierung der Landwirtschaft durch. Die Wirtschaft wuchs daraufhin mit erstaunlichem Tempo. Doch Anfang der dreißiger Jahre kam es in der Ukraine zu einer entsetzlichen Hungerkatastrophe.Stalins Verfolgungswahn und seine Entschlossenheit, rücksichtslos alle potentiellen Feinde zu vernichten, lösten die großen Säuberungen der dreißiger Jahre aus, in deren Verlauf Millionen Menschen starben und weitere Millionen in Arbeitslagern verschwanden.

Stalin lenkte persönlich den sowjetischen Kampf gegen Nazideutschland im Zweiten Weltkrieg. Zwanzig Millionen Russen verloren im Krieg ihr Leben, dennoch ging der Staat als eine Supermacht daraus hervor.

In etwas mehr als zehn Jahren schmiedete Stalin aus einem Land, das sich auf eine ländliche, bäuerliche Wirtschaft stützte, eine fortschrittliche Industrienation. Die Produktion wurde verdoppelt. In der ganzen Sowjetunion entstanden neue Städte, vor allem in den rohstoffreichen Weiten östlich des Urals. Allerdings forderten die enormen Leistungen in einer so kurzen Zeit einen hohen Preis: Die totale staatliche Kontrolle bedeutete den Verlust sämtlicher regionaler und nationaler Rechte, eine bürokratische Diktatur verlangte vollständigen und bedingungslosen Gehorsam. Das Leid nahm unvorstellbare Ausmaße an.

Für die Außenwelt war die Sowjetunion ein Buch mit sieben Siegeln, doch die Ideale, die sie verkündete, gewannen Anhänger auch bei Menschen im Westen, die Ungleichheit und Ungerechtigkeit in ihren Gesellschaften kritisierten. Sie wußten nichts von der brutalen Ermordung von Millionen Bauern, die sich der Kollektivierung widersetzt hatten, und nichts von den Folgen der schrecklichen Hungersnot Anfang der dreißiger Jahre. Sie glaubten, der Kommunismus sei ein gerechtes System und werde sich in der ganzen Welt durchsetzen.

1929 brachen an der Wall Street die Aktienkurse ein, und durch den Börsenkrach gerieten die westlichen, kapitalistischen Wirtschaftssysteme in eine schwere Krise, die Weltwirtschaftskrise. Zahllose Fabriken mußten schließen, weil niemand ihre Produkte kaufen konnte. Die Arbeitslosenzahlen stiegen in den Vereinigten Staaten sprunghaft von drei auf zwölf Millionen an, in Deutschland von zwei auf sechs Millionen. Der zwischenstaatliche Handel kam praktisch zum Erliegen, die Löhne fielen, die Kluft zwischen Arm und Reich vergrößerte sich zusehends. Allerorten bildeten sich Schlangen vor den Lebensmittelläden. Die Linken

UNTEN RECHTS: *Der neue Sowjetstaat beschlagnahmte die Bauernhöfe der Kulaken, der reichen Bauern, die eigenes Land besaßen, und übergab ihren Besitz an die Kollektive. Auf dem Bild sind Kulaken zu sehen, die ihr Dorf verlassen müssen.*

glaubten, der Kapitalismus sei nun am Ende, wie die Sowjets vorhergesagt hatten.

In den Vereinigten Staaten verkündete Franklin Delano Roosevelt, der 1932 neu gewählte Präsident, einen »New Deal für das amerikanische Volk«. Höhere Staatsausgaben, Hilfsprogramme für die Landwirtschaft und die Industrie sowie Maßnahmen zur Beseitigung der Armut trugen dazu bei, daß sich die amerikanische Volkswirtschaft langsam wieder erholte.

1932 wurde Franklin D. Roosevelt (OBEN RECHTS) *erstmals gewählt, drei weitere Amtszeiten folgten. Er gab den in der Weltwirtschaftskrise verarmten Amerikanern neue Hoffnung und neues Vertrauen.* OBEN: *Die Menschen stehen für staatliche Hilfsleistungen an. Nicht alle genossen den »höchsten Lebensstandard der Welt«.*

Roosevelt überdachte die amerikanische Haltung zur Sowjetunion, und im Jahr 1933 boten die Vereinigten Staaten als letzte Großmacht der UdSSR die diplomatische Anerkennung an. Der aufstrebende junge Diplomat George F. Kennan war einer der ersten Regierungsbeamten, die in die neue US-Botschaft in Moskau geschickt wurden. Die Sowjetunion erschien ihm als »unserem traditionellen System unversöhnlich entgegengesetzt«. Er wog die ideologischen Gegensätze ab und kam zu dem Schluß: »Zwischen den beiden kann es keinen neutralen Standpunkt oder Kompromiß geben ... Die beiden Systeme können nicht einmal gemeinsam in derselben Welt existieren, wenn nicht ein wirtschaftlicher Schutzwall um das eine oder andere errichtet wird.«

Im Jahr 1936 inszenierte Stalin eine Reihe von Schauprozessen gegen alte Bolschewiken. Sie wurden gezwungen, sich selbst zu beschuldigen und ungeheuerliche Verbrechen zu gestehen. In einer großen Säuberung wurden zwei Drittel der kommunistischen Parteiführer erschossen oder verhaftet. Der Terror erfaßte 1937 beinahe jeden Lebensbereich. Künstler und Schriftsteller, Wissenschaftler und Ärzte wurden hingerichtet oder ins Gefängnis geworfen. Die höchsten Generäle der Armee fielen der Säuberung zum Opfer, ein Drittel des Offizierkorps wurde verhaftet, Millionen einfacher Bauern und Arbeiter galten auf einmal als »Volksfeinde«. George Kennan dachte einmal bei sich, als er aus dem Fenster seines Dienstzimmers über den Roten Platz blickte, daß er auf »einen der blutigsten Plätze der Welt« hinausschaue. Stalin schickte in den dreißiger Jahren zwischen 17 und 22 Millionen seiner eigenen Landsleute in den Tod, jene mitgerechnet, die in den Arbeitslagern in Sibirien am Hunger oder an Mißhandlungen starben – fast dreimal so viele Opfer wie in Hitlers Holocaust.

Ein neuer Kanzler, ein neues Bündnis

Die Weltwirtschaftskrise brachte die liberalen Demokratien in Westeuropa sehr in Bedrängnis. In Großbritannien wurde eine nationale Koalition gebil-

det in der Hoffnung, sie könne mit den Folgen der Krise fertig werden. In Frankreich kam es zu zahlreichen Streiks und Demonstrationen. In Deutschland stieg die Zahl der Arbeitslosen auf sechs Millionen. Die schwierige Lage polarisierte die politischen Kräfte. Das zerbrechliche Gebilde der Weimarer Republik geriet völlig aus den Fugen. Deutschland mußte die aufgezwungenen Bedingungen des Versailler Vertrags erfüllen, der dem bankrotten Land unter anderem riesige Reparationszahlungen aufbürdete. Die parlamentarischen Regierungen wurden der Krise nicht Herr. Im Januar 1933 wurde schließlich Adolf Hitler, der Führer der Nationalsozialistischen Deutschen Arbeiterpartei (NSDAP), der größten Fraktion im Reichstag, zum Kanzler ernannt. Hitler gelobte feierlich, den internationalen Kommunismus zu zerschlagen und dem deutschen Volk im Osten Lebensraum zu verschaffen – insbesondere in den Gebieten, die Deutschland nach den Bestimmungen des Versailler Vertrags an Polen abgetreten hatte. Er predigte einen kruden antisemitischen Rassismus: Das Weltjudentum sei an allem schuld. Der neue Kanzler löste die Parteien auf und ließ die Führer der Kommunisten verhaften. Hitlers Drittes Reich gründete wie Stalins Sowjetreich auf einer ausgeklügelten Terrorherrschaft.

LINKS: *Adolf Hitler im Jahr 1933, dem Jahr, in dem er Reichskanzler wurde. Der erklärte Kommunistenfeind Hitler schockierte im August 1939 die Welt durch einen Nichtangriffspakt mit Stalin.*
OBEN: *Der britische Karikaturist David Low zeigt die beiden Diktatoren bei ihrem Treffen über dem Leichnam Polens, das sie im September 1939 unter sich aufteilten. (Hitler zu Stalin: »Der Abschaum der Menschheit, wie ich annehme?« Stalin zu Hitler: »Der blutige Henker der Arbeiterklasse, wie ich vermute?«)*

Hitler stellte die Militärmacht Deutschlands wieder her, weil er Rache nehmen wollte für die Demütigung durch den Versailler Vertrag, weil er Osteuropa kolonisieren und den Weltkommunismus vernichten wollte. Briten und Franzosen ließen Hitler gewähren, statt sich ihm entgegenzustellen. Tatenlos sahen sie zu, wie er das Rheinland wieder besetzte, das nach den Bestimmungen des Versailler Vertrags entmilitarisiert worden war, und wie er sich zunächst Österreich und dann die Tschechoslowakei einverleibte. Im Sommer 1939 kündigte sich durch Hitlers Forderungen an Polen eine neue Krise an. Die inzwischen gewarnten Regierungen Großbritanniens und Frankreichs bezogen nun eindeutig Stellung und unterzeichneten einen Bündnisvertrag mit Polen.

Der Vormarsch der deutschen Soldaten in der Sowjetunion im Sommer 1941 schien unaufhaltsam. Die Rote Armee war unvorbereitet und wurde überrannt. Aber Rußlands Männer und Frauen gaben nicht auf, hielten stand und errangen am Ende einen triumphalen Sieg an der Ostfront.

Doch es war bereits zu spät. Im August 1939 verkündeten die ideologischen Widersacher, das nationalsozialistische Deutschland und das kommunistische Rußland, einen Nichtangriffspakt – zum Erstauenen der ganzen Welt. In einer geheimen Zusatzvereinbarung teilten Stalin und Hitler Polen unter sich auf. Nachdem Hitler auf diese Weise seine Ostflanke gesichert hatte, fielen seine Soldaten wenige Tage später, am 1. September 1939, in Polen ein. Großbritannien und Frankreich hielten sich an ihren Vertrag mit Polen und erklärten Deutschland den Krieg. Am 17. September ließ Stalin die Rote Armee in Polen einrücken. Die Polen kapitulierten zwei Wochen später. Hitlerdeutschland und die Sowjetunion teilten das Land unter sich auf, Polen verschwand von der Landkarte, damit aber auch der Pufferstaat zwischen der Sowjetunion und Deutschland.

Zunächst hielt Roosevelt die Vereinigten Staaten aus dem Krieg heraus. Aber als Hitler Frankreich besetzte, stellte Roosevelt sich fest an die Seite des neuen britischen Premierministers Winston Churchill. Die Vereinigten Staaten finanzierten fortan die britischen Kriegsanstrengungen, unterdessen bereiteten sich die Briten auf die erwartete Invasion vor. Doch die Invasion blieb aus. Statt dessen wandten sich Hitlers Soldaten am 22. Juni 1941 nach Osten und marschierten in die Sowjetunion ein. Das Unternehmen »Barbarossa« sollte das Gesicht der Welt verändern und aus Feinden Bündnispartner machen. Der erklärte Antikommunist Churchill hieß nun die Sowjetunion als

Verbündeten im Krieg gegen Hitlerdeutschland willkommen. Er rechtfertigte die Kehrtwende mit dem Ausspruch, er würde sich »auch mit dem Teufel zusammentun, wenn das helfen würde, Hitler zu schlagen«.

In den dreißiger Jahren war das militaristische japanische Regime in Asien aufmarschiert auf der Suche nach neuen Märkten und sicheren Rohstoffquellen. 1931 besetzte Japan die Mandschurei, von 1937 an führte es einen langen, blutigen Eroberungskrieg in China. Millionen chinesischer Zivilisten wurden umgebracht. Die japanische Regierung trachtete danach, ihren

UNTEN LINKS: *Russische Zivilisten kehren in ihre von Deutschen verwüsteten Häuser zurück.* UNTEN: *Tausende deutscher Kriegsgefangener ziehen in langen Kolonnen aus Stalingrad in die russischen Lager.*

Einfluß über die »großostasiatische Wohlstandssphäre«, wie sie die Region nannte, auszudehnen, und provozierte einen Protest der Vereinigten Staaten nach dem anderen, weil sie amerikanische Besitzrechte in Ostasien mißachtete. Am 7. Dezember 1941 führten die Japaner einen hinterhältigen Präventivschlag gegen die in Pearl Harbor (Hawaii) vor Anker liegende amerikanische Pazifikflotte. Wenige Tage später erklärte Adolf Hitler aus Gründen, die bis heute im dunkeln liegen, den Vereinigten Staaten den Krieg und zog damit die weltweit mächtigste Nation in den Krieg in Europa hinein. Wenn Deutschland unterlag, und daran konnte nun kein Zweifel mehr bestehen, mußten sich die Vereinigten Staaten und die Sowjetunion im Herzen Europas treffen.

Nach dem deutschen Überfall im Juni 1941 verwandelte Stalin mit seiner diktatorischen Macht die Sowjetunion in eine gigantische Kampfmaschine. Hitlers Soldaten stießen bis auf Sichtweite nach Moskau vor – Offiziere meldeten, sie würden mit ihren Ferngläsern bereits die Türme des Kremls sehen –, doch als der eisige russische Winter einsetzte, wurden die Deutschen zurückgedrängt. Sie kamen Moskau nie wieder bedrohlich nahe. Die Belagerung von Rußlands zweiter Großstadt Leningrad dauerte beinahe zweieinhalb Jahre; ein Drittel der Einwohner der Stadt kam dabei ums Leben. Aber in der Schlacht von Stalingrad wendete sich das Kriegsglück. Nach erbitterten Straßenkämpfen wurde die deutsche 6. Armee im November 1942 eingekes-

Dieses Plakat aus dem Jahr 1943 erinnert daran, daß die Vereinigten Staaten und die UdSSR im Zweiten Weltkrieg Seite an Seite kämpften.

selt, drei Monate später kapitulierte General Paulus. Nun ging die Sowjetunion in die Offensive. Von 1943 an rollten die Panzer der Roten Armee unaufhaltsam in Richtung Westen.

Die Alliierten machten sich bereits Gedanken über die Zukunft nach dem Krieg. Roosevelt war überzeugt, daß die Zusammenarbeit mit der Sowjetunion im Krieg die Grundlage für die Weltpolitik nach dem Krieg bilden würde. Pläne für eine Organisation der Vereinten Nationen wurden geschmiedet.

Stalin strebte für die Zeit nach dem Krieg Sicherheit für die Sowjetunion an. Das Land war während der NS-Invasion verwüstet worden – der dritten Invasion von Westen her in weniger als 150 Jahren. Doch Stalin hatte kein Konzept der kollektiven Sicherheit, für ihn bedeutete Sicherheit die Ausschaltung der potentiellen Gegner.

Die großen Drei

Die Führer der drei großen Nationen, die im Kampf gegen Hitler Waffenbrüder waren, trafen sich Ende November 1943 in Teheran zum erstenmal. Sie erörterten vor allem militärische Fragen. Stalin meinte ganz richtig, die Sowjetunion trage die Hauptlast des Krieges, und wiederholte seine Forderung, die Alliierten sollten in Nordeuropa eine zweite Front eröffnen. Churchill und Roosevelt versicherten ihm, eine Invasion sei für das Frühjahr 1944 geplant. Die Russen stimmten zu, um dieselbe Zeit an der deutschen Ostfront einen massiven Angriff einzuleiten. Alle drei waren sich einig, daß Deutschland am Ende des Krieges aufgeteilt werden sollte, außerdem wurde über das künftige Schicksal Polens und Osteuropas gesprochen.

Alle drei Staatsführer waren der Ansicht, sie hätten in Teheran Fortschritte gemacht. Churchill gewann den Eindruck, er könne mit Stalin auskommen und nannte ihn von da an »Uncle Joe«. Was die westlichen Führer nicht wußten: In ihren Zimmern in Teheran waren Wanzen installiert worden, jeden Morgen studierte Stalin die Abschriften der abgehörten Gespräche.

Gemäß den Vereinbarungen in Teheran gingen am 6. Juni 1944, dem D-Day, 150 000 alliierte Soldaten an den Stränden der Normandie an Land. Ihnen folgten noch einmal drei Millionen Soldaten, Matrosen und Flieger, es war die größte amphibische Operation in der Geschichte. Amerikanische, britische und kanadische Soldaten begannen ihren Vormarsch in Richtung Rhein und ins Herz Deutschlands. Wie vereinbart starteten zur gleichen Zeit sechs Millionen Mann der Roten Armee auf breiter Front von Leningrad bis in die Ukraine ihre Offensive.

Bei ihrem Vorstoß nach Westen hielt die Rote Armee nur einmal inne, in der Nähe Warschaus. Während die Russen näher rückten, erhoben sich die nichtkommunistischen polnischen Widerstandsgruppen und übernahmen die Kontrolle über die polnische Hauptstadt, bereit, ein unabhängiges Polen auszurufen. Die sowjetischen Soldaten stoppten unerwartet an der Weichsel und sahen zu, wie die Nazis den polnischen Aufstand niederschlugen. Churchill bat Stalin inständig, einzuschreiten. Der Sowjetführer entgegnete, seine Armeen benötigten einige Zeit für eine Neuordnung. Die Alliierten fragten, ob ihre Flugzeuge von sowjetischen Flugplätzen aus starten dürften, um

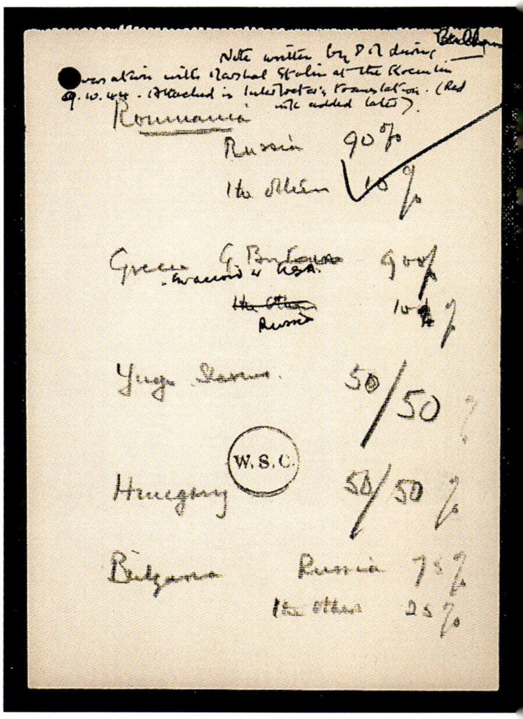

OBEN: *Im Oktober 1944 umriß Churchill bei einem Gespräch mit Stalin im Kreml die Einflußsphären nach dem Krieg. Stalin setzte als Zeichen seiner Zustimmung einen Haken auf die Skizze.*
RECHTS: *Konferenz in Jalta auf der Krim. Die großen Drei, Churchill, Stalin und Roosevelt (der wenige Wochen später starb), trafen sich im Februar 1945, um über die Gestalt der Nachkriegswelt zu sprechen.*

die Polen mit Nachschub zu versorgen, Stalin lehnte abermals ab. Die nur mit Gewehren und Handwaffen ausgerüsteten Polen hielten 63 Tage aus. Am Ende schlugen die Nazis den Aufstand in einer wahren Blutorgie nieder. 200 000 Polen kamen ums Leben, neun von zehn waren Zivilisten. Die Deutschen legten die Stadt in Schutt und Asche. Stalin hatte es zugelassen, daß die Elite des nichtkommunistischen polnischen Widerstands niedergemetzelt wurde,

damit er Polen seinen Helfershelfern übergeben konnte. Die Hoffnungen auf eine eigenständige Demokratie in Osteuropa nach dem Krieg erstarben in den Ruinen Warschaus.

Im Oktober 1944 flog Churchill nach Moskau und sprach bei einem spätabendlichen Treffen ganz offen über die Gestalt Europas nach dem Krieg. Er zog ein Stück Papier hervor, auf dem er die Einflußsphären nach dem Krieg skizziert hatte: Rumänien sollte zu 90 Prozent russisch sein und zu 10 Prozent britisch, Griechenland zu 90 Prozent britisch-amerikanisch und zu 10 Prozent russisch, Jugoslawien und Ungarn würden im Verhältnis 50 zu 50 aufgeteilt, und Bulgarien sollte zu 75 Prozent russisch werden und zu 25 Prozent britisch. Stalin studierte die Skizze gründlich und setzte einen großen Haken darauf.

Könnte man es nicht für ziemlich frivol halten, wenn wir diese Fragen, die das Schicksal von Millionen Menschen berühren, in so nebensächlicher Form behandeln?

Winston Churchill
zu Josef Stalin, Oktober 1944

Im Februar 1945 trafen sich die großen Drei erneut, diesmal in dem alten Liwadija-Palast, dem Sommerpalast der Zaren bei Jalta auf der Krim. Die Konferenz von Jalta bildete den Höhepunkt der Zusammenarbeit der Alliierten im Krieg. Zur Erleichterung der Westmächte willigte Stalin ein, spätestens drei Monate nach dem Ende der Kämpfe in Europa in den Krieg gegen Japan einzutreten. Aber Jalta war auch der Beginn der Nachkriegswelt, die Teilung in Ost und West wurde offenkundig.

Berlin, 1945

Deutsche Passanten am Brandenburger Tor im zerstörten Berlin lächeln einem russischen Fotografen zu. Die Sowjetunion, durch Hitlers Einmarsch verwüstet, wollte nun die Beute für sich beanspruchen.

Stalin fürchtete, die Vereinigten Staaten und Großbritannien würden die neuen Vereinten Nationen kontrollieren und die Sowjetunion könnte dort einfach überstimmt werden. Die großen Drei kamen überein, daß zwei oder drei Sowjetrepubliken ebenfalls aufgenommen würden und daß jede Großmacht ein Veto gegen die Resolutionen des Sicherheitsrates, des Entscheidungsgremiums im Konfliktfällen, haben sollte. Über Gestalt und Regierungsform von Nachkriegspolen gab es Streit. Die Briten wollten die prowest-

Der 1944 überraschend zum Vizepräsidenten gewählte Harry S. Truman wurde nach Roosevelts Tod dessen Nachfolger im Weißen Haus. Truman, hier bei seiner Vereidigung am 13. April 1945, war ein entschlossener Führer des Westens und bot der Sowjetunion die Stirn.

liche Exilregierung installieren, die sich bislang in London aufgehalten hatte, die Sowjets wollten die rivalisierende prosowjetische Regierung, die in Lublin gegründet worden war. Churchill erklärte, Großbritannien sei in den Krieg gezogen, damit »Polen frei und souverän« werde. Stalin entgegnete, für die Sowjetunion sei es vor allem eine Frage der »Sicherheit«, schließlich sei die UdSSR in den vergangenen 30 Jahren zweimal von Westen her angegriffen worden. Schließlich gaben die Westmächte Stalins hartnäckigen Forderungen weitgehend nach. Sie stimmten der Westverschiebung der sowjetisch-polnischen Grenze und als Kompensation für Polen auch der polnisch-deutschen Grenze zu. Stalin akzeptierte formal freie und gleiche Wahlen in Polen und unterzeichnete eine recht vage Erklärung zum befreiten Europa.

Am 2. Mai 1945 wird die Rote Fahne auf dem Reichstag in Berlin gehißt. Die Sowjets erreichten als erste die Stadt, die zum Brennpunkt der Spannungen im Kalten Krieg wurde.

Die drei Staatschefs kamen überein, Deutschland in vier Besatzungszonen aufzuteilen: eine sowjetische, eine amerikanische, eine britische und eine französische. Die Sowjets bestanden auf der Entnahme massiver Reparationen aus Deutschland, teils als Entschädigung für die gewaltigen Verwüstungen der Nazis in ihrem Land, teils als Strafe für die Deutschen und teils als Zeichen für die Rechte des Siegers. Großbritannien und die Vereinigten Staaten lehnten Reparationen ab, weil diese nach dem Ersten Weltkrieg so viel

Unheil angerichtet hatten und die Erholung Deutschlands nach dem Zweiten Weltkrieg behindern würden. Später willigten sie doch noch ein, und Roosevelt nannte als Kompromiß eine Summe von 20 Milliarden Dollar, die, über einen Zeitraum von vielen Jahren verteilt, in Waren und Industrieanlagen beglichen werden sollte.

Ein neuer Präsident

Nach Roosevelts Tod am 12. April 1945 wurde Vizepräsident Harry S. Truman als neuer Präsident der Vereinigten Staaten vereidigt. Obwohl Roosevelt gesundheitlich sehr angeschlagen war, hatte er seinen Vizepräsidenten nur unzureichend auf dem laufenden gehalten. Seit Trumans Wahl fünf Monate zuvor hatten sich der Präsident und der Vizepräsident nur zweimal privat ausgetauscht. Truman hatte zwar als US-Senator eine wichtige Rolle bei der Organisierung der amerikanischen Kriegsanstrengungen gespielt, aber er hatte wenig Ahnung von der internationalen Politik. Truman neigte zur Schwarzweißmalerei. Ihm fehlte die Geduld, Für und Wider sorgfältig abzuwägen, und er gab offen zu, daß er »nicht bis in alle Einzelheiten« informiert sei. Aus dem, was seine Berater ihm nach der Amtseinführung mitteilten, folgerte er, die Sowjetunion gebärde sich in Europa wie ein Tyrann und man müsse ihr endlich deutlich machen, daß sie sich zu bessern habe. Keine zwei Wochen nach der Amtsübernahme hielt Truman im Weißen Haus dem sowjetischen Außenminister Wjatscheslaw Molotow eine regelrechte Standpauke wegen des sowjetischen Vorgehens in Osteuropa. Die Sowjets erkannten nun, daß die Ära der Zusammenarbeit im Krieg vorüber war. Regierungsbeamte in Washington sahen, daß der neue Präsident einen anderen Kurs steuerte als sein Vorgänger.

Der endgültige Sieg über das nationalsozialistische Deutschland folgte kurze Zeit später. Von seinem unterirdischen Bunker aus befahl Hitler, daß

Die Konferenz von Potsdam begann mit Stalin, Churchill und Truman. Aber während der Konferenz verlor Churchill die Wahlen in Großbritannien. Am Verhandlungstisch folgte ihm Clement Attlee. Auch der amerikanische Präsident Truman war neu im Amt, und es war seine erste große Konferenz.

Stalin in Potsdam

Der Sieg über Hitler führte Rußland wieder mitten ins Herz Europas zurück. Averell Harriman, US-Botschafter in Moskau und ein wichtiger außenpolitischer Berater Trumans, erinnerte sich später, daß er während der Konferenz von Potsdam einmal an Stalin herantrat und sagte: »Marschall, nach all den Prüfungen, die Sie hinter sich haben, und der Tragödie, die Sie durchlitten haben, muß es eine große Genugtuung für Sie sein, hier in Berlin zu stehen.« Stalin sah Harriman an und entgegnete: »Zar Alexander kam bis Paris.«

Das Manhattan-Projekt

Bereits 1907 dachte Albert Einstein darüber nach, daß die Atome, die Bausteine der Materie, von gewaltigen Kräften zusammengehalten würden, die man gewinnen könne, wenn man den Atomaufbau zerstöre. 30 Jahre lang waren sich die Wissenschaftler einig, daß die Möglichkeiten, diese Energie nutzbar zu machen, noch weit in der Zukunft lagen. Aber kurz vor dem Zweiten Weltkrieg gelang es deutschen Wissenschaftlern erstmals, den Atomkern zu spalten. Die meisten westlichen Wissenschaftler blieben bis zum Juli 1941 skeptisch. Dann schrieben britische Wissenschaftler in einem Bericht, es sei möglich, »eine funktionstüchtige Uranbombe« zu konstruieren. Sie werde etwas mehr als elf Kilogramm radioaktives Material enthalten und eine Sprengkraft entfalten, die 1800 Tonnen TNT entspreche. Der Chemiker James B. Conant, Präsident der Universität Harvard und oberster wissenschaftlicher Berater der US-Regierung, drängte den Präsidenten, die Angelegenheit energisch voranzutreiben. Das Ergebnis war das streng geheime »Manhattan Project«, das Roosevelt im Oktober 1941 als ein gemeinsames Projekt der Vereinigten Staaten, Großbritanniens und Kanadas genehmigte; die Forschungsarbeiten wurden in den USA durchgeführt.

Im September 1942 wurde General Leslie R. Groves von seiten der US-Army mit der Leitung des Projekts beauftragt, und kurze Zeit später wies er den Physiker J. Robert Oppenheimer an, ein Laboratorium für den Bau der Bombe einzurichten. Das Laboratorium stand in Los Alamos in New Mexico. Da die Wissenschaftler der Alliierten – irrtümlich, wie sich herausstellte – fürchteten, daß die Deutschen ihrerseits eine Atombombe entwickelten, beeilten sie sich, bei der Nutzung der Energie aus der Kernspaltung die ersten zu sein. Im Laufe der Zeit arbeiteten 37 Forschungsstätten mit insgesamt 120 000 Beschäftigten an der Aufgabe, die Atomenergie in einer funktionstüchtigen Bombe nutzbar zu machen. Washington gab für das Projekt zwei Milliarden Dollar aus.

Obwohl das Manhattan-Projekt streng geheim war, wurde es von Anfang an von sowjetischen Agenten infiltriert. Klaus Fuchs, ein herausragender deutscher Physiker, der geflohen war, arbeitete zunächst in England an der Bombe und stieß später zu dem Team in Los Alamos. Fuchs war Kommunist und informierte die Sowjets über alle Entwicklungen. Im Juni 1945, einen Monat vor dem ersten Test, übergab er seinem Kontaktmann Harry Gold Dokumente, die eine detaillierte Beschreibung der Plutoniumbombe, des Zünders, die Prinzipien der Berechnungen und eine Skizze der Bombe selbst mit sämtlichen Maßangaben enthielten.

Am 16. Juli 1945 wurde bei Alamogordo in der Wüste New Mexicos die erste Atombombe getestet. Einer der anwesenden Wissenschaftler beschrieb die Explosion: »Plötzlich leuchtete ein gewaltiger Lichtblitz auf, das hellste Licht, das ich oder vermutlich irgend jemand sonst jemals gesehen hat… Schließlich war es vorüber, wurde schwächer, und wir blickten auf die Stelle, wo die Bombe gelegen hatte; dort loderte ein gewaltiger Feuerball, der immer weiter wuchs… Etwas ganz Neues war soeben entstanden, eine neue Macht, ein neues Wissen, das der Mensch über die Natur gewonnen hatte.«

Robert Oppenheimer und General Leslie Groves (OBEN), *aufgenommen am Ort eines Atombombenversuchs. Die Bombe wurde in Oak Ridge, Tennessee, bei den Clinton Engineer Works gebaut* (UNTEN).

Eine Notiz Trumans auf der Rückseite eines Fotos, das ihn selbst und Stalin in Potsdam zeigt.

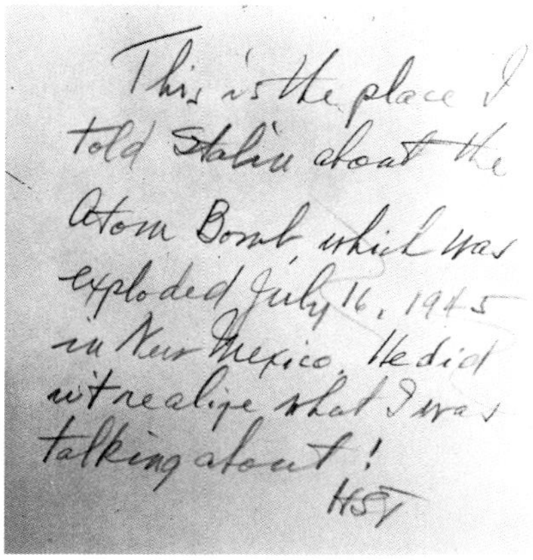

Truman wollte uns in Potsdam überraschen ... Er nahm Stalin und mich beiseite und setzte uns – mit verschwörerischer Miene – davon in Kenntnis, daß sie eine völlig neuartige Geheimwaffe hätten ... Es ist schwer zu sagen, was er damit beabsichtigte, doch mir schien es, als wolle er uns imponieren. Stalin reagierte jedoch ganz gelassen, und Truman kam zu der Überzeugung, er habe ihn nicht richtig verstanden. Das Wort »Atombombe« war nicht gefallen, doch wir errieten sofort, was gemeint war.

Wjatscheslaw Molotow
über die Konferenz von Potsdam, Juli 1945

»bis zum letzten Mann und bis zur letzten Kugel« um jede Straße in Berlin gekämpft und jedes Haus verteidigt werden sollte. 300 000 russische Soldaten verloren bei der Schlacht um Berlin ihr Leben. Am 30. April beging Hitler Selbstmord. Am 7. Mai unterzeichnete die Oberste Heeresleitung die bedingungslose Kapitulation. Ganz Europa und Amerika feierten den Tag. Die Bürger Berlins fürchteten Vergeltungsmaßnahmen oder gar ein Massaker durch sowjetische Soldaten. Die Rache blieb aus, allerdings kam es zu Plünderungen und Vergewaltigungen. Nach den jüngsten Forschungen dürften in den Monaten nach Kriegsende nicht weniger als zwei Millionen deutsche Frauen von sowjetischen Soldaten vergewaltigt worden sein. Stalin wischte alle Beschwerden beiseite. Er sagte, die Soldaten hätten vier Jahre lang tapfer gekämpft und »ihren Spaß verdient«.

Mitte Juli versammelten sich die alliierten Führer in den Ruinen Potsdams, im Schloß Cecilienhof, zu ihrer letzten Gipfelkonferenz. Truman wurde von James F. Byrnes begleitet, seinem gerade drei Tage vor der Abreise nach Europa vereidigten neuen Außenminister. Eins der wichtigsten Ziele Trumans war es, die sowjetische Zusage, in den Krieg gegen Japan einzutreten, festzuschreiben. Stalin wiederholte bereits am ersten Tag der Konferenz sein in Jalta gegebenes Versprechen.

Die drei siegreichen Mächte mit den Franzosen an ihrer Seite einigten sich rasch über die Besetzung Deutschlands. Die militärischen Befehlshaber sollten das unterlegene Land in vier getrennten Zonen verwalten. Uneinigkeit herrschte aber immer noch über den genauen Verlauf der neuen Grenze Polens, die bis nach Westen zur Neiße verlegt werden sollte, und über die Reparationsleistungen. In wirtschaftlichen Fragen sollte Deutschland als Einheit behandelt werden. Die Vereinigten Staaten vertraten den Standpunkt, daß Deutschland zunächst imstande sein müsse, seine Importe zu bezahlen, bevor es irgendwelche Reparationen leisten könne. Die Sowjets argumentierten, ihr Volk habe so sehr unter der deutschen Invasion gelitten, daß es nicht einsehe, weshalb die »Bankiers von der Wall Street« zuerst bezahlt werden sollten.

Eine neue Waffe

Am 16. Juli 1945, dem Vorabend der Konferenz von Potsdam, wurde die erste Atombombe erfolgreich getestet. Die Explosion sei »heller als tausend Sonnen« gewesen, hieß es. In Potsdam wurde Truman sofort über den Erfolg informiert. Fünf Tage später wurde ihm mitgeteilt, daß sich die Bombe als weit zerstörerischer als erwartet erwiesen habe und daß sie schon bald für den Kriegseinsatz bereit sein werde. Durch die Atombombe hatte sich die Lage Amerikas grundlegend verändert. Die amerikanischen Militärs hatten eine Invasion Japans geplant, die irgendwann zwischen November 1945 und März 1946 stattfinden sollte. Beinahe zwei Millionen Mann wären dabei zum Einsatz gekommen, und man rechnete mit hohen Verlusten. Die USA hatten gehofft, daß der Kriegseintritt der Sowjetunion die Japaner veranlassen würde, um Frieden zu bitten. Nun aber setzten sie darauf, daß der Krieg beendet werden könnte, ehe die Sowjets darin verwickelt würden oder sich an der Besetzung Japans beteiligten. Truman und Byrnes wollten die Konferenz daher so schnell wie möglich beenden. Nach der Nachmittagssitzung am

24. Juli ging Truman zu Stalin und teilte ihm beiläufig mit, daß die Vereinigten Staaten über eine mächtige neue Waffe verfügten. Stalin, der durch Spione von der Bombe erfahren hatte, entgegnete ebenso beiläufig: »Fein, ich hoffe, die Vereinigten Staaten werden sie einsetzen.« Truman und Byrnes meinten, Stalin habe sie nicht verstanden. In Wahrheit wußte Stalin genau, worum es ging. Wenige Tage später befahl er Molotow, das sowjetische Atombombenprojekt voranzubringen.

Die Konferenz von Potsdam wurde für einige Tage unterbrochen, als Churchill wegen der Parlamentswahlen nach Großbritannien zurückkehrte.

UNTEN: *»Little Boy«, die erste Atombombe, die im Krieg eingesetzt wurde, hatte einen Durchmesser von 71 Zentimeter, war 3 Meter lang und wog mehr als 4000 Kilogramm. Am 6. August 1945 wurde sie von der B-29 »Enola Gay« über Hiroschima abgeworfen; sie tötete rund 100000 Menschen.*
RECHTS: *Der Pilot des Bombers, Colonel Paul W. Tibbets (in der Mitte), mit seiner Bodentruppe.*

Dort trug die Labour Party einen erdrutschartigen Sieg über die Konservativen davon. Am 28. Juli nahmen an der Konferenz zwei neue Mitglieder teil: Clement Attlee war neuer britischer Premierminister, Ernest Bevin neuer Außenminister. Byrnes entschloß sich zu einem »Kuhhandel«, um die Konferenz rasch zu Ende zu bringen: Jedes Land solle seine Reparationen aus seiner Besatzungszone entnehmen. Deutschland werde damit nicht mehr als eine wirtschaftliche Einheit behandelt. Wenn die UdSSR diesen Kompromiß akzeptiere – sie hatte dann keinen Zugriff auf die Rohstoffe und die Industrie im Ruhrgebiet –, werde der Westen die neuen polnischen Grenzen akzeptieren. Der Handel wurde abgeschlossen. Nach einem eilig verfaßten Abkommen über die Satellitenstaaten blieb Italien in der westlichen Einflußsphäre, Rumänien, Bulgarien und Ungarn gehörten künftig zur sowjetischen Einflußsphäre. Potsdam endete mit einem Kompromiß, der viele Fragen offen ließ, doch grundsätzlich hatten sich die rivalisierenden Mächte auf die Teilung Europas geeinigt.

Truman zögerte nicht lange mit dem Einsatz der Atombombe. Er wußte, wie sehr die Machtposition der USA durch die Bombe gestärkt würde, vor allem gegenüber der Sowjetunion. Die Antwort der Japaner auf die Aufforderung zur bedingungslosen Kapitulation war unklar. Am 6. August 1945 startete ein Bomber vom Typ B-29 Superfortress, die »Enola Gay«, mit der ersten Atombombe von seinem Stützpunkt auf den Marianen in Richtung Japan.

An einem sonnigen, klaren Morgen um acht Uhr erschien ein Bomber hoch am Himmel über Hiroschima. Die Bewohner beobachteten, daß das Flugzeug etwas mit einem Fallschirm abwarf und dann abdrehte. In einer Höhe von rund 550 Metern explodierte die Bombe mit einer Sprengkraft von 13 000 Tonnen TNT. Die Hitze war so groß, daß die Dachziegel schmolzen, die Telegrafenmasten verkohlten und Menschen im Freien buchstäblich verdampften. Selbst in einer Entfernung von 4 Kilometern wurde die nackte Haut verbrannt. Auf die Hitze folgte die Druckwelle mit 800 Stundenkilometern. Die Hitze und die Druckwelle zerstörten die Stadt innerhalb von wenigen Minuten. Schätzungsweise 100 000 Zivilisten starben sofort. Viele Tausende erlagen in den folgenden Monaten und Jahren der Strahlenkrankheit.

Am 8. August erklärte Stalin Japan den Krieg. Die Rote Armee marschierte in die Mandschurei ein und einige Tage später nach Korea. Während das japanische Kabinett am 9. August über einen Friedensschluß debattierte, detonierte eine zweite Atombombe, eine Plutoniumbombe, über Nagasaki. Von einer strategischen Notwendigkeit konnte keine Rede sein. Am 10. August kündigte der japanische Kaiser an, er wolle sich ergeben. Am 14. August wurde die Kapitulation unterzeichnet. Der Zweite Weltkrieg war zu Ende, das Atomzeitalter hatte begonnen. 50 Jahre lang sollte eine geteilte Welt unter dem Schatten des Atompilzes leben.

LINKS: *Der Atompilz, der bei der Kernexplosion über Hiroschima aufstieg.*
OBEN: *Die Auswirkungen der Bombe auf die Stadt. Nie zuvor war es möglich gewesen, so leicht derartige Verwüstungen anzurichten. Noch lange nach dem Bombenabwurf starben Menschen an den Folgen der radioaktiven Strahlung.*

Warschau, 1946

Eine alte Frau vor dem Schutt ihres Hauses. Warschau gehörte mit Berlin und Dresden am Ende des Krieges zu den am stärksten zerstörten Städten Europas.

Der Eiserne Vorhang

1945–1947

Mädchen räumen die Trümmer einer zerstörten Schule in Berlin weg. Ein Fünftel aller Schulen der Stadt wurden durch Bomben dem Erdboden gleichgemacht.

Die bitteren Folgen des Sieges

Am Ende des Krieges hatte die Sowjetunion die größte Armee, die die Welt jemals gesehen hatte. Doch ihr Vaterland war verwüstet, beinahe ein Drittel des Volksvermögens war vernichtet: 32 000 Fabriken lagen in Trümmern, 65 000 Kilometer Eisenbahnschienen waren unbrauchbar. Wie viele Einwohner des Landes im Krieg ihr Leben verloren hatten, läßt sich nicht genau sagen; Schätzungen zufolge waren es mindestens 27 Millionen. 1710 Gemeinden wurden zerstört, 70 000 Dörfer und Höfe niedergebrannt, 100 000 Kolchosen verwüstet.

Bei Kriegsende lag auch das übrige Europa größtenteils in Trümmern. Großbritannien, das die Deutschen nicht erobert und besetzt hatten, war vollkommen verarmt. Von der Normandie bis in die Ukraine waren riesige Landstriche durch Fliegerbomben und Bodenkämpfe verwüstet. Zu Hunderttausenden waren Häuser und Fabriken dem Erdboden gleichgemacht worden, ebenso viele Bauernhöfe lagen in Schutt und Asche. Millionen Menschen hatten ihre Heimat verloren und mußten jetzt irgendwo wieder angesiedelt werden. Die NS-Besetzung von Ländern wie Frankreich, Norwegen und den Niederlanden hatte tiefe Narben hinterlassen, vor allem die Kollaborateure hatten die Bevölkerung gespalten. Die meisten Menschen waren einfach nur erleichtert, daß sie überlebt hatten. Aus dem Landesinneren Polens und von anderswo kam die Nachricht von dem schrecklichsten und abscheulichsten Völkermord in der Geschichte der Menschheit. Selbst jene, die fünfeinhalb Jahre brutaler Krieg abgestumpft hatte, waren entsetzt über die nackten Tatsachen des Holocaust: die planmäßige Vernichtung von sechs Millionen Juden, mehr als einer Million Zigeuner und Tausenden Homosexueller.

Im Zweiten Weltkrieg steigerten die Frauen mit ihrer Muskelkraft die Produktion. Die Zahl der Frauen in der Schwerindustrie stieg in den USA fast auf das Fünffache. Nach dem Krieg machten sie nur zögernd wieder Platz für die Männer.

Im Gegensatz dazu beendeten die Vereinigten Staaten den Krieg als die größte Industriemacht der Geschichte, ihre Wirtschaftskraft hatte sich während des Krieges mehr als verdoppelt: Das Bruttosozialprodukt stieg von 90 Milliarden Dollar im Jahr 1939 auf 212 Dollar im Jahr 1945. Vorbei waren die Jahre der wirtschaftlichen Stagnation der Weltwirtschaftskrise. Amerikas Industriekapazität erwies sich als geradezu beängstigend. In nur drei Tagen wurden Frachtschiffe zusammengebaut, Bomber in wenigen Stunden montiert, Lastwagen und Jeeps rollten alle paar Minuten vom Fließband. Es herrschte Vollbeschäftigung.

Amerika war eine Weltmacht. Seine Wirtschaft stand bereit, die Märkte jedes anderen Kontinents zu erobern. Während des Krieges hatte ein Großteil der Welt bei den Vereinigten Staaten Schulden gemacht, und viele ehemalige Verbündete blickten nun in Erwartung einer finanziellen Entlastung auf Amerika. Großbritannien handelte eine Anleihe von 3,75 Milliarden Dollar aus (zu sehr ungünstigen Bedingungen, wie die Briten fanden), und selbst die Sowjetunion sprach mit Washington über die Möglichkeit einer Anleihe von sechs Milliarden Dollar für den Wiederaufbau. Im Jahr 1944 war der Dollar auf der Konferenz von Bretton Woods über die Weltwirtschaft nach dem Krieg zur wichtigsten Handelswährung erhoben worden. In allen Ländern öffnete sich eine »Dollarlücke«, weil die Länder, die unter dem Krieg sehr gelitten hatten, nicht imstande waren, so viele Exportgüter zu produzieren, um die harten Devisen für die Bezahlung der bitter benötigten Importe zu verdienen. Der Dollar war die einzige auf der ganzen Welt frei konvertierbare Währung. Da Amerika zudem die einzige Atommacht war, schien es militärisch und auch wirtschaftlich so stark, daß es bei der Gestaltung der künftigen Welt die Schlüsselrolle spielen würde.

Bringt die Jungs zurück nach Hause

Nach dem Ende der Kämpfe in Europa und in Asien (die amerikanischen Verluste beliefen sich insgesamt auf 292 000 Mann) hatte das amerikanische Militär nur ein Ziel: Bringt die Jungs zurück nach Hause – und zwar so schnell wie möglich. 1945 waren zwölf Millionen amerikanische Soldaten über die Welt verteilt, zwei Jahre später nur noch 1,5 Millionen. Die Rückkehr war mit tiefen Einschnitten verbunden: Die Frauen zu Hause waren vielen Soldaten fremd geworden, Kinder begrüßten sie, die sie nie gesehen hatten. Zahllose »GI-Bräute« reisten über den Ozean in einen unbekannten Kontinent und wollten dort ein neues Leben beginnen. Frauen, die im Krieg Arbeitsplätze ausgefüllt und neue Freiheiten genossen hatten, wurden entlassen und kehrten widerstrebend an den heimischen Herd zurück.

Die Sowjetunion sonnte sich ebenfalls im Triumph des Sieges, denn die Rote Armee genoß überall hohes Ansehen. Es wurde allgemein anerkannt, daß die Sowjets bei der Zerschlagung des Nationalsozialismus die Hauptlast getragen hatten. In Europa liebäugelten große Teile der Bevölkerung mit dem Kommunismus, weil nur wenige sich eine Rückkehr zu dem gescheiterten Kapitalismus der Vorkriegszeit wünschten. In Frankreich standen die Kommunisten für den Maquis, die Widerstandskämpfer während der NS-Besetzung. In Italien hatten die Kommunisten den Kampf der Partisanen gegen den Faschismus angeführt, und jetzt umgab sie eine heroische Aura. In Großbritannien hatte die Labour Party, die für eine Planwirtschaft und die Verstaatlichung von Schlüsselindustrien eintrat, bei der Wahl den Sieg über Winston Churchill, den Regierungschef im Krieg, davongetragen. Viele Europäer dachten, daß Stalin nun, da er den Krieg gewonnen hatte, auch den Frieden bringen würde.

Innerhalb der UdSSR rieten einige erfahrene Diplomaten wie Maxim Litwinow und Iwan Maisky Stalin, sich mit den westlichen Alliierten zu arrangieren und auf dem Ansehen und der Popularität aufzubauen, die sich die Sowjetunion im Krieg erworben hatte. Aber Stalin war von Natur aus mißtrauisch und fürchtete von jeher Einflüsse von außen. Er und seine rechte Hand, Außenminister Wjatscheslaw Molotow, beschlossen daher, die Sowjetunion gegen alle Kräfte abzuschotten, die ausländische Einflüsse ins Land bringen könnten. Viele ehemalige Kriegsgefangene wurden bei ihrer Rückkehr nicht als Helden gefeiert, sondern verhaftet und ins Gefängnis geworfen. Eine unbekannte Zahl heimkehrender Soldaten, Hunderttausende vermutlich, kamen in Arbeitslager. Im Juni 1945 berichtete Averell Harriman, der US-Botschafter in Moskau, an das amerikanische Außenministerium: »Der Botschaft ist nur ein einziger Fall bekannt, in dem ein heimgekehrter Gefangener

UNTEN: *Ehefrauen und Freundinnen heißen in Moskau sowjetische Soldaten nach der Rückkehr aus dem Krieg willkommen. Millionen kehrten nie zurück. Die UdSSR war zwar erschöpft, aber die Rote Armee blieb die größte Streitmacht der Welt.*
UNTEN RECHTS: *Die jährliche Siegesparade am 8. Mai auf dem Roten Platz in Moskau.*

wieder in sein Haus und zu seiner Familie in Moskau zurückgekehrt ist... Heimkehrer werden bei der Ankunft von Polizisten erwartet und abgeführt... zu unbekannten Bestimmungsorten. Ganze Züge von Heimkehrern werden durch Moskau durchgeleitet und fahren weiter nach Osten.« Bis 1946 hatte der Chef der Geheimpolizei, Lawrenti Berija, zwischen sieben und zwölf Millionen sowjetischer Männer und Frauen in Arbeitslager gesteckt, bekannt als der Gulag. Allen, die zuvor die Demütigung der Niederlage im Kampf und das Trauma der Gefangenschaft bei den Nazis durchgemacht hatten, standen neuerliche Schrecken bevor: der tägliche Überlebenskampf mit unzureichender Nahrung und Unterkunft, häufig in Siedlungen nördlich des Polarkreises.

OBEN: *Überlebende eines »Todesmarsches« von Łódź in Polen nach Berlin. Im Krieg hatten Millionen Menschen ihre Heimat verloren, sie zogen jetzt durch halb Europa, weil sie wieder nach Hause wollten und nach Verwandten suchten.*
OBEN RECHTS: *Eine Frau sucht in den Ruinen ihres Hauses in Stalingrad nach Spuren ihrer Vergangenheit. Die Sowjetunion wurde durch die deutsche Invasion verwüstet, Dörfer und Städte lagen in Trümmern.*

Die Schaffung einer Pufferzone

Die Sowjetunion hatte schreckliche Verwüstungen durch die deutsche Invasion erlitten. Stalin verfolgte deshalb vor allem anderen ein außenpolitisches Ziel: die Errichtung einer Pufferzone vor der Westgrenze seines Landes. Er wollte die Sicherheit haben, daß Rußland nie wieder von Europa aus angegriffen werden könnte, wie es in den letzten 150 Jahren dreimal der Fall gewesen war. Während die Rote Armee noch Gebiete befreite, wies Stalin seine Handlanger an, prosowjetische Regierungen zu installieren. Vielerorts waren die Kommunisten jedoch in der Minderheit. In Ungarn beispielsweise erreichten sie bei der Wahl im November 1945 selbst unter den Augen des sowjetischen Militärs nur 17 Prozent der Stimmen. Die polnischen Kommunisten wagten es bis zum Januar 1947 nicht einmal, überhaupt Wahlen durchzuführen. Nur in der Tschechoslowakei gewannen die Kommunisten im Mai 1946 ansehnliche 38 Prozent der Stimmen. Daraufhin gehörten kommunistische Minister der demokratisch gewählten Regierung unter Staatspräsident Eduard Beneš an, der nach sechs Jahren NS-Herrschaft wieder einen freien Staat Tschechoslowakei gegründet hatte. Er sollte jedoch nicht lange im Amt bleiben.

Überall in Osteuropa ging Stalin nach derselben Taktik vor. Exilkommunisten, die ihre Kriegsjahre in Moskau verbracht hatten und dem Generalissimus und der Sowjetunion bedingungslos ergeben waren, kehrten in ihre Heimatländer zurück. Dort willigten sie anfangs ein, Koalitionsregierungen mit den Sozi-

Berlin, 1945

Scharen heimatloser Menschen suchen mit ihrem spärlichen Hab und Gut einen Platz auf diesem überfüllten Zug, der abfahrbereit am Anhalter Bahnhof steht.

aldemokraten und anderen Parteien zu bilden, so mit der rechtsgerichteten Partei der Kleinen Landwirte in Ungarn und mit der polnischen Bauernpartei. Stalin bestand darauf, daß Kommunisten die Schlüsselressorts Wirtschaft, Justiz und Inneres besetzten. Damit war gewährleistet, daß die Kontrolle über die Polizei und die innere Sicherheit in den Händen seiner Helfershelfer lag. In ganz Osteuropa verschwanden wichtige Persönlichkeiten der nichtkommunistischen Parteien spurlos, sie wurden in der Stille der Nacht entführt. Langsam, aber sicher schalteten die Kommunisten jede Opposition aus und lenkten alle Satelliten in die Richtung kommunistischer Einparteisysteme unter sowjetischer Hegemonie.

Die Ruinen des Warschauer Ghettos, 1948. Was nicht bei den schweren Kämpfen 1944 zerstört wurde, wurde nach dem Krieg abgetragen. Nur die römisch-katholische Kirche im Hintergrund ist erstaunlicherweise nahezu unbeschädigt geblieben.

In Polen, wo ein Drittel des Volksvermögens zerstört und ein Fünftel der Bevölkerung umgekommen waren, schienen alle Menschen in Bewegung zu sein. Millionen Vertriebener versuchten verzweifelt, ihre Familien wiederzufinden und in ihre Häuser zurückzukehren. Langsam krochen die Züge westwärts, überfüllt mit Flüchtlingen und Überlebenden aus Hitlers Vernichtungslagern. Züge verstopften auch die Gleise, die nach Osten führten, vollgepackt mit Kriegsbeute und Maschinen aus deutschen Fabriken, die von der Roten Armee beschlagnahmt worden waren. Die Alliierten hatten auf der Konferenz von Potsdam vereinbart, daß die Sowjetunion Teile des ehemaligen Ostpolens annektieren solle und daß die polnische Westgrenze bis zur Oder-Neiße-Linie nach Westen verlegt würde. Um für die vertriebenen Polen Platz zu schaffen, wurden rund sechs Millionen Deutsche oft gewaltsam entwurzelt und aus Pommern, Schlesien und Ostpreußen vertrieben. Viele Deutsche aus Westpolen wurden in der britischen Besatzungszone angesiedelt. Heute würde dieser Vorgang »ethnische Säuberung« heißen, damals sprach man von »Überführung der Bevölkerung«. Die Alliierten machten bereitwillig mit.

Von den 25 Mitgliedern der polnischen provisorischen Regierung waren 16 von der Sowjetunion gestützte Kommunisten. Władysław Gomułka, der Sekretär der Polnischen Arbeiterpartei (die Kommunisten), leitete die Hetzkampagne gegen den Führer der Bauernpartei, Stanisław Mikołajczyk, und ein nichtkommunistisches Parteienbündnis, das der Westen unterstützte. Die gewaltigen Probleme des Wiederaufbaus wurden überschattet von dem internen Machtkampf, in dem die Kommunisten gezielt Methoden des Terrors anwandten. Als im Januar 1947 endlich Wahlen stattfanden, saßen bereits Tausende Parteifunktionäre im Gefängnis; die Kommunisten konnten 80 Prozent der Wählerstimmen auf sich vereinigen. In einem Land, das zu Stalins Einflußsphäre zählte, konnte der Westen nichts tun, um die unerbittliche formale Durchsetzung der kommunistischen Herrschaft zu verhindern.

James F. Byrnes

Stalin riskierte mit seiner Taktik in Osteuropa eine offene Konfrontation mit dem Westen, doch dieses Risiko wollte er offenbar eingehen. Ende 1945 wurden nach dem polnischen Muster auch in Rumänien und Bulgarien prosowjetische Regierungen eingesetzt. Im Dezember desselben Jahres sah es so aus, als würde sich die russische Intervention nicht allein auf Osteuropa beschränken: Prosowjetische Truppen übernahmen die Kontrolle über den Norden Irans und riefen einen eigenen Staat Aserbaidschan aus. Im selben Monat ließ die UdSSR ihre Truppen entlang der türkischen Grenze aufmarschieren.

Der amerikanische Außenminister James F. Byrnes versuchte bei einer Konferenz der Außenminister in Moskau im Dezember 1945, die Sowjets von ihrer kompromißlosen Linie in Osteuropa abzubringen. Er bestand darauf, daß die Basis der bulgarischen und der rumänischen Regierung erweitert werde, und drängte die Sowjets, Nichtkommunisten in die Regierungen dieser Länder aufzunehmen. Als Molotow nachgab, willigte Byrnes ein, die neuen prosowjetischen Regierungen anzuerkennen. Im US-Außenministerium erhob sich daraufhin ein Sturm der Entrüstung. Präsident Truman bestellte Byrnes in das Oval Office und warnte ihn nachdrücklich vor dem sowjetischen Expansionismus. Keine sechs Monate nach Kriegsende sah Washington in dem einstigen Verbündeten einen potentiellen Feind.

Der Eiserne Vorhang fällt

Im Februar 1946 spitzte sich die Situation zu, als Stalin am Vorabend der Wahlen zum Obersten Sowjet eine Rede hielt. Er stellte sich auf einen kompromißlosen marxistisch-leninistischen Standpunkt und verkündete, der Kapitalismus mache einen Krieg unvermeidlich: »Die Entwicklung des Weltkapitalismus in unserer Zeit ist nicht gleichmäßig und konfliktlos, sondern verläuft über Krisen und Katastrophen.«

Für Stalins Zuhörer wiederholte er hier nur altbekannte Prophezeiungen, in Washington hingegen läuteten nach der Rede die Alarmglocken. Die Zeit-

Die Länder hinter dem Eisernen Vorhang, 1946

Die Entwicklung des Weltkapitalismus in unserer Zeit ist nicht gleichmäßig und konfliktlos, sondern verläuft über Krisen und Katastrophen.

Josef Stalin,
Februar 1946

schrift *Time* schrieb, dies sei »die kriegerischste Erklärung eines Spitzenpolitikers seit dem Sieg über Japan«. Paul Nitze, politischer Berater im Außenministerium, meinte, die Rede komme beinahe einer »verspäteten Kriegserklärung an die Vereinigten Staaten« gleich. Andere Regierungsbeamte waren irritiert über die sowjetische Haltung und verlangten zur Klärung nähere Auskünfte. Das Außenministerium telegrafierte an die US-Botschaft in Moskau und forderte Hintergrundinformationen über die sowjetische Außenpolitik an. Die Bitte landete auf dem Schreibtisch von George Kennan, der darauf eine mehrseitige Antwort verfaßte. Sie ist als das »lange Telegramm« in die Geschichte eingegangen. Kennans Text prägte die amerikanischen Ansichten über die Sowjetunion entscheidend und trug wesentlich zur Entwicklung der später als »Politik der Eindämmung« bezeichneten Linie bei.

George F. Kennan

Kennan war der Sowjetexperte des Außenministeriums und hatte bereits 1933, noch vor der offiziellen Anerkennung der sowjetischen Regierung durch Washington, seine erste Reise als Vertreter amerikanischer Interessen nach Moskau unternommen. Er war in vieler Hinsicht ein ungewöhnlicher Diplomat. Seine Stimmung wechselte oft von einem Moment auf den anderen, und er wollte in der Regel seinen Standpunkt durchsetzen, statt auf andere zu hören. Da er sich aber gründlich mit Rußland und der russischen Kultur befaßt hatte, wußte er, wie tief die russische Vergangenheit das Denken der kommunistischen Führer nach dem Krieg prägte. Das »lange Telegramm« sagte nichts anderes voraus als einen langwierigen Kampf auf Leben und Tod zwischen der Demokratie und dem Kommunismus. Kennan schilderte ausführlich die Angst der Zaren vor jeglichem westlichen Einfluß, zu der inzwischen die kommunistische Ideologie hinzugekommen sei. Seine Einschätzung lautete: »Alles in allem haben wir es mit einer politischen Kraft zu tun, die sich fanatisch zu dem Glauben bekennt, daß es mit Amerika keinen dauernden Modus vivendi geben kann, daß es wünschenswert und notwendig ist, die innere Harmonie unserer Gesellschaft, unsere traditionellen Lebensgewohnheiten zu beseitigen und das internationale Ansehen unseres Staates zu zerstören, um der Sowjetmacht Sicherheit zu verschaffen.«

Das »lange Telegramm« versetzte Washington in Aufruhr. Schon wenige Wochen später schienen sich Kennans Warnungen zu bestätigen, als der Kreml sich weigerte, seine Truppen aus dem Nordiran abzuziehen, und damit die Ölvorräte bedrohte. An diesem Punkt, während die Krise sich zuspitzte, reiste der inzwischen abgewählte Winston Churchill mit Präsident Truman in dessen Heimatstaat Missouri. In einer Rede im Westminster College in der kleinen Stadt Fulton sprach Churchill am 5. März 1946 öffentlich aus, was in Washington bereits hinter vorgehaltener Hand gemunkelt wurde: »Von Stettin an der Ostsee bis hinunter nach Triest an der Adria ist ein Eiserner Vorhang über den Kontinent gezogen.«

Doch die amerikanische Öffentlichkeit war für eine solche Interpretation der sowjetischen Absichten noch nicht bereit. Die Kommentatoren hielten damals Churchills Rede für überzogen, ein Großteil der Presse kritisierte sie. Selbst Truman, der vorab vom Inhalt der Rede informiert gewesen war, mußte

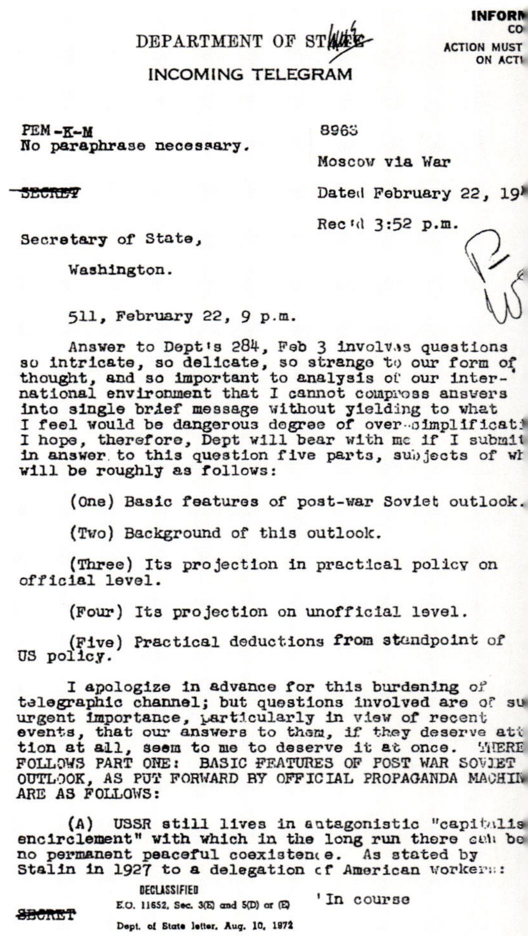
DEPARTMENT OF STATE
INCOMING TELEGRAM

INFOR
CO
ACTION MUST
ON ACT

PEM-K-M
No paraphrase necessary.

8963

Moscow via War

SECRET

Dated February 22, 19

Rec'd 3:52 p.m.

Secretary of State,

Washington.

511, February 22, 9 p.m.

Answer to Dept's 284, Feb 3 involves questions so intricate, so delicate, so strange to our form of thought, and so important to analysis of our international environment that I cannot compress answers into single brief message without yielding to what I feel would be dangerous degree of over-simplificat I hope, therefore, Dept will bear with me if I submit in answer to this question five parts, subjects of wh will be roughly as follows:

(One) Basic features of post-war Soviet outlook.

(Two) Background of this outlook.

(Three) Its projection in practical policy on official level.

(Four) Its projection on unofficial level.

(Five) Practical deductions from standpoint of US policy.

I apologize in advance for this burdening of telegraphic channel; but questions involved are of su urgent importance, particularly in view of recent events, that our answers to them, if they deserve att tion at all, seem to me to deserve it at once. THERE FOLLOWS PART ONE: BASIC FEATURES OF POST WAR SOVIET OUTLOOK, AS PUT FORWARD BY OFFICIAL PROPAGANDA MACHIN ARE AS FOLLOWS:

(A) USSR still lives in antagonistic "capitalis encirclement" with which in the long run there can be no permanent peaceful coexistence. As stated by Stalin in 1927 to a delegation of American workers:

'In course

SECRET

DECLASSIFIED
E.O. 11652, Sec. 3(E) and 5(D) or (E)
Dept. of State letter, Aug. 10, 1972

Die erste Seite von Kennans »langem Telegramm«, insgesamt 19 Seiten, das er im Februar 1946 aus Moskau schickte. Das Telegramm prägte die politische Linie der USA in den ersten Jahren des Kalten Krieges.

Von Stettin an der Ostsee bis hinunter nach Triest an der Adria ist ein Eiserner Vorhang über den Kontinent gezogen.

Winston Churchill, 5. März 1946

Unkenntnis vorgeben. Als er an Ort und Stelle zu einer Reaktion gedrängt wurde, lehnte er jeden Kommentar ab.

In Moskau bestätigte Churchills flammende Rede Stalins Befürchtungen, der Westen werde der Sowjetunion feindselig entgegentreten. In einem Interview mit ausländischen Korrespondenten bewertete Stalin Churchills Vorwurf, Europa sei durch einen ideologischen Eisernen Vorhang geteilt, als Kriegstreiberei, als einen gegen die Sowjetunion gerichteten Ruf zu den Waffen. Die Parteizeitung *Prawda* nannte Churchill einen Rassisten und verglich ihn gar mit Hitler – sowjetische Karikaturisten griffen das Bild begierig auf. Die alte Kriegskoalition brach auseinander.

Es ist Zeit, hart durchzugreifen

Während sich das politische Klima aufheizte, kamen die Verantwortlichen in Washington einmütig zu der Auffassung, daß der Westen sich der Sowjetunion entgegenstellen müsse. Byrnes wurde kritisiert, er sei den Sowjets gegenüber zu nachgiebig. Bei einem Treffen ranghoher Mitarbeiter im Außenministerium erklärte er jedoch: »Wir werden deutlich Stellung beziehen.« Die Gelegenheit dazu bot sich im März im Iran.

Der Iran hatte mit der Sowjetunion eine gemeinsame Grenze von mehr als 1500 Kilometern Länge; dort hatte es immer wieder Konflikte gegeben. Von Anfang des Jahrhunderts an hatte Großbritannien das damalige Persien kontrolliert. Die Ölvorräte des Landes verschafften dem Konzern British Petroleum (BP) und der britischen Regierung, die Konzessionen für deren Nutzung vergab, große Gewinne. 1941 hatten die Russen und die Briten gemeinsam den Iran besetzt, um zu verhindern, daß die Ölfelder den Deutschen in die Hände fielen. Der alte Schah wurde gezwungen, zugunsten seines Sohnes Mohammed Resa Pahlawi abzudanken, der den Alliierten freundlicher gesinnt war als den Deutschen. Danach wurde ein Abkommen geschlossen und festgelegt, daß die britischen und die sowjetischen Truppen nach dem Krieg wieder abziehen würden. Doch Anfang März 1946, am vereinbarten Tag des Abzugs, gingen nur die Briten. Die Sowjets blieben »zur weiteren Prüfung der Situation«. Ein amerikanischer Gesandter meldete umfassende Truppenbewegungen, und Washington begriff schlagartig, daß die Lage brisant war. Amerika war jetzt entschlossen zu handeln.

»Churchill und seine Vorläufer«. Auf einer sowjetischen Karikatur in der Zeitschrift Krokodil *blicken Hitler und Goebbels nach der Rede in Fulton zufrieden auf einen eifernden und hetzenden Churchill. Auf den Flaggen steht: »Eiserner Vorhang über Europa« und »Die Angelsachsen sollten die Welt beherrschen«.*

Byrnes beschloß, die Sowjetunion öffentlich vor den Vereinten Nationen zu tadeln; das neugeschaffene internationale Forum stand damit vor seiner ersten schweren Belastungsprobe. Byrnes legte persönlich den Standpunkt der Amerikaner im Sicherheitsrat dar: »Vierzig Staaten sind hier nicht repräsentiert. Sie erwarten von uns, daß wir jedem einzelnen die Zusicherung geben, daß die Tür des Sicherheitsrates ihnen offensteht, wenn sie eine Beschwerde vorbringen wollen, weil sie sich in ihrer nationalen Sicherheit bedroht fühlen.« Er warnte, wenn die UNO nicht hart durchgreife, dann werde sie »schon in den Kinderschuhen an Unfähigkeit und Wirkungslosigkeit« zugrunde gehen. Der sowjetische Vertreter Andrei Gromyko wollte eine Verschiebung der Debatte erreichen; als er damit scheiterte, verließ er demonstrativ den Sicherheitsrat – der erste von zahlreichen sowjetischen Auszügen während des Kalten Krieges.

Fulton, 1946

Am 5. März 1946 fahren Harry Truman und Winston Churchill auf ihrem Weg zum Westminster College durch Fulton in Missouri, Trumans Heimatstaat. Im College hielt Churchill seine Rede vom »Eisernen Vorhang«. Seine Warnung wurde in der ganzen Welt beachtet.

Stalin hatte jedoch niemals die Absicht gehabt, wegen des Iran eine militärische Auseinandersetzung mit dem Westen zu riskieren. Wenige Wochen später zog er nach Verhandlungen mit den Iranern die Truppen ab. Die Irankrise war ebenso schnell vorüber, wie sie aufgeflammt war. Doch sie ließ bereits ahnen, nach welchem Muster künftige Krisen ablaufen würden: Die Sowjetunion nutzte jede Gelegenheit, um die Entschlossenheit des Westens auf die Probe zu stellen, gab aber jedesmal kurz vor einer militärischen Auseinandersetzung nach.

Die deutsche Frage

Für den Rest des Jahres 1946 und im Jahr 1947 blieb Europa der größte Konfliktherd. Und im Herzen Europas lag das Problem eines geschlagenen Deutschlands, nach der Übereinkunft der Siegermächte aufgeteilt in vier militärische Besatzungszonen. Die britische, die französische und die amerikanische Zone im Westen Deutschlands umfaßten die großen Eisen- und Stahlhütten im Ruhrgebiet und den größten Teil des industriellen Kernlands. Die Sowjetzone im Osten war vorwiegend landwirtschaftlich geprägt. Die Sowjets verfolgten gegenüber Deutschland die politische Linie, möglichst viele Reparationen aus dem Land herauszupressen; auf diese Weise wollten sie die gewaltigen Verluste während der NS-Invasion wettmachen. In Potsdam hatten die Alliierten diese Linie gebilligt. Sie hatten sogar eingewilligt, daß die Sowjets ganze Industrieanlagen im Ruhrgebiet abbauten und abtransportierten. Ein Plan wurde vorgelegt, der die Reduzierung der deutschen Industrie auf 70 Prozent des Vorkriegsstandes und die Auslöschung bestimmter Industriezweige vorsah, zum Beispiel der Herstellung von synthetischem Öl, Petroleum und Gummi.

Am 25. April 1946 kam der Außenministerrat im Palais du Luxembourg in Paris zu vorbereitenden Gesprächen über eine Friedensregelung zusammen, die Gespräche dauerten zwei Monate. Minister Byrnes war immer mehr unter Druck geraten, »hart durchzugreifen«. Meist begleitete ihn der Vorsitzende des Senatsausschusses für auswärtige Beziehungen, Senator Arthur Vandenberg aus Michigan. In Paris sagte der Republikaner Vandenberg: »Mehr denn je bin ich davon überzeugt, daß der Kommunismus sich weltweit auf dem Vormarsch befindet und daß nur Amerika ihn aufhalten kann.« Die Sowjets wollten, daß das bereits in Jalta und in Potsdam ausgehandelte Viermächteabkommen die Grundlage für eine Friedensregelung werden sollte, doch die Gespräche gerieten immer wieder ins Stocken. Kritische Punkte waren etwa die Frage eines Friedensvertrages zwischen Österreich und Italien, Reparationsleistungen Italiens, die Stellung Triests und die Entmilitarisierung Deutschlands.

Wjatscheslaw Molotow

Das Verhalten des sowjetischen Außenministers Molotow bei den diplomatischen Verhandlungen brachte ihm in der westlichen Presse den Beinamen »Mr. No« ein. Den Westmächten kam Molotows Nein gelegen, weil die russische Haltung von der öffentlichen Meinung negativ aufgenommen wurde; so konnte Amerika in der folgenden Debatte für sich moralische Überlegenheit beanspruchen. Byrnes fragte seine Berater mehrmals, ob die russische Haltung »auf ihren Wunsch nach Sicherheit oder nach Expansion« zurückzuführen sei.

Mehr denn je bin ich davon überzeugt, daß der Kommunismus sich weltweit auf dem Vormarsch befindet und daß nur Amerika ihn aufhalten kann.

Senator Arthur Vandenberg, 25. April 1946

In allen Antworten wurde die Expansion herausgestrichen. Mittlerweile ist klar, daß die Sowjets sich von einem sorgfältig verborgenen Gespür für ihre eigene Schwäche leiten ließen. In Osteuropa ging Stalin sogar das Risiko einer Auseinandersetzung mit dem Westen ein, nur um eine Pufferzone gegen Deutschland zu erhalten. In anderen Regionen respektierte er weitgehend die in Jalta und Potsdam getroffenen Vereinbarungen und vermied eine direkte Konfrontation. Auch wenn er in seinen Reden immer wieder Lippenbekenntnisse zum alten marxistischen Ideal der Weltrevolution abgab, haben wir keine stichhaltigen Beweise, daß er jemals ernsthaft daran dachte, in den Westen einzumarschieren. Stalin wußte, daß die Sowjetunion technisch noch immer dem Westen unterlegen war. Außerdem hatte in diesen ersten Nachkriegsjahren Amerika die Atombombe und die Sowjetunion nicht.

OBEN: *Das von alliierten Bombenangriffen im Februar 1945 zerstörte Dresden.*
OBEN RECHTS: *An der Ostfront gefangengenommene deutsche Soldaten kehren nach Berlin zurück. Wohin man nach dem Krieg in Europa auch blickte, überall gab es nur Kummer, Leid und Zerstörung.*

Die Sowjets wollten Deutschland unbedingt schwach halten. Das gleiche Ziel verfolgten auch die Franzosen, deren Armeen 1940 durch Hitlers Blitzkrieg geschlagen worden waren und die danach vier Jahre lang die deutsche Besetzung hatten erleiden müssen – die dritte deutsche Invasion in weniger als 100 Jahren. Der Umstand, daß diese wichtigen diplomatischen Gespräche in Paris stattfanden und daß Frankreich nun zu den großen Vier zählte, richtete den französischen Nationalstolz wieder auf, doch die Franzosen forderten ebenso unnachgiebig wie die Sowjets, daß Deutschland schwach bleiben müsse und daß seine Industrieanlagen als Entschädigung beschlagnahmt werden sollten.

Im Sommer 1946 änderte die amerikanische Regierung in der zentralen Frage der Zukunft Deutschlands ihre Auffassung. Byrnes und seine Berater waren zu der Überzeugung gelangt, daß die Industrie in ganz Europa sich nicht erholen werde, solange sich die deutsche Wirtschaft nicht erhole. Bei einer Rede am 6. September 1946 in Stuttgart verkündete er: »Es liegt weder im Interesse des deutschen Volkes noch im Interesse des Weltfriedens, daß Deutschland eine Schachfigur oder ein Teilnehmer in einem militärischen

Machtkampf zwischen dem Osten und dem Westen wird.« Er schloß mit den Worten: »Das amerikanische Volk möchte dem deutschen Volk die Regierung Deutschlands zurückgeben. Das amerikanische Volk will dem deutschen Volk helfen, wieder zurückzufinden zu einem ehrenvollen Platz unter den freien und friedliebenden Nationen der Welt.« Byrnes ging sogar so weit, anzudeuten, daß Deutschlands neue Ostgrenze mit Polen, die den Polen unerläßlich für ihre Sicherheit erschien, ungerecht sei und in der Zukunft verändert werden könnte.

Diese bedeutende Rede kennzeichnete das endgültige Auseinanderbrechen der einstigen Kriegsallianz. In den folgenden Jahren wurde die amerikanische Politik von der Notwendigkeit bestimmt, Deutschland wiederaufzubauen und einen wirksamen Puffer gegen die vermeintliche Gefahr einer sowjetischen Expansion zu schaffen. Die Sowjetunion arbeitete ihrerseits weiter an der Errichtung ihrer eigenen Pufferzone zu Deutschland. Öffentlich riefen beide Seiten weiterhin zu einer Wiedervereinigung Deutschlands unter Kontrolle der vier Mächte auf, doch tatsächlich zeichnete sich ab, daß den Interessen beider Seiten am besten gedient war, wenn Deutschland geteilt blieb – zumindest vorläufig.

Außenminister James F. Byrnes erklärt bei einer Rede in Stuttgart am 6. September 1946, daß die Vereinigten Staaten die Rückkehr Deutschlands auf die internationale Bühne wünschen. Eine solche Rede so kurz nach dem Krieg sorgte für Aufruhr in Polen und der Sowjetunion.

Die Pariser Friedenskonferenz

Ende Juli 1946 versammelten sich in Paris die Vertreter von 21 Staaten zu einer Friedenskonferenz, auf der die offengebliebenen Probleme des Krieges gelöst werden sollten. Unmittelbar vor der Eröffnung der Konferenz zündeten die Vereinigten Staaten auf dem Bikini-Atoll im Pazifik zwei Atombomben, vielleicht um dem Kreml neuerlich ihr Atomwaffenmonopol vor Augen zu führen. Das war kein gutes Omen für eine Friedenskonferenz.

Die Pariser Friedenskonferenz wurde nach dem Muster der Versailler Friedenskonferenz nach dem Ersten Weltkrieg organisiert. Doch die Bereitschaft zur Zusammenarbeit zwischen den Siegermächten war so gering, daß kaum greifbare Ergebnisse erzielt wurden.

Nach Hunderten von Sitzungsstunden wurde die Friedenskonferenz auf den 15. Oktober vertagt, die endgültige Einigung über alle noch offenen Fragen sollte im Außenministerrat gefunden werden. Die großen Vier sollten sich plangemäß in den kommenden Monaten noch mehrfach treffen, doch wegen der Spannungen des einsetzenden Kalten Krieges kam keine Einigung auf eine umfassende Nachkriegsstrategie zustande. Gleichsam als Signal für das Scheitern vereinbarten Großbritannien und die Vereinigten Staaten die Vereinigung ihrer beiden Zonen in Deutschland zur Bizone vom 1. Januar 1947 an – ein erstes Anzeichen, daß sie sich mit der Teilung Deutschlands abgefunden hatten.

1946 wuchsen die Spannungen zwischen den Vereinigten Staaten und der Sowjetunion weiter an. Im Juli bat Truman seinen Sonderberater Clark Clifford, eine Liste zusammenzustellen, welche Vereinbarungen die Sowjets gebrochen hatten und welche sie mißachteten. Clifford und sein Assistent George Elsey ließen es nicht damit bewenden, sondern untersuchten jeden Aspekt der sowjetischen Politik nach dem Krieg und der amerikanisch-sowjetischen Beziehungen. Die beiden sprachen mit fast allen ranghohen Mitarbei-

Bikini-Atoll, 1946

Zwischen 1946 und 1948 zündeten die Vereinigten Staaten 23 Atomwaffen in der Nähe des Bikini-Atolls auf den Marschallinseln. Die Kernexplosion im Jahr 1946 schickte eine Wassersäule von etwa 1500 Meter Höhe und 600 Meter Durchmesser am Fuß in den Himmel.

tern im Umkreis des Präsidenten, im Verteidigungsministerium, im Federal Bureau of Investigation (FBI) und mit allen Regierungsbehörden, die mit der Sowjetunion zu tun gehabt hatten. In ihrem Bericht gaben Clifford und Elsey eindeutig Stalin die Schuld an der Verschlechterung der Beziehungen zwischen den einstigen Verbündeten. Sie kamen zu dem Schluß, die Sowjetunion stelle »eine echte Bedrohung für die Freiheit in dieser Welt, für die Freiheit in Europa und für die Freiheit in den Vereinigten Staaten dar. Entsprechend müssen wir vorbereitet sein.«

Clark Clifford

Noch am selben Abend, an dem Truman den Bericht las, rief er Clifford zu sich nach Hause und fragte ihn, wie viele Exemplare es davon gebe. Auf die Antwort, es seien 20, sagte der Präsident, Clifford solle am nächsten Morgen alle ins Oval Office bringen. »Ich möchte nicht, daß das nach außen dringt. Das würde das Weiße Haus in die Luft sprengen, und sehr wahrscheinlich auch den Kreml.« Clifford sammelte alle Kopien ein und übergab sie Truman – bis auf eine für sich selbst. Der Präsident widersprach der Schlußfolgerung Cliffords und Elseys keineswegs, daß Amerika bereit sein müsse, gegen die wachsende sowjetische Aggression einzuschreiten, doch er befand, die Öffentlichkeit sei noch nicht so weit, daß sie das hören dürfe.

George Elsey

Der einzige Abweichler in der Regierung, Handelsminister Henry Wallace, hatte seit dem Kriegsende für einen versöhnlicheren Kurs gegenüber der Sowjetunion plädiert. Er war der Ansicht, daß die Russen lediglich versuchten, das zu sichern, was sie in Jalta und Potsdam gewonnen hatten. Wenn Amerika eine harte Gangart einschlage, zwinge es Stalin, als Antwort eine noch härtere Gangart zu wählen. Damit stand Wallace im Gegensatz zu Truman. Im September forderte Truman ihn deshalb zum Rücktritt auf.

Eine deutsche Karikatur zeigt die Vereinigten Staaten und die Sowjetunion, wie sie den Globus unter sich aufteilen. Sie lächeln sich freundlich zu, halten aber ihre Waffen griffbereit. Keine zwei Jahre zuvor waren sie noch Verbündete gewesen.

Unruhen im östlichen Mittelmeer

Der nächste Konfliktherd lag im östlichen Mittelmeer. Auch Griechenland hatte stark unter der NS-Besatzung und unter einem Bürgerkrieg gelitten. Ein großer Teil der Infrastruktur war zerstört. Straßen, Brücken und Gleisanlagen lagen in Trümmern, von vielen Fabriken standen nur noch Ruinen, den Kanal von Korinth hatte die abziehende deutsche Armee blockiert. Die Militärverwaltung war mit äußerster Brutalität vorgegangen und hatte alle angeklagten Widerstandskämpfer öffentlich hinrichten lassen. Zur Zeit der endgültigen Befreiung Griechenlands im Jahr 1944 befand sich ein großer Teil des Landes in den Händen der Partisanen der ELAS (der Nationalen Volksbefreiungsarmee), viele waren Kommunisten. Der damals noch amtierende Premierminister Churchill war entschlossen, zusammen mit einer prowestlichen Regierung die Monarchie wiederherzustellen, und entsandte britische Soldaten nach Griechenland.

Im Dezember 1944 begann ein Bürgerkrieg zwischen der ELAS und der britischen Marionettenregierung. Die griechischen Kommunisten wandten sich natürlich an Stalin um Hilfe, doch in einer geheimen Absprache in

Moskau mit Churchill im Oktober desselben Jahres hatte der Sowjetführer bereits zugestimmt, daß Griechenland Teil der westlichen Einflußsphäre sein sollte. Stalin hielt sich an die Absprache, weil er keine Konfrontation mit dem Westen in Griechenland wollte. Die Amerikaner glaubten irrigerweise, Stalin stecke hinter dem Bürgerkrieg. In Wahrheit kam die Unterstützung für die griechischen Kommunisten von dem jugoslawischen Staatschef Marschall Tito, der über die makedonische Grenze Waffen ins Land bringen ließ.

Im Grammosgebirge sitzt ein orthodoxer Priester unter den Soldaten der Regierung, die eine Kriegskarte im langen und erbitterten Bürgerkrieg gegen die kommunistische Linke studieren. Großbritannien hatte ursprünglich die antikommunistischen Kräfte unterstützt, konnte sich das aber Anfang 1947 nicht länger leisten.

Die Führer der ELAS erkannten zu spät, daß sie von der Sowjetunion keine militärische Unterstützung zu erhoffen hatten. Unklugerweise boykottierten sie 1946 die Wahlen und isolierten sich damit weiter vom politischen Entscheidungsprozeß. Der Bürgerkrieg zog sich noch drei Jahre lang hin, bis Tito schließlich die Unterstützung für die Rebellen einstellte.

1946 drohte auch in der Türkei ein Konflikt, als Moskau freien Zugang für seine Kriegsschiffe zum Mittelmeer durch die Dardanellen forderte. In Potsdam war dies angesprochen worden. Offiziell war die Türkei im Krieg neutral geblieben; sie hatte aber, da sie mit den Deutschen sympathisierte, die Meeresstraßen für die russische Schiffahrt geschlossen. Auf die Weigerung der Türkei hin, die Straße zu öffnen, forderten die Vereinigten Staaten, daß ein neu zu schaffendes Gremium der Vereinten Nationen die Kontrolle über die Dardanellen übernehmen solle. Darauf stationierte die Sowjetunion zwölf Divisionen an ihrer Grenze zur Türkei. Die USA entsandten Kriegsschiffe nach Istanbul. Ende 1946 gestanden beide Seiten ein Patt ein, das aber in Wahrheit ein Nachgeben der Sowjetunion bedeutete.

Die Folgen des Winters

Zu den politischen Spannungen kam noch der bittere Winter hinzu, der 1946/47 ganz Europa fest im Griff hatte – der schlimmste Winter seit Menschengedenken. Überall fielen die Temperaturen auf Rekordwerte. Großbritannien war besonders hart getroffen, die allmähliche wirtschaftliche Erholung erlitt einen Rückschlag. Am 12. Februar 1947 fegten erneut Schneestürme über

Großbritannien hinweg, und die Kohleindustrie war nicht imstande, den zusätzlichen Bedarf an Brennstoff zu decken. Die Regierung kürzte die Kohlelieferungen an alle Industriebetriebe um die Hälfte. Elektrischen Strom gab es nur noch wenige Stunden täglich. Durch den Krieg verarmt und von der Energieknappheit nun weiter angeschlagen, steuerte die britische Wirtschaft auf eine Katastrophe zu. Finanzminister Hugh Dalton warnte: »Wir treiben, wie ich fürchte, im Halbschlaf auf einen Abgrund zu.«

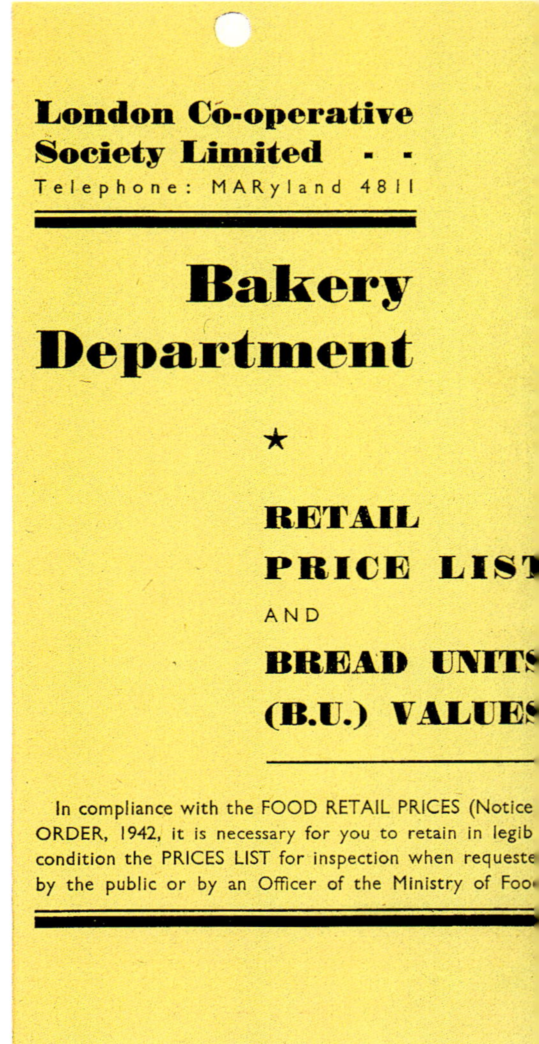

Die britische Regierung kam zu dem Schluß, daß sie ihren Verpflichtungen im Ausland nicht länger nachkommen konnte, weil die Ausgaben für den Unterhalt der Truppen in der ganzen Welt die Staatseinnahmen aufzehrten. Allein die britische Besatzung Deutschlands kostete die Regierung täglich eine Million Pfund. Brot mußte rationiert werden, was nicht einmal in den schlimmsten Stunden des Krieges nötig gewesen war, weil jetzt ein Teil des Getreides zur Ernährung der hungernden Menschen nach Deutschland geliefert wurde.

Die Labour-Regierung beschloß, ihre Pläne für die Aufgabe der britischen Kolonialherrschaft voranzutreiben. Sie kündigte an, daß Indien spätestens im Juni 1947 die Unabhängigkeit gewährt werde. Earl Louis Mountbatten wurde zum letzten Vizekönig ernannt; er sollte Indiens Weg in die Unabhängigkeit überwachen. Vor den Vereinten Nationen erklärte die britische Regierung überraschend, daß sie ihr Mandat in Palästina zurückgeben wolle. Ende Februar beschloß London ferner, die Wirtschaftshilfe für Griechenland und die Türkei einzustellen. Aus Griechenland, wo immer noch britische Soldaten an den Kämpfen teilnahmen, zog sich Großbritannien einfach zurück. Damit liefen sowohl die Türkei als auch Griechenland Gefahr, unter kommunistischen Einfluß zu geraten, wenn kein anderer die Rolle der Briten übernahm.

Am Nachmittag des 21. Februar, einem Freitag, rief der Sekretär des britischen Botschafters in Washington beim amerikanischen Außenministerium an und bat um ein dringendes Gespräch mit dem neuen Außenminister George C. Marshall. Marshall war bereits gegangen, doch sein Unterstaatssekretär Dean Acheson ahnte, um was es ging. Die dringende Nachricht aus London wurde Acheson ausgehändigt, er wunderte sich über das angekündigte Tempo des britischen Rückzugs aus dem östlichen Mittelmeer. Später schrieb Acheson über die Kommuniqués: »Es waren regelrechte Schreckensmeldungen. Die britische Hilfe für Griechenland und die Türkei sollte in sechs Wochen auslaufen ... Die Regierung Seiner Majestät hoffte inständig, daß wir die Last übernehmen könnten.« Für Acheson begann ein hektisches Wochenende voller Gespräche. Er arbeitete Pläne aus, die er Marshall am Montagmorgen vorlegen wollte, und ließ die damit verbundenen Kosten schätzen.

Marshall und Truman waren überzeugt, daß sie rasch handeln mußten. Da der Kongreß aber fest in republikanischer Hand war, mußte sich Truman unbedingt zunächst die Unterstützung der beiden Häuser sichern. Nur eine Woche nach dem Eintreffen der britischen Note rief er die Führer des Repräsentantenhauses und des Senats zu sich ins Weiße Haus. Truman und Marshall legten zunächst ihre Auffassung dar. Dann bat Acheson um das Wort, weil er spürte, daß dies die entscheidende Stunde war und ihre Gesprächspartner noch zögerten. »Wir hatten keine Zeit für eine ausgewogene Einschätzung«, erinnerte er sich später. Acheson führte aus, daß eine sowjetische Machtübernahme im östlichen Mittelmeer drei Kontinente dem sowjetischen Einfluß öffne. »Genau wie Äpfel in einer Kiste von einem einzigen verfaulten Apfel angesteckt werden, würde eine Unterwanderung Griechenlands den Iran und den ganzen Osten anstecken. Über Kleinasien und Ägypten würde die Infektion weiter nach Afrika getragen werden, und über Italien und Frankreich nach Europa.« Nach Achesons Worten herrschte langes Schweigen. Dann sagte Senator Vandenberg feierlich: »Herr Präsident, wenn Sie das vor dem Kongreß sagen ..., dann werde ich Sie unterstützen, und ich glaube, die meisten Mitglieder werden mir folgen.«

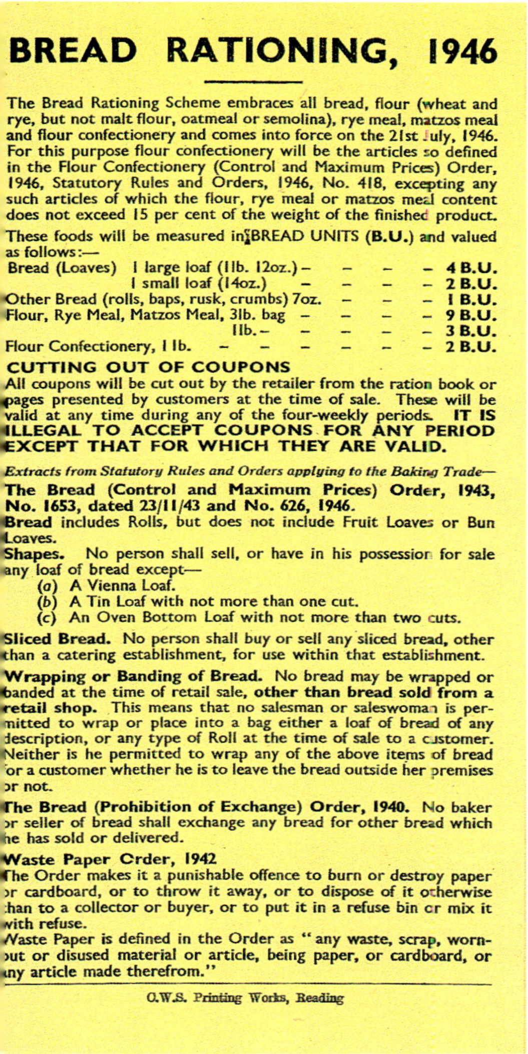

BREAD RATIONING, 1946

The Bread Rationing Scheme embraces all bread, flour (wheat and rye, but not malt flour, oatmeal or semolina), rye meal, matzos meal and flour confectionery and comes into force on the 21st July, 1946. For this purpose flour confectionery will be the articles so defined in the Flour Confectionery (Control and Maximum Prices) Order, 1946, Statutory Rules and Orders, 1946, No. 418, excepting any such articles of which the flour, rye meal or matzos meal content does not exceed 15 per cent of the weight of the finished product.

These foods will be measured in BREAD UNITS (**B.U.**) and valued as follows:—

Bread (Loaves)	1 large loaf (1lb. 12oz.)	**4 B.U.**
	1 small loaf (14oz.)	**2 B.U.**
Other Bread (rolls, baps, rusk, crumbs) 7oz.		**1 B.U.**
Flour, Rye Meal, Matzos Meal, 3lb. bag		**9 B.U.**
	1lb.	**3 B.U.**
Flour Confectionery, 1 lb.		**2 B.U.**

CUTTING OUT OF COUPONS

All coupons will be cut out by the retailer from the ration book or pages presented by customers at the time of sale. These will be valid at any time during any of the four-weekly periods. **IT IS ILLEGAL TO ACCEPT COUPONS FOR ANY PERIOD EXCEPT THAT FOR WHICH THEY ARE VALID.**

Extracts from Statutory Rules and Orders applying to the Baking Trade—

The Bread (Control and Maximum Prices) Order, 1943, No. 1653, dated 23/11/43 and No. 626, 1946.

Bread includes Rolls, but does not include Fruit Loaves or Bun Loaves.

Shapes. No person shall sell, or have in his possession for sale any loaf of bread except—
(*a*) A Vienna Loaf.
(*b*) A Tin Loaf with not more than one cut.
(c) An Oven Bottom Loaf with not more than two cuts.

Sliced Bread. No person shall buy or sell any sliced bread, other than a catering establishment, for use within that establishment.

Wrapping or Banding of Bread. No bread may be wrapped or banded at the time of retail sale, **other than bread sold from a retail shop.** This means that no salesman or saleswoman is permitted to wrap or place into a bag either a loaf of bread of any description, or any type of Roll at the time of sale to a customer. Neither is he permitted to wrap any of the above items of bread for a customer whether he is to leave the bread outside her premises or not.

The Bread (Prohibition of Exchange) Order, 1940. No baker or seller of bread shall exchange any bread for other bread which he has sold or delivered.

Waste Paper Order, 1942

The Order makes it a punishable offence to burn or destroy paper or cardboard, or to throw it away, or to dispose of it otherwise than to a collector or buyer, or to put it in a refuse bin or mix it with refuse.

Waste Paper is defined in the Order as "any waste, scrap, worn-out or disused material or article, being paper, or cardboard, or any article made therefrom."

C.W.S. Printing Works, Reading

GEGENÜBER: *Der schreckliche Winter 1947 führte in Großbritannien zu chaotischen Verhältnissen. Großbritannien mußte angesichts der eigenen Probleme sein internationales Engagement reduzieren.*
OBEN: *Während des Krieges waren in Großbritannien viele Lebensmittel rationiert worden, nur Brot nicht. 1946 mußte Brot rationiert werden, weil Großbritannien einen Teil seines Weizens an die hungernden Deutschen lieferte.*

Le Havre, 1949

Amerikanische Traktoren kommen in Europa an. Der einfallsreiche Marshallplan stärkte die Volkswirtschaften der vom Krieg verwüsteten europäischen Staaten, vertiefte aber zugleich die Ost-West-Spaltung des Kontinents. Der Marshallplan trug dazu bei, die Landwirtschaft und die Produktion in Westeuropa wiederzubeleben, außerdem nutzte er den amerikanischen Exporteuren.

Der Marshallplan

1947–1952

Der Vorsitzende Richter am Obersten Gerichtshof, Frederick M. Vinson (rechts), nimmt Außenminister George C. Marshall im Beisein von Präsident Truman den Amtseid ab. Marshall spielte eine wichtige politische Rolle in den ersten Jahren des Kalten Krieges.

Die Truman-Doktrin

Am Morgen des 21. Januar 1947 wurde General George C. Marshall, der Kriegsheld und ehemalige Generalstabschef der Army, im Rahmen einer kurzen Zeremonie im Weißen Haus als amerikanischer Außenminister vereidigt. Im April des Vorjahres hatte James F. Byrnes in einem Brief an den Präsidenten seinen Rücktritt angekündigt, nachdem bei ihm ein Herzleiden diagnostiziert worden war. Byrnes schrieb, er werde aus dem Amt scheiden, sobald die Verhandlungen über die Verträge mit den sowjetischen »Satelliten« Rumänien, Bulgarien und Ungarn abgeschlossen seien. Als die Verträge im Dezember 1946 unterzeichnet wurden, nahm Truman Byrnes beim Wort.

Der strenge, reservierte und absolut integre General Marshall ließ sich von niemandem mit seinem Vornamen ansprechen. Selbst als der Präsident bat, ihn George nennen zu dürfen, entgegnete Marshall: »Nein, General Marshall wird genügen.« In den Kriegsjahren hatte er die Anstrengungen Amerikas koordiniert und die rivalisierenden Forderungen der militärischen Teilstreitkräfte gegeneinander abgewogen. Churchill nannte ihn den »Organisator des Sieges«. Truman hatte während des ganzen Krieges mit Marshall zusammengearbeitet und war erfreut, daß dieser sein Angebot akzeptierte und das Außenministerium übernahm. Er vertraute Marshall rückhaltlos.

General Marshall war ein Neuling in der internationalen Politik. Er verließ sich auf seine Berater, hatte aber wenig Lust, »ein Problem immer wieder durchzukauen«. Er ging Probleme stets direkt an und schärfte seinen Mitarbeitern ein: »Bekämpfen Sie nicht das Problem, meine Herren. Lösen Sie es!« Seine direkte, klare Sichtweise paßte perfekt zur Einstellung Trumans. Als Marshall an jenem eisigen Januarmorgen den Amtseid schwor, hätten sich nur wenige träumen lassen, welche gewaltigen Veränderungen er in naher Zukunft bewirken würde, Veränderungen, die den Kalten Krieg eskalieren ließen und den Graben zwischen den beiden feindlichen Lagern vertieften.

Kaum war Marshall im Amt, sah er sich mit den Schattenseiten der internationalen Politik konfrontiert: Wegen Griechenland und der Türkei kam es zu einer handfesten Krise. Der Präsident sicherte sich die Unterstützung der Führer im Kongreß und ging dann in die Offensive. Am 12. März forderte er vor einer gemeinsamen Sitzung der beiden Häuser eine Finanzhilfe in Höhe

OBEN RECHTS: *Präsident Truman bittet den Kongreß um eine Finanzhilfe in Höhe von 400 Millionen Dollar für Griechenland und die Türkei. Amerika dürfe Europa und die freie Welt nicht im Stich lassen.*

OBEN: *Die sowjetische Zeitschrift* Krokodil *zeigt das Haus Europa, wie es unter dem Gewicht des amerikanischen Eigeninteresses zusammenbricht.*

von 400 Millionen Dollar für Griechenland und die Türkei. Er mußte die Isolationisten überzeugen, daß Amerika anders als im Ersten Weltkrieg diesmal die Führerschaft über die freie Welt nicht aus der Hand geben durfte. Und er mußte den Abgeordneten und Senatoren deutlich machen, daß es nicht um einen Akt der Nächstenliebe ging, sondern daß fundamentale amerikanische Interessen auf dem Spiel ständen. So beschrieb der Präsident den Konflikt als einen Kampf zwischen Freiheit und Unterdrückung, zwischen Demokratie und Tyrannei – zwischen »denen« und »uns«. Truman erklärte wörtlich: »Die Saat der totalitären Regime wird von Elend und Mangel genährt. Sie verbreitet sich und wächst in dem schlechten Boden von Armut und Kampf. Sie reift heran, wenn in einem Volk die Hoffnung auf ein besseres Leben ganz erstirbt. Wir müssen diese Hoffnung am Leben erhalten ... Ich bin der Ansicht, daß es die Politik der Vereinigten Staaten sein muß, die freien Völker zu unterstützen, die sich der Unterwerfung durch bewaffnete Minderheiten oder durch Druck von außen widersetzen.«

Die Darstellung der ideologischen Auseinandersetzung in schlichten Gegensätzen ging als die Truman-Doktrin in die Geschichte ein. Truman richtete das Augenmerk bei der Verteidigung der westlichen Interessen in Griechenland und der Türkei darauf, den Vormarsch des Kommunismus zu stoppen, und prägte damit eine Auffassung, die ein Vierteljahrhundert lang das amerikanische Denken bestimmen sollte. Damals sprach noch niemand vom »Dominoeffekt«, doch nach der Logik, mit der Dean Acheson vor den Kongreßführern argumentiert hatte, waren Westeuropa, Nordafrika, der Iran und der Nahe Osten bedroht, wenn Griechenland und die Türkei den Kommunisten in die Hände fielen. Da Stalin es darauf anlegte, die Schwachpunkte des Westens zu erkunden, wollte Truman eine Grenze ziehen und demonstrieren: »Bis hierher und nicht weiter.« Trumans Worte vor dem Kongreß im März 1947

OBEN: *Der amerikanische Karikaturist Fitzpatrick sieht den Marshallplan als ein Rettungsseil für Europa.*
OBEN RECHTS: *Flüchtlinge in einem Lager in Lübeck warten auf die Essensausgabe.*

klangen noch jahrzehntelang nach, und die dahinter stehende Denkweise blieb zumindest bis zum Vietnamkrieg die Basis der amerikanischen Politik.

Trumans Rede machte großen Eindruck. George Elsey, der im Jahr zuvor zusammen mit Clark Clifford eine Studie über die Haltung der Regierung zur Sowjetunion erarbeitet hatte, stand damals auf dem Balkon. Er erinnerte sich später, wie still es im Kongreß gewesen war, während Truman sprach. »In der Regel raschelt es irgendwo, oder es wird gelegentlich Beifall geklatscht, aber diesmal hörten alle Mitglieder schweigend zu. Alle waren sich darüber im klaren, daß dies ein historischer Moment war.« Der Kongreß stimmte der Finanzhilfe für Griechenland und die Türkei mit überwältigender Mehrheit zu.

Marshall war bei Trumans historischer Rede nicht anwesend. In Moskau fand eine weitere Außenministerkonferenz der großen Vier statt. Wieder einmal versuchten sie die deutsche Frage zu lösen, die auf der enttäuschenden Pariser Friedenskonferenz im Vorjahr offengeblieben war. Aber wiederum verhinderten ideologische Gegensätze jeden echten Fortschritt. Gegen Ende der fast sechs Wochen währenden Gespräche bat Marshall um eine private Unterredung mit Stalin. Nach der Unterredung war Marshall noch mehr auf der Hut als zuvor. Für ihn hatte es den Anschein, daß Stalin auf Zeit spielte und nur auf den Zusammenbruch der angeschlagenen europäischen Volkswirtschaften wartete, weil er genau wußte, daß der Kommunismus auf dem Nährboden von Armut und Unzufriedenheit gedeihen würde.

Auf dem Rückflug von Moskau machte Marshall in Deutschland Station und sprach mit General Lucius D. Clay, dem Militärgouverneur der amerikanischen Besatzungszone. Hier wurde Marshall unmittelbar mit dem Chaos im Nachkriegseuropa konfrontiert. Er kehrte heim in der Überzeugung, daß es höchste Zeit war zu handeln.

Das Wiederaufbauprogramm für Europa

Zurück in Washington, berichtete Marshall bei einer Rundfunkansprache am 28. April, daß »der Wiederaufbau Europas weit langsamer als erwartet vorankommt. Zersetzerische Kräfte sind bereits am Werk. Der Patient stirbt, während die Ärzte noch beraten.« Am nächsten Tag beauftragte er den politischen Planungsstab im Außenministerium mit der Ausarbeitung der Grundlinien für ein wirtschaftliches Wiederaufbauprogramm. Unterschiedliche Denkrichtungen wurden in einem Plan zusammengefaßt, der Marshalls Namen tragen sollte. George Kennan, inzwischen Leiter des Planungsstabs, befand, Europas Schwierigkeiten ließen sich dauerhaft nur lösen, wenn der, wie er es nannte, sowjetische Expansionismus eingedämmt werde. Er forderte Programme, die in einem Zeitraum von vier bis fünf Jahren Europas Selbstversorgung sicherstellen sollten.

5. Juni 1947. General Marshall hält Einzug in die Universität Harvard, wo er die Ehrendoktorwürde entgegennimmt und eine kurze Rede hält, die Geschichte macht. Unter anderen wurde an diesem Tag auch J. Robert Oppenheimer geehrt, der Vater der Atombombe. Das Ereignis wurde in der Presse kaum erwähnt.

Eine weitere wichtige Rolle bei der Ausarbeitung des Marshallplans spielte Unterstaatssekretär William Clayton. Einen Großteil des Monats April hatte er sich in Europa aufgehalten und bestürzt die erschreckend schlechte Lage registriert. Er war überzeugt, daß es angesichts der gewaltigen wirtschaftlichen Schwierigkeiten nur eine Frage von Wochen sei, bis die kommunistischen Parteien in Frankreich und Italien die Regierung übernehmen würden. Bei seinem Rückflug von Europa umriß Clayton für die Planer im Außenministerium einige Anregungen zu einem Wiederaufbauprogramm: Europa müsse in erster Linie vor Hunger und Chaos gerettet werden und nicht vor den Russen.

Marshall pflichtete ihm bei, daß die Bekanntgabe der amerikanischen Pläne nicht länger aufgeschoben werden dürfe. Im Krieg hatte die Universität Harvard Marshall eingeladen, die Ehrendoktorwürde entgegenzunehmen; damals hatte er sich damit entschuldigt, er habe keine Zeit für einen Besuch. Nun setzte er die Universität nur wenige Tage vor dem Termin in Kenntnis, daß er bei der Eröffnungsfeier am 5. Juni 1947 zur Verfügung stehen werde. Gemeinsam mit dem Dichter T. S. Eliot und dem Physiker Robert Oppenheimer wurde Marshall die Ehrendoktorwürde verliehen, er hielt bei dem Anlaß eine etwa siebenminütige Rede. Darin stellte er eine neue Initiative für Wirtschaftshilfe an die Länder Europas vor, die »das Vertrauen der europäischen Völker in die wirtschaftliche Zukunft ihrer Länder und ganz Europas« wiederherstellen sollte. »Unsere Politik richtet sich nicht gegen irgendein Land oder irgendeine Doktrin, sondern gegen Hunger, Armut, Verzweiflung und Chaos. Ihr Zweck ist die Wiederbelebung einer funktionierenden Weltwirtschaft, damit die Entstehung politischer und sozialer Bedingungen ermöglicht wird, unter denen freie Institutionen existieren können.« Mit diesen Worten wurde das Wiederaufbauprogramm für Europa, der Marshallplan, offiziell bekanntgegeben.

Der Rahmen für eine so bedeutende Rede war ungewöhnlich bescheiden. Marshalls Auftritt wurde so übereilt organisiert, daß niemand daran dachte, die Nachrichtensender zu informieren. Und die amerikanische Presse versäumte es, das Ereignis auf der Titelseite zu plazieren. Sogar viele Mitarbeiter Marshalls im Außenministerium waren überrascht, weil sie so früh noch keine Ankündigung erwartet hatten. Einige europäische Reporter hatten jedoch einen Wink erhalten, daß hier etwas Bedeutendes gesagt werden würde. Der BBC-Korrespondent Leonard Miall war von Dean Acheson persönlich informiert worden und schickte einen Bericht über die Rede nach London.

Am nächsten Morgen hörte der britische Außenminister Ernest Bevin Mialls Bericht im Rundfunk und war wie elektrisiert. Unverzüglich bat er Mitarbeiter an der britischen Botschaft in Washington um nähere Informationen, doch sie wußten nichts über die Angelegenheit. Einige Tage später bestätigte die Botschaft dann tatsächlich, daß Marshall die europäischen Staaten aufgefordert habe, ihre Vorstellungen vorzulegen, wie amerikanische Hilfe beim Wiederaufbau aussehen könnte. Bevin befand, es sei keine Zeit zu verlieren, und flog nach Paris zu einem Gespräch mit seinem französischen Kollegen Georges Bidault. Für Ende des Monats vereinbarten sie ein Treffen der Außenminister in Paris.

An diesem Punkt kam noch ein anderer wichtiger Aspekt ins Spiel. Marshalls Einladung richtete sich an alle Länder Europas. Damit stellte sich natürlich die Frage, ob die osteuropäischen Staaten, die bereits unter Stalins Einfluß standen, ebenfalls Finanzhilfe beantragen würden, vielleicht sogar die Sowjetunion. Im Krieg hatte die UdSSR bereitwillig Hilfe im Rahmen des Leih-Pacht-Systems von den USA akzeptiert. Im Januar 1945 hatte Moskau in Washington sogar noch offiziell wegen einer Anleihe in Höhe von sechs Milliarden Dollar nachgefragt; doch schließlich überlegte Stalin es sich anders. Da der Marshallplan für alle Länder offen war, kam es zu neuen Diskussionen innerhalb des Kremls. Das Institut für Weltwirtschaft und internationale Beziehungen unter Leitung des berühmten sowjetischen Ökonomen Jewgeni Warga legte einen Aufsatz vor, in dem darauf hingewiesen wurde, daß die Sowjetwirtschaft dringend Investitionen in Dollar benötige. Außenminister Molotow schien von den Argumenten überzeugt und leitete Wargas Aufsatz gemeinsam mit seiner eigenen Empfehlung, daß die Sowjetunion sich am Marshallplan beteiligen sollte, an das Politbüro weiter.

Stalin sah jedoch nicht nur die wirtschaftliche, sondern auch die politische Seite. Mißtrauisch, wie er war, witterte er eine amerikanische Verschwörung. Wenn die Amerikaner einmal ihre Finger in die sowjetische Wirtschaft hineingesteckt hätten, würden sie sie nicht wieder zurückziehen. Überdies war es nach Stalins Ansicht eine Bankrotterklärung des kommunistischen Systems, wenn man von den Kapitalisten Finanzhilfe annähme. Die sozialistischen Volkswirtschaften mußten ihren eigenen Weg nach vorn finden. Immerhin erreichte Molotow, daß er zur Pariser Konferenz reisen und das amerikanische Angebot prüfen konnte. Stalin beharrte aber darauf, daß Molotow ihn täglich unterrichtete.

Zur Überraschung der Briten und Franzosen traf Molotow am 26. Juni 1947 mit einer großen Delegation in Paris ein. In seinem Gefolge reisten

Zersetzerische Kräfte sind bereits am Werk. Der Patient stirbt, während die Ärzte noch beraten.

George C. Marshall, 28. April 1947

Von links: Der britische Außenminister Ernest Bevin, der amerikanische Außenminister George C. Marshall, der sowjetische Außenminister Wjatscheslaw Molotow und der französische Außenminister Georges Bidault bei ihrem Treffen im März 1947 in Moskau, bei dem sie über die Zukunft Deutschlands sprachen.

Wien, 1947

In ganz Europa hungerten die Menschen und suchten Arbeit. Die Vereinigten Staaten fürchteten, daß der Hunger Europa den Kommunisten in die Arme treiben könnte.

Finanzfachleute, Wirtschaftsexperten und Diplomaten, von denen jeder den amerikanischen Plan Satz für Satz prüfen wollte. Molotow wollte eine begrenzte amerikanische Beteiligung an den Volkswirtschaften akzeptieren, sofern sie nicht an Vorbedingungen geknüpft war. Es zeigte sich aber schnell, daß sich die sowjetische Haltung erheblich von der Großbritanniens und Frankreichs unterschied. Letztere betrachteten Marshalls Angebot als einen Plan zur Unterstützung des umfassenden Wiederaufbaus von Europa.

Das Erkennungszeichen des Wiederaufbauprogramms für Europa mit den amerikanischen »Stars and Stripes« wurde auf jedes ins Ausland verschickte Päckchen gestempelt, damit Europa wußte, woher die Hilfe kam.

Neue Meisterspione

Um dieselbe Zeit infiltrierte der sowjetische Geheimdienst das britische Außenministerium in London. In den dreißiger Jahren waren an der Universität Cambridge mehrere potentielle Spione angeworben worden. Sie hielten den Kapitalismus für zutiefst verderbt und glaubten, die Sowjetunion biete ein neues Gesellschaftsmodell mit einem gerechteren System an. Inoffiziell wurde der Spionagering von Harold »Kim« Philby geleitet, einem bemerkenswerten Mann, der bis zu einem hohen Posten im britischen Geheimdienst aufgestiegen war. Aber während seiner ganzen Tätigkeit war Philby ein Doppelagent. Nach außen hin erweckte er den Eindruck eines hart arbeitenden, selbstlosen Staatsdieners. Er war geschätzt bei seinen Kollegen, die bis zu seiner Flucht im Jahr 1963 von seinem Doppelleben nichts ahnten. Im Sommer 1947 war Philby in der britischen Botschaft in Istanbul tätig, und andere aus

Der Kreml und der Marshallplan: Ein Insider erzählt.

Vor kurzem hat Wladimir Jerofejew, der nach dem Krieg im sowjetischen Außenministerium tätig war, die Reaktion des Kreml auf den Marshallplan geschildert: »Natürlich wurde die Angelegenheit sehr ernst genommen. Ich würde sagen, es herrschten widersprüchliche Gefühle. Auf der einen Seite gab es die Bereitschaft, sich auf eine Diskussion einzulassen, das war Molotows Standpunkt. Er verfaßte sogar eine entsprechende Note an das Zentralkomitee. Er erkannte, daß die Sowjetunion Hilfe benötigte.

Stalin war mißtrauisch; ihm gefiel der Plan nicht: ›Das ist ein Trick von Truman. Das ist nicht wie das Leih-Pacht-System – eine ganz andere Situation. Sie wollen uns nicht helfen. In Wahrheit wollen sie die Länder Europas unterwandern.‹

Aber Molotow blieb bei seiner Ansicht, und Stalin sagte: ›Fahr hin.‹ Also fuhr Molotow zu der Pariser Konferenz im Jahr 1947. Er hörte sich alle Vorschläge an und erkannte, daß es nicht so einfach war: Die Hilfe war an Bedingungen geknüpft.

Stalin erhielt unterdessen Informationen, daß die Amerikaner unsere Teilnahme gar nicht wünschten. Die Amerikaner gaben aber vor, jeder dürfe sich an sie zu wenden. Stalin wurde noch mißtrauischer und hinderte die uns freundlich gesinnten Länder daran, an dem Aufbauprogramm teilzunehmen.

Jugoslawien und Polen willigten ein, Finnland ebenfalls. Finnland hatte noch keinen Friedensvertrag unterzeichnet und wollte diesen nicht gefährden, also zog es seine Teilnahme zurück – sehr abrupt.

Die Tschechen hatten aber vor, an der Konferenz teilzunehmen, deshalb berief Stalin Gottwald und Masaryk, den Außenminister, nach Moskau. Sie wurden stark unter Druck gesetzt: ›Falls ihr bis zum 12. – dem Tag, an dem die Konferenz eröffnet werden sollte – um vier Uhr dort anreist, werdet ihr die Konsequenzen tragen müssen.‹

Sie wußten, was das hieß. So wurde ihre Teilnahme im letzten Augenblick verhindert. Neun Länder lehnten es ab, sich an der Konferenz zu beteiligen, 16 stimmten zu …

Die Vereinigten Staaten wollten im Grunde nicht, daß die Sowjetunion und ihre Satelliten vom Marshallplan profitierten. Sie machten keine weiteren Anstrengungen, sie zu einer Teilnahme zu bewegen.«

Guy Burgess (OBEN) *und Donald Maclean* (UNTEN) *waren Schlüsselfiguren in einem Ring britischer Spione, die in den dreißiger Jahren an der Universität Cambridge für den Weltkommunismus angeworben wurden – den sie alle für das gerechtere Gesellschaftsmodell hielten. Gemeinsam mit ihrem Mentor Harold »Kim« Philby nahmen die beiden wichtige Posten im britischen Geheimdienst und im Außenministerium ein und gaben in entscheidenden Augenblicken wertvolle Informationen an ihre sowjetischen Führungsoffiziere weiter. Von ihnen erfuhr Molotow, daß Amerika und Großbritannien ein starkes Deutschland als Schlüssel für die Erholung der europäischen Wirtschaft betrachteten.*

seinem Spionagering in Washington und London lieferten Informationen an die Sowjets.

Am frühen Morgen des 30. Juni erhielt Molotow ein geheimes, chiffriertes Telegramm seines Stellvertreters Andrei Wyschinski mit Informationen des sowjetischen Geheimdienstes. Es ging um die Gespräche zwischen dem amerikanischen Unterstaatssekretär Will Clayton und britischen Ministern. Ganz augenscheinlich hatten sich die Amerikaner und die Briten bereits im voraus darauf verständigt, daß der Marshallplan keine Ausweitung des Leih-Pacht-Systems oder gar eine Fortsetzung der Nachkriegshilfe im Rahmen der UNRRA, eines Programms der Vereinten Nationen, sein sollte. Vielmehr sahen Amerika und Großbritannien darin einen neuen Plan für den Wiederaufbau des vom Krieg zerstörten Europas, und Deutschland sollte die Schlüsselrolle bei der wirtschaftlichen Erholung spielen. Das widersprach vollkommen der Auffassung der Sowjets, die Deutschland auf Dauer schwächen und so viele Reparationsleistungen wie möglich herauspressen wollten.

Molotow telegrafierte an Stalin, daß sie nun wohl alle Hoffnungen begraben könnten, die sowjetischen Beschränkungen für die Finanzhilfe durchzusetzen. Am 3. Juli packte Molotow mit dem Vorwurf, die Westmächte trachteten danach, Europa in zwei feindliche Lager zu spalten, seine Sachen, verließ die Konferenz und kehrte noch am selben Abend nach Moskau zurück. Amerikaner, Briten und Franzosen atmeten erleichtert auf. Da die Sowjets nun nicht mehr im Weg standen, wurden am folgenden Tag 22 Länder schriftlich eingeladen, an einer neuen, für den 12. Juli angesetzten Pariser Konferenz teilzunehmen und die europäische Antwort auf Marshalls Vorschlag zu verfassen.

Einladungen zu der Konferenz gingen mit Ausnahme Spaniens an alle Staaten Westeuropas, auch an Rumänien, Bulgarien, Ungarn, Albanien, Finnland, Jugoslawien, Polen und die Tschechoslowakei. Nach anfänglichem Abwarten wies Moskau seine Satelliten an, die Einladung abzulehnen. Am 7. Juli informierten Botschaften aus Moskau die Parteichefs in den osteuropäischen Hauptstädten, daß »die Befürworter der Konferenz unter dem Deckmantel des Wiederaufbaus Europas in Wahrheit die Absicht verfolgen, einen westlichen Block zu errichten, zu dem auch Westdeutschland zählt. In Anbetracht dieser Tatsachen ... empfehlen wir, die Teilnahme an der Konferenz abzulehnen.« Die meisten kommunistischen Parteien in den osteuropäischen Ländern taten, wie man sie geheißen hatte, und waren eifrig bemüht, ihre Bündnistreue zu Moskau unter Beweis zu stellen. Nur Polen und die Tschechoslowakei konnten der verlockenden Aussicht auf US-Dollars zunächst nicht widerstehen. Ihre Volkswirtschaften hätten sie dringend gebraucht.

In der Tschechoslowakei waren ein Drittel der Minister in der Koalitionsregierung Kommunisten, entsprechend dem Stimmenanteil, den die Partei bei der Wahl von 1946 errungen hatte. Die Gespräche innerhalb der Regierung über die angebotene Finanzhilfe endeten mit dem einstimmigen Beschluß, an der Pariser Konferenz teilzunehmen – selbst die kommunistischen Minister stimmten dafür. Ministerpräsident Klement Gottwald, ebenfalls ein Kommunist, teilte dem sowjetischen Geschäftsträger bei einem Besuch mit, daß die tschechische Regierung keinen Rückzieher machen könne, weil sie die Briten und Franzosen sowie die Presse bereits informiert habe.

Stalin raste vor Zorn. Er bestellte Gottwald unverzüglich nach Moskau. Mit ihm reiste am 9. Juli Außenminister Jan Masaryk, ein unabhängiger, nichtkommunistischer Politiker. Stalin ließ die tschechische Delegation bis in die frühen Morgenstunden warten und wies sie dann wütend an, ihre Entscheidung, an der Pariser Konferenz teilzunehmen, sofort zu widerrufen. Wenn eine osteuropäische Regierung an der Konferenz teilgenommen hätte, dann hätte das der Kampagne der westeuropäischen kommunistischen Parteien geschadet, die den Marshallplan diskreditieren sollte. Er sagte den Ministern, daß die Pariser Konferenz Teil einer westlichen Verschwörung zur Isolierung der Sowjetunion sei, und ließ sich auf keine Diskussion ein.

WHEN THE TIME IS RIPE–

Am 11. Juli kehrte die tschechische Delegation nach Prag zurück. Die Regierung wurde zusammengerufen und beriet den ganzen Tag lang. Schließlich widerrief sie mit einer kurzen Erklärung ihre Entscheidung, an der Marshallplan-Konferenz teilzunehmen. Jan Masaryk war außer sich, zu seinen Freunden sagte er: »Ich fuhr nach Moskau als Außenminister eines unabhängigen souveränen Staates, ich kehrte zurück als sowjetischer Sklave.«

Auch die polnische Regierung kündigte gezwungenermaßen an, daß sie der Konferenz fernbleiben werde. Stalin hatte sein Ziel erreicht. Der Ostblock stand zusammen, jeder Staat nahm die Befehle des Kremls entgegen.

Aus Sicht der Regierung in Washington sollte der Marshallplan die europäische Wirtschaft unterstützen, die künftige Stabilität des Kontinents gewährleisten und die Ausbreitung des Kommunismus verhindern, der im wirtschaftlichen Chaos Westeuropas bereits Fuß gefaßt hatte. Aus Sicht des Kremls erschien der Plan aber als ein aggressiver Versuch, die Länder Osteuropas der wirtschaftlichen Kontrolle Moskaus zu entreißen.

Ohne Zweifel betrachtete Stalin den Marshallplan als einen Versuch, Europa zu teilen und den Kalten Krieg zu schüren, umgekehrt wurde sein Widerstand dagegen in Washington als ein aggressiver Akt interpretiert. Der US-Botschafter in Moskau nannte dies »nichts weniger als eine Kriegserklärung durch die Sowjetunion«. Beide Seiten beäugten sich von nun an voller Argwohn und Mißtrauen. Der Marshallplan trug dazu bei, daß der Eiserne Vorhang Nachkriegseuropa so lange spaltete.

Am 12. Juli begann die Pariser Europakonferenz, auf der das Komitee für europäische wirtschaftliche Kooperation (CEEC) gebildet wurde, mit 16 Teilnehmern. Die Gespräche dauerten den ganzen Sommer über. Zeitweilig hatte Washington den Eindruck, die Europäer würden nur Einkaufslisten für benötigte Waren zusammenstellen, statt gemeinsam eine Prioritätenliste für den Wiederaufbau zu erarbeiten. Doch das war vielleicht zuviel verlangt von einem Kontinent, der vor wenigen Jahren noch von einem schrecklichen Krieg erschüttert worden war. Die Franzosen fürchteten immer noch ein wirtschaftliches Wiedererstarken Deutschlands. Die Briten wollten die Vorherrschaft des britischen Pfunds bewahren. Die Italiener erhofften sich so schnell wie möglich Lebensmittellieferungen. Die Griechen verlangten militärische Unterstützung, um den langwierigen Bürgerkrieg zu beenden. Und so ging es reihum.

Ich fuhr nach Moskau als Außenminister eines unabhängigen souveränen Staates, ich kehrte zurück als sowjetischer Sklave.

Jan Masaryk, Juli 1947

Im September machten amerikanische Regierungsbeamte deutlich, daß die Konferenz Gefahr lief, das Angebot der Finanzhilfe nach dem Marshallplan zu verspielen, falls einige von Washington vorgegebene Punkte wie die langfristige Zusammenarbeit und die Aufhebung der Zollgrenzen nicht geregelt würden. Diese Drohung brachte die Europäer schließlich zur Vernunft.

Die Delegationen schoben ihre Meinungsverschiedenheiten beiseite und billigten am 22. September in Paris ein Programm. Unter anderem sollte die landwirtschaftliche Produktion wieder bis auf das Vorkriegsniveau gesteigert und die Industrieproduktion über Vorkriegsniveau angehoben, finanzielle Stabilität gewährleistet, eine Organisation zur Förderung der wirtschaftlichen Zusammenarbeit gegründet werden, und schließlich sollten die Zahlungen gestreckt werden, um die Dollarknappheit zu überwinden. Im Programm des CEEC wurde für all dies eine Summe von 17 Milliarden Dollar amerikanischer Finanzhilfe veranschlagt.

Widersprüchliche Karikaturen zum Marshallplan und zum Kalten Krieg. Fitzpatrick zeigt in der St. Louis Post-Dispatch *die Tschechoslowakei in der Schlinge des Kremls. Auf dem Titelblatt von* Krokodil *verneigen sich die Europäer ehrfürchtig vor ihrem amerikanischen Zahlmeister.*

Das erste Kominform-Treffen

Am selben Tag, an dem die westeuropäischen Delegierten in Paris den Amerikanern ihr Programm vorlegten, trafen sich die Führer der kommunistischen Parteien in dem Dorf Szklarska Poręba in Polen. Es war das erste Treffen eines neuen sozialistischen Bündnisses unter dem Namen Kominform (Kurzform für Kommunistisches Informationsbüro), eine Wiederbelebung der alten, von Lenin gegründeten Komintern. Das Kominform war Stalins Antwort auf den Marshallplan, ein Versuch, seine Kontrolle über die sowjetischen Satelliten zu festigen und den Ostblock auf eine gemeinsame strategische Linie einzuschwören. Der sowjetische Politiker Andrei Schdanow war Stalins Stellvertreter bei dem Treffen. Er eröffnete die Versammlung mit einer langen Rede und verkündete, es gebe zwei feindliche Lager in der Welt: ein Lager, das sich den Prinzipien von »Sozialismus und Demokratie« verschrieben habe, und ein Lager, das den Prinzipien von »Reaktion und Krieg« anhänge. Schdanow bezeichnete die Truman-Doktrin als aggressiv und unterstellte den Initiatoren des Marshallplans, sie würden die deutsche Industrie unter der Aufsicht der amerikanischen Finanziers wiederbeleben wollen. Er spielte damit auf die osteuropäischen Ängste vor einem Wiederaufleben des Nationalsozialismus an.

An diesem ersten Treffen des Kominform nahmen auch Vertreter der kommunistischen Parteien Frankreichs und Italiens teil. Seit 1945 lautete die sowjetische Strategie für die kommunistischen Parteien in Westeuropa, sie sollten mit linksgerichteten Koalitionen, den Volksfronten, operieren. Inzwischen waren die Russen aber unzufrieden mit den Volksfrontbündnissen. Die kommunistischen Parteien Frankreichs und Italiens sowie die tschechoslowakischen Kommunisten wurden angewiesen, aus den Koalitionen auszuscheren. Schdanow betonte nachdrücklich, daß ein europäisches Wiederaufbauprogramm zum Scheitern verurteilt sei, wenn die westlichen kommunistischen Parteien dagegen zu Felde ziehen würden.

Andrei Schdanow

In Washington debattierte der Kongreß über die europäische Antwort auf Marshalls Angebot. Am 8. November empfahl ein Ausschuß unter dem Vorsitz von Handelsminister Averell Harriman, daß ein umfassendes Programm der Auslandshilfe für die nationale Sicherheit der USA unerläßlich sei. Nach der

Logik der Truman-Doktrin kam Harrimans Ausschuß zu der Überzeugung, »falls die Länder in Mitteleuropa und am Mittelmeer unter der Last der Verzweiflung zusammenbrechen und kommunistisch werden, wird auch Skandinavien in dasselbe Lager abfallen [wie auch der Nahe Osten]... Der Abfall Westeuropas, der zweitgrößten Industrieregion der Welt... würde die amerikanische Stellung grundlegend verändern.« Und falls das Vereinigte Königreich auch folgen sollte, wäre »die Verschiebung katastrophal«. Truman bat den Kongreß um eine Soforthilfe in Höhe von 600 Millionen Dollar.

Streikende Renault-Arbeiter demonstrieren 1947 in der Nähe von Paris für höhere Löhne, Brot und ein gemeinsames Vorgehen der Linken. Durch die Streiks wurden höhere Löhne erzielt, doch der Sturz der Regierung gelang nicht. Die Vereinigten Staaten hielten die Marshallplan-Gelder für Frankreich zurück, bis die Ordnung wiederhergestellt war.

In Frankreich arbeitete die kommunistische Partei unterdessen nach der vom Kominform befohlenen Strategie daran, die Vierte Französische Republik in die Knie zu zwingen. Ein Streik in dem großen Renault-Werk vor den Toren von Paris hatte zu Spannungen innerhalb der Koalitionsregierung geführt. Die Kommunisten unterstützten den Streik und wurden daraufhin aus der Regierung ausgeschlossen. Damit begann eine lang anhaltende Krise in der Industrie. Die kommunistische Gewerkschaft Confédération Générale du Travail (CGT) organisierte Streiks gegen die Preissteigerungen. Den ganzen Herbst 1947 über war Frankreich von Arbeitskämpfen lahmgelegt, zahlreiche Bergwerke, die Energieversorgungsunternehmen und die Eisenbahnen mußten den Betrieb einstellen. In Paris streikten die Müllarbeiter. Im November waren eine Million Arbeiter im Ausstand, im Dezember drei Millionen. Eine politische Kundgebung nach der anderen fand statt, oft begleitet von gewalttätigen Zusammenstößen zwischen streikenden Arbeitern und der Polizei.

Es kam zu Sabotageakten in den Minen und an Gleisanlagen. Am 4. Dezember 1947 brachten Saboteure den Nachtzug von Lille nach Paris zum Entgleisen, 20 Menschen starben. Niemand bekannte sich zu der Tat, doch das französische Volk hatte nun endgültig genug. Die öffentliche Meinung, die

Krokodil *zeigt die europäischen Staatsführer als Marionetten der Vereinigten Staaten und stellt ihrer Unterwürfigkeit das Engagement der europäischen Völker entgegen, die für ein besseres Leben und gegen Kriegstreiberei auf die Straßen gehen.*

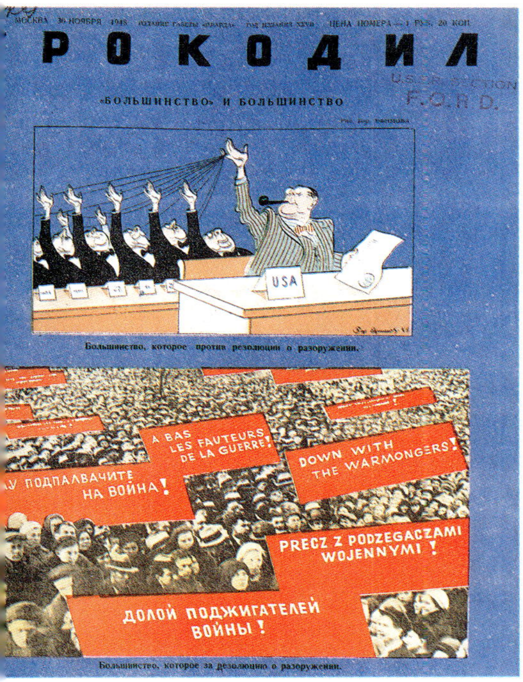

bislang den Streikenden freundlich gesinnt gewesen war, schlug um. Washington gab der französischen Regierung zu verstehen, daß sie nicht auf Hilfe durch den Marshallplan hoffen könne, solange die kommunistische Gefahr nicht gebannt sei. Am 8. Dezember wurde den französischen Arbeitern eine landesweite Lohnerhöhung angeboten. Zwar blieb das Angebot weit hinter den von den Kommunisten geforderten 25 Prozent zurück, dennoch stimmten die meisten Gewerkschaften zu. Die Streikwelle ebbte ab, und die französische Industrie faßte langsam wieder Tritt.

Truman legt dem Kongreß den Marshallplan vor

Am 17. Dezember erhielt Präsident Truman die Zustimmung zu einer Soforthilfe für Frankreich, Italien und Österreich. Dann legte er das Gesamtpakt des Marshallplans dem Kongreß vor und sagte dazu: »Unsere größte Sorge beim Wiederaufbau Europas gilt dem Umstand, daß er lebenswichtig ist für den Erhalt der Zivilisation, in der die amerikanische Lebensweise verwurzelt ist.« Truman bat um 17 Milliarden Dollar Finanzhilfe, wie vom Komitee für europäische wirtschaftliche Kooperation beantragt. Wegen der Bedenken Arthur Vandenbergs, des Vorsitzenden des einflußreichen Senatsausschusses für auswärtige Beziehungen, verringerte Marshall im Januar 1948 die Summe auf 6,8 Milliarden Dollar, die zunächst eine Zeitspanne von 15 Monaten abdecken sollten.

Die Diskussion in Washington zog sich über Monate hin. Obwohl die Regierung die Dringlichkeit betonte, schreckte die republikanische Mehrheit im Kongreß vor einer so hohen Ausgabe zurück. Am 17. Februar wurde der Antrag erneut reduziert, auf 5,3 Milliarden Dollar für die ersten zwölf Monate des Haushaltsjahres 1949. Marshall stellte selbst den Antrag beim Ausschuß für Auswärtige Beziehungen. Er unterstrich noch einmal die Notwendigkeit, etwas zu unternehmen: »Die politischen und die wirtschaftlichen Rahmenbedingungen sind bedenklich geworden ... Ich bitte Sie, diesen Ländern zu helfen.«

Die Lage änderte sich schlagartig mit der Nachricht von den dramatischen Ereignissen in der Tschechoslowakei. Die dortige Koalitionsregierung war nach dem Grundsatz vorgegangen, daß den tschechoslowakischen Interessen am besten gedient sei, wenn das Land nach Westen und nach Osten blicke, eine Auffassung, die ganz nach dem Herzen von Staatspräsident Beneš und Außenminister Masaryk war. Als sich die Beziehungen zwischen den beiden Machtblöcken aber verschlechterten, konnte die Tschechoslowakei nicht mehr bei ihrer Haltung bleiben. Masaryk war kein Kommunist, und er fühlte sich zunehmend vom Westen abgeschnitten, da Prag nicht am Marshallplan teilnahm. In der Tat wertete Washington die Kapitulation vor Stalin wegen der Teilnahme an der Pariser Konferenz als Zeichen dafür, daß die Tschechoslowakei nun Teil des Sowjetblocks war. Washington gab Prag auf.

Die Ernte fiel 1947 in der Tschechoslowakei besonders schlecht aus, die Getreideernte belief sich nur auf zwei Drittel der erwarteten Menge und die Kartoffelernte auf die Hälfte. Hilfe von außen war dringend nötig. Masaryk wandte sich an Washington. Doch man gab ihm zu verstehen, daß keine Hilfe und keine Kredite gewährt würden, solange die politische Haltung Prags sich nicht änderte. Masaryk versuchte vergebens, die US-Regierung zu überzeugen, daß ihnen die sowjetische Linie aufgezwungen worden sei. Dann ver-

Unsere größte Sorge beim Wiederaufbau Europas gilt dem Umstand, daß er lebenswichtig ist für den Erhalt der Zivilisation, in der die amerikanische Lebensweise verwurzelt ist.

Harry S. Truman,
17. Dezember 1947

sprachen die Sowjets der Tschechoslowakei 600 000 Tonnen Getreide, was Stalin große Sympathie bei den Tschechen einbrachte. Außenhandelsminister Hubert Ripka kommentierte: »Diese Idioten in Washington haben uns direkt ins stalinistische Lager getrieben.«

Der stellvertretende sowjetische Außenminister kam nach Prag, angeblich um die Lieferung des versprochenen Getreides zu überwachen. Die nichtkommunistischen Minister spielten ein gewagtes Spiel: Am 20. Februar traten sie von ihren Ämtern zurück in der Hoffnung, rasche Neuwahlen zu erzwingen. Doch der schwerkranke Beneš schwankte. Gemäß den Anweisungen des

OBEN: *Klement Gottwald, Ministerpräsident und Führer der Tschechoslowakischen Kommunistischen Partei, fordert nach dem Rücktritt der nichtkommunistischen Minister im Februar 1948 die Bildung einer neuen Regierung. (Links neben ihm steht Staatspräsident Eduard Beneš.)*
OBEN RECHTS: *Einheiten bewaffneter Fabrikarbeiter marschieren in Prag zu einer Massenversammlung, im Hintergrund die Prager Burg.*

Kominform gingen die Kommunisten auf die Straße, organisierten Massenkundgebungen und brachten das Volk auf ihre Seite. In den Fabriken wurden Betriebsversammlungen gebildet. Beneš fürchtete den Ausbruch eines Bürgerkriegs. Am 25. Februar beauftragte er Ministerpräsident Gottwald mit der Bildung einer neuen kommunistischen Regierung. Die Tschechoslowakei sollte die nächsten 40 Jahre zum sowjetischen Lager gehören.

Masaryk blieb Außenminister, aber er war ein gebrochener Mann. Als Sohn von Tomáš Masaryk, dem Gründer der Tschechoslowakischen Republik nach dem Ende des Ersten Weltkriegs, verkörperte er gleichsam die Kontinuität der tschechischen Freiheit. Nun war sein Versuch, zwischen Ost und West zu vermitteln, gescheitert. Zwei Wochen später, am 10. März, stürzte er unter mysteriösen Umständen aus dem Fenster seines Amtszimmers hoch oben im Außenministerium. Mit Masaryks Tod ging auch die Zeit der freien Tschechoslowakei zu Ende.

Die Nachricht von der kommunistischen Machtübernahme in Prag erschütterte Washington, wo immer noch über den Marshallplan debattiert wurde. Nun war es offenkundig: Ohne amerikanisches Engagement würde ganz Europa den Kommunisten in die Hände fallen. Hätte Washington die Tschechoslowakei nicht als einen Staat des Ostblocks bereits abgeschrieben und den Nichtkommunisten nicht die Hilfe versagt, dann hätten die Ereignisse womöglich einen anderen Lauf genommen. Jetzt schürte die Regierung gezielt den Antikommunismus mit Gerüchten von einem möglichen bevorstehenden Konflikt. Die Stabschefs entwarfen einen Kriegsplan, wie sie einer sowjetischen Invasion in Westeuropa entgegentreten könnten.

Am 17. März berief Truman eine gemeinsame Sitzung des Kongresses ein. Die Nation erwartete von ihm eine kämpferische Rede, und eine solche hielt er: »Seit der Einstellung der Feindseligkeiten haben die Sowjetunion und ihre Agenten die Unabhängigkeit und den demokratischen Charakter einer ganzen Reihe von Staaten in Ost- und Mitteleuropa zerstört. Wegen dieser rücksichtslosen Handlungsweise und der eindeutigen Absicht, sie auch auf die verbleibenden freien Nationen Europas auszudehnen, ist die heutige kritische Situation in Europa entstanden. Der tragische Tod des Außenministers der Tschechoslowakischen Republik hat die gesamte zivilisierte Welt elektrisiert... Es gibt Zeiten in der Weltgeschichte, in denen Handeln klüger ist als Zögern. Damit ist manche Gefahr verbunden – das ist immer so. Aber weit größer ist die Gefahr, wenn man gar nichts tut.« Truman bat um die Zustimmung zum Marshallplan und um die Einführung der allgemeinen Wehrpflicht.

Die amerikanische Nation stellte sich hinter ihren Präsidenten, am 3. April billigte der Kongreß 5,3 Milliarden Dollar Finanzhilfe. Paul G. Hoffman wurde zum Chef der neuen Economic Cooperation Administration (ECA) ernannt, der Organisation, die die Gelder verwalten und verteilen sollte. Zwei Wochen später unterzeichneten 16 europäische Staaten ein Abkommen über die Gründung der Organisation für europäische wirtschaftliche Zusammenarbeit (OEEC), des von Amerika geforderten Gremiums, das formal die Hilfegesuche übernehmen, den Anteil eines jeden Landes festlegen und bei der Verteilung mitwirken sollte. Wenige Wochen später trafen die ersten Lebensmittelladungen in Europa ein, es folgten Düngemittel und Traktoren, und am Schluß floß die Finanzhilfe.

Ein deutsches Plakat würdigt die Marshallplan-Hilfe.

Die kommunistische Gefahr in Italien

Unterdessen spitzten sich auch in Italien die Ereignisse dramatisch zu. Die dortige kommunistische Partei war auf annähernd zwei Millionen Mitglieder angewachsen, die stärkste außerhalb des sowjetischen Blocks, und hatte in Palmiro Togliatti einen charismatischen Führer. Togliatti hatte zwar die Kriegsjahre in Moskau verbracht, war aber keine Marionette des Kremls. Er wollte in Italien eine eigene Variante des Kommunismus entwickeln, die dem italienischen Charakter entsprach und der Abneigung der meisten Italiener gegen die Tyrannei seit dem Sturz Mussolinis Rechnung trug. Seine Argumente fanden angesichts der herrschenden Armut Anklang. Im Frühjahr 1947 waren die Kommunisten auf amerikanischen Druck aus der Koalitionsregierung ausgeschlossen worden. Zusammen mit anderen linksgerichteten sozialistischen Gruppierungen warben sie nun in ganz Italien um Unterstützung. Zu manchen Kundgebungen mit Togliatti kamen mehr als 100 000 Menschen.

Für den 18. April 1948 wurden Parlamentswahlen angesetzt. Die Regierung des Christdemokraten Alcide De Gasperi erkannte, daß es eine Richtungswahl sein würde. Er versuchte, durch die Bildung einer Mitte-rechts-Koalition die Basis der politischen Mitte zu vergrößern. Die Christdemokraten organisierten politische Kundgebungen als Konkurrenz zu den Veranstaltungen der Kommunisten; das politische Klima in Italien heizte sich auf.

Die US-Regierung war sehr besorgt wegen eines möglichen kommunistischen Wahlsieges. James V. Forrestal, einer der ersten Protagonisten des Kalten Krieges Amerikas und inzwischen Verteidigungsminister, ermunterte reiche Amerikaner italienischer Abstammung, Gelder für den Wahlkampf zu spenden. Eine Briefkampagne wurde organisiert, insgesamt gingen zehn Millionen Briefe an Verwandte in Italien mit der Beschwörung, nur nicht die Kommunisten zu wählen. Prominente italienischstämmige Amerikaner warben eifrig für die Sache, so auch Frank Sinatra über den Sender Voice of America.

Doch die Briefkampagne reichte nicht aus. Die neu geschaffene Central Intelligence Agency (CIA) verfolgte beunruhigt die Lage in Italien. Admiral Roscoe Hillenkoetter, der erste CIA-Direktor, forderte den Rechtsberater des Nachrichtendienstes, Lawrence Houston, auf, die entsprechenden Gesetze darauf zu überprüfen, ob die Durchführung einer verdeckten Operation im Ausland möglich sei. Nach einigem Hin und Her wies Houston auf die Wendung hin, daß die CIA »andere Aufgaben und Pflichten im Nachrichtenwesen übernehmen [soll], die die nationale Sicherheit betreffen, wenn der Nationale Sicherheitsrat sie anordnet«. Das war der Schlüssel, nach dem die CIA gesucht hatte. Falls der Vorsitzende des Nationalen Sicherheitsrats der Operation zustimmte und falls der Kongreß Gelder bewilligte, konnte die CIA im Ausland verdeckte Operationen durchführen. Der Vorsitzende des Nationalen Sicherheitsrats war der Präsident persönlich, und er war einverstanden.

Am 19. Dezember 1947, bei seiner ersten Sitzung, wies der Nationale Sicherheitsrat die CIA an, alles in ihrer Macht Stehende zu tun, um einen kommunistischen Sieg in Italien zu verhindern. George Kennan telegrafierte an die US-Botschaften in Europa: »Italien ist offensichtlich der Angelpunkt. Falls die Kommunisten dort die Wahl gewinnen, wird unsere gesamte Stellung im Mittelmeerraum und vielleicht in ganz Europa untergraben.« Daß Entschlossenheit geboten war, bezweifelte niemand, doch die Entscheidung der US-Regierung bedeutete grünes Licht für die Einmischung in den demokratischen Prozeß eines anderen souveränen Staates. Die Angst vor dem Kommunismus war so groß, daß drastische Maßnahmen gerechtfertigt erschienen.

Die CIA begann unverzüglich ihr heimliches Wirken in Italien. Anfangs wurden Gelder an die Christdemokraten und an antikommunistische Gewerkschaften geleitet, doch De Gasperi drängte darauf, daß auch andere Gegner der Kommunisten wie der abgespaltene rechte Flügel der Sozialisten bedacht würden. Insgesamt gingen zwischen zwei und drei Millionen Dollar an diese Parteien. Über die Zahlungen wird in Italien bis heute diskutiert. De Gasperis Stellvertreter in der Region um Rom, Giulio Andreotti, der spätere italienische Ministerpräsident, leugnet immer noch, von solchen Zahlungen gewußt zu haben, obwohl inzwischen in Washington stichhaltige Beweise vorliegen, daß tatsächlich über verborgene Kanäle Gelder geflossen sind.

Außenminister Marshall wußte mit Sicherheit von der verdeckten Operation der CIA, doch er hielt den US-Botschafter in Rom aus der Sache heraus. Das Außenministerium erklärte, daß jedem, der offen die Kommunisten unterstütze, die Einreise in die Vereinigten Staaten für alle Zeit verwehrt sei.

Die italienischen Christdemokraten mußten die Wahl im April 1948 unbedingt gewinnen. Im Wahlkampf wurde von Plakaten bis hin zu Spielfilmen alles eingesetzt. »Wähle, oder er wird dein Chef sein«, heißt es hier. Die Einschüchterungstaktik hatte Erfolg.

Und Marshall drohte damit, daß Italien nicht am Marshallplan teilhaben werde, falls das kommunistische Wahlbündnis in die Regierung gewählt werde.

Schließlich mischte sich eine noch einflußreichere Macht in den Wahlkampf ein. Am 8. Februar 1948 lud Papst Pius XII. einen alten Kollegen, Professor Luigi Gedda, den Führer des Laienapostolats, genannt Katholische Aktion, in den Vatikan ein. Der Papst setzte dem Professor auseinander, wie wichtig die bevorstehende Wahl für die Zukunft Italiens war. In seinen Augen waren die Kommunisten verabscheuenswürdige Atheisten. Der Papst bat Gedda, eine Möglichkeit zu finden, um einen kommunistischen Sieg zu verhindern. Beim Verlassen des Petersdoms kam Gedda der Gedanke, aus Komitees ein Netz zu knüpfen, das sich auf die landesweite Organisation der katholischen Kirche stützte. Rasch entstanden in allen 18000 Kirchengemeinden Italiens sogenannte Comitati Civici, Bürgerkomitees, auf der nächsten Ebene 300 regionale Komitees jeweils für ein Bistum und darüber 19 Komitees jeweils für ein Erzbistum. Diese Organisation erwies sich als die effektivste politische Kraft in Italien.

Propagandablätter gegen die Kommunisten wurden verteilt, man schärfte den Menschen ein, daß die Roten Verbündete des Teufels seien. In zwei Propagandafilmen wurden die Kommunisten als böse und hinterlistig dargestellt. Wo es kein Kino gab, zeigte man die Filme auf den Dorfplätzen; sie lockten große Menschenmassen an. Die Bürgerkomitees sagten den Menschen nie, wen sie wählen sollten, aber sie sagten allen, wen sie nicht wählen sollten. Und sie forderten alle auf, auch wirklich zur Wahl zu gehen.

Priester und Angehörige religiöser Orden wurden angewiesen, auf die Straße zu gehen und gegen die Sünden des Kommunismus zu predigen. Einige Priester sprachen sogar von einem »heiligen Krieg«, was auf die Italiener großen Eindruck machte. Immerhin gehörten 90 Prozent der Kirche an. Der Klerus beeindruckte mit seinen Reden vor allem die italienischen Frauen, die zum erstenmal an Parlamentswahlen teilnahmen. Allerorts richtete sich die Macht der katholischen Kirche gegen die Kommunisten. Der Papst ging selbst so weit, Mitglieder der Kommunistischen Partei zu exkommunizieren.

Am 18. April errangen die Christdemokraten einen erdrutschartigen Wahlsieg. Zum ersten und einzigen Mal in der italienischen Nachkriegsgeschichte besaßen sie eine solide Mehrheit im Parlament. Der Stimmenanteil der Kommunisten lag nur knapp über der Hälfte ihres Anteils bei den Kommunalwahlen von 1946. Italien hatte sich eindeutig dafür entschieden, im westlichen Lager zu bleiben, und dem Kommunismus eine Absage erteilt – zumindest für den Moment. Während die Christdemokraten sich beglückwünschten und die Kommunisten bittere Tränen vergossen, analysierte die CIA den Erfolg ihrer verdeckten Einmischung in die italienischen Angelegenheiten. Diesen Erfolg vergaß sie bei der Planung künftiger Aktionen nicht mehr.

Da Marshall deutlich gemacht hatte, daß die Italiener keine amerikanische Finanzhilfe erhalten würden, falls sie die Kommunisten wählten, mußten sie nun belohnt werden. Schon wenige Tage nach der Wahl erreichten erste Marshallplan-Lieferungen das Land. Nachdem der Kongreß endlich zuge-

Nach Jahrzehnten faschistischer Herrschaft ging ein demokratisches Italien an die Wahlurne. Bei der Parlamentswahl vom April 1948 gewannen die Christdemokraten mit massiver Unterstützung durch die katholische Kirche die absolute Mehrheit. Erst von da ab erhielt Italien Marshallplan-Gelder.

stimmt hatte – und mit dem großen Schub des italienischen Wahlergebnisses im Rücken –, kam der Marshallplan nun richtig in Schwung.

Die Funktionsweise des Marshallplans

Die Marshallplan-Gelder waren zwar nicht gerade eine wohltätige Spende an Europa, aber immerhin wurden nur 20 Prozent als Anleihen ausgeschüttet, den Rest erhielten die Länder als Subventionen. In der Regel wurde die Hilfe nicht in Dollars, sondern in Form von Gebrauchsgegenständen, Getreide oder Industriemaschinen geliefert, so konnte Washington die Verwendung besser überwachen. Ein großer Teil wurde in Form von »Gegenwertfonds« gewährt, die dafür gedacht waren, die große Dollarknappheit in Europa auszugleichen. Damals waren die meisten europäischen Währungen nicht untereinander konvertierbar. Ein holländischer Schuhmacher wollte möglicherweise in Frankreich Leder einkaufen, aber die holländischen Gulden waren für den französischen Gerber wertlos – er konnte sie nicht in französische Francs umtauschen. Jeder Fabrikbesitzer, der amerikanische Waren kaufen wollte, konnte das nur mit Dollars tun, und die waren chronisch knapp. Darum richtete jede europäische Regierung einen Fonds ein, den die ECA wiederum in Dollar bereithalten sollte. Ein italienisches Unternehmen wie zum Beispiel Fiat konnte italienische Lire in den Fonds der Regierung einzahlen, wenn es Maschinen kaufen wollte. Aus dem Gegenwertfonds wurde die entsprechende

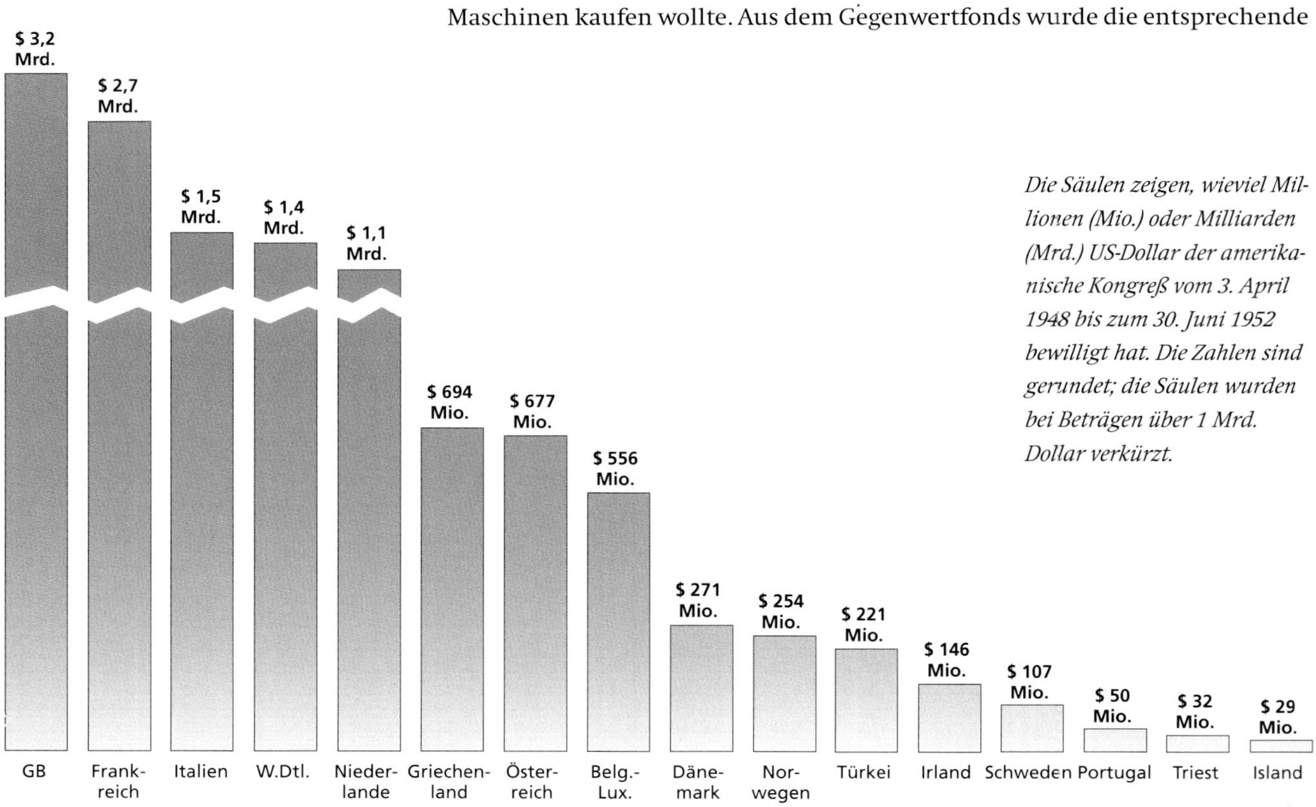

Die Säulen zeigen, wieviel Millionen (Mio.) oder Milliarden (Mrd.) US-Dollar der amerikanische Kongreß vom 3. April 1948 bis zum 30. Juni 1952 bewilligt hat. Die Zahlen sind gerundet; die Säulen wurden bei Beträgen über 1 Mrd. Dollar verkürzt.

Hilfe für Westeuropa nach dem Marshallplan

Summe in Dollar entnommen, um den Hersteller der Maschinen in den Vereinigten Staaten zu bezahlen. Auf diese Weise konnte Fiat die modernste Version eines Fließbands aus Detroit und Pittsburgh erwerben. Das Wachstum von Fiat kurbelte wiederum die allgemeine Erholung der italienischen Volkswirtschaft an. Das landwirtschaftlich geprägte Nordgriechenland erhielt nach dem Marshallplan Maultiere als Hilfeleistung. Die Maultiere vom Missouri waren zwar doppelt so groß wie ihre griechischen Vettern, aber leider auch doppelt so störrisch.

Die Wirtschaftsexperten sind sich uneinig über die tatsächliche Bedeutung des Marshallplans für die europäischen Volkswirtschaften. Einige meinen, er habe sich nur unwesentlich ausgewirkt, andere sagen, daß bestimmte Länder wie etwa Griechenland ohne die Hilfe wirtschaftlich nicht wieder auf die Beine gekommen wären. Zweifellos trug der Plan in einigen Ländern dazu bei, daß sie eine Phase des wirtschaftlichen Aufschwungs erlebten, die bis in die fünfziger und sechziger Jahre anhielt. Von 1948 bis 1952 gaben die Vereinigten Staaten im Rahmen des Marshallplans insgesamt 13,7 Milliarden Dollar aus (nach dem heutigen Wert ungefähr 125 Milliarden Dollar). Die Großzügigkeit der Vereinigten Staaten, als sie 1,3 Prozent ihres Bruttoinlandsprodukts für den Plan zur Verfügung stellten, steht außer Frage, damals entsprach dies etwa einer Summe von 80 Dollar pro amerikanischem Staatsbürger. Jedoch floß ein großer Teil der Hilfe sofort wieder zurück in die amerikanische Wirtschaft. Die Europäer wurden angehalten, mit ihren Dollars amerikanische Waren zu kaufen. Das Getreide für die Hungernden in Europa wurde von Farmern im amerikanischen Mittleren Westen geliefert, die Maschinen, die Fiat installierte, wurden in den Industriezentren Amerikas gebaut.

Mit dem Plan verfolgten die Amerikaner neben den wirtschaftlichen auch politische Ziele. Er entstand aus dem Wunsch heraus, die Ausbreitung des Kommunismus nach Westeuropa zu verhindern. Kein europäischer Staat konnte neutral bleiben, jedes Land mußte sich entscheiden, ob es zum West- oder zum Ostblock gehören wollte. In den Jahren unmittelbar nach dem Krieg waren die Verhältnisse in Europa noch verschwommen, der Marshallplan trieb die Teilung Europas voran. Die Tschechoslowakei wurde gezwungen, die Gelder aus dem Marshallplan abzulehnen, und gelangte in die sowjetische Einflußsphäre. Frankreich und Italien waren nunmehr sichere Mitglieder der westlichen, demokratischen Ländergruppe. Da der Marshallplan auch die westeuropäische Integration förderte, bildete er das Fundament für das neu entstehende Europa.

Die Marshallplan-Hilfe für Griechenland umfaßte alles von Konsumgütern bis zu Vieh. Die Maultiere vom Missouri, die den griechischen Bauern die Feldarbeit erleichtern sollten, waren doppelt so groß wie die einheimischen, aber auch doppelt so störrisch.

Berlin, 1948

Berlin, wo Ost und West aufeinanderstießen, war der Brennpunkt des Kalten Krieges. Zwei amerikanische Militärpolizisten halten am Potsdamer Platz Wache, dort grenzten der sowjetische, der britische und der amerikanische Sektor aneinander. Im Sommer 1948 wurden Barrikaden errichtet, und die Teilung der Stadt wurde deutlich spürbar.

Berlin

1948–1949

Da die Reichsmark, die offizielle Währung, ihren Wert verlor, blühten Tauschhandel und Schwarzmarkt. Die Berliner tauschten praktisch alles gegen Lebensmittel. Zigaretten wurden eine Art Ersatzwährung.

Eine geteilte Stadt

Die Spaltung Europas in zwei feindliche Lager war bis zum Frühjahr 1948 praktisch abgeschlossen mit Ausnahme von Deutschland und den beiden Städten Wien und Berlin, wo Großbritannien, Frankreich, die Sowjetunion und die Vereinigten Staaten je einen eigenen Sektor verwalteten. Auf der Konferenz von Potsdam war nicht nur Deutschland unter den vier Siegermächten in vier militärische Besatzungszonen aufgeteilt worden, sondern auch Berlin. Im September 1945 wurden Vereinbarungen über den freien Zugang nach Berlin getroffen, das mitten in der sowjetischen Besatzungszone lag. Die vier Staaten einigten sich, welche Straßen und Eisenbahnlinien für die Versorgung der von den westlichen Alliierten besetzten Stadtgebiete genutzt werden sollten. Im Oktober legten die Alliierten Luftkorridore über der Sowjetzone zwischen Berlin und den westlichen Besatzungszonen Deutschlands fest. Drei Jahre lang floß der Verkehr ungestört.

Berlin war in den letzten Kriegsjahren rund um die Uhr bombardiert worden, tagsüber von der amerikanischen und nachts von der britischen Luftwaffe. In der letzten Schlacht hatte auch die Rote Armee die Stadt unter schweren Beschuß genommen. Deutschlands einst große Hauptstadt lag in Trümmern: Ganze Bezirke waren dem Erdboden gleichgemacht, zahllose Wohnblocks zerstört, kaum ein Gebäude war verschont geblieben. Lebensmittel waren knapp, und die offizielle Währung, die Reichsmark, verlor rasant an Wert. Der Schwarzmarkt blühte. Die Bürger der Stadt mußten buchstäblich in den Trümmern wühlen, um sich mühsam am Leben zu erhalten.

Deutschland war die letzte noch ungeklärte Frage zwischen den Vereinigten Staaten und der Sowjetunion. In allen Verhandlungen der Jahre 1946 und 1947 hatten die Sowjets Furcht vor einem wiedererstarkten Deutschland gezeigt. Nach den Leiden im Krieg war die UdSSR nun der Ansicht, daß sie mit Fug und Recht von Deutschland hohe Reparationen verlangen durfte. Die Sowjets demontierten ganze Fabriken, bauten sie Ziegel für Ziegel und Maschine für Maschine ab und transportierten sie in die UdSSR.

Amerikaner und Briten setzten nicht auf Reparationen. Sie dachten daran, daß die enormen Reparationsforderungen nach dem Ersten Weltkrieg eine Erholung der deutschen Wirtschaft verhindert und damit dem Nationalsozialismus den Nährboden bereitet hatten. Nach dem Zweiten Weltkrieg

wünschten die Amerikaner ein wiedererstarktes Deutschland im Zentrum eines blühenden Europas. Der britische Außenminister Ernest Bevin hatte gewiß wenig Sympathien für Deutschland, doch er akzeptierte nach und nach, daß der Westen ein demokratisches Deutschland brauchte mit einer starken Industrie, vor allem im Ruhrgebiet (Eisen und Stahl), das in der britischen Besatzungszone lag.

In den letzten Kriegsjahren war Berlin Tag und Nacht bombardiert worden. Die Berliner und die Flüchtlinge, die in der Stadt eintrafen, mußten unablässig um Lebensmittel, Brennstoff und Licht kämpfen. Die Vereinigten Staaten wollten den Wiederaufbau Deutschlands und eine Währungsreform durchsetzen.

Der amerikanische Außenminister James F. Byrnes hatte in seiner Stuttgarter Rede vom 6. September 1946 eine Belebung der Industrieproduktion in Deutschland, eine Währungsreform und erste Schritte zur Bildung einer deutschen Regierung gefordert. Bei der Moskauer Konferenz der großen Vier im März und April 1947 kam in keinem einzigen Punkt eine Einigung der Westmächte mit den Sowjets zustande. Die UdSSR verlangte immer noch Reparationen in Höhe von 10 Milliarden Dollar und die gemeinsame Kontrolle über die Industrie im Ruhrgebiet.

Nach den vom Marshallplan heraufbeschworenen Spannungen spitzte sich die Lage in Deutschland weiter zu. Die Außenministerkonferenz tagte noch einmal vom 25. November bis zum 15. Dezember 1947 in London. Wiederum herrschte in denselben Punkten Uneinigkeit. Das Treffen endete damit, daß sich beide Seiten gegenseitig für das Scheitern verantwortlich machten. Außenminister Marshall formulierte seine Schlußfolgerung in einer Rundfunksendung an das amerikanische Volk: »Wir können zum gegenwärtigen Zeitpunkt kein wiedervereinigtes Deutschland erwarten. Wir müssen in unserem Einflußbereich unser Bestes tun.«

Im Januar 1948 debattierte das britische Kabinett über die Lage. Bevin legte einen Bericht vor, in dem er für eine langsame Bewegung in Richtung einer westdeutschen Regierung plädierte und für eine Währungsreform, um dem Schwarzhandel den Boden zu entziehen. Bevin sah Großbritannien als Vermittler zwischen den Franzosen, die immer noch eine Erholung Deutschlands fürchteten, und den Amerikanern, die über die Haltung der Franzosen

enttäuscht waren. Die Franzosen hatten die alte Rivalität mit Deutschland vor Augen und erinnerten sich schmerzlich an die Niederlage und die Besatzung.

Am 23. Februar trafen sich Vertreter des Vereinigten Königreichs, Frankreichs, Belgiens, der Niederlande und Luxemburgs mit einer amerikanischen Delegation in London, um über Pläne für ein neues westdeutsches Staatsgebilde und für die Beteiligung Deutschlands am Marshallplan zu erörtern. Nach der Meldung von der kommunistischen Machtübernahme in der Tschechoslowakei mußte der neue deutsche Staat um so dringlicher geschaffen werden.

Wie auch früher schon gaben Spione im Außenministerium in London Berichte über die geheimen Beratungen der Sechsmächtekonferenz an den sowjetischen Geheimdienst weiter. Am 12. März wurde Außenminister Molotow informiert, daß »die Westmächte Deutschland zu ihrem Stützpunkt ausbauen« und es in einen »militärisch-politischen Block« aufnehmen wollten, der gegen die Sowjetunion gerichtet sei. Molotow warf den Alliierten vor, sie verstießen gegen das Potsdamer Abkommen, und erklärte die Beschlüsse der Londoner Konferenz für ungültig.

Die Geheimdienstberichte wurden an Marschall Wassili Sokolowski weitergeleitet, den sowjetischen Militärgouverneur der Sowjetzone, der als General Schukows Stabschef am Marsch auf Berlin teilgenommen hatte. Sokolowskis Gegenspieler im Alliierten Kontrollrat war der rastlose General Lucius D. Clay, der Militärgouverneur in der amerikanischen Besatzungszone. Er nahm sich kaum Zeit für Mahlzeiten, die er für reine Zeitverschwendung hielt, und lebte von Kaffee und Zigaretten. Unerschütterlich hielt er an seiner Einschätzung der Lage fest und zeigte gegenüber seinen Vorgesetzten eine gewisse Ungeduld. Im Sommer 1948 war Clay sicher, daß es notwendig sei, einen westdeutschen Staat zu schaffen, komme, was da wolle. »Wenn wir beabsichtigen, Europa gegen den Kommunismus zu halten, dürfen wir uns nicht von der Stelle rühren«, sagte er zu General Omar Bradley, dem Stabschef der US-Army. »Ich glaube, die Zukunft der Demokratie verlangt von uns, daß wir bleiben.«

Wassili Sokolowski

Bei einer Routinesitzung des Allierten Kontrollrates am 20. März 1948 drängte Sokolowski Clay und seinen britischen Kollegen General Sir Brian Robertson, ihn über die Londoner Konferenz zu informieren – obwohl er bereits genau wußte, was dort passiert war. Auf Clays Entgegnung, daß sie nicht über die Sechsmächtekonferenz sprechen würden, wollte Sokolowski wissen, welchen Sinn es dann mache, überhaupt einen Kontrollrat zu unterhalten. Zum Erstaunen der übrigen Anwesenden erhoben sich die Sowjets daraufhin und verließen den Saal, der Kontrollrat war damit praktisch tot.

Lucius D. Clay

Am 12. März, noch vor dem sowjetischen Auszug, hatte Marshall den britischen Botschafter in Washington informiert, daß die Vereinigten Staaten bereit seien, »unverzüglich gemeinsame Gespräche über die Gründung eines atlantischen Sicherheitssystems aufzunehmen«. Die Gespräche über ein Bündnis begannen, an deren Ende die NATO (North Atlantic Treaty Organization) stand. Mitte März unterzeichneten Großbritannien, Frankreich, Belgien, die Niederlande und Luxemburg den Brüsseler Pakt, der den ersten Schritt in Richtung einer Westeuropäischen Union bildete. Militärisch gesehen, verpflichtete der Pakt die Unterzeichner zum gegenseitigen Beistand im Falle eines Angriffs. Ferner vereinbarten sie, über einen Zeitraum von 50 Jahren Truppen in Deutschland zu stationieren.

Politik der Nadelstiche

Unterdessen führten die sowjetischen Behörden um Berlin eine ganze Reihe bürokratischer Regelungen ein, die Warenlieferungen und die Bewegungsfreiheit der Menschen einschränkten. Der Verkehr auf den Autobahnen zwischen Berlin und der britischen Zone im Westen wurde begrenzt. Die Brücke über die Saale in der Nähe der Hohenwartetalsperre, die einzige andere Zufahrtsstraße nach Berlin, wurde wegen »Instandhaltung« gesperrt. Die Briten erboten sich, Bauingenieure zu schicken, um eine neue Brücke zu bauen, doch Sokolowski lehnte ab. Die Sowjets kündigten an, daß sie Militärpassagiere und deren Gepäck in den Zügen durchsuchen würden und daß keine Frachten zwischen Berlin und den Westzonen ohne sowjetische Erlaubnis transportiert werden dürften. Am 1. April stoppten sie zwei amerikanische und zwei britische Züge, als die Zugführer den sowjetischen Inspektoren den

Wenn wir beabsichtigen, Europa gegen den Kommunismus zu halten, dürfen wir uns nicht von der Stelle rühren. Ich glaube, die Zukunft der Demokratie verlangt von uns, daß wir bleiben.

General Lucius D. Clay,
Sommer 1948

Zugang verweigerten. Die Kette von Ereignissen erreichte in der, wie es später hieß, »Mini-Blockade« ihren Höhepunkt. General Clay gab den Befehl, über eine »Baby-Luftbrücke« Vorräte für 45 Tage nach Berlin einzufliegen.

Am 5. April startete eine Vickers Viking der Fluggesellschaft British European Airways von Westdeutschland zu einem Linienflug nach Gatow, einem Luftstützpunkt der Alliierten in West-Berlin. Als sich die Viking in einem der vereinbarten 30 Kilometer breiten Luftkorridore Berlin näherte, kam ein sowjetisches Jagdflugzeug vom Typ Jak-3 auf sie zu. Das passierte nicht zum erstenmal. Seit mehreren Tagen flogen die sowjetischen Jäger Scheinangriffe gegen Flugzeuge der Westalliierten. Doch diesmal stieß das britische Transportflugzeug bei einem Ausweichmanöver mit dem Jäger zusammen. Beide Flugzeuge stürzten ab, alle Insassen der BEA-Maschine und der sowjetische Pilot starben. Die Sowjets gaben den Briten die Schuld an dem Zusammenstoß, die Briten dem sowjetischen Piloten. Eine gemeinsame Untersuchung des Unfalls wurde abgebrochen, als sich die Sowjets weigerten, deutsche Augenzeugen zur Aussage vorzuladen. Briten und Sowjets stellten unabhängig voneinander fest, daß der Zusammenstoß ein Unfall gewesen sei. Beide Seiten wurden allerdings zunehmend nervös.

Das Wrack eines zivilen britischen Linienflugzeugs, das im April 1948 über den Randbezirken Berlins mit einem sowjetischen Jäger zusammengestoßen war. Trümmer des Flugzeugs gingen knapp 500 Meter jenseits der Grenze zum sowjetischen Sektor nieder; ein russischer Posten bewacht das Wrack.

Da die Situation in Berlin inzwischen alarmierend gespannt war, wirkte sich die Auseinandersetzung zwischen den Sowjets und dem Westen unmittelbar auf die dortige Innenpolitik aus. Die Berliner Stadtverordnetenversammlung war der Schauplatz eines heftigen Machtkampfes zwischen den ostdeutschen Kommunisten und ihren politischen Gegnern unter Führung der Sozialdemokraten. Wortführer der antikommunistischen Koalition in Berlin war der angesehene Sozialdemokrat Ernst Reuter. Er und seine Familie waren nach Hitlers Machtübernahme gezwungen gewesen, aus Deutschland zu fliehen. Gegen seine Wahl zum Oberbürgermeister Berlins (also der ganzen Stadt) im Jahr 1948 legten die Sowjets ihr Veto ein. Reuter fürchtete nun, er werde erneut fliehen müssen – vor einer anderen Form der Diktatur. In der Sowjetzone wurden Kommunisten und Sozialdemokraten zu einer neuen Partei zwangsvereinigt, der Sozialistischen Einheitspartei unter der Führung von Walter Ulbricht, Stalins Mann in Ostdeutschland.

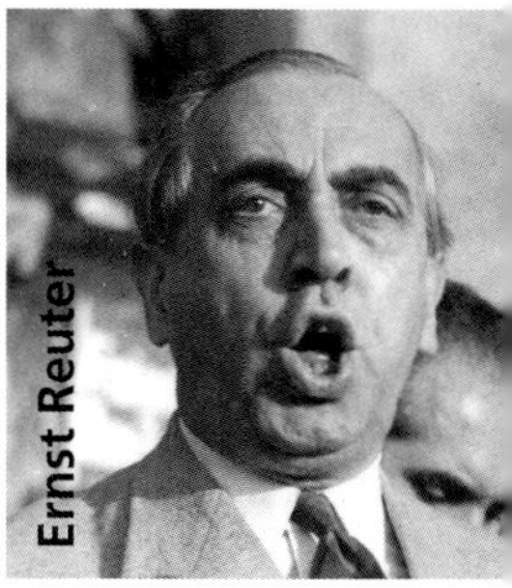

Ernst Reuter

Die Sechsmächtekonferenz über den künftigen Status Deutschlands trat Ende April erneut zusammen und tagte den ganzen Mai hindurch. Briten und Amerikaner versuchten noch einmal, die Franzosen zu überreden, daß sie ihrem Plan für die Integration Westdeutschlands in Westeuropa zustimmten, und schließlich willigten Frankreich und die Benelux-Länder ein. Am 7. Juni 1948 gab die Londoner Konferenz ihre abschließenden Empfehlungen ab. Die Westmächte erteilten den Ministerpräsidenten der deutschen Länder die Vollmacht, einen konstituierenden Parlamentarischen Rat in den drei Westzonen einzuberufen und eine Verfassung für einen deutschen Bundesstaat auszuarbeiten. Die westlichen Streitkräfte sollten in Deutschland bleiben, bis »der Frieden in Europa sicher ist«. Für eine künftige deutsche Armee wurden Obergrenzen und Verbote eingeführt, damit gewährleistet war, daß Deutschland nie wieder angreifen konnte. Wirtschaftlich sollte der neue westdeutsche Staat in Westeuropa integriert werden. Die Westmächte machten deutlich, daß sie ihr Vorhaben durchführen würden, gleich wie die Sowjets darauf reagierten.

Amerikaner und Briten bereiteten inzwischen insgeheim die Einführung einer neuen Währung für ganz Westdeutschland vor. Mit der Ablösung der Reichsmark würden auf einen Schlag die angehäuften Gewinne der Schwarzhändler beseitigt und die deutschen Länder endgültig in den Westen integriert. Millionen neuer Banknoten, der Deutschen Mark, wurden in Amerika gedruckt und unter strenger Geheimhaltung nach Westdeutschland gebracht.

Die Lage um Berlin hatte sich unterdessen verschärft. Die sowjetischen Militärbehörden drohten, die Eisenbahnlinie in den Westen zu sperren. Vom 15. Juni an konnten nur noch Frachtkähne und Güterzüge Versorgungsgüter in

OBEN LINKS: *Die Deutsche Mark für den Westen, die mit dem Buchstaben B für die Ausgabestelle Berlin bedruckt ist.*
OBEN: *Die Ostmark, die von den Sowjets für die Ostzone und, wie sie hofften, für ganz Berlin eingeführt wurde.*

die Stadt transportieren. In dieser explosiven Situation beschlossen die Westalliierten, ihre neue Währung einzuführen, und kündigten das am 18. Juni an. Die Einwohner Westdeutschlands mußten eine Abwertung ihrer Ersparnisse und Renten hinnehmen, aber zumindest weckte die neue Währung Hoffnung auf Stabilität anstelle der galoppierenden Inflation. Jeder Einwohner durfte 60 alte Reichsmark – der Preis für eine Schachtel Zigaretten auf dem Schwarzmarkt – gegen 60 neue Deutsche Mark eintauschen, von denen 40 Mark sofort ausgezahlt wurden.

Der sowjetische Militärgouverneur Sokolowski gab unverzüglich eine Erklärung ab, daß die neue Währung »gegen die Wünsche und Interessen des deutschen Volkes« gerichtet sei und allein im Interesse von »amerikanischen, britischen und französischen Monopolisten« liege. Durch die getrennte Währungsreform werde die Teilung Deutschlands vollendet. Er verhinderte die Einführung der neuen Währung in der Sowjetzone und in Ost-Berlin.

Die Grenzen sind geschlossen

Noch am selben Tag riegelten die sowjetischen Behörden die Grenzen zu den Westzonen ab und kündigten weitere Beschränkungen für den Straßen-, Eisenbahn- und Schiffsverkehr an. General Clay versicherte seinen Mitarbeitern, daß diese Schritte ihn nicht im mindesten beunruhigten: »Wenn sie eine Währungsreform durchgeführt hätten und wir nicht, dann wäre das [unser] erster Schritt gewesen.«

Am Abend des 22. Juni teilten die sowjetischen Militärbehörden mit, daß binnen zwei Tagen in der Ostzone einschließlich ganz Berlins die Ostmark als neue Währung eingeführt werde. Die westlichen Militärgouverneure erklärten daraufhin die sowjetische Anweisung bezüglich West-Berlins »für null und nichtig« und führten die B-Mark ein, eine spezielle Deutsche Mark, die mit dem Buchstaben B für die westlichen Sektoren Berlins bedruckt war. Clay traf diese Entscheidung, ohne Washington zu konsultieren, und bestand darauf, daß es eine »technische, keine politische Maßnahme« sei. Aber Sokolowski gab bekannt, daß die Deutsche Mark (West) nicht in Berlin in Umlauf gebracht werden dürfe. Denn Berlin »liegt in der Sowjetzone Deutschlands und ist ökonomisch Teil der Sowjetzone«.

Auf dieser amerikanischen Karikatur wird die Berlinblockade als Umarmung des sowjetischen Bären dargestellt.

HOW TO CLOSE THE GAP?

In den folgenden zwölf Stunden erlebte Berlin einen Sommernachtsalptraum. Am Abend des 23. Juni wollte Reuter die Berliner Stadtverordnetenversammlung, die im sowjetischen Sektor der Stadt tagte, dazu bewegen, die Westmark und die Ostmark als Zahlungsmittel zu akzeptieren. Sowjetische Funktionäre und kommunistisch kontrollierte Polizeibeamte sahen tatenlos zu, wie Schlägerbanden Nichtkommunisten verprügelten, nur damit sie Reuters Vorschlag nicht unterstützten. Dennoch stimmte das Berliner Parlament dafür, in den Westsektoren die Deutsche Mark (West) und im sowjetischen Sektor die Deutsche Mark (Ost) zu akzeptieren.

Sokolowski rief Molotow an und fragte, was er unternehmen solle: Sollte er ganz Berlin mit Panzern umstellen? Molotow riet davon ab, weil das den Westen provozieren würde und eine militärische Konfrontation der einzige Ausweg wäre. Sie beschlossen, statt dessen eine sofortige Blockade rund um

Die Sektoren Berlins

Die Besatzungszonen Deutschlands

Berlin zu errichten: Am 24. Juni um 6 Uhr morgens wurden sämtliche Zufahrtswege zu Lande und zu Wasser, die West-Berlin mit Westdeutschland verbanden, gesperrt. Am selben Morgen wurde auch die Stromversorgung West-Berlins durch die Kraftwerke im sowjetischen Sektor unterbrochen. Die offizielle Begründung hieß »Kohleknappheit«. Die Blockade Berlins hatte begonnen. Die Absicht der Sowjets war klar: Sie wollten die westlichen Alliierten zwingen, ihre Politik zu ändern oder ganz aus Berlin abzuziehen.

Die Regierungen in London und Washington waren sich einig, daß die Westmächte an Berlin festhalten mußten. »Wir sind in Berlin und da bleiben wir, Punktum«, sagte Truman. Bevin erklärte, »die Aufgabe Berlins würde den Verlust Westeuropas bedeuten«. Das war leicht gesagt, viel schwieriger war die Entscheidung über den nächsten Schritt.

Die Sowjets versuchten, Berlin auf dem Landweg vollständig abzuschneiden. An jedem Kontrollpunkt der Sektorengrenze wurde streng kontrolliert; eine Brücke über die Saale wurde für »unsicher« erklärt und blieb bis zum Ende der Blockade am 12. Mai 1949 geschlossen.

In West-Berlin gestempelte Briefe wurden zur Kennzeichnung der blockierten Stadt mit einem zusätzlichen Stempel versehen. Der aufrecht stehende Bär ist das Wahrzeichen der Stadt.

West-Berlin hatte den Symbolwert eines Vorpostens des demokratischen Westens mitten im kommunistischen Osten. In einer Vereinbarung aus der Zeit der Konferenz von Potsdam hatten sich die Sowjets von der Verpflichtung befreit, die britischen, amerikanischen und französischen Sektoren der Stadt zu versorgen. Folglich waren die 2,3 Millionen Berliner und die dort stationierte alliierte Militärgarnison abgeschnitten. Als die Blockade begann, lagerten lediglich Lebensmittel für 36 und Kohle für 45 Tage in der Stadt. Um die Präsenz des Westens in Berlin aufrechtzuerhalten, mußte eine Möglichkeit gefunden werden, die Bürger mit dem Nötigsten zu versorgen. Da alle Land- und Wasserwege blockiert waren, blieb nur der Luftweg. Doch die amerikanische Transportmaschine C-47 konnte nur eine Zuladung von drei Tonnen aufnehmen. Zunächst standen die Aussichten für eine Luftbrücke nach Berlin schlecht.

Am 24. Juni ordnete der Westen eine Gegenblockade an und stoppte den gesamten Bahnverkehr aus der britischen und der amerikanischen Zone nach Ostdeutschland. Am selben Tag rief General Clay General Curtis LeMay vom Stützpunkt der US Air Force in Wiesbaden an und bat ihn, seine Flotte von C-47-Maschinen und alle anderen einsatzfähigen Flugzeuge bereitzuhalten. Die Royal Air Force hatte einen optimistischen Plan für die Versorgung Berlins aus der Luft vorgelegt, doch Clay war skeptisch. Er plädierte dafür, die sowjetische Blockade mit einem Konvoi von US-Pionieren zu brechen, die notfalls schießen sollten. Doch in Washington rieten Trumans Berater dringend zu

Berlin, 1948

Die Lebensmittelknappheit hatte zur Folge, daß jeder verfügbare Quadratmeter Boden genutzt wurde. In diesem liebevoll gepflegten Garten wächst neben Gemüse auch Tabak.

Vorsicht und Zurückhaltung. In den Vereinigten Staaten standen im Herbst Wahlen bevor, die Amerikaner wollten auf keinen Fall wegen Berlin einen Krieg gegen die Sowjetunion führen. Andererseits wurde von Truman eine harte und unnachgiebige Gangart gegen die Sowjets erwartet. Der Präsident ließ Clay mitteilen, daß er »keine Handlungen in Berlin wünsche, die zu einer bewaffneten Auseinandersetzung führen könnten«.

Zufällig hielt sich in der Woche General Albert Wedemeyer aus Amerika zu einer Stippvisite in Europa auf. Im Krieg hatte er die Luftbrücke von Indien nach China mit organisiert. Nach seinen Berechnungen war es möglich, den

OBEN: *19. August 1948. Eine C-47 Dakota setzt zur Landung an, während aus einer C-74 Globemaster aus Frankfurt 23 Tonnen Mehl ausgeladen werden. Mit einigen Schwierigkeiten war das gewaltige Flugzeug auf einer neuen Landebahn bei Gatow im britischen Sektor gelandet.*
GEGENÜBER: *Im Inneren einer Globemaster.*

gesamten Bedarf Berlins aus der Luft zu decken. Briten und Amerikaner hatten zwar bereits Erfahrungen mit größeren Versorgungsoperationen aus der Luft, aber diese Dimension war neu. Clay warnte Reuter, daß es zu Beginn schwere Versorgungsengpässe geben werde. Reuter versicherte ihm, daß die Alliierten sich auf die Westberliner verlassen könnten, sie würden die Zähne zusammenbeißen und durchhalten. Darauf ordnete Clay ohne weitere Rücksprache mit Washington den Start der Luftbrücke an.

Die Luftbrücke

Am 26. Juni flogen die ersten amerikanischen Transportmaschinen von Stützpunkten in Westdeutschland nach Berlin. Die Amerikaner gaben der Operation den Codenamen »Vittles« (Lebensmitteloperation), die Briten nannten sie »Plainfare« (Hausmannskost). Zunächst flogen etwa acht C-47 zweimal täglich nach Gatow und Tempelhof, den zwei Luftstützpunkten im britischen und im amerikanischen Sektor, und wieder zurück. Bald erweiterten die Amerikaner ihre Flotte um 50 C-54 Skymaster, viermotorige Transportflugzeuge, die jeweils 9 Tonnen befördern konnten, dreimal soviel wie die C-47. Helfer entluden die Maschinen, die sofort wieder zurückflogen. Nach einiger Zeit wurde die Ladung eines Flugzeuges in nur sieben Minuten gelöscht. Die Berliner waren optimistisch, daß die Alliierten ihre Stadt retten würden. Wenn sie zuvor problemlos eine Bombe nach der anderen hatten heranschaffen können, würden sie jetzt bestimmt auch Kartoffeln bringen können.

Die Royal Air Force verfügte über viel zu wenig Flugzeuge für diese Operation, jedes entbehrliche Flugzeug wurde der Luftbrücke zugeteilt. Der britische Geschäftsmann Freddie Laker hatte nach dem Krieg begonnen, mit Flugzeugteilen zu handeln, und besaß bis 1948 bereits zwölf umgebaute Halifax-Bomber. Er wurde gebeten, sie für die Versorgung Berlins zur Verfügung zu stellen. Da Laker und sein Team aus Piloten und Mechanikern nicht glaubten, daß die Blockade länger als einige Wochen dauern würde, machten sie bereitwillig mit, betrachteten die Sache beinahe als ein Spiel. Doch im Laufe der Zeit wurde die Operation für die Piloten immer mehr zu einem Kreuzzug für die Freiheit.

Leutnant Gail S. Halvorsen verteilt Schokoriegel und Kaugummipäckchen auf die gestapelten Minifallschirme, die für die Kinder Berlins abgeworfen werden. Halvorsen war gerührt vom Anblick der Kinder, die auf der Straße nach den Lebensmittelflugzeugen am Himmel Ausschau hielten. Er erhielt den Spitznamen »Schokoladenbomber«.

Bevin beauftragte in London ein Team mit der Überwachung dieses herkulischen Kraftaktes. Die anfänglichen Erwartungen wurden rasch übertroffen, als rund 1000 Tonnen täglich in der belagerten Stadt eintrafen. Die Ironie blieb den vielen kampferprobten Piloten nicht verborgen: Statt Berlin zu zerstören, erhielten sie nun die Stadt am Leben.

Im Juli flog General Clay nach Washington, um mit Truman die Lage zu besprechen. Er setzte sich immer noch dafür ein, mit einem Militärkonvoi die Blockade zu durchbrechen, weil er der Ansicht war, daß die Sowjets sich eher zurückziehen würden, als eine Auseinandersetzung mit dem Westen zu riskieren. Truman wollte es aber nicht darauf ankommen lassen. Die amerikanischen Geheimdienste wußten sehr gut, daß die Sowjets immer noch 2,5 Millionen Mann unter Waffen hatten, und waren überzeugt, daß die Rote Armee im Falle einer militärischen Auseinandersetzung die US-Streitkräfte glatt überrollen würde. Sie waren aber ebenso zuversichtlich, daß der Kreml niemals eine militärische Auseinandersetzung mit dem Westen beschließen würde, die Amerika provozieren könnte, sein Atombombenmonopol zu nutzen. Zudem wurde die Sowjetunion in diesem entscheidenden Augenblick durch eine Krise in ihrem eigenen Lager geschwächt. Jugoslawien schied aus dem Ostblock aus, und der Kreml achtete daraufhin noch peinlicher auf seine Stellung und die Unterstützung durch die Satelliten.

Im Juli 1948 versuchten die vier Besatzungsmächte, die Berlinkrise auf diplomatischem Weg beizulegen. Am 2. August trafen sich der britische, der amerikanische und der französische Botschafter privat mit Stalin, um die Möglichkeiten für eine friedliche Lösung auszuloten. Stalin stellte klar, daß aus sowjetischer Sicht die Frage der Währung und der Londoner Beschluß, ein vereinigtes Westdeutschland zu schaffen, ausschlaggebend waren. Er argumentierte, wenn es zwei deutsche Staaten gebe, dann sei Berlin nicht mehr die Hauptstadt Deutschlands und folglich sei die Anwesenheit der Westmächte in der Stadt nicht länger erforderlich. Die Sowjetunion wolle keine Auseinandersetzung mit dem Westen und werde die Blockade aufheben, sobald der Westen die B-Mark in West-Berlin aus dem Verkehr gezogen und einer Viermächteherrschaft über Deutschland zugestimmt habe. Die westlichen Botschafter erkannten, daß die sowjetische Blockade Berlins vor allem ein Ziel hatte: die Schaffung eines westdeutschen Staates zu verhindern.

Während des gesamten Sommers 1948 prüften Briten und Amerikaner immer wieder die verschiedenen Optionen. Nach militärischen Überlegungen konnte die Luftbrücke kaum im Winter fortgeführt werden, im Oktober mußte endgültig Schluß sein. Die britischen Stabschefs arbeiteten einen Einsatzplan aus, nach dem sie ihre Soldaten im Ernstfall vom Rhein abziehen würden. In Washington kamen die Befehlshaber der Luftwaffe zu dem Schluß, daß ein Krieg mit den Sowjets wegen Berlin immer wahrscheinlicher werde, weil sie überzeugt waren, daß die Luftbrücke zum Scheitern verurteilt war.

»Wir sind keine Bauern auf dem Schachbrett«

Im Gegensatz zu anderen osteuropäischen Ländern kam die kommunistische Partei in Jugoslawien am Ende des Zweiten Weltkrieges ohne sowjetische Hilfe an die Macht. Marschall Josip Broz Tito, der charismatische Partisanenführer, übernahm die Regierung und hielt praktisch allein durch seine Integrationskraft die zerbrechliche Union der jugoslawischen Republiken Montenegro, Serbien, Slowenien, Kroatien, Makedonien und Bosnien-Herzegowina zusammen. Tito stellte zwar jederzeit seine Loyalität zu den sozialistischen Idealen zur Schau, doch von Anfang an war sein Verhältnis zu Moskau gespannt. Für Stalins Geschmack war er viel zu eigenständig.

Josip Broz Tito

Der Diktator im Kreml erwartete bedingungslosen Gehorsam von seinen Satelliten. In Titos Augen hatte sich Jugoslawien jedoch das Recht erworben, über sein Schicksal selbst zu bestimmen. In der Außenpolitik bestand Belgrad auf einem eigenen Kurs. Während des griechischen Bürgerkriegs lieferte Tito zum Beispiel militärische Ausrüstung an die kommunistischen Guerillakämpfer, obwohl Stalin sich aus dem Konflikt heraushielt. In anderen Fragen wie der Ablehnung des Marshallplans war Jugoslawien dann wieder ein energischer Verfechter der Moskauer Linie. In den ersten Monaten des Jahres 1948, als sich die Kluft vertiefte, warf Moskau Belgrad ideologische Abweichung vor. Tito wollte auf keine Fall nachgeben und erklärte im März: »Wir sind keine Bauern auf dem Schachbrett.«

Am 28. Juni, nur vier Tage nach Beginn der Berliner Blockade, schloß Moskau Jugoslawien aus dem Kominform aus und forderte die anderen kommunistischen Parteien auf, Tito zu isolieren. Gegen Jugoslawien wurde eine Wirtschaftsblockade verhängt, Belgrad blieb standhaft. In den folgenden zwölf Monaten wandte Tito sich zögernd und notgedrungen an den Westen. Nach einer katastrophalen Ernte im Jahr 1949 unterzeichnete Jugoslawien mit den Vereinigten Staaten ein Handelsabkommen und öffnete seine Grenzen für Waren aus dem Westen. Jugoslawien gehörte zwar offiziell nicht den Marshallplan-Ländern an, erhielt aber rund 150 Millionen Dollar von den Vereinigten Staaten. Im Kalten Krieg blieb Jugoslawien der einzige unabhängige kommunistische Staat in Europa.

Die Gefahr nuklearer Vergeltung

Eine B-29 Superfortress bei der Landung in Lincolnshire, England, im Juli 1948. Sie hätte durchaus eine Atombombe an Bord haben können. Heute wissen wir, daß das nicht der Fall war.

Nachdem Tito mit Moskau gebrochen und Hilfslieferungen von den USA angenommen hatte, lief die sowjetische Propagandamaschinerie gegen ihn auf vollen Touren.

Für die Europäer stellte sich die Frage, ob die Vereinigten Staaten bereit seien, in einer Krisensituation Atomwaffen einzusetzen. In der amerikanischen Regierung herrschte darüber noch Uneinigkeit. Truman führte gegenüber den leitenden Mitarbeitern im Pentagon an, daß die Nuklearwaffen, gerade weil sie »so schrecklich zerstörerisch« seien, »nicht als konventionelle Waffen behandelt werden dürfen«. Im September legte der Nationale Sicherheitsrat unter der Bezeichnung NSC-30 einen Geheimbericht vor mit dem Titel »Politik der Vereinigten Staaten bei einem Atomkrieg«. Danach wurde das Militär angehalten, bereit zu sein, »alle geeigneten verfügbaren Mittel, auch Atomwaffen, im Interesse der nationalen Sicherheit prompt und wirksam einzusetzen«. Allerdings sollte die Entscheidung über den Einsatz von Atomwaffen in jedem Fall der Präsident treffen. Truman billigte NSC-30. In einer kurzen Unterredung mit den wichtigsten Befehlshabern der Luftwaffe drückte er die Hoffnung aus, »daß er nie eine solche Entscheidung werde treffen müssen, doch ... falls es nötig sein sollte, dürfe niemand daran zweifeln, daß er es tun werde«.

Noch im selben Sommer wurde eine Flotte aus 60 Bombern vom Typ B-29 Superfortress nach Großbritannien eingeflogen – die neuesten schweren Bomber, die für den Transport von Atomwaffen entwickelt worden waren. Mit der Verlegung der Bomber wurde die strategische Luftflotte (US Strategic Air Command) in Großbritannien begründet, die britischen Medien feierten die Ankunft der »Atombomber«. Nach einer kurzen Debatte auf dem Höhepunkt der Berlinkrise hatte die britische Regierung Washington offiziell eingeladen, die Bomber in Großbritannien zu stationieren. Mit der Einladung wurde elegant die Frage umgangen, wer denn nun den Finger auf dem Auslöseknopf hatte: Die Befehlsgewalt über die Bomber lag bei den Vereinigten Staaten, aber die Stützpunkte unterstanden dem Kommando der Royal Air Force. In der Praxis hätte aber stets, wie es in NSC-30 hieß, der Präsident der Vereinigten Staaten die Entscheidung getroffen.

Die Flugzeuge beförderten in Wahrheit keine Atomwaffen; dieses Geheimnis wurde aber sorgfältig gehütet. Damals gab es nicht genügend Atomsprengköpfe, um die B-29 in Großbritannien auszurüsten. Ihre Ankunft war in erster Linie ein Signal an Moskau, daß der Westen in der Berlinfrage hart bleiben würde. Außerdem nutzte Washington die Krise, um vom Kongreß die Zustimmung zu ständigen Militärstützpunkten im Ausland zu erhalten. Die britische Regierung wußte, daß die B-29 keine Atomwaffen an Bord hatten. Und die Spione im Londoner Außenministerium informierten vermutlich auch Moskau darüber.

Unterdessen funktionierte die Berliner Luftbrücke besser, als man zu hoffen gewagt hatte. Zehntausende Berliner packten mit an beim Bau eines neuen Flugplatzes in Tegel. Da nun mehr Flüge in Berlin abgefertigt werden konnten, vergrößerten die Amerikaner ihre Flotte. Am 18. September wurde mit 861 britischen und amerikanischen Flügen die Rekordmenge von 7000 Tonnen an einem Tag eingeflogen. Insgesamt waren bis zu diesem Tag etwa 200 000 Tonnen Waren gebracht worden, rund 60 Prozent von der US Air Force und 40 Prozent von der Royal Air Force. Kohle, Mehl, Ölfässer, Kartoffeln, Medikamente, alles wurde durch die Luft in die Stadt transportiert. Es hatte

Berlin, 1948

Dreihunderttausend Berliner haben sich vor den Ruinen des Reichstags versammelt und hören, wie ihr Oberbürgermeister Ernst Reuter um internationale Unterstützung für die abgeschnittene Stadt bittet.

schon fast den Anschein, als könnte Berlin mit Hilfe der Luftbrücke sogar den Winter überstehen.

In West-Berlin funktionierte die Stromversorgung nur vier Stunden täglich. Die Menschen gewöhnten sich an die Rationierungen und an die Kälte. Die Blockade war zumindest nicht absolut. Einige Westberliner trugen sich bei sowjetischen Behörden für Lebensmittelrationen ein, etwa jeder zehnte beschaffte sich im Osten Lebensmittel und Kohle. Innerhalb der Stadt konnten sich die Bürger frei bewegen. Westberliner suchten regelmäßig den östli-

OBEN: *Die Kinderzeichnung erinnert an die Luftbrücke.*
RECHTS: *Die Kinder haben ein neues Spiel: »Luftbrücke«.*

chen Teil der Stadt auf, wo es hellerleuchtete und gut beheizte Tanzsäle gab – sie übten eine geradezu magische Anziehungskraft aus.

Die Westberliner fürchteten immer noch, daß der Westen die Luftbrücke abbrechen könnte. Am 6. September wurde eine weitere Sitzung der Stadtverordnetenversammlung in Ost-Berlin von kommunistischen Aktivisten aufgelöst – erneut mit Gewalt und Einschüchterungsversuchen. Die westlichen Delegierten kamen zu dem Schluß, daß im Magistrat keine vernünftige Arbeit mehr möglich sei; folglich zogen sie aus und vereinbarten, sich künftig in der Sicherheit West-Berlins zu treffen. Ernst Reuter appellierte an alle Berliner, den Kommunisten die Stirn zu bieten. Drei Tage später versammelten sich 300 000 Berliner, größtenteils aus dem Westen, vor dem Reichstag. Vor der riesigen Menge stand Reuter auf einem Trümmerberg und appellierte an die westlichen Regierungen, Berlin nicht im Stich zu lassen.

Trotz Schlechtwetterphasen und trotz der ständigen Belästigung durch sowjetische Jäger lieferten die Transporte der Luftbrücke weiter ihre Fracht nach West-Berlin. Im Dezember 1948 wurde dann das Ziel erreicht, täglich 4500 Tonnen einzufliegen. In Gatow und Tempelhof landete alle 90 Sekunden ein Flugzeug. Es wurde so viel Kohle in die Stadt geschafft, daß die Westberliner nicht allzu sehr frieren mußten. Das Spiel hatte sich ausgezahlt. Die Produktion in der Stadt kam in Gang, und der Ausstoß von Waren stieg rasch an. Der Winter war zum Glück ungewöhnlich mild.

Der Westen sicherte sich durch die Luftbrücke einen großartigen Propagandaerfolg. Sie führte der Sowjetunion und der ganzen Welt die Überlegenheit der westlichen Technik eindrucksvoll vor Augen. Gleichzeitig erschienen die Sowjets in der Berlinkrise in einem schlechteren Licht: Es hätte ihnen offenbar nichts ausgemacht, zwei Millionen Menschen verhungern zu lassen.

Der von Amerika finanzierte Sender RIAS, Rundfunk im alliierten Sektor, hob mit seiner Mischung aus beliebter Musik und optimistischen Meldungen die Moral der Berliner. Die Sprecherin und Moderatorin Christina Ohlsen wurde eine Berühmtheit.

Die Sowjets sahen angesichts der Einigkeit des westlichen Bündnisses den eigenen Machtbereich in Gefahr. Inzwischen ist bekannt, daß sich Stalin keineswegs so stark fühlte, wie damals vermutet wurde; im Jahr 1948 glaubten aber viele Amerikaner wirklich, Stalin strebe die Herrschaft über ganz Europa an. Die Politik der Eindämmung hatte zum Inhalt, daß den Kommunisten an bestimmten entscheidenden Punkten energisch entgegengetreten wurde; und Berlin war so ein Punkt. In der öffentlichen Meinung im Westen hatte die Angst vor sowjetischem Expansionsstreben die Waffenbrüderschaft mit den Russen aus der Kriegszeit abgelöst: Man wollte mit »denen drüben« nichts zu tun haben. Marshall berichtete: »In der Berlinfrage hat sich eine klare Meinung in Amerikas Öffentlichkeit und im Kongreß herauskristallisiert ... Das Land ist sich in seiner Entschlossenheit, dem Druck einer illegalen Blockade nicht nachzugeben, einiger als in jeder anderen Frage in allen Friedenszeiten, an die wir uns erinnern können.«

Während die schweren Transportmaschinen ihre tägliche Last nach Berlin flogen, wurde die Verfassung der Bundesrepublik Deutschland ausgearbeitet. Stalins Versuch, die Teilung Deutschlands zu verhindern, war gescheitert.

Gründung der NATO

Im Januar 1949 teilte Präsident Truman mit, daß er beabsichtige, Westeuropa militärischen Beistand zu leisten. Im April kamen die schon über ein Jahr dauernden Verhandlungen zum Abschluß, und in Washington wurde der Nordatlantikpakt, die NATO, von den Vereinigten Staaten, Kanada und zehn westeuropäischen Regierungen unterzeichnet. Die Unterzeichner verpflichteten sich zu wechselseitigem Beistand im Falle eines Angriffs. Die Führungsrolle Amerikas im westlichen Bündnis wurde bestätigt. Stalin hatte den Westen in

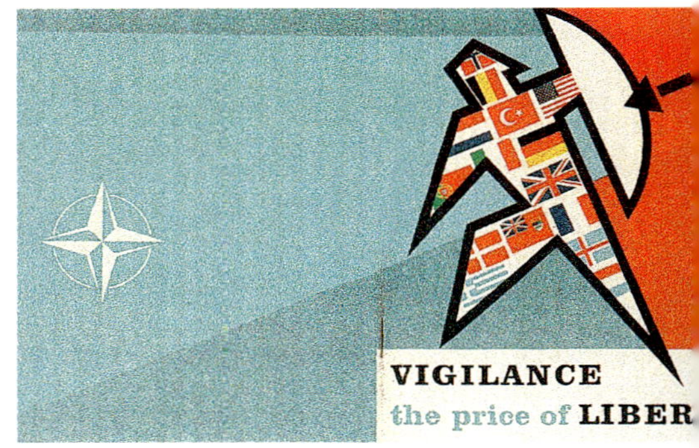

LINKS: *Am 4. April 1949 unterzeichneten die Vereinigten Staaten, Kanada und zehn westeuropäische Staaten den Nordatlantikpakt, der die Vereinigten Staaten zur Verteidigung Europas verpflichtete. Außenminister Dean Acheson setzt seinen Namen unter das Dokument, Präsident Truman sieht ihm zu.*
OBEN: *Auf dem Umschlag einer Broschüre ist das Symbol der NATO zu sehen, die Allianz wird als Schild gegen einen sowjetischen Angriff dargestellt.*

ein Bündnis getrieben, das in erster Linie auf der gegenseitigen Verteidigung gegen eine sowjetische Aggression beruhte.

Im Frühjahr 1949 waren die Witterungsbedingungen günstig für die Luftbrücke nach Berlin. Die Lebensmittellieferungen konnten erhöht werden, die Brennstoffvorräte blieben auf einem soliden Stand. Die Gesamtlieferungen stiegen auf 8000 Tonnen täglich. Am Ostersonntag im April 1949 erreichten einmal in 24 Stunden 1398 Flüge mit insgesamt 13 000 Tonnen Waren Berlin – ein neuer Rekord.

Da sich die Gegenblockade Ostdeutschlands immer schmerzlicher bemerkbar machte, schlugen die Sowjets den einzig verbliebenen Weg ein und versuchten, das Debakel in Berlin zu beenden. Die Herren im Kreml deuteten an, daß sie bei geringfügigen Zugeständnissen eine Beendigung der Blockade in Erwägung ziehen könnten. Die Gegenblockade müsse aufgehoben werden, und der Rat der Außenminister solle noch einmal zusammentreten. General Clay, Verfechter eines Konfrontationskurses, kehrte nach Washington zurück und wurde als Militärgouverneur abgesetzt. Er erklärte, nach den Anspannungen des zurückliegenden Jahres benötige er eine Ruhepause. Am 12. Mai hoben die sowjetischen und die westlichen Militärbehörden ihre jeweiligen Blockaden auf. Beide Seiten sprachen von einem Sieg. Die Berliner jubelten. Viele glaubten, dies sei bereits das Ende des Kalten Krieges.

Das Gefühl des Sieges und der Erleichterung im Westen hielt indes nicht lange an. Noch vor Ende des Sommers registrierte eine amerikanische B-29 auf einem Routineflug in einer Höhe von rund 5500 Metern über dem Nordpazifik eine deutlich erhöhte Radioaktivität. Eine Woche später wurde erneut radioaktive Strahlung gemessen. Sowjetische Wissenschaftler hatten unter

12. Mai 1949. Der erste britische Lastwagen passiert unter dem Jubel der Deutschen den Kontrollpunkt an der britisch-russischen Zonengrenze. Die Luftbrücke war ein Erfolg, die Blockade ist beendet.

der Leitung von Igor Kurtschatow erfolgreich eine Atombombe getestet. Die Sowjetunion hatte aufgeholt. Die Amerikaner waren wie gelähmt, weil jetzt ein atomares Gleichgewicht zwischen den Supermächten bestand. Das Gleichgewicht der Mächte sollte zu einem Gleichgewicht des Schreckens werden.

Korea, 1951

Der Koreakrieg hatte schreckliche Folgen für das koreanische Volk nördlich und südlich des 38. Breitengrades. Am stärksten litt die Zivilbevölkerung. Auf dem Bild suchen Frauen und Kinder Schutz vor massiven amerikanischen Bombenangriffen auf den Nordteil.

Korea

1949–1953

General Douglas MacArthur macht sich bereit, an Bord der »USS Missouri« in der Bucht von Tokio die japanische Kapitulation entgegenzunehmen und damit den Zweiten Weltkrieg zu beenden. MacArthur befehligte die Besatzungstruppen in Japan und führte danach die Streitkräfte der Vereinten Nationen im Koreakrieg.

Das Ende eines Reiches

Am 10. August 1945, einen Tag nach dem Abwurf der Atombombe über Nagasaki, wurde im amerikanischen Außenministerium bis spät in die Nacht gearbeitet. Da Japan kurz vor der Kapitulation stand, mußte man die Grundlinien der künftigen Asienpolitik festlegen. Die Mitglieder des Koordinierungsausschusses zwischen Außenministerium, Kriegsministerium und der Navy brüteten über den Karten des japanischen Reiches und richteten ihr Augenmerk auf das besetzte Korea, die abgelegene Halbinsel, die vom chinesischen Festland aus ins Meer ragt. Jahrhundertelang war Korea ein unabhängiger, einiger Staat gewesen, doch Anfang des 20. Jahrhunderts hatte Japan es in seinem Expansionsdrang überrannt. Die meisten Koreaner hatten das Besatzungsregime als Demütigung empfunden und hofften jetzt, daß es durch die bevorstehende Niederlage Japans beendet und wieder ein unabhängiges Korea erstehen würde.

Die Sowjetunion hatte Japan erst einen Tag vor der Bombardierung Nagasakis den Krieg erklärt. Die Rote Armee marschierte durch die Mandschurei, überrollte die dort stationierten japanischen Truppen und drang dann auf koreanischen Boden vor. Auf der Konferenz von Potsdam hatten die Vereinigten Staaten, die damals noch Pläne für einen Vorstoß ins japanische Kernland ausarbeiteten, den Sowjets bereitwillig die Mandschurei und Korea überlassen. Nun aber, da das Ende des Krieges unmittelbar bevorstand, wollten sie ihre künftigen Interessen in Asien sichern und kamen zu der Entscheidung, daß Amerika und die Sowjetunion sich die Besetzung Koreas nach dem Krieg teilen sollten. Da es auf der Halbinsel keine geeignete natürliche Grenze gab, wurde dem Kreml der 38. Breitengrad als Teilungslinie vorgeschlagen. Die Sowjetunion sollte das Gebiet nördlich dieser Linie besetzen, die Vereinigten

Staaten das Gebiet südlich davon. Dean Rusk, ein Mitglied des Koordinierungsausschusses, wies seine Kollegen darauf hin, daß die Sowjets ohne weiteres ganz Korea besetzen könnten, bevor auch nur ein US-Marineinfanterist den Fuß auf koreanischen Boden gesetzt hätte, falls der Kreml den Vorschlag ignorieren und weiter nach Süden vorstoßen würde. Doch der Kreml stimmte der künstlichen Grenze zu und stoppte die Rote Armee am 38. Breitengrad. Anfang September 1945 landeten US-Soldaten in Inchon auf Korea und begannen mit der Besetzung des Südens. Als die Vorhut in die Hauptstadt Seoul vorrückte, säumten die Koreaner zu Tausenden die Straßen und bejubelten das Ende der japanischen Herrschaft.

Der legendäre Kriegsheld General MacArthur empfängt Kaiser Hirohito in der US-Botschaft in Tokio, 1945. Unmittelbar nach Kriegsende halfen die Amerikaner Japan beim Wiederaufbau.

Nach Kriegsende war ein politisches Vakuum entstanden. Die US-Besatzungsstreitmacht unter dem Befehl von General John Hodge sah sich unmittelbar mit den Problemen der koreanischen Politik konfrontiert, weil rivalisierende Gruppierungen ihr gegenüber als die neue koreanische Regierung auftraten. Hodge ignorierte sie allesamt und forderte statt dessen ehemalige japanische Regierungsbeamte auf, ihm bei der Verwaltung des Landes zu helfen. Immer noch hielten sich über eine halbe Million Soldaten in Korea auf und Zehntausende zivile Staatsdiener. Die Koreaner empfanden es als einen Schlag ins Gesicht, daß ihre neuen Besatzer mit den verhaßten Japanern gemeinsame Sache machten.

Nach und nach wurden die japanischen Verwaltungsbeamten aus Korea ausgewiesen, und das amerikanische Militär konnte nur mit Hilfe von Kollaborateuren Ruhe und Ordnung aufrechterhalten. Prominente Nationalisten und Mitglieder des antijapanischen Widerstands hatten eine provisorische Regierung gebildet, doch wenigstens die Hälfte der Regierungsmitglieder waren Kommunisten, eine politische Macht im Land. Der kommunistische Terror schreckte die amerikanischen Generäle ab, die nun unversehens an der politischen Front kämpfen mußten. Sie wandten sich einer konservativeren Gruppierung zu, der Intellektuelle und in Amerika oder unter der Ägide amerikanischer Missionare aufgewachsene Koreaner angehörten. Diese Gruppierung setzte ihre Hoffnungen auf einen berühmten Exilkoreaner: auf Syngman Rhee.

Rhee war 1875 in einer koreanischen Mittelschichtfamilie auf die Welt gekommen und hatte in Harvard und Princeton studiert. Als erster Koreaner erhielt er den Doktortitel einer amerikanischen Universität. 1912, zur Zeit der japanischen Besatzung, verließ er Korea ein zweites Mal und lebte die folgenden 35 Jahre in den Vereinigten Staaten, wo er unermüdlich für die Unabhängigkeit Koreas warb. Aus Sicht der USA sprach einiges für Rhee: Er hatte nicht mit den Japanern kollaboriert, war ein fanatischer Antikommunist und erweckte mit seinem perfekten Englisch bei den amerikanischen Militärs und Diplomaten den Eindruck, er sei angenehmer im Umgang als die meisten anderen koreanischen Politiker. Im Winter 1945 zeichnete sich ab, daß die Amerikaner auf Rhee als südkoreanischen Regierungschef setzten.

Rhee gefiel zwar den amerikanischen Generälen, doch seine Machtbasis im Land war klein. Er mußte auf Regierungsbeamte zurückgreifen, die in den Augen der meisten Koreaner diskreditiert waren, weil sie mit den Japanern kollaboriert hatten. Der macht- und geldgierige Rhee wurde schnell korrupt und verfolgte skrupellos seine Ziele. Die Vereinigten Staaten hatten unwissentlich eine Clique an die Macht gebracht, die kein Interesse an der Demokratie hatte und für die persönliche Freiheit nichts bedeutete.

Nördlich des 38. Breitengrades entstand unter sowjetischer Regie ein Netz aus Volkskomitees. Im Februar 1947 trafen sich diese Räte in Pjongjang, der Hauptstadt des Nordens, und gründeten das Nordkoreanische Volkskomitee. Kim Il Sung, ebenfalls Exilkoreaner, wurde zum Vorsitzenden gewählt.

Kim war fast 40 Jahre jünger als Rhee, er hatte in den dreißiger Jahren Widerstand gegen die japanischen Besatzer geleistet und war im Krieg in die Sowjetunion geflohen. Im Jahr 1945 führte er eine koreanische Einheit in der Roten Armee. Nachdem die Sowjets ihn als ihren Kandidaten für die Herrschaft im Norden auserwählt hatten, setzte er sich für eine umfassende Landreform ein. Kim unterdrückte rigoros jede Opposition gegen die kommunistische Herrschaft, viele Antikommunisten emigrierten in den Süden.

Kim Il Sung, hier bei einer Pause mit seinen Offizieren während des Koreakrieges, herrschte fast 50 Jahre lang in Nordkorea.

Von 1945 bis 1947 spitzte sich die Lage in Korea immer mehr zu, während die beiden Machtblöcke im Norden und im Süden ihre Stellung festigten. Beide Seiten äußerten unablässig ihren Wunsch, die nationale Einheit wiederherzustellen, doch eine Wiedervereinigung rückte in immer weitere Ferne. Angesichts des wirtschaftlichen Chaos kam es zu Unruhen. Ein Aufstand auf der Insel Cheju im Süden wurde brutal niedergeschlagen, es gab über 1000 Tote. Im Norden wurden die politischen Gegner in Schauprozessen abgeurteilt.

Im Januar 1948 forderten die Vereinten Nationen freie Wahlen in Nord- und Südkorea. Die Sowjetunion lehnte jegliche Einmischung der UNO ab, so wurde nur im Süden gewählt. Da die Repressionen zunahmen und die Kommunisten die Wahl boykottierten, gewannen Rhee und seine Anhänger vom rechten Flügel die Mehrheit der Sitze in der neuen Nationalversammlung. Im August wurde Rhee als Präsident der Republik Korea eingesetzt. Einen Monat später wurde in Pjongjang die Volksrepublik Korea ausgerufen.

1949 wurde die Situation an der Grenze zwischen den beiden koreanischen Staaten immer brisanter, weil beide Seiten mehrmals ins feindliche Nachbarland eindrangen. Propagandasendungen des nordkoreanischen Rundfunks sprachen immer wieder von einer bevorstehenden Invasion. Im Süden wurden Tausende linker Aktivisten inhaftiert. Unterdessen zog sich die Rote Armee aus dem Norden zurück und ließ lediglich eine Handvoll Militärberater zurück. Im Juni 1949 verließ die US Army den Süden.

Der »Verlust« Chinas

Die Vorgänge in China im Herbst 1949 verschärften die Koreakrise noch weiter. Seit 1927 führten die Kommunisten unter Mao Tse-tung einen langen Bürgerkrieg gegen die Kuomintang Tschiang Kai-scheks. Amerika hatte Tschiang seit 1945 zwei Milliarden Dollar Militärhilfe gewährt, Stalin hingegen hatte die chinesischen Kommunisten nur zögerlich unterstützt. Korruption und eine galoppierende Inflation schwächten die Moral von Tschiangs Anhängern. Amerika erkannte allmählich, daß sich Tschiangs nationalistisches Regime ohne massive Unterstützung nicht lange halten würde. Unterdessen gewannen Maos Truppen mit Hilfe erbeuteter japanischer Waffen langsam die Oberhand, und Tschiang floh nach Taiwan. Im Oktober 1949 rief Mao die Volksrepublik China aus: »Wir, das chinesische Volk, haben uns erhoben.«

Die Vereinigten Staaten betrachteten die Niederlage Tschiang Kai-scheks als Katastrophe – es war der »Verlust« Chinas. In ihrer Vision der Nachkriegswelt hatten sie Tschiangs China als einen bedeutenden Akteur der Weltpolitik eingeplant, eins der »großen Fünf« im UN-Sicherheitsrat. Als Mao Tschiang zwang, das Festland zu verlassen, schien für Washington der Weltkommunismus einen ungeheuren Auftrieb zu bekommen.

Der »Verlust« Chinas, der mit der Zündung der sowjetischen Atombombe zusammenfiel, bewirkte eine Trotzreaktion Washingtons. Ende Januar 1950 befahl Präsident Truman die Entwicklung einer Wasserstoffbombe und forderte eine Überprüfung der amerikanischen Außen- und Sicherheitspolitik. Das Ergebnis war ein geheimes Dokument des Nationalen Sicherheitsrats, ausgearbeitet von Paul Nitze und anderen im Außenministerium, das unter der Bezeichnung NSC-68 bekannt wurde. Nun, da das amerikanische Atommonopol gebrochen sei, hieß es in dem Dokument, müsse man der sowjetischen Stärke mit konventionellen Waffen entgegentreten. Das Programm NSC-68 forderte eine massive Erhöhung der Ausgaben für konventionelle Waffen von 13 auf 50 Milliarden Dollar. »Was ich da las, machte mir so große Angst, daß ich am nächsten Tag nicht zur Arbeit ging. Ich saß zu Hause, las das Memorandum wieder und wieder und fragte mich, was in aller Welt damit anzufangen sei«, sagte Charles Murphy später, der Sonderberater Präsident Trumans.

Im Dezember 1949 fuhr Mao nach Moskau zu den Feierlichkeiten anläßlich von Stalins 70. Geburtstag. Die ersten Gespräche der beiden Führer verliefen in einer gespannten Atmosphäre. Nach Kriegsende hatte Stalin einen Freundschaftsvertrag mit Tschiang Kai-schek unterzeichnet und sehr wenig getan, um Mao bei seinem langen Kampf zu unterstützen. Stalin sah in Mao, dem Führer des bevölkerungsreichsten Staates der Welt, eine Gefahr für seine eigene Führungsrolle im Weltkommunismus. Während der beiden Monate in Moskau handelte Mao dennoch den ersten chinesisch-sowjetischen Freundschaftsvertrag aus, er wurde am 14. Februar 1950 unterzeichnet. Darin sagte Stalin seine Unterstützung bei der Wiedervereinigung Chinas unter kommunistischer Herrschaft zu und annullierte damit de facto die Vereinbarung von Jalta, den Status quo in Asien beizubehalten. Das chinesisch-sowjetische Bündnis bedeutete die Eröffnung einer zweiten Front im Kalten Krieg.

Unterdessen schloß die Regierung in Washington mit dem Memorandum NSC-48/2 ihre Überprüfung der Strategie im Fernen Osten ab. Die Verfasser plädierten dafür, daß die amerikanische Regierung sich in der Taiwanfrage nicht einmischen und sich auf die wesentlichen Interessen im Pazifik konzentrieren sollte, vor allem in Japan und Südostasien. Im Januar 1950 umriß Acheson in einem Interview vor Pressevertretern in Washington die US-Interessen im Fernen Osten und versäumte es leichtsinnigerweise, Korea zu erwähnen. Pjongjang – und Moskau – deuteten dies als ein vielsagendes Zeichen.

Kim Il Sung hatte Stalin und später Mao wiederholt um die Erlaubnis gebeten, Südkorea anzugreifen und die koreanische Halbinsel unter der roten Fahne zu vereinen. Stalin lehnte ab, weil er sich nicht sicher war, wie Amerika reagieren würde. Noch hielt sich Stalin an die Vereinbarungen, die am Ende des Zweiten Weltkriegs mit den USA getroffen worden waren; außerdem war er Anfang 1949 mit der Berlinkrise beschäftigt. Auch nach weiteren Anfragen

Die Karikatur im Krokodil *aus dem Jahr 1949 zeigt das Weißbuch des US-Imperialismus, getränkt vom Blut des chinesischen Volkes.*

Wir, das chinesische Volk, haben uns erhoben.

Mao Tse-tung, Oktober 1949

Kims blieb Stalin bis Ende 1949 bei der Ansicht, daß das Risiko einer amerikanischen Intervention zu hoch sei.

Im April 1950 suchte Kim heimlich Stalin im Kreml auf. Nach dem Sieg des Kommunismus in China und der Entwicklung einer sowjetischen Atombombe war Stalin nun zuversichtlicher, daß Amerika zögern würde, in einen Krieg in einer entlegenen Region einzugreifen, auch wenn das Ergebnis ein weiterer Sieg des Kommunismus in Asien bedeutete. Stalin hatte den Eindruck, die internationale Lage entwickle sich zu seinen Gunsten, und gab Kim diesmal grünes Licht. Die Chinesen wurden über Stalins Einwilligung zur Invasion informiert. Mao versicherte dem nordkoreanischen Botschafter, daß von den Amerikanern wenig zu fürchten sei, weil sie »wegen eines so kleinen Gebietes keinen dritten Weltkrieg beginnen werden«. Moskau und Pjongjang hatten bereits ein Protokoll unterzeichnet, in dem die Sowjetunion einwilligte, militärischen und technischen Beistand zu leisten. Bis zum Frühjahr 1950 wurden zahlreiche Panzer, Kanonen, Maschinengewehre und Flugzeuge nach Nordkorea geliefert. Aber noch wollte Stalin eine direkte militärische Konfrontation mit den USA vermeiden.

OBEN: *1. Oktober 1949 auf dem Platz des Himmlischen Friedens in Peking. Mao Tse-tung ruft die Volksrepublik China aus und vereinigt das Land nach 20 Jahren Bürgerkrieg unter kommunistischer Herrschaft.*

OBEN RECHTS: *Im Dezember reiste Mao zu Stalins 70. Geburtstag nach Moskau. Trotz Meinungsverschiedenheiten unterzeichneten die beiden Giganten im Februar 1950 einen Freundschaftsvertrag.*

Kim Il Sung stößt nach Süden vor

Stalin gab zwar grünes Licht, behielt sich aber vor, den Nordkoreanern den Tag der Invasion zu diktieren: Es sollte der 25. Juni 1950 sein. Sowjetische Berater wurden einige Tage zuvor von der Grenze abgezogen, damit sie den Feinden nicht in die Hände fielen und die sowjetische Beteiligung geheim blieb. Am frühen Morgen des 25. Juni griff die nordkoreanische Volksarmee unter dem Vorwand an, sie reagiere auf einen Einfall des Südens. Nach einem Artilleriefeuer bei Tagesanbruch rückten sieben kampfbereite Divisionen hinter einer gewaltigen Phalanx russischer T-34-Panzer nach Süden über den 38. Breitengrad vor. Der Angriff kam völlig überraschend. Syngman Rhees Truppen waren zahlenmäßig und technisch unterlegen. Schon nach wenigen Stunden flohen die demoralisierten Einheiten in alle Richtungen.

Zur Zeit des Angriffs am Sonntag, dem 25. Juni koreanischer Ortszeit, war in Washington noch Samstag, der 24. Juni. Der stellvertretende Außenminister Dean Rusk saß mit Frank Pace, dem Armeeminister, beim Dinner. In ihren Abendanzügen eilten sie ins Außenministerium. Sie befanden, daß eine solche Aggression nicht unerwidert bleiben dürfe. Auf den dringlichen Antrag des

Außenministeriums hin berief UN-Generalsekretär Trygve Lie für Sonntagnachmittag eine Sitzung des Sicherheitsrates ein. Die Sowjetunion hatte im Januar aus Protest gegen die Entscheidung, das kommunistische China nicht in die Vereinten Nationen aufzunehmen, den Sicherheitsrat verlassen und boykottierte das Gremium im Juni noch. Unter diesen außergewöhnlichen Umständen verabschiedete der Sicherheitsrat eine Resolution, in der die Aggression Nordkoreas einstimmig verurteilt und ein Rückzug zum 38. Breitengrad verlangt wurde. Zwei Tage später, am 27. Juni, forderten die Vereinten Nationen ihre Mitglieder sogar auf, die Militärhilfe für Südkorea auszuweiten.

In Abwesenheit der Sowjetunion stimmten die Vereinten Nationen zum erstenmal für die Entsendung einer Streitmacht in ein Land, das von einem anderen Land angegriffen worden war. In den folgenden Jahrzehnten gab es weitere eklatante Aggressionen, aber erst im Golfkrieg 1991 intervenierten die Vereinten Nationen wieder militärisch auf einer Seite eines Konflikts. Legitimiert durch die UNO, führten die Vereinigten Staaten, Großbritannien, Australien, die Türkei und andere westliche Alliierte Krieg in Korea, einen Krieg, den Truman »eine Polizeiaktion« nannte.

In den Augen der ranghohen Regierungsbeamten bestätigte die Invasion die in der Studie NSC-68 beschriebene Aggressivität der Sowjetunion. Die Invasion wurde als erster Schritt gedeutet, die westlichen Demokratien ganz aus Asien zu verdrängen. Ohne Debatte im Kongreß und ohne lange über die Folgen

OBEN LINKS: *Mitglieder des UN-Sicherheitsrates debattieren auf einer Dringlichkeitssitzung am 25. Juni 1950 über den leeren Stuhl des sowjetischen Delegierten hinweg über Korea. Der Rat brandmarkte Nordkorea als Aggressor und forderte beide Seiten auf, das Feuer einzustellen.*

OBEN: *»Hände weg von Korea«, verkündet* Krokodil *und stellt die US-Soldaten als Piraten dar.*

nachzudenken, die eine unmittelbare Konfrontation mit China und der Sowjetunion haben könnte, stellte Washington die Weichen für eine militärische Einmischung in Korea.

Kim und Stalin hatten sich verrechnet: Sie hatten nicht erwartet, daß Amerika wegen eines so abgelegenen Landes in den Krieg ziehen würde, und sie hatten nicht mit einer so schnellen Antwort des Westens gerechnet. Syngman Rhee, dessen korruptes Regime kurz vor dem Zusammenbruch gestanden hatte, brachte der Krieg multinationale Unterstützung und den moralischen Rückhalt der Legitimierung einer UN-Resolution.

Auf diesem südkoreanischen Plakat versklavt der von Rußland unterstützte kommunistische Norden das koreanische Volk.

Der Koreakrieg, 1950–1953

Bis zum Sommer 1950 waren die amerikanischen Streitkräfte weltweit drastisch reduziert worden, und die meisten Einheiten waren nicht kampfbereit. Der nächste US-Militärstützpunkt von Korea aus war unter der Führung des legendären Kriegshelden General Douglas MacArthur für die Besetzung Japans zuständig. Hoch gewachsen und hochnäsig, verkörperte MacArthur für viele den herausragenden militärischen Befehlshaber. Er hatte ein unerschütterliches Vertrauen in die Richtigkeit seiner Ansichten. Eine Zeitlang hatte er in Washington die Auffassung verfochten, daß die entscheidende Auseinandersetzung mit dem Kommunismus in Asien ausgetragen werde und nicht in Europa. Jetzt war seine Stunde gekommen.

MacArthur flog nach Korea und sprach mit Rhee. Rhee bereitete die Evakuierung Seouls vor. Seine Armee war ebenso schwach wie seine Regierung. Angesichts einer sehr viel besser ausgerüsteten nordkoreanischen Armee und ohne geeignete Panzerabwehrwaffen flohen die meisten südkoreanischen Soldaten Hals über Kopf nach Süden. Am 28. Juni drang die nordkoreanische Armee in Seoul ein. Um ihren Vormarsch zu stoppen, wurden die Brücken über den breiten Fluß Han zerstört. Eine Brücke wurde gesprengt, während sich darauf die Flüchtlinge aus der Stadt drängten, mehr als 1000 Menschen kamen ums Leben. In einem abscheulichen Vorspiel zu den späteren Greueltaten des Krieges trieben die Kommunisten Hunderte Sympathisanten Rhees zusammen und erschossen sie.

General MacArthur trifft sich mit dem südkoreanischen Präsidenten Syngman Rhee, dessen wankendes Regime dank einer UN-Resolution stabilisiert wurde.

Amerikanische Einheiten landen in Korea

Für die amerikanischen Soldaten in Japan war die militärische Besetzung ein ruhiges Kommando. Sie absolvierten allenfalls lockere Trainingseinheiten und waren nicht im mindesten auf das vorbereitet, was sie erwartete, als MacArthur nach einer Vorwarnzeit von wenigen Stunden die ersten Einheiten als Task Force Smith nach Korea einflog. Praktisch ohne Schlachtplan wurden amerikanische Soldaten entlang einer Linie von Ost nach West rund 80 Kilometer südlich von Seoul quer über ganz Korea aufgestellt. Ihr Befehl lautete, sich zu verschanzen. Sie mußten nicht lange warten, bis es losging.

Die ersten Amerikaner, die im Kalten Krieg direkt auf Kommunisten trafen, gehörten einer kleinen Einheit an, die sich in den Hügeln in der Nähe der Stadt Osan verschanzt hatte. Diese Soldaten, Teil der 24. Division, erwachten am Morgen des 5. Juli vom Lärm einer Kolonne grüner T-34-Panzer. Da sie über keine Panzerabwehrwaffen verfügten, konnten sie den berühmten russischen Panzern wenig entgegensetzen. Etwas später am selben Morgen machten sich nordkoreanische, in senffarbene Kampfanzüge gekleidete Infanteristen daran, die Stellungen der Amerikaner zu umzingeln. Den Amerikanern gingen schon bald die Munition und die Blutkonserven zur Behandlung der Verwundeten aus. Die isolierten und verwirrten GIs zogen sich zurück, nach kurzer Zeit wurde aus einem geordneten Rückzug eine kopflose Flucht. Fünf Tage später hatten sich etwas mehr als die Hälfte der Amerikaner von den Hügeln um Osan zu amerikanischen Linien weiter im Süden durchgeschlagen. Im ersten militärischen Aufeinandertreffen des Kalten Krieges waren die Soldaten des mächtigsten Staates der Erde von Soldaten aus einem kleinen asiatischen Land, ausgerüstet mit sowjetischen Waffen, beschämend geschlagen worden. Alle Atombomben im Arsenal Washingtons halfen den Männern der Task Force Smith nicht. In Washington sprach Präsident Truman indessen erneut davon, daß man der Aggression entschlossen entgegentreten müsse.

Am 7. Juli forderte der Sicherheitsrat die Vereinigten Staaten auf, einen Oberbefehlshaber für die UN-Truppe zu ernennen. Ohne langes Zögern wurde MacArthur mit der Aufgabe betraut, sein Hauptquartier lag in Tokio. Der britische Premierminister Clement Attlee versprach, die Operation der UNO und der USA mit britischen Soldaten zu unterstützen, und verlegte einige Schiffe der Royal Navy von Hongkong und Singapur nach Korea. In Washington erteilte der Kongreß dem Präsidenten die Vollmacht, eine größere Zahl von Wehrpflichtigen einzuberufen, und stimmte für eine immense Steigerung der Militärausgaben.

In Korea spitzte sich die Lage dramatisch zu: Ein ganzes US-Regiment geriet in einen Hinterhalt und wurde ausradiert. Die amerikanischen Einheiten der Task Force Smith unter dem Befehl von Generalmajor William Dean versuchten verzweifelt, den Vormarsch der Nordkoreaner zu stoppen. Die US-Streitkräfte beschlossen, bei Taejon eine Front aufzubauen, wurden aber von den Tausenden Flüchtlingen buchstäblich überrollt. Die Situation geriet außer Kontrolle. In der folgenden Militäraktion wurde General Dean von den nach Süden vordringenden Nordkoreanern gefangengenommen. In ihren Propagandafilmen feierten sie die Gefangennahme eines der ranghöchsten US-Generäle, der jemals dem Feind in die Hände gefallen war.

In diesen ersten Monaten konnten die Streitkräfte der UNO und der USA nur in der Luft Erfolge verbuchen. Die US-Flugzeuge von den Flugzeugträgern der 7. Flotte schossen die nordkoreanischen Jak-Jäger ab und zerstörten im ganzen Süden und jenseits der Grenze zu Nordkorea die Nachschublinien der Volksarmee. B-29-Bomber von Stützpunkten auf den Pazifikinseln warfen Tausende Tonnen Sprengstoff über dem Nordteil ab. Schließlich sah sich Kim genötigt, die Russen um weitere militärische und technische Hilfe zu bitten.

Im Juli und August 1950 drängten Kims Streitkräfte die amerikanischen und die südkoreanischen Soldaten in die Südostecke des Landes um die Stadt Pusan zurück. Sie waren entschlossen, dort standzuhalten, und errichteten eine Verteidigungslinie entlang des Flusses Naktong im Westen und bis zur Küste im Osten in der Nähe von Pohang. Nach und nach kamen über den Hafen von Pusan weitere amerikanische und alliierte Soldaten ins Land. Der Vormarsch der Nordkoreaner war so rasch erfolgt, daß die Kommunisten wenig Zeit für den Aufbau von geeigneten Nachschublinien verwendet und sich inzwischen viel zu weit ausgedehnt hatten. Sie übten zwar weiter großen Druck aus, doch ihr Vormarsch stockte nun.

Sommer 1950. Die ersten US-Truppen im Einsatz wurden bei heftigen Angriffen der Nordkoreaner in die Flucht geschlagen. Hier wird ein verwundeter US-Soldat vom Schlachtfeld getragen.

Eine gewagte Landung

Während weitere alliierte Soldaten nach Pusan strömten, entwarf MacArthur einen kühnen Plan, wie der Spieß umgedreht werden sollte: eine gigantische amphibische Invasion an den Stränden von Inchon, 240 Kilometer hinter den feindlichen Linien und nur rund 30 Kilometer von Seoul entfernt. General Omar Bradley, der Vorsitzende der Vereinten Stabschefs in Washington, hielt den Plan für leichtsinnig und entsandte eine Delegation aus dem Pentagon,

Inchon, 1950

Früh am Morgen des 15. September 1950. Nachdem MacArthur sich bis auf eine schrumpfende Verteidigungslinie um Pusan im Süden zurückgezogen hatte, startete er eine kühne amphibische Invasion weit hinter den feindlichen Linien bei Inchon, rund 30 Kilometer von Seoul entfernt. Hier erklimmen nach einem massiven Bombardement die ersten Marineinfanteristen den Hafendamm.

die MacArthur davon abbringen sollte. Die geographischen Gegebenheiten seien völlig ungeeignet, der Strand sei zu exponiert und der Gezeitenwechsel zu stark. Aber MacArthur ließ sich nicht beirren.

Im September versammelte sich eine gewaltige Invasionsflotte aus 269 Schiffen – die größte seit der Landung in der Normandie – vor der Küste von Inchon. Am Morgen des 15. September ging nach massiven Bombenangriffen ein großes Kontingent Marineinfanteristen an Land. Die Nordkoreaner hatten die Stadt evakuiert und leisteten praktisch keinen Widerstand mehr.

Die Soldaten marschierten von Inchon aus landeinwärts. Ihr erstes Ziel war die Befreiung Seouls, wo sie aber auf erbitterten Widerstand stießen. Am 25. September, nach dem Ende der Kämpfe, war die Stadt verwüstet; mindestens 50 000 Zivilisten hatten bei den Schußwechseln ihr Leben verloren.

Unterdessen brach der nordkoreanische Druck auf Pusan zusammen. UN-Soldaten befreiten sich aus der Umzingelung und vereinigten sich wenige Tage später mit US-Einheiten, die nach Norden und Osten vorstießen. Die nordkoreanische Armee fiel auseinander. Vom Kreml aus verfolgte Stalin wütend die Ereignisse. Er zog die Mehrzahl seiner Militärberater ab und wies Kim an, eine Evakuierung vorzubereiten.

Am 38. Breitengrad erwartete die UN-Soldaten eine schwierige Entscheidung. Die Invasoren waren zurückgeworfen worden, doch Rhee brannte darauf, Korea wiederzuvereinen, und ließ keinen Zweifel daran, daß die Rückeroberung des Südens nur der erste Schritt war. MacArthur stellte sich voll und ganz hinter ihn: Er war nicht so weit vorgestoßen, um nun haltzumachen, wo die eigentlichen Kämpfe erst beginnen würden. General Marshall, der als Verteidigungsminister wieder in die Regierung zurückgerufen worden war, telegrafierte an MacArthur, daß er sich von dem 38. Breitengrad »nicht aufhalten« lassen solle. Folglich überschritten am 1. Oktober südkoreanische Soldaten

UN-Soldaten befreien Seoul Haus um Haus von den Nordkoreanern, während sie von dem Brückenkopf bei Inchon aus landeinwärts vorstoßen.

Voreilige Versprechen

Am 15. Oktober bestellte Präsident Truman General MacArthur zu einem Treffen auf die Insel Wake mitten im Pazifik. Als der Präsident aus dem Flugzeug stieg, salutierte MacArthur nicht, sondern gab Truman die Hand – ein Zeichen dafür, daß dies ein Treffen unter Gleichen war und nicht der Rapport eines Feldmarschalls an seinen Oberbefehlshaber.

MacArthur war von dem Treffen nicht angetan und sah darin, vermutlich zu Recht, eine Wahlkampfveranstaltung Trumans, der sich mit den Früchten des Sieges in Korea schmücken wollte. Eine Tagesordnung gab es nicht. MacArthur versicherte dem Präsidenten, daß bis Thanksgiving der kommunistische Widerstand gebrochen sein werde, daß die Chinesen nicht eingreifen würden und daß der Sieg unmittelbar bevorstehe. Truman brachte nochmals seine Unterstützung für MacArthur zum Ausdruck und zeichnete ihn mit einem weiteren Orden (MacArthurs fünftem) für besondere Verdienste aus.

Der General lehnte eine Einladung zum Mittagessen ab und flog zurück in sein Hauptquartier in Tokio.

Als der amerikanische Präsident an Bord seines eigenen Flugzeuges ging, sagte er den Reportern: »Seit ich Präsident bin, habe ich noch keine so befriedigende Konferenz erlebt.«

die Grenzlinie. Am 7. Oktober bildeten die Vereinten Nationen eine Kommission für die Wiedervereinigung und den Wiederaufbau Koreas und fügten der unrühmlichen Rolle, die die UNO in diesem Konflikt spielte, ein weiteres Kapitel hinzu. Am selben Tag überquerten amerikanische Soldaten den 38. Breitengrad und stießen in kommunistisches Gebiet vor. Mit »Eindämmung« hatte das nichts mehr zu tun.

Schon seit September hatte Stalin befürchtet, daß die nordkoreanische Armee unterliegen werde. Die Chinesen waren ebenfalls unzufrieden mit ihren nordkoreanischen Verbündeten. Mehrmals hatte Mao Tse-tung seine Bereitschaft geäußert, chinesische Soldaten zu entsenden, die den nordkoreanischen »Brüdern« beistehen würden. Am 1. Oktober kam Stalin, der die Sowjetunion immer noch aus dem Konflikt heraushalten wollte, zu dem Schluß, daß China das nordkoreanische Regime retten müsse. In Peking wurde heftig diskutiert, ob China intervenieren solle oder nicht. Mitte Oktober beschloß Mao schließlich, »Freiwillige« der chinesischen Volksarmee nach Korea zu entsenden. Offensichtlich glaubte er, ein chinesischer Sieg werde die Stellung der jungen kommunistischen Republik in der Welt stärken.

Unterdessen fiel am 19. Oktober Pjongjang an eine vereinte Streitmacht aus südkoreanischen und UN-Soldaten – die einzige kommunistische Hauptstadt, die der Westen während des Kalten Krieges erobert hat. MacArthur jubelte. Er befahl zwei verschiedene Operationen: Die 8. Armee unter General Walton »Bulldog« Walker sollte entlang der Westseite der koreanischen Halbinsel vorstoßen, das 10. Korps unter General Edward Almond an der Ostseite. Von den Bergen Nordkoreas getrennt, sollten beide Verbände nach Norden bis zur chinesischen Grenze marschieren. MacArthur war sich seines Sieges so sicher, daß er den verbliebenen Nachschub an Munition wieder nach Japan transportieren ließ.

UNTEN RECHTS: *Am 15. Oktober 1950 bestellte Truman MacArthur zu einem Treffen auf der Insel Wake und verlieh ihm einen Orden für besondere Verdienste, es war MacArthurs fünfter Orden. MacArthur versicherte Truman, daß der Sieg greifbar nahe sei.*

UNTEN: *Die Zeitschrift* Krokodil *sieht die Zeremonie etwas anders.*

China droht mit Intervention

Nachdem die Chinesen die Entscheidung für eine Intervention getroffen hatten, ließen sie über den indischen Botschafter in Peking Andeutungen verbreiten, daß sie eingreifen würden, falls die UN-Streitkräfte weiter vorstießen. Dean Rusk und andere in Washington hielten dies aber nur für leere Worte.

Mitte Oktober überquerten die ersten chinesischen Freiwilligen der Volksarmee heimlich den Jalu, den Grenzfluß zwischen China und Nordkorea. Zu einem ersten Zusammenstoß mit UN-Streitkräften kam es am 25. Oktober in der Nähe des Dorfes Onjong. Ein Bataillon der südkoreanischen

6. Division stieß auf schweres Geschützfeuer, die Südkoreaner meinten, sie hätten eine kleine Streitmacht eingeholt, die den Rückzug der Nordkoreaner decken sollte. Noch in derselben Nacht ging die kleine Streitmacht zum Gegenangriff über und schlug die Südkoreaner in die Flucht. Auf dem Vormarsch nach Süden stießen die Chinesen schnell auf Einheiten der US Army. Die amerikanischen Verhöroffiziere wunderten sich, daß ihre Gefangenen auf Fragen in koreanischer Sprache nicht antworteten. Da begriffen sie, daß China in den Krieg eingetreten war.

Nach tagelangen Kämpfen zogen sich die Chinesen in die Berge zurück, sie hatten den UN-Streitkräften zumindest eine »blutige Nase« verpaßt. Aber auch diese Warnung wurde in den Wind geschlagen. MacArthur wollte einfach nicht glauben, daß China in den Konflikt eingegriffen hatten. Er war immer noch überzeugt, daß der Krieg »bis Weihnachten« vorüber sein würde, und entsandte weitere Einheiten nach Norden zum Jalu.

Am Thanksgiving Day konnten sich amerikanische Soldaten über eine Ruhepause freuen, an der Front gab es Truthahn. Drei Tage später, am 26. November, starteten die Chinesen einen großangelegten Angriff. Chinesische Soldaten strömten aus den Bergen und überrannten die UN-Einheiten. Die Sol-

OBEN: *Oktober 1950. Von den Amerikanern unbemerkt, überquerten Hunderttausende chinesischer »Freiwilliger« den Grenzfluß Jalu nach Nordkorea und bereiteten sich auf den Angriff vor. Die chinesische Hauptoffensive begann im November.*

OBEN RECHTS: *Diese Aufnahme wurde später veröffentlicht und zeigt einen nachgestellten Angriff.*

daten der amerikanischen 2. Division wurden umzingelt. Als sie versuchten, sich auf den Straßen zurückzuziehen, war ihnen der Rückzug durch defekte Lastwagen und schwere Artillerie verstellt. Einige amerikanische Soldaten gerieten in Panik und liefen davon. Andere Einheiten, auch die türkischen, rührten sich nicht von der Stelle und feuerten Schuß um Schuß auf die heranstürmenden Chinesen ab, bis sie keine Munition mehr hatten und sich ergeben mußten. Doch aller Heldenmut war vergebens, die Menschenlawine rückte unaufhaltsam vor. Die Chinesen erlitten enorme Verluste, aber das Kriegsglück hatte sich erneut gewendet.

General Peng Dehuai befehligte die chinesischen Streitkräfte in Korea. Er war als brillanter Militärstratege und charismatischer Führer seiner Männer bekannt – gewissermaßen der MacArthur der chinesischen Armee. Er besaß Maos Gunst und setzte sich in der chinesischen Führung für eine Intervention in Korea ein.

Die UN-Streitkräfte mußten ganz Nordkorea in wilder Flucht räumen. Was die amerikanische Regierung um jeden Preis hatte vermeiden wollen, war nun eingetreten: Der Konflikt hatte sich zu einem regelrechten Krieg mit China ausgewachsen. Die Chinesen schlugen die UN-Streitkräfte mit ihrer gewaltigen Überzahl und waren fest entschlossen, die Amerikaner aus Asien hinauszuwerfen.

In Washington sagte Präsident Truman bei einer Pressekonferenz: »Wir kämpfen für unsere nationale Sicherheit und für unser Überleben.« Auf die hartnäckigen Fragen eines Journalisten räumte Truman ein, daß er sich jede militärische Option offenhalte, wohl auch den Einsatz der Atombombe. In London horchte Premierminister Attlee besorgt auf und flog umgehend zu Gesprächen nach Washington. Er war erleichtert, als er von Truman erfuhr, daß der Einsatz von Atomwaffen in Wirklichkeit nicht geplant sei.

Trotz des bitterkalten Winters 1950/51 drängten die Chinesen die UN-Streitkräfte weiter zurück. Da keine der beiden Seiten für eine solche Kälte gerüstet war, starben bald mehr Menschen an Erfrierungen als im Kampf. Westlich der Berge floh die 8. Armee in heillosem Durcheinander. Östlich der Berge gelang den US-Marineinfanteristen ein disziplinierter und geregelter

Korea, 1950

Da die Fronten hin und her wogten, waren die koreanischen Zivilisten ständig auf der Flucht. Diese Frauen fliehen mit ihrer Habe nach Süden, während UN-Streitkräfte nach Norden vorrücken.

Rückzug an die Küste. Die Amerikaner betrieben eine Politik der verbrannten Erde und zerstörten jedes Feld und jedes Gebäude. Nach der Evakuierung der Marineinfanteristen über den Hafen Hungnam sprengten amerikanische Pioniere alles in die Luft. Beide koreanische Armeen begingen auf ihrem Marsch nach Süden entsetzliche Greueltaten.

Am 6. Dezember 1950 wurde Pjongjang von den chinesischen Truppen zurückerobert – oder vielmehr das, was davon noch übrig war. Ein Großteil der Stadt war bereits von den Bombardements der Alliierten stark beschädigt worden, den Rest zerstörten die UN-Soldaten bei ihrem Rückzug. Während die kommunistischen Armeen ihren Marsch nach Süden fortsetzten, erlitten die UN-Streitkräfte einen weiteren Rückschlag: Zwei Tage vor Weihnachten

kam General Walker, der Kommandeur der 8. Armee, bei einem Jeepunfall ums Leben.

Nachfolger von Walker wurde General Matthew B. Ridgway, ein Kriegsheld aus dem Zweiten Weltkrieg. Er erwies sich als eine gute Wahl und konnte nach und nach die Moral der Soldaten wieder heben. Er setzte sich hartnäckig für eine neue Verteidigungsstrategie ein und befahl seinen Truppen, die Straßen aufzugeben und statt dessen die Höhen zu besetzen, damit sich der Feind nicht diesen Vorteil verschaffen konnte. Danach führte er eine neue Taktik bei der demoralisierten UN-Truppe ein: Angriff.

Das dauerte allerdings einige Zeit. Anfang Januar 1951 starteten die Chinesen eine weitere Offensive. Am 4. Januar fiel Seoul. Die Überreste von Inchon, dem Schauplatz der glorreichen Landung nur vier Monate zuvor, wurden von den abziehenden Soldaten in Brand gesteckt. Doch von nun an ließ die Stoßkraft des chinesischen Angriffs nach, und eine von neuer Kampfkraft erfüllte UN-Armee stellte sich den Chinesen entgegen. Am 10. Februar nahm die 8. Armee Inchon ein, am 14. März eroberte sie Seoul zurück. Noch im März erreichte sie wieder den 38. Breitengrad.

OBEN LINKS: *Bei eisigem Wetter ziehen sich die US- und UN-Streitkräfte mühsam vor dem chinesischen Ansturm nach Süden zurück. Die Amerikaner nannten die daraus folgende Depression »bug-out fever« (»Nichts-wie-weg-Syndrom«).*

OBEN: *General Matthew B. Ridgway übernahm das Kommando über die 8. Armee und besserte schnell die Moral der Truppe. Auf seine Führungskraft, Strategie und Taktik waren die späteren Erfolge zurückzuführen.*

MacArthur geht zu weit

Unterdessen war MacArthur zu der Auffassung gelangt, daß Nationalchinesen aus Taiwan unter Tschiang Kai-schek den UN-Streitkräften in Korea zu Hilfe kommen sollten. Ganz offen sprach er von einer Invasion des kommunistischen China und setzte sich für die Bombardierung chinesischer Städte ein. Er forderte in Washington massive Verstärkung an. Die amerikanische Regierung betrachtete den Krieg in Korea jedoch als eine begrenzte Operation und dachte nicht daran, den Konflikt mit China auszuweiten oder gar eine direkte Auseinandersetzung mit der Sowjetunion zu riskieren. Da MacArthurs Ansichten immer stärker von den Auffassungen seiner politischen Vorgesetzten abwichen, entließ Truman ihn »aus rein militärischen Erwägungen«. General Ridgway übernahm seinen Posten.

Es war eine verunsicherte Armee, die weder sich selbst noch ihren Führern etwas zutraute, die nicht wußte, was sie hier sollte, und sich fragte, wann sie endlich das Signal zur Heimfahrt hören würde.

General Matthew B. Ridgway, Dezember 1950

Ende April begann eine neue Frühjahrsoffensive, eine halbe Million Chinesen und Nordkoreaner warfen sich gegen die Linien der UN-Truppen. Wieder erlitten die UN-Streitkräfte hohe Verluste, Tausende wurden gefangengenommen. In den Hügeln um den Fluß Imjin setzten sich die britischen Soldaten des Regiments Gloucester heldenhaft gegen eine gewaltige chinesische Übermacht zur Wehr und wurden schließlich aufgerieben. Im Westen erreichten die Freiwilligen der Volksarmee die Randbezirke Seouls. Aber dieses Mal hielt die Verteidigung stand. Anscheinend war eine Pattsituation entstanden.

Im Juli 1951 wurden bei Kaesong Waffenstillstandsgespräche aufgenommen. Die Amerikaner fürchteten, daß die Chinesen und die Nordkoreaner die Ruhepause nutzen würden, um sich neu zu gruppieren und ihre Ausrüstung zu ergänzen – genau dies geschah dann auch. Außerdem schlachteten Nordkoreaner und Chinesen die Waffenstillstandsverhandlungen propagandistisch aus, wo es nur ging. Nach sechs Wochen ergebnisloser Gespräche warfen die Kommunisten den UN-Truppen vor, die neutrale Zone verletzt zu haben, und brachen die Gespräche ab.

MacArthurs Entlassung

Als legendärer Kriegsheld des Zweiten Weltkriegs war Douglas MacArthur in den Vereinigten Staaten sehr beliebt. Präsident Truman zügelte seine Verärgerung lange Zeit, weil er fürchtete, daß MacArthurs Absetzung einen Skandal heraufbeschwören würde. Nach einer Reihe geheimer Treffen im Weißen Haus fiel am 10. April 1951 doch die Entscheidung, MacArthur zu entlassen. General Bradley faßte es treffend zusammen, als er sagte, MacArthur sei »nicht erfreut gewesen über die Entscheidung, der Konflikt in Korea solle begrenzt werden … Es war nötig, einen Befehlshaber zu ernennen, der sich stärker der Kontrolle durch Washington fügen werde.« Bevor MacArthur davon offiziell in Kenntnis gesetzt werden konnte, sickerte die Nachricht an die *Chicago Tribune* durch, und das Weiße Haus mußte um ein Uhr morgens eine Pressekonferenz abhalten. MacArthur war über seine Absetzung ebenso wütend wie über die schäbige Art der Mitteilung. Er kehrte in die Vereinigten Staaten zurück und wurde überall mit begeisterten Paraden empfangen. Er dachte sogar daran, bei den nächsten Präsidentschaftswahlen zu kandidieren. Doch die liberale Öffentlichkeit stand zum großen Teil auf der Seite Trumans. MacArthur »hatte sich zuviel herausgenommen«.

Vom Herbst 1951 an belauerten sich die beiden Seiten gegenseitig in ihren gut ausgebauten Schützengräben. Die UN-Streitkräfte zählten eine halbe Million Mann, hatten ausreichende Lebensmittelvorräte und waren gut bewaffnet. Mit ihrer Feldartillerie verhinderten sie jeden Ausbruch der kommunistischen Soldaten aus ihren Stellungen. Alte Soldaten sahen durchaus Ähnlichkeiten mit dem Stellungskrieg im Ersten Weltkrieg. In der Luft wurde indes ein sehr moderner Krieg geführt – die erste Schlacht Düsenjäger gegen Düsenjäger. Einige MiG-15-Jäger wurden von russischen Piloten geflogen. Die Amerikaner sahen darüber hinweg, damit nicht auch noch die Sowjetunion in den Krieg eintrat.

Die US Air Force setzte ihre massiven Bombenangriffe auf alle nordkoreanischen Städte fort. Insgesamt gingen mehr als 600 000 Tonnen Bomben über dem Nordteil des Landes nieder, beinahe soviel wie auf Deutschland während des gesamten Zweiten Weltkrieges. Ein beträchtlicher Teil der nordkoreanischen Industrie wurde unter die Erde verlegt, in eine unterirdische Welt aus Fabriken, Läden und Krankenhäusern. Mit der Parole »Das Hinterland ist die Front« wurden den nordkoreanischen Arbeitern immer größere Arbeitsleistungen abverlangt. Kim Il Sung wurde wie ein Gott verehrt, der große Führer seines Volkes im Widerstand gegen die amerikanische Aggression.

Während des ganzen Jahres 1951 drängten Kim und Mao Stalin, mehr Piloten und Flugzeuge für den Koreakrieg zu liefern. Stalin wies die meisten Bitten entschieden ab. Er schickte zwar weiterhin beträchtliche militärische Ausrüstung an die Chinesen, bestand aber darauf, daß die Volksrepublik alles bezahlte. Zehntausende chinesischer Soldaten wurden auf dem Schlachtfeld für die kommunistische Sache geopfert, und die Sowjets wollten Geld für jede Kugel, die sie an ihre armen chinesischen Genossen lieferten. »Wieviel kostet Blut?« fragte Mao mit Blick auf den chinesischen Einsatz in Korea. Die Saat für die Feindschaft zwischen Peking und Moskau war gelegt.

Es gibt keinen Ersatz für den Sieg.

General Douglas MacArthur, 20. März 1951

Ernsthafte Waffenstillstandsverhandlungen

Im Oktober 1951 wurden die Waffenstillstandsverhandlungen wieder aufgenommen – diesmal in Panmunjom im Niemandsland zwischen den beiden Armeen. Die Gespräche sollten mehr als 18 Monate dauern, immer wieder standen sie auf des Messers Schneide. Ein Streitpunkt war die Frage, ob die Waffenstillstandslinie entlang des 38. Breitengrades verlaufen sollte, wie von den Kommunisten gewünscht, oder nach dem Wunsch der UNO entlang der letzten Frontlinie. Ein weiteres Hindernis auf dem Weg zur Einigung war die Frage der Kriegsgefangenen.

Die Verhandlungen über ein Ende des Koreakrieges wurden durch die Frage des Verbleibs der Kriegsgefangenen monatelang verzögert.
GANZ LINKS: *Gefangene in Südkorea halten Transparente hoch und skandieren Parolen, um ihre kommunistische Überzeugung zu demonstrieren.*
OBEN: *Amerikanische Kriegsgefangene in den Händen der Chinesen – ein Drittel der GIs, die von den Nordkoreanern gefaßt worden waren, starb im ersten Winter.*

Im Süden waren 132000 kommunistische Kriegsgefangene auf einer Insel bei Koje-Do in einem Lager untergebracht. Kommunistische Aktivisten organisierten hier die Ausbildung und das Training direkt unter den Augen der Wachen. Die Vereinten Nationen bestanden darauf, daß alle Gefangenen befragt werden sollten, ob sie in das kommunistische Gebiet zurückkehren wollten oder lieber in Südkorea bleiben oder nach Taiwan gehen wollten. In den Lagern führte das zu Gewalttaten, weil sich die Gefangenen in feindliche Gruppen spalteten. Gefangene, die überlaufen wollten, wurden von überzeugten Kommunisten mißhandelt oder umgebracht. Es kam mehrmals zu gewaltsamen Aufständen. Einmal fuhren UN-Soldaten mit Panzern und Flammenwerfern in das Gefangenenlager ein. Die Kommunisten schlachteten das in einem Propagandafeldzug aus und erklärten, die Vereinigten Staaten würden bewaffnete Soldaten gegen unbewaffnete Kriegsgefangene einsetzen.

In den ersten Kriegstagen begingen die Nordkoreaner schreckliche Greueltaten an UN-Kriegsgefangenen. Zu Hunderten starben sie an Hunger, Ruhr oder an den Folgen von Mißhandlungen. 1951, als die Chinesen die Aufsicht über die Gefangenenlager entlang des Jalu übernahmen, verbesserten sich die Bedingungen etwas. Die Chinesen mißhandelten ihre Gefangenen selten, versuchten aber, sie politisch zu indoktrinieren. Die Männer reagierten unterschiedlich darauf. Einige ließen es über sich ergehen, weil sie sich das Leben nicht unnötig schwer machen wollten. Andere widersetzten sich jedem Versuch einer »Gehirnwäsche«, wie es damals hieß. Wenige waren wirklich interessiert an einer grundlegend neuen Anschauung der Welt um sie herum.

Im November 1952 wurde Dwight D. Eisenhower zum neuen Präsidenten der Vereinigten Staaten gewählt. Der ehemalige Oberbefehlshaber der alliierten Invasionstruppen hatte für die Republikaner kandidiert und war mit der Parole angetreten: »Ich werde nach Korea fahren.« Im Dezember stattete er tatsächlich Südkorea einen Besuch ab. Im März 1953 starb Stalin, und im Kreml herrschte einige Verwirrung über die Nachfolge. In all dem Chaos, das nach Stalins Tod herrschte, beschloß die neue sowjetische Führung nach nur zwei Wochen, daß der Krieg beendet werden müsse. Unterdessen war auch Mao zu dieser Einsicht gelangt.

Im Mai 1953 drohte Eisenhower Peking mit dem Einsatz von Atomwaffen, weil er die Kommunisten zu einem Verhandlungsfrieden zwingen wollte. Um dieselbe Zeit beschädigten US-Bomber eine Reihe von Staudämmen in Nordkorea und verursachten katastrophale Überschwemmungen.

Die Kommunisten klagten die Vereinigten Staaten an, sie hätten Bomben mit Pest- und Milzbranderregern abgeworfen. Sie drehten Dokumentarfilme, die angeblich mit Milzbrand infizierte Insekten zeigten.
OBEN: *Ein abgeschossener amerikanischer Pilot namens John Quinn gab nach einer »Gehirnwäsche« vor der Kamera zu, daß er biologische Bomben abgeworfen habe.*
UNTEN: *Eine wissenschaftliche Kommission aus Ländern, die mit dem Kommunismus sympathisierten, untersuchte das Beweismaterial und behauptete, es seien biologische Waffen zum Einsatz gelangt. In den Vereinigten Staaten finden sich keine Belege dafür.*

Den ganzen Juni 1953 über wurde erbittert gekämpft, beide Seiten erlitten nochmals schwere Verluste. Die Vereinigten Staaten wollten den Krieg beenden, aber Syngman Rhee weigerte sich hartnäckig. In einem Versuch, die Waffenstillstandsgespräche zu torpedieren, ließ er die Tore eines Kriegsgefangenenlagers im Süden öffnen und ermöglichte den kommunistischen Gefangenen die Flucht auf die gegnerische Seite. Eisenhower war außer sich, und Winston Churchill, inzwischen wieder britischer Premierminister, telegrafierte an das Weiße Haus, daß Rhee abgesetzt werden müsse. Die Waffenstillstandsgespräche wurden nur noch unter Beteiligung der UNO, Chinas und Nordkoreas fortgesetzt. Am 27. Juli 1953 um Mitternacht schwiegen endlich die Waffen, ein Waffenstillstand trat in Kraft.

Ein langwieriger Gefangenenaustausch folgte. 12 000 UN-Kriegsgefangene wurden freigelassen, 21 Amerikaner und ein Schotte wollten im kommunistischen China bleiben. 50 000 kommunistische Kriegsgefangene wurden freigelassen; fast zwei Drittel der Chinesen sagten, sie wollten nach Taiwan gehen. Einige Heimkehrer in den Norden inszenierten ein bizarres Spektakel: Kurz vor der Grenze rissen sie sich die Kleider vom Leib, die ihnen von der UNO übergeben worden waren, und überquerten nackt, rote Flaggen schwenkend, die Grenze. Als Flaggen dienten ihnen alte Lumpen, die sie mit ihrem Blut getränkt hatten.

Am Ende des Koreakriegs gab es wenig Grund zum Feiern. Die Vereinigten Staaten hatten über 54 000 Mann verloren, weitere 100 000 waren verwundet, die anderen Staaten der UN-Streitmacht: mehr als 3000 Tote und knapp 12 000 Verwundete. Auf südkoreanischer Seite waren 415 000 Mann und auf nordkoreanischer Seite schätzungsweise fast eine Million Soldaten gefallen. Die Chinesen hatten nach offiziellen Angaben ihre Kriegführung mit Massenformationen mit dem Verlust von 112 000 Mann bezahlt. Die tatsächliche Zahl liegt mit Sicherheit doppelt so hoch, womöglich beläuft sie sich gar auf eine halbe Million. Der eigentliche Verlierer des Krieges war jedoch die koreanische Zivilbevölkerung. Die Koreaner hatten bei den amerikanischen Bombenangriffen auf den Nordteil schreckliche Verluste erlitten, und im Süden waren mindestens fünf Millionen Flüchtlinge obdachlos. Seoul, Pjongjang und die meisten großen Städte waren dem Erdboden gleichgemacht. Der Norden sollte sich unter der Herrschaft Kim Il Sungs nie ganz von den Folgen des Krieges erholen. Er blieb eine Agrargesellschaft mit einer wenig entwickelten industriellen Produktion. Der Süden machte unter Rhee, der 1960 endlich abgesetzt wurde, und seinen Nachfolgern eine dramatische Wandlung durch. Eine Generation nach dem Krieg zählte Südkorea zu den wachstumsstarken »Tigerstaaten«.

Eine wichtige Folge des Koreakrieges war ein enormer Aufschwung der japanischen Wirtschaft. Das amerikanische Militär gab in Japan für alle möglichen Waren 3,5 Milliarden Dollar aus, von Schiffen bis zu Lastwagen, von Winterkleidung bis zu Verbandsmaterial. Die japanische Industrieproduktion verdoppelte sich. Es war Teil der amerikanischen Politik, im Pazifik einen starken Verbündeten aufzubauen, und Japan erlebte infolgedessen eine raschere wirtschaftliche Wiedergeburt als Europa dank des Marshallplans. Die Japaner waren fortan überzeugte Kapitalisten und entschiedene

Antikommunisten. Als einzige positive Folge gab also ausgerechnet der Koreakrieg den Startschuß für den wirtschaftlichen Aufschwung einer ganzen Region.

Der Krieg hatte die Welt an den Rand eines zweiten Hiroschima gebracht, aber beide Seiten gaben sich diesmal zurückhaltend. Einige ranghohe amerikanische Militärberater behaupteten, der Einsatz von Atomwaffen sei erforderlich, um die Kommunisten in die Knie zu zwingen. Die Ehre der Vereinigten Staaten wäre dann jedoch mit dem Makel befleckt gewesen, daß sie Atomwaffen einsetzten, um einen Krieg mit so unklaren Zielen zu beenden, dessen eigentlicher Zweck gewesen sei, den Kommunismus in China zu vernichten. Doch die Regierung Eisenhower hatte bei Kriegsende die Überzeugung gewonnen, daß eben die amerikanische Drohung mit Atomwaffen im Mai 1953 den Krieg beendet habe. Das hatte großen Einfluß auf das künftige strategische Denken Amerikas. Tatsächlich war die Entscheidung, den Krieg zu beenden, schon zwei Wochen nach Stalins Tod im März 1953 in Moskau und Peking gefallen. Gleichwohl sahen sich die Vereinigten Staaten fortan als Verteidiger aller Länder der Welt gegen den Kommunismus.

OBEN: *27. Juli 1953. Offiziere der kanadischen UN-Brigade erhalten die Nachricht, daß ein Waffenstillstand unterzeichnet wurde.*
LINKS: *Ein bis auf die Unterhose entkleideter nordkoreanischer Kriegsgefangener wirft verächtlich seine amerikanische Gefangenenuniform weg. Die Kämpfe waren vorüber; der ideologische Gegensatz blieb bestehen.*

Washington, 1953

»Verbrennt alle Roten« und »Die Verräter Rosenberg müssen für ihre Verbrechen sterben«, verkünden die Plakate. »Die Verräter Rosenberg« waren Julius und seine Frau Ethel Rosenberg. Ein Gericht hatte sie für schuldig befunden, während des Zweiten Weltkrieges Atomgeheimnisse an den damaligen Bündnispartner Sowjetunion weitergegeben zu haben. Beide wurden zum Tod verurteilt und trotz Gnadengesuchen aus aller Welt hingerichtet. Am Morgen des 19. Juni 1953 starben sie im Gefängnis Sing-Sing auf dem elektrischen Stuhl.

Die Roten

1948–1953

Vor dem Ausschuß für unamerikanische Umtriebe (HUAC) wiederholt Whittaker Chambers (UNTEN)*, selbst ehemaliger Kommunist, seine Anschuldigung, daß Alger Hiss* (OBEN) *Kommunist sei. Hiss bestritt die Vorwürfe, wurde aber schließlich des Meineids überführt und zu einer Gefängnisstrafe verurteilt.*

Der Ausschuß für »unamerikanische Umtriebe«

Am 3. August 1948 erschien Whittaker Chambers, ein leitender Redakteur der Zeitschrift *Time*, vor dem Ausschuß des Repräsentantenhauses für unamerikanische Umtriebe (House Committee on Un-American Activities, HUAC). Es war bekannt, daß Chambers Sympathien für die Kommunisten gehegt hatte. Unter Tränen erzählte er von seiner Wandlung vom Saulus zum Paulus, wie er endlich zum Gegner des Kommunismus geworden war. Chambers benannte sechs einfache Regierungsbeamte als Mitglieder seiner kommunistischen Zelle und bezeichnete dann zur Überraschung aller Anwesenden Alger Hiss als kommunistischen Agenten. Hiss hatte früher zur Kerntruppe Roosevelts gehört und an der Gründung der Vereinten Nationen mitgearbeitet. Einige Ausschußmitglieder wollten Chambers' Vorwurf übergehen, aber Hiss schickte ein Telegramm an den Ausschuß, in dem er darum bat, mit einer Aussage unter Eid seinen Namen reinwaschen zu dürfen.

Zwei Tage später erschien Alger Hiss vor dem Ausschuß. Mit seinem jugendlichen, dynamischen Auftreten verkörperte er den Typus des erfolgreichen Rechtsanwalts von der Ostküste. Er hatte die Johns Hopkins University und die Harvard Law School mit Auszeichnung abgeschlossen. Da er von Roosevelts New Deal fasziniert war, hatte er auf eine vielversprechende Karriere als Rechtsanwalt verzichtet und war in den Staatsdienst eingetreten. Im Außenministerium wurde er einer der engsten Berater Roosevelts. Nach seinem Einsatz bei der Gründung der Vereinten Nationen hatten die Sowjets mitgeteilt, daß sie ihn als ersten Generalsekretär akzeptieren würden. Vor dem Ausschuß für unamerikanische Umtriebe leugnete er kategorisch alle

Vorwürfe, die Chambers erhoben hatte, und beteuerte hartnäckig, daß er den Mann nie gesehen habe. Hiss' Auftritt stand in einem so krassen Gegensatz zu dem Auftritt Chambers', daß es so aussah, als wäre die Angelegenheit damit beigelegt. Doch nach der Mittagspause übernahm das jüngste Mitglied des HUAC die Befragung von Hiss: der ehrgeizige Richard Milhous Nixon.

Nixon war 1946 mit 33 Jahren in Kalifornien ins Repräsentantenhaus gewählt worden. Er erkannte schnell, daß ein junger Republikaner sich unter anderem dadurch Ansehen verschaffen konnte, daß er die Demokraten mit dem Vorwurf drangsalierte, sie unterschätzten die kommunistische Gefahr. Während des Zweiten Weltkriegs hatte die Waffenbrüderschaft mit der Sowjetunion den ideologische Gegensatz notdürftig übertüncht; nach dem Ende des Krieges konnten die alten Ängste und der alte Argwohn wieder geschürt werden. Die Berufung in den Ausschuß für unamerikanische Umtriebe, der seit 1938 Regierungsbeamte daraufhin überprüfte, ob sie eine subversive Tätigkeit im Dienst einer ausländischen Macht ausübten, war eines von Nixons ersten Ämtern im Kongreß. Im Herbst 1947 lud der Ausschuß im Rahmen einer Nachforschung zur kommunistischen Infiltration der Filmindustrie eine Gruppe von Autoren, Produzenten und Schauspielern aus Hollywood vor. Die meisten sagten bereitwillig aus, aber einige weigerten sich, Fragen zu ihren politischen Neigungen zu beantworten, und beriefen sich auf die im Ersten Zusatzartikel zur Verfassung garantierte Meinungsfreiheit. Sie wurden wegen Mißachtung des Kongresses vor Gericht gestellt und zu Haftstrafen von vier bis zehn Monaten verurteilt. Bei der amerikanischen Filmindustrie standen sie fortan auf einer schwarzen Liste.

Hollywood fliegt nach Washington, um gegen die Nachforschungen des Ausschusses für unamerikanische Umtriebe in der Filmindustrie zu protestieren. Humphrey Bogart (Mitte, mit Fliege) war der Wortführer der Gruppe.

An jenem Sommertag des Jahres 1948, als Nixon Hiss befragte, sah er in dem Anwalt all das, was er am meisten verabscheute: Hiss war Harvard-Absolvent, Angehöriger des Establishments der Ostküste und selbstsicher im Auftreten. Es ist nicht bekannt, ob Nixon wußte, daß Hiss bereits früher in Verdacht geraten war. Das FBI überwachte ihn, der Justizminister hatte die Vollmacht erteilt, sein Telefon abzuhören. An jenem Nachmittag und in einer Reihe weiterer Sitzungen brachte Nixon ihn in arge Bedrängnis. Getrennt machten Hiss und Chambers widersprüchliche Aussagen.

Hiss hatte einflußreiche Freunde bis hinauf in die höchsten Regierungskreise. Am 25. August inszenierte Nixon ein öffentliches Spektakel mit Hiss und Chambers als Hauptdarstellern in der ersten jemals im Fernsehen übertragenen Kongreßanhörung. Nach fünfstündiger ununterbrochener Befragung traten die ersten Ungereimtheiten in Hiss' Aussage zutage. Hiss erinnerte sich jetzt, daß er Chambers als George Crosley gekannt habe, einen Reporter, dem er von 1934 bis 1935 eine Wohnung vermietet habe. Damit war seine Glaubwürdigkeit dahin. Chambers behauptete, er habe Hiss im Jahr 1937 seinem sowjetischen Spionagechef Oberst Bykow vorgestellt, in der Folgezeit habe Hiss Bykow etliche Dokumente des Außenministeriums übergeben.

Für Nixon ging es im Fall Hiss inzwischen um alles oder nichts. Falls Hiss sich als unschuldig erwies, würde Nixon sein Gesicht verlieren. Wenn Hiss

Der Kommunismus ist in Wirklichkeit keine politische Partei, er ist eine Lebensweise, eine bösartige und heimtückische Lebensweise. Er ist wie eine Krankheit, die sich in einer Epidemie ausbreitet, und genau wie bei einer Epidemie ist Quarantäne nötig, damit er nicht die ganze Nation infiziert.

J. Edgar Hoover, März 1947

aber schuldig gesprochen wurde, dann war Nixon ein Held. Als Hiss Chambers wegen Verleumdung anzeigte, nahm der Fall eine bizarre Wendung. Chambers legte Beweismittel vor: Kopien von 65 Seiten vertraulicher Dokumente, die Hiss und dessen Frau abgetippt und angeblich Chambers übergeben hatten; Chambers wiederum hatte sie an die Russen weitergeleitet. Es wurde nachgewiesen, daß die Dokumente auf der Schreibmaschine der Marke Woodstock getippt wurden, die Hiss im Jahr 1938 gehört hatte. Nixon kostete den Medienrummel voll aus, ließ sich mit den Papieren fotografieren und weigerte sich, die Dokumente dem Justizministerium auszuhändigen, da diesem bei der Verfolgung des Falles Hiss nicht zu trauen sei. Hiss wurde wegen Meineids vor Gericht gestellt (die Anklage wegen Spionage war bereits verjährt), doch in einem ersten Prozeß konnten die Geschworenen sich nicht einigen. Im Januar 1950 wurde Hiss dann in einem zweiten Prozeß unter großem Aufsehen schuldig gesprochen und zu einer Haftstrafe verurteilt. Hiss saß eine Strafe von 44 Monaten in Lewisburg ab, beteuerte aber weiterhin seine Unschuld.

Mit dem Fall Hiss nahm Nixons Karriere ihren Anfang, er war zum Volkshelden geworden. 1950 stieg Nixon nach einer erbitterten Schlammschlacht im Wahlkampf in den Senat auf. Er war inzwischen der kommende Star der Republikaner. Zwei Jahre später wählte Eisenhower ihn als Kandidaten für das Amt des Vizepräsidenten; mit 40 Jahren war Nixon Vizepräsident der Vereinigten Staaten.

Der einflußreichste Warner vor der »roten Gefahr« war FBI-Direktor J. Edgar Hoover. Besessen von seinem Haß auf Kommunisten und Radikale, sah Hoover eine Gelegenheit, das FBI als wichtigstes Bollwerk gegen

J. Edgar Hoover

John Edgar Hoover wurde 1924 zum Direktor der wenig bekannten Ermittlungsbehörde Bureau of Investigations ernannt, das ab 1935 Federal Bureau of Investigations (FBI) hieß. Bis zum Ende des Zweiten Weltkrieges baute er das FBI zum wichtigsten Organ des Staatsschutzes aus. Er knüpfte enge Bande zu vielen konservativen Kongreßmitgliedern; sie stützten ihn und stimmten für die erforderlichen Gelder. Ebenso knüpfte Hoover Kontakte zu konservativen Reportern und Nachrichtensprechern. Seit 1946 führte er einen heimlichen Propagandafeldzug gegen die kommunistische Gefahr und ließ an sorgfältig ausgewählte Kongreßmitglieder und Reporter Informationen durchsickern. Das Thema wurde im Rundfunk und später im Fernsehen groß aufgemacht; mit Unterstützung der Filmgesellschaft Twentieth Century Fox entstand der Spielfilm »Straße ohne Namen« (1948) – einer der wenigen, an denen das FBI tatkräftig mitgearbeitet hat. Die Kampagne sollte für die Arbeit der Behörde werben und das Ansehen der Agenten aufbessern, die für die gerechte Sache wahre Wunder wirkten.

Hoover selbst war durch und durch ein Konservativer. Der Junggeselle ging in der Arbeit für das FBI auf und verkehrte nur mit wenigen Menschen außerhalb der Behörde. Jeden Morgen wurde er auf demselben Weg zur Arbeit gebracht, häufig ging er die letzten Blocks zu Fuß. Jeden Abend nahm er zu Hause auf dem Balkon einen einzigen Drink zu sich und setzte sich dann allein oder mit einem Freund zum Essen.

Mit der Zeit hatte sich Hoover solches Ansehen erworben, daß kaum ein Politiker ihm die Stirn zu bieten wagte und daß er beinahe immun war gegen die Kontrolle derjenigen, denen er unterstand: des Justizministers und des Präsidenten. Achtundvierzig Jahre blieb er Chef des FBI, bis zu seinem Tod 1972.

Washington, 1947

Der Sitzungssaal des Ausschusses für unamerikanische Umtriebe. An diesem Tag geht es um kommunistische Umtriebe in der Filmindustrie. Alle Augen richten sich auf den ersten Zeugen Jack L. Warner, Direktor der Filmgesellschaft Warner Brothers. Zweiter von rechts auf dem Podium ist der Kongreßabgeordnete Richard M. Nixon. »Hollywood vor Gericht« erregte großes Aufsehen.

die vermeintliche kommunistische Verschwörung zu präsentieren. In der Hysterie, die er selbst mit heraufbeschworen hatte, gestattete er es seinen Agenten, in Wohnungen einzudringen, Telefone anzuzapfen und Wanzen zu installieren. Nachbarn wurden aufgefordert, sich gegenseitig zu bespitzeln, Eltern wurden gebeten, Informationen über ihre Kinder weiterzugeben, und Kinder sollten ihre Eltern anschwärzen. Häufig setzten die Verteidiger vor Gericht durch, daß auf diese Weise gewonnenes Beweismaterial nicht verwendet werden durfte. Erbost nahm Hoover daraufhin die Anwaltsvereinigung National Lawyers Guild als angeblich prokommunistische Organisation ins Visier. Hoover verfügte über ein weitgespanntes Netz von vertraulichen Informanten, einer davon war in Los Angeles der Schauspieler und Vorsitzende einer Schauspielergewerkschaft, Ronald Reagan. Als die Hexenjagd sich bis nach Hollywood ausweitete, stellte das FBI in Kalifornien für HUAC zwei Listen zusammen: eine mit Hollywoodkünstlern, die noch Mitglieder einer kommunistisch beeinflußten Organisation waren oder früher gewesen waren, und eine zweite Liste mit »freundlich gesinnten Zeugen«, die dem Ausschuß weitere Namen und Informationen liefern würden.

Die Weitergabe von Atomgeheimnissen

Die Paranoia war nicht ganz grundlos aufgekommen. Die Sowjetunion hatte tatsächlich Spione in den Vereinigten Staaten. Im Januar 1950 wurde der in Deutschland geborene britische Atomphysiker Klaus Fuchs in London verhaftet; er hatte im amerikanischen Atomforschungslabor in Los Alamos mitgearbeitet. Fuchs gestand, daß er Atomgeheimnisse an die Sowjets weitergegeben habe, und nannte einige amerikanische Komplizen. Er wurde zu 14 Jahren Gefängnis verurteilt. In der Folge verhaftete das FBI weitere Personen, und deren Spur führte zu einem jungen Elektroingenieur namens Julius Rosenberg. Rosenberg wurde angeklagt, im Krieg Atomgeheimnisse an die Sowjetunion verraten zu haben. Er bildete das Zentrum eines Netzes von Agenten, denen die Vorstellung nicht gefiel, daß die Vereinigten Staaten als einziges Land den Schlüssel zur atomaren Kriegführung hatten. Die Beweise gegen Rosenberg stammten größtenteils von seinem Schwager David Greenglass, der im Krieg dem Spionagering angehört hatte. Andere Mitglieder wie Joel Barr und Alfred Sarant flohen nach Rosenbergs Verhaftung nach Osteuropa. Bei der Befragung durch das FBI weigerte sich Julius Rosenberg, irgendwelche Informationen preiszugeben oder andere Agenten zu nennen. Einen Monat nach seiner Verhaftung wurde auch seine Frau Ethel festgenommen und wegen Spionage angeklagt; vermutlich hofften die Ermittler, damit seinen Widerstand zu brechen. Ethel Rosenberg hatte wohl von der Tätigkeit ihres Mannes gewußt, sich aber vermutlich nicht aktiv daran beteiligt. Julius Rosenberg schwieg weiter.

Nach den Aussagen von Greenglass und von Harry Gold, einem weiteren Spion, wurden Julius und Ethel Rosenberg beide für schuldig befunden. Auf Spionage in Kriegszeiten stand die Todesstrafe, aber Rosenberg hatte Informationen an einen Verbündeten weitergegeben. Doch in Anbetracht der herrschenden antikommunistischen Stimmung wurde auf diesen feinen Unter-

Der republikanische Abgeordnete Nixon aus Kalifornien war fest von Alger Hiss' Schuld überzeugt. Beinahe im Alleingang zwang er den Ausschuß für unamerikanische Umtriebe, die Ermittlungen fortzuführen. Mit dem Fall Hiss begann Nixons Karriere.

Julius und Ethel Rosenberg am 19. März 1951 während ihres Spionageprozesses. Mit der Verhaftung von Ethel sollte ihr Mann unter Druck gesetzt werden, damit er die Namen weiterer Spione nannte. Er schwieg aber. Beide wurden schuldig gesprochen und hingerichtet.

Richter Frank sah uns an und sagte etwas, das wir unser Leben lang nicht vergessen haben. Er sagte: »Wenn ich so jung wäre wie Sie, dann würde ich an Ihrer Stelle sitzen und genau dasselbe sagen, was Sie sagen, genauso argumentieren, wie Sie argumentieren, und auch sagen, daß die geplanten Hinrichtungen nicht gerechtfertigt sind. Aber wenn Sie so alt sind, wie ich es bin, werden Sie verstehen, weshalb ich das nicht tun kann.« Dann stand er auf, drehte uns den Rücken zu und ging, und wir waren am Boden zerstört. Wir ahnten schon damals, was wir später begriffen: Jerome Frank, der wichtigste liberale Richter, wurde selbst terrorisiert. Wenn er als Liberaler etwas unternommen hätte, um das Leben von Julius und Ethel Rosenberg zu retten, hätte er sich selbst dem Vorwurf ausgesetzt, er sei ein »Kommie«.

Arthur Kinoy,
Anwalt der Rosenbergs

schied keine Rücksicht genommen. Richter Irving R. Kaufman sprach von einer »diabolischen Verschwörung« der Rosenbergs, »um eine gottesfürchtige Nation zu vernichten«, und behauptete, die von ihnen verratenen Geheimnisse hätten den Sowjets schon »Jahre vor den Vorhersagen unserer besten Wissenschaftler« zur Atombombe verholfen. Richter Kaufman verurteilte Julius und Ethel Rosenberg zur Hinrichtung auf dem elektrischen Stuhl. Alle Gnadengesuche, unter anderem von Albert Einstein und Papst Pius XII., waren vergebens. Frühmorgens am 19. Juni 1953 wurden sie in Sing-Sing hingerichtet. Viele Amerikaner waren inzwischen überzeugt, ihr Land sei von den Roten unterwandert.

Rote unterm Bett

Kurz nach Hiss' Verurteilung behauptete Senator Joseph R. McCarthy aus Wisconsin in einer Rede am 9. Februar in Wheeling, West Virginia, daß im Außenministerium über 200 Kommunisten beschäftigt seien. Die Hexenjagd nahm immer schlimmere Ausmaße an. McCarthy machte sich die allgemeine Enttäuschung über Rückschläge im Kalten Krieg zunutze und sprach von der roten Infiltration, von Verschwörungen im Pentagon, in den Universitäten, in Hollywood, am Broadway und im Fernsehen. Er legte lange Listen prominenter angeblicher Kommunisten vor und behauptete, daß sich die Regierungen Roosevelt und Truman über 20 Jahre hinweg des Verrats am amerikanischen Volk schuldig gemacht hätten, weil sie zu nachgiebig gegenüber dem Kommunismus gewesen seien. McCarthy gelang es, seine Gegenspieler einzuschüchtern. Tausende unschuldiger Leute gerieten in Verruf; es dauerte eine Generation, bis sie rehabilitiert waren.

Im März 1951 nahm der Ausschuß für unamerikanische Umtriebe seine Ermittlungen in Hollywood wieder auf. Der Ausschuß wollte immer neue Namen wissen. Bußfertige Kommunisten konnten sich durch die Nennung von Gesinnungsgenossen reinwaschen und der Inquisition entgehen. Die Studiobosse, die noch von dem Skandal um die aussageunwilligen Filmleute erschüttert waren, versprachen, niemanden zu engagieren, der Kommunist gewesen war oder sich geweigert hatte, unter Eid zu erklären, daß er nie Kommunist gewesen war. Viele der großen Namen Hollywoods sahen sich vor laufenden Kameras in einem demütigenden Dilemma: Leisteten sie der Aufforderung Folge, standen sie als Denunzianten da; im anderen Fall gerieten sie für unbestimmte Zeit auf die schwarze Liste der Filmindustrie. Viele Schauspieler, Regisseure und Drehbuchautoren vergaßen ihren Stolz und nannten Namen.

So benannte etwa der berühmte Regisseur Elia Kazan, der als erster Marlon Brando auf die Leinwand gebracht hatte, elf ehemalige Kommunisten vor dem Ausschuß. Der Drehbuchautor Martin Berkeley brach alle Rekorde, als er 162 Hollywoodkünstler als ehemalige oder noch immer praktizierende Kommunisten mit Namen nannte. Anfang der fünfziger Jahre fielen rund 250 Personen der Säuberungswelle zum Opfer. Darunter waren die begabtesten Regisseure, Autoren und Darsteller. Einige erschienen bis weit in die sechziger Jahre in keinem Film mehr. Andere, wie Carl Foreman und Joseph Losey, gingen ins Exil nach England. Einige arbeiteten unter Pseudonym, wie etwa Dalton Trumbo, der zur Verlegenheit der Filmindustrie 1956 einen Oscar für sein Drehbuch erhielt, das er unter dem Namen Robert Rich geschrieben hatte.

Der gebürtige Brite Charlie Chaplin lebte seit fast 30 Jahren in den Vereinigten Staaten, hatte aber nie die Staatsbürgerschaft beantragt. Während des Krieges hatte er öffentlich den Kampf der Russen gegen Hitler unterstützt. Als die Hexenjagd begann, hielt er sich zu einem sechsmonatigen Besuch in Europa auf und bekam einen Wink, daß ihm die Einwanderungsbehörde bei seiner Rückkehr einige Fragen stellen werde. Er beschloß, außer Landes zu bleiben, und reiste erst 1972 wieder in die Vereinigten Staaten zur Verleihung eines Akademiepreises.

Hollywood war angesichts der landesweiten Kommunistenjagd eifrig bemüht, sich vom Vorwurf unamerikanischer Umtriebe reinzuwaschen. In den Propagandakampf des Kalten Krieges schaltete sich die Filmindustrie mit Streifen wie »The Iron Curtain« *und* »Ich war FBI-Mann M. C.« *ein. In diesen Filmen gewannen immer die Guten und stets wurde die Demokratie gerettet.*

Auf den Filmplakaten der fünfziger Jahre tauchten ausschließlich Namen von Künstlern auf, die ihre Schuld bekannt, bereut und Informationen preisgegeben hatten. Wer sich geweigert hatte, verschwand von der Leinwand, gleich wie berühmt er oder sie war.

Die Schauspielergewerkschaft unter dem Vorsitz von Ronald Reagan führte einen Treueid ein und verlangte von ihren Funktionären die Unterzeichnung eidesstattlicher Erklärungen, daß sie keine Kommunisten waren. Der Verband der Drehbuchautoren gab es nach einem Kampf durch alle gerichtlichen Instanzen schließlich auf, Mitglieder in Schutz zu nehmen, die auf die schwarze Liste gesetzt worden waren. Er willigte auch ein, Kommunisten auszuschließen. Die Allianz der Filmindustrie zur Bewahrung der amerikanischen Ideale unter dem Vorsitz von John Wayne, in deren Vorstand Gary Cooper, John Ford und Clark Gable saßen, veröffentlichte Anweisungen für alle im Filmgeschäft Tätigen: »Sprich nie schlecht über das freie Unternehmertum ... verherrliche nie das Kollektiv.«

Zu der Zeit, als Autoren und Intellektuelle vereint ihre Treue zu Amerika bekundeten, brachte Hollywood eine Reihe von Filmen nach dem Muster »Die Roten lauern unter dem Bett« heraus. 50 Spielfilme und Dutzende Dokumentarfilme entstanden. Gewöhnlich waren die Roten Verbrecher in schnellen Autos, die gnadenlos jeden, der sich ihnen in den Weg stellte, niederstreckten. Der Film »Ich war FBI-Mann M. C.« gewann einen Oscar für den besten Dokumentarfilm.

McCarthy führte auch einen Kreuzzug gegen die Unterwanderung der Universitäten. Jeder, der sich weigerte, mit den Kommunistenjägern zusammenzuarbeiten, war erst einmal schuldig. Für Akademiker gab es zwar keine offizielle schwarze Liste, doch die Fakultäten erkundigten sich nach dem politischen Hintergrund eines jeden Bewerbers und sonderten alle aus, die nur im entferntesten mit linken Aktivitäten in Zusammenhang gebracht werden konnten, damit die Universität von einer Überprüfung durch den Kongreß verschont blieb. J. Edgar Hoover erklärte, zu viele Lehrer würden »die Achtung vor Regierungsbehörden untergraben, die Tradition und die moralischen Sitten abwerten und ... Zweifel an der Richtigkeit der amerikanischen Lebensweise säen«.

McCarty und seine Leute griffen auch die Vereinten Nationen an. Viele der amerikanischen Mitarbeiter verließen die Organisation oder fielen der Säuberung zum Opfer. Der erste Generalsekretär der UN, der Norweger Trygve

Lie, verspürte wenig Neigung, McCarthys Verleumdungen zu verteidigen, wie es die Verantwortlichen in den Filmen und den Universitäten der Vereinigten Staaten taten.

Anfangs unterstützten die Republikaner McCarthys Kampagne. Doch Präsident Eisenhower konnte seine Abneigung gegen den Senator kaum verhehlen. Als Präsidentschaftskandidat der Republikaner hatte sich Eisenhower ein einziges Mal gezwungen, McCarthy nach einem halbstündigen Gespräch in dessen Heimatstaat Wisconsin die Hand zu geben. So vermied Eisenhower eine Spaltung der Partei und sicherte sich McCarthys Unterstützung für seine Kandidatur. McCarthys Anklagen wurden immer abstruser. Er beschuldigte

Haben Sie denn keinen Sinn für Anstand, Sir? Haben Sie sich denn nicht wenigstens einen Rest Anstand bewahrt?

Joseph N. Welch,
9. Juni 1954

General George C. Marshall, er sei ein Anhänger der Kommunisten und »Teil einer Verschwörung, die so gewaltig ist, einer Infamie, die so finster ist, daß sie jede andere in der Geschichte der Menschheit in den Schatten stellt«. Beschämenderweise unternahm Eisenhower nichts, um seinen ehemaligen Kriegskameraden zu verteidigen, den Architekten des Wiederaufbauplanes, der Westeuropa gegen den Kommunismus schützen sollte. Manche verziehen das Eisenhower nie.

Nach Eisenhowers Einzug ins Weiße Haus erhob McCarthy neue Vorwürfe, und zwar diesmal gegen Mitglieder der neuen Regierung. Hemmungslos wies er mittlerweile mit dem Finger auf jeden, der ihm nicht gefiel. Eisenhower zögerte immer noch einzugreifen, weil er fürchtete, die Stimmen im Senat zu verlieren, die auf McCarthy hörten, aber schließlich überspannte der Senator den Bogen. In einer Reihe von landesweit im Fernsehen übertragenen Anhörungen im Jahr 1954 erhob er den Vorwurf, die amerikanische Army sei kommunistisch unterwandert, aber den Beweis blieb er schuldig. McCarthys Seifenblase platzte, als der Rechtsvertreter der Army, Joseph N. Welch, ihm in einer Live-Sendung die Stirn bot. »Senator ... Sie haben schon genug angerichtet. Haben Sie denn keinen Sinn für Anstand, Sir? Haben Sie sich denn nicht wenigstens einen Rest Anstand bewahrt?« Im Dezember stimmte der Senat

OBEN: *Roy M. Cohn, der Rechtsbeistand, flüstert Senator Joseph McCarthy etwas zu, während dessen Unterausschuß der kommunistischen Infiltration der US Army nachgeht. Das war eine Überprüfung zuviel.*

OBEN LINKS: *McCarthy fand in dem Rechtsvertreter der Army, Joseph N. Welch (mit ausgestrecktem Arm), seinen Meister. Welch gewann mit seiner höflichen Art Sympathien in der amerikanischen Öffentlichkeit. McCarthys Stern sank.*

mit 67 zu 22 Stimmen dafür, McCarthy zu tadeln, weil er das Gremium in Verruf gebracht habe. Seine Laufbahn war zu Ende.

Rückkehr des Terrors

Während in Amerika die Angst umging, machte die Sowjetunion sehr viel Schlimmeres durch: den neuen Terror. Der McCarthyismus und jede andere amerikanische Hysterie waren Kleinigkeiten im Vergleich zu der Paranoia im Sowjetstaat und im kommunistischen Osteuropa Ende der vierziger und Anfang der fünfziger Jahre. Hunderttausende wurden in Arbeitslager geschickt. Viele tausend loyale Parteimitglieder wurden hingerichtet. In Ungarn hatte während der stalinistischen Periode jede dritte Familie einen Angehörigen im Gefängnis. In der Sowjetunion und in Osteuropa kam es auf Konformismus an. Jeder unabhängige Gedanke wurde aufgespürt, ausgerottet und unterdrückt. Die Verfolgung, die in den Vereinigten Staaten eine Verirrung war, gehörte in der sowjetischen Welt zum System dazu.

In der ersten Phase der Sowjetisierung Osteuropas hatten kommunistische Parteien mit Unterstützung des Kremls den zentralen Verwaltungsapparat eines jeden Staates übernommen. Gelegentlich kam es zu Spannungen zwischen den einheimischen Kommunisten, die im Untergrund gegen die Nazis gekämpft hatten, und den Moskauer Kommunisten, die Stalin in die höchsten Parteiämter manövrierte. Anfangs widmeten die Kommunisten ihre Energie der Bekämpfung des politischen Gegners und der »Klassenfeinde«; aber 1948 begann eine neue Phase in der Sowjetisierung Osteuropas: Jeder Staat sollte von der kommunistischen Partei kontrolliert werden, und jede kommunistische Partei hatte den Anweisungen aus Moskau ohne Widerrede zu folgen.

Mit dem Rundfunk konnte man den Eisernen Vorhang durchdringen. Radio Free Europe warb um Spenden zur Finanzierung seiner Sendungen in die sowjetisch beherrschten Länder Osteuropas. In den Sendungen wurde informiert, aber manchmal, wie in Ungarn 1956, auch mehr versprochen, als dann gehalten wurde.

Die Verschärfung der Kontrolle war eine Folge des Bruchs mit Tito im Jahr 1948. Der einstige Partisanenführer stand an der Spitze des einzigen kommunistischen Landes in Osteuropa, in dem die Macht nicht von Moskau verliehen worden war, sondern wo die Kommunisten aus eigener Kraft und eigenem Ansehen herrschten. Eine Zeitlang war Tito zwar Stalins Günstling gewesen, aber er verlor Stalins Wohlwollen bald, weil er sich gegen die sowjetische Aufsicht über die jugoslawische Wirtschaft und die kommunistische Partei wehrte. Im Juni 1948 wurde Jugoslawien aus dem Kominform ausgeschlossen mit der Begründung, es habe sich »außerhalb der Familie der brüderlichen kommunistischen Parteien gestellt«.

Die »Rebellion« in Jugoslawien bot Stalin die Gelegenheit, die er gesucht hatte, um seine Macht zu stärken. Er konnte jetzt nicht nur auf den äußeren Feind verweisen, auf die imperialistischen Mächte unter Führung der Vereinigten Staaten, sondern auch auf einen inneren Feind. Der Titoismus wurde vom Kreml als Rechtfertigung für eine wesentlich härtere Gangart gegen die kommunistischen Parteien Osteuropas zitiert. Zwischen 1948 und 1953 wurde in allen Parteien ein Schnellkurs der Stalinisierung durchgesetzt: Fünfjahrespläne, Zwangskollektivierung, Ausbau der Schwerindustrie und Kontrolle über die Armee und den Parteiapparat. Die Satelliten wurden gezwungen, zur Aufrechterhaltung der Ordnung einen gewaltigen Terrorapparat zu installieren. Ein zentraler Lehrsatz des Stalinismus lautete, daß der wahre

Sozialismus nur durch Kampf aufgebaut werden könne: Je mehr Feinde demaskiert wurden, desto näher kam der Staat dem sozialistischen Ideal. Mit Schauprozessen wurde das Volk gefügig gemacht und die einheimische Partei der totalen Kontrolle durch die Moskauer Zentrale unterworfen. Parteimitglieder, die wie Tito auch nur ansatzweise eine unabhängige Meinung vertraten, hatten keine Nachsicht zu erwarten.

In kommunistischen Schauprozessen wurden die Angeklagten durch Folter und Drohungen gezwungen, Verbrechen gegen den Staat zu »gestehen«. Dem Ungarn László Rajk (zweiter von rechts) hatte man ein neues Leben in Rußland versprochen, falls er gestand, ein Spion Titos zu sein. Tatsächlich wurde er nach seinem Geständnis hingerichtet. Die Schauprozesse verstärkten die Terrorherrschaft; die »Justiz« war ein Instrument der Staatstyrannei geworden.

Der größte Schauprozeß wurde gegen den ungarischen Außenminister László Rajk inszeniert. Rajk hatte im Spanischen Bürgerkrieg gekämpft und drei Jahre in Frankreich gelebt, bevor er sich dem Widerstand in Ungarn anschloß. Nach dem Krieg stieg er zum beliebtesten Mitglied der kommunistischen Führung auf. Obwohl er die Ausschaltung der katholischen Kirche durch die Kommunisten geleitet hatte, wurde er selbst ein Opfer der kommunistischen Unterdrückung. Unter Aufsicht des sowjetischen Beraters General Fjodor Bjelkin wurden Geständnisse fingiert, daß Rajk eine imperialistische und titoistische Verschwörung innerhalb der ungarischen kommunistischen Partei angezettelt habe. Rajk wurde massiv unter Druck gesetzt und gefoltert. Sein alter Parteifreund János Kádár, Pate von Rajks Sohn, setzte ihm auseinander, er müsse gestehen, ein Spion Titos zu sein. Wie auch immer das Urteil ausfalle, ihm und seiner Familie werde auf jeden Fall erlaubt, in Rußland ein neues Leben zu beginnen. Rajk willigte ein. In seinem öffentlichen Schauprozeß bekannte er, ein Spion Titos zu sein. Kádár und die kommunistische Partei hatten ihn hintergangen. Am 24. September 1949 wurden Rajk und zwei weitere Angeklagte zum Tod verurteilt, einen Monat später hingerichtet. Rajks Geständnis und diese Form des Schauprozesses machten in ganz Osteuropa Schule.

László Rajk

In der Tschechoslowakei fanden nach der kommunistischen Machtübernahme im Februar 1948 zahlreiche Schauprozesse statt. Von 1948 bis 1952 wurden 233 politische Gefangene zum Tode verurteilt: Akademiker, unabhängige Denker, Sozialisten, Christen. Fast 150 000 Menschen kamen aus politischen Gründen ins Gefängnis, darunter 7000 Mitglieder der Sozialdemokratischen Partei.

Die nächste Phase

Nach der Ausschaltung der echten und der angeblichen politischen Gegner folgte in der nächsten Phase der Stalinisierung die Säuberung der kommunistischen Parteien. Ein Viertel der tschechoslowakischen Parteimitglieder wurde ausgeschlossen. An einem hochrangigen Parteigenossen wollte Stalin ein Exempel statuieren: am Generalsekretär der tschechoslowakischen kommunistischen Partei, Rudolf Slánský. Stalin befahl persönlich Klement Gottwald, der mittlerweile Eduard Beneš als Staatspräsident abgelöst hatte, Slánský zu verhaften. Als Gottwald zögerte, schickte Stalin General Alexei Bestschastnow und zwei Helfer nach Prag. Gottwald gab nach. Am 20. November 1951 wurde Slánský verhaftet. In diesem Fall kam ein neuer Aspekt hinzu: Slánský und zehn weitere damals inhaftierte hohe Parteimitglieder waren Juden.

Die Anklage gegen Slánský stützte sich auf Stalins Angst vor einer eingebildeten zionistischen, prowestlichen Verschwörung. Offenbar glaubte er an ein Komplott einflußreicher amerikanischer Juden und der israelischen Regierung mit dem Ziel der Weltherrschaft, was einen neuen Krieg gegen den Kommunismus bedeutet hätte. Er vollzog eine Kehrtwende in der Israelpolitik: Bislang hatte die Sowjetunion den Kampf der Zionisten gegen die palästinensischen Araber unterstützt und sie über die Tschechoslowakei 1947 und 1948 mit Waffen versorgt. Rußland hatte als erster Staat den Staat Israel schon wenige Minuten nach der Gründung im Mai 1948 anerkannt. Zwei Jahre später gelangte Stalin, der möglicherweise die Anziehungskraft Israels auf die Hunderttausende Juden in Rußland fürchtete und mißtrauisch die engen Beziehungen Israels zu den Vereinigten Staaten verfolgte, zu der Überzeugung, daß Israel in der vordersten Front einer internationalen jüdischen Verschwörung gegen ihn kämpfe.

Rudolf Slánský

In Wahrheit war Slánský ein treuer Stalinist. Er wurde zu dem Geständnis gezwungen, daß er wegen seiner bürgerlichen und jüdischen Herkunft nie ein echter Kommunist gewesen und daß er jetzt ein amerikanischer Spion sei. Die Geständnisse von Slánský und seinen Mitangeklagten wurden von sowjetischen Beratern in Prag Wort für Wort formuliert, und jeder Angeklagte studierte seinen »Auftritt« in dem Prozeß sorgfältig ein. Sie hatten genügend Zeit, ihre »Geständnisse« auswendig zu lernen, weil sich die Vorbereitungen über ein Jahr bis zum November 1952 hinzogen. Der Reihe nach bekannten sich Slánský und die anderen zu den abstrusesten Verbrechen. Der Oberstaatsanwalt Josef Urvalek verlas die Anklageschrift gegen die »Bande von Verrätern und Verbrechern«, die die kommunistische Partei mit dem Ziel einer prozionistischen, prowestlichen Verschwörung infiltriert habe. Jetzt sei für das Volk die Zeit der Rache gekommen. Die »Verteidiger« stimmten zu, daß die Schuld ihrer Klienten klar erwiesen sei. In seinem letzten Wort sagte Slánský: »Ich verdiene kein anderes Ende als das vom Staatsanwalt vorgeschlagene.« Elf Angeklagte wurden zum Tode verurteilt, drei zu lebenslanger Haft. Als das Strafmaß verkündet wurde, herrschte im Gerichtssaal eine beklemmende Stille. Slánský und seine Mitangeklagten wurden eine Woche später hingerichtet.

Josef Urvalek

Stalin behandelte ganz Osteuropa als seinen Herrschaftsbereich und die Führer der kommunistischen Parteien als seine Vasallen, die verpflichtet waren, seine Befehle ohne Widerrede auszuführen. In der Sowjetunion selbst lebte in den letzten Jahren seiner Herrschaft der Terror wieder auf, der die Sowjetgesellschaft in den dreißiger Jahren verändert hatte. Viele Russen hatten geglaubt oder wenigstens gehofft, daß sich die Lage nach dem Krieg bessern würde, daß die Kontrolle durch den Apparat gelockert würde. Stalin stand jedoch einer Öffnung der Sowjetunion zutiefst mißtrauisch gegenüber. Bei Kriegsende wurde zwar eine Generalamnestie für alle Häftlinge verkündet, doch die »Volksfeinde« waren ausgenommen. Viele Russen, die vor dem Krieg in Lager geschickt worden waren, erfuhren nun, daß man ihre Strafe um fünf, acht oder zehn Jahre verlängert hatte. Ein großer Teil der Freigelassenen

Am Ende wird jeder Verbrecher seinen gerechten Lohn erhalten, jeder wird seine wohlverdiente Strafe bekommen. Die verschwörerische Bande, die heute auf der Anklagebank sitzt, ist ein Nest Ratten, die in die Falle gegangen sind. Sie werden von allen anständigen Menschen unseres Landes gehaßt und verabscheut. Bürger, die ihr in der Position von Volksrichtern seid: Im Namen unserer Nation, gegen deren Freiheit und Wohlergehen die Verschwörer agitiert haben, im Namen des Friedens und um der feigen Verschwörung entgegenzutreten, fordere ich für alle Angeklagten die Todesstrafe.

Josef Urvalek,
November 1952

wurde zur »ewigen Ansiedlung« nach Sibirien oder Kasachstan verbannt. Nur wenige durften ins europäische Rußland zurückkehren, noch weniger in die großen Städte.

Stalin war besessen von dem Gedanken, daß die Menschen in der Sowjetunion der Partei bedingungslos gehorchen mußten – in der Praxis hieß das, daß sein Wille Gesetz war. Ungeachtet des heldenhaften Kampfes im Krieg und der immensen Entbehrungen, unter denen das Volk immer noch litt, forderte Stalin noch größere Wachsamkeit und noch größere Anstrengungen, um den »inneren Feind« zu entlarven. 1948 wies er seinen Innenminister Sergei Kruglow an, neue Lager und Gefängnisse für Abweichler und Dissidenten zu bauen. Bei den Vernehmungen wurden immer häufiger Foltermethoden angewendet. Die »Geständnisse« bestätigten regelmäßig die Vorwürfe.

Totale Herrschaft verlangt totalen Gehorsam, aber es ist besser, wenn die Menschen ihren Führer lieben, statt ihn zu fürchten. In der Sowjetunion erfaßte der Stalinkult jeden Lebensbereich.
OBEN: *Stalin wird als Vater seines Volkes im Großen Vaterländischen Krieg dargestellt.*
OBEN RECHTS: *Zur Feier von Stalins 70. Geburtstag am 21. Dezember 1949 versammelten sich die kommunistischen Führer aus aller Welt im Bolschoi-Theater in Moskau.*

1949 verstärkte Stalin den Druck auf eine Gruppe Leningrader Bürokraten, Parteifunktionäre und Künstler, die es seiner Ansicht nach gewagt hatten, die Parteilinie in Frage zu stellen. Nach Folterungen oder schon nach Androhung der Folter bekannten viele sich schuldig und denunzierten weitere »Mittäter«. Obwohl diese Menschen während des Krieges und der Belagerung Leningrads großes Leid erduldet hatten und obwohl sie hart für die Partei arbeiteten, blieben sie nicht verschont. 1000 Parteiführer aus Leningrad wurden wegen angeblichen Verrats an der Partei erschossen. Ende der vierziger Jahre deportierten Stalin und sein Geheimdienstchef Lawrenti Berija schätzungsweise sechs Millionen Sowjetbürger in Arbeitslager. Berija war damals einer der am meisten gefürchteten Männer in der Sowjetunion.

Stalins letzte Tage

Stalin traute niemandem in seiner Umgebung. Der Oberste Sowjet trat nicht mehr zusammen, Stalin herrschte als absoluter Diktator mit einer Handvoll Mitarbeiter. Doch selbst sie fühlten sich keinen Augenblick sicher, ständig wurden sie des Verrats verdächtigt: Es war ihnen nicht gestattet, sich ohne Stalin zu treffen, sie durften nicht einmal im selben Auto in den Kreml fahren, damit sie kein Komplott schmieden konnten. Stalins Tochter Swetlana Allilujewa beschrieb, wie ihr Vater sich allmählich einsam fühlte, als er älter wurde:

»Er war damals so von allen Menschen isoliert, so weit erhöht, daß er wie in einem Vakuum lebte. Er hatte niemandem, mit dem er reden konnte ... Er war selbst ein Gefangener des Systems und erstickte an Einsamkeit, Leere und dem Fehlen menschlicher Gesellschaft.«

Die letzten Monate in Stalins Leben wurden von seiner Paranoia beherrscht. Nach Amerikas entschlossener Reaktion auf die Invasion in Südkorea und der militärischen Mobilisierung der NATO war er ständig auf der Hut. Er verfiel in eine beinahe apokalyptische Stimmung. In der Sitzung des Zentralkomitees, die auf den 19. Parteitag folgte, denunzierte er einige seiner engsten und treuesten Anhänger. Stalin deutete an, Molotow sei ein amerikanischer Spion, und teilte mit, daß er nicht einmal Berija traue. Im Dezember entließ er seinen treuen Privatsekretär, weil er angeblich »Dokumente weitergegeben« hatte, und ließ seinen langjährigen Leibwächter verhaften. Die Schwestern seiner Frau wurden festgenommen, weil sie »zuviel wußten«.

Mehr als alles andere fürchtete Stalin jeglichen Einfluß von außen, was damals »Kosmopolitismus« hieß. Er brauchte einen Sündenbock, dem er die Schuld an den Nöten im eigenen Land geben konnte. Viele Juden hatten Verwandte im Ausland und eigneten sich deshalb besonders gut für die Anklage, sie würden einer kosmopolitischen fünften Kolonne angehören. 1948 wurde das im Krieg gegründete Jüdische Antifaschistische Komitee aufgelöst, führende Vertreter jüdischer Organisationen wurden verfolgt. Im Sommer 1952 wurden zehn prominente sowjetische Juden nach Prozessen vor einem Militärgericht in Moskau des »jüdischen Nationalismus« schuldig gesprochen und erschossen, 100 weitere kamen in Arbeitslager. Im Januar 1953 wurden neun Kreml-Ärzte verhaftet und angeklagt, sie hätten die Ermordung von Sowjetführern geplant. Die meisten waren Juden. Stalins Antisemitismus wurde nun zur offiziellen Linie der Regierungspolitik. Die Verhaftung der

Im Januar 1953 ließ Stalin neun Kreml-Ärzte verhaften und warf ihnen vor, sie hätten die Ermordung von Sowjetführern geplant – die meisten Ärzte waren Juden. Als Stalin im Februar einen Schlaganfall erlitt, wagten es die herbeigerufenen Ärzte nicht, ihn zu behandeln. Er starb am 5. März.

Berija: Stalins böser Geist

Lawrenti Pawlowitsch Berija wurde am 29. März 1899 in Mercheuli in Westgeorgien geboren. Er besuchte in Baku die Schule und trat 1917 in die kommunistische Partei ein, nachdem er aus der russischen Armee desertiert war. Der junge Revolutionär schloß sich der transkaukasischen Abteilung der Tscheka an, der ersten sowjetischen Geheimpolizei, und übernahm bereits 1921 die Führung. In den folgenden zehn Jahren leitete er die Säuberung von »nationalen Abweichlern« in den regionalen kommunistischen Parteien und führte die Aufsicht über die brutale Kollektivierung der Landwirtschaft. 1931 wurde er zum Ersten Parteisekretär in Transkaukasien und Georgien ernannt.

Stalin berief Berija 1938 zum Chef des sowjetischen Volkskommissariats für Innere Angelegenheiten (NKWD), seinem Instrument für Staatsterror, Repression und die Verwaltung des Gulag. Inzwischen ist bekannt, daß Berija 1940 Stalin zur Hinrichtung von rund 25 000 polnischen Kriegsgefangenen riet, darunter auch die 4000 Offiziere, deren Massengrab 1943 im Wald von Katyn bei Smolensk entdeckt wurde. 1945 übertrug Stalin Berija die Verantwortung für das Programm zur raschen Entwicklung einer sowjetischen Atombombe. Mit seinem Despotismus und seiner uneingeschränkten Vollmacht erreichte der Geheimdienstchef, daß die Bombe schon nach vier Jahren einsatzbereit war.

Berija wurde 1946 stellvertretender Vorsitzender des Ministerrats und Mitglied des Politbüros; er sah sich bereits als Nachfolger Stalins. Die übrigen Mitglieder des Politbüros hatten aber andere Pläne. Nach Stalins Tod fürchteten sie, Berija werde die Macht an sich reißen. Sie beschlossen, dem zuvorzukommen: Berija wurde verhaftet, heimlich vor Gericht gestellt und irgendwann vor Dezember 1953 erschossen.

Krokodil, *wie immer schnell bei der Hand, wenn es darum geht, eine auch noch so abstruse Parteilinie zu propagieren, reißt hier den Ärzten die Maske vom Gesicht, darunter tritt ein mordlustiges Scheusal zutage. Der starke Arm des Staates hat den Mörder entlarvt. Viele Russen glaubten solche Propaganda.*

Ärzte, der »Monster in Menschengestalt, die das heilige Banner der Wissenschaft mit Füßen treten«, beschwor eine allgemeine Hysterie herauf. In sorgfältig ausgearbeiteten Artikeln auf den Titelseiten der *Prawda* und der *Iswestija* ergossen sich Haßtiraden über die »Sabotageärzte – die gemeinen Spione und Mörder«; sie wurden als ausländische Spione dargestellt, die für Amerika und Großbritannien arbeiteten. Im Februar wurden weitere 28 Ärzte mit ihren Ehefrauen verhaftet. In den Zellen des Gefängnisses Lubjanka in Moskau »gestanden« viele bei den Verhören unter Folter abscheuliche Verbrechen gegen den Staat. Die Vorbereitungen für einen großen öffentlichen Schauprozeß, den ersten in der Sowjetunion seit den großen Säuberungen im Jahr 1938, liefen an. Pläne wurden vorbereitet für die Verbannung Tausender sowjetischer Juden nach Sibirien und für »spontane« Pogrome gegen Juden in ganz Rußland.

Am Abend des 28. Februar 1953 leitete Stalin die übliche Abendsitzung mit Mitgliedern des Politbüros. Er wirkte erschöpft und gereizt und deutete neue Säuberungen unter den höchsten Parteifunktionären an. Stalin hatte es sich angewöhnt, die Nacht durchzuarbeiten und morgens spät aufzustehen. Am Sonntag, dem 1. März, zeigte er sich aber nicht zur üblichen Zeit. Seine verschreckten Mitarbeiter wußten nicht, was sie tun sollten, weil niemand Stalins Zimmer ohne seine Erlaubnis betreten durfte. Nachdem sie den ganzen Tag gewartet hatten und Stalins Haushälterin sie mehrfach gedrängt hatte, betrat der diensthabende Offizier schließlich um 23.00 Uhr nervös die Privaträume. Er schaltete das Licht in dem kleinen Eßzimmer ein und fand Stalin auf dem Boden liegend, nur mit einem Unterhemd und der Schlafanzughose bekleidet. Stalin hob den Arm, konnte aber nicht sprechen. Ein Schlaganfall hatte sein Sprechzentrum gelähmt. Der diensthabende Offizier rief den Minister für Staatssicherheit an, weil ohne Berijas Erlaubnis niemand einen Arzt holen durfte. Berija war aber nirgends zu finden. Schließlich wurde er bei einem Trinkgelage mit einer Mätresse aufgespürt. Als Berija mit dem Stellvertretenden Vorsitzenden des Ministerrats Georgi Malenkow, der nichts ohne den Geheimdienstchef unternahm, in der Datscha ankam, lag Stalin auf einem Sofa und wirkte einigermaßen erholt. Berija lehnte es ab, die Ärzte zu rufen, tadelte die Bediensteten, weil sie unnötig Panik verursacht hätten, und fuhr wieder ab. Erst am folgenden Morgen, fast 24 Stunden nach dem Schlaganfall, kehrte Berija mit Ärzten und Krankenschwestern zurück. Die Ärzte, die Stalin jahrelang behandelt hatten, saßen inzwischen im Gefängnis. Berija ermahnte die Ärzte: »Sie sind verantwortlich für die Gesundheit des Genossen Stalin.« Die Ärzte und Schwestern zitterten vor Angst, weil sie nichts tun konnten. Nach und nach trafen alle ranghohen Regierungsbeamten ein. Berija übernahm die Leitung und trat mehrmals an den Patienten heran: »Genosse Stalin, alle Mitglieder des Politbüros sind hier. Sprechen Sie zu uns.« Am 5. März 1953 um 21.50 Uhr starb Stalin.

Filme

Die Atomkatastrophe im Spielfilm. In »Das letzte Ufer« *nach einem Roman von Nevill Shute erwarten Gregory Peck und Ava Gardner (*OBEN, *auf einem französischen Plakat) in Australien das Ende der Menschheit.* UNTEN: *Peck und Fred Astaire halten aus der Sicherheit eines U-Bootes Ausschau.*

1947 erreichte der Kalte Krieg die Filmindustrie: Der Kongreßausschuß für unamerikanische Umtriebe fiel über Hollywood her mit einer Liste bedeutender Filmschaffender, die im Verdacht standen, Kommunisten oder deren Sympathisanten zu sein. Zu ihrem angeblichen Verrat gehörten prosowjetische Filme wie »Botschafter in Moskau« (1943) von den Warner Brothers und »Song of Russia« (1944) von Metro-Goldwyn-Mayer (MGM), die das Weiße Haus den Studiobossen als Teil der Kriegsanstrengungen aufgeschwatzt hatte. Die Anhörungen des Ausschusses hatten zur Folge, daß zehn Filmemacher wegen Mißachtung des Kongresses zu Gefängnisstrafen verurteilt wurden und daß Hunderte Schauspieler, Drehbuchautoren und Regisseure auf eine schwarze Liste kamen.

Der letzte gemäßigt prorussische Film der vierziger Jahre ist »Berlin-Express« (1948). Darin schützen ein Franzose, ein Engländer, ein Amerikaner und ein sowjetischer Offizier gemeinsam einen demokratischen deutschen Politiker vor neuen Nazis. Der Streifen endet mit einer noch freundschaftlichen Trennung am Brandenburger Tor. Im selben Jahr erzählte der erste wichtige antikommunistische Film »The Iron Curtain« halbdokumentarisch die Geschichte von Igor Gusenko, einem für Codierungen zuständigen Angestellten der russischen Botschaft in Ottawa, der in den Westen floh. Im folgenden Jahrzehnt entlarvten etliche Filme, viele reine Panikmache, die kommunistische Unterwanderung im Inland: In »I Married a Communist« (1950) spielt Robert Ryan einen Radikalen der Vorkriegszeit, der erpreßt wird, für die Roten zu arbeiten. In Leo McCareys »My Son John« (1952) entdeckt ein durchschnittliches amerikanisches Ehepaar, daß ihr Sohn Mitglied der kommunistischen Partei ist. In »Polizei greift ein« (1953) stößt Richard Widmark als patriotischer Taschendieb durch Zufall auf einen Agentenring. Es gab auch zahlreiche Filme zu Konflikten im Ausland, etwa »Schicksal in Wien« (1950) von MGM über die Auseinandersetzungen der Besatzungsmächte in Wien, und »Marihuana« (1952), in dem John Wayne einen harten Ermittler spielt, der Kommunisten auf Hawaii verfolgt.

Der Western erlebte eine neue Blütezeit, weil liberal gesinnte Filmemacher das 19. Jahrhundert für Darstellungen von Themen nutzten, die sie sonst nicht ansprechen konnten. »Der gebrochene Pfeil« (1950) plädiert mit der Versöhnung zwischen Apachen und weißen Siedlern für eine friedliche Koexistenz. In »Storm Center« (1956) kämpft Bette Davis in der Rolle einer Bibliothekarin in einer Kleinstadt für ihr Recht, die Werke radikaler Autoren in ihrer Bibliothek zu behalten. Das war der einzige Film der fünfziger Jahre, der sich zwar zurückhaltend, aber immerhin eindeutig gegen den McCarthyismus aussprach.

Der Kalte Krieg hatte vergleichsweise wenig Einfluß auf die Filmindustrie anderer Länder. Ingmar Bergman drehte »It Can't Happen here« (1950), eine primitive antikommunistische Allegorie; in Großbritannien produzierten die Brüder Boulting »Die Stunde X« (1951), einen nicht sehr überzeugenden Thriller, in dem Kommunisten ein Wasserkraftwerk sabotieren wollen. Das osteuropäische Kino ignorierte die aktuelle Politik fast völlig. Anfang der sechziger Jahre wanderten die schwarzen Listen in die Schubladen, und der Kalte Krieg wurde Gegenstand einiger Filmkomödien. In Billy Wilders »Eins, Zwei, Drei« (1961) spielt James Cagney einen ständig zu Scherzen aufgelegten Geschäftsführer von Coca-Cola in Berlin. Die sechziger Jahre lieferten auch den Rahmen für Agentenfilme, in denen beide Seiten schlecht abschnitten; Filme wie »Ipcress – streng geheim« (1965) und »Der Spion, der aus der Kälte kam« (1966) wurden von Amerikanern gedreht, basierten aber auf britischen Romanvorlagen. In den James-Bond-Filmen wurde anders als in Ian Flemings Romanvorlagen bewußt auf die russische Spionageabwehr verzichtet, die Gegner von 007 waren statt dessen apolitische Größenwahnsinnige. Die wichtigsten Filme zum Kalten Krieg sind »Botschafter der Angst« (1962) und »Dr. Seltsam oder Wie ich lernte, die Bombe zu lieben« (1963), beides politische Satiren. In »Dr. Seltsam« befiehlt der Kommandant eines Stützpunktes der US Air Force, ein verrückter kalter Krieger, einen nuklearen Präventivschlag gegen die Sowjetunion. Der amerikanische Präsident muß infolgedessen über den heißen Draht mit seinem sowjetischen Gegenüber Verbindung aufnehmen und Möglichkeiten erörtern, den bevorstehenden Weltuntergang zu verhindern.

Den Vietnamkrieg ignorierte Hollywood lange Zeit, weil die Filmemacher weder die Falken noch die Tauben verärgern wollten. Lediglich John Waynes »Die grünen Teufel« (1968), ein patriotischer Lobgesang auf die amerikanische Spezialtruppe, erschien während des Krieges. Ende der siebziger Jahre setzte sich eine wahre Flut von Filmen – »Coming Home – Sie kehren heim«, »Die durch die Hölle gehen«, »Apocalypse Now« – mit der Absurdität des Krieges und seinen Auswirkungen auf die amerikanische Psyche auseinander. Mittlerweile durften Russen in amerikanischen Filmen sympathisch dargestellt werden. In dem sentimentalen Streifen »Cherie Bitter« (1973) spielt Barbra Streisand eine Stalinistin der dreißiger Jahre, die sich noch in den sechziger Jahren an ihre alten Überzeugungen klammert. In den Filmen der siebziger und der achtziger Jahre bedrohen lediglich ein paar Ewiggestrige den Weltfrieden, während die guten Menschen auf beiden Seiten zusammenarbeiten. In dem für die Zeit typischen Thriller »Telefon« (1977) reist ein KGB-Offizier (Charles Bronson) nicht nach Amerika, um aus seinem Land zu fliehen oder die Staaten auszuspionieren, sondern um die diabolischen Pläne einiger kommunistischer Betonköpfe zu vereiteln. Der einzige echte Nachhall des Kalten Krieges in den achtziger Jahren war »Die rote Flut« (1984) über eine Invasion der Vereinigten Staaten durch eine gemeinsame Streitmacht aus Russen und Kubanern.

Philip French

OBEN: »Apocalypse Now«, *1979. Der Vietnamkrieg als Hölle auf Erden, von Francis Ford Coppola als großes Leinwandepos ins Bild gesetzt. Helikopter erscheinen als moderne Walküren.*

Der Wahn überdauerte die Entspannung. MITTE RECHTS: *Robert De Niro spielt den Helden in Michael Ciminos Vietnam-Film* »Die durch die Hölle gehen«, *1978. Obwohl einige Kritiker der Ansicht waren, der Film würdige den Einsatz der Soldaten in Vietnam herab, gewann er zwei Oscars für den besten Film und die beste Regie.* RECHTS: *In* »Telefon« *reist Charles Bronson als KGB-Offizier nach Amerika, um kommunistische Starrköpfe auszuschalten.*

Budapest, 1956

Ungarn verbrennen im November 1956 ein Bild Stalins. Stalin hatte einen Großteil Osteuropas unter der sowjetischen Knute gehalten. Nach seinem Tod wurde in den Vasallenstaaten der Ruf nach Freiheit laut.

Nach Stalin

1953–1956

Moskau, 9. März 1953. Weinende Menschen säumen die Straßen, während Stalins Sarg an ihnen vorüberzieht. Viele Sowjetbürger beklagten aufrichtig den Tod des Mannes, der ihr Heimatland ein Vierteljahrhundert regiert und die Sowjetunion im Großen Vaterländischen Krieg gegen die Nazis zum Sieg geführt hatte.

Ungewisse Nachfolge

Viele Millionen Sowjetbürger waren von »Väterchen« Stalins Tod im März 1953 erschüttert. Und viele trauerten auch, als hätten sie einen Familienangehörigen verloren. Zehntausende einfache Russen vergossen in aller Öffentlichkeit aufrichtige Tränen, als sich die Massen in Moskau versammelten, um dem Toten die letzte Ehre zu erweisen. Einige Trauernde wurden in dem Gedränge, als die Schlange an der Totenbahre vorbeizog, zu Tode gequetscht. Trotz der Unterdrückung und der strengen Kontrolle über die Wirtschaft war Stalin in der ganzen Sowjetunion immer noch sehr beliebt. Sein Tod markierte den Endpunkt einer Ära, und in den Augen der meisten Sowjetbürger war es eine Ära der Größe für ihr Vaterland gewesen.

Unter den kommunistischen Führern in Moskau weckte Stalins Tod eine Mischung aus Trauer, Erleichterung und Angst. Da kein Nachfolger bestimmt war, verkündeten der Ministerrat und das Präsidium des Obersten Sowjet öffentlich eine Form kollektiver Führung. Hinter den Kulissen tobte ein erbitterter Machtkampf. Georgi Malenkow wurde zum Vorsitzenden des Ministerrates ernannt – er war sozusagen der Regierungschef –, Lawrenti Berija wurde sein Stellvertreter und Chef der Staatssicherheit. Molotow kehrte als Außenminister in die Regierung zurück, Nikolai Bulganin als Kriegsminister. Nikita Chruschtschows Rolle war zunächst nicht ganz klar, doch sein Name tauchte unter den ersten fünf Sekretären des ZK-Sekretariats auf. Malenkow wurde auch zum Ersten Parteisekretär ernannt – das war das Amt, das Stalin innegehabt hatte –, aber schon neun Tage später mußte er diesen Posten (den sechs Monate später Chruschtschow einnehmen sollte) abgeben, weil die neue Führung beschloß, daß nie wieder ein Mann sämtliche Führungsämter innehaben sollte. Immerhin hatte es für den Westen den Anschein, als würde der fortschrittliche Malenkow, der damals erst 51 Jahre alt war, Stalins Nachfolge antreten.

Würdenträger aus der ganzen kommunistischen Welt versammelten sich in Moskau, um dem Mann die letzte Ehre zu erweisen, der unangefochten ihr Führer gewesen war, dem Generalissimus, der den Faschismus besiegt hatte. Chou En-lai, Chinas Ministerpräsident und Außenminister, war einer der Sargträger, die übrigen waren führende Mitglieder des Politbüros. Während Chous Aufenthalt in Moskau trafen sich Malenkow und Molotow mit ihm zu Gesprächen über den Koreakrieg, den alle beenden wollten. Mao Tse-tung hatte unabhängig davon bereits denselben Entschluß gefaßt, und 14 Tage nach Stalins Tod wurde Pjongjang angewiesen, ernsthafte Waffenstillstandsgespräche aufzunehmen.

In einer ersten Rede deutete Malenkow dann eine neue Ära der Koexistenz mit dem Westen an. »Es gibt keine strittige Frage«, erklärte er, »die nicht mit friedlichen Mitteln mit jedem fremden Land, auch mit den Vereinigten Staaten, gelöst werden könnte.« Kaum einen Monat nach Stalins Tod stimmte das Präsidium einer Generalamnestie für alle Gefangenen zu, die zu weniger als fünf Jahren Haft verurteilt worden waren. Alle, die in den letzten Tagen Stalins verhaftet worden waren, wurden wieder freigelassen, auch Zehntausende anderer politischer Gefangene kamen frei. Das sogenannte Ärzte-Komplott, das in den letzten Monaten Schlagzeilen gemacht hatte, wurde nun als eine »Provokation und Fälschung« dargestellt.

Georgi Malenkow, der naheliegende Erbe

Georgi Malenkow ist die rundliche Gestalt, die auf vielen Fotos direkt neben Stalin erscheint. Er wurde 1902 in Orenburg an der Grenze zu Kasachstan geboren und stammte aus einer Familie zaristischer Offiziere. Im Bürgerkrieg wurde Malenkow politischer Kommissar bei einem Propagandazug der Roten Armee, ab 1925 war er im Büro des Zentralkomitees tätig. Ende der dreißiger Jahre gehörte Malenkow dem engeren Kreis der Parteiführung an und war an den schlimmsten Greueltaten der großen Säuberungen sowie an der Beseitigung von Dissidenten und potentiellen Regimegegnern beteiligt. Von 1939 bis 1941 leitete Malenkow gemeinsam mit Berija die Säuberung in den kurz zuvor eroberten baltischen Ländern und in Ostpolen. Während des Krieges war Malenkow eines der wichtigsten Regierungsmitglieder in der Sowjetunion, danach wurde er in den Ministerrat aufgenommen, der über alle Fragen der Regierungspolitik entscheidet. Malenkow war kein hitziger Revolutionär, sondern ein Pragmatiker, ein Manager. Nach dem Krieg beauftragte Stalin ihn gemeinsam mit Berija mit dem Aufbau des militärisch-industriellen Komplexes. Malenkow sah sich selbst gern als Technokrat, als Förderer der neuen Wissenschaft, die der Sowjetunion ihre Machtstellung in der Nachkriegszeit verschaffen sollte.

Nach Stalins Tod zeigte Malenkow wenig Neigung, das Klima der Angst und Repression aufrechtzuerhalten, das für die Herrschaft seines Lehrmeisters charakteristisch gewesen war. Voller Elan schlug er eine neue Richtung ein. Ungeachtet seiner jahrelangen treuen Dienste für Stalin galt Malenkow auch im Westen als Hoffnungsträger für eine neue, weniger feindselige Führung des Kremls. Gegenüber seinen Kollegen an der Spitze erwies er sich aber als zu weich, und er behielt seinen Posten nicht lange.

Wir tanzen zu keiner russischen Pfeife.

John Foster Dulles,
18. April 1953

In den Vereinigten Staaten war Eisenhower bei Stalins Tod erst neun Wochen im Amt. Verärgert stellte er fest, daß für den Fall des Todes des Sowjetführers keine Pläne existierten. Der neue Außenminister John Foster Dulles sprach von einer »Ära der Freiheit, nicht der Versklavung« und verkündete: »Die Ära Eisenhower beginnt, während die Ära Stalin endet.« Der britische Premierminister Winston Churchill schlug Eisenhower in einem Brief ein Treffen mit Malenkow vor, für den Fall, daß »wir beide gemeinsam oder getrennt zu einer Stellungnahme aufgefordert werden, ob wir nicht einen neuen Anfang versuchen sollten«. Zunächst schloß Eisenhower aber jedes direkte Gespräch mit der neuen Sowjetführung aus.

Unterdessen erreichten Moskau widersprüchliche Signale aus Washington. Während der Regierungszeit Trumans war unter dem Einfluß von George Kennan »Eindämmung« das Schlüsselwort für die US-Außenpolitik gegenüber der Sowjetunion gewesen. John Foster Dulles führte ein neues Schlüsselwort ein: »Rollback« (Zurückdrängung). Die Vereinigten Staaten sollten die Initiative übernehmen und den Kommunismus zurückdrängen, wo immer es möglich war. Allerdings wurde nie geklärt, wie das ohne eine direkte Konfrontation zu bewerkstelligen sein sollte. Am 16. April 1953 rief Eisenhower in einer Rede vor der amerikanischen Gesellschaft der Zeitungsverleger den Kreml auf zu demonstrieren, daß dieser mit Stalins Vermächtnis gebrochen hatte, und »handfeste Belege« für seine Friedensbereitschaft vorzulegen. Die Rede wurde als Eisenhowers »Chance für den Frieden« bekannt und fand in der Sowjetunion große Beachtung. Nur zwei Tage später schlug Dulles vor der gleichen Verlegerversammlung schärfere Töne an und erklärte: »Wir tanzen zu keiner russischen Pfeife.« Der Nationale Sicherheitsrat stärkte Dulles den Rücken. Ein Geheimbericht kam zu dem Schluß, daß die Sowjetunion kein Interesse am Frieden habe.

Georgi Malenkow, hier auf einem Bild aus dem Jahr 1956, unterlag schließlich in dem Machtkampf mit Chruschtschow und wurde mit der Leitung eines Kraftwerks in Kasachstan betraut.

In Osteuropa erregte der neue Wind, der offenkundig im Kreml wehte, die Besorgnis der vielen Minipotentaten. In der Sowjetzone lag die Macht in den Händen von Walter Ulbricht, einem Stalinisten der alten Schule, der die meiste Zeit des Dritten Reiches in Moskau verbracht hatte. Als ein besonders treuer Gefolgsmann Stalins hatte er im Sommer 1952 mit dem »beschleunigten Aufbau des Sozialismus« in Ostdeutschland begonnen. Ein großangelegtes Programm der Kollektivierung wurde eingeleitet; damit einher ging eine eilige Industrialisierung im Stil der Sowjetunion. Alles konzentrierte sich auf den Ausbau der Schwerindustrie zu Lasten der Konsumgüterindustrie. Ulbricht duldete in Ostdeutschland keine Opposition. Seine Geheimpolizei, die Stasi, war allgegenwärtig und drängte die Menschen, ihre Freunde zu denunzieren, und Arbeiter, ihre Kollegen anzuschwärzen.

Ulbricht gefielen die Veränderungen nach Stalins Tod ganz und gar nicht. Im Mai rief ihn die kollektive Führung im Kreml nach Moskau. Eine Zeitlang hatte der Kreml eine Überprüfung seiner Deutschlandpolitik in Betracht gezogen und sich für den Gedanken eines wiedervereinigten, aber neutralen Deutschlands ausgesprochen. Die Sowjets hatten die Hoffnung aufgegeben, ganz Deutschland kontrollieren zu können. Ein neutrales Deutschland hätte immerhin verhindert, daß der Westteil mit seinem gewaltigen Industriepotential ein fester Teil des Westblocks würde. Der Kreml forderte Ulbricht auf, einen neuen Kurs der Liberalisierung zu verfolgen und die Geschwindigkeit der Zwangsindustrialisierung zu drosseln.

Arbeiter demonstrieren

Ulbricht ignorierte jedoch den Rat und führte im Juni neue Arbeitsnormen für Fabrikarbeiter ein; er verlangte mehr Leistung, ohne die Löhne zu erhöhen. Wütend und enttäuscht gingen ostdeutsche Arbeiter auf die Straße. Am 16. Juni protestierten Arbeiter in den Straßen Ost-Berlins gegen die Normenerhöhung. Da ihr Arbeitgeber der Staat war, mündete der Protest gegen die Normen rasch in die politische Forderung nach freien Wahlen und in einen Aufruf zum Generalstreik. Der amerikanische Rundfunksender in West-Berlin, RIAS, veröffentlichte die Forderungen und meldete, daß am folgenden Tag Großdemonstrationen stattfinden würden. Am 17. Juni kam es in Ost-Berlin, Leipzig, Dresden, Magdeburg und allen größeren Städten Ostdeutschlands zu Protestkundgebungen.

In den folgenden vier Tagen demonstrierten über 400 000 deutsche Arbeiter. Ulbricht und seine ungeliebte Regierung waren entsetzt. Lawrenti Berija forderte die in Ostdeutschland stationierten sowjetischen Panzereinheiten auf, gegen die Streikenden vorzugehen, um Ulbrichts Regime zu retten. Er wies den sowjetischen Hochkommissar an, bei der Unterdrückung des Aufstandes nicht mit »Kugeln zu sparen«: 40 Arbeiter kamen ums Leben, mehr als 400 wurden verletzt. Nach der Verhaftung von Tausenden Streikführern hörten die Demonstrationen ebenso rasch auf, wie sie begonnen hatten. Für Ulbricht war das eine Lektion; im Laufe der Zeit ging er auf einige wirtschaftliche Forderungen der Arbeiter ein.

In Ostdeutschland gehen Arbeiter mit der Forderung nach besseren Arbeitsbedingungen auf die Straße. Der wirtschaftlich motivierte Protest führte rasch zur politischen Forderung nach umfassenden Reformen.

Auch in der Tschechoslowakei kam es zu Aufständen gegen die Regierung; in Ungarn und Rumänien wurde gestreikt. Selbst einige Lagerhäftlinge in Sibirien streikten. Die Sowjetunion sah in diesen Ereignissen eine gezielte Kampagne als Teil der von Dulles betriebenen Politik des »Rollback«. Der Machtkampf im Kreml trat unterdessen in eine neue Phase ein. Der alte Revolutionär Molotow betrachtete den Kalten Krieg weiterhin als eine Auseinandersetzung zweier gegensätzlicher Systeme. Er war voll und ganz von der marxistisch-leninistischen These überzeugt, daß der Kapitalismus sich am Ende selbst zerstören werde. Seine Diplomatie nutzte jede Meinungsverschiedenheit zwischen den Vereinigten Staaten und den westeuropäischen Verbündeten. Malenkow und Berija betrachteten den Kalten Krieg hingegen aus einer rein pragmatischen Perspektive.

An allererster Stelle war der Kalte Krieg ein Rüstungswettlauf. Stalin hatte schnell erkannt, wie wichtig es war, das amerikanische Atomwaffenmonopol zu brechen, und hatte Berija schon 1945 mit der Entwicklung einer sowjetischen Atombombe beauftragt. Nach Stalins Tod nahm Berija die Aufsicht über das sowjetische Atomwaffenprojekt weitgehend selbst in die Hand. Ohne Rücksprache mit seinen Genossen befahl er den Wissenschaftlern in der geschlossenen Stadt Arsamas-16, die Entwicklung einer Wasserstoffbombe rasch voranzutreiben, damit die Sowjetunion gegen Amerikas thermonukleare Waffen gewappnet wäre. Berija kalkulierte, daß er die wichtigsten Pfeiler der sowjetischen Macht unter seiner Kontrolle hätte, wenn sich die sowjetische Stärke auf immer stärkere Atomwaffen stützte und er für ihre Entwicklung zuständig war.

Doch im Kreml sah man dem nicht länger zu. Wenige Tage nach der Niederschlagung des Aufstandes in Ostdeutschland gelangte Chruschtschow zu der Überzeugung, daß Berija die alleinige Macht an sich reißen wolle. Malenkow pflichtete ihm bei und denunzierte Berija in einer Präsidiumssitzung. Berija wurde unter der frei erfundenen Anklage verhaftet, er sei ein westlicher Agent. In den folgenden Ereignissen sahen viele eine gerechte Strafe des Schicksals: Dem Mann, der Hunderttausende in den Tod geschickt hatte, wurde es nicht einmal gestattet, seinem eigenen Prozeß beizuwohnen. Er wurde in Abwesenheit schuldig gesprochen und später erschossen. Berija war aber an diesem historischen Wendepunkt der einzige Sowjetführer, dessen Leben eine Kugel beendete. Die Zeiten hatten sich geändert.

Molotow mit der Sichel und Malenkow mit dem Hammer geben Berija den Todesstoß. Er war der einzige Sowjetführer, der in dem Machtkampf nach Stalins Tod sein Leben verlor. (Aus: Herblock's Here and Now, *New York 1955)*

Chruschtschow nimmt die Sache in die Hand

Berija war damit aus dem Weg geräumt. Als nächstes sank Malenkows Stern, weil Zweifel an seinen Führungsqualitäten aufkamen. Chruschtschow hatte ihn bereits als Ersten Sekretär des Zentralkomitees der Kommunistischen Partei abgelöst. In den folgenden beiden Jahren manövrierte Chruschtschow die verbliebenen Rivalen aus und setzte sich als führender Mann im Kreml durch. Oberste Priorität gab er der Normalisierung der chinesisch-sowjetischen Beziehungen. Im September 1954 stattete er Peking einen Besuch ab und vereinbarte neue, für die Chinesen überaus günstige Handelsbedingungen. In Europa handelte Chruschtschow ein weitsichtiges Abkommen mit Österreich aus. Die sowjetischen Truppen, die seit Kriegsende einen Teil des Landes besetzt hielten, wurden abgezogen; Österreich verpflichtete sich im Gegenzug zur Neutralität. Im Mai 1955 unterzeichneten die vier Besatzungsmächte in Wien den Staatsvertrag, und Österreich blieb während des gesamten Kalten Krieges neutral. Im Mai unternahm Chruschtschow eine aufsehenerregende Reise nach Jugoslawien, um »das Kriegsbeil mit Tito zu begraben«.

Chruschtschows spektakulärer Besuch bei Tito in Jugoslawien im Mai 1955 bedeutete eine völlige Abkehr vom Kurs in den letzten Jahren, als Moskau den jugoslawischen Führer scharf attackiert hatte.

Chruschtschows internationales Ansehen stieg und auch seine Beliebtheit im eigenen Land. Er förderte den Ausbau der Konsumgüterindustrie und verlangte eine Erhöhung der Pensionen und anderer staatlicher Leistungen. Tausende weitere Gefangene wurden aus den Arbeitslagern entlassen, Häftlinge amnestiert. Die strengen Vorschriften für Künstler wurden gelockert. Der Kreml wurde für Besucher geöffnet, es fanden sogar Kinderfeste statt. Man sprach vom »Tauwetter«.

Unterdessen gab es auch im Westen grundlegende Veränderungen. Der westdeutsche Kanzler Konrad Adenauer wollte die Beziehungen der Bundesrepublik zu den NATO-Ländern intensivieren. Unter dem Druck ihres militärischen Engagements in Korea unterstützten die Vereinigten Staaten den Plan einer deutschen Wiederbewaffnung, nicht zuletzt weil sie ihre eigene Truppenstärke in Europa abbauen wollten. Doch den Gedanken an ein wiederbe-

Paris, 1954

Westdeutschland kehrt in die Völkergemeinschaft zurück. US-Außenminister John Foster Dulles zeigt Bundeskanzler Konrad Adenauer seinen Platz, der britische Außenminister Sir Anthony Eden sieht zu. Ganz links der französische Regierungschef Pierre Mendès-France. Die Politiker waren zu einem Viermächtetreffen im Oktober 1954 nach Paris gekommen.

Nikita Sergejewitsch Chruschtschow

Ernest Neiswestny, der Schöpfer von Chruschtschows Gedenkstein, stellte die Büste auf einen Sockel aus ineinandergreifenden schwarzen und weißen Steinen und deutete damit unter anderem die beiden Seiten von Chruschtschows Charakter an. Gelegentlich war er genauso hart und aggressiv wie sein Mentor Stalin, dann wieder suchte er den Frieden, weil er vor dem zerstörerischen Potential, über das er gebot, großen Respekt hatte.

Chruschtschow wurde 1894 in Kalinowka, einem Dorf an der ukrainischen Grenze, als Sohn einer Familie armer Bauern geboren. Die grobe bäuerliche Art seiner Kindheit legte er nie völlig ab. Seine Gegner unterschätzten ihn oft und sahen in ihm nur einen törichten Bauern. Hinter markigen Tönen in Gesprächen verbarg sich seine Gerissenheit. Nach Stalins Tod hielten ihn Malenkow, Berija und Molotow für keinen ernstzunehmenden Rivalen.

Chruschtschow war schon zur Zeit der Revolution von marxistischen Vorstellungen fasziniert und diente während des Bürgerkriegs als politischer Kommissar in der Roten Armee. 1929 wurde er von der lokalen Parteiorganisation nach Moskau auf die Stalin-Industrie-Akademie geschickt. Dort studierte er gemeinsam mit Stalins Frau Nadeschda Allilujewa, über die er mit Stalin bekannt wurde. In den Säuberungen der dreißiger Jahre stieg er bis zum Ersten Sekretär des Moskauer Stadt- und Gebietskomitees auf und leitete den Bau eines Großteils der Moskauer Metro. 1939 wurde er Vollmitglied des Politbüros. Während des Krieges gegen Hitler war er politischer Kommissar und fuhr mehrmals an die Front. Von den Zerstörungen des Krieges sah er mehr als die meisten Sowjetführer, ein Erlebnis, das tiefen Eindruck auf ihn machte.

Auch wenn Chruschtschow später die Greueltaten der Stalin-Ära verurteilte, waren seine Hände keineswegs unbefleckt. Ende der dreißiger Jahre denunzierte er mehrere Studienfreunde und Arbeiter als »Volksfeinde«. 20 Jahre lang waren seine politischen Ansichten von Stalins Weltanschauung beherrscht. Im hohen Alter meinte er einmal dazu: »Ich war von Stalin infiziert, aber ich habe mich selbst freigemacht.«

Als Politiker ließ sich Nikita Chruschtschow von seinem Instinkt leiten und fällte oft spontane, unerwartete Entscheidungen. Wenn viel auf dem Spiel stand, konnte das sehr gefährlich sein, doch instinktiv traf er meist die richtige Entscheidung. Chruschtschows Führung der Sowjetunion markierte einen wichtigen Wendepunkt im Kommunismus. Zwar reichte seine politische Herkunft bis in den radikalen Bolschewismus der Revolutionszeit zurück, und den größten Teil seiner Laufbahn hatte er unter Stalins Augen durchlaufen, doch als Reformer trat er mit Macht in eine Ära ein, in der es einer Generation freistand, die kommunistische Welt neu zu beurteilen.

VON OBEN NACH UNTEN: *Chruschtschow mit Marschall Bulganin bei der Niederlegung eines Kranzes für die britischen Kriegsopfer, London 1956; mit Malenkow beim Besuch eines Landwirtschaftsbetriebs; im Gespräch mit Arbeitern in einem Traktorenwerk in Stalingrad.*

waffnetes Deutschland lehnten in Europa immer noch viele ab, vor allem die Franzosen, die jahrelang gegen eine neue deutsche Armee waren. Schließlich schlug Adenauer Garantien vor, die auch die Franzosen überzeugten. Der Bau von Atomwaffen wurde Deutschland untersagt. Im Mai 1955 beendeten die Westalliierten offiziell die Besetzung Westdeutschlands; die Bundesrepublik wurde in die NATO aufgenommen. Moskau reagierte auf diesen Rückschlag mit der Gründung des Warschauer Paktes, eines Militärbündnisses der Staaten Osteuropas mit wechselseitiger Beistandsverpflichtung. Tatsächlich war der Warschauer Pakt nichts anderes als die Kodifizierung bestehender sowjetischer Militärkontrolle über die Satellitenstaaten. Die Spaltung Europas in zwei feindliche Lager war damit abgeschlossen.

UNTEN LINKS: *Der Warschauer Pakt wird bei einer Zeremonie am 14. Mai 1955 in Prag offiziell geschlossen. Der sowjetische Außenminister Wjatscheslaw Molotow unterzeichnet im Beisein der osteuropäischen Führer.*

Bulganin und Chruschtschow in Indien. Sie tragen Turbane, die ihnen der Regierungschef von Rajasthan geschenkt hat. Chruschtschows Besuch in Indien und seine persönliche Diplomatie in vielen Entwicklungsländern brachten ihm hohes Ansehen ein.

In diesem Klima fand in Genf im Juli 1955 der erste Ost-West-Gipfel statt – zehn Jahre nach der Konferenz von Potsdam, die den Krieg in Europa beendet hatte. Großbritannien und Frankreich, die Sowjetunion und die Vereinigten Staaten kamen nach Genf. Vor der Abreise zum Gipfel erhielt Chruschtschow vom Zentralkomitee Rückendeckung für seinen neuen Kurs in der Außenpolitik. In Genf war für den Westen ganz offenkundig, daß Chruschtschow jetzt bei den Sowjets das Sagen hatte. Aber trotz einer freundschaftlichen Atmosphäre wurden in Genf keine bedeutenden Ergebnisse erzielt. Eisenhower schlug vor, daß beide Seiten das Gebiet des anderen ungehindert überfliegen sollten. Chruschtschow lehnte dies als »dreistes Spionagekomplott« ab. Andere Vorschläge scheiterten ebenso. Dennoch schrieb die *Prawda* vom »Geist von Genf« und deutete damit einen Wandel in den Beziehungen der Supermächte an.

Chruschtschow gewann auch in der dritten Welt Freunde und zunehmend Unterstützung für den Kommunismus. Mitte der fünfziger Jahre wurde ein Großteil Südostasiens und Afrikas noch von den europäischen Kolonialmächten beherrscht. Mit seiner Unterstützung für die unabhängig gewordenen Staaten machte Chruschtschow den Kommunismus zum Leitstern für all jene, die sich von der Kolonialherrschaft befreien wollten. In Indien wurden er und sein enger Mitarbeiter Nikola Bulganin bei ihrem Besuch 1955 begeistert empfangen, Besuche in Birma und Indonesien waren ebenso erfolgreich. Damals erkannte Chruschtschow, daß es außerhalb des Schauplatzes der sowjetisch-amerikanischen Konfrontation weite Teile der Welt gab, die begeistert die sozialistische Botschaft aufnahmen. Außerdem verkörperte der charismatische Chruschtschow das Bild einer neuen, offenen, freundlichen Sowjetunion.

Ihren Höhepunkt erreichten der Reformprozeß und die Abkehr vom Stalinismus auf dem XX. Parteitag der KPdSU im Februar 1956. Delegierte aus der gesamten kommunistischen Welt und von Nationen, die einen »Befreiungskampf« gegen ihre Kolonialherren führten, waren zur ersten großen kommunistischen Zusammenkunft seit Stalins Tod nach Moskau gereist. Parteitage waren stets offizielle Anlässe, Foren, auf denen Parteiführer schablonenhafte Erklärungen abgaben, Chruschtschow hingegen hielt eine richtungweisende Rede und verabschiedete sich darin von der traditionellen marxistisch-leninistischen Auffassung, daß ein Krieg zwischen Kommunismus und Kapitalismus unvermeidlich sei. Er erklärte, weil das Weltlager des Kommunismus inzwischen so mächtig geworden sei, sei ein Krieg nicht länger wahrscheinlich und auch nicht erforderlich. Natürlich werde der Sozialismus am Ende siegen, aber der Sieg könne auch an der Wahlurne errungen werden.

Nach dem Krieg … wurde Stalin immer launischer, reizbarer und brutaler; vor allem nahm sein Mißtrauen ständig zu. Sein Verfolgungswahn erreichte unglaubliche Ausmaße. Viele Arbeiter wurden direkt vor seinen Augen zu Feinden … Er entschied alles allein, ohne Rücksicht auf irgend jemanden oder irgend etwas.

Nikita Chruschtschow,
Februar 1956

Stalin am Pranger

Das war schon sehr außergewöhnlich. Doch es kam noch mehr: Am letzten Tag rief Chruschtschow um Mitternacht alle Delegierten zu einer geschlossenen Sitzung zusammen. Volle sechs Stunden prangerte er Stalins Terrorherrschaft und seine Verbrechen an. Er deckte auf, daß der Prozeß gegen die sogenannten trotzkistischen Verschwörer in den dreißiger Jahren auf Stalins Geheiß hin auf falschen Beschuldigungen der Geheimpolizei beruht habe, die Geständnisse seien unter Folter erpreßt worden. Er sagte weiterhin, Stalin sei ein »schlechter Führer« gewesen und habe sich wie ein pathologischer Verbrecher gebärdet. Solche Vorwürfe weniger als drei Jahre nach Stalins Tod waren eine Sensation. Viele alte Parteimitglieder meinten, Chruschtschow sei zu weit gegangen, einige riefen während seiner Rede: »Schäm dich!« Manche erinnerten sich an Chruschtschows eigene Rolle bei der mörderischen Unterdrückung in der Ukraine. Wieder andere fühlten sich erleichtert, daß endlich die Wolken der Angst und der Wahnvorstellungen zerstoben, daß Stalins Greueltaten ans Licht kamen. Die Demontage Stalins markiert einen Wendepunkt in der sowjetischen Geschichte. Chruschtschows Rede wurde zwar zu mitternächtlicher Stunde gehalten, doch es war niemals geplant gewesen, sie geheimzuhalten: Unmittelbar danach wurden den Parteifunktionären und ausländischen kommunistischen Parteien Kopien der Rede ausgehändigt.

Eine Kopie der Rede gelangte über den Mossad, dem israelischen Geheimdienst, an die CIA. Sie machte in Washington tiefen Eindruck, viele Mitarbeiter der Regierung Eisenhower waren überzeugt, daß sich in der Sowjetunion tatsächlich etwas veränderte. Nachdem die CIA die Rede sorgfältig analysiert hatte, wurde sie an die Presse weitergegeben und erschien im Juni 1956 in verschiedenen Zeitungen des Westens.

Über die ganz kommunistische Welt verbreiteten sich die Schockwellen der Rede. Die chinesischen Kommunisten, die unter Mao Tse-tung ihr eigenes autoritäres System aufgebaut hatten, waren zutiefst beleidigt. Peking distanzierte sich allmählich von Moskaus Führungsrolle in der kommunistischen Welt und verfolgte seinen eigenen, unabhängigen Kurs. In Osteuropa waren viele kommunistische Parteiführer sehr aufgebracht über den Überraschungscoup; in den Augen der Menschen enthielt die Rede jedoch den Ruf zur Tat. Es hatte zumindest den Anschein, als bestünden jetzt Chancen für Veränderungen.

Zwei Monate nach dem Parteitag löste der Kreml das Kominform auf, das Stalin 1947 gegründet hatte, um seine Parteilinie allen Satelliten aufzuzwingen. Der hartgesottene Konservative Molotow wurde als Außenminister abgesetzt und später als sowjetischer Botschafter in die Mongolei verbannt. Im Juni kam Tito zu einem dreiwöchigen, mit großem Pomp gefeierten Staatsbesuch nach Moskau. Keine andere Geste hätte die neue Haltung den osteuropäischen Staaten gegenüber deutlicher vor Augen führen können. Wie weit würde die Sowjetunion aber gehen bei der Lockerung ihres Einflusses in diesen Ländern? In Polen und in Ungarn wollten die Völker, die nunmehr vom Joch der stalinistischen Herrschaft befreit waren, mehr Mitspracherechte über ihr eigenes Schicksal.

Chruschtschow spricht vor dem XX. Parteitag in Moskau, Februar 1956. Seine historische Rede über die Verbrechen Stalins wurde später gehalten, in einer geschlossenen Sitzung nach Mitternacht. Der Text der Rede war schon wenig später in der ganzen Sowjetunion und im Westen bekannt.

Am 28. Juni 1956 streikten in der polnischen Industriestadt Posen die Arbeiter gegen staatlich verordnete Lohnkürzungen und die Verschlechterung der Arbeitsbedingungen. Genau wie in Ostdeutschland drei Jahre zuvor wurden aus den Streiks gegen wirtschaftliche Not rasch Proteste gegen die Regierung. Am sogenannten Schwarzen Donnerstag ließ die polnische Regierung die Proteste mit zwei Divisionen der polnischen Armee und 300 Panzern blutig niederschlagen. Dabei kamen 74 Demonstranten ums Leben, etwa 300 wurden verletzt. Für den Moment war die Ordnung wiederhergestellt.

In Moskau wußte man, daß die Lage in Polen noch immer instabil war. Bulganin, seit Anfang 1955 Regierungschef, und Marschall Schukow, beide treue Gefolgsleute Chruschtschows im Zentralkomitee, wurden nach Warschau entsandt, um sich an Ort und Stelle ein Bild zu machen. Sie erklärten, die Streiks seien von »imperialistischen Agitatoren« aus dem Westen provoziert worden. Die polnischen Parteireformer wollten den beliebten Kommunisten Władysław Gomułka wieder in sein Amt einsetzen. Gomułka war nach Kriegsende Generalsekretär der Partei gewesen. Zunächst lehnten die Sowjets die Forderung ab; bald wurde aber eine Kompromißformel gefunden, nach der Gomułka wieder an die Macht gelangte, orthodoxe Hardliner aber ihre Ämter behielten. Die Sowjets konnten sich nicht entscheiden, ob sie im Stile Stalins eine unnachgiebige Haltung einnehmen oder den Satellitenstaaten ein gewisses Maß an Unabhängigkeit gewähren sollten.

Gomułka gehörte zu den osteuropäischen Kommunisten, die aufrichtig überzeugt waren, daß es nach 1945 verschiedene nationale Formen des Sozialismus geben könne. 1948 hatte er sich für Titos unabhängige Politik ausgesprochen. Als Stalin den osteuropäischen Satellitenstaaten seine Linie aufzwang, war Gomułka aus der Partei ausgeschlossen und 1951 verhaftet worden. Seit seiner Freilassung zwei Monate vor dem Ausbruch der Streiks in Posen war Gomułka geradezu ein Volksheld geworden. Doch trotz seiner Rückkehr an die Macht wuchs die Unzufriedenheit weiter. Die Hoffnung auf einen Wandel war geweckt, jetzt mußte man sie entweder erfüllen oder ersticken.

Die polnischen Führer wurden nach Moskau gerufen, weigerten sich aber hinzufahren. Chruschtschow beschloß, persönlich einzugreifen, uneingeladen flog er am 19. Oktober nach Warschau. Da seine Ankunft nicht angekündigt worden war, tauchten polnische Jagdflugzeuge neben seinem Flugzeug auf. Nach der Landung stieg er aus, schüttelte drohend die Faust gegen die eilig versammelte Begrüßungsdelegation und sprach laut von den »verräterischen« Umtrieben der polnischen Führer. Am selben Tag rückten in ganz Polen russische Truppen aus ihren Kasernen aus und näherten sich in Kolonnen den großen Städten des Landes. In Warschau gingen sowjetische Einheiten heimlich gegenüber dem Belvedere in Stellung, wo die kommunistischen Führer sich treffen sollten. Die Sowjets drohten unmißverständlich, daß sie in Polen und in jedem anderen osteuropäischen Staat militärisch intervenieren würden.

Die Gespräche der sowjetischen Delegation mit Gomułka und anderen polnischen Führern fanden in einer gespannten Atmosphäre statt. Chruschtschow drohte damit, die sowjetische Kontrolle gewaltsam aufrechtzuerhalten. Gomułka entgegnete, die polnische Armee werde Widerstand leisten und das Volk sich gegen die Sowjetunion erheben. Polen werde »es nicht zulassen, daß ihm seine Unabhängigkeit genommen wird«. Gomułka stellte klar, daß die Ereignisse in Polen eine direkte Folge von Chruschtschows Rede auf dem XX. Parteitag waren. Während der hitzigen Debatte wurde Gomułka informiert, daß sowjetische Panzer und Infanterieeinheiten auf Warschau vorrückten. Er verlangte, daß die Streitkräfte abgezogen würden. Nach einigem Zögern befahl Chruschtschow, sämtliche Truppenbewegungen einzustellen.

Władysław Gomułka

Chruschtschow hatte sich gewaltig verrechnet. In ganz Polen gingen die Menschen auf die Straße, um gegen die sowjetische Präsenz zu demonstrieren. Als er die Entschlossenheit der polnischen kommunistischen Partei und des polnischen Volkes erkannte, stimmte er wohl oder übel zu, daß Gomułka zum Ersten Sekretär der Partei gewählt wurde. Im Gegenzug willigte Gomułka ein, die Parteistruktur zu erhalten, und versprach, Polen werde ein loyales Mitglied des Warschauer Paktes bleiben. Für die Sowjets war dies die Hauptsache. Unter Chruschtschow gestattete der Kreml den Satellitenstaaten ein gewisses Maß an Unabhängigkeit, aber nur wenn das neue Regime von einem zuverlässigen Führer geleitet wurde, der loyal zu Moskau war. Gomułka hielt sich 14 Jahre lang an sein Versprechen, ein treuer Bündnispartner der Sowjetunion zu sein.

[Polen] wird es nicht zulassen, daß ihm seine Unabhängigkeit genommen wird.

Władysław Gomułka,
Oktober 1956

Ungarn fordert die Sowjetunion heraus

Unterdessen überschlugen sich in einem anderen Land die Ereignisse. Am 24. Oktober, als in Warschau Gomułka auf einer Massenveranstaltung mitteilte, daß sich die sowjetischen Truppen in ihre Kasernen zurückzögen, stellten Studenten in Budapest die sowjetische Herrschaft in Osteuropa vor ihre bislang schwerste Bewährungsprobe, indem sie ihre Sympathie mit den Polen bekundeten. Die Budapester Studenten wurden von den Kugeln der Geheimpolizei empfangen. Mehrere Arbeiterorganisationen schlossen sich den Studenten an; die riesige Stalinstatue im Zentrum Budapests wurde gestürzt.

Der ungarische Parteisekretär Ernő Gerő wandte sich an den sowjetischen Botschafter in Budapest, Juri Andropow, mit der Bitte, die Ordnung wiederherzustellen. Andropow leitete die Bitte nach Moskau weiter, und

Chruschtschow sprach telefonisch mit Gerő. Am nächsten Tag rückten 30 000 sowjetische Soldaten in den frühen Morgenstunden nach Budapest ein und riegelten Ungarns Hauptstadt ab. Heftige Kämpfe brachen aus. Das Kriegsrecht wurde verhängt, die Lage blieb kritisch. Besonders beunruhigend für die Regierungen in Budapest und in Moskau war der Umstand, daß einige sowjetische Soldaten sich mit den Arbeitern verbrüderten. Und viele ungarische Armee-Einheiten schienen in ihre Unterstützung für die Regierung zu schwanken. Wie zuvor in Polen hielt man Ausschau nach einem neuen Parteiführer, der das Vertrauen in die Staatsführung wiederherstellen sollte. Die Rolle eines ungarischen Gomułka schien am ehesten Imre Nagy erfüllen zu können, der bis zu seiner Absetzung im Jahr 1955 Ministerpräsident gewesen war. Nagy wurde eilig noch am selben Tag in die Regierung wiederaufgenommen, als die Panzer in Budapest einrollten. Er verlangte die sofortige Einstellung der Kämpfe und bot eine Amnestie für alle Aufständischen an sowie politische und wirtschaftliche Reformen. Einen Tag später wurde auch János Kádár, der Anfang der fünfziger Jahre aus der ungarischen Regierung ausgeschlossen worden war, wieder zurückgerufen und zum Ersten Parteisekretär ernannt. Nagy versicherte Moskau, Ungarn werde loyal bleiben. Der Kreml war gespalten: Die einen wollten die neue Regierung Ungarns anerkennen; andere plädierten für eine weitere Machtdemonstration. Chruschtschow befahl am 28. Oktober den Rückzug der sowjetischen Soldaten aus Budapest, stellte aber gleichzeitig weitere Divisionen entlang der Grenze zu Ungarn auf.

Imre Nagy

Schwarzer Donnerstag, 28. Juni 1956 in Posen. Streikende polnische Arbeiter tragen ein Transparent mit der Aufschrift »Wir sind hungrig«. Soldaten und Panzer der polnischen Armee eröffneten das Feuer auf die Demonstranten; Dutzende kamen ums Leben, Hunderte wurden verletzt.

In ganz Ungarn besetzten Fabrikarbeiter öffentliche Gebäude und bildeten Revolutionsräte. In Dörfern und Städten wurden Wahlen abgehalten. Mehrere tausend Armeeangehörige stellten sich auf die Seite der Arbeiter. In einigen Verwaltungsbezirken wurden neue Revolutionsräte gebildet. Der CIA-Sender für Osteuropa, Radio Free Europe versicherte die Ungarn der Unterstützung des Westens. Die Ereignisse entzogen sich Nagys Kontrolle, und am 30. Oktober kündigte er an, er werde das Einparteisystem abschaffen und eine neue Koalitionsregierung bilden. Er willigte ein, eine Reihe der neugegründeten Revolutionsräte anzuerkennen. Unverzüglich gingen einige unterdrückte politische Parteien daran, sich neu zu konstituieren, darunter die Sozialdemokraten und die Nationale Bauernpartei. Noch am selben Tag bildete die Armee einen Revolutionsrat aus Mitgliedern des Militärs und der Polizei.

Eine Zeitlang hatte es den Anschein, als würden die Sowjets dieser gewaltigen Demonstration der Volksmacht nachgeben. In einer Erklärung zu den Beziehungen zwischen der Sowjetunion und den sozialistischen Staaten räumte der Kreml ein, daß die ungarischen Arbeiter »zu Recht« bestimmte Punkte angesprochen und auf »schwerwiegende Fehler« der Vorgängerregierung hingewiesen hätten. Die Nachrichtenagentur TASS erklärte, die Sowjetunion »bedaure zutiefst« das Blutvergießen in Ungarn und willige ein, alle sowjetischen Soldaten von ungarischem Boden abzuziehen.

Genau in der Phase, als sich in Ungarn eine Krise anbahnte, starteten die mit den Briten und Franzosen verbündeten Israelis eine Invasion Ägyptens von der Sinaihalbinsel aus. Wenige Tage später begannen britische und französische Soldaten ihre eigene gut vorbereitete Einnahme des Sueskanals, eine Reaktion auf die Verstaatlichung der Sueskanalgesellschaft durch den ägyptischen Präsidenten General Gamal Abd el Nasser im selben Jahr. In der Sueskrise gaben Großbritannien und Frankreich eine klägliche Figur ab, ihr Ansehen im Nahen Osten nahm großen Schaden. Die Militärintervention wurde allgemein als letzter imperialistischer Akt ehemaliger Kolonialmächte verurteilt. Die US-Regierung war empört, denn man hatte sie zu dem Unternehmen nicht gehört. Sie war entschieden dagegen. Kurz vor den Präsidentschafts-

Britische Fallschirmspringer in der Sueskanalzone, Oktober 1956. Die englisch-französisch-israelische Invasion der Kanalzone spaltete die Welt in der entscheidenden Phase des Aufstands in Budapest. Die Sowjets waren über die Ablenkung hoch erfreut.

wahlen sahen sich die Vereinigten Staaten gleich mit zwei internationalen Krisen konfrontiert.

Die Sueskrise lenkte die Aufmerksamkeit von den Ereignissen in Ungarn ab, gerade als sie in eine äußerst kritische Phase gerieten. Sie spaltete das westliche Lager und bot Moskau die ideale Tarnung für den Einmarsch in Budapest, da die Blicke der Welt auf den Sueskanal gerichtet waren. Doch zunächst hatte das Unternehmen den gegenteiligen Effekt: Es zögerte die Intervention Moskaus in Ungarn hinaus, denn Chruschtschow wollte nicht mit den »imperialistischen Aggressoren« in Ägypten verglichen werden. Nachdem ihm Gomułka die Stirn geboten hatte, hatte er die sowjetischen Truppen in Polen zurückgezogen. Vielleicht konnte er sich jetzt auf den Ministerpräsidenten Nagy verlassen, damit sich Ungarn einordne.

Ungarn geht zu weit

Am 1. November protestierte Nagy, der immer noch den Eindruck hatte, er könne den Gang der Ereignisse bestimmen, gegen die sowjetischen Truppenbewegungen und erklärte Ungarns Neutralität. Er kündigte den Warschauer Pakt auf und ersuchte telegrafisch Dag Hammarskjöld, den Generalsekretär der Vereinten Nationen, die Frage der ungarischen Neutralität auf die Tagesordnung der UN-Vollversammlung zu setzen. Das war weit mehr, als die Polen bei ihrem Aufstand gewagt hatten; der Kreml sah sich praktisch mit einem Ultimatum für den Austritt aus seinem Einflußbereich konfrontiert. Teng Hsiao-p'ing war um diese Zeit als offizieller Delegierter der chinesischen kommunistischen Partei in Moskau zu Besuch. Er sagte Chruschtschow, die ungarische Rebellion sei nicht nur antisowjetisch, sondern antikommunistisch; sie dürfe nicht toleriert werden. Die sowjetischen Führer kamen zu dem Schluß, daß sie etwas unternehmen mußten. Am 3. November gingen 15 Divisionen der

FINAL NIGHT EXTRA

CITY PRICES

Evening Standard

41,187 FRIDAY, NOVEMBER 9, 1956 Twopence

NASSER: THE CANAL STAYS BLOCKED

'As long as a single foreign soldier is on our soil'

'WE WON'T BE TAKEN BY SURPRISE AGAIN'

CAIRO, Friday.—President Nasser of Egypt declared today that "Egypt will not allow the clearing and repair of the Suez Canal as long as there is a single foreign soldier

British protest to Moscow

Britain has protested strongly to Russia about the mass demonstrations outside the British Embassy in Moscow on Tuesday.

The protest was made by Lord Reading, Minister of State for Foreign Affairs, to Mr. Malik, the Soviet Ambassador.

Hotels ablaze in new Budapest battle

VIENNA, Friday.—Bitter street fighting with heavy fire from the rebels broke out in Budapest today. Two of the city's best hotels, the Royal and the Continental, are in flames, said Budapest Radio. Firemen could not get

sowjetischen Armee in Ungarn gemeinsam mit mehr als 4000 Panzern in Stellung und umzingelten die Hauptstadt. In den Morgenstunden des 4. November drangen die russischen Panzer nach Budapest vor und eröffneten das Feuer.

Am frühen Morgen wandte sich Nagy über Radio Budapest an das ungarische Volk: »In den frühen Stunden dieses Morgens haben sowjetische Truppen einen Angriff auf die ungarische Hauptstadt unternommen mit dem offensichtlichen Ziel, die gesetzmäßige, demokratische Regierung der Ungarischen Volksrepublik zu stürzen.« Er gelobte feierlich, nicht zu kapitulieren. Zwei Stunden später sendete Radio Budapest SOS und stellte den Sendebetrieb ein. Viele Ungarn rechneten damit, daß der Westen ihnen zu Hilfe kommen würde. Doch die Unterstützung blieb aus – das Weiße Haus legte lediglich scharfen Protest im Kreml ein. Eisenhower und seine Berater waren zutiefst beunruhigt. Da sie aber von der englisch-französisch-israelischen Aggression gegen Ägypten und den bevorstehenden Wahlen voll und ganz in Anspruch genommen waren, beschränkten sie sich auf eine öffentliche Verurteilung des sowjetischen Vorgehens. Die *New York Times* warf der Sowjetunion den »gemeinsten Verrat und die niederträchtigste Hinterlist seit Menschengedenken« vor und verurteilte die Invasion Budapests als »monströses Verbrechen am ungarischen Volk«, das »niemals verziehen werden kann«.

In den frühen Stunden des Morgens haben sowjetische Truppen einen Angriff auf unsere Hauptstadt unternommen mit dem offensichtlichen Ziel, die gesetzmäßige, demokratische Regierung der Ungarischen Volksrepublik zu stürzen.

Imre Nagy,
4. November 1956

Budapest, 1956

Die Ungarn leisteten in Budapest den sowjetischen Panzern zwei Wochen lang erbitterten Widerstand. Diese Aufnahme, entstanden gegen Ende der Kämpfe, zeigt verwüstete Straßenzüge kurz vor der Niederschlagung des Aufstands.

Ungeachtet der sowjetischen Behauptung, der Westen sei die treibende Kraft hinter dem Aufstand, waren die Westmächte ganz eindeutig von den Ereignissen überrumpelt worden. Das Risiko einer Intervention war ihnen zu groß. Der Nationale Sicherheitsrat der Vereinigten Staaten kam zu dem Schluß, daß in den Angelegenheiten der sowjetischen Satelliten keine militärische oder politische Intervention Amerikas angebracht sei. Eisenhower und Dulles war klar, daß sie für einen osteuropäischen Staat keinen Weltkrieg riskieren konnten. Die Politik des »Rollback« war in der Praxis nicht umzusetzen, Amerika mußte sich mit der Eindämmung zufriedengeben. Das ungarische Volk wurde in der Stunde der Not im Stich gelassen.

Dieses Mal wollten die Sowjets jede Gefahr der Verbrüderung mit den Aufständischen vermeiden und schickten gegen die Ungarn Panzer anstelle von Infanterie. Zwei Wochen lang wurde Budapest in erbitterten Straßenkämpfen verwüstet. Fast 700 sowjetische Soldaten und Offiziere wurden getötet, 1500 verwundet; 3000 bis 4000 Ungarn kamen ums Leben. Der Aufstand wurde niedergeschlagen, und etwa 200 000 Ungarn flohen über die Grenzen, die meisten nach Österreich.

Sowjetische Soldaten wollen in den Straßen Budapests nicht fotografiert werden. Die Ungarn hießen westliche Fotografen und Journalisten willkommen.

Der Kreml hatte sich mit Imre Nagy eindeutig für den falschen Mann entschieden. Der sowjetische Botschafter Andropow unterstützte von nun an János Kádár. An dem Tag, als Nagy untertauchte, trat Kádár im sowjetisch besetzten Gebiet wieder in Erscheinung und verkündete die Bildung einer neuen Partei, der Sozialistischen Arbeiterpartei, und einer neuen Regierung. Kádár begrüßte die Ankunft der sowjetischen Soldaten, weil die neue Regierung ihren Beistand bei der Bekämpfung der »konterrevolutionären Gefahr« benötige. Er versprach wirtschaftliche und soziale Reformen sowie neue Abkommen mit den anderen Ostblockstaaten.

Der Aufstand war zwar niedergeschlagen, aber es dauerte einige Monate, ehe Kádár die strenge zentralistische Kontrolle hergestellt hatte, die von den Sowjets verlangt wurde. Ende November wurden die ersten Aufständischen verhaftet. Nagy lockte man mit dem Versprechen, er werde sicheres Geleit erhalten, aus seiner Zuflucht in der jugoslawischen Botschaft. Er wurde aber hintergangen, gefaßt, inhaftiert und später hingerichtet. Über 30 Jahre lang mußten die Ungarn unter einem Regime leben, das sie verraten hatte, und in einem Gesellschaftssystem, das sie nicht wollten.

Aus der Sicht Moskaus waren die Ereignisse im Oktober und im November 1956 eine schwere Krise. Der Kreml hatte ernstlich befürchtet, daß Polen und Ungarn aus dem sowjetischen Bündnis ausscheren könnten. Zwar hatte Chruschtschow Stalin als einen grausamen Tyrann angeprangert, doch er zögerte selbst nicht, mit Gewalt die Kontrolle Rußlands über Osteuropa sicherzustellen. Stalin war tot, aber die Möglichkeiten für nationale Emanzipation unter der sowjetischen Herrschaft waren sehr beschränkt.

1957 festigte Chruschtschow seine Stellung als unumstrittener Führer der Sowjetunion, allerdings erst nachdem er beinahe von einer Palastrevolte im Präsidium gestürzt worden wäre, während er sich zu einem Staatsbesuch in Finnland aufhielt. Die alte Garde befand, daß er mit seinen Reformen zu rasch vorgeprescht sei. Zurück in Moskau bestand Chruschtschow darauf, daß er nicht vom Präsidium abgesetzt werden könne, weil ihn das viel größere

Zentralkomitee mit überwältigender Mehrheit gewählt habe. Im Unterschied zu früheren Zeiten wurden die Verschwörer nicht zusammengetrieben und kurzerhand erschossen, sie kamen auch nicht nach Sibirien in ein Arbeitslager. Malenkow, der die Revolte angeführt hatte, wurde aus der Partei ausgeschlossen und zum Direktor eines Kraftwerks in Kasachstan ernannt. Lasar Kaganowitsch, der darum flehte, daß man ihn nicht so behandele, »wie man Menschen unter Stalin behandelt hat«, wurde zum Direktor einer Zementfabrik ernannt. Es gab keinen Widerstand mehr, um den Chruschtschow sich Sorgen hätte machen müssen.

Die Entlarvung des Stalinismus hatte noch ein Nachspiel. Auf dem XXII. Parteitag in Moskau im Jahr 1961 schlug Chruschtschow vor, Stalins Leichnam aus dem Mausoleum zu entfernen, in dem er neben Lenins Leichnam ausgestellt

Nach dem Scheitern des Aufstands helfen sich ungarische Flüchtlinge gegenseitig über die »Brücke der Freiheit« nach Österreich. Zwei Tage zuvor hatte ein sowjetischer Panzer auf die Brücke geschossen, um diesen Fluchtweg zu zerstören. 200 000 Ungarn flohen ins Ausland.

war. Man kam überein, die Überreste an der Kremlmauer beizusetzen. Mit dieser letzten Geste beseitigte Chruschtschow eine weitere Erinnerung an den Tyrannen, der den sowjetischen Alltag über zwei Jahrzehnte lang beherrscht hatte.

Semipalatinsk, 1949

Am 29. August 1949 zündeten die Sowjets ihre erste Atombombe. Westliche Experten waren verblüfft, denn sie hatten erwartet, daß die Sowjets noch einige Jahre brauchen würden, um Anschluß in der Atomtechnologie zu finden.

Sputnik und die Bombe

1949–1961

Nach Trumans Bekanntgabe berichten die New Yorker Zeitungen mit großen Schlagzeilen, daß die UdSSR eine Atombombe gezündet haben.

Der erste Blitz

Am frühen Morgen des 29. August 1949 ging wie schon während der Nacht Nieselregen über der trostlosen Steppe im nordöstlichen Kasachstan nieder. In der abgeschiedenen Versuchseinrichtung Semipalatinsk-21 am Fluß Irtysch hatte eine Gruppe sowjetischer Wissenschaftler unter der Leitung von Igor Kurtschatow die Nacht durchgearbeitet. Aus Moskau war Lawrenti Berija gekommen, der Chef der Geheimpolizei. Schließlich hörte der Nieselregen doch noch auf, und das Licht der Morgendämmerung gewährte trotz des bedeckten Himmels eine klare Sicht. Berija, Kurtschatow, die anderen Wissenschaftler und mehrere hohe Generäle versammelten sich im Befehlsbunker, von wo sie die Detonation der ersten Atombombe der UdSSR beobachten sollten. Vier Jahre zuvor hatten die Amerikaner ihren ersten Atombombenversuch in der Wüste New Mexicos unter dem Namen »Trinity« gestartet. Die Sowjets gaben ihrem Versuch den Codenamen »Erster Blitz«. Zehn Minuten vor Ende des Countdown warf Berija, seit 1945 der Verantwortliche für das Atombombenprojekt, einen skeptischen Blick zu Kurtschatow und murmelte: »Das wird nichts, Igor.« Doch er täuschte sich.

Punkt 7 Uhr verschlang ein weißer Feuerball den 30 Meter hohen Turm mit der Bombe. Während der orange und dann rot leuchtende Feuerball nach oben schoß, riß er Trümmer und Erde in einer riesigen pilzförmigen Wolke mit sich. Im Kommandobunker herrschte Hochstimmung. Berija umarmte und küßte Kurtschatow. »Es wäre großes Pech gewesen, wenn es nicht funktioniert hätte«, witzelte er. Jeder wußte, was damit gemeint war: Sie wären womöglich alle erschossen worden. Nach einigen Minuten telefonierte Berija voller Euphorie nach Moskau, obwohl es dort zwei Stunden früher war. Er beharrte darauf, mit Stalin verbunden zu werden. Stalin fragte verärgert, was Berija wolle. »Alles ist gutgegangen«, sagte Berija. »Das weiß ich bereits«, entgegnete Stalin und legte auf. Berija wurde wütend und schrie: »Wer hat ihm das gesagt? Selbst hier spioniert ihr mir nach!«

Fünf Tage später registrierte eine B-29 der US-Luftwaffe bei einem Routineflug über dem Nordpazifik eine um 300 Prozent erhöhte radioaktive Strahlung. In der darauffolgenden Woche wurde eine noch höhere Strahlung gemessen, als eine radioaktive Wolke über den Pazifik zu den Vereinigten Staaten und Kanada und dann weiter über den Nordatlantik nach Schottland und Norwegen trieb. Zunächst dachten amerikanische Wissenschaftler, ein sowjetischer Nuklearreaktor sei explodiert. Doch als sie die Daten analysierten, fanden sie eindeutige Belege für den erfolgreichen Test einer Plutoniumbombe – einer Bombe des Typs, den die USA auf Nagasaki abgeworfen hatten. Noch zwei Monate zuvor war die CIA zu dem Schluß gekommen, daß der »wahrscheinlichste Zeitpunkt« für die Fertigstellung einer sowjetischen Atombombe Mitte des Jahres 1953 sein würde. Präsident Truman blieb gelassen, als man ihn von der Explosion in Kenntnis setzte. Als am 23. September Gewißheit bestand, informierte er die Öffentlichkeit in einer Ansprache. Statt mit Hysterie reagierten die Menschen in den Vereinigten Staaten durchweg mit Bestürzung und Angst. Wie hatten die Sowjets so schnell aufholen können?

Nach dem Abwurf der amerikanischen Atombomben über Japan im August 1945 war Stalin klar, daß die Sowjetunion sehr rasch Anschluß an die US-Nukleartechnologie finden mußte. Ende August 1945 hatte er eine Sondereinheit einberufen und sie Lawrenti Berija unterstellt. Im Januar 1946 hatte Stalin den Direktor des Atomprojekts, Igor Kurtschatow, angewiesen,

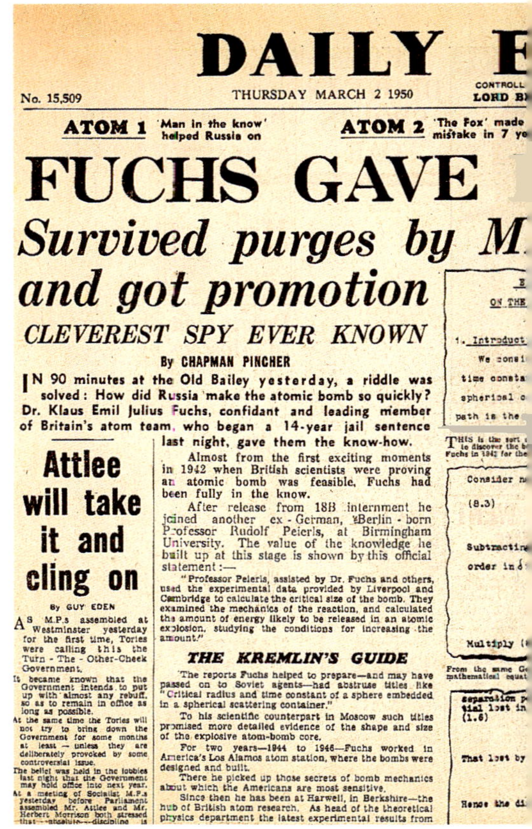

DAILY E

No. 15,509 THURSDAY MARCH 2 1950

ATOM 1 'Man in the know' helped Russia on

ATOM 2 'The Fox' made mistake in 7 ye

FUCHS GAVE

Survived purges by M

and got promotion

CLEVEREST SPY EVER KNOWN

By CHAPMAN PINCHER

IN 90 minutes at the Old Bailey yesterday, a riddle was solved: How did Russia make the atomic bomb so quickly? Dr. Klaus Emil Julius Fuchs, confidant and leading member of Britain's atom team, who began a 14-year jail sentence last night, gave them the know-how.

Almost from the first exciting moments in 1942 when British scientists were proving an atomic bomb was feasible, Fuchs had been fully in the know.

After release from 18B internment he joined another ex-German, Berlin-born Professor Rudolf Peierls, at Birmingham University. The value of the knowledge he built up at this stage is shown by this official statement:—

"Professor Peierls, assisted by Dr. Fuchs and others, used the experimental data provided by Liverpool and Cambridge to calculate the critical size of the bomb. They examined the mechanics of the reaction, and calculated the amount of energy likely to be released in an atomic explosion, studying the conditions for increasing the amount."

THE KREMLIN'S GUIDE

The reports Fuchs helped to prepare—and may have passed on to Soviet agents—had abstruse titles like "Critical radius and time constant of a sphere embedded in a spherical scattering container."

To his scientific counterpart in Moscow such titles promised more detailed evidence of the shape and size of the explosive atom-bomb core.

For two years—1944 to 1946—Fuchs worked in America's Los Alamos atom station, where the bombs were designed and built.

There he picked up those secrets of bomb mechanics about which the Americans are most sensitive.

Since then he has been at Harwell, in Berkshire—the hub of British atom research. As head of the theoretical physics department the latest experimental results from

Attlee will take it and cling on

By GUY EDEN

AS M.P.s assembled at Westminster yesterday for the first time, Tories were calling this the Turn-The-Other-Cheek Government.

It became known that the Government intends to put up with almost any rebuff, so as to remain in office as long as possible.

At the same time the Tories will not try to bring down the Government for some months at least — unless they are deliberately provoked by some controversial issue.

The belief was held in the lobbies last night that the Government may hold office into next year.

At a meeting of Socialist M.P.s yesterday before Parliament assembled Mr. Attlee and Mr. Herbert Morrison both stressed

Igor Kurtschatow: Ein Prinz der Wissenschaft

Igor Kurtschatow wurde von seinen Kollegen liebevoll »der Bart« oder manchmal »Prinz Igor« genannt. Stalin hatte in Kurtschatow einen überaus fähigen Wissenschaftler, der mit seinen Kollegen gut auskam und ein hervorragender Organisator war. Obwohl sie unter großem Zeitdruck arbeiten mußten, schaffte es Kurtschatow, daß kein Unmut aufkam. Und er wurde auch mit den politischen Wachhunden fertig, insbesondere mit Berija, der den Forschungsstätten immer wieder Drohbesuche abstattete. Doch anders als beim Bau eines Panzers oder eines Flugzeugs war in der Atomforschung nicht viel zu sehen. Berija meinte voller Mißtrauen, er werde von Kurtschatow und seinem Team hinters Licht geführt. Als er in das Innere eines Kernreaktors blicken wollte, verwiesen die Wissenschaftler auf das Risiko der Strahlung – es sei zu gefährlich. Berija entgegnete: »Wie soll man wissen, daß das keine Täuschung ist, daß es nicht lediglich in Ihrer Phantasie existiert?« Kurtschatow räumte ein, daß erst die erfolgreiche Explosion einer Bombe den Beweis bringen werde.

PRESS
Weather: Fair or fine
One Penny
EA Price going up—supplies going down
ATTLEE Socialists told: Revolts are luxuries now
MB TO RUSSIA
hs prepared this
om report in 1943
NG CONTAINER
D TIME CONSTANT.
SECRET
g the critical radius and the
ion in a sphere surrounded by a
e essentially that the mean free
and the container. For some purposes
d on .. Title page of a Government report on research
plosive core of an atom bomb. Prepared by Dr. Klaus
code-named Tube Alloys—it is no longer secret.
iner and put
ad retaining only terms of first
egrate over the sphere; using the
owing the intricate
which Fuchs dealt.

DEARER TEA—AND CUT IN RATION?
Express Staff Reporter
TEA prices are likely to rise, perhaps by 1s. 6d. a lb., a London tea broker said yesterday.
He expects the jump because of a Government bulk-contract argument going on in Ceylon—which may threaten half an ounce of the 2½oz. tea ration.
Ceylon wants to cut what she sends us from 130 million lb. to 100 million lb.—and charge more.
With the subsidy pegged any increase would be passed on to the housewife. At present she pays an average 3s. 4d. a lb.
The subsidy saves her 8½d. a lb.—and costs the country £15,000,000.
The Food Ministry may consider restoring free buying and reopening London's tea auction mart.

Milk sales drop—too dear?
People are drinking less milk since it was de-rationed on January 15. Consumption has fallen from the three pint ration to two and a half pints a week. An official of the National Dairymen's Association said: "Maybe it is too dear at 5d. a pint."

No petrol rush
CANBERRA, Wednesday.—Petrol stocks in Australia have risen by 14 per cent. since the Tory Government took office. Fuel Minister McLeay says. Consumption has risen little since rationing ended.

Judges step up jail for violence
Express Staff Reporter
JUDGES going on Assize have been recommended to pass heavier prison sentences on men and youths convicted of serious cases of violence.
Lord Goddard, the Lord Chief Justice called a meeting of judges in his private room at the Law Courts to hear the proposal.
The step was taken because of the increase in violence since

4.30 a.m. LATEST
U.S. FORCES TOLD 'GIVE UP COAL'
WASHINGTON, Wednesday.—Because of coal strike, U.S. armed forces have been ordered to reduce coal consumption to minimum and release some for emergency civilian use.—B.U.P.
RAIDER HOAXED
CAPE TOWN, Wednesday.—Raider stole "diamonds" from Cape Town Museum. All were glass replicas — one of the Cullinan diamond. — Express News Service.

CENtral 8000

flogging and birching were abolished by Parliament 18 months ago.
Lord Goddard himself dealt with two cases at the Old Bailey yesterday.
In Case No. 1 he sentenced 17-year-old James Robert Watson to SEVEN YEARS' JAIL and 15-year-old Roger Norman Eves to seven years' detention for attacking and robbing a woman in a double-decker train near Blackheath Station, London.
He told them: "It is not for me to criticise the wisdom of Parliament which prevents me doing what I might have done months ago. I could then have had you whipped."

BRIDES KICK CLERKS AT AIRPORT
Express Staff Reporter: New York, Wednesday
WOMEN screamed and kicked and men shouted and pounded their fists on counters today when it was announced at Idlewild, New York's airport, that Flight No. 100—for London—would be delayed indefinitely.
Fifty-seven passengers were waiting to board the plane. They had waited two days.
Men and women—some of them war brides—advanced on the clerks

Cannon-shells in the coal

Im März 1950 berichtet der Londoner Daily Express *über den Gerichtsprozeß gegen den Atomwissenschaftler und Spion Dr. Klaus Fuchs. Fuchs war ein deutscher Flüchtling, der seit 1944 im US National Laboratory in Los Alamos arbeitete. Von dort spielte er den Sowjets während des Krieges entscheidende Informationen zu.*

das Atombombenprojekt ohne Rücksicht auf die Kosten so schnell wie möglich voranzubringen. Stalin verdreifachte das Wissenschaftsbudget für dieses Jahr und erhöhte die Gehälter der Forscher. Im neuen Fünfjahresplan war der Entwicklung der Raketentechnologie oberste Priorität eingeräumt.

Berija organisierte die Unterstützung für das Projekt auf seine übliche Weise. Hunderttausende von Häftlingen des Gulag wurden für den Bau der Anlagen und für die Förderung von Uranerz eingesetzt. Ende 1946 erfolgte im ersten sowjetischen Kernreaktor eine kontrollierte Kettenreaktion – der erste Schritt zur Herstellung einer Bombe. In der Nähe von Sarow, rund 400 Kilometer östlich von Moskau, wurde 1948 eine ausgedehnte geheime Laboranlage an einem Ort gebaut, der später die Bezeichnung Arsamas-16 erhielt. Arsamas-16 wurde zum Zentrum der sowjetischen Atombombenforschung und später auch der Atombombenproduktion. Da ein erheblicher Anteil des sowjetischen Sozialprodukts in den militärisch-industriellen Komplex floß, erfreuten sich von der Außenwelt abgeschlossene Städte wie Arsamas-16 eines in der Sowjetunion einzigartigen Wohlstands.

Die Kosten des Projekts wuchsen. Technische Schwierigkeiten sorgten beständig für Verzögerungen. Berija wurde zornig. Doch die sowjetische Planwirtschaft war ideal für ein solches Unternehmen. Nachdem einmal seine Priorität feststand, konnte es durch nichts mehr behindert werden. Daher war die Sowjetunion trotz Chaos und Verwüstungen am Ende des Zweiten Weltkriegs in der Lage, die Atombombe in nur vier Jahren zu entwickeln – sie brauchte nur ein paar Monate länger, als seinerzeit die USA benötigt hatten.

Das Heer der Wissenschaftler um Kurtschatow profitierte auch von Geheimdienstinformationen aus dem Westen; insbesondere Klaus Fuchs war eine wertvolle Quelle. Der deutschstämmige Fuchs, 1934 nach England emigriert und britischer Staatsbürger, hatte sich 1944 dem US-Atomforschungsprogramm in Los Alamos angeschlossen, das den Codenamen »Manhattan Project« trug. Zusammen mit David Greenglass übermittelte er den Sowjets durch den Spion Harry Gold geheime Informationen. Die Sowjets waren jederzeit über die Ereignisse in Los Alamos auf dem laufenden. Bei Kriegsende verriet Fuchs detaillierte Pläne über den Implosionsprozeß zur Zündung eines nuklearen Kerns mit hochexplosiven Stoffen – der Schlüssel zur Herstellung einer Plutoniumbombe. Eine solche Bombe kam in Nagasaki zum Einsatz und wurde später auch von Kurtschatow und seinem Team entwickelt.

Klaus Fuchs

Es ist heftig über die Frage diskutiert worden, welche Bedeutung die geheimen Informationen aus dem Westen tatsächlich für den Bau der sowjetischen Bombe hatten. Einige Experten behaupteten, daß die Sowjets ohne diese Informationen zehn Jahre länger für die Entwicklung der Bombe gebraucht hätten. Fuchs selbst sagte in einem Verhör, daß die von ihm weitergegebenen Informationen die Entwicklung der sowjetischen Bombe »um mindestens ein Jahr« abgekürzt hätten. Der Historiker David Holloway, der kürzlich eine Studie über Stalins Bombenprojekt vorgelegt hat, kommt zu dem Schluß, daß die sowjetischen Wissenschaftler trotz Fuchs' detaillierter Informationen sehr viel leisten mußten. Die Zeitplanung für die sowjetische

Bombe wurde höchstwahrscheinlich durch das Tempo der Uranförderung und -verarbeitung bestimmt. In diesem Punkt kam die Sowjetunion nur langsam voran, bis Berija die Gulag-Häftlinge im Uranabbau einsetzte. Doch selbst mit den Informationen, die Fuchs lieferte, war die rasche Entwicklung der Atombombe in der Sowjetunion bemerkenswert.

Der Atompilz einer amerikanischen Wasserstoffbombenexplosion auf den Marshallinseln. Die Aufnahme entstand in einer Höhe von 3660 Metern, zwei Minuten nach der Zündung und etwa 80 Kilometer vom Ort der Detonation entfernt. Zehn Minuten später war die Wolke 40 Kilometer hoch.

Die Rechtfertigung der Superbombe

Die Vereinigten Staaten überdachten nach der ersten sowjetischen Atombombenexplosion grundlegend ihr Verteidigungskonzept. Amerikanische Nuklearwissenschaftler erörterten bereits die Möglichkeit, eine Superbombe zu bauen, eine thermonukleare Waffe, die etwa tausendmal stärker sein würde als die Atombombe. Diese Wasserstoff- oder H-Bombe setzt durch die Verschmelzung (Kernfusion) von Wasserstoffatomen gewaltige Mengen an nuklearer Energie frei und verursacht einen radioaktiven Niederschlag über ein sehr viel größeres Gebiet, als dies bei einer Atombombe der Fall ist. Doch die Zivilisten unter den Wissenschaftlern waren gespalten. Der Leiter der Forschungslaboratorien in Los Alamos, Robert Oppenheimer, war Sprecher einer Gruppe, die meinte, daß es vertretbar gewesen sei, im Krieg eine Atombombe zu entwickeln, daß es jedoch unmoralisch sei, in Friedenszeiten eine Bombe mit nahezu unbegrenzter Zerstörungskraft zu bauen. Eine solche Superbombe sei »eine Gefahr für die ganze Menschheit«. Oppenheimer sagte, die Sowjetunion werde zwangsläufig nachziehen, und damit sei die menschliche Zivilisation, ja das Überleben auf der Erde überhaupt gefährdet. Die Wissenschaftlergruppe empfahl der Atomenergiekommission einmütig, auf den Bau der H-Bombe zu verzichten. Ihr Bericht endete mit den Worten: »Wie man es auch dreht und wendet, [die Superbombe] ist zwangsläufig ein Unglück.«

Robert Oppenheimer

Eine zweite, von Edward Teller angeführte Gruppe von Wissenschaftlern wandte ein, es gebe einen Wettlauf mit einem skrupellosen entschlossenen Feind und es sei die Pflicht der amerikanischen Regierung, in diesem Wettlauf an der Spitze zu bleiben. Andernfalls sei das amerikanische Volk ungeschützt der sowjetischen Waffenüberlegenheit ausgeliefert. Diesen Standpunkt vertrat auch das US-Militär in einem Bericht an den Präsidenten. Der Bericht der Vereinigten Stabschefs an den Präsidenten schloß mit den Worten: »Die Vereinigten Staaten wären in einer unerträglichen Situation, wenn ein potentieller Feind die [Super-]Bombe besitze, die Vereinigten Staaten aber nicht ... Der Weltfriede und insbesondere die Sicherheit des Westens wären dann gefährdet.«

Edward Teller

Als am 31. Januar 1950 im Weißen Haus über die Atombombe debattiert wurde, zog Truman einen Schlußstrich mit den Worten: »Worauf zum Teufel warten wir eigentlich? Machen wir weiter.« Zwar wolle niemand die Bombe einsetzen, doch der Besitz der Waffe sei für Verhandlungen mit den Sowjets unerläßlich. Am Abend verkündete Truman der Weltöffentlichkeit, daß er die Anweisung erteilt habe, eine neuartige »sogenannte Wasserstoff- oder Superbombe« zu entwickeln. Damit gab er den Startschuß für den Rüstungswettlauf.

Konstruktion und Fertigstellung der ersten H-Bombe der Welt dauerten zwei Jahre und neun Monate. Die Physiker in Los Alamos folgten dem von Edward Teller ausgearbeiteten Konzept und überwanden immense wissenschaftliche Probleme. Am 1. November 1952 wurde die Bombe auf einem kleinen Pazifikatoll namens Eniwetok in den nordwestlichen Marshallinseln getestet, rund 320 Kilometer westlich des Bikini-Atolls. Beide Atolle waren zum Testgelände für Atomwaffen bestimmt worden, die Ureinwohner hatte man umgesiedelt. Ende Oktober war eine große Sondereinheit der US-Marine nach Eniwetok gekommen. Sechs Wochen dauerte es, die riesige, 82 Tonnen schwere und in einer enormen Kühlvorrichtung gelagerte Bombe zusammenzubauen. Die Schätzungen über die Explosionsenergie gingen weit auseinander, niemand wußte, was auf dem Atoll passieren würde. Es wurde beschlossen, alle Wissenschaftler auf Schiffe zu evakuieren, damit sie die Explosion aus einer Entfernung von mindestens 50 Kilometern beobachten konnten. Schließlich wurde die Bombe gezündet. Der Prozeß, der den Uranmantel zur Zündung brachte, lief reibungslos ab und erhitzte den Kern auf eine Temperatur, die höher war als im Zentrum der Sonne. Innerhalb von Sekunden verwandelte der Kern sich in einen weißen Feuerball von rund 5 Kilometer Durchmesser. Dann folgte die Hitzewand. Die Hitze nahm immer mehr zu, und die 50 Kilometer entfernten Beobachter wurden unruhig. Die Tragflächen einer 25 Kilometer entfernten B-36 in 12 200 Meter Höhe erwärmten sich in wenigen Sekunden um fast 35 Grad. Fünf Minuten nach der Zündung hatte die gigantische, pilzförmig aus der Explosion emporgestiegene Wolke die Stratosphäre erreicht. Sie breitete sich in Form eines riesigen Baldachins aus bis zu einem Durchmesser von mehr als 1600 Kilometern. Aus dieser gewaltigen Wolke fiel radioaktiver Schlamm und später starker Regen. Das Korallenatoll, auf dem die Bombe detoniert war, war spurlos verschwunden, verdampft durch die Energie der Explosion. Durch sie wurden aus dem Atoll 80 Millionen Tonnen Gestein hinaufgeschleudert; sie gingen weltweit als Fallout nieder. Fünf Kilometer vom Zentrum der Explosion entfernt, holten Untersuchungsteams später Fische aus dem Meer, denen die Schuppen weggebrannt waren. Die Explosionsenergie wurde abschließend auf 10,4 Megatonnen geschätzt, was mehr als zehn Millionen Tonnen TNT entspricht – tausendmal stärker als die Hiroschima-Bombe. Für die Welt war nun das thermonukleare Zeitalter angebrochen.

Die erste H-Bombe war selbst für den größten Bomber noch zu groß. Und der von Washington erhoffte Vorteil für die USA erwies sich als kurzlebig. Neun Monate später, am 12. August 1953, testeten die Sowjets in Semipalatinsk ihre erste thermonukleare Bombe. Obwohl es sich um eine verhältnismäßig kleine Bombe von etwa 400 Kilotonnen Sprengkraft handelte, zeigte sich damit wieder, daß die sowjetischen Wissenschaftler aufgeholt hatten. Noch alarmierender war, daß die Amerikaner in Proben aus der radioaktiven Wolke der Bombe Spuren von Lithium feststellten. Das deutete darauf hin, daß die Sowjets die technologische Führungsposition übernommen hatten. Durch die Verwendung von Lithium benötigte die sowjetische Bombe keine riesige Kühlanlage wie die amerikanische Bombe, und damit war sie leichter zu transportieren.

Der Lauf der Welt hatte sich unerwartet geändert… Atombomben hielt man, so zerstörerisch sie auch waren, in ihrer Wirkung für begrenzt. Jetzt schien es, als hätten wir gelernt, selbst diese Grenzen wegzuwischen und Bomben von unbegrenzter Sprengkraft zu bauen.

Herbert York,
Kernphysiker

Massive Vergeltung

Das Wettrüsten beschleunigte sich immer mehr. Im Dezember 1953 schlug Eisenhower in einer Rede vor den Vereinten Nationen vor, daß internationale Zusammenarbeit in der Atomenergie an die Stelle des Wettstreits treten solle. Der Gedanke wurde als »Atome für den Frieden« bekannt. Doch dazu kam es nicht. Statt dessen verkündete John Foster Dulles die neue Linie der »massiven Vergeltung« gegen jeden, der einen Angriff gegen die Vereinigten Staaten oder ihre Verbündeten wagte..

Am 1. März 1954 testeten die Vereinigten Staaten eine neue H-Bombe auf Lithiumbasis, die so konstruiert war, daß sie in den Bombenschacht einer B-47 paßte. Nach Schätzungen der Wissenschaftler in Los Alamos entsprach ihre Explosionsenergie etwa 5 Megatonnen hochexplosiver herkömmlicher Sprengstoffe. Doch sie hatten sich erheblich verschätzt, weil eine sekundäre Verschmelzungsreaktion in der Lithiumkomponente übersehen wurde. Der Feuerball dehnte sich auf einen bedrohlichen Durchmesser von 6,5 Kilometer aus und schnitt die Beobachter in ihren Bunkern weit außerhalb des erwarteten Explosionsbereichs ab. Die Bombe ließ die Korallen des Atolls verdampfen und verwan-

Eisenhower ruft am 8. Dezember 1953 vor den Vereinten Nationen alle Atommächte auf, sich unter dem Motto »Atome für den Frieden« an einer internationalen Atomagentur unter Schirmherrschaft der UNO zu beteiligen.

»Werft Bomben ab mit Curtis LeMay«

Curtis LeMay, der rigorose Kommandeur des Strategischen Luftkommandos, war eine der unnachgiebigsten Persönlichkeiten des Kalten Krieges. Im Zweiten Weltkrieg leitete LeMay ein Geschwader, das von England aus Bombereinsätze gegen Deutschland flog. In dieser Zeit erwarb er sich den Ruf eines harten Kommandanten. Anfang 1945 wurde er in den Pazifik versetzt und reorganisierte dort unter Einsatz gewaltiger B-29-Superbomber die Bombardierung Japans – »Bombs away with Curtis LeMay«. In einer einzigen Nacht zerstörten die von seinen Bombern ausgelösten Feuerstürme einen Großteil Tokios und töteten mindestens 100 000 Zivilisten, mehr als bei jedem anderen Bombenangriff in diesem Krieg einschließlich der Angriffe auf Hiroschima und Nagasaki. Später räumte LeMay ein, daß er, hätten die Vereinigten Staaten den Krieg verloren, wahrscheinlich als Kriegsverbrecher vor Gericht gestellt worden wäre. Da dies jedoch nicht der Fall war, zeigte LeMay nie Reue wegen der Toten und der Leiden der Zivilbevölkerung.

LeMay äußerte gelegentlich die Meinung, er und seine Bomberteams sollten gemeinsam mit dem Präsidenten die endgültige Entscheidung über den Einsatz der Bomben haben für den Fall, daß Washington einmal nicht mehr entscheiden könnte. In den fünfziger Jahren wäre LeMay vielleicht mehrere Male versucht gewesen, den Atomknopf zu drücken; doch Anfang der sechziger Jahre wurde die Sicherung mit neuen Systemen verbessert. In einem Vortrag im April 1956 am National War College beschrieb LeMay das Szenario, wenn das Strategische Luftkommando am Abend den Kampf begänne, »würde die Sowjetunion morgen früh wahrscheinlich keine militärische Großmacht oder überhaupt keine große Nation mehr sein«. Seine beklemmende Vision sah so aus: »Der Tag könnte anbrechen in einem Land, das unendlich ärmer wäre als China, weniger Einwohner zählte als die Vereinigten Staaten und zu einer landwirtschaftlichen Existenz verurteilt wäre, vielleicht für viele Jahrzehnte.«

Die offizielle US-Politik bestand darin, einem sowjetischen Angriff durch die Drohung mit einem massiven Schlag gegen das Zentrum der Sowjetunion vorzubeugen. Doch LeMay und andere sprachen in den frühen fünfziger Jahren über Präventivschläge, die verhindern sollten, daß der Gegner in seiner Bewaffnung einen Vorteil gegenüber den Vereinigten Staaten erzielte. LeMay meinte sogar, es liege im Interesse der Vereinigten Staaten, den nächsten Krieg zu beginnen, bevor die Sowjetunion im Wettrüsten vollständig aufgeholt hatte.

Heute werden bewaffnete Konflikte gewonnen oder verloren, bevor sie beginnen. Wenn sie überhaupt geführt werden, dann hauptsächlich deshalb, um herauszubekommen, welche Seite schon zu Beginn gewonnen hatte.

Curtis LeMay, April 1956

Im Jahr 1962 sagt ein kämpferischer General Curtis LeMay vor einem Senatsunterausschuß zur Bewilligung von Verteidigungsgeldern aus.

delte sie in radioaktives Kalzium, das infolge starker Winde über einem großen Gebiet niederging. In rund 130 Kilometer Entfernung vom Zentrum der Detonation geriet ein japanisches Fischerboot, die »Fukuryu Maru« (»Glücklicher Drache«), in den Fallout. Als das Boot zwei Wochen später nach Japan zurückkehrte, wurden alle 23 Besatzungsmitglieder krank, ein Mann starb. Es erhob sich ein Sturm der Entrüstung. Die Vereinigten Staaten boten an, Strahlungsexperten nach Japan zu entsenden, weigerten sich jedoch, Einzelheiten über den radioaktiven Niederschlag preiszugeben, aus Furcht, die Sowjets würden erfahren, daß Lithium benutzt worden war. Lewis Strauss, der Leiter der Atomenergiekommission, lehnte jede Verantwortung ab und sagte, der Test sei »zu keiner Zeit außer Kontrolle geraten«. Die »Fukuryu Maru« müsse in die verbotene Gefahrenzone eingedrungen sein. Tatsächlich war »Bravo« mit der Energie von 15 Megatonnen explodiert, was 1500mal der Stärke der Hiroschima-Bombe entsprach und dreimal stärker war als erwartet.

Im September 1954 warf die Sowjetunion während eines Manövers bei Trotzkoi im südlichen Ural von einem Flugzeug aus eine 20-Kilotonnen-Bombe ab. Danach erhielten sowjetische Truppen den Befehl, das verstrahlte Gebiet zu besetzen. Die Rote Armee wollte damit demonstrieren, daß sie auf einen nuklearen Krieg vorbereitet war. In den Vereinigten Staaten beschloß man, taktische Kernwaffen mit geringer Sprengkraft herzustellen, die kompakt genug waren, daß sie in eine Raketenspitze hineinpaßten. Die Sowjets testeten 1955 in Semipalatinsk die erste aus der Luft abgeworfene H-Bombe mit einer Explosionsenergie, die hundertmal stärker war als ihre erste Bombe. Das Wettrüsten hatte ein erschreckendes Tempo angenommen.

Ende 1948 übernahm General Curtis LeMay die Führung des Strategischen Luftkommandos. LeMay machte aus der Drohung mit dem Einsatz von Offensivwaffen eine Verteidigungsstrategie. Er wollte für das Strategische Luftkommando eine so überwältigende Stärke erreichen, daß niemand je einen Angriff auf die Vereinigten Staaten wagen würde. Er benannte potentielle Ziele in der Sowjetunion und rechtfertigte damit die Forderung nach mehr Kernwaffen. 1952 informierte er den Präsidenten, daß die Luftwaffe »vielleicht fünf- oder sechstausend Ziele« identifiziert habe, »die im Kriegsfall zerstört werden müßten«: Flugplätze, Militärstützpunkte, Kernkraftwerke, Ölfelder, Elektrizitätswerke, Fernmeldezentralen und so weiter. Ein Jahr später wurden der Luftwaffe mehr als 40 Prozent des gesamten für das Jahr vorgesehenen US-Verteidigungsetats zugewiesen. 1950 besaß das US-Militär 298 Atombomben, 1955 waren es bereits 2422, und 1962, im Jahr der Kubakrise, war der Bestand an Kernwaffen sprunghaft auf 27 100 angestiegen.

LeMay hielt das Strategische Luftkommando permanent in einem Zustand uneingeschränkter Einsatzbereitschaft; gegebenenfalls mußte es die Sowjetunion innerhalb weniger Stunden mit 750 Kernwaffen angreifen können. Der entscheidende Sieg müsse in einem sehr frühen Stadium eines Atomkrieges errungen werden, meinte er. Nur ein bis an die Zähne bewaffnetes US-Militär stelle eine ausreichende Abschreckung für einen Gegner dar. Das Strategische Luftkommando wuchs von 1951 bis 1959 von 668 B-50- und B-29-Bombern auf ungefähr 500 Langstreckenbomber des Typs B-52 und mehr als 2500 B-47-Bomber, die in der Luft auftanken konnten.

New York, 1953

Zwei Luftschutzwarte überwachen den nach einer Zivilschutzübung menschenleeren Times Square. 600 Siren heulten, zwei fiktive Atombomben explodierten, die Passanten bildeten Schlangen und wurden in Bunker geführt. Die meisten nahmen den Alarm ernst.

Um bei der Eskalation, was Ziele und die Lagerung von Kernwaffen anging, mitzuhalten, benötigten die Vereinigten Staaten immer detailliertere Informationen über die Stärke der Sowjets, über die Leistungsfähigkeit ihrer Jagdflugzeuge und die Bedrohung durch Bomber. 1950 begann das Strategische Luftkommando mit eigenen, nicht autorisierten Aufklärungsflügen über der Sowjetunion mit umgebauten B-29-Bombern. Jeder Flug war eine Provokation und hätte eine massive militärische Reaktion der Sowjets auslösen können. Als Truman davon erfuhr, verbot er die Flüge. Doch im Juli 1956 wurden sie wiederaufgenommen. Das wichtigste für die Überflüge eingesetzte Flugzeug war die Lockheed U-2, eine einsitzige, in großer Höhe operierende Aufklärungsmaschine mit einer Reichweite von etwa 4200 Kilometern. Die U-2 hatte Kameras und weitere elektronische Ausrüstung an Bord und konnte Funk und Radar überwachen.

Aus einer Flughöhe von 22 860 Metern, damit weit außerhalb der Reichweite sowjetischer Jagdflugzeuge und Flugabwehrraketen, schauten die U-2-Spionageflugzeugpiloten auf die Sowjetunion hinab und fotografierten alles, was sie wollten. Die Auflösung der Aufnahmen war so gut, daß man am Boden eine Zeitungsschlagzeile lesen konnte. Die unter großer Geheimhaltung inszenierten U-2-Flüge wurden nicht vom US-Militär kontrolliert, sondern von der CIA. Die Flugzeuge starteten von amerikanischen Luftstützpunkten in Pakistan und der Türkei, um die Sowjetunion kreuz und quer zu überfliegen. Schon nach kurzer Zeit konnte sich die CIA ein Bild von der Anzahl und der Stärke der sowjetischen Bomber und Raketen machen.

Die ersten durch die U-2-Spionageflüge gewonnenen Daten erweckten den Anschein, als rückten die Sowjets bei der Produktion von Langstreckenbombern an die Spitze. Der sowjetische Tu-95-Bomber »Bison«, der auf der Moskauer Luftfahrtausstellung 1955 für Aufsehen gesorgt hatte, besaß eine so große Reichweite, daß er eine nukleare Bombe bis in die Vereinigten Staaten hätte transportieren können. Ein U-2-Foto von einer sowjetischen Luftwaffenbasis zeigte eine große Zahl Bison-Bomber. In Wirklichkeit bildeten diese Flugzeuge die gesamte sowjetische Bomberflotte. Die Öffentlichkeit in den Vereinigten Staaten erfuhr das jedoch nicht, und es wurden Befürchtungen laut, es gebe eine »Bomberlücke«.

Die Sowjets machten allem Anschein nach auch große Fortschritte in der Raketentechnologie. Seit 1929 arbeitete Sergei Koroljow an einem experimentellen Raketenantrieb. 1933 gehörte er zu den Gründungsmitgliedern des Raketenforschungsinstituts in Moskau. Stalins Geheimpolizei nahm ihn 1938 fest. Er wurde wegen antirevolutionärer Umtriebe angeklagt und zu zehn Jahren Zwangsarbeit in Sibirien verurteilt. Koroljow setzte seine Arbeit im Gefängnis fort und wurde kurz vor Ende des Zweiten Weltkriegs nach Moskau zurückgebracht, um das sowjetische Raketenprogramm zu leiten.

Die Amerikaner erreichten 1945 als erste das deutsche Raketenversuchsgelände Peenemünde an der Ostsee, von wo aus die Nazis kurz vor Kriegsende die V-1- und V-2-Raketen gegen Großbritannien abgeschossen hatten. Den Amerikanern fiel wichtige Raketentechnologie in die Hände. Später nahmen sie Wernher von Braun, den technischen Direktor an der Heeresversuchsanstalt, fest und brachten ihn in die Vereinigten Staaten, wo er zum führenden Kopf

So sahen die Sowjets die U-2.
OBEN: *Ein unfreundlicher Westen spioniert die Sowjetunion aus.*
UNTEN: *Eine Aufnahme, die 1960 veröffentlicht wurde, als die Sowjets den Abschuß und die Verhaftung von Francis Gary Powers bekanntgaben.*

des amerikanischen Raketenprogramms wurde. 1946 befahl Stalin, 16 000 deutsche Raketenspezialisten und Ingenieure aufzuspüren und nach Moskau zu bringen. Dort sollten sie am sowjetischen Raketenprogramm arbeiten.

Seit den frühen fünfziger Jahren ging es darum, ein Transportmittel zu entwickeln, das eine Bombe auf die schnellstmögliche Weise zu einem feindlichen Ziel bringen konnte. In Baikonur, Kasachstan, testeten sowjetische Ingenieure am 15. Mai 1957 die erste ballistische Interkontinentalrakete (ICBM).

Sputnik erreicht die Umlaufbahn

Weltweites Aufsehen erregte der Start des Sputnik (»Reisegefährte«). So hieß eine Gruppe von Satelliten zur Erforschung des Weltraums. Am 5. Oktober 1957 um 1.28 Uhr Ortszeit wurde der erste Sputnik vom Weltraumbahnhof Baikonur aus gestartet. Er war lediglich eine Aluminiumkugel mit etwa 56 Zentimeter Durchmesser und einem Gewicht von rund 83 Kilogramm, die einen Funksender enthielt. Anderthalb Stunden später erreichte er die Umlaufbahn. Mitten in der Nacht rief das Team, das den Start durchgeführt hatte, Chruschtschow in Moskau an, um ihm die gute Nachricht mitzuteilen. Doch der war überhaupt nicht beeindruckt und antwortete nur: »Ehrlich, ich habe nicht damit gerechnet, daß das klappt«, und ging wieder ins Bett.

Der Sputnik maß lediglich 56 Zentimeter im Durchmesser. Die Amerikaner befürchteten nach dem Start des Satelliten, sie würden den »Wettlauf im Weltraum« verlieren.

Die Funksignale des Sputnik wurden rund um den Globus empfangen. Für die Vereinigten Staaten war der Start ein Schock. Nun schien es, daß die sowjetische Technologie die amerikanische überholt hatte, und zwar auf einem Gebiet, das viele Amerikaner als ihre Domäne ansahen. Kaum einem Amerikaner entging, was der Sputnik bedeutete: Sowjetische Raketen konnten bald nukleare Sprengköpfe direkt nach Amerika tragen.

Auf den geheimen Stützpunkten in Kasachstan arbeiteten für Koroljow nun mehr als 30 000 Wissenschaftler. Sputnik II startete am 3. November. An Bord befand sich die Hündin Laika, das erste Lebewesen im Weltall. Laika überlebte zehn Tage und bewies damit, daß Leben in der Schwerelosigkeit möglich war. Die Amerikaner sahen sich bei dem neuartigen »Wettlauf im Weltraum« noch weiter abgeschlagen.

Die Sputniks weckten in den Vereinigten Staaten ein tiefes Gefühl nationaler Erniedrigung. Man glaubte, daß Amerika »weich« geworden sei, daß der Konsumgeist die Qualität der Wissenschaft ausgehöhlt habe und daß dies an strukturellen Mängeln im Bildungssystem liege. In der Krise wandten sich die Amerikaner in der Hoffnung auf entschlossene Führung Eisenhower zu. Über die Politik hinaus war »Ike« für die Nation fast zur Vaterfigur geworden. 1956 wurde er mit überwältigender Mehrheit für eine zweite Amtszeit gewählt. Eisenhower gehörte zu den wenigen Amerikanern, die angesichts des Sputnik nicht in Panik gerieten. Er war auf die Meldung vom Sputnik-Abschuß hin wie an jedem Wochenende auf seine Farm nach Gettysburg in Pennsylvania gefahren. Als er knapp eine Woche später eine Pressekonferenz abhielt, gelang es ihm nicht, die Nation zu beruhigen. Unterdessen untersuchte der Senat bei einer Reihe von Anhörungen unter dem Vorsitz von Lyndon B. Johnson, dem Führer der Senatsmehrheit, die Auswirkungen des Sputnik. Topwissenschaftler und Militärstrategen erklärten übereinstimmend, daß die Sowjetunion in Wissenschaft und Technologie vorne liege.

Die USA hatten bereits mehrere Programme für ballistische Raketen auf den Weg gebracht. Eines davon mit Namen »Vanguard« wurde von der Marine koordiniert; Eisenhower gab die Anweisung, dieses Programm voranzutreiben. Zwei Monate nach dem Sputnik-Start, am 6. Dezember, versammelten sich in Cape Canaveral in Florida einige wichtige Persönlichkeiten. Sie wollten miterleben, wie die Amerikaner versuchten, die Russen einzuholen. Eine mächtige Vanguard-Rakete startete mit einem kleinen, nur 1,8 Kilogramm

DAILY HERALD

No. 12992 (D) Saturday, December 7, 1957 PRICE 2½d

America's Sputnik dies bleeping on the ground

OH, WHAT A FLOPNIK!

Satellite blows up before take-off

By GILBERT CARTER

AMERICA'S much-ballyhooed bid to launch a satellite to join Russia's two Sputniks in space ended yesterday in a huge billow of orange flame—on the ground.

For the tiny 6lb. missile—which will go down in history as the Flopnik—died bleeping a message of failure as its three-stage rocket blew up on the launching ramp.

It happened at Cape Canaveral, Florida, where America's scientific reputation lay at stake because of the world-wide publicity given to this attempt to keep up with the Joneskis.

Belsky's Cartoon

TEN SECONDS TO DISASTER

TOPPLED

A MONSTER CLOUD OF FLAME: All that remains of America's bid to launch a satellite.

Troops rush by sea and air to Honduras

QUIT ORDER TO 50,000 DUTCH

WE SAY

Talking omelette

LORD HAILSHAM calls himself an egghead. All we can say is that he talks like an omelette.

Rushing to the defence of hereditary privilege in the House of Lords, he calls the House of Commons a dictatorship, thus bowling over Cromwell Macmillan, the head dictator.

What power have the people to control an elected House of Commons, he demands?

"Until another General Election comes round, Parliament is virtually—subject to the rights of the minority, subject to the rights of public discussion — an elected dictatorship."

Fireworks

So the sole safeguard of democracy, as Lord Hailsham sees it, is a House of Lords full of people who aren't elected, supervising the affairs of the nation by right of getting born in the nation's best beds.

Then, in the next breath, he calls the House of Lords "rickety, anomalous and illogical."

WHACK FOR THE HOUSE OF COMMONS! WHACK FOR THE HOUSE OF LORDS! LORD HAILSHAM ALMOST ABOLISHES BOTH OF THEM.

schweren Satelliten, den sie in eine Umlaufbahn bringen sollte. Direkt vor den Kameras der internationalen Fernsehsender stieg die Rakete etwa einen halben Meter in die Höhe, fiel zurück und explodierte. Die Nation war noch tiefer gedemütigt. Und die britische Presse spottete: »Oh, was für ein Flopnik!«

Unterdessen hatte ein Gremium von Fachleuten unter strengster Geheimhaltung Amerikas Nuklearverteidigung überprüft. Im November wurde dem Präsidenten der Gaither-Bericht zu »Abschreckung und Überleben« vorgelegt. Der Bericht ließ alle Alarmglocken schrillen. Die Verfasser konstatierten Lücken zwischen der amerikanischen und der sowjetischen Wissenschaft und Technologie, sie forderten mehr Gelder für das Strategische Luftkommando und eine massive Vergrößerung der US-Raketenstreitmacht. Einen Monat später sickerte der Inhalt des Berichts an die Presse durch. Die *Washington Post* bemerkte, die Vereinigten Staaten befänden sich »in der größten Gefahr der amerikanischen Geschichte« und seien auf dem Weg, »eine Macht zweiter Klasse« zu werden.

Amerikas Versuch, einen Satelliten in eine Umlaufbahn zu schießen, endet mit einem Feuerball: Die knapp 22 Meter hohe Vanguard-Rakete explodiert in Cape Canaveral bei der Zündung. Der Londoner Daily Herald *machte sich über das Fiasko lustig.*

Die Raketenlücke

In der nun folgenden Hysterie sahen die Amerikaner hinter der Raketenlücke eine technologische Lücke und dahinter eine Lücke im Bildungswesen. Eine bleibende Hinterlassenschaft des »Sputnik-Schocks« war die Verabschiedung des National Defense Education Act im Jahr 1958, eines Gesetzes, mit dem der Kongreß endlich mehr Einflußnahme des Bundes im Bildungswesen billigte. Viel Geld floß in den Ausbau des Universitätssystems. Studenten, die im

Hauptfach Naturwissenschaften, Ingenieurwissenschaften oder Mathematik studierten, standen Hunderte von Millionen Dollar als Darlehen zur Verfügung. Zwei Milliarden Dollar jährlich sollten verhindern, daß die Russen das Rennen in Sachen Intelligenz gewannen. Die Zahl der jungen Amerikaner, die das College besuchten, verdoppelte sich in den sechziger Jahren.

Eisenhower blieb immer noch ruhig. Durch die Geheimdienstberichte

wußte er, daß die Raketenlücke ein Märchen war. Die Fotos der U-2-Spionageflugzeuge zeigten, wie langsam die sowjetische Raketenproduktion vorankam. Auch von einer Bomberlücke konnte keine Rede sein. Die sowjetischen Langstreckenbomber des Typs Bison standen aufgereiht auf einem einzigen Fliegerhorst, die Rollbahnen auf den anderen Stützpunkten waren leer. Doch all diese Informationen waren streng geheim, und Eisenhower wollte nicht preisgeben, wieviel die Amerikaner herausgefunden hatten. Er wußte, daß die massive Erhöhung der Verteidigungsausgaben sowie neue Raketenprogramme unnötig waren, aber er entschloß sich, die Gründe dafür nicht offenzulegen. Barry Goldwater, konservativer Senator aus Arizona, beschrieb die Situation später so: »Ike nahm alles auf seine Kappe, grinste und hielt den Mund.«

Der Druck auf Eisenhower forderte seinen Tribut. Er erlitt einen leichten Schlaganfall und konnte für kurze Zeit nicht deutlich sprechen. Vizepräsident Richard Nixon sprang einige Tage für ihn ein, dann war Eisenhower wieder an seinem Schreibtisch. Aber die Amerikaner waren enttäuscht, in Umfragen sanken seine Popularitätswerte um mehr als 20 Punkte. Tatsächlich beurteilte er die Realität des internationalen Wettrüstens viel klarer, als die Öffentlichkeit damals ahnte.

Vorbereitungen für den schlimmsten Fall

Zur Vorbereitung für den schlimmsten Fall sollen die amerikanische Verbraucher Vorsorge treffen, damit sie und ihre Familien die Folgen eines Atomschlags überleben.

RECHTS: *Bei einer Ausstellung im New Yorker Bahnhof Grand Central Station wird ein Bunker gezeigt, in dem eine fünf- oder sechsköpfige Familie den wochenlangen radioaktiven Fallout überstehen kann.*

OBEN: *Die gelb-schwarze Markierung für Falloutbunker tauchte in jeder amerikanischen Groß- und Kleinstadt auf.*

LINKS: *Ein Händler für Schwimmbäder, Terrassenanlagen und Barbecuezubehör in Kalifornien stellte fest, daß sich Atombunker hervorragend verkaufen ließen. Sein Werbespruch: »Wegen der allgemein bekannten Zustände – HANDELN SIE JETZT!«*

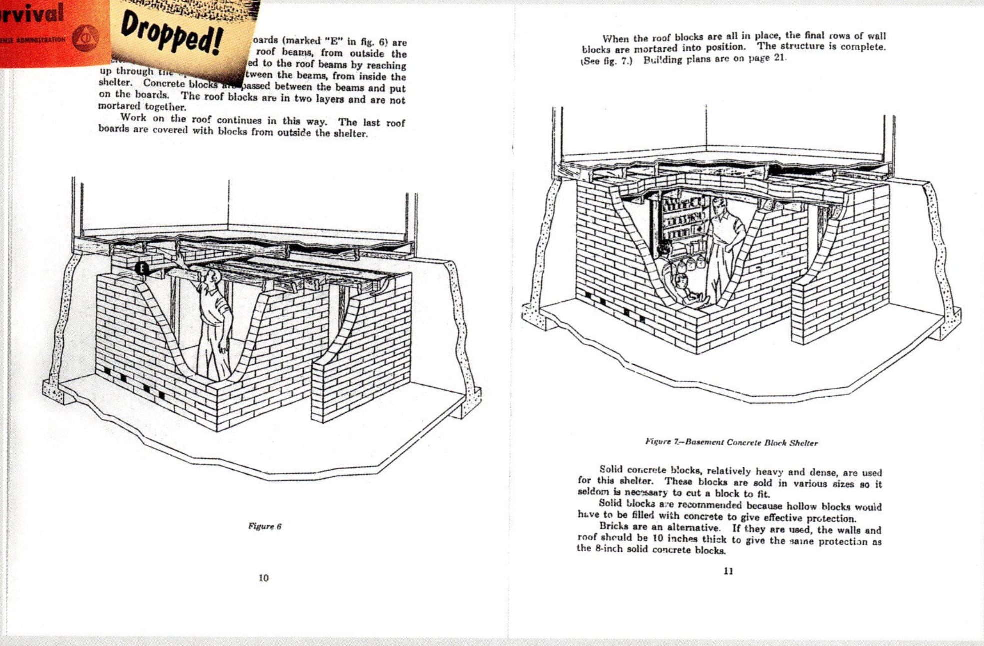
…oards (marked "E" in fig. 6) are … roof beams, from outside the … ed to the roof beams by reaching up through th… tween the beams, from inside the shelter. Concrete blocks … passed between the beams and put on the boards. The roof blocks are in two layers and are not mortared together.

Work on the roof continues in this way. The last roof boards are covered with blocks from outside the shelter.

Figure 6

10

When the roof blocks are all in place, the final rows of wall blocks are mortared into position. The structure is complete. (See fig. 7.) Building plans are on page 21.

Figure 7.–Basement Concrete Block Shelter

Solid concrete blocks, relatively heavy and dense, are used for this shelter. These blocks are sold in various sizes so it seldom is necessary to cut a block to fit.

Solid blocks are recommended because hollow blocks would have to be filled with concrete to give effective protection.

Bricks are an alternative. If they are used, the walls and roof should be 10 inches thick to give the same protection as the 8-inch solid concrete blocks.

11

Schnittzeichnung eines Kellerbunkers. Aus einer 1959 veröffentlichten Broschüre des US-Verteidigungsministeriums mit dem Titel Der Familienbunker für den Fall eines radioaktiven Niederschlags.

Eisenhower wußte, daß die Vereinigten Staaten bis 1960 eine neue Generation von Interkontinentalraketen, Atlas und Titan, zusammen mit neuen ballistischen Mittelstreckenraketen (IRBM) wie Thor fertiggestellt haben würden. Er wandte sich an seine europäischen Verbündeten und verbesserte die Beziehungen zu Großbritannien und Frankreich, die im vorangegangenen Jahr durch das Sues-Abenteuer stark strapaziert worden waren. Der neue britische Premierminister Harold Macmillan war ein alter Freund Eisenhowers aus den Tagen des Zweiten Weltkriegs. Auf der Bermuda-Konferenz erklärte sich Großbritannien prinzipiell bereit, im Vereinigten Königreich amerikanische Mittelstreckenraketen zu stationieren. Das Personal sollten die Briten stellen, die Atomsprengköpfe dagegen blieben unter amerikanischer Kontrolle. Und im Dezember 1957 erhielt Eisenhower auf einer NATO-Konferenz in Paris die Zustimmung seiner europäischen Verbündeten, in Europa Mittelstreckenraketen zur Verteidigung des NATO-Bündnisses zu stationieren. Nur Frankreichs General Charles de Gaulle war nicht damit einverstanden, daß Raketen auf französischem Boden unter einer anderen Kontrolle als der Frankreichs stehen sollten. Frankreichs allmählicher Rückzug aus dem NATO-Bündnis begann.

1958 wurde der Druck auf Eisenhower so stark, daß er sich gezwungen sah, die Verteidigungsausgaben wider bessere Einsicht zu erhöhen. In einem revidierten Haushaltsplan für 1959 vergrößerte er die Militärausgaben auf über 40 Milliarden Dollar, mehr als die Hälfte des Budgets. Ein Großteil der zusätzlichen Gelder ging an die Luftwaffe, der Rest floß in die Raketenforschung und -entwicklung. Im Januar 1958 schossen Wernher von Braun und sein Team erfolgreich eine umgebaute Redstone-Rakete mit Namen Explorer in eine Umlaufbahn. Die amerikanische Nation bejubelte Explorer mit Euphorie und Erleichterung.

Diese Erfolge lösten in den Vereinigten Staaten eine vollkommen neue Diskussion über die Erforschung des Weltalls aus. Würde sie lediglich die natürliche Neugier der Menschen auf die Sterne und das Universum verstärken? Oder würde ein Wettlauf um die Eroberung des Alls einsetzen – mit dem Ziel, schneller als die Sowjets irgendwo zu sein? Auf die Frage, was man wohl auf dem Mond finden werde, antwortete ein hochrangiger Angehöriger der US-Luftwaffe: »Die Russen.« Einige Militärs sprachen von der notwendigen Kontrolle des Weltraums und behaupteten: »Wer die endgültige Vormachtstellung im Weltall einnimmt, erhält die totale Kontrolle über die Erde.« Im weiteren Verlauf des Jahres 1958 richtete Eisenhower die National Aeronautics and Space Administration (NASA) ein, der Direktor erstattete direkt dem Weißen Haus Bericht. Ein Teil der Pentagon-Gelder für die Raketenforschung ging an die NASA. Der Bericht NSC-5814 räumte innerhalb des Weltraumprogramms der Produktion eines Spionagesatelliten als Ersatz für die U-2 höchste Priorität ein. Es wurde viel davon gesprochen, vor den Russen einen bemannten Raumflug zu unternehmen und den Mond zu erkunden.

»Ducken und Kopf schützen«: Schulkinder in Topeka, Kansas, während einer Übung zur Zivilverteidigung. Als die Sirenen heulten, verließen 31 000 Kinder ihre Klassenzimmer und suchten Schutz in den Korridoren. Unglaublicherweise dachte man, dort seien sie sicherer.

Zwar war man sich im Westen der schrecklichen Zerstörungskraft der Kernwaffen bewußt, dennoch setzte sich allmählich die Auffassung durch, daß es möglich sein könnte, einen nuklearen Angriff zu überleben. In den Vereinigten Staaten wurde eine Generation von Schulkindern dazu erzogen, sich »zu ducken und zu schützen«. Mit Zeichnungen und Liedern lernten sie, daß sie sich bei einer Luftschutzwarnung, wenn sie den weißen Blitz einer nuklearen Explosion sahen, ducken und den Kopf schützen sollten. Angesichts einer Atomexplosion, die Gebäude aus Stahl und Beton verdampfen lassen konnte, war diese Überlebensstrategie absurd. Doch viele Schulkinder fühlten sich in dem Wissen, was zu tun sei, sicher: »ducken und schützen«.

In den Vereinigten Staaten folgte nach Bekanntwerden des Gaither-Berichts ein Sofortprogramm für den Bau öffentlicher Atomschutzbunker. Bald konnte man in jeder Stadt die gelb-schwarze Kennzeichnung für die Bunker sehen, in die sich die Menschen vor dem radioaktiven Niederschlag flüchten sollten. Wer wollte, konnte sich einen eigenen Familienbunker kaufen – für 2395 Dollar zuzüglich Einbaukosten.

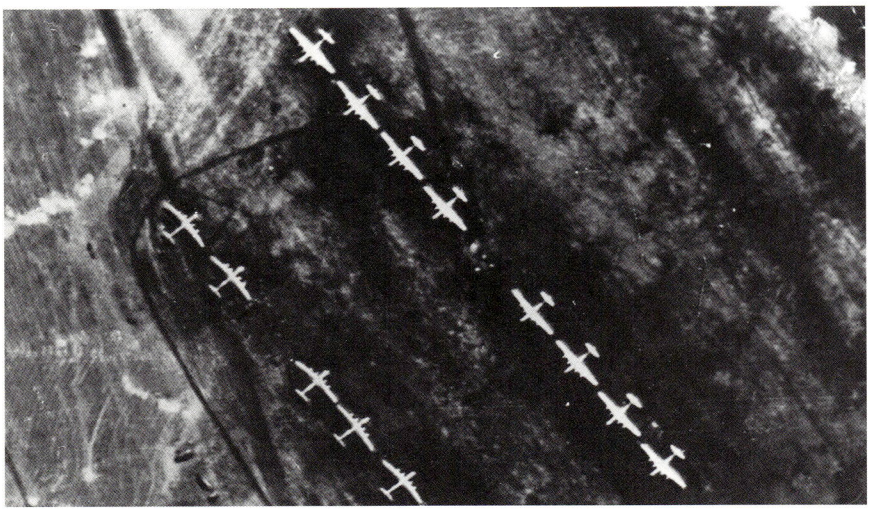

1959 trieb die Entwicklung der nächsten Raketengeneration, der Thor- und Minuteman-Rakete sowie der von U-Booten abgefeuerten Polaris-Rakete, die Verteidigungsausgaben noch weiter in die Höhe. Eisenhower war außer sich. Er sprach von der dringenden Notwendigkeit, »Hysterie und Demagogie« zu vermeiden und sich um »eine vernünftige Kontrolle« der Verteidigungsausgaben zu bemühen. Mit Blick auf die bevorstehende Präsidentschaftswahl strichen die Demokraten die angebliche Selbstgefälligkeit des amtierenden Präsidenten angesichts der Fortschritte der Sowjets heraus. Das *Life*-Magazin schrieb erneut von einer Raketenlücke. Ein anderer Journalist zitierte eine Pentagon-Quelle und wies warnend darauf hin, daß hochrangige Militärs inoffiziell bereits von »der nächsten Lücke« zwischen 1960 und 1963 sprächen. Dann nämlich würden die Sowjets eine »unbestreitbare Überlegenheit bei der atomaren Schlagkraft besitzen, die früher uns ausgezeichnet hat«. Demokratische Senatoren sagten voraus, daß die Sowjets 1962 3000 Interkontinentalraketen für den Erstschlag besitzen würden. All das war übertrieben und entbehrte jeglicher Grundlage.

Ohne daß etwas an die Öffentlichkeit drang, lieferten die U-2-Flüge weiterhin Informationen über das wahre Ausmaß der sowjetischen »Bedrohung«. Chruschtschow hatte sich entschieden, die SS-6 auszurangieren, weil sie für einen Erstschlag zu groß, zu unbeweglich und zu ungeschützt war. Er gab die Anweisung, statt dessen die beweglichere SS-7 zu entwickeln. Aufnahmen der

OBEN LINKS: *Eine Luftaufnahme der U-2 zeigt schwere Bomber auf einem sowjetischen Luftwaffenstützpunkt. Die US-Geheimdienste glaubten, daß mehrere Basen auf die gleiche Weise ausgestattet seien, doch tatsächlich war dies die einzige.*

OBEN: *Im Präsidentschaftswahlkampf 1960 machte John F. Kennedy viel Wirbel um die »Raketenlücke«, die sich angeblich zwischen den USA und der UdSSR aufgetan hatte. Von Besprechungen auf höchster Ebene wußte er mit ziemlicher Sicherheit, daß es keine solche Lücke gab.*

U-2 zeigten lediglich etwa 35 Interkontinentalraketen, die in einem Bogen entlang der gesamten Strecke der Transsibirischen Eisenbahn aufgestellt waren. Diese Informationen veranlaßten Eisenhower, wie wir heute sicher wissen, zurückhaltend auf die Forderung nach einer massiven Aufrüstung zu reagieren. Doch in der Öffentlichkeit verlor die Regierung Vertrauen.

OBEN RECHTS: *Ein wütender Chruschtschow auf einer Pressekonferenz im Mai 1960. Der Sowjetführer verlangte von den Vereinigten Staaten eine Entschuldigung wegen der U-2-Spionageflüge. Als er keine bekam, weigerte er sich, am Pariser Gipfeltreffen teilzunehmen.*

Ein überraschendes Gipfeltreffen

Ein Gipfeltreffen der vier Mächte im Mai 1960 in Paris sollte eines der letzten großen Ereignisse während Eisenhowers Präsidentschaft sein. Die regelmäßigen U-2-Flüge über sowjetisches Territorium betrachtete Chruschtschow als Demon-

stration der technologischen Unterlegenheit der Sowjetunion. Er wies die Luftwaffe an, die Spionageflugzeuge abzufangen. Doch sie flogen zu hoch. Dann, am 1. Mai 1960, dem Tag der Mai-Paraden in der Sowjetunion und kurz vor dem Pariser Gipfeltreffen, startete Francis Gary Powers von Pakistan aus zu einem langen Flug über die UdSSR. Sobald die U-2 in den sowjetischen Luftraum eingedrungen war, wurde sie vom Radar erfaßt. Abfangjäger stiegen auf, konnten aber für einen Angriff nicht hoch genug fliegen. Über dem Ural, in der Nähe von Swerdlowsk, kam die U-2 in Reichweite der neuen S-75-Luftverteidigung und wurde abgeschossen. Nun hatte Chruschtschow endlich, was er wollte.

Vor der Abreise nach Paris teilte Chruschtschow mit, die Sowjetunion habe über ihrem Hoheitsgebiet eine U-2 vom Himmel geholt. Zunächst stritten die Vereinigten Staaten ab, daß das Flugzeug sich auf einer Spionagemission befunden habe. Angeblich handelte es sich um ein in großer Höhe fliegendes Wetterflugzeug, das einfach verlorengegangen war. Dann präsentierte Chruschtschow den Piloten, Gary Powers, mit einer Selbstmordspritze und Kameras – ein unwiderlegbarer Beweis für Powers' Spionagemission. Eisenhower erkannte, daß er in der Klemme saß, und übernahm die Verantwortung. Er räumte ein, das Flugzeug habe weitgehend nach seinen Anweisungen operiert, er werde sich jedoch weder entschuldigen noch garantieren, daß es keine weiteren Spionageflüge mehr geben

Die Russen waren sehr stolz darauf, daß sie Gagarin ins All gebracht hatten. Ich erinnere mich an den großartigen Empfang im Kreml, als Gagarin wieder zurück war. Es müssen ungefähr 6000 Menschen zu der Feier gekommen sein. Am nächsten Tag mußten wir nach Leningrad fahren, das etwa 700 Kilometer von Moskau entfernt liegt. Zu der Zeit gab es auf der Strecke nur zwei Tankstellen. Sie waren ganz neu, mit wunderbarer Automatik und allem Drum und Dran. Die Leute fingen an, meinen Rolls aufzutanken, der eine ganze Menge Benzin braucht. Doch die Tankautomatik versagte den Dienst, und so mußten die beiden Tankstellenwärter das Benzin von Hand einfüllen. Ein Jeep von einem Bauernhof in der Nähe kam vorbei und wartete, und die beiden Burschen unterhielten sich. Einer sagte: »Nun, da haben wir es, das ist typisch für unser Rußland. Gestern haben wir den ersten Men-

werde. Ohne Eisenhowers Entschuldigung lehnte es Chruschtschow ab, am Gipfeltreffen teilzunehmen, das somit scheiterte, noch bevor es begonnen hatte. Die Beziehungen zwischen den USA und der Sowjetunion verschlechterten sich nach einer kurzen Besserung im Jahr zuvor wieder. Powers wurde in Moskau nach einem öffentlichen Prozeß, der ein großes Medienecho fand, zu zehn Jahren Gefängnis verurteilt. (1962 wurde er gegen den sowjetischen Spion Rudolf Abel ausgetauscht.)

Im weiteren Verlauf des Jahres fand der Wettlauf um das Weiße Haus statt. Der Kandidat der Demokraten, John F. Kennedy, nutzte die Ängste vor der Rake-

tenlücke geschickt aus. Er führte einen harten Wahlkampf gegen seinen Rivalen Richard Nixon und die republikanische Regierung. Er profitierte von der Enttäuschung, die sich durch Eisenhowers Zögern aufgestaut hatte. Eisenhower war alt, kränkelte und schien sich damit abgefunden zu haben, daß die Vereinigten Staaten nur noch zweitrangig waren. Kennedy war jung, gutaussehend, dynamisch, und er wollte Amerika wieder an die Spitze führen. Bei den Präsidentschaftswahlen im November 1960 siegte er knapp vor Nixon.

Wenige Wochen nach der Amtsübernahme stellte die Kennedy-Regierung fest, daß in der Tat eine Raketenlücke existierte – allerdings zugunsten von Amerika. Die Sowjets waren mit der Entwicklung und der Aufstellung ihrer Interkontinentalraketen weit in Verzug geraten. Nach der erfolgreichen Erprobung der Raketentypen Atlas, Thor, Minuteman und Polaris besaßen die Vereinigten Staaten nunmehr einen großen Vorsprung. Als sich etwas später in Berlin eine neue Krise abzeichnete, enthüllte der stellvertretende Verteidigungsminister Roswell Gilpatric mit Bedacht die Informationen über eine Raketenlücke auf der anderen Seite. Der Zeitpunkt für Gilpatrics Mitteilung war so gewählt, daß sie Chruschtschow davon abhalten sollte, weiterhin einen Vorteil aus Raketen zu ziehen, die er gar nicht besaß. Die »Raketenlücke« verschwand in der Geschichte.

Am 12. April 1961 feierten die Sowjets den bis dahin größten Triumph der sowjetischen Wissenschaft: Juri Gagarin war der erste Mensch im Weltraum. Sein Flug in der Raumkapsel Wostok dauerte eine Stunde und 48 Minuten. In dieser Zeit umrundete er einmal die Erde und landete sicher am Ufer der Wolga. Man feierte Gagarin als Helden und bereitete ihm einen stürmischen Empfang: Neben Chruschtschow sitzend, wurde er durch die Straßen Moskaus gefahren. Die Menschen jubelten wie beim Sieg über Nazideutschland. Auf die Frage des Nobelpreiskomitees nach dem für Gagarins Mission verantwortlichen Wissenschaftler nannte Chruschtschow, getreu den sowjetischen

GEGENÜBER UND OBEN: *Juri Gagarin, der erste Mensch im Weltall, im April 1961. Gagarins Triumph machte ihn zu einem der größten Helden der sowjetischen Geschichte. Sein Lächeln begeisterte eine ganze Generation.*

Ein sowjetisches Plakat. Unter dem Banner von Hammer und Sichel marschiert der Mensch zu den Sternen.

Prinzipien, keinen Namen. Er sagte, »das sowjetische Volk« habe Gagarin ins All geschickt.

Präsident Kennedy konnte sich mit der Niederlage nicht abfinden. Einen Monat später verkündete er seine »Freiheitsdoktrin« sowie ein umfangreiches Programm für militärische und zivile Hilfsleistungen an Entwicklungsländer. Er rief die amerikanische Nation zu einem Aktionsplan zur Verteidigung der Freiheit auf, wo immer sie bedroht war. Seine Berater hatten ihn inzwischen davon überzeugt, daß der wissenschaftliche Vorsprung der Sowjetunion tatsächlich eine Illusion war, in Wirklichkeit überholte Amerika Rußland. Kennedy versprach, »vor Ende des Jahrzehnts einen Menschen auf dem Mond abzusetzen und sicher wieder auf die Erde zurückzubringen«. Der Kalte Krieg hatte den Weltraum erreicht.

schen im Weltraum gefeiert, heute können wir nicht mal den Benzintank des britischen Botschafters füllen.«

Sir Frank Roberts,
Botschafter in Moskau 1960–1962

Berlin, 1961

Die Berliner Mauer trennte Familien. Westberliner versuchen verzweifelt, mit Verwandten im Osten in Kontakt zu bleiben. Sie klettern auf Leitern, um über die Betonmauer zu sehen und gesehen zu werden. Im Zentrum des Kalten Krieges wurde die Mauer zum Symbol für die Teilung Europas.

Die Mauer

1958–1963

Ein Ultimatum

Auf einem Empfang in Moskau am 10. November 1958 läutete Chruschtschow eine neue Runde in der Schlacht um Berlin ein. In einer öffentlichen Ansprache beharrte er darauf, daß die militärische Besetzung Berlins, die seit Ende des Zweiten Weltkriegs andauerte, nun beendet werden solle. Er verlangte von den Westmächten, gemeinsam mit der Sowjetunion einen Friedensvertrag zu unterzeichnen und die Existenz zweier deutscher Staaten anzuerkennen. Weiterhin schlug Chruschtschow vor, Berlin solle eine »Freie Stadt« werden – frei in dem Sinne, daß sich dort keine westlichen Besatzungsmächte aufhielten. Doch der Vorschlag hatte einen Haken. Zwei Wochen darauf stellte Chruschtschow dem Westen ein sechsmonatiges Ultimatum: Die Westmächte sollten aus Berlin abziehen, oder die Sowjetunion würde ihren eigenen Friedensvertrag mit Ostdeutschland abschließen. In diesem Fall würden alle Rechte der Westmächte in Berlin sowie alle Zugangsvereinbarungen Gegenstand von Verhandlungen mit dem souveränen Staat Deutsche Demokratische Republik (DDR) sein.

Walter Ulbricht, der Vorsitzende der ostdeutschen Kommunisten, inspiziert in der Stalinallee angetretene Polizeieinheiten. Hinter ihm (Mitte) Erich Honecker, der den Plan für den Bau der Berliner Mauer ersann.

Chruschtschows Ultimatum schlug im Westen wie eine Bombe ein. Die Westmächte hatten sich darauf verständigt, Berlin nicht aufzugeben. Zehn Jahre zuvor hatte der Westen mit der Einrichtung der Luftbrücke gezeigt, daß er entschlossen war, an diesem Stützpunkt mehr als 160 Kilometer hinter dem Eisernen Vorhang festzuhalten. Wie zu Zeiten der Luftbrücke herrschte auch nun die Ansicht, daß es zur Verteidigung Europas gegen den Kommunismus von entscheidender Bedeutung war, Berlin zu halten und die dauerhafte Teilung Deutschlands in zwei Staaten zu verhindern.

Chruschtschow war dafür bekannt, daß er gelegentlich impulsiv reagierte, doch seine neuerlichen Drohungen gegen Berlin waren das Ergebnis sorgfältiger Überlegungen. Ihn beunruhigte, daß es 13 Jahre nach Kriegsende noch keine förmliche Friedensvereinbarung für Deutschland gab. Westdeutschland befand sich unter Kanzler Konrad Adenauer mitten in einem »Wirtschaftswunder«. Adenauer strebte eine Wiedervereinigung von West- und Ostdeutschland an. Ein vereintes kapitalistisches Deutschland mit Kernwaffen und unterstützt von den Vereinigten Staaten ließ das Schreckgespenst des Aggressors wiederauferstehen, der die Sowjetunion verwüstete. Die Erinnerung an die Schrecken des Zweiten Weltkriegs war noch frisch. In Memoranden für das Präsidium wurden die führenden Politiker der Sowjetunion vor der Gefahr eines wiedererwachenden, mit Polen verbündeten Deutschlands gewarnt, aber auch vor der Hinwendung Polens zur westlichen Wirtschaft, weil dadurch die Sowjetunion eine Pufferzone an ihrer Westgrenze verlieren würde. Zudem wurde der Kreml durch die Stationierung amerikanischer Mittelstreckenraketen in Europa und durch die Aufrüstung mit Kernwaffen innerhalb der NATO aufgeschreckt.

Konrad Adenauer

Hinzu kam, daß Chruschtschow es als seine Mission empfand, in Ostdeutschland einen kommunistischen Staat zu errichten. Er unterstützte den ostdeutschen Regierungschef Walter Ulbricht, der einen harten stalinistischen Kurs verfolgte. Wenn die Westdeutschen die Erben von Hitlers Ambitionen waren, dann rechtfertige Ostdeutschland als kommunistischer Staat im

Die beiden Ersten Sekretäre sind sich einig: Nikita Chruschtschow vom Zentralkomitee der Kommunistischen Partei der Sowjetunion und Walter Ulbricht von der Sozialistischen Einheitspartei der Deutschen Demokratischen Republik.

Herzen Europas in Chruschtschows Augen die sowjetischen Opfer im Krieg. Chruschtschow glaubte fest daran, daß der Kommunismus zwangsläufig die Oberhand über den Kapitalismus gewinnen würde. Die offensichtliche Tatsache, daß sich Westdeutschland wirtschaftlich auf der Überholspur befand und Ostdeutschland immer mehr zurückfiel, sah er nicht.

Nur zu deutlich war Chruschtschow allerdings bewußt, daß jedes Jahr Zehntausende Ostdeutsche ins kapitalistische Westdeutschland flohen: 1953 belief sich die Zahl auf mehr als 300 000 und 1956 auf 156 000 Menschen. Zwischen beiden Staaten verlief eine rund 1500 Kilometer lange Grenzlinie, von den Ostdeutschen mit Wachtürmen, Stacheldraht, Minenfeldern und bewaffneten Patrouillen in eine gewaltige Barriere verwandelt. Doch das weit in Ostdeutschland gelegene Berlin bot einen leichten Fluchtweg. Im Stadtgebiet war die Bewegungsfreiheit zwischen den vier Besatzungszonen praktisch unbeschränkt. Viele Ostberliner arbeiteten in West-Berlin, Angehörige ein und derselben Familie lebten in verschiedenen Zonen. Die U-Bahn und die S-Bahn fuhren durch alle Zonen. Ostdeutsche, die auswandern oder in den Westen fliehen wollten, reisten heimlich nach Ost-Berlin und gelangten von dort in die Westsektoren.

Der Großteil der Flüchtlinge war jung und hatte eine Berufsausbildung. Mehr als die Hälfte war jünger als 25 Jahre, drei von vier Flüchtlingen waren unter 45. Es flohen gerade jene Menschen, die für den Aufbau des kommunisti-

Zwei Städte mit Namen Berlin. Im Westen (UNTEN) *nährte die stark wachsende Automobilindustrie den Wohlstand, der Osten* (UNTEN LINKS) *zeigte eine trostlosere Szenerie. Viele Ostberliner entschieden sich, das Land zu verlassen.*

Berlin im Jahr 1960

Berlin bestand 1960 aus zwei Städten: In West-Berlin mit seinen zwei Millionen Einwohnern waren der Schutt und die Ruinen des Kriegs nahezu verschwunden. Auf dem Kurfürstendamm mit seinen Geschäften und Straßencafés strahlten nachts die Straßenlampen. In Theatern, Konzerthäusern und Nachtklubs drängten sich die Menschen.

Hinter dem Brandenburger Tor begann in Ost-Berlin eine andere Welt. Die weite und noch immer vornehme Prachtstraße »Unter den Linden« war meistens menschenleer. Auf einer Seite stand die massige sowjetische Botschaft. Ein Stück weiter waren die Narben des Krieges noch deutlich sichtbar: beschädigte Gebäude neben Trümmergrundstücken. Überall appellierten Plakate: »Baut das sozialistische Vaterland auf.« Auch wenn jeder zu essen und eine Unterkunft hatte, sahen die eine Million Ostberliner alles andere als wohlhabend aus. In den tristen Wohnblöcken funktionierte nur das Nötigste. Ein Ostberliner, der sich den Luxus eines Kühlschranks leisten konnte, mußte ein Jahr darauf warten; die Wartezeit für eine Waschmaschine betrug zwei Jahre. Autos tauchten auf keiner Warteliste auf. Konsumgüter hatten in einer Wirtschaft, in der die Devisen durch Exporte erwirtschaftet werden mußten, keine Priorität. West-Berlin kam 15 Jahre lang in den Genuß westlicher Investitionen. In Ost-Berlin dagegen hatten die Sowjets alles aus der Wirtschaft herausgeholt, was sie konnten.

Berlin, 50er Jahre

Flüchtlinge aus Ost-Berlin kommen vorübergehend in West-Berlin unter. In den fünfziger Jahren wälzte sich ein beständiger Strom von Deutschen in einer der größten Migrationsbewegungen der europäischen Geschichte nach Westen.

Ostdeutsche stehen 1961 in einer Schlange vor dem Westberliner Auffanglager Marienfelde. Viele waren Facharbeiter. Die ostdeutsche Regierung bemühte sich verzweifelt, den Exodus zu stoppen.

schen Deutschlands am dringendsten gebraucht wurden. Ältere Menschen, die eine Rente bezogen, waren verständlicherweise weniger geneigt, im Westen ein neues Leben zu beginnen. Die gesamte juristische Fakultät der Leipziger Universität setzte sich in den Westen ab. Einige kamen allein, andere mit ihren Familien. 17 in Schlüsselpositionen beschäftigte Ingenieure eines Industriebetriebs flohen und nahmen Konstruktionspläne mit sich. 30000 Studenten schlossen ihr Studium (auf Staatskosten) ab, erhielten ihr Diplom und flohen dann. Die Chancen im westlichen Wirtschaftswunderland übten eine große Anziehungskraft auf sie aus, und sie nutzten die Chance, dem Mangel und den Restriktionen im ostdeutschen Staat unter der Ulbricht-Regierung zu entkommen. Von der Gründung der DDR 1949 bis 1961 überschritten in einer der größten Migrationsbewegungen der europäischen Geschichte 2,8 Millionen Deutsche die Grenze zum Westen. Ein Sechstel der Bevölkerung gab die Existenz im Osten für das erhoffte bessere Leben im Westen auf.

Der Exodus führte zu einer panischen Reaktion im Osten. Er war nicht nur ein demütigendes Zeichen für das Scheitern der sozialistischen Utopie, sondern hatte auch einen gravierenden Arbeitskräftemangel zur Folge. Unternehmer, Arbeitskollegen, Freunde verschwanden von einem Tag auf den anderen. Fließbänder standen still, weil ein unentbehrlicher Arbeiter in den Westen gegangen war. Kunden stellten fest, daß in den Geschäften niemand mehr da war, um sie zu bedienen. 1957 erklärte die DDR die »Republikflucht«, die Flucht in den Westen, zu einer strafbaren Handlung. Flüchtlinge kamen ins Gefängnis – sofern man sie erwischte. Die von kommunistischen Ideologen gelenkte Presse zeichnete ein schauerliches Bild vom Westen: Menschenhändler fingen unschuldige junge Ostdeutsche ein, verkauften die Frauen in die Prostitution und die Männer in ein Leben stumpfsinniger Plackerei. Doch die Menschen verließen weiterhin den Osten.

Chruschtschow versucht es mit persönlicher Diplomatie

Die Drohungen gegen Berlin bedeuteten für Chruschtschow ein Spiel mit hohem Risiko. Und den Vereinigten Staaten brachte das Versprechen, um jeden Preis an Berlin festzuhalten, schwierige militärische Probleme. Dulles und Eisenhower war klar, daß eine militärische Konfrontation rasch bis zum Einsatz von Nuklearwaffen eskalieren konnte. Auch Adenauer wußte, daß Deutschland sich in ein Niemandsland verwandeln würde, sollte es zwischen den beiden Großmächten zu einem atomaren Schlagabtausch kommen: »Um Gottes Willen, nicht wegen Berlin.« Und Eisenhower wußte, daß es für die Amerikaner nicht leicht sein würde, wegen einer Stadt in den Krieg zu ziehen, die noch vor knapp einem Jahrzehnt die Hauptstadt ihres verhaßten Feindes gewesen war.

Chruschtschow beschloß, das Ultimatum nicht durchzusetzen. Der Westen hatte auf die Drohungen mit nervösen diplomatischen Aktivitäten reagiert und mit immer neuen Versicherungen, daß Berlin nicht aufgegeben werde. Im Sommer 1959 wurde nach Genf eine Außenministerkonferenz der Großmächte einberufen. Zu diesem Zeitpunkt hatte Chruschtschow entschieden, daß er die Konfrontation vermeiden wollte. Eine Übereinkunft wurde nicht erzielt, das Ultimatum verstrich unbemerkt.

Im September 1959 reiste Chruschtschow auf eine Einladung Eisenhowers hin als erstes Staatsoberhaupt der Sowjetunion in die Vereinigten Staaten. Er traf in New York mit dem größten Flugzeug der Welt ein, einer sowjetischen Tu-114 – damit wollten die Sowjets an ihre technologische Überlegenheit erinnern. Nur drei Jahre zuvor hatte die US-Presse den sowjetischen Politiker »gräßlicher Verbrechen« und des »abscheulichsten Verrats« am ungarischen Volk bezichtigt. Doch jetzt zog Chruschtschow riesige Menschenmengen an, wo immer er auftrat. In Hollywood standen die Filmstars Spalier, um ihn kennenzulernen. Er erschien ein paarmal im Fernsehen. In Iowa war er erstaunt über den Wohlstand einer einfachen Farmergemeinde. Chruschtschow genoß jede Minute des Besuchs.

Chruschtschow war bei seinem Besuch in den USA 1959 überrascht und beeindruckt vom amerikanischen Lebensstandard.
OBEN: *In Iowa läßt er sich seinen ersten Hot dog schmecken.*
OBEN RECHTS: *Chruschtschow und seine Frau mit Eisenhower in Washington.*

Berlin ist der Hoden des Westens ... Jedesmal, wenn ich den Westen zum Schreien bringen möchte, drücke ich Berlin.

Nikita Chruschtschow,
November 1958

Der Erfolg von Chruschtschows publicityträchtigem Besuch ließ die friedliche Koexistenz als reale Chance erscheinen. Gegen Ende des Besuchs verbrachten Chruschtschow und Eisenhower einige Tage in Camp David, dem Landsitz der Präsidenten in Maryland. Dort sprachen die Führer der beiden Supermächte offen miteinander. »Nichts war in dieser Situation weniger ratsam, als über Ultimaten zu reden«, meinte Eisenhower, »denn beide Seiten wußten nur zu gut, was passieren würde, wenn ein Ultimatum durchgesetzt werden sollte.« Chruschtschow erwiderte, er verstehe nicht, wieso das amerikanische Volk einen Friedensvertrag als »Bedrohung des Friedens« ansehen könne. Eisenhower räumte ein, daß die Lage in Berlin »unnormal« sei. Chruschtschow verließ Amerika mit dem Eindruck, daß eine Einigung in der Berlinfrage möglich war, und man vereinbarte, die Gespräche auf einem Gipfeltreffen in Paris im Frühjahr 1960 fortzusetzen. Chruschtschow hatte das Gefühl, daß Eisenhower ihn mit Respekt und Anerkennung behandelte: als den größten sowjetischen Staatsmann seit Stalin. In Moskau lobte die Propaganda Chruschtschows persönliche Diplomatie als dynamische Grundlage der sowjetischen Außenpolitik.

Im Oktober 1959 reiste Chruschtschow nach Peking zur Feier des zehnten Jahrestages der Gründung der Volksrepublik China. Mao Tse-tung und die führenden chinesischen Politiker waren tief beleidigt, daß Chruschtschow erst nach einem Besuch in den Vereinigten Staaten nach China kam und nicht umgekehrt. Chruschtschow sonnte sich immer noch im Glanze seines USA-Besuchs und begann sich für unfehlbar zu halten. Seit der öffentlichen Kritik an Stalin 1956 hatten die Chinesen sich jedoch von seiner politischen Führung distanziert. Solange Stalin lebte, hatte sich Mao der sowjetischen Führung gebeugt, doch für Chruschtschow hatte er nur wenig Zeit. Nach Maos Ansicht verwässerte Chruschtschow die marxistisch-leninistischen Überzeugungen, und er befand, Chruschtschow stehe den westlichen Imperialisten viel zu nahe. Nach einer besonders angespannten, von Unstimmigkeiten beherrschten Sitzung schrie Chruschtschow Außenminister Ch'en Yi an: »Ihre Hand brauchen Sie mir nicht zu geben, weil ich sie nicht schütteln werde!« Der Minister konterte, er habe keine Angst vor Chruschtschows Zorn. Wütend reiste Chruschtschow aus Peking ab. Eisenhower, sein ideologischer Gegner, hatte ihm mehr Respekt gezollt als die angeblichen Genossen. Doch der Druck der Chinesen, daß Chruschtschow seine Rolle als Leitfigur der weltweiten Sache des Sozialismus erfüllen und eine konservative Linie verfolgen solle, beeinflußte sein Verhalten in den Jahren der Berlinkrise ganz entscheidend.

Wegen der Auswirkungen des mißlungenen U-2-Spionageflugs von Francis Gary Powers scheiterte das Pariser Gipfeltreffen, auf dem die Berlinfrage gelöst werden sollte, bevor es begonnen hatte. Chruschtschow, die chinesische Kritik noch im Ohr, brach die Brücken ab, die er zu den Vereinigten Staaten gebaut hatte. Die amerikanisch-sowjetischen Beziehungen verschlechterten sich zusehends.

Am meisten enttäuscht über Chruschtschows Rückzieher waren die Ostdeutschen. Detaillierte Vorbereitungen für eine Wiedervereinigung Berlins wurden auf Eis gelegt. Und der Strom nach Westen schwoll weiter an: 1959 verließen 144 000 Menschen die DDR, 1960 nahezu 200 000. Die ostdeutsche Wirtschaft blutete aus. Ulbricht drängte Chruschtschow erneut, eine Anerkennung der DDR und einen Friedensvertrag zu verlangen. Chruschtschow spielte weiter auf Zeit. In der nächsten Phase gab Ulbricht das Tempo vor.

Nach einem spannungsgeladenen Treffen im Oktober 1959 begleitet Mao Tse-tung seinen Gast Nikita Chruschtschow zum Flughafen. Die Chinesen nahmen Chruschtschow die Annäherungsversuche an den Westen übel und sagten ihm das sehr direkt.

Kennedy betritt die Bühne

Chruschtschow verfolgte aufmerksam den Präsidentschaftswahlkampf des Jahres 1960. Nach dem Streit mit Eisenhower galten seine Sympathien den Demokraten, und er war erfreut, als John Fitzgerald Kennedy gewählt wurde. Allem Anschein nach glaubte Chruschtschow, er werde mit Kennedy gut auskommen; er deutete verschiedentlich an, daß diese Präsidentschaft eine neue Ära in den Beziehungen zwischen den Supermächten einleiten könnte. Die beiden Politiker vereinbarten ein baldiges Gipfeltreffen in Wien, nur vier Monate nach Kennedys Amtseinführung (Januar 1961). Einige Wochen vor dem Treffen flog Juri Gagarin als erster Mensch ins Weltall, und nur Tage später endete die von der CIA unterstützte Invasion Kubas in der Schweinebucht mit einem Fiasko, das Kennedy schweren politischen Schaden zufügte. Zu diesem Zeitpunkt war Chruschtschow zu der Einsicht gelangt, daß Kennedys Jugend und Unerfahrenheit erhebliche Schwächen darstellten. Er beschloß, die Initiative zu ergreifen und sich, unter dem Druck Ulbrichts, erneut mit Berlin zu befassen.

Anfang Juni 1961 trafen sich Kennedy und Chruschtschow in Wien. Es gab keine feste Tagesordnung. Am ersten Tag sprachen sie allgemein über die Welt und über Krieg, Frieden und Revolution. Bei nahezu jedem Punkt waren sie gegensätzlicher Meinung. Kennedy war überrascht, wie energisch ihm der sowjetische Ministerpräsident zusetzte. Am Ende des ersten Tages fragten Chruschtschows Berater ihn, was er von Kennedy halte. Mit einer wegwerfenden Handbewegung meinte er, Kennedy sei Eisenhower nicht ebenbürtig.

Am zweiten Tag kamen die beiden Politiker auf die Berlinfrage zu sprechen. Chruschtschow verlangte einen Friedensvertrag und die Anerkennung

UNTEN LINKS: *Präsident Kennedy mit Chruschtschow auf dem Wiener Gipfel.*
UNTEN: *Auf der Heimreise sprach Kennedy mit Harold Macmillan in London über seine Befürchtungen, der Westen könnte den Kalten Krieg verlieren.*

Ostdeutschlands. Berlin solle »strikt neutral« sein, und die Westmächte sollten nur mit ostdeutscher Genehmigung Zugang zu der Stadt haben. Jede Verletzung von ostdeutschem Territorium werde als ein Akt der Aggression gegenüber der Sowjetunion betrachtet. Die Vereinigten Staaten sollten sich bis Jahresende zurückziehen. Kennedy war fassungslos. Er entgegnete Chruschtschow, die Westmächte hielten sich in Berlin nicht auf, weil sie dort geduldet würden, sondern weil sie nach dem Sieg über die Deutschen im Zweiten Weltkrieg ein Recht darauf hätten. Er betonte, die nationale Sicherheit der Vereinigten Staaten sei direkt mit der Sicherheit Berlins verbunden. Chruschtschow explodierte. »Ich wünsche den Frieden, aber wenn Sie einen Atomkrieg wollen, dann können Sie ihn haben«, rief er und schlug mit der Faust auf den Tisch. Kennedy erwiderte düster: »Wenn das so ist, wird es ein kalter Winter.« Keiner der beiden Männer lächelte, als sie sich für die Pressekameras die Hände gaben. Sie trafen sich nicht wieder.

Kennedy war von der Begegnung sehr erschüttert. Man hatte ihn gewarnt, daß Chruschtschow wahrscheinlich eine unnachgiebige Position vertreten werde, allerdings nicht davor, daß er die Kapitulation der Amerikaner fordern würde. Kennedy konnte kaum glauben, daß er, noch bevor er sich im Weißen Haus eingerichtet hatte, mit der Aussicht auf einen Atomkrieg konfrontiert war. In London unterbrach er die Heimreise. Premierminister Macmillan bemerkte, daß Kennedy »ziemlich niedergeschmettert« wirkte, »ver-

Joseph Parish zeigt in der Chicago Tribune *zwei Politiker, die gegenseitig Maß nehmen.*

wirrt ist vielleicht der fairere Ausdruck«. Beide Politiker sprachen über die Möglichkeit, den Kalten Krieg zu verlieren. Zurück in Washington, wies Kennedy hochrangige Mitarbeiter des Nationalen Sicherheitsrates, des Außenministeriums, des Pentagon und der CIA an, sich ausführlich mit der Berlinfrage zu befassen und – dringend – Optionen für die Politik der Vereinigten Staaten auszuarbeiten.

Im Laufe des Sommers spitzte sich die Lage zu. Chruschtschow kündigte eine erhebliche Steigerung der sowjetischen Militärausgaben an. Auf einer Pressekonferenz in Berlin zeigte sich Ulbricht unnachgiebig, doch er bemerkte: »Niemand hat die Absicht, eine Mauer zu errichten.« Daraufhin überschritten mehr Menschen denn je die Grenze. Chruschtschow geriet erneut unter Druck, eine endgültige Lösung für das Problem zu finden.

Wie ich höre, sagt man, West-Berlin sei militärisch nicht zu halten … Jeder gefährliche Posten kann gehalten werden, wenn Männer – tapfere Männer – ihn halten wollen … Wir können und werden den Kommunisten nicht erlauben, uns aus Berlin zu vertreiben … Die gefährdete Grenze des Friedens verläuft durch das geteilte Berlin.

John F. Kennedy, 25. Juli 1961

In den Vereinigten Staaten war man innerhalb der Regierung geteilter Meinung. Konservative Politiker vertraten die Ansicht, in Berlin klein beizugeben hieße, den Kalten Krieg zu verlieren. Kompromißbereite Politiker wollten eine Überreaktion vermeiden und drangen darauf, den Dialog mit Moskau fortzusetzen. Das Wochenende vom 22. und 23. Juli verbrachte Kennedy in Hyannis Port an der Küste von Massachusetts. Im Strandhaus der Familie studierte er die aktuellsten Positionspapiere und prüfte die vorgeschlagenen Möglichkeiten. Es war an der Zeit, seinen Standpunkt deutlich zu machen, und er arbeitete intensiv an einer Rede, die am Abend des 25. Juli landesweit im Fernsehen ausgestrahlt werden sollte. Kennedy wiederholte, daß die Vereinigten Staaten keine Auseinandersetzung wollten und daß er das »geschichtlich verankerte Anliegen der Sowjetunion hinsichtlich ihrer Sicherheit in Mittel- und Osteuropa« anerkenne. Er sei bereit, die Gespräche wiederaufzunehmen. Allerdings kündigte er auch an, daß er vom Kongreß zusätzliche 3,25 Milliarden Dollar für Militärausgaben fordern werde, hauptsächlich für konventionelle Waffen. Für die Armee sollten sechs neue Divisionen und für die Marine zwei neue Divisionen aufgestellt werden. Weiterhin kündigte Kennedy an, dreimal mehr Soldaten einzuberufen. Er erklärte: »Wir erstreben den Frieden, aber wir werden nicht kapitulieren!«

Die Reaktionen auf Kennedys Rede waren überwiegend positiv. Die Rekrutierungsstellen der Armee meldeten einen dramatischen Anstieg von Bewerbern. Doch die Ankündigung des Präsidenten, ein umfassendes Zivilverteidigungsprogramm sei vonnöten, um Verluste im Fall eines Nuklearkriegs so gering wie möglich zu halten, löste sehr große Ängste aus. Der Absatz von Hausbunkern in Fertigbauweise stieg rapide. Die Stadtverwaltungen überprüften öffentliche Gebäude daraufhin, welche sich als Falloutbunker eigneten. Die Kommunen testeten ihre Sirenen.

Die Stadt Berlin bescheinigt Erich Honecker offiziell, daß er ein Opfer des Faschismus ist.

Erich Honecker
Bestätigt, Berlin, den 15. September 1945
HAUPTAUSSCHUSS
„OPFER DES FASCHISMUS"

AUSWEIS № 71
Name: Honecker
Vorname: Erich
geboren: 25.8.1912 in Neunkirchen/Saar
wohnhaft: Berlin C.2
Straße: Landsbergerstr. 37
ist vom Magistrat der Stadt Berlin als Opfer des Faschismus anerkannt.
MAGISTRAT DER STADT BERLIN
HAUPTAUSSCHUSS
„OPFER DES FASCHISMUS"

Chruschtschow hörte Kennedys Rede in seinem Ferienort Sotschi am Schwarzen Meer und geriet in Wut. Er lud Kennedys Abrüstungsberater John Jay McCloy, der sich gerade in der Sowjetunion aufhielt, zu sich ein. Er schrie ihn an, Kennedys militärische Aufrüstung sei gleichbedeutend mit einer Kriegserklärung an die Sowjetunion. Wenn die Amerikaner Krieg wollten, dann könnten sie ihn haben. Doch sollte es wegen Berlin einen Atomkrieg geben, dann würde Kennedy der letzte Präsident Amerikas sein.

Ein alter Plan wird umgesetzt

Doch Chruschtschow erkannte bald, daß er erneut einen Rückzieher machen mußte. Sein Geheimdienst berichtete, daß Kennedys Drohungen, er werde das Kernwaffenarsenal einsetzen, kein Bluff waren. Chruschtschow hatte Kennedy gewarnt: »Nur ein Verrückter fängt wegen Berlin einen Krieg an.« Nun galt dieser Satz für ihn. Doch das Problem der Abwanderung aus Ostdeutschland blieb. Jahre zuvor waren Pläne für den Bau einer Mauer ersonnen worden, die West-Berlin abschotten und den Flüchtlingsstrom stoppen sollte. Niemandem im Kreml gefiel die Vorstellung, West-Berlin einzuzäunen. Trotzdem wurde Ulbricht nach Moskau beordert. Auf einer Geheimkonferenz mit den Führern der Warschauer-Pakt-Staaten wurde ihm mitgeteilt, er solle Vorbereitungen treffen, die Grenze mit einer Mauer zu schließen. Ulbricht ernannte Erich Honecker zum Leiter der Gruppe, die diese Aufgabe in Angriff nehmen sollte.

OBEN: *Auf der falschen Seite erwischt: Während am 14. August 1961 die Sperren Berlin teilen, versucht ein Ostberliner, nach Hause zurückzugelangen.*

OBEN RECHTS: *Arbeiter ersetzen den Stacheldraht durch Betonsteine und beginnen mit der Errichtung einer soliden Mauer.*

Unterdessen kündigte Washington an, solange West-Berlin unangetastet bleibe, würden die Vereinigten Staaten sich bei der Grenzschließung zur Eindämmung des Flüchtlingsstroms nicht einmischen. Der Präsident hatte in seiner Fernsehrede nur davon gesprochen, *West*-Berlin zu verteidigen, nicht die ganze Stadt. Seinem Berater Walter Rostow sagte Kennedy: »Ich kann die [westliche] Allianz zur Verteidigung Berlins zusammenhalten, aber ich kann nichts unternehmen, um Ost-Berlin offenzuhalten.«

Am frühen Morgen des 13. August 1961, einem Sonntag, wurden die Berliner durch das Dröhnen und Scheppern von Militärfahrzeugen geweckt. Nachtschwärmer stellten überrascht fest, daß die S-Bahn nicht mehr verkehrte. Auf der Bernauer Straße, wo die Grenze zwischen dem französischen und dem sowjetischen Sektor mitten in der Straße verlief, fuhren auf der Ostseite der Straße eine Reihe Armeelastwagen auf. Im Licht ihrer Scheinwerfer begannen Arbeiter, Stacheldrahtbarrikaden zu errichten. Am Potsdamer Platz, dem belebtesten aller Berliner Verkehrsknotenpunkte zwischen dem Osten und Westen, rissen Männer mit Preßluftbohrern Löcher in das Kopfsteinpflaster und verankerten Betonpfähle.

Berlin, 1961

August 1961: Stacheldrahtrollen blockieren den Zugang zum Brandenburger Tor. Das Schild »Achtung! Sie verlassen jetzt West-Berlin« war bedeutungslos geworden.

Das Morgengrauen enthüllte, daß ostdeutsche Arbeiter unter den Augen bewaffneter Wachposten einen Stacheldrahtzaun zogen, der im Zickzack durch die Stadt verlief und exakt den Grenzlinien der amerikanischen, britischen und französischen Sektoren folgte. Der Zaun teilte Straßen und selbst Friedhöfe. Als die ersten Ostberliner wie gewöhnlich auftauchten, um zu ihren Arbeitsstellen in West-Berlin zu gehen, erfuhren sie: »Die Grenze ist geschlossen.« Die Polizei zerstreute die bestürzte Menge.

Die Sperren wurden nahezu ausschließlich von ostdeutschen städtischen Bauarbeitertrupps errichtet unter den Augen von Milizen aus allen Landesteilen. Einige Kilometer entfernt gingen sowjetische Panzer offen in Stellung, kreisten die Stadt ein – und warteten. Ihre Anwesenheit übermittelte dem Westen die Botschaft, sich nicht einzumischen, und den Ostdeutschen, keinen Versuch eines Protestes zu wagen.

Der Zeitpunkt für den Mauerbau hätte nicht besser gewählt sein können. Als klar war, was vorging, lag Washington noch in tiefster Nacht. Auf die ersten Meldungen hin kamen die drei Militärkommandeure der Alliierten in West-Berlin zusammen. Dem amerikanischen Kommandeur war eingeschärft worden, daß er nichts tun dürfe, was zu Komplikationen führen könnte. Er und der britische Kommandeur wollten bei ihrem russischen Kollegen in Ost-Berlin Protest einlegen, doch der französische Kommandeur wollte sie ohne Anweisung aus Paris dabei nicht unterstützen. In Frankreich war Ferienzeit, das Außenministerium am Quai d'Orsay war praktisch menschenleer. Es konnte Tage dauern, bis von dort eine Antwort kam.

In Washington warteten die Beamten des Außenministeriums zunächst ab. Selbst der Präsident wurde erst am Vormittag offiziell informiert; in Berlin

Das Titelbild der Frankfurter Illustrierten *vom 23. Juli 1961 zeigt den Kanzler der Bundesrepublik, der besorgt auf West-Berlin schaut. Wird West-Berlin eine freie Stadt bleiben?*

Die Flucht über die Mauer

Während der Fertigstellung der Mauer im Sommer 1961 spielten sich in Berlin dramatische Szenen ab. Die Grenzlinie verlief entlang und sogar mitten durch mehrere alte Mietshäuser. Bei manchen lag der Hauseingang im Ostteil, und die Fenster auf der Rückseite gingen zur Westseite hinaus. Verzweifelte Menschen nutzten die Fenster als Fluchtweg. Eine 59jährige Frau warf eine Matratze hinaus und sprang hinterher, sie überlebte den Sprung nicht. Wenn sich jemand am Fenster zeigte und springen wollte, schickte die Westberliner Feuerwehr ihre Männer mit Sprungtüchern, um die Flüchtlinge aufzufangen. Vor laufenden Fernsehkameras fand ein Tauziehen um eine Frau statt: Die Ostberliner Polizei versuchte, sie durch das Fenster zurückzuziehen, während Westberliner Feuerwehrmänner sie sicher auf die Straße herunterbringen wollten. Unter Jubelrufen erreichte die Frau schließlich den Westsektor. Nach und nach wurden in den Mietshäusern alle auf die Grenze hinausgehenden Fenster zugemauert. Große Gebiete hinter der Mauer wurden eingeebnet. Eine alptraumhafte Welt mit Suchscheinwerfern, trostlosen Wachtürmen, Maschinengewehrposten und Minenfeldern entstand. Bald schon wurde der erste Ostdeutsche bei einem Fluchtversuch erschossen.

war es nun Spätnachmittag, und der Stacheldrahtzaun war größtenteils fertig. Kennedy hielt die Sperren für abscheulich, doch es ärgerte ihn viel mehr, daß niemand diese Entwicklung vorausgesehen hatte. Die Schließung der Grenze war eine Verletzung des Viermächteabkommens über Berlin, doch nachdem man sich in Washington klargemacht hatte, daß weder Ostdeutschland noch die Sowjetunion gegen West-Berlin vorgehen würde, atmeten alle auf. Solange die Zugangswege nach West-Berlin offenblieben, waren die Vorgänge in Ost-Berlin, so kamen Kennedy und Außenminister Dean Rusk überein, kein Anlaß für einen Krieg. Es wurde beschlossen, in Moskau »über die geeigneten diplomatischen Kanäle« zu protestieren.

Es dauerte fast den ganzen Sonntag, den Stacheldraht entlang der 165 Kilometer langen Stadtgrenze von Berlin zu verlegen. Viele Ostdeutsche flüchteten in letzter Minute in den Westen. Einige durchschwammen den Teltowkanal und erreichten den Westen triefnaß und mit nichts anderem als ihrer Unterwäsche. Selbst einige Polizisten sprangen in die Freiheit, während die Barrikaden aus Stacheldraht errichtet wurden. Die Teilung der Stadt trennte auf brutale Weise viele Familien. Die einen hatten über das Wochenende in Ost-Berlin Verwandte besucht und konnten nicht mehr zurückkehren. Andere versammelten sich am Stacheldraht und winkten ihren Verwandten auf der gegenüberliegenden Seite zu.

Drei Tage nach der Errichtung der Stacheldrahtverhaue trafen weitere Ostberliner Arbeiter ein. Sie begannen mit dem Bau der eigentlichen Mauer, einige Meter hinter den Drahtzaun gesetzt. Die Mauer war zwischen 1,50 und 1,80 Meter hoch, oben mit Stacheldraht gesichert und verstärkt durch Maschinengewehrstellungen und Panzerfallen.

UNTEN LINKS UND RECHTS: *Ostberliner flüchten durch Häuserfenster in den Westen.*
UNTEN: *Ein Ostberliner Polizist trägt die Leiche von Peter Fechter weg, der beim Versuch, über die Mauer zu entkommen, angeschossen wurde. Er lag stundenlang an der Mauer und verblutete.*

Der Westen kommt noch einmal davon

Kennedy gab eine Woche lang in der Öffentlichkeit keinen Kommentar ab. Willy Brandt war wütend auf die Amerikaner, weil sie nichts unternommen hatten. Bei einer großen Kundgebung wandte er sich an den Westen und appellierte: »Berlin erwartet mehr als Worte. Berlin erwartet politische Aktion!« Brandt schrieb direkt an Kennedy, daß die Mauer die Entschlossenheit der Bevölkerung, standzuhalten, nicht verändert habe. Sie habe jedoch Zweifel aufkommen lassen, ob

Die Berliner fanden, der Westen reagiere zu langsam auf den Bau der Mauer. Am 17. August 1961 sprach Bürgermeister Willy Brandt (OBEN) *den Westberlinern Mut zu und forderte politisches Handeln.*
RECHTS: *Kennedy schickte Vizepräsident Lyndon B. Johnson, um seine Solidarität mit der Stadt zu bekunden.*

die drei Westmächte fähig und willens seien zu reagieren. Amerikanische Zeitungen erwiderten, ein »einfacher Bürgermeister« könne nicht die US-Politik bestimmen. Als klar war, daß die Transitwege nach Berlin offenblieben, glaubten die Westmächte, sie seien noch einmal glimpflich davongekommen. Die Abwanderung der ostdeutschen Bevölkerung war durch eine primitive und absonderliche Konstruktion gestoppt worden; einen Krieg hatte man vermieden.

Kennedy entsandte General Lucius Clay nach Berlin, den Kommandeur des amerikanischen Sektors während der Luftbrücke 1948, und Vizepräsident Lyndon B. Johnson. Sie wurden von den Westberlinern stürmisch empfangen. Vor dem Rathaus bekräftigte Johnson die Zusicherung Amerikas, »die Freiheit West-Berlins und die Zugangsrechte des Westens« zu wahren. Gleichzeitig wurde von Westdeutschland aus eine amerikanische Kampfeinheit von 1500 gut bewaffneten Soldaten über die ostdeutschen Autobahnen auf den Weg geschickt, um die alliierte Garnison in West-Berlin zu verstärken. Die Sowjets stoppten die Amerikaner und zählten sie, ließen sie dann jedoch passieren. Nach der Ankunft marschierten die US-Soldaten unter den Augen einer jubelnden und weinenden Menschenmenge den Kurfürstendamm hinunter. Nun waren die Westberliner überzeugt, daß man sie nicht aufgegeben hatte.

Die meisten früheren Grenzübergänge waren geschlossen, Ostdeutschland erlaubte lediglich die Benutzung von sieben Übergängen. Westberlinern wurde zwar der Aufenthalt in Ost-Berlin nicht verweigert, aber sie benötigten künftig Aufenthaltsgenehmigungen. Und nur an einem einzigen Grenzübergang wurde Bürgern aus der Bundesrepublik und anderen westlichen Ländern der Zugang in den Osten erlaubt. Dieser Grenzpunkt ging in die Mythologie des Kalten Kriegs ein als jener Ort, wo Ost und West aufeinandertrafen: Checkpoint Charlie.

Der amerikanische Außenminister Dean Rusk und der sowjetische Außenminister Andrei Gromyko setzten bis in den Herbst hinein ihre Gespräche über Berlin fort. Chruschtschow lud Kennedy sogar nach Moskau ein. Der US-Präsident schlug die Einladung aus, erklärte sich jedoch einverstanden, einen vertraulichen diplomatischen Kanal für den Meinungsaustausch einzurichten. Er forderte Lucius Clay auf, als sein Sondervertreter nach West-Berlin zurückzukehren. Clay glaubte, man schicke ihn nach Berlin, damit er sich mit den Sowjets anlege. Gleich nach seiner Ankunft befahl er den Bau einer Betonmauer auf dem Gelände einer Militärschule, damit seine Soldaten schon einmal üben konnten, die Mauer einzureißen.

Lucius Clay

Gegen Ende Oktober wurde einem hochrangigen amerikanischen Diplomaten und seiner Frau der Zugang nach Ost-Berlin für einen Theaterbesuch verweigert, weil sie es ablehnten, den ostdeutschen Grenzposten ihre Pässe zu zei-

Die Berliner Mauer

gen. Das in Berlin geltende Viermächteabkommen garantierte die Bewegungsfreiheit von Angehörigen der Alliierten und der Sowjets ohne Paßformalitäten. Clay schickte umgehend eine Gruppe bewaffneter US-Soldaten, die eine Entscheidung erzwingen und den Diplomaten in seinem Wagen nach Ost-Berlin begleiten sollten. In den folgenden Tagen eskortierten amerikanische Jeeps US-Bürger auf ziellosen Fahrten durch Ost-Berlin, jeder Jeep besetzt mit kampfbereiten Soldaten, die demonstrativ ihre Gewehre bereithielten. In der Nähe des Checkpoint Charlie bezogen zehn amerikanische M-48-Panzer Stellung.

Am Morgen des 27. Oktober rollten 33 sowjetische Panzer nach Ost-Berlin und stoppten am Brandenburger Tor – die ersten Panzerfahrzeuge in Berlin seit dem Aufstand von 1953. Zehn Panzer fuhren zum Checkpoint Charlie und stellten sich dort auf, knapp 150 Meter von den US-Panzern entfernt. Erstmals im Kalten Krieg standen sich amerikanische und sowjetische Panzer unmittelbar an der Grenze gegenüber. Die amerikanischen Panzerkanoniere luden ihre Geschütze und warteten auf Befehle. Ein beunruhigter Kennedy sprach vom Weißen Haus aus mit Clay, sicherte ihm aber seine volle Unterstützung zu. In den nächsten Stunden spitzte sich die Lage weiter zu. Die US-Garnison in West-Berlin befand sich in höchster Alarmbereitschaft, die NATO und das Strategische Luftkommando wurden in Alarmzustand versetzt. Der sowjetische Heereskommandeur hatte eine direkte Telefonverbindung in den Kreml. Chruschtschow wies ihn an, daß er, sollten die Amerikaner Gewalt anwenden, mit Gewalt antworten müsse. Auf beiden Seiten waren die Befehlshaber besorgt, ein nervöser Soldat könnte in der gespannten Situation seine Waffe abfeuern und einen Schußwechsel auslösen. Ein unbedeutender Streit über das Vorzeigen von Pässen an einem Grenzübergang drohte zu einem globalen Konflikt zu eskalieren.

Beide Seiten erkannten, daß die Lage außer Kontrolle geraten war. Durch den neu eingerichteten diplomatischen Kanal sandte Kennedy eine Botschaft direkt an Chruschtschow: Er verlangte, daß die Russen sich zurückziehen sollten, und sicherte zu, die Amerikaner würden dies ebenfalls tun.

Nach einer 16 Stunden dauernden Nervenprobe ließ der erste sowjetische Panzer den Motor an und rollte viereinhalb Meter zurück. Nun löste sich die Spannung. Einige Minuten später setzte ein US-Panzer dieselbe Strecke zurück. Ein Panzer nach dem anderen bewegte sich. Erleichterung machte sich breit. Clay allerdings war erledigt. General Bruce Clarke, Befehlshaber der US-Streitkräfte in Westdeutschland, war höchst verärgert, daß seine Truppen beinahe in einen Konflikt verwickelt worden wären, der nicht zu gewinnen war. Clay blieb noch einige Monate in Berlin und wurde dann in die Heimat zurückbeordert. Ohne etwas nach außen dringen zu lassen, wies Washington zivile Beamte an, Ost-Berlin in der nächsten Zeit nicht zu besuchen.

Beide Seiten waren zu dem Schluß gekommen, daß der Streit um Berlin ein grundsätzliches Problem darstellte und eng verknüpft war mit der jeweiligen Position im Kalten Krieg. Ihr Konflikt bedrohte die Welt mit der atomaren Vernichtung. Keine Seite hatte die Mauer gewollt, doch ihr Bau ermöglichte es, eine direkte militärische Konfrontation zu vermeiden. Kennedy meinte dazu: »Es ist keine schöne Lösung, aber verdammt viel besser als Krieg!« Auch Chruschtschow entschärfte die Situation. Seine Drohung, mit Ostdeutschland einen Friedensvertrag abzuschließen, geriet sang- und klang-

Sowjetische und amerikanische Panzer stehen sich am Grenzübergang Friedrichstraße (Checkpoint Charlie) gegenüber. Dies war eine überaus kritische Situation im Kalten Krieg. Beide Seiten zogen sich schließlich zurück.

los in Vergessenheit. Dem enttäuschten ersten Mann der DDR, Ulbricht, teilte er mit: »Schritte, die die Lage verschärfen würden, besonders in Berlin, sollten unterlassen werden.« Der Welt blieb ein Symbol aus Beton für die unmenschlichen Gegensätze des Kalten Krieges.

Im Juni 1963, zum Abschluß einer Reise in die Bundesrepublik, besuchte Präsident Kennedy West-Berlin. Er warf einen Blick auf die Mauer und darüber hinweg nach Ost-Berlin. Vom Balkon des Schöneberger Rathauses an jenem Platz, der später seinen Namen tragen sollte, sprach er zu 250 000 Berlinern.

»Wenn es in der Welt Menschen geben sollte, die nicht verstehen oder nicht zu verstehen vorgeben, worum es heute in der Auseinandersetzung zwischen der freien Welt und dem Kommunismus geht, dann können wir ihnen nur sagen, sie sollen nach Berlin kommen. Es gibt Leute, die sagen, dem Kommunismus gehöre die Zukunft. Sie sollen nach Berlin kommen. Und es gibt wieder andere in Europa und in anderen Teilen der Welt, die behaupten, man könne mit den Kommunisten zusammenarbeiten. Auch sie sollten nach Berlin kommen. Und es gibt auch einige wenige, die sagen, es treffe zwar zu, daß der Kommunismus ein böses und schlechtes System sei, aber er gestatte es ihnen, wirtschaftlichen Fortschritt zu erreichen. Laßt sie nach Berlin kommen ... Die Freiheit ist unteilbar, und wenn auch nur einer versklavt ist, dann sind alle unfrei. Aber wenn der Tag gekommen sein wird, an dem alle die Freiheit haben und Ihre Stadt und Ihr Land wieder vereint sind, wenn Europa geeint ist und Bestandteil eines friedvollen und zu höchsten Hoffnungen berechtigten Erdteils, dann, wenn dieser Tag gekommen sein wird, können Sie mit Befriedigung von sich sagen, daß die Berliner und diese Stadt Berlin 20 Jahre die Front gehalten haben. Alle freien Menschen, wo immer sie leben mögen, sind Bürger dieser Stadt West-Berlin, und deshalb bin ich als freier Mann stolz darauf, sagen zu können: Ich bin ein Berliner!« Alle jubelten ihm zu. Einige lächelten. Ein Berliner – so ist auch die einheimische Bezeichnung für ein Hefegebäck.

26. Juni 1963. John F. Kennedy spricht zu Hunderttausenden begeisterter Berliner. »Ich bin einer von euch«, sagt er zu ihnen, »ich bin ein Berliner.«

Unser Panzerkommandant erhielt Anweisungen, heranzufahren und sich dem sowjetischen Panzer entgegenzustellen, welcher in genau der gleichen Entfernung vom Checkpoint Charlie stand. Die Spannung stieg sehr rasch an, und zwar weil sich hier Amerikaner den Russen entgegenstellten und nicht den Ostdeutschen. Die russischen und die amerikanischen Panzer waren mit scharfer Munition ausgerüstet. Das war eine unerwartete, plötzliche Konfrontation, und meiner Ansicht nach waren damals die Russen und die Alliierten einer kriegerischen Auseinandersetzung näher als zu irgendeinem anderen Zeitpunkt im ganzen Kalten Krieg.

Colonel James Atwood,
Amerikanische Militärmission,
Berlin

Havanna, 1959

Im Triumph zieht Fidel Castro am 8. Januar in Havanna ein. Zwei Jahre zuvor hatte die kubanische Revolution mit einer Handvoll Guerillas ihren Anfang genommen. Die US-Regierung sah darin eine Bedrohung ihrer nationalen Sicherheit. Kuba ist heute der einzige kommunistische Vorposten vor dem amerikanischen Kontinent.

Der amerikanische Hinterhof: Guatemala und Kuba

1954–1962

Der Präsident von Guatemala, Jacobo Arbenz, hier mit seiner Frau, konfiszierte Land, das sich im Besitz der mächtigen United Fruit Company befand, und verteilte es an die Bauern. Monate später drangen von der CIA ausgebildete Rebellen nach Guatemala ein und setzten ihn ab.

Ein Fall für die Monroedoktrin

Am Abend des 16. Dezember 1953 speiste der neu ernannte US-Botschafter in Guatemala mit Präsident Jacobo Arbenz Guzmán. Sechs Stunden lang unterzog der Botschafter seinen Gastgeber einem regelrechten Verhör, befragte ihn über den Einfluß der linken Kräfte auf die seit zweieinhalb Jahren amtierende Regierung, über die Haltung gegenüber der Sowjetunion und die Rolle der kommunistischen Partei Guatemalas bei den landwirtschaftlichen Reformen. Die Antworten des Präsidenten erschienen dem Botschafter als Ausweichmanöver. Arbenz war zwar selbst kein Kommunist, doch seine Regierung war mit der Unterstützung mehrerer linker Parteien an die Macht gekommen. Mit einem populären Programm zur Bodenreform hatte sie rund 162 000 Hektar unbebauten Privatlandes verstaatlicht. Ein Großteil des Landes gehörte dem größten amerikanischen Unternehmen in Mittelamerika, der United Fruit Company, deren Bananenplantagen das Herz der guatemaltekischen Wirtschaft waren. Das ungenutzte Land wurde an die Bauern verteilt. Nach jenem Abendessen verfaßte der Botschafter einen Bericht für Außenminister John Foster Dulles: »Wenn der Präsident kein Kommunist ist, wird er so weitermachen, bis einer des Weges kommt.« Arbenz mußte gehen. In der westlichen Hemisphäre konnten die Vereinigten Staaten einen sicheren Brückenkopf des Kommunismus nicht tolerieren.

Fünf Monate später, am 15. Mai 1954, legte in Guatemala ein polnisches Schiff an mit 2000 Tonnen leichten Waffen und Munition aus der Tschechoslowakei an Bord. Zum erstenmal hatte ein mittelamerikanischer Staat Waffen aus dem Ostblock gekauft. Für die Eisenhower-Regierung war damit das Maß voll. Seit den Tagen von Präsident James Monroe hatte Amerika die Karibik als ihren »Hinterhof« betrachtet, als bevorzugten Handelsplatz und als Sicherheitszone.

In letzter Zeit hatte sich Arbenz' Regierung in Auseinandersetzungen zwischen der in Washington sehr einflußreichen United Fruit Company und ihren Arbeitern eingemischt. John Foster Dulles war Seniorpartner eines Rechtsanwaltsbüros gewesen, das seit vielen Jahre mit der Firma Verbindungen unterhielt. Und Dulles' Bruder, der CIA-Chef Allen Dulles, gehörte dem Aufsichtsrat von United Fruit an.

Carlos Castillo Armas

Präsident Eisenhowers Privatsekretärin war mit dem Leiter der Public-Relations-Abteilung von United Fruit verheiratet. Gezielte Informationen an die richtigen Stellen bewirkten, daß Eisenhower und die Dulles-Brüder einen Geheimplan zum Sturz von Arbenz billigten. Nach der Charta der Organisation Amerikanischer Staaten durfte sich kein Mitglied in die Innenpolitik eines anderen Staates einmischen. Offiziell propagierte Washington diesen Grundsatz, doch insgeheim ermächtigte die Regierung die CIA, in Honduras eine Gruppe von Exil-Guatemalteken auf dem Grundbesitz der United Fruit Company auszurüsten und auszubilden. Die Rebellen wurden von Colonel Carlos Castillo Armas angeführt, einem leidenschaftlichen Feind der Kommunisten.

Im Juni 1954 überschritten einige hundert Rebellen die Grenze nach Guatemala. Zunächst kamen sie kaum voran. Doch Arbenz hatte sich allzu vertrauensselig auf die Loyalität seiner Armee verlassen. Durch eine von der CIA veranlaßte Propagandakampagne im Rundfunk beeinflußt, lief das Offizierskorps zu den Rebellen über. Arbenz ging ins Exil. Wenig später führte Castillo Armas eine neue Junta an und wurde als Präsident eingesetzt. Er machte die Reformen der vorangegangenen Jahre rückgängig, vertrieb gewaltsam eine halbe Million Siedler von dem Land, das diese von Arbenz' Regierung erhalten hatten, und ließ Hunderte von linken Sympathisanten, Arbeiterführern und Bauern hinrichten.

Ärger vor der Haustür

Im Jahr 1898 waren die Vereinigten Staaten aus einem zehn Wochen dauernden Krieg gegen Spanien um die Befreiung Kubas als Sieger hervorgegangen. Die USA wollten nicht nur Kuba aus der kolonialen Unterdrückung durch die Alte Welt befreien, sie wollten auch beträchtliche amerikanische Investitionen schützen. In den kommenden Jahrzehnten kauften amerikanische Geschäftsleute einen Großteil des Landes und der Industrie im unabhängigen Kuba auf, das anders als Puerto Rico wegen einer Zusatzvereinbarung in der Kriegserklärung gegen Spanien nicht annektiert werden konnte. 1933 kam Fulgencio Batista y Zaldívar an die Macht und herrschte 25 Jahre direkt oder mit Hilfe von politischen Marionetten. In den fünfziger Jahren verlor sein korruptes und diktatorisches Regime bei den Kubanern jedoch an Rückhalt. Am 26. Juli 1953 erhob Fidel Castro, ein junger Rechtsanwalt, das Banner der Revolution gegen Batista; aber er wurde verhaftet und kam ins Gefängnis. Später entließ man ihn, und er ging nach Mexiko ins Exil. Von dort kehrte er zurück und führte einen zweijährigen Guerillakrieg. Langsam erwarben sich Castro und seine Rebellengruppe, darunter der charismatische Argentinier Ernesto »Che« Guevara, die Unterstützung der Bevölkerung, während sich immer mehr Kubaner von Batista und seiner Schreckensherrschaft abwandten.

OBEN: *Ernesto »Che« Guevara hält als kubanischer Wirtschaftsminister 1961 eine Rede in Uruguay.*
UNTEN: *Auf der Vollversammlung der UNO 1960 wird Castro, Hoffnungsträger des Kommunismus für die Zukunft, vom altgedienten Kommunisten Chruschtschow umarmt.*

Am 8. Januar 1959, eine Woche nachdem Batista geflohen war, führte Castro seine Rebellen nach Havanna. Dort bildete er eine Koalitionsregierung, die eher national-kubanisch als revolutionär-sozialistisch orientiert war. Obwohl die Landreformen die Unterstützung der Bevölkerung fanden, gab es anfangs kein Programm, um amerikanische Beteiligungen zu verstaatlichen oder die Kontrolle über die äußerst wichtige Zuckerindustrie zu übernehmen. Zu diesem Zeitpunkt hatte sich Castro noch nicht zum Marxismus-Leninismus bekannt. Erst im Februar 1960 besuchte der stellvertretende sowjetische Ministerpräsident Anastas Mikojan Havanna und unterzeichnete ein Handelsabkommen. Daraufhin verstaatlichte Castro US-Beteiligungen in Kuba im Wert von einer Milliarde Dollar. Eisenhower kündigte als Vergeltungsmaßnahme Wirtschaftssanktionen an und stoppte den Import von kubanischem Zucker, dem wichtigsten Exportprodukt des Landes. Umgehend erklärte sich die Sowjetunion zum Kauf des Zuckers bereit. Als die Vereinigten Staaten ankündigten, sie würden an Kuba keine Erdölprodukte mehr verkaufen, erklärte sich die Sowjetunion trotz einer Überlastung der sowjetischen Handelsmarine erneut bereit, bei den Lieferungen einzuspringen. Kuba rückte nun näher an das sozialistische Lager heran. Als Nikita Chruschtschow Castro im September 1960 bei der UNO traf, umarmte er ihn als einen Kampfgefährten der Revolution.

Fulgencio Batista

Amerikaner waren einst in Scharen in die Bars und Nachtklubs von Havanna geströmt. Die kubanische Revolution und die amerikanischen Wirtschaftssanktionen setzten dem ein Ende.

Fidel und Che: Zwei Revolutionäre der Neuen Welt

FIDEL CASTRO RUZ wurde 1927 in Mayarí auf Kuba geboren. Seine Eltern entstammten der Mittelschicht, und er besuchte eine Schule der Jesuiten. 1950 schloß er an der Universität von Havanna sein Jurastudium ab. 1953 wurde er im Anschluß an einen am 26. Juli gescheiterten Putsch gegen Fulgencio Batista verhaftet. Nach der Entlassung aus dem Gefängnis verließ er das Land und lebte in Mexiko und in den Vereinigten Staaten. 1956 kehrte er zurück und führte von der Region Sierra Maestra in der Provinz Oriente aus einen Guerillafeldzug gegen Batista – der möglicherweise von der CIA unterstützt wurde. Er hatte Erfolg, stürzte Batista 1959, wurde Ministerpräsident und begann sofort, seine Reformen durchzusetzen.

Weil seine Politik viele Kubaner aus der Mittelschicht ins Exil trieb, nahm die US-Regierung an, er sei zutiefst unbeliebt. Die Vereinigten Staaten förderten und finanzierten eine wachsende Gruppe von Exilkubanern, die entschlossen waren, Castro zu stürzen. Der Versuch scheiterte, und das Desaster in der Schweinebucht 1961 machte Castro zu einem noch mächtigeren Mann. Er wandte sich zunehmend an die Sowjetunion um Hilfe und verkündete, er sei ein Anhänger des Marxismus-Leninismus, Kuba sei ein sozialistischer Staat. Ihn zeichnete eine beharrliche Feindseligkeit gegenüber dem aus, was er als Yankee-Imperialismus bezeichnete. Und er begrüßte die Stationierung der sowjetischen Raketen, die im Herbst 1962 die Kubakrise mit den USA auslösten.

ERNESTO GUEVARA SERNA, genannt »Che«, wurde 1928 in der Nähe von Buenos Aires geboren. Er war Arzt und praktizierte kurze Zeit in Mexiko (Stadt). Doch seine wahre Liebe galt der Revolution. Er lernte früh Castro kennen und kämpfte mit ihm in der Sierra Maestra. Den Spitznamen »Che« verliehen ihm seine Mitrevolutionäre in Anspielung darauf, daß er immer mit argentinischem Akzent »Was?« fragte. Vorübergehend war er Präsident der kubanischen Nationalbank. 1965 verließ er Kuba. Ab 1966 Guerillaführer in Bolivien, wo er 1967 ermordet wurde.

Für die Vereinigten Staaten war eine linksorientierte Revolutionsregierung unmittelbar vor der eigenen Küste eine unerträgliche Provokation. Am 17. März 1960 billigte Eisenhower einen weiteren CIA-Plan für eine verdeckte Aktion: Die USA bildeten im Urwald Guatemalas eine paramilitärische Truppe von Kubanern aus, die eine Widerstandsbewegung anführen sollten. Im Dezember genehmigte Eisenhower eine amphibische Landung kubanischer Guerillakämpfer, die von Amerikanern trainiert worden waren. Die Landung, so war sich die CIA sicher, würde eine die ganze Insel erfassende Revolte gegen Castro auslösen.

RECHTS: *Vor der Invasion in der Schweinebucht stellen kubanische Soldaten außerhalb von Havanna Luftabwehrgeschütze auf. Kennedy genehmigte den Angriff der Exilkubaner, hielt jedoch die Luftunterstützung zurück, möglicherweise weil ein CIA-Plan zur Ermordung Castros fehlgeschlagen war.*
UNTEN: *Glückliche Kubaner feiern die Eroberung eines Landungsbootes und ihren Sieg.*

Am 19. Januar 1961, dem Tag vor seiner Amtseinführung, wurde der neue Präsident John F. Kennedy von Eisenhower über verschiedene Angelegenheiten unterrichtet, unter anderem auch über das amerikanische Vorhaben, den Guerillas auf Kuba zu helfen. Kennedy war von der Dimension des Plans überrascht, aber nicht abgeneigt. Der junge Präsident lehnte ein direktes militärisches Eingreifen der USA ab, doch die CIA durfte weiter die Exilkubaner für eine Invasion vorbereiten. Kennedy bestand allerdings darauf, daß die amerikanische Beteiligung strikt geheim blieb. Im April, drei Tage vor der geplanten Invasion, sagte Kennedy auf einer Pressekonferenz, es werde »in Kuba unter keinen Umständen eine Intervention von US-Streitkräften« geben.

Die CIA war zwar zuversichtlich, doch dem Invasionsvorhaben standen einige Probleme entgegen. Der Kampfgeist der in Guatemala trainierten Exilkubaner war schwach, und sie waren nur eine kleine Schar. Die Erwartung der CIA, daß die Vereinigten Staaten notfalls die Mission durch direktes militärisches Eingreifen retten würden, paßte nicht zu Kennedys öffentlich vertretener Position. Die Vereinten Stabschefs schätzten die Erfolgschancen der Operation als »einigermaßen gut« ein – was deutlich weniger als 50 Prozent bedeutete.

Das Fiasko

Von Anfang an ging alles schief. Nur sechs US-Bomber in kubanischen Farben – um den Eindruck zu erwecken, sie würden von kubanischen Rebellen geflogen – starteten von Nicaragua aus zur Unterstützung der Invasion. Sie beschädigten lediglich drei von Castros Flugzeugen am Boden. Aus Angst, die USA könnten enttarnt werden, zog Kennedy in letzter Minute die amerikanische Luftunterstützung zurück. Trotzdem führte eine Streitmacht von 1500 Exilkubanern die Invasion in der Schweinebucht durch. Castro setzte gegen die Invasoren, die zu keinem Zeitpunkt mehr als einen 800 Meter langen und 400 Meter breiten Landekopf gewannen, seine aus der Sowjetunion importierten Panzer ein. Entgegen den Erwartungen der CIA löste der Angriff keinen Aufstand der Bevölkerung gegen Castro aus. Kennedy berief eine Krisensitzung

In dieser Karikatur in der Prawda *fordern drei Raben mit den Gesichtern von Eisenhower, Nixon und Truman Präsident Kennedy krächzend zum Krieg gegen Kuba auf. Nach dem Fiasko in der Schweinebucht fragte Kennedy: »Wie konnte ich nur so dumm sein?« Doch im Dezember 1962* (OBEN RECHTS) *erwies er in Miami den gescheiterten Kämpfern die Ehre.*

ein und zog in Erwägung, US-Kampfflugzeugen ohne Hoheitszeichen zur Vernichtung der kubanischen Luftwaffe zu entsenden. Die Sitzung endete um drei Uhr morgens, nachdem alle Teilnehmer erkannt hatten, daß die Situation hoffnungslos war. Nach dreitägigen Kämpfen gaben die Überlebenden auf. Mehr als 100 Männer starben, nur 14 wurden von der US-Marine gerettet.

Kennedy war verzweifelt über das Fiasko in der Schweinebucht. Ihm war vollkommen bewußt, daß seine Entschlossenheit, das politische Risiko möglichst gering zu halten, die Aussichten auf einen militärischen Erfolg entscheidend verschlechtert hatte. Zudem hatte die CIA den Rückhalt in der kubanischen Bevölkerung für eine militärische Invasion zu ihrer »Befreiung« maßlos überschätzt. Kennedy zog aus dem Schweinebucht-Unternehmen die Lehre, daß er die Ratschläge eifriger Berater sehr viel kritischer betrachten mußte. Gleichwohl änderte er seine Einstellung in Sachen Kuba nicht. Er war mehr denn je davon überzeugt, daß Castro für die Vereinigten Staaten eine Bedrohung darstellte und beseitigt werden mußte.

Und Kennedy war nun sicher, daß die Sowjetunion in den Entwicklungsländern den Kampf um Herz und Verstand gewinnen würde. Als er im Juni auf dem Wiener Gipfel mit Chruschtschow einräumte, der Landeversuch in der Schweinebucht sei ein Fehler gewesen, streute der sowjetische Ministerpräsident noch Salz in die Wunde und betonte, daß nationale Befreiungskriege von nun an zugunsten der Kommunisten entschieden würden und daß die Vereinigten Staaten sich auf der falschen Seite der Geschichte befänden. All dies trug zu Kennedys düsterer Stimmung bei; möglicherweise war der Westen *wirklich* auf dem Weg, den Kalten Krieg zu verlieren.

In Kuba stand das Volk nach der Invasion um so loyaler hinter dem Regime. Castro ergriff die Gelegenheit und verkündete, daß er die sozialistische Revolution wolle. Der Kommunismus sei die einzig mögliche Antwort auf den Imperialismus der Yankees. Im Ausbau der Beziehungen zu Moskau liege die Zukunft.

Nach dem Wiener Gipfeltreffen waren Washington, Moskau und ihre jeweiligen Verbündeten mehrere Monate mit der Berlinkrise beschäftigt. Die Vereinigten Staaten konnten sich jedoch mit der Niederlage in Kuba nicht abfinden. Durch eine Direktive des Präsidenten vom November 1961 wurde ein streng geheimes Programm für verdeckte Aktionen gegen Kuba eingeleitet. Ein Ziel dieses Programms mit dem Decknamen »Operation Mongoose« (Mungo) war der Sturz Castros, gegebenenfalls auch seine Ermordung. Im März 1962 begannen die Vereinigten Stabschefs mit der Planung einer Invasion Kubas und einer Wirtschaftsblockade. Gegen Ende des Frühjahrs führten 40 000 amerikanische Marineinfanteristen auf einer anderen Karibikinsel ein amphibisches Landungsmanöver durch.

Chruschtschow war wie Kennedy paradoxerweise über die Schwäche seiner eigenen Position besorgt. Ihn beunruhigte die Demütigung für die UdSSR, wenn Kuba verlorenginge. Er war sicher, daß Washington früher oder später erneut eine Invasion versuchen würde.

Chruschtschows kühne Idee

Im Mai 1962 besuchte Chruschtschow Bulgarien. Bei einem Spaziergang am Strand von Warna wurde ihm bewußt, daß am gegenüberliegenden Ufer des Schwarzen Meeres in der Türkei amerikanische Militärbasen lagen. Die dort stationierten Atomsprengköpfe konnten innerhalb von Minuten Kiew, Minsk und Moskau auslöschen. Da kam ihm der Gedanke, auf einem Stützpunkt in der Nähe der Vereinigten Staaten Raketen zu stationieren.

Kuba war der ideale Ort dafür. Sowjetische Raketen auf Kuba hatten den doppelten Vorteil, daß sie zum einen die Insel vor Angriffen schützten und zum anderen ein Gleichgewicht der Kernwaffenpotentiale herstellten. Es war ein kühner Plan, da die Sowjetunion noch nie zuvor ballistische Raketen außerhalb ihrer Grenzen stationiert hatte. Die US-Raketen in der Türkei »zielen auf uns und machen uns Angst«, meinte Chruschtschow. »Unsere Raketen werden auf die Vereinigten Staaten gerichtet sein, auch wenn wir nicht so viele haben. Aber … sie werden noch viel mehr Angst bekommen.«

Castro war zunächst nicht angetan von der Aussicht, daß sein Land in eine sowjetische Raketenbasis verwandelt werden sollte. Doch im Glauben, die Raketen würden das weltweite strategische Gleichgewicht zugunsten des sozialistischen Lagers verändern, stimmte er zu. Sein Bruder Raul reiste als Leiter einer Militärdelegation nach Moskau und handelte die Bedingungen aus. Im Juli 1962 liefen 65 sowjetische Schiffe nach Kuba aus, zehn davon transportierten militärische Ausrüstung. Im September begann der Aufbau

Wenn der Präsident und wir zu einer Übereinstimmung kommen können, dann werden sich großartige Gelegenheiten für eine Zusammenarbeit in Wissenschaft, Technologie und in der Weltraumforschung ergeben. Wir lassen ihm die Wahl: einen Krieg zu beginnen oder einen Friedensvertrag zu unterzeichnen. Es ist lange her, daß man uns wie einem kleinen Jungen den Hintern versohlen konnte. Jetzt können wir das gleiche mit Ihnen machen.

Nikita Chruschtschow
zum amerikanischen Innenminister Stewart Udall
im September 1962

UNTEN LINKS: *McGeorge Bundy, der Sicherheitsberater.* UNTEN RECHTS: *Verteidigungsminister Robert McNamara auf einer Pressekonferenz während der Kubakrise. Insgeheim fragte er sich, ob er den nächsten Samstag noch erleben würde.*

der Raketenstellungen, von denen aus Atomsprengköpfe mit dem Ziel USA gestartet werden konnten. Castro wollte, daß die Raketen offen aufgestellt würden, doch die von Geheimhaltung besessenen Sowjets setzten sich durch. Nicht einmal die sowjetischen Botschafter in Washington und bei den Vereinten Nationen wußten davon.

Am Sonntagmorgen, dem 14. Oktober, fotografierte ein U-2-Spionageflugzeug die im Bau befindlichen Raketenstellungen nahe San Cristóbal im Westen Kubas. Die Aufnahmen wurden am nächsten Tag analysiert, und am späten Abend lagen die Berichte auf dem Schreibtisch von McGeorge Bundy, dem Sicherheitsberater des Präsidenten. Kennedy reagierte auf die Mitteilung schockiert. Das sei gerade so, meinte er, »als würden wir in der Türkei eine große Zahl [von Raketen] aufstellen«. Ein Berater mußte ihn erinnern: »Nun, wir haben dort bereits Raketen aufgestellt, Mr. President.«

ExComm, das Exekutivkomitee

Am Dienstag, dem 16. Oktober, rief Kennedy eine kleine Gruppe hochrangiger Beamter zur Erörterung der Lage zusammen. Dieses Exekutivkomitee des Nationalen Sicherheitsrates, bekannt als ExComm, tagte in den kommenden zwei Wochen nahezu ununterbrochen. Von Anfang an war man sich einig, daß die Raketen nicht in Kuba bleiben durften. Verteidigungsminister Robert McNamara rechnete damit, daß die Raketen in weniger als zwei Wochen einsatzbereit sein würden. Damit war ein Handlungsspielraum von maximal zwei Wochen vorgegeben. Es ging nicht mehr nur um Kuba, vielmehr war es eine Hauptkrise des Kalten Krieges.

Als erstes diskutierte das Exekutivkomitee die Frage, ob die Raketenstellungen bombardiert werden sollten oder ob man einen anderen Weg einschlagen sollte, um die Sowjets zur Demontage zu zwingen. Zunächst befür-

UNTEN: *Dieses Foto wurde am 14. Oktober 1962 von einem U-2-Spionageflugzeug aufgenommen. Es zeigt eine im Bau befindliche sowjetische Raketenstellung auf Kuba.*

Sowjetische Raketen vor der Haustür

Anfang September 1962 begannen die Sowjets mit dem Bau von 24 Startrampen für ballistische SS-4-Mittelstreckenraketen in Kuba sowie von 16 Rampen für SS-5-Raketen mit größerer Reichweite. Jede Abschußvorrichtung war mit zwei Raketen bestückt, die jeweils einen Sprengkopf von einer Megatonne trugen. Hinzu kamen 42 Bomber des Typs Il-28 und 42 Kampfflugzeuge des Typs MiG-21, 24 moderne Boden-Luft-Raketen (SAM), Küstenverteidigung, vier Eliteregimenter für den Kampfeinsatz, zwei mit dem modernsten Panzertyp T-55 ausgerüstete Panzerbataillone und mehr als 40 000 sowjetische Soldaten und militärisches Personal.

Innerhalb der rund 1800 Kilometer Reichweite der SS-4 lagen Washington, Atlanta, New Orleans und ungefähr 40 Prozent der Stützpunkte des Strategischen Luftkommandos (SAC). Die Mittelstreckenraketen des Typs SS-5 konnten 3600 Kilometer zurücklegen und die meisten amerikanischen Städte ins Visier nehmen. Sie konnten auch alle Basen des SAC zerstören. Die Raketen des Typs SS-4 sollten Ende Oktober einsatzbereit sein. Jede Rakete besaß die Sprengkraft von einer Million Tonnen TNT.

Der engste Vertraute des Präsidenten war sein Bruder Robert, der Justizminister. Bobby Kennedy unterhielt über den sowjetischen Botschafter Anatoli Dobrynin einen inoffiziellen diplomatischen Kanal zum Kreml.

wortete der Präsident entschieden einen begrenzten Luftangriff. Während er über einen Präventivschlag aus der Luft sprach, schob ihm sein Bruder Robert Kennedy einen Zettel zu: »Ich weiß nun, wie sich Tojo gefühlt hat, als er den Angriff auf Pearl Harbor plante.« Am Nachmittag des 16. Oktober kamen die Vereinigten Stabschefs überein, daß nur ein umfassender Luftangriff die gewünschte Wirkung erzielen könnte. Nicht nur die Raketenstellungen mußten beseitigt werden, sondern auch die SAM-Luftabwehrraketen und die sonstigen Einrichtungen. Das ExComm beriet erneut am späten Nachmittag, doch ohne Ergebnis.

In den folgenden Tagen wurden alle denkbaren Möglichkeiten diskutiert und analysiert. Die Mitglieder des Exekutivkomitees bildeten mehr oder weniger zwei Lager, die seither »Falken« und »Tauben« heißen. Die Falken wollten Kuba erobern und die Kommunisten verjagen. Viele Militärs unterstützten diese Ansicht. Die Tauben zogen es vor, diplomatische Optionen auszuloten, unter anderem eine Annäherung an Castro und sogar an Chruschtschow. Sie wollten alles vermeiden, was einen Vergeltungsschlag der Sowjets hätte provozieren können.

Im Donnerstagnachmittag, dem 18. Oktober, traf Präsident Kennedy im Weißen Haus mit dem sowjetischen Außenminister Andrei Gromyko zusammen. Gromyko hielt sich wegen der UN-Vollversammlung in den Vereinigten Staaten auf. Beide versuchten, ihre Nervosität zu verbergen. Kennedy hatte sich noch nicht entschieden, ob er Gromyko mit den eindeutigen Beweisen für die Existenz der sowjetischen Raketenstellungen auf Kuba konfrontieren sollte. Er hatte Abzüge der Luftaufnahmen griffbereit in einer Schreibtisch-

Eine zweiwöchige Konferenz

Die Zusammensetzung des Exekutivkomitees wechselte während der Krise, den festen Kern bildeten Außenminister Dean Rusk, sein Stellvertreter George Ball, der Mittelamerikaexperte Edwin Martin, kurzzeitig der Sowjetexperte Charles Bohlen, Verteidigungsminister Robert McNamara, sein Stellvertreter Roswell Gilpatric sowie Staatssekretär Paul Nitze, General Maxwell Taylor, der Vorsitzende der Vereinigten Stabschefs, der Sicherheitsberater McGeorge Bundy, der ehemalige US-Botschafter in Moskau und Sowjetexperte Llewellyn Thompson, CIA-Direktor John McCone sowie Justizminister Robert Kennedy, der jüngere Bruder des Präsidenten und einer seiner engsten Vertrauten.

Mehrere andere hochrangige Beamte nahmen von Zeit zu Zeit an den Beratungen teil, darunter Finanzminister Douglas Dillon, der Sonderberater im Weißen Haus Theodore Sorensen, der ehemalige Außenminister Dean Acheson und Adlai Stevenson, der Botschafter bei den Vereinten Nationen.

General Taylor war das Verbindungsglied zu den Vereinigten Stabschefs, die während der Krise ebenfalls mit dem Präsidenten in ständigem Kontakt standen.

Die Diskussionen des Exekutivkomitees waren lang, formlos und unstrukturiert, ohne die Vorgabe, zu einer Entscheidung zu kommen. Dean Acheson konstatierte schockiert, daß Gedanken gänzlich informell in die Runde eingebracht wurden. Bei Präsident Truman war es immer darum gegangen, ein Ergebnis zu finden.

Dean Rusk argwöhnte, daß die Besprechungen dazu dienten, dem Außenministerium die politsche Initiative zu entziehen.

Viele wichtige Entscheidungen wurden außerhalb des ExComm getroffen, insbesondere vom Präsidenten und seinem Bruder, der mit Moskau über den neuen sowjetischen Botschafter Anatoli Dobrynin inoffizielle Kontakte knüpfte.

Ich weiß nun, wie sich Tojo gefühlt hat, als er den Angriff auf Pearl Harbor plante.

Robert Kennedy, Oktober 1962

schublade liegen. Kennedy und Gromyko erörterten die Möglichkeit eines weiteren Gipfels. Mit Blick auf Kuba bezichtigte Gromyko die Vereinigten Staaten, ein kleines Land zu »belästigen«. Präsident Kennedy betonte, daß sich die Lage durch die sowjetische Militärhilfe an Kuba zugespitzt habe. Gromyko insistierte, die Militärhilfe der Sowjetunion habe rein defensiven Charakter, es würden keinerlei Offensivwaffen nach Kuba gebracht. Kennedy entschied, die Beweise der USA so lange nicht offenzulegen, bis er eine klare Strategie hatte.

An jenem Abend erfuhr das ExComm, daß die Aufstellung der SS-4-Mittelstreckenraketen nahezu abgeschlossen war und daß sie wahrscheinlich in 18 Stunden einsatzbereit sein würden. Die Stellungen der mit größerer Reichweite ausgestatteten SS-5 würden möglicherweise erst im Dezember fertig sein. In Gesprächen bis weit nach Mitternacht wurde eine Alternative zu einem Luftangriff geprüft: eine Seeblockade. Eine Blockade würde die Sowjets daran hindern, weitere Schiffsladungen anzulanden. Das Stoppen von Schiffen auf hoher See war zwar gleichbedeutend mit einer kriegerischen Handlung war, doch hatte man mit einer Blockade eine bessere Kontrolle über die Ereignisse; darüber hinaus bot sie auch mehr Wahlmöglichkeiten, falls die Krise eskalierte.

Die Beratungen dauerten noch weitere zwei Tage. Der Präsident mußte andernorts Wahlkampf für die Kongreßwahlen führen. Unterdessen überzeugten Rusk und McNamara das Exekutivkomitee, von einem Luftangriff abzusehen und die vorsichtigere Politik einer Seeblockade gegen Kuba als vorrangige Option zu empfehlen.

Das ExComm, ein Ad-hoc-Komitee, das während der Kubakrise Entscheidungen traf, arbeitete mit einer lockeren Tagesordnung. Gemäßigte Einschätzungen überwogen.

Kennedy unterstützt die Seeblockade

Es wird die Politik dieser Nation sein, jeden Abschuß einer Kernwaffenrakete von Kuba gegen irgendeine Nation in der westlichen Hemisphäre als einen Angriff der Sowjetunion auf die Vereinigten Staaten zu betrachten, der einen vollen Vergeltungsschlag auf die Sowjetunion zur Folge haben müßte … Ich appelliere an den Vorsitzenden Chruschtschow, diese verheimlichte, rücksichtslose und provokative Bedrohung des Weltfriedens zu beenden … Er hat jetzt die Gelegenheit, die Welt vom Abgrund der Vernichtung wegzuführen.

John F. Kennedy,
Fernsehrede
vom 22. Oktober 1962

Am Morgen des 21. Oktober, eines Sonntags, sagte Kennedy unter dem Vorwand, er sei erkältet, den Rest seiner Wahlkampfreise ab. Er entschloß sich jetzt, grünes Licht für die Seeblockade zu geben.

Am Montag trat Kennedys Pressesprecher Pierre Salinger an die Fernsehsender heran und bat sie, in der Hauptsendezeit eine Rede des Präsidenten über »eine Angelegenheit von höchster nationaler Dringlichkeit« zu übertragen. Etwas früher am selben Tag unterrichtete das Außenministerium die Verbündeten der USA offiziell von seinen Absichten. In London, Paris, Bonn, Ottawa und anderen Hauptstädten hörte man zum ersten Mal von der Krise. Präsident de Gaulle und Premierminister Macmillan sicherten den Vereinigten Staaten ihre volle Unterstützung zu.

In der Zwischenzeit wurde an anderer Stelle Vorsorge getroffen. Von Anfang an hatte sich Kennedy Sorgen gemacht, daß Schritte wegen Kuba zu Reaktionen der Sowjets in Berlin führen könnten. Gegen Mittag versetzte das Strategische Luftkommando die B-52-Atombomberflotte in Alarmbereitschaft und stellte sicher, daß zu jedem beliebigen Zeitpunkt ein Achtel der Streitmacht, was vier Geschwadern entsprach, aufsteigen konnte. Jeder Bomber war mit vier nuklearen Sprengköpfen bestückt. Erstmals in seiner Geschichte bewaffnete das Luftverteidigungskommando sämtliche Flugzeuge mit Kernwaffen.

Um 17 Uhr trafen der Präsident und die Minister Rusk und McNamara mit 17 wichtigen Kongreßmitgliedern beider Parteien zusammen, um sie über die Krise zu unterrichten. Einige brachten ihre Unterstützung für den Plan einer Seeblockade zum Ausdruck, andere, darunter Senator J. William Fulbright, meinten, eine Seeblockade sei nicht ausreichend; die Raketen auf Kuba müßten vielmehr durch einen Luftangriff oder eine Invasion beseitigt werden. Kennedy und McNamara versicherten den Kongreßmitgliedern, daß sie den Plan einer Invasion nicht fallengelassen hätten, daß sie aber die Möglichkeit einer Blockade zuerst ausprobieren wollten.

Am Nachmittag kam der sowjetische Botschafter Dobrynin zur Verabschiedung Gromykos nach der Beendigung seiner Reise nach New York. Ein Beamter des Außenministeriums holte Dobrynin am Flughafen ab und bat ihn, am Abend mit dem amerikanischen Außenminister in Washington zusammenzutreffen. Um 18 Uhr betrat Dobrynin Dean Rusks Büro. Rusk übergab ihm ein Exemplar der Rede, die Kennedy am selben Abend im Fernsehen halten wollte, sowie eine persönliche Botschaft für Chruschtschow. Darin teilte der Präsident dem sowjetischen Ministerpräsidenten mit, daß die gewählte Maßnahme ein »notwendiges Minimum« sei. Er hoffe, daß die sowjetische Regierung nichts tun werde, was die bereits ernsthafte Krise weiter verschärfen könnte. Rusk befand, Dobrynin sei vor seinen Augen »um zehn Jahre« gealtert. Der Botschafter, der noch immer nichts von der Aufstellung »offensiver« sowjetischer Waffen auf Kuba wußte, kehrte an seinen Amtssitz zurück. Eine Viertelstunde saß er allein in seinem Büro und versuchte, sich zu beruhigen, bevor er Kennedys Nachricht an das hastig zusammengerufene Moskauer Präsidium übermittelte. Dort herrschte Verbitterung. Die sowjetische Führung war überzeugt, daß nun eine US-Invasion Kubas folgen würde, und befürchtete, die sowjetischen Truppen seien zahlenmäßig unterlegen.

Der sowjetische Befehlshaber erhielt Anweisungen, die ihn ermächtigten, taktische Kernwaffen einzusetzen, falls die Amerikaner an Land gingen. Die ballistischen SS-4-Raketen dürfe er jedoch nicht ohne ausdrücklichen Befehl aus Moskau abfeuern. »Sie können uns angreifen, und wir werden antworten«, sagte Chruschtschow vor dem Präsidium. »Womöglich endet das in einem großen Krieg.«

AL 5¢ New York Mirror

ER: Cloudy, partly clear-
ternoon, High 55 to 60.

Vol. 37, No. 417 TUESDAY, OCTOBER 23, 1962 C

VE BLOCKADE CUBA WITH 40 WARSHIPS

FK's Orders: 'Search, And If Necessary, Sink Any Arms Ship'

e Presidents 7 Points; His Ultimatum to K:

The U. S., "to halt this offensive buildup" in Cuba, is imposing "a strict quarantine on all offensive military equipment under shipment to Cuba." All ships of any kind bound for Cuba are to be turned back if they are found to contain cargoes of offensive weapons. This embargo also will be extended to "other carriers" if need be—meaning planes.

Surveillance of Cuba and its military buildup will be stepped up, and the U. S. armed forces have been ordered "to prepare for any eventuality."

U. S. policy will be to regard any nuclear missile launched from Cuba against any nation in the Western Hemisphere as an attack by Russia on the U. S. requiring full retaliation against the Soviet Union.

4 The U. S. Naval Base at Guantanamo, on the eastern tip of Cuba, has been reinforced, U. S. dependents there have been evacuated, and additional military units have been ordered to stand by on alert.

5 An immediate meeting of the OAS has been called to "consider this threat to hemispheric security" and to invoke the Inter-American Defense Pact provisions "in support of all necessary action."

6 The U. S. is asking for an emergency meeting of the United Nations Security Council without delay. The U. S. will call for "the prompt dismantling and withdrawal of all offensive weapons in Cuba" before it lifts the blockade.

7 Kennedy called on Soviet Premier Khrushchev "to halt and eliminate this clandestine, reckless, and provocative threat to world peace."

STORIES ON PAGES 2, 3

Kennedy und seine Mitarbeiter entschieden sich gegen einen Luftangriff oder eine Invasion und beschrieben das Vorgehen der USA als »Quarantäne«. Die Presse sprach von Blockade.

Kennedys Fernsehrede

Eine Stunde nach Rusks Begegnung mit dem sowjetischen Botschafter sprach Präsident Kennedy direkt aus dem Weißen Haus zur Nation. Er präsentierte die »eindeutigen Beweise« für die Aufstellung sowjetischer Raketen und umriß die US-Politik einer Quarantäne vom Meer aus.

Noch während Kennedys Rede befahlen die Vereinigten Stabschefs allen US-Streitkräften weltweit, auf DEFCON 3 zu gehen, das bedeutete erhöhte nukleare Alarmbereitschaft. Hunderte von Interkontinentalraketen wurden startklar gemacht. Polaris-U-Boote machten sich auf den Weg zu ihren vorherbestimmten Standorten auf hoher See. In der Karibik wurden 180 Schiffe für die Blockade Kubas bereitgestellt. An diesem Abend sagte Rusk bei einem Botschaftertreffen in Washington: »Ich wäre nicht offen und aufrichtig Ihnen gegenüber, wenn ich verschweigen würde, daß wir uns in einer der schwersten Krisen der Menschheit befinden.«

U Thant

Nun war Chruschtschow selbst zum Opfer seiner kühnen Idee geworden. Für unvorhergesehene Ereignisse wie die Entdeckung der Raketen gab es keinen Plan, es blieb nur Improvisation. Er versetzte die Streitkräfte des Warschauer Paktes in Alarm. Am Dienstagmorgen – es war der 23. Oktober – übermittelte TASS eine Erklärung des Kremls, in der Kennedy der Piraterie und einer »beispiellosen Verletzung des Völkerrechts« bezichtigt wurde, seine Schritte stellten »eine ernstliche Bedrohung des Friedens und der Sicherheit der Nationen« dar. Moskau blieb dabei, daß die Waffen auf Kuba »rein defensiven Zwecken« dienten, sie sollten »die Republik Kuba gegen Angriffe eines Aggressors schützen«. Die Politik des Weißen Hauses könne »katastrophale Folgen für den Weltfrieden« haben.

An jenem Abend unternahm Robert Kennedy den ersten von mehreren inoffziellen Besuchen bei Sowjetbotschafter Dobrynin. Sie saßen sich allein im Wohnzimmer des Botschafters über den Büroräumen gegenüber. Kennedy war angespannt und beunruhigt, er sagte dem Botschafter, daß er mehr als alles andere den Abbruch der Beziehungen zwischen Präsident Kennedy und Ministerpräsident Chruschtschow bedaure. Der Präsident habe sich sehr darüber geärgert, wie Chruschtschow und Gromyko versucht hätten, ihn zu hintergehen. Dobrynin, der ebenfalls nichts von den Raketenstellungen gewußt hatte, war unbehaglich zumute. Als Robert Kennedy sich verabschiedete, fragte er Dobrynin ganz sachlich, ob er wisse, welche Anweisungen die sowjetischen Schiffe auf dem Weg nach Kuba erhalten hätten. Dobrynin antwortete: »Unsere Kapitäne haben Befehl, den Kurs beizubehalten, da die Maßnahmen Präsident Kennedys ungesetzlich sind.« Tatsächlich hatte der Kreml bereits fünf Schiffe angewiesen, in die Sowjetunion zurückzukehren.

Washington, 1962

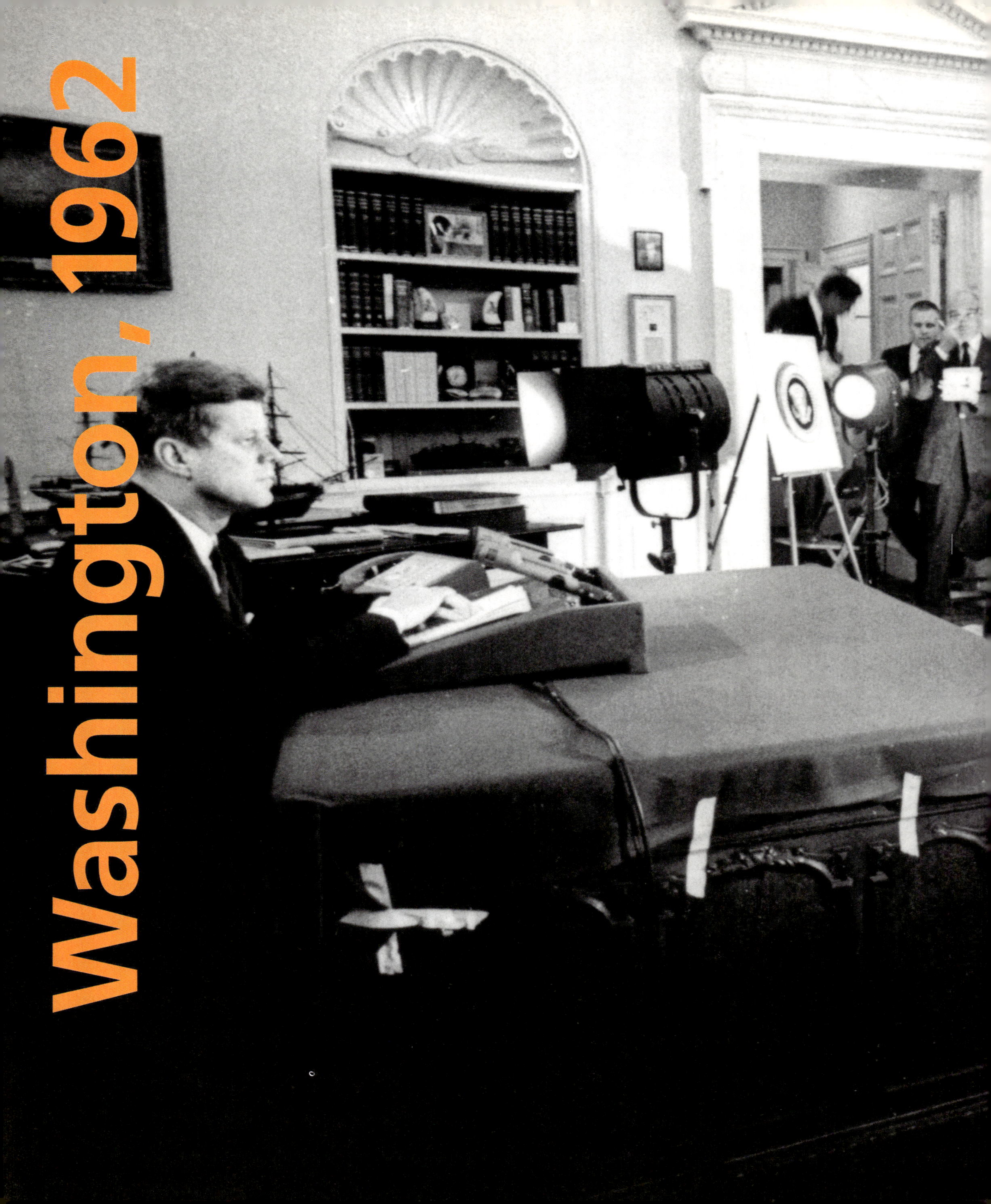

22. Oktober: Der amerikanische Präsident teilt zur Hauptsendezeit der Nation und der Welt mit, daß auf Kuba, rund 150 Kilometer vor der amerikanischen Küste, sowjetische Raketen stationiert sind, und erläutert, was er zu tun gedenkt. Von da an spitzte sich die Lage zu.

Am Mittwoch, dem 24. Oktober, schickte UNO-Generalsekretär U Thant unter dem Druck von 40 blockfreien Staaten gleichlautende Briefe an Kennedy und Chruschtschow. Darin drängte er auf eine Aufhebung der Blockade und die Aussetzung weiterer Schiffslieferungen nach Kuba für zwei bis drei Wochen. U Thant appellierte an beide Regierungen, alle Schritte zu unterlassen, die »das Risiko eines Krieges heraufbeschwören« könnten.

In der Karibik lief das sowjetische Schiff »Aleksandrowsk« in den kubanischen Hafen La Isabela ein. Es hatte als einziges sowjetisches Schiff die Anweisung erhalten, nach Kuba weiterzufahren. Die »Aleksandrowsk« hatte 24 Atomsprengköpfe an Bord und entkam der Blockade nur um wenige Stunden.

Chruschtschow warnte Kennedy, sollte die US-Marine versuchen, sowjetische Schiffe auf See zu stoppen, würden seine U-Boote die amerikanischen Schiffe versenken. Er werde nicht als erster Kernwaffen einsetzen, doch »wenn die USA auf einem Krieg bestehen, dann sehen wir uns alle in der Hölle wieder«.

Das Exekutivkomitee ging in eine lange und angespannte Sitzung. Um 10.25 Uhr meldete der Geheimdienst, daß anscheinend einige russische Schiffe auf See die Maschinen gestoppt hätten. McNamara wies Admiral George Anderson, den Befehlshaber der Marineoperation, an, bei der Blockade sorgsamst zu vermeiden, daß die Russen gedemütigt würden, damit Chruschtschow nicht in einem Anfall von Wut nukleare Waffen einsetzte.

Am Abend erreichte Kennedy eine persönliche Botschaft Chruschtschows mit der Warnung, die Sowjetunion betrachte die Blockade als »einen Akt der Aggression«. Es sah aus, als wollte Moskau die Konfrontation. Mit der gleichen Entschlossenheit setzten die Vereinigten Stabschefs die Alarmbereitschaft für die US-Streitkräfte auf DEFCON 2 herauf, die höchste Alarmstufe vor der Erklärung des Kriegszustandes, im Kalten Krieg nur einmal verkündet.

Am Donnerstag, dem 25. Oktober, wurde um 7.15 Uhr das erste sowjetische Schiff abgefangen. Der sowjetische Tanker »Bucharest« lief in die Sperrzone ein und wurde von der »USS Gearing« gestoppt. Nachdem die Besatzung der »Bucharest« glaubhaft versichert hatte, daß sie lediglich Öl an Bord hatte, durfte sie nach Havanna weiterfahren. Im Weißen Haus erklärte Kennedy: »Ich will ihn [Chruschtschow] nicht in eine Ecke drängen, aus der er nicht herauskommen kann.«

Kennedy vermied es, auf den Appell U Thants direkt zu antworten. Chruschtschow schrieb, er sei mit dem Vorschlag einverstanden. Unterdessen konfrontierte Adlai Stevenson im UN-Sicherheitsrat den sowjetischen Repräsentanten Walerjan Sorin mit den Beweisen für die Raketenstationierung. Die CIA teilte dem Exekutivkomitee mit, die Mittelstreckenraketen des Typs SS-4 seien nun abschußbereit.

Am Freitag, dem 26. Oktober, stoppten bei Tagesanbruch Zerstörer der US Navy ein weiteres Schiff. Es war der libanesische Frachter »Marucla«. Um die Entschlossenheit der Amerikaner zu demonstrieren, wurde der Vorfall für die öffentliche Meinung regelrecht in Szene gesetzt, denn der amerikanische Geheimdienst wußte längst, daß die Ladung aus Ersatzteilen für Lastwagen, aus Asbest und anderen Industriegütern bestand.

Am Freitag, dem 26. Oktober, versammelte sich das Exekutivkomitee um 10 Uhr morgens. Kennedy stand vor den Wahlen im November unter wach-

Die Luftaufnahme zeigt ein sowjetisches Schiff, beladen mit miltärischer Fracht, das in der Hoffnung, der Blockade zu entkommen, auf Havanna zusteuert.

Walerjan Sorin, der Vertreter der UdSSR, lauscht im UN-Sicherheitsrat der Debatte über Kuba.

sendem politischem Druck, gegen Castro »hart durchzugreifen«, und räumte ein, bislang habe die Blockade die Sowjets nicht zum Abzug der auf Kuba stationierten Raketen veranlaßt. So wurden Pläne für eine Invasion diskutiert. 25 000 Marines wurden rund um die Karibik zusammengezogen. In Florida marschierten 100 000 Soldaten auf. Zwei gewaltige Flugzeugträger, die »Enterprise« und die »Independence«, brachen mit voller Kraft Richtung Kuba auf. Die Luftwaffe setzte ganz auf Luftangriffe und legte Pläne vor, nach denen ein Erstschlag mit mehr als 2000 Einsätzen geführt werden sollte. Man schätzte, daß die Vereinigten Staaten für eine Invasion zehn Kampftage und 18 500 Opfer veranschlagen müßten. Der Präsident war entsetzt. Um die Katastrophe abzuwenden, mußte er einen Handel eingehen.

Ein außergewöhnlicher Vorschlag

Im weiteren Verlauf des Vormittags erhielt der diplomatische Korrespondent des Fernsehsenders ABC, John Scali, einen überraschenden Anruf von Alexander Fomin, einem Mitarbeiter der Presseabteilung an der sowjetischen Botschaft. Fomin schlug ein Treffen vor. Beim Essen fragte Fomin, ob die US-Regierung einen Kompromiß akzeptieren würde. Für eine Garantie der Vereinigten Staaten, Kuba nicht anzugreifen, werde die Sowjetunion die Raketen demontieren und abziehen. Scali, erstaunt von diesem ersten Schritt einer Annäherung, verständigte umgehend Dean Rusk, und Rusk ging geradewegs

Adlai Stevenson, der US-Botschafter bei den Vereinten Nationen, forderte von den Sowjets die Erklärung, daß sie auf Kuba keine Raketen mittlerer Reichweite und keine Mittelstreckenraketen stationiert hatten und nicht stationieren wollten.

Harsche Worte

Im UN-Sicherheitsrat in New York wuchs am 25. Oktober die Spannung. Der sowjetische Botschafter bei den Vereinten Nationen, Walerjan Sorin, forderte den US-Botschafter Adlai Stevenson auf, Beweise für das Vorhandensein der Raketen auf Kuba vorzulegen.

Stevenson: »Ja, wir haben den Beweis … er ist eindeutig …« Bestreiten Sie, Botschafter Sorin, daß die UdSSR auf Kuba Raketenstellungen errichtet hat oder eben dabei ist, das zu tun? Ja oder nein? [Pause] Warten Sie nicht auf die Übersetzung. Ja oder nein?«

Sorin [aus dem Russischen übersetzt]: »Ich bin hier nicht in einem amerikanischen Gerichtssaal, Sir, und deshalb habe ich keine Lust, eine Frage zu beantworten, die mir gestellt wird, als stünde ich vor dem Staatsanwalt.«

Stevenson: »Aber Sie stehen hier vor dem Gerichtshof der Weltmeinung, und Sie können antworten, mit Ja oder Nein. Sie haben bestritten, daß es sie gibt, und ich möchte nun wissen, ob ich Sie richtig verstanden haben.«

Sorin: »Sie werden Ihre Antwort bekommen, Sir, wenn die Zeit gekommen ist.«

Stevenson: »Es macht mir nichts aus, auf Ihre Antwort zu warten, bis die Hölle zufriert, wenn Sie das wollen …«

Dann zeigte Stevenson auf vergrößerte Aufnahmen der Raketenstellungen. Sorin gab keine Antwort, sondern machte sich über die fotografischen Beweise lustig.

Stevenson: »Wir kennen die Fakten, und Sie ebenso, Sir. Wir sind bereit, darüber zu reden. Unsere Arbeit hier ist es nicht, bei Debatten Erfolge zu erzielen. Unsere Arbeit hier ist es, den Frieden zu bewahren. Und wenn Sie dazu bereit sind, dann sind wir es auch.«

zum Präsidenten. Man sagte Scali, er solle sich nochmals mit Fomin treffen und ihm mitteilen, die US-Regierung sehe reale Chancen in einer solchen Vereinbarung. Seltsamerweise hatte es später den Anschein, als habe Fomin, ein Mitarbeiter des KGB, ganz und gar auf eigene Faust gehandelt.

Am Abend traf im Außenministerium ein Brief aus dem Kreml ein. Hoffnung keimte auf, denn in dem Schreiben wurde ein Abkommen angeregt ähnlich dem Vorschlag, den Fomin Stunden zuvor unterbreitet hatte: Die Sowjets würden die Raketen abziehen, wenn sich die USA einverstanden erklärten, Kuba weder anzugreifen noch »irgendeine andere Streitmacht zu unterstützen, die beabsichtigt, Kuba anzugreifen«. Um 22 Uhr trat das ExComm nochmals zusammen und entschied, Chruschtschows Vorschlag als ehrliches Angebot zu betrachten.

Anatolj Dobrynin

In der Nacht suchte Castro die sowjetische Botschaft in Havanna auf. Er diktierte ein Telegramm an Chruschtschow, in dem er eine US-Invasion voraussagte und dem Kreml versicherte, daß die Kubaner sich einem Landungsversuch mit aller Kraft widersetzen würden. Er legte der Sowjetunion nahe, einen Angriff mit Kernwaffen als Vergeltungsmaßnahme vorzubereiten. Obwohl der sowjetische Botschafter Einspruch erhob, befahl Castro seinen Einheiten, auf alle US-Flugzeuge im kubanischen Luftraum zu schießen.

In den frühen Morgenstunden führte Robert Kennedy eine weitere geheime Unterredung mit Dobrynin. Der Botschafter wies darauf hin, daß in der Türkei einsatzbereite amerikanische Raketen stationiert waren, die Ziele in der UdSSR bedrohten. Kennedy erwiderte, daß die türkischen Raketen zu einer möglichen Lösung der Krise beitragen könnten, und verließ kurz das Zimmer, um ein Telefongespräch zu führen. Er kam zurück und sagte dem Botschafter, der Präsident sei bereit, »die Türkeifrage bevorzugt zu prüfen«. Dobrynin gab dies sofort nach Moskau weiter.

Als die Sonne am Samstagmorgen, dem 27. Oktober, in Washington aufging, war der Tag klar und hell, doch er sollte als Schwarzer Samstag in die Geschichte eingehen. Auf die Nachricht hin, daß Aufklärungsflüge in geringer Höhe die Einsatzbereitschaft von sechs Abschußrampen ergeben hätten, trat das Exekutivkomitee um 10 Uhr zu einer Marathonsitzung zusammen. In den nächsten 48 Stunden mußte die Entscheidung fallen. Die Konferenz wurde durch die Meldung unterbrochen, ein Flugzeug des Typs U-2 sei beim Flug über Alaska vom Kurs abgekommen und in den sowjetischen Luftraum eingedrungen. Das Militär der UdSSR betrachte das Flugzeug als einen »Fühler«, der ihr Warnsystem testen sollte. Als man im ExComm hörte, daß MiG-Jäger aufgestiegen seien, um die U-2 abzufangen, wurde McNamara blaß. »Dies bedeutet Krieg mit Rußland«, schrie er. Der Präsident reagierte gelassener. »Irgendein Idiot muß immer alles vermasseln.«

Tatsächlich kehrte der Pilot der U-2 unversehrt zurück. In diesem Augenblick höchster Spannung trafen kurz nach 12 Uhr Berichte ein, daß in einer Rundfunksendung von Radio Moskau ein weiterer Brief Chruschtschows publik gemacht worden sei. Dieser zweite Brief war in einem sehr viel förmlicheren Ton abgefaßt und enthielt einen neuen Vorschlag: Wenn die Sowjets ihre Raketen von Kuba abziehen sollten, müßten die Vereinigten Staaten ihrerseits die Raketen aus der Türkei abziehen. Die Falken im Exekutivkomitee waren empört. Im ersten Brief war von der Türkei keine Rede gewesen. Möglicherweise hatten die Hardliner im Kreml Chruschtschow überstimmt oder gar abgesetzt. Die Kennedy -Brüder blieben wortkarg, denn sie wußten, daß der Kreml lediglich auf eine Idee reagierte, die sie den Russen am Abend zuvor unterbreitet hatten. Der Präsident meinte: »Damit hat er ein ziemlich gutes Argument, weil die meisten Leute es als einen vernünftigen Vorschlag ansehen werden.« Bundy, Rusk und General Taylor kritisierten ihren Oberbefehlshaber sofort: Sie gaben zu bedenken, daß ein Abzug der Raketen aus der Türkei die NATO erschüttern würde. Die Diskussionen gingen den ganzen Tag weiter. Kennedy sagte, es sei eine »unerträgliche Position«, einen Atomkrieg zu beginnen, statt eine Vereinbarung über die Türkei zu akzeptieren. Der Präsident steckte in der Klemme. Er konnte keinen Schritt nach vorn gehen, ohne einen Atomkrieg zu riskieren. Und er konnte keinen Schritt zurückgehen, ohne zu kapitulieren. Er mußte auf die Seite ausweichen.

Das Foto aus einer kubanischen Zeitung zeigt die Überreste eines Spionageflugzeugs vom Typ U-2, das von einer kubanischen Flugabwehr-Raketenbatterie am Samstag, dem 27. Oktober, abgeschossen wurde. Die Pläne des US-Militärs für einen solchen Fall sahen einen Vergeltungsschlag vor, doch der Präsident zögerte mit der Genehmigung – eine Entscheidung, die möglicherweise einen Atomkrieg verhindert hat.

Chruschtschow sieht eine Möglichkeit

Washingtons Befürchtung, Chruschtschow könnte entmachtet worden sein, war weit von der Realität entfernt. Der sowjetische Ministerpräsident hatte während der ganzen Krise die vollkommene Kontrolle über die sowjetische Führung. Am Samstag hatte er vor dem Präsidium betont, daß Kennedy vier Tage lang nichts unternommen habe. Durch die eigene Standhaftigkeit habe man das Weiße Haus gezwungen, die Invasionspläne nochmals zu überdenken. Entgegen aller Vorhersagen des Nachrichtendienstes glaubte Chruschtschow nicht, daß jetzt eine Invasion stattfinden werde. Dem Präsidium präsentierte er den neuen Faktor: die türkischen Raketen. Und vor dem Präsidium diktierte er die Botschaft, die das Exekutivkomitee so sehr in Aufruhr versetzte.

In Kuba ließ sich Samstag, der 27. Oktober, schlecht an. Ein tropischer Sturm fegte über die Insel. Während die sowjetischen Techniker hektisch daran arbeiteten, die Raketen einsatzbereit zu machen, befürchteten sie, daß die sintflutartigen Regenfälle zu Fehlern in der Elektronik führen könnten. Auf Meldungen hin, daß ein amerikanisches U-2-Flugzeug über der Insel gesichtet worden sei, wurden die sowjetischen Luftabwehrbatterien in Stellung gebracht. Die Nerven lagen blank. Außerstande, den sowjetischen Befehlshaber zu erreichen, erlaubte sein Stellvertreter den Abschuß einer SAM-Rakete. Die Rakete explodierte neben dem Flugzeug, und die U-2 stürzte ab. Der Pilot kam ums Leben.

Als die Meldung in Washington eintraf, bereiteten die Militärs nach den Plänen für einen solchen Fall einen Vergeltungsschlag gegen die SAM-Raketenstellungen vor. Doch der Präsident erteilte zur Bestürzung des Pentagon die Anweisung, nichts zu unternehmen. Im Exekutivkomitee reifte langsam der Gedanke, Chruschtschows zweiten Brief zu ignorieren und nur auf den ersten zu antworten. Theodore Sorensen und Robert Kennedy bereiteten eine Antwort vor. Kurz nach 20 Uhr unterzeichnete Kennedy den Brief, in dem die Beendigung der Blockade und der Verzicht auf Angriffe gegen Kuba garantiert wurden, wenn Rußland seine Raketen zurückzog.

Der harte Kern des ExComm blieb im Weißen Haus, darunter der Präsident, sein Bruder, Rusk und Sorensen. Sie kamen überein, daß Robert Kennedy ein weiteres Treffen mit dem sowjetischen Botschafter arrangieren und ihn direkt über den Brief des Präsidenten informieren solle. Rusk hatte sich zu dem Handel mit den türkischen Raketen durchgerungen, doch er schlug vor, dies nicht zu deutlich zu sagen, damit es nicht wie ein Rückzieher aussah. Für den Fall, daß die ganze Sache ans Licht käme, telefonierte Rusk mit einem amerikanischen Beamten bei der UNO und diktierte eine Stellungnahme. Diese sollte U Thant am nächsten Tag veröffentlichen, falls er dazu von Washington angewiesen würde. U Thant sollte den Abzug der US-Raketen aus der Türkei und der sowjetischen Raketen aus Kuba fordern. Wenn die Russen das Geheimabkommen an die Öffentlichkeit brachten, konnte Kennedy vorgeben, der Vorschlag sei von den Vereinten Nationen gekommen.

FINAL ** ** 5¢ New York Mirror
WEATHER: Mostly cloudy. High in 50s. Vol. 37, No. 422 MONDAY, OCTOBER 29, 1962 C

K BOWS
Will Pull Ou
Missiles

Khrush:
"The Soviet government, in addition to previously issued instructions for the cessation of further work at the weapons building sites, has issued a new order, for the dismantling of the weapons, which you describe as offensive, their crating and returning to the Soviet Union."

JFK:
"I welcome Chairman Khrush statesmanlike decision to stop ing bases in Cuba, dismantling sive weapons and returning the the Soviet Union under United N verification. This is an importan constructive contribution to pea

Kennedy Made No Dea
STORIES ON PAGES 2, 3

Spätabends traf Dobrynin mit Robert Kennedy im Justizministerium zusammen. Nervös und beunruhigt sagte Kennedy Dobrynin, er habe seit sechs Tagen sein Haus und seine Kinder nicht mehr gesehen. Er machte deutlich, daß sich die Lage verschlechterte, daß die Militärs und viele hochrangige Beamte in Washington »einen Kampf haben wollen«. Die Vereinigten Staaten müßten die Raketenstellungen bombardieren, wenn die Raketen nicht zurückgezogen würden. Dennoch, so sicherte er zu, würden die USA die Blockade aufheben und garantieren, keine Invasion durchzuführen. Dobrynin fragte nach den Raketen in der Türkei. Kennedy erwiderte, der Präsident sei dazu bereit, doch der Handel müsse geheim bleiben, da die Vereinigten Staaten als führendes NATO-Mitglied die Raketen nicht einseitig für eigene Zwecke abziehen könnten. Er könne allerdings garantieren, daß die türkischen Raketen innerhalb von »vier oder fünf Monaten« abgezogen würden. Die Zeit wurde knapp, es ging um Stunden. Kennedy drängte darauf, Chruschtschow solle am nächsten Tag eine klare und konkrete Antwort geben, jedoch die türkischen Raketen nicht erwähnen, von denen nur wenige Menschen wüßten.

In Moskau beriet das Präsidium vor den Toren der Stadt in Chruschtschows Datscha. Als Dobrynins Bericht über das Gespräch eintraf, sagte Chruschtschow den Genossen, man müsse einen würdigen Weg aus der Krise finden. Chruschtschow befürchtete, der junge Präsident werde von den Militärs so sehr unter Druck gesetzt, einen Militärschlag zu führen, daß es ihm nicht möglich sein könnte zu widerstehen. Aus Furcht vor Luftangriffen auf die Raketenstellungen erklärte er sich mit Kennedys Vorschlägen einverstanden.

Um 9 Uhr am folgenden Sonntagmorgen, dem 28. Oktober, verbreitete Radio Moskau eine Botschaft Chruschtschows, in der er ankündigte, daß »die sowjetische Regierung die neue Anweisung erteilt hat, die Waffen, die Sie als ›offensiv‹ bezeichnen, zu demontieren, zu verpacken und wieder in die Sowjetunion zurückzubringen«. Im Weißen Haus atmete man erleichtert auf. Innerhalb weniger Stunden ließ Kennedy über den Sender Voice of America eine rasche Erklärung nach Moskau senden, daß er einverstanden sei. Er ordnete zudem an, daß keine Schiffe mehr gestoppt werden sollten. In einer förmlicheren Antwort an Chruschtschow schrieb der Präsident von »festen Verpflichtungen auf der Seite unserer beiden Regierungen, denen unverzüglich nachgekommen werden sollte«. Er schloß: »Ich bin mit Ihnen einer Meinung, daß wir dem Problem der Abrüstung unsere dringliche Aufmerksamkeit widmen müssen.«

Ein Sieg für beide

Ein sowjetisches Schiff, das Flugzeuge aus Kuba abtransportiert, wird aus der Luft inspiziert.

Im Mai 1963 unterzeichneten Castro und Chruschtschow eine gemeinsame sowjetisch-kubanische Erklärung. Doch Castro war immer noch aufgebracht, daß Chruschtschow ohne Konsultation mit ihm zugestimmt hatte, die sowjetischen Raketen aus Kuba abzuziehen.

In den Vereinigten Staaten wurde das Abkommen als eine große Niederlage der Sowjets betrachtet. Innerhalb weniger Stunden ging im Weißen Haus alles wieder seinen normalen Gang. Kennedy hatte Mann gegen Mann mit den Sowjets gerungen und gewonnen. Nur die konservativen Falken und die Militärs waren enttäuscht, ihnen blieb der Kampf versagt. Admiral Anderson, der den Befehl über die Seeblockade geführt hatte, bemerkte dazu: »Wir sind übers Ohr gehauen worden.« General LeMay schlug vor, man solle Ernst machen und die Raketenstellungen auf alle Fälle bombardieren. Die Vereinigten Stabschefs gaben Anweisung, die Alarmbereitschaft nicht aufzuheben, falls das sowjetische Vorgehen ein »unehrlicher Trick« sei, um Zeit zu gewinnen.

In Moskau beanspruchte auch Chruschtschow den Sieg für sich. »Die beiden mächtigsten Nationen der Welt waren zum Kampf gegeneinander angetreten, jede mit dem Finger auf dem Knopf«, schrieb er später. Die Lösung der Krise sei ein »Triumph des gesunden Menschenverstandes« gewesen. In einer Beschreibung des Abkommens betonten die Sowjets wiederholt, daß sie etwas erreicht hätten – nämlich eine Vereinbarung mit den USA, Kuba nicht anzugreifen –, was zuvor noch nie möglich gewesen sei. Chruschtschow habe die sozialistische Revolution Kubas für die Nachwelt gesichert. Kuba werde nicht das gleiche Schicksal wie Guatemala erleiden. Chruschtschow betrachtete das Abkommen als großen Sieg seiner Diplomatie, »ohne einen einzigen Schuß abgefeuert zu haben«.

Fidel Castro in Havanna war über den Abzug der Raketen nicht informiert worden und tobte. Er verfluchte Chruschtschow als »Dreckskerl, Bastard, Arschloch«. Er weigerte sich, den sowjetischen Botschafter zu empfangen, und bezeichnete den Abbau der Raketen als moralische Niederlage. In Ankara drückte die türkische Regierung – die mehrfach deutlich gemacht hatte, sie wolle für Verteidigungszwecke US-Raketen auf ihrem Territorium haben – ihre Freude über die friedliche Beilegung des Konflikts aus und erklärte, sie werde niemals an Verhandlungen teilnehmen, die den Abzug der Raketen zum Gegenstand hätten. Niemand teilte den Türken mit, daß eine solche Vereinbarung längst getroffen war.

In den Mythen um die Kubakrise ist Kennedy der Sieger. Intelligent, heldenhaft und jung, blieb er gelassen und erteilte den Sowjets eine Lektion. In den Kongreßwahlen zehn Tage nach der Krise gewannen die Demokraten ihre größte Senatsmehrheit seit 20 Jahren. In Massachusetts wurde der jüngste Bruder des Präsidenten, Edward, mit einem erdrutschartigen Wahlsieg in den Senat gewählt. Richard Nixon unterlag bei der Wahl für das Gouverneursamt in Kalifornien. 1963 wurden die amerikanischen Raketen stillschweigend aus der Türkei abgezogen. Man gab vor, dies habe mit der Kubakrise nichts zu tun: Die Raketen seien veraltet, und Präsident Kennedy habe ihren Abzug schon lange vor der Krise angestrebt. Ungeachtet der Vereinbarungen mit den Sowjets verfolgte Kennedy weiter Pläne für Sabotage und Rebellion in Kuba. Nach seiner frühen Demütigung in der Schweinebucht und seiner Unsicherheit wegen Berlin war Kennedy nun ein großer Staatsmann, ein Friedensstifter; seine politische Zukunft sah glänzend aus.

Nordvietnam, 1965

Soldaten der Nordvietnamesischen Volksarmee bei der Ausbildung 1965. Viele Märsche und Kampfeinsätze lagen noch vor ihnen.

Vietnam

1954–1968

Dien Bien Phu, 7. Mai 1954. Nach heftigen Kämpfen und schweren Verlusten kapitulieren die französischen Truppen vor den vietnamesischen Aufständischen, den Vietminh. Damit wurde Frankreich als Kolonialmacht aus Indochina vertrieben.

Elefant und Heuschrecke

Am 7. Mai 1954 kapitulierten französische Streitkräfte in Dien Bien Phu nahe der Grenze zu Laos im nordwestlichen Vietnam. Die Truppen streckten nach einem erbitterten achtwöchigen Kampf mit vietnamesischen Aufständischen des Vietminh die Waffen. Die Franzosen hatte ihre erfahrensten Einheiten in dem Talkessel um das Dorf herum stationiert, doch der Vietminh belegte die Franzosen von den umliegenden Hügeln erbarmungslos mit Artilleriefeuer; die Munition dafür lieferte China. Ein Stützpunkt nach dem anderen fiel. Durch den Artilleriebeschuß des Flugplatzes waren die Franzosen von Verstärkung abgeschnitten und konnten auch die Verwundeten nicht mehr ausfliegen. Nach einem letzten Angriff der Vietnamesen gab der französische Befehlshaber auf, über dem Kommandoposten wurde die rote Flagge gehißt. Die Kämpfe von Dien Bien Phu gingen als eine der großen Schlachten in die Geschichte ein.

Die Schlacht markierte das Ende eines achtjährigen Kampfes zwischen Franzosen und vietnamesischen Kämpfern. Nach der demütigenden Niederlage und der Besetzung ihres Landes im Zweiten Weltkrieg hatten die Franzosen versucht, ihr Kolonialreich in Asien, Indochina, wiederzuerlangen. Indochina bestand aus Kambodscha, Laos und Vietnam. In Vietnam hatte Frankreich seit Ende des 19. Jahrhunderts geherrscht. Anführer der Liga der Verbände für die Unabhängigkeit seines Landes, kurz Vietminh, war Ho Chi Minh, ein überzeugter und durchtriebener nordvietnamesischer Kommunist. Nach der Kapitulation Japans Ende des Zweiten Weltkriegs hatte er die Unabhängigkeit Vietnams ausgerufen. Die Sowjetunion und ab 1949 das kommunistische China lieferten ihm schwere Waffen und Munition. Damit konnte er seine Guerillagruppen in eine schlagkräftige Streitmacht verwandeln. Ho Chi Minh beschrieb den Kampf als Auseinandersetzung »eines Elefanten mit einer Heuschrecke«, doch der Vietminh behauptete sich mehr als einmal in der direkten Konfrontation mit französischen Truppen. Mehr als 90 000 Franzosen wurden getötet, verwundet oder vermißt in einem Krieg, den die französische Öffentlichkeit bald *la sale guerre* nannte – den schmutzigen Krieg.

Die Franzosen zogen 1953, als Friedensgespräche ein Ende des Koreakriegs brachten, Verhandlungen mit Ho Chi Minh in Erwägung. Doch der wußte, daß sein Einfluß am Verhandlungstisch davon abhing, was er bei den Kampfhandlungen erreichte. Der Sieg, den er brauchte, stellte sich bei Dien Bien Phu ein. Auf einer internationalen Konferenz in Genf erklärten sich die Franzosen nach der Kapitulation zum Abzug aus Südostasien bereit. Vietnam wurde am 17. Breitengrad, zwischen dem kommunistischen Norden und dem Süden, geteilt. Zwei Jahre später sollte eine Volksabstimmung über die Wiedervereinigung des Landes stattfinden.

Von Washington aus beobachtete Präsident Eisenhower besorgt die Entwicklungen in Südostasien. Kaum ein Jahr war seit der Aushandlung des endgültigen Waffenstillstands vergangen, der den langen Krieg gegen den Kommunismus in Korea beendet hatte. Eisenhower überlegte, ob er die Franzosen in Dien Bien Phu mit US-Flugzeugen unterstützen sollte, doch da er auch gewählt worden war, um den Koreakrieg zu beenden, lehnte er ab, die USA in einen weiteren Konflikt in Asien zu verwickeln. Die Vereinigten Stabschefs unterstützten seine Position und kamen zu dem Schluß, daß »es in Indochina keine entscheidenden militärischen Ziele« mehr gebe. Wenn jedoch Indochina fallen sollte, so die Einschätzung des Präsidenten, werde sich ganz Südostasien »sehr rasch« dem Kommunismus zuwenden – die Länder würden umfallen »wie eine Reihe Dominosteine«. Er dachte dabei an Laos, Kambo-

»Der Napoleon Nordvietnams«, General Vo Nguyen Giap, spricht zu seinem Stab. Hinter ihm an der Wand Bilder von Stalins Nachfolger Malenkow, von Ho Chi Minh, Nordvietnams Führer, und von Mao Tse-tung.

Ho Chi Minh

Ho Chi Minh war einer der einflußreichsten kommunistischen Führer des 20. Jahrhunderts. Er wurde als Nguyen That Thanh 1890 in Zentralvietnam geboren, das damals Teil von Französisch-Indochina war. Er ging in Hue zur Schule und arbeitete kurzzeitig als Lehrer, dann heuerte er auf einem französischen Dampfschiff als Koch an. Vor dem Ersten Weltkrieg lebte er in London und Paris und wirkte an der Gründung der Kommunistischen Partei Frankreichs mit. Er durchlief eine Schulung in Moskau und wurde 1924 nach China geschickt, um unter Exilvietnamesen zu arbeiten. Dort war er Mitbegründer der Kommunistischen Partei Indochinas (ICP). Zeitweilig wurde er aus China ausgewiesen, 1938 kehrte er als Militärberater Mao Tse-tungs zurück.

Als Japan 1941 Vietnam besetzte, nahm Ho Chi Minh wieder Kontakt mit der ICP auf und organisierte die Widerstandsbewegung mit Namen Vietminh, die einen entschlossenen Kampf gegen die Japaner führte. Nach der Niederlage Japans 1945 rief der Vietminh die Demokratische Republik Vietnam aus und ernannte Ho Chi Minh zum Präsidenten. Der Versuch Frankreichs, in der Nachkriegszeit die Kontrolle über seine Kolonien wiederzuerlangen, endete 1954 mit der Niederlage bei Dien Bien Phu. Vietnam blieb geteilt.

In den nächsten 15 Jahren führte Ho Chi Minh den Kampf Nordvietnams um die Wiedervereinigung, der zu einem Fiasko für die Vereinigten Staaten wurde. Er starb 1969; die Wiedervereinigung Vietnams 1975 erlebte er nicht mehr. Die ehemalige Hauptstadt Südvietnams, Saigon, wurde zu seinen Ehren in Ho-Chi-Minh-Stadt umbenannt.

dscha, Birma, Thailand, ja selbst Indien kam in Frage – was den kommunistischen Block gewaltig stärken würde.

In Nordvietnam verwirklichte Ho Chi Minh nach seiner Machtübernahme Boden- und Bildungsreformen und richtete eine Gesundheitsversorgung ein. Mit diesen Maßnahmen sollte die Bevölkerung für den Kampf gewonnen werden. In einem radikaleren Vorgehen beschlagnahmte das kommunistische Regime privates Land und verteilte es an die Bauern. Viele Grundeigentümer wurden bei öffentlichen Tribunalen angegriffen, etliche kamen in Arbeitslager; in einem Exzeß, für den Ho Chi Minh sich später entschuldigte, wurden Tausende hingerichtet. Ein Million Menschen flohen vor dem kommunistischen Regime in den Süden.

Eine arme, abhängige Nation hat eine Kolonialmacht besiegt … Das bedeutete viel, nicht allein für uns, sondern für Menschen in der ganzen Welt.

General Vo Nguyen Giap
über den Sieg bei Dien Bien Phu

Schulkinder mit einem Bild Ho Chi Minhs üben im Chor Begrüßungsworte, während dessen Truppen am 9. Oktober 1954 Hanoi von den abziehenden Franzosen übernehmen.

Vietnam

Im Süden hinterließen die Franzosen ein politisches Vakuum. Ngo Dinh Diem rief dort die Republik Vietnam aus. Er war ein vietnamesischer Nationalist und Katholik mit einer stark konfuzianisch geprägten Weltanschauung, und er war glühender Antikommunist. Als eine Art moderner Mandarin herrschte er mit Hilfe seiner Familie und von Freunden wie ein Kaiser. Nach Belieben nahm seine Regierung Gegner fest, meist Sympathisanten der Kommunisten, und hielt sie in Haft. Binnen weniger Jahre waren alle im Süden verbliebenen Angehörigen des Vietminh verschwunden. Aus Angst vor einem Wahlsieg der Kommunisten ignorierte Ngo Dinh Diem die in Genf vereinbarten, für 1956 angesetzten freien Wahlen. Er schaffte sogar die Wahlen für die Stadt- und Dorfräte ab und kündigte an, Kommunalbeamte würden künftig von seinen Anhängern ernannt. Die USA engagierten sich immer stärker, um zu verhindern, daß Südvietnam kommunistisch würde: Hunderte von Millionen Dollar flossen als Finanzhilfe und immer mehr Berater wurden entsandt. Doch der Einfluß der Amerikaner auf den südvietnamesischen Präsidenten blieb begrenzt. So klagte ein Berater: »Er hört mehr auf seine Brüder ... als auf mich.«

Das Unterdrückungsregime im Süden und der Staatsterrorismus im Norden schufen unerbittlich harte Verhältnisse für die vietnamesischen Kleinbauern. Nach achtjährigem Kampf gegen Frankreich brauchte die Nation dringend Frieden und Erneuerung. Doch es sah so aus, als würde aus der vorübergehenden Teilung im Anschluß an die Genfer Indochinakonferenz eine permanente Trennung. Im Dezember 1960 wurde die Nationale Front zur Befreiung Südvietnams gegründet, gewöhnlich bezeichnet als Nationale Befreiungsfront oder Vietcong. Es handelte sich um eine breite Koalition von Gruppen, die das Ziel einte, den südvietnamenischen Präsidenten zu stürzen. Die Vereinigung wurde als »südliche« Widerstandsbewegung ins Leben gerufen, um das Genfer Übereinkommen nicht zu verletzen, das dem Norden untersagte, Kämpfer in den Süden zu entsenden. Tatsächlich wurde der Vietcong von Anfang an von Hanoi kontrolliert. Die Kommunisten hatten seit langem Wege erforscht, wie sie Streitkräfte und Parteikader unterwandern und Nachschub in den Süden schaffen konnten. Nach und nach wurden durch die Berge und die Urwälder des Nachbarlandes Laos Pfade geschlagen. So gelangte regelmäßig Nachschub von den Kommunisten aus dem Norden an die Aufständischen im Süden. Dieser geheime Nachschubweg hieß Ho-Chi-Minh-Pfad.

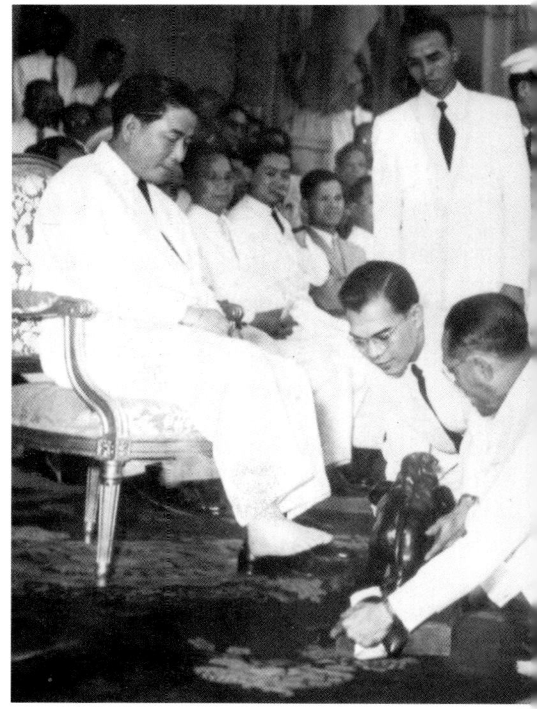

Ngo Dinh Diem, Anhänger des Konfuzianismus, Katholik und Antikommunist, wird als Präsident Südvietnams in sein Amt eingeführt. Er stellt seinen nackten Fuß auf einen Bronzeelefanten, was ihm Stärke verleihen soll.

Eine Reihe von Dominosteinen?

Am Vorabend seiner Amtseinführung im Januar 1961 trafen John F. Kennedy und eine Gruppe hochrangiger Berater mit dem noch amtierenden Präsidenten Eisenhower zusammen. Kennedy wurde über laufende politische Angelegenheiten unterrichtet. Dabei erfuhr er erstmals von Plänen für eine Invasion Kubas durch eine Brigade von Exilkubanern, die die CIA ausbildete. Es gibt unterschiedliche Berichte, welchen Ratschlag der ältere Staatsmann dem jungen Präsidenten erteilte, doch alle Anwesenden erinnern sich, Eisenhower habe Kennedy ausdrücklich vor der Gefahr gewarnt, daß Südostasien kommunistisch werden könnte. Allem Anschein nach erwähnte Eisenhower Vietnam nicht ausdrücklich, sondern bezeichnete Laos als den »gegenwärtigen

Schlüssel« zu Südostasien. Auf die drängende Frage Kennedys, wie mit der dortigen kommunistischen Bedrohung am besten verfahren werden sollte, reagierte Eisenhower ausweichend.

Die neue Regierung Kennedy betrachtete wie die Regierung Eisenhower die kommunistische Bedrohung als einen monolithischen Block. Demnach arbeiteten die Sowjets und die Chinesen in einem Gesamtplan zusammen, um in einer Region nach der anderen die Vorherrschaft zu erringen. Die kommunistische Bewegung in Vietnam erschien ihnen im gleichen Licht wie die Guerillarevolten der fünfziger Jahre im Malaiischen Bund, in Indonesien, Birma und auf den Philippinen. Die besten und hellsten Köpfe in Washington übersahen das nationalistische Element in diesen Kämpfen. Kennedys Berater gingen von der Dominotheorie aus – der Überzeugung, daß die Sicherheit der USA und der ganzen freien Welt bedroht war, wenn Südvietnam kommunistisch wurde – und trugen eine Grundsatzkontroverse darüber aus, wie man sich gegenüber Vietnam verhalten sollte.

Präsident Ngo Dinh Diem, neben ihm der stellvertretende amerikanische Verteidigungsminister Donald Quarles, am 9. Mai 1957 mit der Ehrenwache vor dem Pentagon.

In den ersten Monaten seiner Regierung war Kennedy mit dem Fiasko in der Schweinebucht und mit Berlin beschäftigt, Südostasien schien weit weg. Doch die kommunistische Infiltration im Süden nahm zu, die Angriffe auf Ngo Dinh Diem mehrten sich, und die Krisenstimmung in Saigon drang allmählich bis ins Weiße Haus. Der Präsident schickte seinen außenpolitischen Berater Walter Rostow sowie General Maxwell Taylor nach Vietnam, sie sollten sich ein Bild von der Situation dort machen. Ihr Bericht traf den Kern des amerikanischen Dilemmas: Sollte Washington eine immer größere Zahl von US-Truppen entsenden, um den Südvietnamesen in ihrem Kampf gegen den Kommunismus beizustehen? Präsident Kennedy lehnte es ab, US-Kampfverbände nach Vietnam zu schicken, doch er war einverstanden, die Zahl der Militärberater zu erhöhen. Sie sollten die Südvietnamesen in militärischen Gegenmaßnahmen ausbilden. Da dies nach dem Genfer Abkommen verboten war, geschah es heimlich. Im November 1961 stimmte der Nationale Sicherheitsrat einem stärkeren Engagement zum Schutz Südvietnams zu, sofern Ngo Dinh Diem die Notwendigkeit von Reformen und eine Verbreiterung seiner Regierungsbasis akzeptierte. Ende 1961 hielten sich in Vietnam rund 3000 amerikanische Militärangehörige auf.

1962 verschlechterte sich die Lage in Südostasien. Verteidigungsminister McNamara war einer der Wortführer in der Debatte über die Frage, wie die Amerikaner reagieren sollten. Er war der jüngste Präsident der Ford Motor Company gewesen, konnte hervorragend Bilanzen analysieren und wollte für die Verteidigungspolitik Ziele in der Weise festsetzen, daß Erfolg und Mißerfolg meßbar wurden. Im Juli legte McNamara seinen Plan für Südvietnam vor: Wenn es die Linie der US-Politik sei, die Südvietnamesen für die eigene Verteidigung auszubilden, dann sollte ein Zeitrahmen festgelegt werden. Würde das Ziel innerhalb der Zeitvorgabe erreicht, könnte das Programm reduziert werden, ansonsten wäre eine andere Politik nötig. In den Dschungeln Vietnams funktionierte jedoch die unternehmerische Logik nicht recht. Darauf wuchs die militärische Präsenz der Vereinigten Staaten in Vietnam immer weiter. Auf die Frage, ob sich in Vietnam US-Truppen im Kampfeinsatz befänden, antwortete Präsident Kennedy bei einer Pressekonferenz mit Nein, damit es nicht aussah, als würde er das Genfer Abkommen brechen. Unterdessen flogen jedoch bereits US-Piloten Kampfeinsätze, was die Gerüchteküche anheizte. Journalisten begannen über den »unerklärten Krieg« zu schreiben. Ende 1962 hielten sich in Südvietnam bereits rund 11 500 US-Militärangehörige auf.

Im Laufe des Jahres 1963 betrachteten die Amerikaner die Führung des südvietnamesischen Präsidenten immer kritischer. Seine religiöse Intoleranz führte zu Konflikten mit dem buddhistischen Bevölkerungsanteil. Buddhistische Mönche übergossen sich mit Benzin und zündeten sich aus Protest an. Ngo Dinh Diems Bruder Nhu versprach, versöhnlichere Töne anzuschlagen, befahl aber gleichzeitig weitere Angriffe auf Pagoden; Schreine wurden zerstört, Hunderte buddhistischer Mönche verhaftet.

Für Präsident John F. Kennedy bedeuteten die kommunistischen Guerillaaktionen in Südvietnam eine Bedrohung der freien Welt. Insgeheim entsandte er Angehörige des US-Militärs, um den Südvietnamesen zu helfen.

Wir haben einen Weg eingeschlagen, auf dem es kein ehrenhaftes Zurück mehr gibt.

Henry Cabot Lodge jr., August 1963

»Eine alternative politische Führung«

Die Nachricht, daß das südvietnamesische Regime mit großer Brutalität gegen Buddhisten vorging, erreichte Washington an einem Wochenende spät im August, als der Präsident und alle wichtigen Regierungsmitglieder im Urlaub waren. Roger Hilsman, der gewandte, aber auch schroffe Staatssekretär für Angelegenheiten im Fernen Osten, war ein überzeugter Anhänger der Anti-Ngo-Dinh-Diem-Fraktion. Er entschied, dies sei der richtige Moment, die Initiative zu ergreifen, und formulierte ein Telegramm an den neuen Botschafter in Saigon, Henry Cabot Lodge. »US-Regierung kann eine Situation, in der die Macht in Nhus Händen liegt, nicht dulden ... Setzen Sie die geeigneten [lokalen vietnamesischen] Militärbefehlshaber in Kenntnis, daß wir sie direkt unterstützen ... Dringend alle möglichen Alternativen für die politische Führung prüfen und detaillierte Pläne ausarbeiten, wie wir Diems Absetzung erwirken können, sollte dies nötig werden.« Präsident Kennedy wurde in seinem Strandhaus in Hyannis Port in Massachusetts telefonisch verständigt und stimmte dem Telegramm zu unter dem Vorbehalt, daß auch seine engsten Berater ihr Einverständnis geben würden. Nach einigen raschen Telefonaten wurde das Telegramm abgeschickt. Botschafter Lodge in Saigon, der erst seit zwei Tagen im Amt war, interpretierte das Telegramm als Anweisung des Präsidenten, einen Putsch zu organisieren. Er benachrichtigte die CIA-Station in Saigon, sich sofort darum zu kümmern.

In der folgenden Woche war in Washington die Stimmung auf den Konferenzen über Südostasien äußerst gereizt. McNamara, General Taylor, Roswell Gilpatric und andere glaubten sich in eine Richtung gedrängt, für die Amerika nicht vorbereitet war. Dean Rusk, George Ball, Hilsman und deren Fraktion argumentierten, Ngo Dinh Diem und seine Familie müßten gehen. Erstaunlicherweise war keine Rede davon, wer ihn ersetzen sollte. Kennedy war wegen der unterschiedlichen Meinungen seiner engsten Berater so verwirrt, daß er ein weiteres, nur für den Botschafter bestimmtes Telegramm nach Saigon schickte mit dem Hinweis »kein Verteiler«. In dieser Nachricht reservierte er sich »einen bedingten Anspruch, den Ablauf [der Planungen] zu ändern und vorherige Anweisungen aufzuheben« bis zu »exakt jenem Augenblick, in dem das Startsignal« für einen Putsch erfolgen würde. Lodge antwortete: »Wir haben einen Weg eingeschlagen, auf dem es kein ehrenhaftes Zurück mehr gibt.« Die Geschehnisse hatten ihre eigene Dynamik entwickelt.

Saigon, 1963

Auf einer Straße in Saigon verbrennt sich ein junger buddhistischer Mönch aus Protest gegen Ngo Dinh Diems Politik. Einige Passanten bleiben stehen und schauen zu, andere gehen einfach vorüber. Dies war die sechste Selbstverbrennung innerhalb von vier Monaten.

Nach einem Putsch wurden Ngo Dinh Diem und sein Bruder Nhu ermordet. Kennedy war bestürzt. Drei Wochen später wurde er selbst in Dallas erschossen.

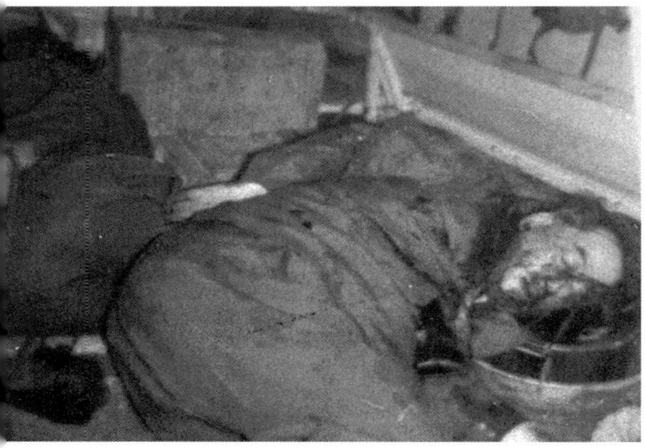

Lyndon B. Johnson, Kennedys Vizepräsident, wird am 22. November 1963 vor der Rückkehr nach Washington im Flugzeug »Air Force One« als Präsident vereidigt. Neben Johnson stehen seine Frau Lady Bird und Kennedys Witwe Jacqueline.

Kennedy entsandte in einem letzten Versuch, das Klima in Saigon einzuschätzen, McNamara und General Taylor zu einer persönlichen Mission. Nachdem sie eine Woche lang an Besprechungen teilgenommen hatten, suchten sie Ngo Dinh Diem persönlich auf. Mit »gelassener Selbstsicherheit«, die McNamara vollkommen aus der Fassung brachte, sprach der südvietnamesische Präsident zweieinhalb Stunden über seine kluge Politik und die Fortschritte des Krieges. Kategorisch lehnte er jede Aufforderung ab, die Unterdrückung des Volkes durch sein Regime zu beenden. Er warf der Presse vor, die Zustände zu übertreiben. Diese Kompromißlosigkeit besiegelte das Schicksal seiner Regierung. Als Zeichen der Distanzierung kündigte Washington an, bis Jahresende 1000 Militärberater abzuziehen.

Am 1. November 1963, um 13.30 Uhr, kreisten aufständische südvietnamesische Generäle den Präsidentenpalast ein und besetzten wichtige Plätze in Saigon. Am nächsten Tag willigte Ngo Dinh Diem ein zurückzutreten. Er und sein Bruder Nhu flohen aus dem Palast und suchten Unterschlupf in einer Kirche. Dort nahm sie ein bewaffneter Mannschaftstransporter auf und brachte sie zum Hauptquartier der Rebellen. Als die Türen des Fahrzeugs geöffnet wurden, waren die Brüder, die Hände auf den Rücken gefesselt, tot, man hatte sie erschossen. Wie es hieß, war Kennedy über die Nachricht ihrer Ermordung so bestürzt, daß er eine Sitzung verlassen mußte.

Drei Wochen danach trat Präsident Kennedy seine schicksalhafte Reise nach Dallas an. Als der Fahrzeugkorso durch die Stadt fuhr, fielen Schüsse. Der Präsident der Vereinigten Staaten wurde in den Kopf getroffen. Eine Stunde später war er tot.

Die ganzen sechziger Jahre hindurch beschäftigte die Amerikaner die Fragen, ob Kennedy, hätte er noch gelebt, den Krieg in Vietnam genauso wie sein Nachfolger hätte eskalieren lassen. Kennedy hatte mit niemandem über langfristige Pläne für Vietnam gesprochen, er reagierte stets auf Ereignisse. Doch Robert McNamara schrieb kürzlich in seinen Memoiren *Vietnam. Das Trauma einer Weltmacht*, er sei überzeugt, Kennedy hätte auf keinen Fall Kampftruppen in großer Zahl nach Vietnam geschickt. Angesichts der Unfähigkeit der Südvietnamesen, sich selbst zu verteidigen, habe der Präsident die Ansicht vertreten, daß es unklug sei, das Blut von US-Soldaten für ein Regime zu vergießen, das keine stabile politische Grundlage habe – auch gegen Stimmen, die sagten, dies werde wahrscheinlich den Fall Vietnams und ganz Südostasiens an den Kommunismus bedeuten.

»Gewinnt den Krieg!«

Vizepräsident Lyndon Baines Johnson folgte Kennedy so reibungslos, wie es unter den traumatischen Umständen möglich war. Die Situation in Vietnam war kritischer denn je. Kaum 48 Stunden nach Kennedys Ermordung rief Johnson seine wichtigsten Berater zusammen. Der neue Präsident war überzeugt, daß hinter dem Konflikt in Vietnam sowjetische und chinesische Pläne für eine Hegemonie in Asien steckten. Bei der ersten Besprechung teilte Johnson seinen Beratern mit, er hege »ernste Befürchtungen«, doch er werde »Vietnam nicht aufgeben«. Er beabsichtige, militärischen Operationen gegenüber sozialen Reformen Vorrang einzuräumen. Seine Anweisung lautete: »Gewinnt den Krieg!«

Außenminister Dean Rusk, Präsident Johnson, Verteidigungsminister Robert McNamara und General Maxwell Taylor, US-Botschafter in Südvietnam, am Kabinettstisch.

Senator Barry Goldwater aus Arizona, der republikanische Kandidat bei den Präsidentschaftswahlen 1964, bezichtigte Johnson der Untätigkeit in Vietnam. Johnson, der im Wahlkampf mit Frieden warb, peitschte die Tonkin-Resolution durch den Kongreß und gewann die Wahlen mit einem überwältigenden Sieg.

Unter dem neuen Präsidenten sprachen Regierungsbeamte immer häufiger von ihrer Entschlossenheit, für »jegliche Unterstützung zu sorgen, die nötig ist, den Krieg zu gewinnen«. Doch als die Kommunisten ihre Tätigkeit im Süden verstärkten, wurde die Situation dort noch schlechter. Ende 1963 waren 20 000 Soldaten in Vietnam.

In den Jahren nach dem Putsch kamen und gingen in Saigon sechs Regierungen. Präsident Johnson wurde mit dem Ausspruch zitiert: »Ich habe genug von diesen verdammten Putschen in Vietnam. Das muß aufhören.« In Washington klangen politische Berichte zunehmend dramatischer; und mehrmals besuchten hochrangige Delegationen Vietnam. Johnson sagte seinen Beratern, er sei über die Lage »äußerst beunruhigt«. General Curtis LeMay schlug die Bombardierung von Stützpunkten in Nordvietnam und entlang des Ho-Chi-Minh-Pfades vor. Die Vereinigten Stabschefs zogen den Einsatz taktischer Nuklearwaffen in Betracht. Pläne für die Bombardierung und die Blockade des Nordens wurden ausgearbeitet. Im Mai 1964 kam die CIA zu dem Schluß, daß die Situation am Jahresende »unhaltbar« sein würde, wenn sich das Blatt nicht wendete.

In dieser angespannten Atmosphäre wurden im August 1964 Schiffe der US-Marine im Golf von Tonkin von nordvietnamesischen Patrouillenbooten beschossen, während sie Kontrollfahrten in Gewässern durchführten, die als international galten. Zwei Tage später wurden weitere Angriffe gemeldet. Washington reagierte empört auf die Überfälle, die man als grundlose Aggression betrachtete. Tatsächlich hatte es keinen zweiten Angriff gegeben, doch Johnson nutzte die Gelegenheit. Mitten im Präsidentschaftswahlkampf und angesichts harter Attacken seines Kontrahenten Barry Goldwater sowie der republikanischen Rechten wegen seiner Tatenlosigkeit in Vietnam befahl Johnson das erste Bombardement nordvietnamesischer Stellungen als Vergeltung für die Angriffe auf See. Dann wandte er sich an den Kongreß um Zustimmung für eine Resolution, die es erlaubte, »alle erforderlichen Maßnahmen« zu ergreifen, um amerikanische und alliierte Streitkräfte zu schützen und um »weitere Aggression« zu verhindern. Darüber hinaus ermächtigte die vorgeschlagene Resolution den Präsidenten zu entscheiden, wann »Frieden und Sicherheit« in der Region erreicht seien. Meinungsumfragen zeigten, daß 85 Prozent der amerikanischen Bevölkerung die Regierung unterstützten.

Am 7. August wurde nach kurzer Debatte die Resolution verabschiedet, im Senat mit 88 Jastimmen bei zwei Gegenstimmen und im Repräsentantenhaus mit 416 Jastimmen ohne Gegenstimmen. Die Vereinigten Staaten kamen mit der Resolution einer Kriegserklärung so nahe wie nie zuvor. Nun besaß der Präsident die Ermächtigung des Kongresses, in dem Konflikt so vorzugehen, wie er es für richtig hielt. Die Resolution sei, wie es Johnson später ausdrückte, »wie Großmutters Nachthemd – sie deckte alles ab«.

Bei den Präsidentschaftswahlen errang Johnson einen überwältigenden Sieg über die Republikaner. Er hatte nun ein offizielles Mandat für sein Vorhaben, den Aufbau einer »Großen Gesellschaft«, und für eine härtere Gangart gegenüber den Kommunisten in Südostasien. In den Monaten nach der Wahl wurden Pläne ausgearbeitet, den Kriegseintritt der USA voranzutreiben. Ende 1964 hielten sich 23 000 US-Militärangehörige in Vietnam auf.

New York, 1963

22. November: Pendler auf der Heimfahrt nach Stanford, Connecticut, lesen die Nachricht vom Tod des Präsidenten. Wir werden nie wissen, ob Kennedy, wäre er am Leben geblieben, den Amerikanern den Vietnamkrieg erspart hätte.

New York World-Telegram
All Sports Final
PRESIDENT SHOT DEAD
EXTRA
KENNEDY EXTRA
PRESIDENT DE
by Assass
DEAD

Der Zwischenfall im Golf von Tonkin

Anfang 1964 stationierte die UdSSR in Nordvietnam und auf Stützpunkten entlang des Golfs von Tonkin moderne Flugabwehrraketen und Radarstationen. Für das Vorhaben, den Norden zu bombardieren oder zu blockieren, benötigten die Vereinigten Staaten Information, wie diese Systeme funktionierten.

Am Nachmittag des 30. Juli verließen vier südvietnamesische Patrouillenboote ihre Basis bei Da Nang und griffen entlang des Golfs nordvietnamesische Radareinrichtungen an. Der US-Zerstörer »Maddox« überwachte den durch die Angriffe ausgelösten Funkverkehr und das Radar und gab die Signale an die Lauschstationen der CIA weiter. Nordvietnam hatte seine Hoheitsgewässer nicht festgelegt, und die USA gingen von einer Drei-Meilen-Zone aus. Ungeachtet der Proteste Nordvietnams blieb die »Maddox« – in einer Distanz von vier bis acht Meilen vor der Küste – auf ihrer im Zickzack-Kurs verlaufenden Patrouille.

Am 2. August machten drei nordvietnamesische Torpedoboote Jagd auf die »Maddox«, die abdrehte und das Feuer eröffnete. Die Boote aus Nordvietnam schossen ihre Torpedos ab, die jedoch alle das Ziel verfehlten, und erwiderten das Feuer. Die »Maddox« forderte Luftunterstützung von einem in der Nähe liegenden Flugzeugträger an, der »Ticonderoga«. Das Scharmützel dauerte nicht länger als 20 Minuten und endete damit, daß ein Torpedoboot versenkt wurde, die beiden anderen wurden schwer beschädigt. Den Nordvietnamesen zufolge hatte man »Piraten« vertrieben, in den Augen der Vereinigten Staaten handelte es sich um eine grundlose Aggression gegen amerikanische Schiffe in internationalen Gewässern.

US-Jagdbomber und ein Flugzeugträger wurden in die Region beordert. Der »Maddox« schloß sich dem Zerstörer »Turner Joy« an. Am folgenden Tag gingen südvietnamesische Boote erneut gegen Einrichtungen an der Küste vor. Am Abend kam ein schwerer tropischer Sturm auf, er schüttelte die »Maddox« die ganze Nacht lang durch und verstärkte die Anspannung an Bord. Gegen 20 Uhr fing der Kapitän »Maddox« Nachrichten auf, die ihm den »Eindruck« vermittelten, Boote der Kommunisten seien im Begriff anzugreifen. Doch die Geräte arbeiteten im Sturm fehlerhaft: Sie fingen vermeintliche Sonar- und Radarsignale von Torpedos auf. Der Kapitän bat um Luftunterstützung, doch die Flugzeuge der »Ticonderoga« konnten nichts finden.

Am nächsten Tag, dem 4. August, ging der Präsident in die Offensive und befahl US-Flugzeugen, nordvietnamesische Marinestützpunkte und ein Öltanklager zu bombardieren – das erste US-Bombardement in Nordvietnam.

Viele Jahre lang glaubte man in den Vereinigten Staaten, beim Tonkin-Zwischenfall habe es sich um einen Akt grundloser kommunistischer Aggression gehandelt. Doch schon zur damaligen Zeit räumte der Kapitän der »Maddox« ein, daß kein einziges Besatzungsmitglied »tatsächlich nordvietnamesische Schiffe gesichtet« hatte. Die Öffnung der Archive in Hanoi hat bestätigt, daß es in der Nacht vom 3. auf den 4. August keinen zweiten Angriff auf die US-Zerstörer gab.

7. August 1964. Präsident Johnson unterzeichnet die Tonkin-Resolution, eine Beinahe-Kriegserklärung. Die Resolution decke »wie Großmutters Nachthemd« alles ab, meinte der Präsident.

Indessen veränderte sich die kommunistische Welt. Im Oktober 1964 wurde Nikita Chruschtschow durch eine Palastrevolution abgesetzt. Leonid Breschnew und Alexei Kossygin folgten ihm nach.

Die Chinesen hatten Chruschtschows Führungsrolle in der kommunistischen Welt nach seiner Kritik an Stalin auf dem XX. Parteitag von 1956 nicht ohne weiteres anerkannt. Ihrer Ansicht nach verwässerten Chruschtschows Verbindungen zum Westen seine Verpflichtung gegenüber dem Marxismus-Leninismus. Als er es ablehnte, das für den Bau einer Atombombe erforderliche Wissen mit den Chinesen zu teilen, faßte Mao Tse-tung das als Beleidigung auf. Aus kleinen Brüchen im Verhältnis zwischen Moskau und Peking wurden nun große Risse. Im Jahr 1958 propagierte Mao die neue Politik des »großen Sprungs nach vorn«. Damit wollte er China so schnell wie möglich in eine reiche Weltmacht verwandeln. Grund und Boden wurden verstaatlicht, die Familie als Institution sollte verschwinden, die Menschen wurden in riesigen Kommunen organisiert. Mao versprach, China werde in nur wenigen Jahren Großbritannien und dann auch Amerika einholen. Das Ergebnis dieser Politik war eine katastrophale Hungersnot, der mehr als 30 Millionen Chinesen zum Opfer fielen.

Ein chinesisches Plakat zeigt einen Vietnamesen, der dem amerikanischen Imperialismus in Südvietnam widersteht. In drei Sprachen werden die US-Imperialisten aufgefordert, Südvietnam zu verlassen.

U.S. Imperialism, Get Out of South Viet Nam!
L'impérialisme américain hors du Sud-Vietnam!
¡Fuera el imperialismo norteamericano del Sur de Vietnam!

»Ein Haufen dickköpfiger Kerle«

Die Spannungen zwischen der Sowjetunion und China führten dazu, daß beide Länder darum konkurrierten, Nordvietnam mit Finanz- und Militärhilfe beizustehen. Die Chinesen sahen sich in der Rolle derjenigen, die überall auf der Welt die antiimperialistischen Kräfte unterstützten. Wo immer es möglich war, stärkten sie andere in ihren Kämpfen gegen die USA. Die Sowjetunion verfolgte jedoch eine neue Politik der friedlichen Koexistenz mit den Vereinigten Staaten, und sie wollte mit ihrer Hilfe für Nordvietnam vorsichtiger sein. Ho Chi Minh lud Kossygin im Februar 1965 nach Hanoi ein. Kossygin war bereit, den Nordvietnamesen umfangreichere Militärhilfe zukommen zu lassen unter der Bedingung, daß Hanoi der Moskauer Linie folgte und nicht der Pekinger. Kossygin versuchte dann, die Nordvietnamesen zu Verhandlungen mit den Vereinigten Staaten zu bewegen, aber die Führung in Hanoi lehnte das entschieden ab. Ein Teilnehmer der sowjetischen Delegation bezeichnete später die Nordvietnamesen als »einen Haufen dickköpfiger Kerle«.

Mit Militärhilfe aus Moskau und Peking konnten die Kämpfer des Vietcong die Unterwanderung des Südens verstärkt vorantreiben. Mittlerweile hatten sie 170 000 Männer und Frauen im Süden, die nahezu nach Belieben Angriffe durchführten. Im November 1964 griff der Vietcong einen US-Luftwaffenstützpunkt bei Bien Hoa an. Im Dezember explodierten mehrere Autobomben in Saigon. Am 7. Februar 1965 griffen die Vietcong im zentralen Hochland die amerikanische Luftwaffenbasis bei Pleiku an, töteten acht Amerikaner und verwundeten mehr als 100. Dieser Angriff brachte Präsident Johnson schließlich dazu, Vergeltungsaktionen gegen Hanoi zu genehmigen. Unter dem Codenamen »Rolling Thunder« (Donnergrollen) machten die Amerikaner im März mit der Bombardierung Nordvietnams Ernst. In den kommenden acht Jahren versuchten sie mit massiven Bombardierungen militärischer Stellungen die Nordvietnamesen an den Verhandlungstisch zu zwingen – ohne Erfolg.

Auf Nordvietnam regneten hochexplosive Sprengstoffe, Napalm und Streubomben herab. Von Anfang an war klar, daß dies keine wirksame Kriegführung gegen ein wenig entwickeltes Land war, in dem Waren noch immer mit dem Fahrrad oder auf dem Rücken von Trägern transportiert wurden. Doch auch spätere US-Politiker glaubten, daß ein Nachgeben Schwäche signalisiert hätte. Die Amerikaner kamen überein, die Bombenangriffe nur aus taktischen Gründen zu unterbrechen, um den Nordvietnamesen Gelegenheit zu geben, an den Verhandlungstisch zu kommen. Wenn das fehlschlug, nahm man die kontinuierlichen Bombardements wieder auf.

Zum erstenmal seit dem Koreakrieg gehen US-Marinetruppen in einem Kampfgebiet an Land, im südvietnamesischen Da Nang.

Neben Bomben warfen die USA fast 70 Millionen Liter Herbizide ab zur Vernichtung der tropischen Urwälder, in denen sich der Vietcong versteckt hielt, und der Reisfelder, von denen die Kämpfer sich ernährten. Die Vereinigten Staaten setzten auch ein chemisches Entlaubungsmittel namens Agent Orange ein, das Spuren von hochgiftigem Dioxin enthielt. Später vermutete man, daß einige Soldaten, die mit der Chemikalie umgegangen waren, Krebs und Hautkrankheiten davongetragen hatten. Bei Tests zeigte sich, daß Südvietnamesen durch das in den Flüssen angereicherte Agent Orange dreimal soviel Dioxin im Blut hatten wie US-Bürger. Es dauerte Jahre, bis die giftige Chemikalie in dem empfindlichen Ökosystem abgebaut war.

William Westmoreland

Alles in allem warfen die Vereinigten Staaten über Vietnam mehr Bomben ab, als insgesamt im ganzen Zweiten Weltkrieg zum Einsatz gelangt waren. So konnte es zu der schrecklichen Absurdität kommen, daß nach einem besonders starken Angriff auf eine vietnamesische Stadt, die danach völlig in Trümmern lag, ein amerikanischer Offizier meinte: »Um die Stadt zu retten, mußten wir sie zerstören.«

Der Beginn der Operation »Rolling Thunder« brachte die Amerikaner einem regelrechten Krieg in Vietnam ein gefährliches Stück näher. General William C. Westmoreland, der amerikanische Frontkommandeur in Saigon, bat um Einheiten für den Schutz der Stützpunkte, von wo aus die Luftangriffe geflogen wurden. General Taylor, inzwischen US-Botschafter in Saigon, lehnte dies ab mit dem Argument, »bleichgesichtige Soldaten« seien nicht an »asiatische Wälder und Dschungel« gewöhnt und es werde ihnen genauso ergehen wie den Franzosen. Doch Präsident Johnson setzte sich über seine Bedenken hinweg. Am 8. März 1965 wateten bei Da Nang die ersten US-Bodentruppen,

UNTEN: *Pham Van Dong, der Ministerpräsident von Nordvietnam, empfängt im Februar 1965 Alexei Kossygin.* RECHTS: *Flugabwehrkanonen der Nordvietnamesen werden einsatzbereit gemacht. Gegen die US-Bomber konnten sie nur wenig ausrichten.*

3500 Marines in voller Kampfmontur, an Land. Ihre Aufgabe bestand darin, US-Anlagen zu schützen. Einen Monat später genehmigte Johnson einen noch größeren Aufmarsch von US-Truppen, und erlaubte Patrouillen im Landesinneren getreu Westmorelands Auffassung, daß »ein guter Angriff die beste Verteidigung« sei; Sie sollten den Vietcong aufspüren und töten.

Johnson entschied sich, die Eskalation des Krieges in Vietnam vor der Öffentlichkeit zu verheimlichen. Er befürchtete, eine offizielle Kriegserklärung würde sein innenpolitisches Programm der »Großen Gesellschaft« zu Fall bringen. Seine Weigerung, gegenüber dem amerikanischen Volk zuzugeben, was aus jedem Fernsehbericht über Vietnam offen ersichtlich war, hatte einen Vertrauensverlust zur Folge, von dem sich seine Regierung nicht mehr erholte.

Die Eskalation in Vietnam stieß in Washington durchaus auch auf Kritik. So appellierten mehrere hohe Beamte energisch und eindringlich, Amerika dürfe sich nicht weiter in den Konflikt verstricken. Selbst Vizepräsident Hubert Humphrey deutete an, daß er wegen der innenpolitischen Konsequenzen gegen den Krieg war. Im folgenden Jahr hielt Johnson Humphrey aus den Entscheidungsprozessen in der Vietnamfrage heraus.

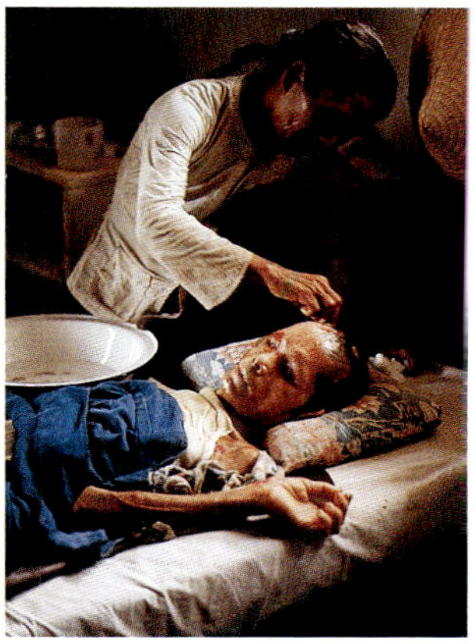

Die Amerikaner warfen Napalm ab, das schwerste Verbrennungen verursachte. Selbst Opfer, die ein Krankenhaus erreichten, überlebten nur selten.

Washington, 1966

Walt Rostow, Sonderberater für Fragen der nationalen Sicherheit, Außenminister Rusk und Präsident Johnson am 5. Mai im Oval Office. In Vietnam standen mehr als 200000 US-Soldaten, ein Sieg war nicht in Sicht – ebensowenig ein Ausweg aus dem Dilemma.

»Wir bleiben in Vietnam«

Im Juni löste sich die Zivilregierung in Saigon wieder einmal auf, und General Nguyen Van Thieu wurde Staatsoberhaupt. Der entsetzte Westmoreland forderte »44 Bataillone«, um den Krieg vom Boden aus zu führen, der wahrscheinliche Bedarf für das laufende Jahr lag bei zusätzlichen 100 000 Mann. McNamara und Rusk unterstützten seinen Wunsch. Der Verteidigungsminister flog nach Saigon, um Westmorelands Gefechtspläne zu prüfen. Wieder sammelte McNamara mit der kühlen Logik eines Bilanzbuchhalters eine Fülle von Zahlen. Sein Ergebnis war, daß Westmoreland alle angeforderten Soldaten brauchen werde und darüber hinaus wahrscheinlich 100 000 weitere. Ende Juli ging Johnson mit seinen Beratern, den »Weisen«, wieder in Klausur. Sie waren noch immer geteilter Meinung. Doch Johnsons Entscheidung stand fest: Krieg mit allen Mitteln oder ein demütigender Rückzug der Amerikaner. Auf einer Pressekonferenz am 28. Juli verkündete der Präsident: »Wir bleiben in Vietnam.«

Im November fand die erste große Konfrontation zwischen amerikanischen und kommunistischen Streitkräften statt. Im Ia-Drang-Tal im zentralen Hochland lieferten sich die beiden Armeen ein schweres Gefecht. Die Kampfhandlungen dauerten mehrere Tage, auf nordvietnamesischer Seite fielen 2000 Mann, auf amerikanischer Seite 300. Beide betrachteten die Schlacht als einen Sieg: die Amerikaner, weil sie dem Gegner höhere Verluste zugefügt hatten, als sie selbst beklagten; die Nordvietnamesen, weil sie ihre Stellung gehalten hatten.

In der Hoffnung, die Nordvietnamesen seien verhandlungsbereit, ließ Johnson über Weihnachten die Bombardierung des Nordens einstellen. Doch Verhandlungen kamen nicht zustande, und die Bombardements wurden wiederaufgenommen. Ende 1965 waren 183 000 US-Soldaten in Vietnam.

Die US-Truppen in Südvietnam wurden gut versorgt. Nachschub, der nicht verbraucht wurde, speiste einen florierenden Schwarzmarkt in Saigons Straßen.

Amerika verwandelt Südvietnam

Der Ankunft der US-Streitkräfte in Südvietnam folgte all das, was zu einer modernen High-Tech-Armee gehört: Techniker wälzten mit Bulldozern Straßen durch den Urwald und bauten Brücken über die Flußarme im Mekongdelta. Im ganzen Land wurden Flugplätze, Hubschrauberlandeplätze und Landebahnen angelegt. Schwimmende Landungsstege wurden über den Pazifik geschleppt und bildeten neue Häfen. Überall richteten die Amerikaner Funk- und Fernmeldestationen ein. Öl-, Munitions- und Nachschubdepots schossen wie Pilze aus dem Boden, wo immer US-Truppen stationiert wurden.

Die US-Soldaten wurden mit allem Nötigen von zu Hause versorgt. Sie erhielten Bier, Zigaretten und warme Mahlzeiten einschließlich des traditionellen Truthahns zu Thanksgiving. In der Haupteinkaufsstelle des US-Militärs in Saigon türmten sich Sportartikel, Radiogeräte, Kameras, Haarspray, Rasierwasser und Kondome auf der Ladentheke. Daneben florierte der Schwarzmarkt mit Waren, die in amerikanischen Nachschubdepots »verloren« gegangen waren. 1967 floß jeden Monat eine Million Tonnen Nachschub ins Land.

Die Bombardements, der Artilleriebeschuß und die Entlaubungsaktionen vertrieben Zehntausende von Kleinbauern aus ihren Dörfern in riesige Barackensiedlungen an den Rändern der Städte. Die traditionelle Sozial- und Familienstruktur wurde zerstört. Fern von ihrem Ackerland waren Millionen

Der Drogenhandel blühte. Aus Laos war leicht Heroin zu beschaffen. Die GIs experimentierten damit und mit Opium. Auch Marihuana war sehr verbreitet. Viele kehrten rauschgiftsüchtig nach Hause zurück.

Vietnamesen zu einem Leben in Armut verdammt. Die jungen Menschen verführte der Reichtum und Luxus der amerikanischen Militärlager zu allerlei dunklen Geschäften. Rund um die militärischen Stützpunkte entstand eine Unterwelt mit Bars, Nachtklubs, Massagesalons und Bordellen. Junge Vietnamesinnen verdienten dort in einer Woche so viel, wie ihre Väter in einem Jahr erwirtschaftet hatten.

Der Drogenhandel blühte. Hinter den Dealern, die Heroin von den Opiumfeldern in Laos verkauften, standen oft hochrangige Beamte der Regierung in Saigon. Das Pentagon schätzte 1971, daß nahezu 30 Prozent der amerikanischen Soldaten in Vietnam Erfahrungen mit Heroin oder Opium gemacht hatten. Das Rauchen von Marihuana und Haschisch war gang und gäbe. Versuche, den Drogenhandel zu unterbinden, stießen zwangsläufig auf den Widerstand der vietnamesischen Behörden, wo einige Beamten mit Rauschgift reich geworden waren. Der Verkauf von Drogen in Vietnam hatte Auswirkungen bis in die Vereinigten Staaten – ein noch viel größerer potentieller Markt.

Mit wachsendem Engagement der Amerikaner vervielfachten sich auch die amerikanischen Ausgaben in Vietnam. Die Kluft zwischen jenen Vietnamesen, die der Krieg reich gemacht hatte, und den Millionen entwurzelter Kleinbauern aus den ländlichen Regionen wurde immer tiefer. Importprogramme brachten einigen wenigen Privilegierten Luxuskonsumgüter. Die Inflation stieg sprunghaft an und riß die Besitzenden und die Habenichtse noch weiter auseinander.

Die vietnamesischen Buddhisten widersetzten sich dieser Amerikanisierung. Sie führten 1966 eine Reihe von Protesten an und marschierten durch

Kompanie B, 173. Luftlandebataillon, nach einem Angriff des Vietcong. Die Verwundeten wurden mit Hubschraubern ausgeflogen.

Der Krieg im Fernsehen

Vietnam war der erste Krieg, der live im Fernsehen übertragen wurde. Allabendlich wurden die amerikanischen Fernsehzuschauer Zeugen von Massakern und Zerstörung. Im Koreakrieg waren die meisten Filmberichte von Kameramännern des Militärs aufgenommen worden, in Vietnam wurden die Einspielfilme für die Nachrichten von den amerikanischen Fernsehgesellschaften gedreht. Mit leichten Kameras waren sie mühelos am Ort des Geschehens; die Farbfilme wurden umgehend in die Vereinigten Staaten geschickt.

Am 5. August 1965 war in den Abendnachrichten der CBS ein Bericht von Morley Safer über ein Dorf namens Cam Ne zu sehen. Der Film zeigte einen GI, der mit seinem Feuerzeug das Strohdach einer Bauernhütte in Brand steckte. Die Dorfbewohner flehten um Gnade. Die Amerikaner zu Hause vor dem Fernseher waren schockiert: Mußten US-Soldaten jetzt auch noch die Hütten von hilflosen Bauern niederbrennen? Doch schon bald verlor die amerikanische Öffentlichkeit das Interesse an den immer gleichen Bildern, die Einschaltquoten bei den Sonderberichten aus Vietnam gingen stark zurück. Alles in allem blieben die allabendlichen Kurzberichte im Fernsehen für die meisten Amerikaner die wichtigste Informationsquelle über den Krieg.

die alte Hauptstadt mit Transparenten, auf denen »Nieder mit der CIA« und »Ein Ende der Fremdherrschaft in unserem Land« stand. Das überzeugte Ministerpräsident Nguyen Cao Ky davon, daß die Kommunisten die Buddhisten unterwandert hatten. Die friedlichen Protestierer sahen sich mit Tränengas und Bajonetten konfrontiert. Wieder verbrannten sich buddhistische Mönche und Nonnen. Schreckliche Bilder schockierten die Welt. Schließlich wurden im September 1967 Parlaments- und Präsidentschaftswahlen abgehalten. Die Kandidaten wurden überprüft, um sicherzustellen, daß sich keine Kommunisten zur Wahl aufstellen ließen. Bei der Präsidentschaftswahl trug Nguyen Van Thieu einen knappen Sieg davon. Nguyen Cao Ky wurde Vizepräsident und Vorsitzender des Militärrates. Jetzt endlich konnte Washington behaupten, die Amerikaner kämpften für die Verteidigung einer demokratisch gewählten Regierung.

Aufspüren und Vernichten

Westmorelands Strategie setzte folgende Prioritäten: erstens Verteidigung der US-Basen an der südvietnamesischen Küste und in Saigon, zweitens Durchführung sogenannter Search-and-Destroy-Missionen (»Aufspüren und Vernichten«) zur Eliminierung des Vietcong, drittens Ausschaltung der verbliebenen Kommunisten und endgültiger Sieg. Daneben sollten schwere Bombenangriffe auf Nordvietnam den Gegner erschöpfen und seine Entschlossenheit, im Süden zu kämpfen, schwächen. Die Amerikaner ermutigten die Regierung in Saigon, die bäuerliche Bevölkerung Südvietnams durch »Beruhigung« der ländlichen Regionen unter Kontrolle zu halten – was hätte ein Versuch sein sollen, die Herzen und den Verstand der Kleinbauern zu gewinnen, entwickelte sich zunehmend zu einer brutalen Tyrannisierung der Dorfgemeinschaften.

Kein Punkt der Strategie ging auf. Search-and-Destroy-Missionen wurden immer massiver durchgeführt. Kampfhubschrauber flogen über das Land und feuerten auf alles, was sich bewegte und verdächtig schien. Die Bombenab-

Friedensverhandlungen: Suche nach einem Ansatzpunkt

Im April 1965 umriß der nordvietnamesische Ministerpräsident Pham Van Dong die Vier Punkte, die Hanois Grundlage für ein Abkommen wurden: 1. Rückzug des US-Militärs aus Südvietnam; 2. Neutralität von Nord- und Südvietnam mit einer später folgenden »friedlichen Wiedervereinigung«; 3. Regelung der inneren Angelegenheiten Südvietnams im Einklang mit dem Programm der Nationalen Befreiungsfront (des Vietcong); und 4. friedliche Wiedervereinigung Vietnams ohne »ausländische Einmischung«.

Die Vereinigten Staaten lehnten dies als Ansatzpunkt für Verhandlungen ab, da es die Billigung einer kommunistischen Kontrolle über Südvietnam bedeutet hätte. Im Januar 1966 legte Außenminister Dean Rusk mit den Vierzehn Punkten die Verhandlungsposition der USA dar. Unter anderem begrüßte Amerika vorbehaltlose Gespräche, versicherte, daß man über Hanois Vier Punkte nachdenken werde, im Süden sollten freie Wahlen unterstützt und es sollte den Vietnamesen freigestellt werden, über die Frage der Wiedervereinigung selbst zu entscheiden.

Später knüpfte Hanoi jegliche Bereitschaft zu Gesprächen an einen Stopp der amerikanischen Luftangriffe auf den Norden. Johnson ließ die Bombardierungen mehrmals einstellen, gab aber umgehend Anweisungen zur Wiederaufnahme, wenn nicht unmittelbar Friedensverhandlungen eingeleitet wurden.

würfe über Nordvietnam erhöhten sich 1967 um mehr als 50 Prozent. Und doch zeigte ein Bericht nach dem anderen, daß die Nordvietnamesen nach wie vor ihre Nachschublieferungen in den Süden über den Ho-Chi-Minh-Pfad aufrechterhalten und jede Steigerung der militärischen Anstrengungen der USA wettmachen konnten. Die politischen Entscheidungsträger in Washington verzweifelten.

Als sich der Krieg weiter verschärfte, liebäugelte man mit verschiedenen Friedensinitiativen, obwohl die Positionen beider Seiten denkbar weit entfernt lagen. McNamara überzeugte den Präsidenten, im Dezember 1965 die Unterbrechung der Bombardierung Nordvietnams an Weihnachten zu verlängern. Einen Monat lang fand ein diplomatischer Gedankenaustausch statt. Meinungsverschiedenheiten darüber, welche Rolle der Vietcong bei einer Beendigung des Kriegs spielen sollte, veranlaßten die USA, die Bombenangriffe wieder aufzunehmen. Daraufhin beendeten die Nordvietnamesen den Dialog. 1966 leiteten die Polen unter dem Codenamen »Marigold« Geheimgespräche mit den Vereinigten Staaten und mit Nordvietnam ein. Erstmals waren daran die Sowjets beteiligt, doch ein erneutes Bombardement von Hanoi beendete die Gespräche.

OBEN: *US-Soldaten sind in einer Landezone im zentralen Hochland abgesprungen und ducken sich auf den Boden.*
OBEN RECHTS: *Verwundete Marines auf einem provisorischen Verbandsplatz.*

Im Februar 1967 wandte sich Johnson direkt an Ho Chi Minh. Er bot einen Stopp der Bombardierung Nordvietnams an, wenn die Kommunisten die Unterwanderung des Südens beendeten. Ho Chi Minh beharrte darauf, die USA müßten bedingungslos die Bombenangriffe und »alle anderen Kriegshandlungen« gegen den Norden einstellen, bevor Gespräche beginnen könnten. 1967 gab es über Mittelsmänner sechs Vorstöße, um eine Grundlage für den Beginn von Friedensverhandlungen zu schaffen. Keiner führte zu einem Resultat. Der britische Premierminister Harold Wilson trat an den sowjetischen Ministerpräsidenten Kossygin heran, um Möglichkeiten für Friedensgespräche auszuloten. Doch auch diese Initiative geriet ins Stocken, als die Bombenangriffe auf den

Norden wiederaufgenommen wurden. Ein entscheidendes Hindernis war, daß die Vereinigten Staaten ihre diplomatischen und militärischen Aktivitäten nicht immer aufeinander abstimmten. So machten in kritischen Momenten Militäraktionen häufig diplomatische Fortschritte zunichte.

Als Johnson im Juni 1967 mit Kossygin in Glassboro in New Jersey zusammentraf, stimmten die USA zu, die Bombenangriffe einzustellen für den Fall, daß sofort Gespräche begannen und die Streitkräfte keiner Seite irgendwelche Vorstöße unternahmen. Auf dieses Zugeständnis der Vereinigten Staaten kam aus Hanoi keine Reaktion. Trotz sowjetischer Vermittlung erhielten die Amerikaner nie eine Antwort.

OBEN: *Am 31. Oktober 1967 wird Nguyen Van Thieu als südvietnamesisches Staatsoberhaupt ins Amt eingeführt. Hinter ihm Vizepräsident Nguyen Cao Ky.*

OBEN RECHTS: *Nach der Tet-Offensive patrouillieren Soldaten der 9. US-Division durch das einst blühende Land um Saigon. Die Schäden wurden durch US-Artillerie und Kampfhubschrauber verursacht.*

»Hey, hey, LBJ«

Unterdessen erreichten die Proteste in den Vereinigten Staaten einen neuen Grad an Heftigkeit und Härte. Viele Kongreßangehörige standen dem Krieg mittlerweile kritisch gegenüber, weil er so immense Kosten an Geld und Menschenleben verursachte. Johnsons ehrgeizige Programme für eine Sozialreform, mit der die »Große Gesellschaft« geschaffen werden sollte, mußten auf die lange Bank geschoben werden. Und immer mehr Demonstranten gingen auf die Straße, um gegen die Sinnlosigkeit des Kriegs zu protestieren. Im Oktober 1967 protestierten in Washington zwischen 50000 und 100000 Menschen.

Bis Ende 1967 hatte die amerikanische Regierung jährlich für den Vietnamkrieg 20 Milliarden Dollar ausgegeben. Die Zahl der Soldaten in Vietnam war auf 485000 angewachsen.

Ungeachtet der Berichte über eine »rapide Verschlechterung der Schlagkraft des Vietcong« brachten Vietcong regelmäßig Waffen und Munition in den Süden und schmuggelten das Kriegsmaterial direkt in die Zentren von Klein- und Großstädten. Während der Tet-Feiertage im Januar 1968 führte der Vietcong gleichzeitig Angriffe in mehr als 100 Städten durch – die bislang spektakulärste Offensive. In Saigon überwand eine Kommandoeinheit sogar die Einfriedung der US-Botschaft; die Männer mußten einer nach dem anderen aufgestöbert werden. Der Coup fand vor laufenden Fernsehkameras statt und schockierte die amerikanische und weltweite Öffentlichkeit.

Trotz der schweren Verluste für den Vietcong war die Tet-Offensive unter Propagandagesichtspunkten ein großer Erfolg. Vorher hatten die führenden Politiker Amerikas von der großen Schwäche des Gegners gesprochen. Nun hatte der Vietcong bewiesen, daß er nach Belieben angreifen und sogar genau im Nervenzentrum der amerikanischen Präsenz in Südvietnam zuschlagen konnte.

In Washington geriet Präsident Johnson zunehmend in Isolation. Ende Februar verließ McNamara das Pentagon und trat einen Posten bei der

OBEN: *Ein sorgenvoller Lyndon B. Johnson bereitet eine Rede zu Vietnam vor. Er faßte den Entschluß, nicht ein zweites Mal für die Präsidentschaft zu kandidieren, und gab diese Entscheidung am 31. März 1968 bekannt.*
OBEN RECHTS: *Hue, normalerweise eine friedliche Stadt in Mittelvietnam. 1. Februar 1968: US-Marines rufen Hilfe für die Soldaten herbei, die im blutigen Kampf mit dem Vietcong verwundet wurden.*

Weltbank an. Clark Clifford, der neue Verteidigungsminister, lehnte General Westmorelands neuerlichen Wunsch nach weiteren 200 000 Mann mit dem Einwand ab, bald werde es eine erneute Anforderung geben und es sei »kein Ende in Sicht«. Er empfahl, 20 000 Mann zu bewilligen. Der Präsident stimmte zu. Im März kündigte Robert Kennedy seine Kandidatur für die Präsidentschaft an und sprach sich hart gegen Johnsons Politik aus. Auf den Straßen hörte man Sprechchöre: »Hey, hey, LBJ; how many kids did you kill today?« (»Wie viele Kinder hast du heute umgebracht?«)

In der zweiten Märzhälfte 1968 gingen die »Weisen« erneut in Klausur, erörterten Fortschritte und prüften Optionen für Vietnam. Mittlerweile kritisierten die Zivilisten in der Runde ganz offen die Einschätzungen der Militärs. Am 31. März hielt Johnson im Fernsehen eine Rede an die Nation und kündigte an, die Vereinigten Staaten würden die Bombenangriffe nördlich des 20. Breitengrads in der Hoffnung einstellen, daß »umgehend Gespräche beginnen«. Zur Überraschung aller, einschließlich seiner Berater, fuhr er fort: »Die Parteinominierung für eine weitere Amtszeit als Ihr Präsident strebe ich weder an, noch werde ich sie akzeptieren.« Der Präsident hatte den Kampf aufgegeben.

Gespräche kommen in Gang

Im Mai 1968 begannen in Paris Vorgespräche für Friedensverhandlungen. Angesichts der halsstarrigen nordvietnamesischen Unterhändler gerieten die Gespräche bald ins Stocken. Die Kontroverse konzentrierte sich auf die Frage, ob die Vereinigten Staaten sämtliche Bombenangriffe auf den Norden einstellen würden oder nicht und wer am Verhandlungstisch sitzen sollte. Durfte die Nationale Befreiungsfront, der Vietcong, neben den Vereinigten Staaten, Nord- und Südvietnam sitzen? Man kam zu keiner Übereinkunft.

Im Sommer 1968 wurde Richard Nixon von den Republikanern als Präsidentschaftskandidat nominiert. Für die Demokraten ging Hubert Humphrey ins Rennen. Nixon traf sich mit Johnson und stimmte zu, den Präsidenten im Wahlkampf wegen Vietnam nicht anzugreifen. Die Gegenleistung bestand in einer Abmachung, daß Johnson Saigon nicht aufgeben würde. Nixon stimmte weiterhin zu, daß er während des Wahlkampfes keine Einstellung der Bombardements fordern würde. Im Oktober waren die Pariser Gespräche wegen formeller Fragen in eine Sackgasse geraten. Präsident Nguyen Van Thieu lehnte Verhandlungen mit Nordvietnam kategorisch ab, falls der Vietcong ebenfalls anwesend war, denn dies hätte die förmliche Anerkennung des verhaßten Feindes bedeutet.

Johnson erhielt – es waren nur noch wenige Tage bis zu den Wahlen – einen FBI-Bericht, daß Anna Chennault, die für Nixons Wahlkampf Geld sammelte, für die Republikaner als Vermittlerin zu Nguyen Van Thieu fungierte. Nixons Wahlkampfleiter hatte sie gebeten, dem südvietnamesischen Präsidenten zu sagen, er solle einen Stopp der Bombenangriffe ablehnen und so die Friedensgespräche untergraben. Nguyen Van Thieu hatte dafür das Versprechen erhalten, daß die Republikaner seinen Interessen mehr entgegenkom-

Dieser verworrene Krieg hat sich auf unser Leben zu Hause verheerend ausgewirkt … Die Versprechen der Großen Gesellschaft sind auf den Schlachtfeldern Vietnams zugrunde gegangen.

Martin Luther King,
15. April 1967

Vietnam: »Was muß getan werden?«

Der Reporter Philip Caputo, Verfasser der hochgelobten Memoiren *A Rumor of War* (1977), schilderte in einem 1997 geführten Interview einen Zwischenfall aus der Zeit 1965/66, als er Zugführer eines Marinecorps im Kampfeinsatz war:

»Ich erinnere mich, wie ich mit einigen meiner Sergeanten an diesem erbärmlichen kleinen Vorposten herumsaß. Wir waren seit drei Wochen da und unternahmen von dort aus Patrouillen. Wir waren dreckig und krank, hatten Malaria und alles mögliche. Bei einer Patrouille kurz zuvor hatten wir neun oder zehn Leute verloren. Einer meiner Sergeanten, Prior hieß er, sagte zu mir: ›Wissen Sie, Lieutenant, ich kapiere einfach nicht, wie wir diese Sache hier jemals gewinnen sollen.‹ Und ich erwiderte: ›Sarge, eigentlich sollte ich Ihnen das als Ihr Offizier nicht sagen – aber ich verstehe es auch nicht!‹ Da war dieses Gefühl, zumindest in meinem Zug und vielleicht in der ganzen Kompanie, daß wir einfach keine Vorstellung hatten, was getan werden mußte, um diese Menschen zu besiegen.«

Krokodil spottet über die steigende Zahl gefallener Amerikaner in Vietnam. Als erstes fragte Lyndon B. Johnson jeden Morgen, wie viele amerikanische Soldaten am Tag zuvor gefallen waren.

men würden. Der Präsident Südvietnams blieb standhaft und verweigerte Gespräche mit Beteiligung des Vietcongs. Trotzdem ließ Johnson die Bombenangriffe am 31. Oktober einstellen. Zwei Tage später verkündete Radio Hanoi: »Dies ist ein großer Sieg für das vietnamesische Volk.« Aber Nguyen Van Thieu wollte noch immer nicht an Verhandlungen teilnehmen. Nixon sprach von den »müden Männern« um Johnson und wie nötig ein neues Team mit »frischen Ideen« sei. Die Meinungsumfragen zeigten einen Umschwung zuungunsten von Humphrey, der bis zu diesem Zeitpunkt knapp vor Nixon gelegen hatte.

Am 5. November wählten die Amerikaner einen neuen Präsidenten. Nixon ging mit 43,4 Prozent als Sieger aus der Wahl hervor, Humphrey erhielt 42,7 Prozent. Im Weißen Haus gab es tatsächlich ein neues Team. Doch obwohl Nordvietnam die Bedingungen dargelegt hatte, unter denen der Krieg schließlich enden sollte, gingen die Kämpfe in Vietnam noch weitere fünf Jahre weiter und kosteten noch vielen Tausenden das Leben.

Die Militärparade am 1. Mai in Moskau. Die Plakate feiern die Nordvietnamesen und beschwören die Vernichtung der Vereinigten Staaten.

Richard Nixon, der republikanische Präsidentschaftskandidat, auf Wahlkampfreise in Savannah, Georgia. Er gewann knapp gegen den Demokraten Hubert Humphrey.

Kansas, 1963

Eine zehn Stockwerke hohe Titan-II-Interkontinentalrakete auf ihrer Abschußrampe 45 Meter unter der Erde. Sowjetische Städte waren das Ziel des Strategischen Luftkommandos. Die UdSSR reagierte entsprechend.

Sicherheit durch Abschreckung

1961–1972

Auf dem Luftwaffenstützpunkt Vandenberg in Kalifornien beobachten, den Blick zum Himmel gerichtet, Präsident Kennedy, Verteidigungsminister McNamara und der SAC-Befehlshaber General Thomas Power den Start einer Atlas-Rakete.

Die beiderseitig gesicherte Vernichtungsfähigkeit

Als sich Nikita Chruschtschow am 30. Oktober 1961 erhob, um zu den Delegierten des XXII. Parteitags der KPdSU zu sprechen, hatte er ihnen etwas Besonderes mitzuteilen. Die Sowjetunion habe, wie er verkündete, soeben die größte Bombe zur Explosion gebracht, die die Welt jemals gesehen habe – ein eindrucksvoller Beweis für die Stärke der sowjetischen Kernwaffentechnik. Die Detonation entsprach der Sprengkraft von über 50 Millionen Tonnen TNT – mehr als alle Sprengstoffe zusammengenommen, die von den Kriegsparteien im Zweiten Weltkrieg eingesetzt worden waren. Der Kernwaffentest kündigte eine neue Generation sowjetischer Superbomben an. Den Parteigenossen sagte Chruschtschow, er hoffe, daß »wir niemals in eine Situation kommen, daß wir diese Bomben irgendwo zur Explosion bringen müssen«. Dies sei »der größte Wunsch unseres Lebens«. Im privaten Kreis sprach er davon, die Bombe solle »wie ein Damoklesschwert über den Köpfen der Imperialisten« hängen.

Chruschtschow brachte das nukleare Paradox des Kalten Kriegs auf den Punkt: Jede Seite steckte enorme Mittel in die Entwicklung von Waffen, die man hoffte, niemals einzusetzen. Ihr strategischer Wert lag in der Abschrekkung der anderen Seite. Die Supermächte griffen sich nicht an, da sie sich der beiderseitig gesicherten Vernichtungsfähigkeit bewußt waren (Mutual Assured Destruction, MAD). Diese Theorie, gewissermaßen das Fundament des Kalten Krieges, verkörperte die Verrücktheit des nuklearen Gleichgewichts der Kräfte: Einen Krieg zu beginnen bedeutete die nahezu sichere eigene Vernichtung. Von früheren Konflikten unterschied sich der Kalte Krieg darin, daß mittlerweile ein Waffenpotential existierte, das den gesamten Planeten mit allem Leben zerstören konnte.

Kennedy war sich vollkommen im klaren, daß es zur Kunst, das nukleare Spiel unter Einsatz aller Mittel zu gewinnen, gehörte, dem Gegenüber eine Chance zur Wahrung seines Gesichts zu geben. Als er von Luftwaffengeneral Curtis LeMay gedrängt wurde, die russischen Raketenrampen in Kuba zu bombardieren, folgte ihm Kennedy nicht, weswegen ihn LeMay für einen Feigling hielt. Entgegen der Einschätzung der CIA, die annahm, daß auf Kuba noch keine atomaren Sprengköpfe eingetroffen seien, hatten die Sowjets dort mindestens 20 davon für SS-4-Raketen mittlerer Reichweite. Hätte Kennedy auf seine Generäle gehört, wäre es sehr wahrscheinlich zu einem atomaren Schlagabtausch gekommen, bei dem große Teile Nordamerikas und der Sowjetunion zerstört worden wären: Der tödliche nukleare Winter hätte sich über Europa und über weite Gebiete Asiens gelegt; es hätte Hunderte von Millionen Opfer gegeben.

Curtis LeMay

Unterdessen hielt die MAD-Doktrin beide Seiten in ständiger Alarmbereitschaft. Frühwarnradarsysteme suchten permanent den Himmel ab. In der fünfziger Jahren hatte man angenommen, den Vereinigten Staaten bliebe eine Vorwarnzeit von zwei bis sechs Stunden, bevor die ersten sowjetischen Bomber auftauchten. In den sechziger Jahren konnten feindliche Raketen ihre Ziele innerhalb von Minuten erreichen. So war ein völlig neues Warnsystem nötig. 1962 richteten die USA das Frühwarnsystem gegen ballistische Flugkörper (BMEWS) ein, bei dem drei Radarsuchstationen, bei Thule in Grönland, Clear in Alaska und Fylingdales Moor an der ostenglischen Küste, aufeinander abgestimmt waren. Von diesen Stationen aus überwachten Radarstrahlen sämtlichen Flugverkehr aus Richtung Sowjetunion. Große zusammengeschaltete Computersysteme konnten die Daten verarbeiten, Position und Geschwindigkeit jeder herannahenden Rakete berechnen und damit die Flugbahn sowie Ort und Zeitpunkt des Einschlags voraussagen. Diese Informationen wurden automatisch an das Nordamerikanische Luftverteidigungssystem (NORAD) in Colorado Springs übermittelt. Von dort aus gingen Alarmmeldungen an das Strategische Luftkommando (SAC) in Omaha, Nebraska.

Das SAC hatte ab 1961 mindestens zwölf schwere B-52-Bomber im ständigen Flugeinsatz, 24 Stunden am Tag, 365 Tage im Jahr. Viele befanden sich auf 24stündigen Patrouillenflügen; sie tankten in der Luft auf. Die Bomber umflogen den nordamerikanischen Kontinent auf einer nördlichen Route. Die südliche Route führte die Maschinen über den Atlantik zum Mittelmeer, wo sie unablässig kreisten. Jede B-52 war mit drei oder vier thermonuklearen Waffen bestückt, und jeder war ein Ziel im Ostblock zugewiesen. Die Hälfte aller B-52-Bomber und ihre Besatzungen am Boden waren jederzeit einsatzbereit und benötigten lediglich eine Viertelstunde bis zum Start.

In entlegenen Gegenden Amerikas standen in etlichen Raketensilos Interkontinentalraketen in ständiger Bereitschaft. Während der Kubakrise wurden 182 solcher Raketen scharf gemacht. Die erste Generation von Atlas-Raketen wurde durch eine neue Generation von Titan-Raketen abgelöst. Ihnen folgten Ende 1963 die gigantische Titan II mit einem Gewicht von über 150 Tonnen sowie die kleinere, technisch noch weiter entwickelte Minuteman.

Seit Anfang der sechziger Jahre lagen auf dem Grund der Ozeane mit Atomraketen bestückte Unterseeboote. Nahezu unaufspürbar, warteten sie

Zurückhaltung? Warum ist es Ihnen so wichtig, den Russen das Leben zu retten? Es geht doch gerade darum, die Kerle zu töten. Wenn bei Kriegsende zwei Amerikaner und ein Russe am Leben bleiben, dann haben wir gewonnen.

General Thomas Power,
in den sechziger Jahren
Befehlshaber des Strategischen Luftkommandos

auf den Befehl, ihre Raketen abzufeuern, sogenannte U-Boot-gestützte strategische Atomraketen (SLBM). Zu jedem Zeitpunkt konnten die USA mit ihrer atlantischen U-Boot-Flotte 144 Polaris-Raketen abfeuern und später vom Mittelmeer und vom Pazifik aus weitere Salven.

Eine Kommandostruktur wurde geschaffen, die auch dann noch funktionierte, wenn ihr Zentrum bei einem Erstschlag ausgelöscht werden sollte. Eisenhower genehmigte ein System, in dem regionale Befehlshaber, sollten die konventionellen Kommando- und Kontrollsysteme ausfallen, ermächtigt wären, Kernwaffen abzufeuern, wenn ihrer Ansicht nach das Land einem nuklearen Angriff ausgesetzt war. In der Kubakrise flog dementsprechend ein Jägergeschwader der 28. Luftdivision aus Kalifornien mit Kernwaffen, bei denen alle Sicherheitsvorkehrungen aufgehoben waren. Zwischen dem kompletten Waffensystem und der tatsächlichen nuklearen Detonation stand lediglich der Pilot. Glücklicherweise waren die Spitzenpiloten so besonnen, keinen Atomkrieg auszulösen.

Darüber hinaus besaß der Leiter des Strategischen Luftkommandos die individuelle »Ermächtigung, einen Vergeltungsangriff zu befehlen ..., wenn Zeit oder Umstände eine Entscheidung des Präsidenten nicht zulassen«. Leiter des SAC war der starrsinnige Curtis LeMay. 1957 wurde er durch den noch starrsinnigeren General Thomas Power ersetzt. LeMay räumte später ein, er sei über Power beunruhigt gewesen. »Er war gemein, brutal, nachtragend, und er hatte für niemanden Zeit.« Auch machte ihm Sorge, »daß General Power labil war«. Nach 1962 wurde das System der dezentralisierten Kernwaffenkontrolle, bei dem die Befugnis zu einem Angriff in den Händen eines einzelnen

General Thomas Power im Februar 1960 vor einem Senatsausschuß. Powers war so kompomißlos, daß sogar sein Vorgänger Curtis LeMay sich Sorgen machte.

Die sowjetische Superbombe

Die Explosion am 30. Oktober 1961 über Nowaja Semlja war die stärkste Einzeldetonation einer Bombe. Sie entsprach der Sprengkraft von 50 Millionen Tonnen TNT. Der Lichtblitz war noch in einer Entfernung von fast 1000 Kilometern zu sehen. Der Atompilz stieg rund 65 Kilometer in die Stratosphäre auf. Schnee, Eis und Felsen der Insel, über der die Bombe getestet wurde, wurden davon eingeebnet, so daß sie einem Beobachter wie eine gigantische Schlittschuhbahn erschien.

Der wichtigste sowjetische Atomwissenschaftler hinter der Superbombe war Andrei Sacharow. In seinen Memoiren hieß es, er sei hin und her gerissen gewesen zwischen der »Überzeugung, daß unsere Arbeit entscheidend zu dem Gleichgewicht beitrug, das für die gegenseitige Abschreckung nötig war«, und »Bitterkeit, Schande und Schmach«, was die Folgen des Tests für die Umwelt und die Natur anging. Chruschtschow wollte jedoch den Test der Bombe unbedingt, um dem Westen in den angespannten Wochen nach dem Bau der Berliner Mauer die sowjetische Stärke zu demonstrieren.

Die Detonation der 50-Megatonnen-Bombe war die erste und stärkste in einer ganzen Reihe sowjetischer Superbombentests. Chruschtschow behauptete, er werde eine noch größere, eine 100-Megatonnen-Bombe zünden lassen, doch dazu kam es nicht.

Moskau, 1965

Die Sowjets feiern das Jubiläum der Oktoberrevolution mit einer Zurschaustellung ihrer militärischen Schlagkraft.

Mannes lag, geändert. Ein neues System zweifacher Kontrollen mit elektronischen Sicherungen, sogenannten Permissive Action Link Locks, wurde eingeführt. Aber weiterhin besaß das SAC die Codes.

Wie genau das sowjetische nukleare Verteidigungssystems funktionierte, ist in Einzelheiten noch immer nicht bekannt, doch grob dürfte es dem US-System entsprochen haben. Zunächst besaßen die Sowjets weniger Raketen – 1961 nur 44 Interkontinentalraketen und 155 schwere Bomber gegenüber 156 Interkontinentalraketen und 1300 Bombern der USA. Die Vereinigten Staaten hatten zudem den Vorteil vorgeschobener Stützpunkte in Europa; und zwei der Verbündeten, Großbritannien seit 1952 und Frankreich seit 1960, verfügten über eigene Kernwaffen. Nach der Kubakrise entschied Moskau, die Sowjetunion müsse versuchen, den US-Bestand an Atomwaffen zu erreichen. Mitte der sechziger Jahre hatte sich das sowjetische Arsenal an Kernwaffen auf über 400 Raketen erhöht, von den großen SS-9, die ihre Nutzlast bis zu einem über 11 000 Kilometer entfernten Ziel transportieren konnten, bis hin zu den kleinen SS-11, die ungefähr den Minuteman-Raketen entsprachen. 1968 stellte die Sowjetunion ihre eigene U-Boot-Flotte der Yankee-Klasse auf, jedes U-Boot konnte 16 Atomraketen transportieren. Die UdSSR holte auf und ließ die USA in der Zahl gefechtsbereiter Interkontinentalraketen bald hinter sich. Nun besaßen beide Seiten genug Kernwaffen, um die Welt gleich mehrmals zu vernichten.

Der Philosoph Bertrand Russell führt im Februar 1961 eine Demonstration gegen die Gefahren eines Atomkriegs an.

Die Ostermärsche

In den fünfziger Jahren stellten die Menschen erstmals das destruktive Potential atomarer und thermonuklearer Waffen in Frage. Am 17. Februar 1958 versammelte sich eine große Menschenmenge in der Central Hall von Westminster in London und hörte Reden gegen die Herstellung und den Einsatz von Kernwaffen zu. Ein Redner nach dem anderen verurteilte die Bombe aus moralischen Gründen. Und jeder Redner erhielt ohrenbetäubenden Applaus. In Großbritannien wurde eine neue Organisation ins Leben gerufen, die Kampagne für nukleare Abrüstung (CND). An jenem Osterwochenende fand ein Protestmarsch nach Aldermaston statt, der wichtigsten britischen Forschungsstätte für Kernwaffen. Damals, 1958, nahmen nur einige tausend Menschen an dem Marsch teil, doch er wurde zu einem jährlich wiederkehrenden Ereignis, einer Pilgerfahrt des Protestes. Die Bewegung für ein Verbot der Bombe breitete sich nach Holland, in die Bundesrepublik und nach Schweden aus. Die Teilnahme wurde für Tausende eine erste politische Erfahrung.

Der erste Aldermaston-Marsch beginnt 1958 in London.

Zu den Gründern des CND gehörte der Philosoph und Nobelpreisträger Bertrand Russell. Die MAD-Doktrin bedeutete in seinen Augen nicht nur die wahrscheinliche Auslöschung der menschlichen Rasse, sondern war eine Perversion der Moral der zivilisierten Welt. Die CND forderte für Großbritannien, das eine eigene H-Bombe besaß, die einseitige Abrüstung, denn man meinte, wenn Großbritannien seine Bombe aufgebe und die USA von ihren Basen auf britischem Boden vertreibe, würden andere Länder nachziehen. Vielen ging das nicht weit genug. Eine grundsätzliche Ächtung aller Kernwaffen sei vonnöten. In den späten sechziger Jahren trennte sich Russell von der CND und schloß sich dem militanteren »Komitee der 100« an. Diese Gruppierung setzte sich dafür ein, die Menschen in der Abrüstungsfrage zu zivilem Unge-

Das Zeichen der CND, der Kampagne für nukleare Abrüstung, wurde zu einem weltweiten Symbol des Protestes. Zusammengesetzt aus den Signalmastzeichen für die Buchstaben N und D, stand das zentrale Motiv für einen Menschen in Not.

horsam zu ermutigen. Im September des folgenden Jahres, einen Monat nach dem Bau der Berliner Mauer, plante die Vereinigung eine Reihe von Sitzblockaden in London sowie im schottischen Holy Loch, wo soeben das erste amerikanische Polaris-U-Boot eingetroffen war. Die britische Polizei bezichtigte einige Organisatoren, die Öffentlichkeit zu zivilem Ungehorsam aufgestachelt zu haben. Viele wurden festgenommen, auch der damals 89jährige Bertrand Russell. Er verbrachte eine Woche im Gefängnis des Londoner Stadtteils Brixton. Seine Festnahme rief weltweit Empörung hervor und brachte dem Anliegen der Bewegung Sympathien ein. Weitere Proteste in Großbritannien folgten, darunter im Juni 1962 der Versuch, den Luftwaffenstützpunkt bei Greenham Common zu blockieren.

Allerdings veranlaßten weniger die Protestkundgebungen als Befürchtungen im Weißen Haus und im Kreml – Folgen der Kubakrise im Oktober 1962 – die führenden amerikanischen und sowjetischen Politiker, die Initiative zu ergreifen. Im Juni 1963, bei einer Rede in der American University anläßlich der Verleihung akademischer Grade, sprach Kennedy davon, die Sowjetunion wie auch die Vereinigten Staaten würden »enorme Geldsummen für Waffen ausgeben, die besser verwendet werden könnten, um Gleichgültigkeit, Armut und Krankheiten zu bekämpfen«. Vereinbarungen für eine Beendigung des Wettrüstens lägen im »Interesse der Sowjetunion und Amerikas«. Für die Vereinigten Staaten verpflichtete er sich zu einem Verzicht auf Atomtests in der Atmosphäre. Innerhalb von sechs Wochen wurde der Vertrag über ein Atomteststoppabkommen in Moskau unterzeichnet. Darin kamen die Vereinigten Staaten, Großbritannien und die UdSSR überein, bis auf unterirdische Versuche alle

Der Aldermaston-Marsch

Seit 1959 war Aldermaston Ausgangspunkt des alljährlichen Ostermarsches. Die Zahl der Demonstranten wuchs, während sich der Marsch, der das ganze Osterwochenende dauerte, dem Zentrum Londons näherte. Im Laufe der Jahre marschierten Zehntausende hinter Jazzbands, trugen Plakate und Transparente, sangen Lieder und skandierten Parolen. Die Teilnehmer waren überwiegend jung, ungefähr 40 Prozent, so schätzte man, waren unter 21. Der Marsch endete jedes Jahr mit einer Kundgebung am Trafalgar Square.

Ein Film über den ersten Marsch fing die Stimmung vieler Teilnehmer ein. Ein Demonstrant meinte: »Wir marschieren, weil das unsere einzige Möglichkeit ist, unsere Opposition gegen eine Politik auszudrücken, die zwangsläufig zu einer nuklearen Katastrophe und großer Zerstörung führt.«

Das britische Establishment war zutiefst schockiert, daß Tausende gewöhnlicher Bürger auf die Straße gingen, um zu demonstrieren. Die britischen Medien beobachteten die Vorgänge höchst mißtrauisch und beschrieben die Marschierer als ungezogene und verantwortungslose jugendliche Rebellen.

Der Aldermaston-Marsch prägte in vielerlei Hinsicht das Erscheinungsbild der Protestbewegung gegen Kernwaffen, und er markierte den Beginn einer neuen Ära des Protestes, der die sechziger Jahre beherrschte.

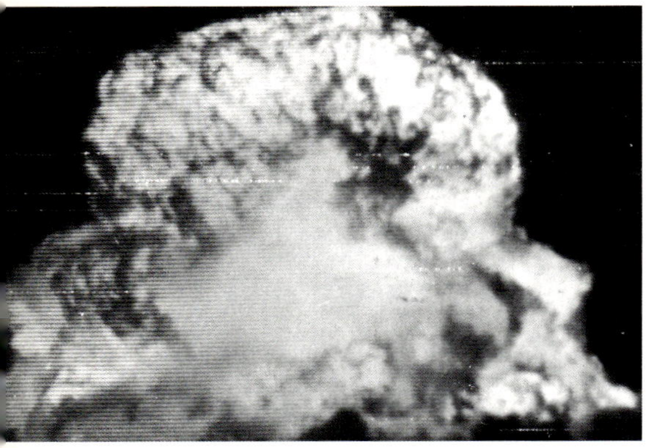

Am 16. Oktober 1964, um 15.00 Uhr Pekinger Zeit, trat China dem Kreis der Atommächte bei. Die Gefahr für die Menschheit schien größer denn je.

Kernwaffentests einzustellen (Frankreich unterschrieb den Vertrag nicht.) Dies war beileibe kein gewaltiger Sprung nach vorn, aber doch immerhin ein kleiner Schritt, der Anfang eines Prozesses, der eine Generation – den ganzen restlichen Kalten Krieg – fortdauerte und in dessen Verlauf die Supermächte regelmäßig über Rüstungsbegrenzungen verhandelten.

In der Kubakrise zeigten Chruschtschow und Kennedy Zurückhaltung, da beide die Aussicht auf einen nuklearen Holocaust aufrichtig entsetzte. Weniger zurückhaltend war das Militär auf beiden Seiten. Amerikanische Generäle prahlten damit, sie würden die Russen in die Steinzeit zurückbomben. Von allen einflußreichen Politikern zeigte Mao Tse-tung die geringste Abneigung, zur Vernichtung des Kapitalismus Kernwaffen einzusetzen.

Für die Chinesen waren der Rückzug der Raketen aus Kuba und der Vertrag zu einem Teststopp weitere Anzeichen, daß die Sowjetunion nicht länger ein revolutionärer Staat an der vordersten Front der Weltrevolution war. Als Chruschtschow sich weigerte, das technische Wissen für den Bau der Atombombe mit den Chinesen zu teilen, beschleunigten diese ihr eigenes Kernwaffenprogramm und zündeten am 16. Oktober 1964 die erste Bombe. Weniger als drei Jahre später, am 17. Juni 1967, brachte China eine H-Bombe mit drei Megatonnen zur Explosion und vollzog damit den Übergang von atomaren zu thermonuklearen Waffen schneller als jedes andere Land. Nun besaßen fünf Länder Kernwaffen.

Der Palomares-Zwischenfall

Am 17. Januar 1966, einem klaren Wintertag, ereignete sich in einer Höhe von 9000 Metern über der spanischen Mittelmeerküste ein höchst dramatischer nuklearer Zwischenfall. Ein B-52-Bomber, der in North Carolina zu einer routinemäßigen Luftpatrouille gestartet war, wurde in der Luft von einem Tankflugzeug des Typs KC-135 befüllt; dabei stießen die zwei Maschinen zusammen. Beide Flugzeuge explodierten, die gut 150 000 Liter Treibstoff an Bord des Tankflugzeugs gingen in Flammen auf. Acht der elf Besatzungsmitglieder beider Flugzeuge starben, vier Wasserstoffbomben der B-52 stürzten in der Nähe des Dorfes Palomares vom Himmel. Die Sicherheitsvorkehrungen verhinderten zwar eine thermonukleare Explosion, doch die hochexplosiven Sprengladungen in zwei der Bomben detonierten. Über mehrere hundert Hektar Agrarland lagen radioaktive Partikel verstreut. Eine dritte Bombe ging unbeschädigt in der Nähe des Dorfes nieder, die vierte stürzte ins Meer. 33 US-Marineschiffe riegelten das Gebiet ab; Taucher und Tauchboote suchten den Meeresgrund ab. Nach acht Tagen wurde die fehlende Bombe schließlich gefunden. Sie war unbeschädigt und schien keinerlei Radioaktivität abgegeben zu haben.

Nach wenigen Tagen wurde festgestellt, daß die beiden Bomben, deren Sprengladungen detoniert waren, erschreckend hohe Mengen an Plutoniumstrahlung abgegeben hatten. Rund 1750 Tonnen Erde mußten abgetragen und zur Entsorgung in die USA gebracht werden. In der Region um Palomares wurden hauptsächlich Tomaten angebaut, mehrere Tonnen mußten vergraben oder auf andere Weise vernichtet werden. Erst 1985 erhielten die Menschen von Palomares Zugang zu ihren medizinischen Unterlagen. 1975 faßte das Amt für nukleare Entwicklungen des US-Verteidigungsminsteriums den *Palomares Summary* ab. Der Bericht hielt fest, daß der am Tag des Unfalls herrschende Wind plutoniumhaltigen Staub aufgewirbelt hatte und daß »das ganze Ausmaß der Verbreitung nie in Erfahrung zu bringen sein« würde.

Pannensichere Vorrichtungen

Jedes Land verfügte über eigene ausgeklügelte Vorkehrungen für den Einsatz von Kernwaffen. Doch kein System ist perfekt. Je komplexer die Technologie, desto fehleranfälliger ist sie. Obwohl die Atommächte immer behaupteten, ihre Anlagen seien sehr sicher, ist die Liste der Atomunfälle und Beinaheunfälle im Kalten Krieg lang. Sie umfaßt menschliches Versagen, technische Fehler, ungeheuerliche Fehlfunktionen und erschreckende Vertuschungsaktionen. Heute erst, nach Öffnung der militärischen Geheimarchive, erhält man allmählich eine Vorstellung von den Unfällen und Beinaheunfällen.

Am 24. Januar 1961 brach ein B-52-Bomber in der Luft über North Carolina auseinander. Als der Bomber zur Erde stürzte, wurden zwei 24-Megatonnen-Bomben ausgeklinkt. Eine ging per Fallschirm nieder und konnte geborgen werden. Die andere fiel in ein Sumpfgebiet und wurde nie gefunden. Der elektrische Zündmechanismus der Bomben war so konstruiert, daß er Feuer und Explosionsdruck standhalten konnte. Man nahm an, die Wahrscheinlichkeit einer zufälligen Detonation betrage eins zu einer Million. Doch bei der Untersuchung der geborgenen Bombe stellte sich heraus, daß fünf der sechs Sicherungen versagt hatten. North Carolina wurde durch die einzige verbliebene Sicherung vor einer nuklearen Explosion gerettet, die tausendmal stärker gewesen wäre als die Hiroschima-Bombe.

Die Wahrscheinlichkeit einer totalen Vernichtung wächst mit der Zeit und wird im Laufe der Monate und der Jahre, in denen der Kalte Krieg, wie es heißt, weitergehen wird, fast zu einer Gewißheit.

Bertrand Russell,
Hat der Mensch noch eine Zukunft? 1961

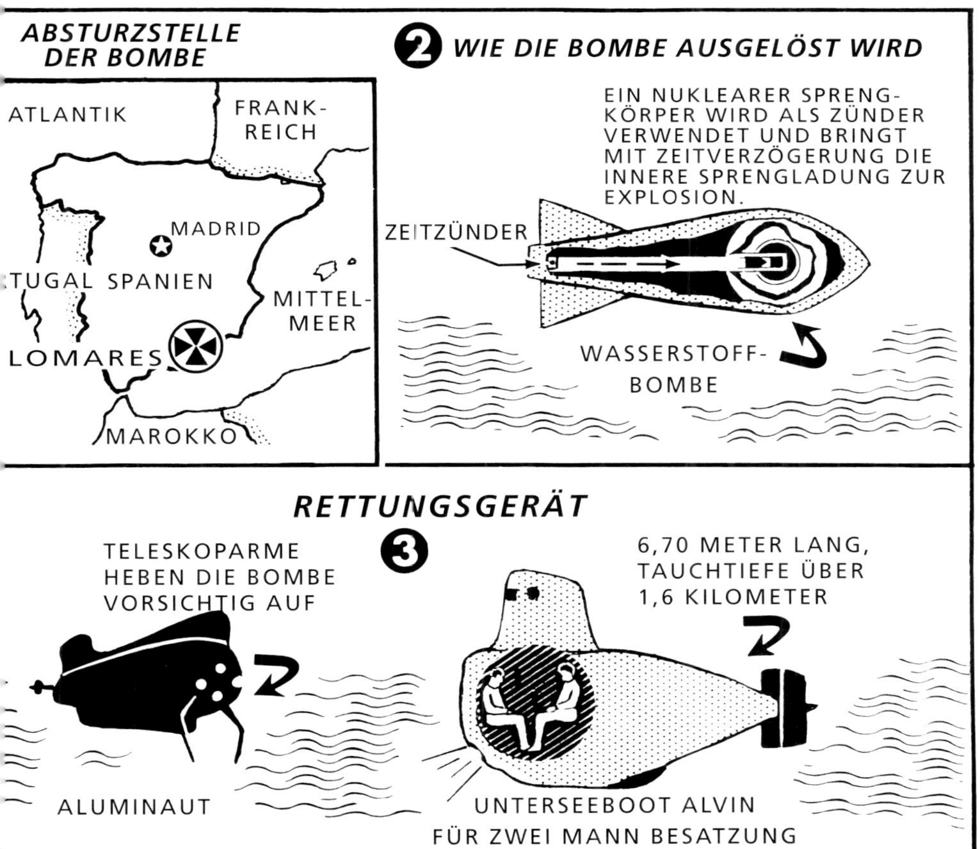

Nach dem Absturz eines B-52-Bombers im Januar 1966 in der Nähe von Palomares, Spanien, wurde diese H-Bombe, vollständig mit ihrem weißen Fallschirm, unbeschädigt aus dem Mittelmeer geborgen. Das Foto der US-Marine war die erste jemals von einer H-Bombe veröffentlichte Aufnahme.

Am Nachmittag des 21. Januar 1968 brach an Bord einer B-52 Feuer aus, während das Flugzeug über der Frühwarnradarstation in Thule auf Grönland kreiste. Binnen Minuten fiel die Elektrizität aus. Die Maschine füllte sich mit dichtem Rauch, und der Flugkapitän gab die Anweisung zum Absprung. Sechs der sieben Besatzungsmitglieder landeten mit ihren Fallschirmen sicher auf dem Erdboden, der siebte Mann kam ums Leben. Elf Kilometer von der Thule-Basis entfernt krachte die B-52 mit vier Wasserstoffbomben an Bord ins Eis und explodierte. Die Sicherheitssysteme verhinderten zwar eine nukleare Explosion, doch es detonierten alle hochexplosiven konventionellen Sprengstoffe in den Bomben. Radioaktive Trümmer wurden über ein großes Gebiet

OBEN: *Radartürme auf dem US-Luftwaffenstützpunkt bei Thule auf Grönland. In Thule ereignete sich ein Nuklearunfall, als eine B-52 beim Versuch einer Notlandung abstürzte.*
OBEN RECHTS: *Die Suchteams setzten Hunde auf dem gefrorenen Boden ein und fanden Teile von einer der vier Wasserstoffbomben sowie radioaktive Trümmer des Bombers.*

verstreut. Die Regierung Dänemarks, zu dem Grönland gehört, war empört, da Kernwaffen auf ihrem Territorium verboten waren.

Nach dem Palomares-Zwischenfall (siehe Kasten S. 238) wurde das Alarmsystem für die Luftbereitschaft des SAC überprüft. Verteidigungsminister Robert McNamara meinte, es sei nicht länger notwendig, permanent eine Streitmacht von B-52-Bombern bewaffnet in der Luft zu halten. Die Frühwarneinrichtungen waren durch den Einsatz von Überhorizontradarsystemen verbessert worden, und die Rolle der Interkontinentalraketen hatte die Bedeutung der Bomberflotte verringert. Angesichts des Risikos von Unfällen seien die Kosten und die Gefahren zu groß. Das SAC verteidigte verbissen die Luftalarmbereitschaft, stimmte aber einem Kompromiß zu. Einige Flüge wurden beibehalten, andere gestrichen. Die Flüge über der Radarbasis von Thule wurden fortgesetzt. Das SAC begründete dies damit, daß die Flüge für die lebenswichtige störungssichere Verbindung sorgten, sollten die Fernmeldeeinrichtungen ausfallen oder die Sowjets einen Überraschungsangriff auf Amerikas Frühwarnsysteme durchführen.

Der Unfall bei Thule löste eine Krise aus. Auf breiter Front erhob sich internationaler Protest gegen die US-Politik, mit Bombern, die Kernwaffen trugen, Flüge über neutralen Ländern durchzuführen. Zunehmend machte man sich Sorgen wegen der Umweltgefahren aufgrund von entweichender Radioaktivität. Ungeachtet der Beteuerungen seitens der Pentagon-Sprecher, daß die »Sicherheitsvorkehrungen und Vorsichtsmaßnahmen eine ›praktisch hundertprozentige‹ Garantie bieten, daß keine nukleare Explosion erfolgt, wenn ein Flugzeug mit seiner Bombenfracht abstürzt«, schien die Gefahr eines Nuklearunfalls real. Washington beschloß, die Luftalarmoperation zu beenden; von nun an verließ sich das SAC bei Bewaffnung und Start der Bomber auf die Frühwarnsysteme.

Die Auslösung der nuklearen Vergeltung

Flugzeugabstürze mit Kernwaffen waren erschreckend genug. Doch noch viel schrecklicher war die Aussicht auf ein Versagen der komplexen Systeme, die entwickelt und konstruiert wurden, um auf einen nuklearen Angriff zu reagieren und den Vergeltungsschlag auszulösen. Verteidigungssysteme sollten unfehlbar sein. Die zivile und militärische Führung war entschlossen, die Folgen von Fehlern zu minimieren. Es gab nie lediglich ein Radarsystem, sondern stets zwei oder drei, so daß die anderen die Aufgaben übernehmen konnten, falls ein System ausfiel. Ein hohes Ausbildungsniveau und eine ausgeprägte »Kultur der Verläßlichkeit« durchdrangen das US-Militär und galten ganz besonders für den Umgang mit den nuklearen Systemen. Doch letztlich sind alle menschlichen Systeme fehlbar. Besonders groß sind die Risiken, wenn Fehler und Fehlinterpretationen zu einem Atomkrieg führen können.

Man hätte annehmen können, daß während der Kubakrise die Gefahr von Unfällen und Beinaheunfällen geringer gewesen wäre, da sich alle Beteiligten in erhöhter Alarmbereitschaft befanden. Das Gegenteil war der Fall. Bei einer derart großen Anzahl von Bombern, Raketensilos, U-Booten und Fernmeldeeinrichtungen, die in gespannter und höchster Bereitschaft standen, erhöhte sich die Wahrscheinlichkeit für Irrtümer. Am 26. Oktober, auf dem Höhepunkt der Krise, startete um 4 Uhr morgens eine Atlas-Interkontinentalrakete auf dem südkalifornischen Luftwaffenstützpunkt Vandenberg. Washington wußte nichts davon. Die Rakete war nicht bewaffnet, und ihr Start war ein Test, der einige Zeit zuvor geplant worden war und seinen bürokratischen Lauf genommen hatte. Doch die Vandenberg-Basis befand sich auf Alarmstufe DEFCON 2, was bedeutete, daß die anderen Raketen mit nuklearen Gefechtsköpfen bestückt worden waren. Hätten die Sowjets den Start dieser Testrakete bemerkt, dann hätten sie leicht denken können, daß der Abschuß ihnen galt. Die Antwort hätte im Befehl für einen sofortigen nuklearen Vergeltungsschlag gegen die Vereinigten Staaten bestehen können. In einem weiteren Fall war man im Begriff, auf der Luftwaffenbasis Malmstrom in Montana die ersten Minuteman-Raketen zu stationieren, als die Kubakrise ausbrach. In der Hektik, die Raketen in Alarmbereitschaft zu versetzen, wurden, wie wir heute wissen, einige Verfahren für die Routinesicherheit übersehen. Falsche Verdrahtungen oder Kurzschlüsse hätten zu einem versehentlichen Raketenabschuß führen können. Zudem waren die Mannschaften, die in aller Eile die Kontrolle der tödlichen Nutzlasten übernahmen, für die Abschußrampen nicht eigens ausgebildet und geprüft worden.

In den kritischsten Augenblicken der Kubakrise waren die Sicherungseinheiten auf allen US-Luftwaffenstützpunkten wachsam gegen Sabotageversuche sowjetischer Agenten. Bei einer Basis nahe Duluth in Minnesota sich-

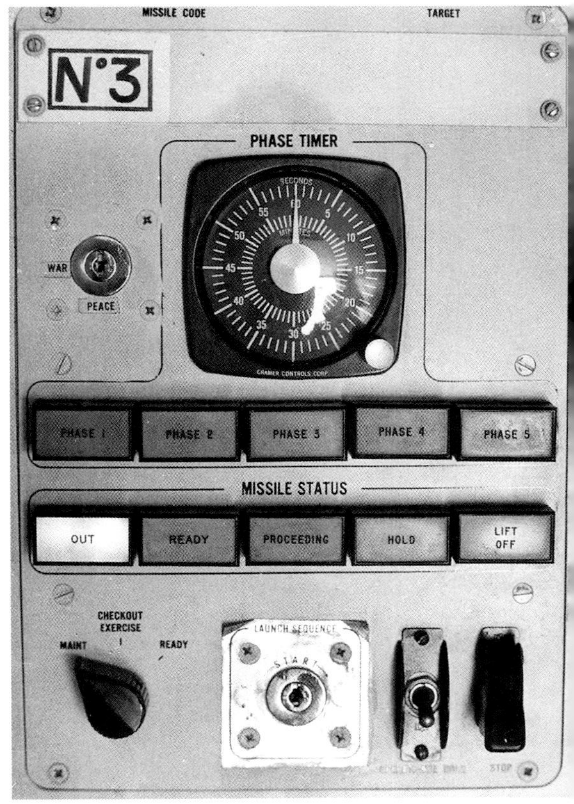

Kontrolltafel für Rakete Nr.3, oder: Wie eine in Großbritannien stationierte Rakete gestartet wird. Der britische Offizier steckt seinen Schlüssel in das untere Schloß, dreht ihn herum und drückt daraufhin alle Tasten. Dann steckt der US-Offizier seinen Schlüssel in das andere Schloß oben links. Wenn er ihn von »Frieden« auf »Krieg« dreht, startet die Rakete mit dem Sprengkopf.

tete in der Nacht des 25. Oktober ein Wachposten der Luftwaffe auf Patrouillengang eine Gestalt, die über den Umgrenzungszaun kletterte. Er schoß auf den Eindringling und löste Sabotagealarm aus. Auf Stützpunkten in der ganzen Region wurde gleichzeitig Alarm gegeben. Doch auf Volk Field in Wisconsin wurde der falsche Alarm ausgelöst. Eine Sirene ertönte mit dem Signal für den Beginn eines Atomkriegs. Piloten rannten zu ihren schwer bewaffneten und mit Kernwaffen bestückten Abfangjägern. Den Männern hatte man gesagt, während der Kubakrise gebe es keine Übungen; sie starteten unverzüglich ihre Maschinen und rollten zur Startbahn. Glücklicherweise hatte der Kommandeur des Stützpunktes mit Duluth Rücksprache gehalten. Er befahl einem Offizier, seinen Wagen mitten auf die Startbahn zu fahren und die Scheinwerfer aufzublenden, um die Starts abzubrechen.

In Duluth hatte man derweil festgestellt, daß der Eindringling ein Bär war.

Der erschreckendste Zwischenfall trug sich am 27. Oktober 1962 zu, dem Schwarzen Samstag der Kubakrise, jenem Tag, an dem beide Seiten glaubten, eine nukleare Konfrontation sei unvermeidbar. Um genau 9 Uhr führten Radarbeobachter einer Frühwarnstation bei Moorestown in New Jersey eine Routineüberprüfung ihres Computersystems durch. Sie aktivierten ein Programmtestband, das mittels eines simulierten Raketenangriffs von der Karibik aus eine höhere Alarmstufe aktivierte. Wenn sichergestellt war, daß das System fehlerfrei reagiert hatte, wurde es automatisch abgeschaltet. Genau in dem Augenblick, als die Beobachter von Moorestown ihr Band einlegten, überquerte aus

Was wäre, wenn...? Stanley Kubricks Alptraumvision »Dr. Seltsam« *kam einem realen Weltuntergangsszenario besorgniserregend nahe. Ein US-Kommandeur wird verrückt und befiehlt einen nuklearen Angriff auf die Sowjetunion. George C. Scott als General Buck Turgidson, Peter Sellers als Präsident Muffley.*

Dr. Seltsam

Columbia Pictures brachten 1964 Stanley Kubricks Film »Dr. Seltsam oder Wie ich lernte, die Bombe zu lieben« heraus. Diese Satire auf den Kalten Krieg handelt davon, daß der Kommandeur eines US-Luftwaffenstützpunkts Amok läuft und seinem Geschwader von B-52-Bombern den Befehl gibt, die Sowjetunion anzugreifen. Wegen einiger Pannen kann das Pentagon einen der Bomber nicht von seiner alptraumhaften Mission zurückrufen. In einer besonders sarkastischen Szene telefoniert der US-Präsident über den »heißen Draht« mit dem sowjetischen Ministerpräsidenten und will ihn warnen. Dieser teilt dem Präsidenten mit, daß die »Maschine des Jüngsten Tages« automatisch einen massiven Vergeltungsschlag gegen die Vereinigten Staaten auslösen werde. Der Film endet damit, daß Atompilze aufsteigen.

Obwohl stets bestritten wurde, daß sich eine Pannenserie wie in »Dr. Seltsam« in der Realität ereignen könnte, zeigt die Geschichte der Nuklearunfälle und Beinaheunfälle, wie das scheinbar Unmögliche fast wahr werden kann. Der Nukleartheoretiker Herman Kahn von der Rand Corporation dachte tatsächlich über eine Art »Maschine des Jüngsten Tages« nach: einen gigantischen Computer, der mit Tausenden von H-Bomben verbunden wäre und als Vergeltung für einen sowjetischen Angriff automatisch alle Bomben abfeuern würde. Kahns Buch *Nachdenken über den Atomkrieg* inspirierte Kubrick zu seinem Film.

Richtung Kuba ein »nicht feindlicher« Satellit den Horizont. Dem schriftlichen Protokoll des Kommandopostens zufolge seien die Computer und das Bedienungspersonal »verwirrt« gewesen, was nun Realität war und was Teil des Tests. Sie reagierten wie unter Angriffsbedingungen. Moorestown informierte NORAD, das Nordamerikanische Luftverteidigungssystem, in Colorado Springs, in Kuba sei soeben eine Rakete gestartet. Man berechnete, daß das Ziel Tampa in Florida wäre und daß die Rakete um 9.02 Uhr detonieren würde. Das Strategische Luftkommando in Omaha und die Kommandozentrale im Pentagon wurden alarmiert, ein nuklearer Angriff sei im Gange. Doch in Tampa explodierte keine Atombombe. In Moorestown erkannte man langsam den Fehler. Andere Radarüberwachungsstationen bestätigten, daß es sich um keinen gegnerischen Satelliten gehandelt habe. Die Leute im Pentagon atmeten erleichtert auf.

Raketen erorbern den Weltraum. Alexander Alexandrowitsch Dejneka nannte dieses Wandgemälde »Die Herren des Universums«.

Präsident Johnson und der sowjetische Ministerpäsident Kossygin treffen sich 1967 in Glassboro, New Jersey. Beide Supermächte waren sich bewußt, daß jede Seite die andere vernichten konnte, und erkannten die Unumgänglichkeit von Rüstungbeschränkungen bei Kernwaffen.

Die Destabilisierung des Gleichgewichts

Die apokalyptische Furcht vor einer nuklearen Katastrophe hielt die Menschen Osteuropas und der Sowjetunion weit weniger gefangen. Sie hörten nichts anderes als die optimistischen Schilderungen der Regierungspropaganda. Im Westen versetzte die Kubakrise Millionen von Menschen, die Tag für Tag die Nachrichten verfolgten, in Angst. Viele Schlüsselereignisse wurden live im Fernsehen übertragen. Die Menschen in der Sowjetunion erfuhren von der Krise erst, als sie schon fast Vergangenheit war, und auch dann nur durch einen Bericht im Innenteil der *Prawda*. Allein die Parteielite hatte eine Vorstellung davon, was wirklich geschehen war.

Die sowjetische Führung war sich der amerikanischen Überlegenheit bei Raketen und Bomben, die auf die Sowjetunion zielten, sehr wohl bewußt. Daher konzentrierte sie sich auf die Errichtung eines Schutzschildes. Mitte der sechziger Jahre entwickelten sowjetische Wissenschaftler vor den Amerikanern ein System von Abwehrraketen gegen ballistische Angriffsraketen (ABM). Als sich die Technologie mit enormem Tempo weiterentwickelte, schien es möglich, ein Abwehrsystem zu konstruieren, das Raketen im Flug abfangen konnte, noch bevor sie ihr Ziel auf dem Boden erreichten. Dies hätte jedoch das Gleichgewicht erschüttert, das der Konfrontationssituation des Kalten Kriegs zugrunde lag: War eine Seite nicht in der Lage, die Städte und Raketenbasen der anderen zu zerstören, dann funktionierte die Abschreckung nicht. So verrückt es klingt: Eine gute Verteidigung war ein destabilisierender Faktor.

Auch in den Vereinigten Staaten entwickelten Wissenschaftler ABM-Raketen, doch die Kosten waren horrend, und man hielt das System für unzuverlässig. Wenn nur einige wenige Raketen den Abwehrschild durchdrangen und ihre Ziele trafen, würde sich die ABM-Verteidigung als wertlos erweisen. Im Januar 1967 überzeugte McNamara, der eine Eskalation bei offensiven und defensiven Systemen befürchtete, Präsident Johnson, die Entwicklung des amerikanischen ABM-Systems aufzuschieben und durch diplomatische Initiativen zu versuchen, die Sowjets von ihren Plänen abzubringen. Johnson stimmte zu.

Nach dem Sechstagekrieg im Nahen Osten trafen die beiden Politiker in Glassboro in New Jersey zusammen. Johnson brachte die Frage eines Verbots von ABM-Waffen zur Sprache. Doch Kossygin protestierte im Brustton der Überzeugung: »Verteidigung ist moralisch. Aggression ist unmoralisch.«

Während die Debatte über die ABM-Systeme weiterging, leisteten US-Wissenschaftler bahnbrechende Arbeit für ein neues System: vielfache, einzeln lenkbare Wiedereintrittsgeschosse (MIRV). Jede Rakete konnte bis zu zehn Sprengköpfe mit verschiedenen Zielen tragen – jeder Sprengkopf konnte eine Stadt zerstören. Damit stellte sich für die Sowjets das Problem, einen Abwehrschild zu konstruieren, der unendlich komplexer und ungeheuer kostspielig sein würde. Die Anzahl der Raketen wurde unwichtig, es kam allein auf die Zahl der Sprengköpfe an. In genau jenem Jahr, in dem das ABM-System der Sowjets namens Galosch erstmals in der Moskauer Region einsatzbereit war, sahen sie sich mit der Notwendigkeit konfrontiert, das System um das Zehnfache zu verstärken. Jetzt bedeutete das Wettrüsten, daß die beiden Supermächte jeden Tag mehr als 50 Millionen Dollar für ihre nukleare Bewaffnung ausgeben mußten. Verhandlungen zur Begrenzung dieser unerträglichen Last wurden unausweichlich.

Krokodil *ist skeptisch: Die Blütenblätter sind tödlich.*

SALT macht sich bezahlt

Am 1. Juli 1968 unterzeichneten die Sowjetunion, die Vereinigten Staaten und Großbritannien den Atomwaffensperrvertrag, der die Weitergabe von Nukleartechnologie an andere Länder verbietet (Frankreich und China unterschrieben den Vertrag nicht). Daneben kündigten Washington und Moskau an, in »nächster Zukunft Gespräche über Rüstungsbegrenzungen und die Verringerung offensiver strategischer Kernwaffensysteme« aufzunehmen, »wie auch über Verteidigungssysteme gegen ballistische Raketen«. Beide Kernwaffengiganten waren zu der umsichtigen Schlußfolgerung gelangt, daß eine gewisse Rüstungskontrolle nötig war, um die Kostenexplosion abzuwenden, die beide Nationen in den Bankrott treiben würde. Doch trotz aller Rhetorik war das Ziel einer Rüstungskontrolle nicht Abrüstung und die Rückkehr zu jener instabilen Welt vor der nuklearen Parität, sondern die Garantie eines stabilen nuklearen Gleichgewichts zwischen den beiden Supermächten. Die gegenseitige Abschreckung blieb.

Ende September 1968 sollten in Genf die ersten Rüstungsgespräche beginnen. Als die Sowjets im August in der Tschechoslowakei intervenierten, zogen sich die Vereinigten Staaten von den Gesprächen zurück. Erst im Januar 1969, mit Richard Nixons Amtseinführung als Präsident, sah es danach aus, als ob die abgebrochenen Gespräche wieder aufgenommen würden. Nach mehreren Monaten und einer Vielzahl von Vorgesprächen verging ein weiteres Jahr, bis beide Seiten endlich am Tisch saßen.

Am 17. November 1969 trafen die Verhandlungsführer der USA und der Sowjetunion endlich in Helsinki zusammen, um mit den Gesprächen zu beginnen, die bald die Bezeichnung SALT (Strategic Arms Limitation Talks, Gespräche zur Begrenzung strategischer Waffen) bekamen. Die Verhandlungen in Helsinki und später in Wien zogen sich jahrelang hin, da die Unterhändler erst eine Einigung erreichen wollten, was in die Verhandlungen einbezogen werden sollte und was nicht – und dann, wie die Einhaltung der Beschlüsse überprüft werden könnte. Die Amerikaner wollten sich auf ABM-Systeme beschränken und verlegten sich darauf, die Bereiche auszuschließen, in denen sie Überlegenheit besaßen, etwa bei der MIRV-Technologie. Die

Sowjets wollten wiederum strategische Offensivwaffen begrenzen, weil dort die Vereinigten Staaten immer noch im Vorteil waren. Die sowjetischen Delegierten waren gewarnt worden, daß der KGB mithöre. Jedem, der zuviel anbot oder mehr zugestand, als vereinbart worden war, drohte eine Zelle in der Lubjanka. Der Gedanke an öffentliche Inspektionen auf den jeweiligen Raketenbasen war amerikanischen und sowjetischen Militärs ein Greuel. Während die Verhandlungen schrittweise vorankamen, ging der Fortschritt bei der Waffentechnologie weiter und überrundete zeitweise sogar die Gespräche.

Hinter den Kulissen richtete Henry Kissinger, Nixons Sonderberater für Fragen der nationalen Sicherheit, mit dem sowjetischen Botschafter Dobrynin einen inoffiziellen diplomatischen Kanal ein – wie es die Kennedys während der Kubakrise getan hatten. An kritischen Punkten, als die Gespräche in einer Sackgasse steckten, konnten Kissinger und Dobrynin Lösungsmöglichkeiten für Probleme vorschlagen, die in Helsinki und Wien unlösbar schienen. Beide Delegationen hatten von diesen inoffziellen Gesprächen keine Kenntnis. Unterhändler, die geduldig nach Gemeinsamkeiten gesucht und dann langsam darauf aufgebaut hatten, fühlten sich ausmanövriert, wenn durch Geheimabkommen ein toter Punkt überwunden wurde.

Während die SALT-Verhandlungen im Schneckentempo weitergingen, verkleinerte die Sowjetunion ihre Raketenlücke, in einigen Bereichen überholte sie die USA sogar. Dies setzte Washington unter Druck, die Gespräche ernst zu nehmen. Darüber hinaus waren die Militärausgaben der USA in Vietnam immer noch gewaltig, und die Vereinigten Staaten hofften auf eine Atempause. Nixon und Kissinger wollten 1971 ein Abkommen beschleunigen und stimmten zu, daß U-Boot-gestützte strategische Raketen (SLBM) trotz der amerikanischen Überlegenheit bei diesen Flugkörpern in die Gespräche einbezogen wurden.

Im Mai 1972 flog Präsident Nixon nach Moskau und unterzeichnete mit Leonid Breschnew das SALT-I-Abkommen. Das Gleichgewicht des Schreckens bestand fort, doch die Supermächte stabilisierten es.

Am 26. Mai 1972 unterzeichneten Präsident Nixon und der sowjetische Ministerpräsident Leonid Breschnew bei einem immer wieder verschobenen Gipfeltreffen in Moskau die Übereinkunft, die als SALT I in die Geschichtsbücher eingegangen ist. Beide Seiten einigten sich auf eine Begrenzung von ABM-Flugkörpern. Der Sowjetunion war es erlaubt, mit der Aufstockung der Interkontinentalraketen und U-Boot-gestützten strategischen Raketen fortzufahren. Doch das Problem der einzeln lenkbaren Mehrfachsprengköpfe (MIRV) fand in SALT keine Erwähnung, so daß der russische Vorteil in der Zahl der Raketen durch den amerikanischen Vorteil bei den Gefechtsköpfen wettgemacht wurde. Die Vereinbarung betraf weder Mittelstreckenraketen noch europäische US-Stützpunkte. Dennoch war SALT I ein bedeutender erster Schritt. Das Abkommen leitete eine neue Ära der Entspannung zwischen den Supermächten ein.

Obwohl die Supermächte die Zusammenarbeit lernten, war das Wettrüsten keineswegs beendet. Im Mittelpunkt des Interesses stand nun die technologische Entwicklung. Und die Kernwaffenarsenale wuchsen. 100 thermonukleare Sprengköpfe waren mehr als genug, um die gegnerische Seite zu vernichten. Am Ende des Kalten Krieges hatten die Supermächte zusammen 40 000 thermonukleare Sprengköpfe, jeder mindestens 100mal stärker als die Hiroschima-Bombe. 40 Jahre lang konnten jeden Tag die Menschheit und alles Leben auf der Erde vernichtet werden.

San Francisco, 1966

Im Kalten Krieg hatte jeder Machtblock seine Gegenkultur. In den USA forderten die Black Panther vom Staat grundlegende Bürgerrechte für die Afroamerikaner. In den Ghettos der Großstädte griffen sie zu den Waffen.

Kulturkriege

1960–1968

Luftaufnahme von Levittown auf Long Island. Das Bild läßt auf Gleichförmigkeit schließen, doch jede Familie besaß die Privatsphäre eines Eigenheims. In der Sowjetunion kam es vor, daß sich eine Familie ein Zimmer teilte.

Der militärisch-industrielle Komplex

Der Kalte Krieg war nicht nur ein Zusammenprall von militärischen Weltreichen, sondern auch von Wirtschaftssystemen und Kulturen – konkurrierenden Lebensstilen. Die Rüstungsausgaben kurbelten die US-Wirtschaft während der längsten Periode dynamischen Wirtschaftswachstums in der Menschheitsgeschichte an. Im Westen sorgte das Wachstum für eine neue Ära des Wohlstands. Die Verteidigungsausgaben der Vereinigten Staaten waren 1960 auf über 50 Milliarden Dollar angewachsen – mehr als die Hälfte (52 Prozent) der gesamten Staatsausgaben und über 10 Prozent des Bruttoinlandsprodukts. Die USA hatten Bündnisse mit 48 Ländern abgeschlossen, mehr als 1,5 Millionen Soldaten der drei Waffengattungen waren in der ganzen Welt stationiert. Eine weitere Million Zivilisten arbeitete direkt für das Verteidigungsministerium. Tausende Firmen profitierten von Rüstungsaufträgen, Hunderte von Forschungsprojekten wurden an Universitäten und Forschungsinstitute vergeben. Ein gigantischer militärisch-industrieller Komplex war entstanden, dessen Hauptziel es war, das Niveau der Ausgaben zu halten oder zu steigern.

Unternehmen wie General Dynamics, Lockheed, McDonnell-Douglas oder Newport News Shipping waren von Rüstungsaufträgen abhängig und betrieben Lobbyismus, damit die Verteidigungsausgaben hoch blieben. Viele andere US-Unternehmen, darunter einige der größten, verdankten ihre hohe Produktivität der Arbeit im Verteidigungssektor. Alle diese öffentlichen Investitionen verschafften den Aktionären Gewinne. Die Begleiterscheinungen der Verteidigungsanstrengungen waren der Motor für die Zivilwirtschaft: Man stieß auf neue Metalle und neue Materialien. Massive Investitionen bei Radar- und Frühwarnsystemen verhalfen der Elektronik- und Telekommunikationsindustrie zu Wachstum. Die Boing 707 begann ihre Karriere als militärisches Tankflugzeug, bevor sie zum erfolgreichsten zivilen Passagierflugzeug aller Zeiten wurde. In den sechziger Jahren wurden in den USA immer raffiniertere Waffen entwickelt, und zugleich wurden die Konsumenten mit den gewünschten Produkten versorgt.

Der militärisch-industrielle Komplex herrschte überall und war allmächtig. Kaum je wagte ein Politiker Kritik – nur wenige Kongreßmitglieder riskierten, die nationale Verteidigung zu untergraben, indem sie gegen Militärausgaben stimmten. Kennedy überzeugte im Wahlkampf gegen Nixon die Amerikaner, daß die Regierung Eisenhower die Entstehung einer Raketenlücke zwischen den Vereinigten Staaten und der Sowjetunion zugelassen und damit die nationale Sicherheit gefährdet habe. Nur Eisenhower selbst wagte es bei der Rede anläßlich seiner Verabschiedung, Amerika vor dem »unberechtigten Einfluß« des »militärisch-industriellen Komplexes« zu warnen. Er warnte auch vor der »Aussicht, daß die Wissenschaftler der Nation von staatlicher Beschäftigung, Projektzuteilungen und der Macht des Geldes abhängig werden«. Es brauchte einen scheidenden Präsidenten, der am Ende seiner Laufbahn – auch einer beeindruckenden militärischen Laufbahn – eine solche Mahnung formulierte.

Die zwei Seiten des amerikanischen Traums: Die einen besaßen einen gutgefüllten Kühlschrank, andere lebten, wie hier in Harlem, in Elendsquartieren, die kein Besitzer instand hielt.

Eine weitere Antriebskraft der US-Industrie war die wachsende internationale Verflechtung. Seit dem Ende des Zweiten Weltkriegs suchten die Vereinigten Staaten nach ausländischen Absatzmärkten. Mit dem Marshallplan als Auftakt förderte die US-Außenpolitik Wirtschaftssysteme mit privatem Unternehmertum nach amerikanischem Vorbild, weil dies nicht nur eine Grundlage für demokratische Gesellschaften bot, sondern auch einen Markt für amerikanische Waren. Zwischen 1950 und 1970 vervierfachten sich die US-Exporte. Dennoch lagen die Wachstumsraten in Amerika immer noch niedriger als in Europa und Japan. Viele amerikanische Firmen stellten fest, daß sie mehr verdienen konnten, wenn sie ihr Geld im Ausland investierten. Ein erheblicher Anteil der Gewinne blieb dann in den Ländern zurück, in denen sie erwirtschaftet worden waren. So wuchs und florierte in den Jahren des Kalten Kriegs der Typ des multinationalen Unternehmens. In Frankreich, Großbritannien und Westdeutschland hielten 1968 ganze drei Firmen 40 Prozent der US-Investitionen – Ford, General Motors und Standard Oil aus New Jersey. Investitionsentscheidungen wurden nicht wie einst zur Zeit des Marshallplans durch Regierungsbeamte getroffen, sondern von den Vorständen multinationaler Unternehmen, deren Ziel die Erwirtschaftung von Gewinnen war. Multinationale Konzerne dehnten ihre Geschäfte auf die gesamte kapitalistische Welt aus. IBM, Ford und Exxon investierten im großen Maßstab in Europa, Südamerika und Asien. Die amerikanische Wirtschaft hielt die Flagge hoch, und jede amerikanische Militärbasis wurde zu einem Außenposten des US-Handels und der US-Kultur. Coca-Cola und Blue jeans waren Symbole der modernen, weltweiten Konsumkultur, Objekte der Begierde von Millionen Menschen in aller Welt.

Eine amerikanische Tragödie

In den Vereinigten Staaten war der Reichtum keineswegs gleichmäßig verteilt. Manche Regionen blieben benachteiligt – Inseln der Armut in einem Meer des Wohlstandes. Die Bundesstaaten im Süden und im Westen, im »Sonnengürtel«, blühten auf. Dagegen ging in den alten Innenstädten eine gewaltige Zahl von Arbeitsplätzen verloren. Zu Beginn der sechziger Jahre waren mehr als fünf Millionen Amerikaner arbeitslos, die Arbeitslosenquote lag bei Schwarzen neunmal höher als bei Weißen. In den Südstaaten war der Rassismus noch immer tief verwurzelt. Schwarze und Weiße konnten nicht mit den gleichen Bussen fahren, nicht dieselben Restaurants und Bars besuchen und auch nicht dieselben Schulen. Der Protest gegen die legalisierte Apartheid begann in den fünfziger Jahren und weitete sich in den sechziger Jahren aus. Dr. Martin Luther King, ein junger schwarzer Baptistenpfarrer, erlangte nationale Berühmtheit, als er in Montgomery in Alabama den Kampf gegen die Rassentrennung in Bussen anführte. King predigte gewaltlosen Protest und zivilen Ungehorsam. Bei Tausenden von Boykotten, Demonstrationen, Sitzstreiks und Märschen wurden die Ungerechtigkeiten des Systems angeprangert. Demonstranten, die diszipliniert und friedlich für die Menschenrechte eintraten, trafen auf heftige Gegenwehr der Weißen und der Polizei. Nachrichtensendungen, die zeigten, wie Polizisten friedliche Demonstranten brutal niederknüppelten und Wasserwerfer gegen sie einsetzten, lösten national und international Entrüstung aus. Forderungen, die Rassentrennung in Schulen und Colleges aufzuheben, führten zu spektakulären Konfrontationen, beispielsweise in Birmingham in Alabama, wo Gouverneur George C. Wallace und seine rassistischen Anhänger aufgebracht mit ansahen, wie Bundestruppen die Einschreibung schwarzer Studenten an der staatlichen Universität erzwangen.

King führte im August 1963 den großen »Marsch auf Washington« an, wo sich 200 000 Anhänger der Bürgerrechtsbewegung versammelten, um seine Rede zu hören. »Ich habe einen Traum«, verkündete er. »Jetzt ist es Zeit, Gerechtigkeit für alle Kinder Gottes Wirklichkeit werden zu lassen.« Die Folksängerin Joan Baez stimmte »We Shall Overcome« an. Bob Dylan sang über die Veränderungen, die in der Luft lagen. Die Demonstranten forderten das Weiße Haus auf, rassistische Gesetze aufzuheben und schwarzen Amerikanern die gleichen Rechte bei der Ausbildung und im Arbeitsleben zu gewähren. Nach den Reden lud Präsident Kennedy die Führer der Schwarzen ins Weiße Haus ein und gratulierte ihnen. Justizminister Robert Kennedy drängte seinen Bruder zu handeln. Ernst sagte der Präsident: »Die Rechte jedes Menschen werden herabgesetzt, wenn die Rechte eines einzelnen Menschen bedroht sind.« Doch er wußte, daß er die Wählerstimmen der Südstaaten brauchte, und zögerte daher, entscheidende Schritte zu unternehmen.

Raleigh, North Carolina, Februar 1960. Die Bedienung eines Restaurants ignoriert zwei schwarze Studenten, die an der Theke für Weiße sitzen.

Nach Kennedys Ermordung zog Lyndon B. Johnson ins Weiße Haus und setzte neue Prioritäten. Ganz oben auf der Liste standen der Aufbau einer »Großen Gesellschaft«, wie er es nannte, und ein »bedingungsloser Krieg gegen die Armut«. Im Juli 1964 unterzeichnete er das Bürgerrechtsgesetz, das die Rassendiskriminierung für illegal erklärte. Doch von einer wirklichen Gleichberechtigung war der Süden noch weit entfernt. Das ganze Jahr 1964 hindurch über wurden Bürgerrechtler angegriffen, verprügelt, beschossen, und einige wurden bei den Ereignissen, die als »Mississippi-Sommer« in die Geschichtsbücher eingingen, ermordet.

In den Städten des Nordens konzentrierten sich durch die Trennung der Wohngebiete ethnische Minderheiten in großen Ghettos. Im Sommer 1965 explodierte das schwarze Ghetto von Watts, einem Vorort von Los Angeles; die Unruhen waren der Beginn einer ganzen Reihe innerstädtischer Krawalle. Um die Ordnung wiederherzustellen, wurden 15 000 Soldaten eingesetzt, das Ghetto brannte fast eine Woche lang. In den kommenden drei Jahren erlebten die Städte im Norden »lange heiße Sommer« der Unzufriedenheit, des Aufruhrs und der Gewaltausbrüche. Einen Höhepunkt erreichten die Auseinan-

dersetzungen in Newark, einen weiteren 1967 in Detroit, wo 43 Menschen starben und ein Sachschaden von 250 Millionen Dollar entstand. *Newsweek* berichtete unter der Schlagzeile »Eine amerikanische Tragödie«. Die Spaltung innerhalb der amerikanischen Gesellschaft vertiefte sich und brachte die Regierung in Washington in große Verlegenheit, wenn sie behauptete, die freie Welt gegen die Tyrannei des Kommunismus, der Armut und des Unrechts zu verteidigen. Amerika befand sich im Krieg – im Ausland wie im Inland.

Präsident Johnsons beabsichtigter »Feldzug gegen die Armut« stockte, als der Krieg in Vietnam jenes Geld verschlang, das für die bundesstaatliche Finanzierung von Programmen gegen die Armut hätte eingesetzt werden können. Einem Amerikaner aus der Armut zu helfen kostete gerade einmal 50 Dollar im Monat, doch rund 300 000 Dollar waren nötig, um einen Vietcong zu töten.

OBEN LINKS: *Martin Luther King winkt am 30. August 1963 den Demonstranten zu, die zum Lincoln Memorial marschieren. King hatte einen Traum: Schwarze würden vollständig an Amerikas Demokratie teilhaben.*
OBEN: *Lyndon B. Johnson und Martin Luther King nach der Unterzeichnung des Bürgerrechtsgesetzes am 2. Juli 1964, womit es rechtskräftig wurde.*

Wofür kämpfen wir?

Der aussichtslose Krieg in Vietnam war das große polarisierende Thema der Epoche und spaltete die USA mehr als jedes andere Thema seit dem 100 Jahre zurückliegenden Bürgerkrieg. Angesichts der abendlichen Fernsehbilder und mit steigender Zahl der Opfer fragten sich immer mehr Menschen, warum Amerika diesen Krieg führte. Die Antikriegsbewegung begann im Oktober 1965 mit Protestaktionen in mehr als 90 Städten, darunter Washington, wo 80 000 Demonstranten an einem Marsch teilnahmen. Die Märsche der Kriegs-

In Los Angeles rollt am 14. August 1965 ein Konvoi der Nationalgarde in den Stadtteil Watts, um die andauernden Krawalle zu beenden.

Überall sagen sie einem, »Geh nach Kalifornien! Kalifornien ist der Topf voller Gold am Ende des Regenbogens.« Jetzt sind wir hier in Kalifornien, und wir können nirgendwo mehr hingehen. Und das einzige Gold, das ich gefunden habe, ist das Hasch an jeder Straßenecke.

Einer der Aufständischen von Watts,
Los Angeles, 1965

gegner vereinten Pazifisten, religiöse Gruppen und linksorientierte Studentenorganisationen, die sich gegen den amerikanischen Militarismus im Ausland wandten. Johnsons Ausweitung der Wehrpflicht verstärkte die Proteste dramatisch; denn Studenten mußten von der Universität direkt in den Krieg ziehen. An den Universitäten wurden demonstrativ Wehrpässe verbrannt. In den folgenden Jahren hallten in den Vereinigten Staaten die Universitäten und Städte von Parolen gegen den Krieg wider, auch direkt vor dem Weißen Haus und dem Pentagon erhoben die Demonstranten ihre Stimme.

Doch obwohl die Zahl der US-Soldaten in Vietnam wie auch die der Toten Jahr für Jahr wuchs, befürwortete die Mehrheit der Bevölkerung noch immer die Kriegsanstrengungen. Drei von vier Amerikanern unterstützten die Kriegsziele des Präsidenten. Die Demonstranten wurden von Menschenmengen mit Transparenten attackiert, auf denen zu lesen war: »Unterstützt unsere Männer in Vietnam – Fallt ihnen nicht in den Rücken«. Kongreßmitglieder forderten von der Regierung, scharf gegen die »vergammelten Beatniks« vorzugehen, die ihre Wehrpässe verbrannt hatten. Im Senat wurde ein Gesetz verabschiedet, das die vorsätzliche Vernichtung von Wehrpässen mit Gefängnishaft bis zu einem Jahr und einer Geldstrafe von 10 000 Dollar belegte. Für viele Amerikaner, die »schweigende Mehrheit«, war es eine Sache, für die Bürgerrechte zu demonstrieren, und eine andere, in einem Krieg die Außenpolitik der Regierung zu unterhöhlen. Als bei Demonstrationen hier und dort die amerikanische Nationalflagge angezündet wurde, kauften sich Tausende Amerikaner kleine Flaggen für ihre Autos und ihre Wohnungsfenster. Überall tauchten Plakate mit der Aufschrift auf »Dies ist mein Land – mit Recht und Unrecht«.

Die jungen Amerikaner der sechziger Jahre waren die am besten ausgebildete, die materiell am besten gestellte und die schwierigste Generation in der Geschichte des Landes. Kalifornien, wo ein Großteil der Raumfahrtindustrie ihren Standort hatte, repräsentierte das wohlhabende Amerika. Es war der reichste Bundesstaat der USA, seine Wirtschaftskraft übertraf mit Ausnahme der Sowjetunion, Westdeutschlands, Großbritanniens und Frankreichs jedes andere Land. Die Einkommen in Kalifornien waren im Schnitt die höchsten in den Vereinigten Staaten, es gab die meisten Autos, Schwimmbäder, Gartenterrassen, Gartengrills und Farbfernsehgeräte pro Kopf. Und in Kalifornien trat erstmals eine Gegenkultur junger Leute in Erscheinung, die den Materialismus und das Konsumdenken der Elterngeneration ablehnten.

Junge Radikale waren mit der täglichen Bedrohung durch nukleare Vernichtung aufgewachsen und wollten mit einem Land, das sie als rassistisch, sexistisch und imperialistisch ansahen, nichts zu tun haben. Im modernen Amerika, so sagten sie, seien keineswegs alle Menschen gleich – Schwarze waren nicht gleichgestellt und Frauen auch nicht. Neben Demonstrationen gegen Vietnam und Mahnwachen für den Frieden gab es viele Sitzstreiks und politische Diskussionsrunden, die zur Rebellion gegen den American Way of Life aufriefen. Einige Studenten wollten nur aussteigen. Andere verfochten ideologische Positionen und wollten die Gesellschaft radikal verändern.

Aus dieser Gegenkultur kamen Forderungen nach »Black Power«, Emanzipation der Schwarzen, und später nach »Women's Liberation«, Emanzipa-

Detroit, 1967

In den langen, heißen Sommern brannte es in amerikanischen Städten. Die Mittel für Johnsons Krieg gegen die Armut flossen in den Krieg gegen den Vietcong. Das Los der Armen in den Städten, die ohnehin die Hauptlast des Einsatzes in Vietnam trugen, besserte sich nicht. Ein Funke, ein Gerücht von Gewalt konnte eine Stadt in Brand stecken.

tion der Frauen. Der Begriff »Flower Power« und das Motto »Make love, not war« tauchten das erste Mal in Berkeley, Kalifornien, auf. In den Jahren 1966 und 1967 war San Francisco die Hochburg der Hippies.

»Erstmals in unserer Geschichte«, schrieb ein Professor Anfang der sechziger Jahre, »wird eine große gesellschaftliche Bewegung, die die Nation in ihren Grundfesten erschüttert, von jungen Leuten angeführt.« Die Geburtenrate war nach dem Zweiten Weltkrieg gewaltig angestiegen, so daß die junge Generation in den sechziger Jahren recht groß war: etwa 30 Millionen, was die nationale Demographie entscheidend veränderte. Ungeachtet der großen Differenzen innerhalb der jugendlichen Protestbewegung der sechziger Jahre – das Spektrum reichte von blumengeschmückten Peaceniks bis zu Stadtguerillas –, fühlten sich alle als Angehörige einer Generation. Eine Untersuchung aus dem Jahr 1969 ergab, daß 80 Prozent der Jugend sich als Teil »meiner Generation« empfanden. Sie lehnten den Materialismus ihrer Eltern ab und grenzten sich deutlich von deren Generation ab. Die Haare wurden länger, die Röcke kürzer. Die Antibabypille wurde allgemein zugänglich. Die sexuelle Revolution spaltete die Generationen noch weiter. Die Eltern warfen der Jugend Unmoral und Zügellosigkeit vor.

Musik wurde die Sprache des Protests. Aus Großbritannien kam der Liverpool-Sound der Beatles, eine Art weißer Version des schwarzen Rhythm and Blues. Als die Beatles in der »Ed Sullivan Show« erstmals im amerikanischen

LSD: Die Droge der Sechziger

Die »Arzneimittelliste« der Gegenkultur der sechziger Jahre umfaßte Marihuana, Meskalin, Amphetamine und eine Vielzahl von »Magic Mushrooms«, doch den Kern bildete eine einzige Droge: LSD oder »Acid«.

Lysergsäurediäthylamid (LSD) wurde erstmals 1938 durch den Schweizer Chemiker Albert Hofmann hergestellt, der auf der Suche nach einem Mittel gegen Migräne mit Derivaten von Alkaloiden experimentierte. LSD ist eine starke halluzinogene Droge, die das Gehirn verzerrte Sinneswahrnehmungen hervorbringen läßt. Durch LSD verarbeitet der Geist auf ganz eigene Weise Sinneseindrücke, die Augen und Gehör liefern. Häufig ruft die Droge eindringliche visuelle und akustische Halluzinationen hervor sowie eine völlig neue Realitätserfahrung, die als »Trip« bezeichnet wird. Die Reaktionen auf die Droge können unterschiedlich sein. Im Extremfall kann sie einerseits zu offenbar mystischen Erkenntnissen verhelfen, andererseits kann sie heftige intensive Angst- und Panikattacken auslösen. Herstellung und Verkauf sind heute in den Vereinigten Staaten, in Großbritannien und anderen Ländern verboten.

Dr. Timothy Leary, Dozent an der Harvard University, war der erste, der öffentlich zugab, die Droge Anfang der sechziger Jahre genommen zu haben. Durch Vorstöße, die Einnahme der Droge 1966 zu verbieten, erhielt LSD Kultstatus. Auf dem Höhepunkt der »Acid-Kultur« nahmen viele Prominente die Droge, darunter John Lennon und Paul McCartney von den Beatles. LSD gehörte dazu, in Tausenden von Hippie-Kommunen, bei politischen Diskussionen in Universitäten und bei unzähligen »Love-ins«. Die Droge führt zu keiner physischen Abhängigkeit, doch psychische Abhängigkeit war recht verbreitet.

Im Gegensatz zu konventionellen Drogen wie Alkohol, die die Sinne betäuben, bewirkt LSD nach Ansicht seiner Propagandisten eine Bewußtseinserweiterung. LSD eröffne neue Einblicke in die Realität und transzendiere die physische Welt. Es löste individuelle Wahrnehmungsveränderungen aus, die zur Generation der Gegenkultur und zur Ablehnung alter Werte paßten.

LINKS: *Viele forderten: »Unterstützt unsere Jungs in Vietnam.« Kriegsgegner: »Verdammt, wir gehen nicht.«*
UNTEN: *Demonstranten gegen den Vietnamkrieg stecken Blumen in die Gewehrläufe von Nationalgardisten.*

Ein »Love-in« im Elysian Park, Los Angeles, 1968. Die Gegenkultur sorgte für Erfahrungen von ungekannter Intensität. Zu Hause gab es das nicht.

Fernsehen auftraten, hatte die Sendung die höchste je in der Fernsehgeschichte erzielte Einschaltquote. Man sprach von einer »Invasion« Amerikas durch die vier Pilzköpfe. Nach den Beatles kamen die Rolling Stones, The Who und The Animals. In Kalifornien war die psychedelische Beatmusik von Jefferson Airplane, The Doors, The Grateful Dead und The Mothers of Invention zu Hause. Mitte der sechziger Jahre ließ sich eine ganze Generation von der Energie dieser Musik faszinieren. Nichts drückte den Optimismus, den Willen zur Veränderung und die Dynamik des Jahrzehnts besser aus als die Musik jener Zeit.

Das amerikanische Establishment sah in den brennenden schwarzen Ghettos und den allgegenwärtigen Demonstrationen gegen den Vietnamkrieg eine Bedrohung der nationalen Sicherheit. J. Edgar Hoover, der im Amt ergraute langjährige Direktor des FBI, glaubte, daß die Kommunisten hinter den Protesten steckten. Der Präsident gab Anweisung, die Protestbewegung zu unterwandern und die Telefone der Anführer abzuhören. In der Annahme, die Antikriegsbewegung besitze internationale Verbindungen, bekam die CIA den Auftrag, ungeachtet der Rechtslage geheimdienstliche Informationen im eigenen Land zu sammeln. Die Behörde berichtete schließlich, es gebe keinerlei Anhaltspunkte für internationale Verbindungen irgendwelcher Art.

Im Oktober 1967 organisierten Kriegsgegner einen großen Marsch auf das Pentagon. Eine vielköpfige Gruppe begann einen Sitzstreik. Zum erstenmal seit 1932 forderte die Regierung bewaffnete Armee-Einheiten an zur Verteidigung der Hauptstadt. Viele Demonstranten sangen und sprachen mit den Soldaten, einige steckten Blumen in die Gewehrläufe. In der Nacht griffen die Soldaten an, traten und prügelten die Friedensdemonstranten. Ein Augenzeuge berichtete von »berittenen Polizisten«, die wahllos »auf Köpfe eindroschen«. Diese Auseinandersetzung war das Ende des »Sommers der Liebe«. Der Vorhang öffnete sich für das Jahr 1968.

Die Protestbewegung, meist durch Kampagnen gegen den Vietnamkrieg ausgelöst, erfaßte viele westliche Länder. In Frankreich stürzte im Mai 1968 beinahe de Gaulles Fünfte Republik, als es zu Zusammenstößen mit Arbeitern, Studenten und Intellektuellen kam. In London schlugen Polizisten mit ihren Schlagstöcken vor der US-Botschaft auf demonstrierende Kriegsgegner ein – vor den laufenden Kameras. In Deutschland und Japan prügelten sich Radikale mit der Polizei. In Nordirland lösten Bürgerrechtsmärsche nach dem Vorbild der Märsche im Süden der USA eine neue Phase in den Auseinandersetzungen zwischen irischen Nationalisten und der britischen Herrschaft aus.

Mangelnde Glaubwürdigkeit

Im Januar 1968, als Präsident Johnson ankündigte, die Vereinigten Staaten würden den Vietnamkrieg gewinnen, führte der Vietcong in praktisch jeder kleineren und größeren Stadt die Tet-Offensive durch. Die Kluft zwischen den Worten der Regierung und den Bildern im Fernsehen war nie zuvor größer gewesen – und die Glaubwürdigkeit der Regierung nie geringer. Die Unterstützung für die Kriegführung des Präsidenten sank in Umfragen auf einen einzigartigen Tiefstand. 80 Prozent der Amerikaner glaubten, daß die Vereinigten Staaten in diesem Krieg keine Fortschritte erreichten. Tet war ein Wendepunkt. Senator Eugene McCarthy kündigte an, er werde sich für die Präsidentschaftsnominierung der Demokraten gegen Johnson bewerben. Auch Robert Kennedy erklärte seine Kandidatur. Dann, im März, überraschte Johnson die Öffentlichkeit mit der Erklärung, er werde auf eine Nominierung verzichten. Nur vier Jahre zuvor hatte Johnson einen überwältigenden Sieg gegen Goldwater errungen, Jetzt erkannte er, daß seine Kriegspolitik äußerst unpopulär war.

Vier Tage nach Johnsons Erklärung wurde Martin Luther King auf dem Balkon eines Motels in Memphis in Tennessee von einem tödlichen Schuß getroffen. Unruhen erschütterten das Land. Es gab Krawalle in rund 100 amerikanischen Städten. Mehr als 20 000 Menschen wurden festgenommen, 50 starben. 75 000 Soldaten wurde herbeigerufen, um Ruhe und Frieden wiederherzustellen. Für viele Menschen verkörperte Martin Luther King den Traum von der Gleichberechtigung der Rassen; doch in den letzten zwei Jahren hatte er an Einfluß verloren. Jetzt übernahmen bei den Schwarzen radikalere Kräfte die Führung, die von passiver Opposition zu aktivem Widerstand übergehen wollten. Im Ghetto von Oakland in Kalifornien trainierten die Black Panther als paramilitärische Einheit für einen Bürgerkrieg mit der rassistischen Polizei. Andere schwarze Nationalisten riefen offen zur Revolution auf.

Während eine Million Studenten und Dozenten wegen Vietnam den Lehrbetrieb boykottierten, fand die entscheidende Kraftprobe zwischen McCarthy und Kennedy, den beiden potentiellen Kandidaten der Demokraten, statt. Die kalifornischen Vorwahlen im Juni gewann Kennedy knapp. Als er sein Hotel verlassen wollte, wurde er in den Kopf geschossen. Er starb am nächsten Morgen. Es gab keine Krawalle, nur Schweigen. Die Morde traumatisierten die amerikanische Nation.

Zerstörte Hoffnung, 1968. Robert Kennedy beim Wahlkampf in Kalifornien (OBEN). *Er gewann die Vorwahlen und wurde ermordet, nachdem er seine Siegerrede gehalten hatte* (OBEN RECHTS).

Die Demokraten versammelten sich in Chicago zu ihrem Parteikonvernt, um ihren Präsidentschaftskandidaten zu nominieren. Die Entscheidung mußte zwischen McCarthy und Vizepräsident Hubert Humphrey fallen. In Chicago regierte Bürgermeister Richard J. Daley, ein knallharter Konservativer der alten Schule, mit einem weitläufigen Netz von Anhängern in der weißen Bevölkerung. »Solange ich Bürgermeister bin«, versprach er, »herrscht auf den Straßen Recht und Ordnung.« Bei den Unruhen nach Martin Luther Kings Tod hatte er die Polizei ermächtigt, Brandstifter »zu erschießen«. Sobald Gerüchte umgingen, daß sich in Chicago 100 000 Aktivisten und Kriegsgegner versammeln wollten, entschied Daley, mit allen Mitteln für Ruhe während des Konvents zu sorgen. Es traf nur ein Zehntel der Demonstranten in der Stadt ein, doch Daley hatte nicht die Absicht, auch nur einen einzigen Protestmarsch zu erlauben. Seine Polizei, teilweise in Zivil, griff im Lincoln Park eine Gruppe von Hippies und Yippies an und verfolgte sie – und jeden, der sich zufällig auf der Straße befand – mit Schlagstöcken und Gummiknüppeln. An dem Abend, als Humphrey die Nominierung annahm, setzte die Polizei Tränengas gegen Demonstranten vor dem Tagungshotel ein. Mehr als 200 Polizisten in Zivil versuchten, sich bei den Marschierern einzuschleusen. Demonstranten, Zeitungsleute und ältere

UNTEN RECHTS: *Auf der Michigan Avenue liefern sich während des Parteitags der Demokraten Polizei und Gegner des Vietnamkriegs eine Straßenschlacht.*

Passanten wurden verprügelt. Tränengas gelangte über die Lüftungsanlage des Hotels bis in Humphreys Suite, wo er seine Rede zur Annahme der Nominierung vorbereitete. Bei einer Live-Übertragung im Fernsehen wurde zwischen dem Parteitag drinnen und den beispiellosen Szenen draußen hin und her geschaltet. Humphrey reiste mit der Parteinominierung in der Tasche, doch tief erschüttert aus Chicago ab.

Nur eine Woche nachdem sowjetische Truppen die Welt mit dem Einmarsch in Prag schockiert hatten, brachte die Chicagoer Polizei, der *New York*

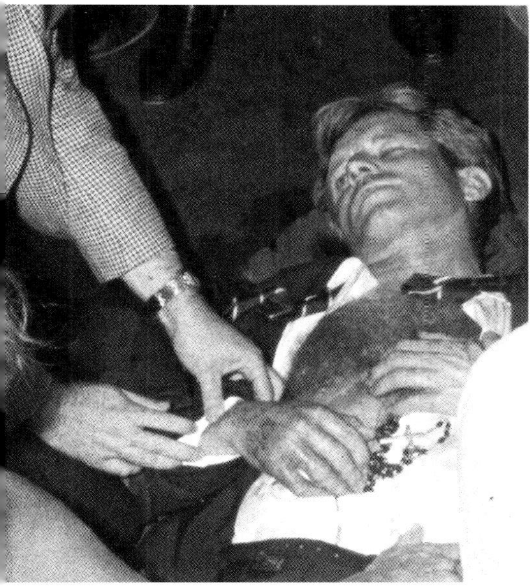

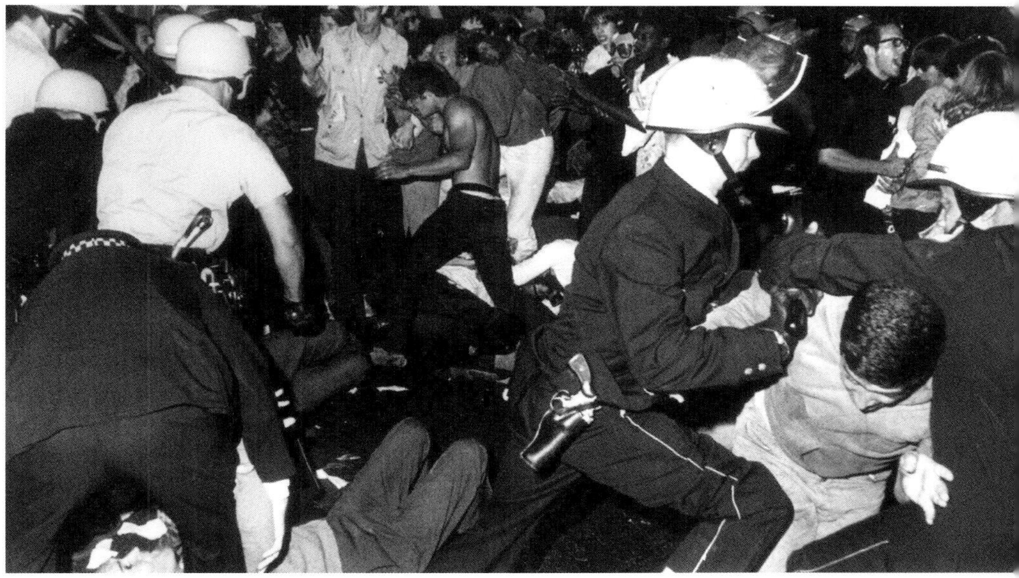

Times zufolge, »Schande über die Stadt und ließ die Nation ratlos zurück«. Die Radikalen wurden noch weiter aus dem politischen System ausgegrenzt. In ihren Augen war die Regierung nun gänzlich illegitim, mit Kriegsverbrechern an der Spitze. Dies rechtfertigte jede Eskalation.

Nationale Aussöhnung war ein Wahlkampfmotto des republikanischen Kandidaten Richard Nixon. Doch es gab keine Aussöhnung, während sich der Wahlkampf zuspitzte. Gouverneur George Wallace trat mit Curtis LeMay als Kandidat für die Vizepräsidentschaft als unabhängiger Bewerber zur Wahl an. Wallace' Pläne, die Unruhen auf den Straßen niederzuschlagen, sprach nur die rechten Hochburgen an. »Wir sollten dieses Land für zwei oder drei Jahre der Polizei überlassen, dann wäre alles wieder in Ordnung.« Nixon hingegen präsentierte sich als Staatsmann und Friedensstifter. Er sprach von einem »Geheimplan«, wie der Krieg in Vietnam beendet und ein »ehrenhafter Frieden« erreicht werden könnte. Mit einem konservativen Kandidaten für die Vizepräsidentschaft, Spiro T. Agnew, versuchte Nixon Wallace Stimmen abzunehmen. Wallace gewann 13 Prozent der Stimmen; Nixon siegte mit etwas über 43 Prozent knapp vor Humphrey. Amerika war in zwei Lager gespalten.

Der Protest der Kriegsgegner steigerte die Kampfmoral Nordvietnams. Die Parolen hatten Lyndon B. Johnson aus dem Gleichgewicht gebracht und

China und die Kulturrevolution

Die Große Proletarische Kulturrevolution wurde offiziell im August 1966 von Mao Tse-tung ausgerufen, um den Geist der chinesischen Revolution zu erneuern. Überzeugt, daß die russische Revolution vom rechten Kurs abgekommen war, wollte Mao verhindern, daß in China das gleiche geschah. Daher entfachte er eine neue revolutionäre Bewegung, die sich an die Jugend richtete. Er erkannte, daß ihm die Macht entglitt, und wollte in der Partei eine Säuberung durchführen und den absoluten Gehorsam wiederherstellen. Die Stoßtrupps der Kulturrevolution waren die Roten Garden, militante Gruppen von Jugendlichen, die in jeder chinesischen Klein- und Großstadt in einer massiven Mobilmachung rekrutiert wurden. Die Rotgardisten sollten gegen alle bürgerlichen Werte angehen und Parteifunktionäre durch öffentliche Kritik prüfen. Sie griffen Lehrer an den Schulen und Hochschulen an. Eine lange aufgestaute, bisweilen hysterische Tatkraft brach sich Bahn, die jugendlichen Roten Garden gingen rasch von verbalen zu körperlichen Attacken über: Unbeliebte oder »unkorrekte« Lehrer wurden an den Knöcheln aufgehängt und ausgepeitscht oder zu Tode geprügelt. In grotesken Akten des Wandalismus wurde alles, was »alt« war – Antiquitäten, Gemälde, Ausstellungsstücke im Museum, Bücher –, zerschlagen und verbrannt. Die jungen Rotgardisten übernahmen sogar die Kontrolle des Straßenverkehrs; es galt nicht länger als richtig, daß Rot »Halt« bedeutete und daß Autos »rechts« fuhren. Bald wurde der Tumult zur Anarchie, die das gesamte Land erfaßte.

Jeder, der in irgendeiner Weise Macht besaß, kam unter Beschuß – in Fabriken, Regierungsdienststellen, in regionalen Gremien der kommunstischen Partei. Tausende begingen Selbstmord. Zehntausende wurden – mit Rückendeckung des Staates – in einer neuen Welle der Raserei von Roten Garden geschlagen, gefoltert und ermordet. Bei jedem Gesang, jedem Schlag, jedem Angriff hatten die Rotgardisten den Namen Maos auf den Lippen, der Mao-Kult nahm geradezu religiöse Ausmaße an.

Im Februar 1967 forderten einige Parteimitglieder ein Ende der Kulturrevolution, doch Mao verschärfte die Säuberungen und entfesselte neuen Terror mit weiteren Morden und Massakern. Die Roten Garden zerfielen in verschiedene Gruppierungen und stritten darüber, wer die reinste Form von Maos Lehren vertrat. Auf dem Platz des Himmlischen Friedens im Zentrum Pekings versammelte sich eine Million Rotgardisten zu gewaltigen Kundgebungen, priesen die Gedanken des Vorsitzenden Mao und schwenkten ihre kleinen roten Bücher. Wenn ihnen Mao zuwinkte, schluchzten viele hemmungslos oder versicherten schreiend ihre Loyalität. Auf die Kulturrevolution folgte Chaos. Viele Jahre lang eixistierte das Bildungssystem praktisch nicht. Die industrielle Produktion brach zusammen. Die Partei war dezimiert. Beamte wollten keinerlei Risiko eingehen und verhielten sich sehr vorsichtig. Viele führende Politiker verloren ihre Ämter. Liu Shao-ch'i, Maos designierter Nachfolger, wurde abgesetzt. Der Generalsekretär der Partei, Teng Hsiao-p'ing, und seine Familie wurden in ein Arbeitslager gesteckt. Die Koalition, die Mao zur Durchführung der Kulturrevolution zusammengebracht hatte, verwickelte sich bald in erbitterte Machtkämpfe um seine Nachfolge. Maos Frau Chiang Ch'ing sah eine Gelegenheit, selbst die Macht zu ergreifen, und verschwor sich mit drei Genossen aus Schanghai. Sie wurden später als »Viererbande« bekannt. Ch'en Po-ta, einer der Wortführer der Kulturrevolution, drängte politisch in den Vordergrund. Als das Militär seinen Druck auf die chinesische Gesellschaft verstärkte, erschien Verteidigungsminister Lin Piao als Maos Nachfolger.

Ende der sechziger Jahre kam die Kulturrevolution ins Stocken. Die Roten Garden mußten aufs Land gehen und arbeiten. In Chinas Städte, die in Anarchie versunken waren, kehrte eine gewisse Ordnung zurück. Das Chaos wurde nun in die ländlichen Gebiete getragen. Bauern, die ihr Leben lang das Land bestellt hatten, wurden von Jugendlichen belehrt, wie sie das Land auf ideologisch korrekte Weise bewirtschaften sollten. Die Folgen der Kulturrevolution belasteten die chinesische Gesellschaft noch jahrelang.

wesentlich dazu beigetragen, daß er nicht für eine Wiederwahl kandidierte. Die pazifistische Bewegung hatte auch Einfluß auf die politische Entscheidung, den Konflikt in Vietnam nicht zu einem größeren Krieg in Südostasien auszuweiten. Mehr als alles andere spalteten die Proteste gegen den Vietnamkrieg und die Reaktionen darauf das amerikanische Volk. Die Situation in den USA weckte in der restlichen Welt, auf beiden Seiten des Kalten Krieges, erhebliche antiamerikanische Ressentiments.

Die Vereinigten Staaten waren jedoch alles in allem noch stark und reich genug, ihren Kurs im Kalten Krieg beizubehalten.

OBEN: *November 1966, Peking. Ein Kader der Roten Garden demonstriert für Maos Politik.*
UNTEN: *Dieses riesige Plakat fordert den Vorsitzenden des Nationalen Volkskongresses, Liu Shao-ch'i, zur »Selbstkritik« auf.*

Schritt halten mit dem Westen

In den sechziger Jahren wurde in Osteuropa und in der Sowjetunion die Regierungskontrolle über die Wirtschaft etwas gelockert. Das Leben war für die meisten Menschen nicht mehr so mühsam. Doch nur wenige hatten Geld für Luxusgüter. Wohnraum und Nahrungsmittel wurden subventioniert, eine umfassende Gesundheitsversorgung und die universitäre Ausbildung waren kostenlos, Vollbeschäftigung war garantiert. Doch die Arbeiter durften nicht streiken, Meinungsfreiheit existierte nicht (jede Schreibmaschine in Privatbesitz mußte registriert werden), und freie Wahlen gab es nicht.

Vollbeschäftigung bedeutete nicht unbedingt eine hohe Produktivität. Die zentralistische Planwirtschaft erwies sich als kostspielig und ineffizient. Die Manager auf mittlerer Ebene wurden mit zahllosen Anweisungen aus den Zentralkomitees bombardiert. Hochqualifizierte Arbeitskräfte verrichteten Tätigkeiten mit geringen Anforderungen. Die wirtschaftliche Produktivität blieb erschreckend niedrig. Für die Arbeiter auf ihren sicheren Arbeitsplätzen bestand wenig Anreiz, die Produktivität zu erhöhen. Niemand arbeitete hart. Es gab nicht viel zu kaufen; der Staat bestimmte über das Angebot, und die Preise wurden von Beamten festgelegt. Die Schlangen überall vor den Geschäften waren Teil des sowjetischen Alltagslebens – Anstehen für Fleisch, Butter, Kleidung. In jeder Familie übernahm ein Mitglied das Schlangestehen, so daß die Produktivität noch weiter absank.

Ständig wurden Kampagnen zur Steigerung der Produktivität durchgeführt, die Vorgaben kamen vom zentralen Planungsausschuß in Moskau. Die Arbeiter sollten härter und schneller arbeiteten. Die Jugendorganisation der KPdSU, Komsomol, stand in vorderster Front. Viele Fabriken hatten Komsomolbrigaden mit jungen Arbeitern, die man aufforderte, um die Ehre der höchsten Arbeitsleistung zu konkurrieren. In der ganzen Sowjetunion teilten viele Arbeiter das patriotische Gefühl, daß sie mit ihrer Leistung das Vaterland stärkten und nicht lediglich einen wirtschaftlichen Gewinn erzielten.

Im Zweiten Weltkrieg war viel Wohnraum zerstört worden, immer noch herrschte drastischer Wohnungsmangel. Oft lebten ganze Familien in einem einzigen Zimmer und teilten sich die Küche und sanitäre Einrichtungen mit anderen Familien. Um die Wohungsnot zu mildern, wurden an jedem Stadtrand Wohnblöcke in Plattenbauweise hochgezogen. Das schuf Abhilfe bei den überbelegten Wohnungen, machte die sowjetischen Städte aber noch eintöniger.

Im Mai 1957 spornte Nikita Chruschtschow in einer wichtigen Rede das sowjetische Volk an, die Vereinigten Staaten innerhalb von vier Jahren bei der

Pro-Kopf-Produktion von Fleisch, Milch und Butter zu überholen. Einige der größeren Kollektive boten an, ihre Produktionsleistung binnen eines Jahres zu verdoppeln. Natürlich war das völlig unrealistisch. Damit die Kollektive die Zielvorgabe erreichen konnten, kauften sie Vieh von den Kleinbauern und in benachbarten Dörfern und schlachteten es massenhaft. Eine Unmenge von Vieh – Ochsen, Schafe, Schweinen – wurde verarbeitet. Die »Fleischkampagne« versetzte dem privaten landwirtschaftlichen Sektor einen Schlag, von dem er sich erst nach Jahrzehnten erholte. Doch Moskau erhielt die Meldung, die man dort hören wollte. Chruschtschow verlieh persönlich den Leninorden; die staatlich kontrollierte Presse forderte weitere Kollektive auf, diesem großartigen Beispiel nachzueifern. Erst später erkannte man, daß die Viehwirtschaft durch die völlig unrealistischen Vorgaben ruiniert worden war. Bis weit in die siebziger Jahre hinein blieb die sowjetische Fleischproduktion um 50 Prozent hinter der in den Vereinigten Staaten zurück.

Eine weitere von Chruschtschows gewaltigen landwirtschaftlichen Initiativen war die Neulandgewinnung. Mindestens 360 000 Quadratkilometer brachliegenden Graslandes, zumeist im zentralasiatischen Kasachstan gelegen, wurden umgepflügt und mit Weizen bestellt. Für die Bewirtschaftung dieses ausgedehnten Gebietes wurden nahezu eine halbe Million »Freiwillige« aus Westrußland und der Ukraine umgesiedelt. Die Menschen arbeiteten auf riesigen Staatsfarmen. Unter enormen Kosten stellte der Staat den Bauern Kredite zur Verfügung und sorgte auch für andere finanzielle Anreize. Die Kultivierung verlief anfangs erfolgreich. Doch nach nur wenigen Jahren, als die Ackerkrume untergepflügt war, verwandelte sich die Region in ein Trockengebiet. Zwar konnten die Brotpreise durch abermalige Weizengewinnung eine Zeitlang niedrig gehalten werden, doch es gab weder ausreichend Dünger noch genügend Getreidesilos und geeignete Transportmittel. Das Jahr 1962 brachte eine Mißernte, 1963 folgte eine noch schlimmere. Die Menschen machten Chruschtschow für den Mangel an Brot verantwortlich. Das erste Mal importierte die Sowjetunion, trotz unbeschreiblich großer fruchtbarer Anbauflächen, Weizen aus den USA.

Wir stellten sicher, daß unser Volk nur das bekam, was es unserer Ansicht nach brauchte und was unserer Einschätzung nach für unseren Staat, unser System und die Politik unserer Partei, die in der Gesellschaft die führende Rolle spielte, vorteilhaft und nötig war.

Wladimir Semitschastny,
KGB-Chef 1961–1967

Der militärisch-industrielle Komplex in der Sowjetunion

Die sowjetische Gesellschaft wandelte sich dramatisch durch zwei große Veränderungen. Zunächst entwickelte sich das Land von einer ländlichen und bäuerlichen zu einer zunehmend städtischen Gesellschaft. 1939 lebten zwei Drittel der Bevölkerung auf dem Land. Zur Zeit von Stalins Tod überwog die Landbevölkerung nur noch knapp die Stadtbevölkerung; Ende der siebziger Jahre belief sich der ländliche Bevölkerungsanteil auf nur noch ein Viertel. Der zweite Trend war eher eine direkte Folge des Kalten Krieges und der fortgesetzten massiven Ausgaben für das Wettrüsten. Beträchtliches Wachstum und konjunktureller Aufschwung konzentrierten sich auf die Regionen, die eng mit dem wuchernden militärisch-industriellen Komplex der Sowjetunion verknüpft waren. Aus Angst vor dem amerikanischen »Militarismus« forderten einflußreiche Stimmen innerhalb der sowjetischen Elite immer neue, immer größere militärische Investitionen. Im ganzen Land schossen moderne Industrien und Forschungseinrichtungen wie Pilze aus dem Boden. Mit ihnen

Die neuen Wohnblocks am Lenin-Prospekt waren 1968 ein willkommener Zuwachs für den Wohnungsbestand in Moskau. Doch die meisten Moskauer lebten nach wie vor in beengten Verhältnissen.

In Moskaus größtem Kaufhaus (GUM) sind Fernsehgeräte eingetroffen. Nur wenige Menschen konnten sie sich leisten. Die Wünsche der Konsumenten stiegen, aber auch ihre Enttäuschungen.

entstanden Dutzende von »Geheimstädten«, in denen Tausende von Menschen arbeiteten. Diese auf das Militär ausgerichtete Produktion war neu und moderner; sie wuchs neben der traditionellen, agrarisch geprägten Sowjetunion und der alten Industrie, die sich noch immer nicht ganz von den Kollektivierungen Stalins und den Verwüstungen des Zweiten Weltkriegs erholt hatten. Die Sowjetunion wurde zu einer gespaltenen Gesellschaft.

Ein spektakuläres Sonderprojekt war 1957 der Bau einer vollkommen neuen Wissenschaftsstadt am Ufer eines Sees, der durch einen gigantischen, der Stromgewinnung dienenden Damm aufgestaut worden war, in der Nähe von Nowosibirsk, dem wichtigsten Industriezentrum Westsibiriens. Angelegt nach dem Vorbild eines Campus westlicher Universitäten, erhielt die Stadt den Namen Akademgorodok, »Akademische Stadt«. Dort konnten sowjetische Wissenschaftler aus den Bereichen Kernphysik, Mathematik, Geologie, Chemie und Hydrodynamik ungestört vom alltäglichen Kampf um die notwendigsten Dinge arbeiten. Chruschtschow überwachte höchstpersönlich die Investition von 220 Millionen Rubel. Binnen weniger Jahre entwickelte sich Akademgorodok zu einer blühenden Stadt mit rund 60000 Einwohnern.

In dieser privilegierten, relativ offenen Gemeinschaft wurde in den ersten Jahren hervorragende wissenschaftliche Arbeit geleistet. Im Laufe der Zeit lastete die ideologische und die bürokratische Kontrolle jedoch immer schwerer auf den Wissenschaftlern von Akademgorodok. Forschungsinstitute in der Stadt gerieten in den Ruf, Zentren radikalen Denkens zu sein. Einige Wissenschaftler kritisierten sogar die Invasion der Tschechoslowakei von 1968. Schließlich wurde der wissenschaftliche Nachwuchs nicht mehr so häufig nach Akademgorodok geschickt. Ohne neue Investitionen verkümmerte der Campus; der wissenschaftliche Fortschritt stockte. Wie bei vielen sowjetischen Initiativen waren immense Finanzmittel in ein Projekt geflossen, wo sie versickerten, anstatt als Wachstumsmotor zu wirken. Einige sowjetische Bürger – Dissidenten, wie sie später genannt wurden – brachten kritische Einwände dagegen vor, wie die Wirtschaft ihres Landes geleitet wurde.

Chruschtschow schickte sich an, die kommunistischen Lehrsätze weniger eng und streng auszulegen als seine Vorgänger. Viele Liberale, die seine Entstalinisierung guthießen, betrachteten dies als den Auftakt einer neuen Ära mit wachsenden bürgerlichen, politischen und künstlerischen Freiheiten. Mitte 1962 erreichte Chruschtschows liberale Phase ihren Höhepunkt. Viele politische Gefangene wurden freigelassen, und Alexander Solschenizyn schilderte in *Ein Tag im Leben des Iwan Denissowitsch* die Schrecken des Lebens im Gulag. Autorenlesungen wurden fast zu politischen Kundgebungen.

Doch für die meisten Bürger der Sowjetunion verlief das Leben langsam und ohne Überraschungen. Einige junge Menschen versuchten, mit westlicher Mode Schritt zu halten. Anfang der sechziger Jahre ließen junge Männer die Hosenbeine ihrer nur in Einheitsmaßen hergestellten Hosen schmäler nähen und kämmten ihr Haar im Stil westlicher Rock-'n'-Roll-Gruppen nach hinten. Besucher aus dem Westen stellten fest, daß ihre Bluejeans auf dem Schwarzmarkt reißenden Absatz fanden. Mit neuen Kofferradios hörten die jungen Leute westliche Radiosender – obwohl dies streng verboten war. In Moskau schwang man die Hüften wie Elvis Presley, und die »Beatlemania« packte die Jugendlichen. Westliche Musik repräsentierte für die sowjetische Jugend den Glanz, die Offenheit und den Reichtum des Westens. Gelegentlich wurden Schallplatten eingeschmuggelt. Da kein Vinyl erhältlich war, wurden Raubkopien in Plastikfilme für Röntgenaufnahmen gepreßt und für einen Rubel angeboten. Sie fanden in großen Mengen Verbreitung. So entstand allmählich eine Subkultur der *beatniki*, insbesondere unter den Kindern der Elite, die mehr Einflüsse von außen mitbekamen. Es begann mit dem Hören von Jazz, dann kam Rock 'n' Roll und schließlich Pop. Vielen, Jugendlichen vor allem, gingen die Veränderungen längst nicht schnell genug. Die Konservativen hingegen fürchteten, daß das kommunistische System von einer Generation ausgehöhlt werden könnte, die sich vom Schein der westlichen Konsumwelt blenden ließ.

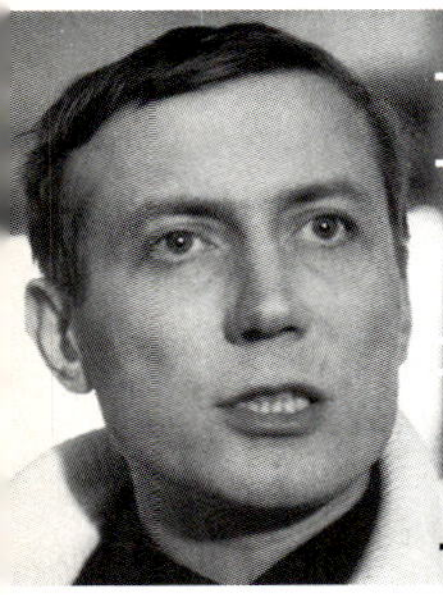

Jewgeni Jewtuschenko

Ende 1962 überzeugten konservative Mitglieder der KPdSU Chruschtschow, daß die Entwicklung aus dem Ruder lief. Der Ministerpräsident besuchte eine Kunstausstellung in der Manege und brandmarkte die nicht linientreue avantgardistische Kunst als »antisowjetisch« und unmoralisch. Kunst müsse für das Volk verständlich sein; sie sollte die Menschen anregen und ermutigen oder allenfalls Entspannung verschaffen. Wenn ein Gemälde aber nur von wenigen Menschen verstanden werden konnte, fiel es als Kunstwerk durch. Diesem Angriff auf die bildenden Künstler ließ Chruschtschow eine Kampagne gegen liberale Schriftsteller folgen. Darüber hinaus wurden Tausende junger Menschen eindringlich gewarnt, unbedingt den Anweisungen ihrer Komsomolorganisationen und gar des KGB zu folgen – sonst liefen sie Gefahr, mit den Behörden in Konflikt zu geraten.

Tauwetter

Die junge Generation sowjetischer Schriftsteller, die in den fünfziger Jahren aufgewachsen waren, der Zeit, als Chruschtschow Stalin vom Sockel gestoßen hatte, war die Speerspitze eines neuen Liberalismus der sechziger Jahre. Große Menschenmengen versammelten sich, um ihnen zuzuhören, wenn sie ihre Verse an Straßenecken, in Schulen oder Fabriken, in Konzerthallen und Sportstadien vortrugen. Überall in der Sowjetunion meldeten sie sich mit Kühnheit und Idealismus zu Wort und elektrisierten ihre Zuhörer. Gedichtbände wurden mit 100 000 Exemplaren aufgelegt – Auflagen, von denen westliche Lyriker nicht einmal träumen konnten. Und selbst dann waren die Bände rasch vergriffen und wurden von Hand zu Hand weitergegeben. Einer der bekanntesten Dichter war Jewgeni Jewtuschenko. Er konnte ausgiebige Reisen in den Westen unternehmen und begeisterte auch dort das Publikum mit der rauhen Kraft seiner Dichtung. Chruschtschow genehmigte 1962 persönlich, daß Jewtuschenkos Gedicht »Die Erben Stalins« in der *Prawda* abgedruckt wurde.

Wir nahmen
ihn
aus dem Mausoleum.
Aber wie nehmen wir Stalin
Stalins Erben?
Einige seiner Erben
pflegen Rosen im Ruhestand,
betrachten aber insgeheim
ihren Ruhestand als vorübergehend.
Andere
wettern von Podien aus gegen Stalin,
sehnen sich jedoch
bei Nacht
nach den alten Tagen.

Chruschtschow besucht eine Ausstellung zeitgenössischer Kunst. Was er sah, gefiel ihm nicht. Dem »Tauwetter« folgte ein neuerliches scharfes Vorgehen gegen liberale Maler und Schriftsteller.

Ihm traten Tränen in die Augen, und dann brach er einfach zusammen und weinte. Nirgendwo fühlte er sich wohl. Er kam nicht zur Ruhe. Er fuhr aufs Land hinaus und kehrte wieder zurück. So ging es anderthalb Monate. Dann beruhigte er sich allmählich.

Sergei Chruschtschow
über den Sturz seines Vaters 1964

Chruschtschow wird zur Unperson

Im Oktober 1964 beschloß das Präsidium der KPdSU, Chruschtschow abzusetzen. Die Gründe waren seine Politik des äußersten Risikos in der Kubakrise, deren Ausgang ihm als Demütigung der Sowjetunion verübelt wurde, die Mißerfolge seiner zu ehrgeizigen Agrarpolitik, außerdem war die Führung angesichts seiner immer neuen Reformvorstöße ungeduldig geworden war. Er durfte seine Wohnung auf den Lenin-Hügeln, seine Datscha und seinen Wagen behalten. Die *Prawda* teilte mit, er sei infolge seines »fortgeschrittenen Alters und seiner schlechten Gesundheitsverfassung« zurückgetreten. Chruschtschow wurde zur Unperson, sein Name fiel nicht mehr – selbst nach seinem Tod wurde er schlicht als »ehrenwerter Pensionär« bezeichnet.

Der Übergang zur neuen Regierung war der reibungsloseste seit der Revolution. Beamte reisten im Land umher und erläuterten den Parteiaktivisten in nicht öffentlichen Sitzungen, warum der Beschluß, Chruschtschow zu entfernen, gefaßt worden war. Leonid Breschnew wurde zum Ersten Sekretär und Alexei Kossygin zum Ministerpräsidenten ernannt. Staatsoberhaupt wurde Nikolai Podgorny. Nach den hektischen Jahren der Entstalinisierung und der Reformen wollten sie Stabilität. Zwei Jahre nach dem Kreml-Putsch wurde Juri Andropow Leiter des KGB. Breschnew, Kossygin, Podgorny und Andropow waren in der UdSSR für die Dauer von nahezu einer Generation an der Macht.

Die sowjetische Wirtschaft brach unter den Belastungen durch die maßlosen Forderungen des Kalten Kriegs zusammen. Die Produktivität war chronisch niedrig, und es gelang nicht, auch nur die Grundbedürfnisse der Konsumenten zu befriedigen. Der Kalte Krieg machte Amerika reich und hielt das sowjetische Volk weiter arm.

Der Prager Frühling

Unterdessen regten sich in Teilen des Ostblocks neue Ideen, aber auch Sorgen über sinkende Wachstumsraten und die Unfähigkeit, das westliche Niveau der Konsumgüterproduktion erreichen zu können. In Polen fiel die landwirtschaftliche Produktionsleistung Jahr für Jahr. Nahrungsmittel waren knapp, und die Wirtschaft stagnierte. Die Regierung Władysław Gomułkas, im Oktober 1956 begeistert als Retter der Nation begrüßt, verwandelte sich immer mehr in ein tyrannisches Regime. Im März 1968 wurde eine Studentendemonstration brutal von der Polizei aufgelöst, und mehrere Tage lang tobten Straßenkämpfe in Warschau. Gomułka hatte nahezu jeden Rückhalt im Land verloren, doch Breschnew und die sowjetische Führung standen hinter ihm. 1956 hatten die Polen ihn gefeiert, weil er es abgelehnt hatte, sich den Sowjets zu beugen. Jetzt behauptete sich Gomułka nur, weil die Sowjets ihn unterstützten. Doch in Polen gingen die Krisen des Jahres 1968 vorüber, und es dauerte weitere zwei Jahre, bevor Lebensmittelmangel und stetige Preiserhöhungen dem Gomułka-Regime ein Ende setzten.

Auch in der Tschechoslowakei regten sich Sorgen über das ausbleibende Wirtschaftswachstum, 1962/63 schrumpfte die Wirtschaft sogar. Die Regierung von Antonín Novotný unternahm 1966 die ersten Schritte zu einer Dezentralisierung der Ökonomie. Sie räumte regionalen Managern größere Befugnisse ein und der Produktion von Konsumgütern höhere Priorität.

Novotnýs Regierung sah vor allem Gewinne und weniger Quoten als Maßstab der Wirtschaftsleistung, eine Orientierung, die man »marktwirtschaftlicher Sozialismus« nannte. Doch die Reformen griffen zu langsam. Vor dem Hintergrund von Studentenunruhen wurde im Januar 1968 Alexander Dubček zum Parteivorsitzenden ernannt. Dubček, alles andere als ein wild entschlossener Revolutionär, leitete den slowakischen Parteiapparat und war ein engagiertes, loyales Parteimitglied. Er versprach eine »Demokratisierung des gesamten soziopolitischen Systems, die so umfassend wie möglich« sein solle, und strebte einen zeitgemäßen Kommunismus an. Seine Ernennung beschleunigte die Veränderungen, da er die Reformdebatte auf die Menschen außerhalb der Partei ausweitete. Die Zensur wurde gelockert, in einem noch nie

OBEN: *Alexander Dubček verspricht der Tschechoslowakei einen »Sozialismus mit menschlichem Antlitz«. Die Freude ist echt.*
OBEN RECHTS: *Händeschütteln in Moskau, 3. August 1968. Zwei Wochen später bereiteten sowjetische Panzer dem Prager Frühling ein Ende.*

dagewesenen Umfang wurden politische Themen in Presse und Fernsehen diskutiert. Im April billigte die Partei ein Aktionsprogramm. Dubčeks Reformen wurden unter der Bezeichnung »Sozialismus mit menschlichem Antlitz« bekannt.

Über Monate hinweg beobachteten die Politiker in Moskau und anderen Hauptstädten des Warschauer Paktes den sogenannten Prager Frühling mit wachsender Sorge. Sie glaubten, daß ökonomische Reformen zwangsläufig die Kontrolle der Parteibürokratie in Frage stellen und letztlich das Machtmonopol der Partei aushöhlen würden. Befürchtungen wurden laut, daß begeisterte Debatten über wirtschaftliche Ziele ansteckend sein könnten. Und in der Tat riefen Demonstranten in Polen nach einem »polnischen Dubček«. Dubček selbst verkündete weiterhin öffentlich seine Treue zum Einparteisystem und seine Loyalität gegenüber dem Warschauer Pakt. In den anderen kommunistischen Staaten wuchs indes die Ungeduld.

Die Prager Reformen ließen Moskau verzweifeln. Im Kreml befürchtete man, Dubčeks Regierung werde den internen Sicherheitsapparat demontieren und den KGB aus dem Land treiben. Das sowjetische Militär sorgte sich zudem um die Abkommen mit der Tschechoslowakei. Anfang der sechziger Jahre hatte die Sowjetunion mit ihren wichtigsten Verbündeten im War-

Prag, 1968

Den Besatzungen der sowjetischen Panzer, die nach Prag rollten, wurde gesagt, sie würden gegen Amerikaner kämpfen. Die Einwohner Prags sagten ihnen etwas anderes. Es sollten noch 20 Jahre vergehen, bis die tschechischen Hoffnungen auf einen Wandel sich erfüllten.

schauer Pakt die Bedingungen festgesetzt, nach denen in Osteuropa Atomsprengköpfe stationiert werden sollten. Sowjetische Truppen standen in großer Zahl in Ungarn, Polen und Ostdeutschland, doch in der Tschechoslowakei unterhielt die UdSSR keine ständige Garnison. Angesichts der Liberalisierungen in Prag im Jahr 1968 verzögerten die Sowjets die Aufstellung von Atomsprengköpfen in der Tschechoslowakei, da sie befürchteten, sie könnten die Kontrolle über die Waffen verlieren. Prag galt in Moskau als Schwachstelle der Verteidigungslinie des Warschauer Paktes.

Im Juli empfing Breschnew die Führer seiner osteuropäischen Verbündeten in Warschau. Sie teilten die sowjetischen Befürchtungen hinsichtlich der Geschehnisse in Prag. Einige Tage später trafen Breschnew, Kossygin und die oberste sowjetische Führung mit Dubček zusammen. Sie verlangten die Wiedereinführung der Zensur und eine schärfere Kontrolle der Medien. Eine in Bratislava getroffene Vereinbarung deutete auf eine Versöhnung zwischen Prag und Moskau hin, doch als Jugoslawiens Staatsoberhaupt Tito in der Tschechoslowakei ein begeisterter Empfang bereitet wurde, hatte es erneut den Anschein, als steuere Dubček sein Land in die Unabhängigkeit. Das sowjetische Politbüro trat am 15. August zu einer dreitägigen Sitzung zusammen, um das weitere Vorgehen zu erörtern. Breschnew telefonierte mit Dubček und schrie ihn an, die Vorgänge in Prag könnten den kommunistischen Block ins Wanken bringen.

Spätabends am 20. August 1968 übernahmen sowjetische Fallschirmjäger die Kontrolle über den Prager Flughafen. Innerhalb der nächsten Stunden überschritten eine halbe Million Soldaten des Warschauer Paktes die tschechoslowakischen Grenzen. Anders als bei den Ereignissen zwölf Jahre zuvor in Ungarn wies die Regierung das tschechische und slowakische Volk an, sich

Schickten die Tschechoslowaken den Russen eine Einladung?

Lange Zeit gab es Gerüchte, tschechoslowakische Parteifunktionäre in Schlüsselpositionen hätten die Sowjets gerufen, um die konservative Linie von Recht und Ordnung wiederherzustellen. Die entscheidenden Dokumente, sicher aufbewahrt in einem streng geheimen Ordner im Moskauer Archiv der KPdSU, wurden erst vor kurzem zugänglich. Sie beweisen, daß es tatsächlich so war. Heute ist bekannt, daß der Reformgegner und Chef der slowakischen KP, Vasil Bilák, an Breschnew einen Brief schrieb und bat, »alle Ihnen zur Verfügung stehenden Mittel«, einschließlich militärischer Gewalt, einzusetzen, um »die drohende Konterrevolution zu verhindern«. Er ging nicht das Risiko ein, den Brief direkt an Breschnew zu schicken, sondern übergab ihn auf einer Herrentoilette einem sowjetischen Mittelsmann. Am 17. August, während einer dreitägigen Sitzung des sowjetischen Politbüros, brachte Bilák eine weitere Nachricht an Breschnew auf den Weg. Darin bot er an, eine Gegenregierung zu bilden, die Dubček absetzen und die Kontrolle in Prag übernehmen würde, wenn Warschauer-Pakt-Truppen einträfen. Den Befürwortern einer militärischen Lösung im Kreml dürfte dies Auftrieb gegeben haben, und die Sowjets konnten sich darauf berufen, im Namen einer legitimen Gegenregierung zu handeln. In Wirklichkeit waren die Reformgegner überhaupt nicht in der Lage, eine Regierung zu bilden, und die Sowjetunion mußte die Regierung Dubček wieder einsetzen, die folglich noch einige Monate weiterbestand.

Es braucht Mut, sich Panzern entgegenzustellen. Um sie aufzuhalten, braucht man Panzerabwehrwaffen.

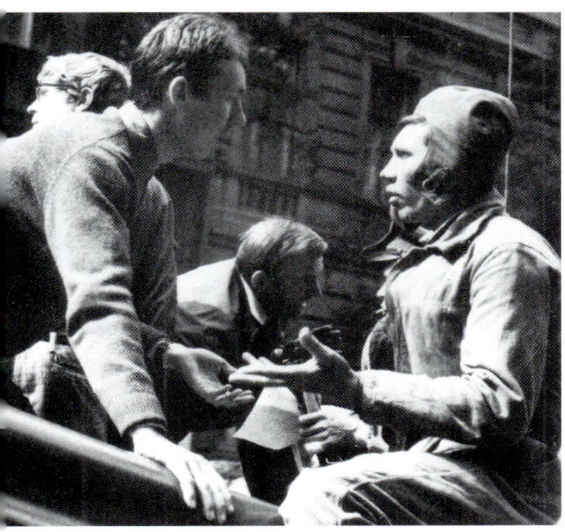

Viele Tschechoslowaken sprachen Russisch und fragten die Eindringlinge, warum sie gekommen waren. Die Antwort: Wir führen nur Befehle aus.

ruhig zu verhalten. Dennoch formierte sich Widerstand, etwa um den jungen Dramatiker Václav Havel. Sowjetische Panzer wurden gegen unbewaffnete Zivilisten eingesetzt. Wieder einmal wurde klar, daß die UdSSR nicht gewillt war, Veränderungen zuzulassen, und daß nationale Unabhängigkeit im Warschauer Pakt nicht geduldet wurde. Der Westen kritisierte das Verhalten der Sowjetunion in aller Deutlichkeit, konnte allerdings angesichts des Risikos einer nuklearen Konfrontation nicht intervenieren.

Dubček und andere Politiker wurden verhaftet und nach Moskau gebracht. Dort mußten sie dem Ende des tschechischen Aufbruchs in die Demokratie zustimmen. In den folgenden Jahren ersetzten konservative tschechoslowakische Funktionäre auf allen Ebenen ihre reformerischen Vorgänger. Ein Experiment des politischen Pluralismus hatte abrupt geendet, die Orthodoxie des Einparteisystems war wiederhergestellt. Der linientreue Gustáv Husák löste Dubček im April 1969 ab. Im folgenden Jahr wurde Dubček aus der Partei ausgeschlossen. Das tschechoslowakische Volk mit seinem Drang nach Freiheit wurde wieder hinter dem Eisernen Vorhang eingeschlossen.

Die Ereignisse Mitte der sechziger Jahre verzerrten das Bild der beiden Supermächte im Kalten Krieg. Es war schwierig, die Vereinigten Staaten als Verfechter der Freiheit anzusehen, während in amerikanischen Städten Rassenkrawalle um gleiche Bürgerrechte tobten und die Polizei direkt vor dem Hotel, in dem sich die Führung der Demokratischen Partei versammelt hatte, demonstrierende Kriegsgegner verprügelte und Tränengas gegen sie einsetzte. Auf der anderen Seite standen die Unfähigkeit des kommunistischen Systems, das eigene Volk ohne Weizenlieferungen aus den USA zu ernähren, und die gewaltsame Niederschlagung des Prager Frühlings mit Panzern durch eine Regierung, die vorgab, im Namen des Volkes zu regieren. Die sowjetische Invasion in der Tschechoslowakei versperrte auf Jahrzehnte hinaus jeden denkbaren dritten Weg in Osteuropa und machte die Möglichkeit einer liberalen Reform innerhalb des kommunistischen Blocks zunichte. Es war offenkundig, daß die Polarisierung zwischen Ost und West so lange bestehen würde, wie der Kalte Krieg andauerte.

Literatur

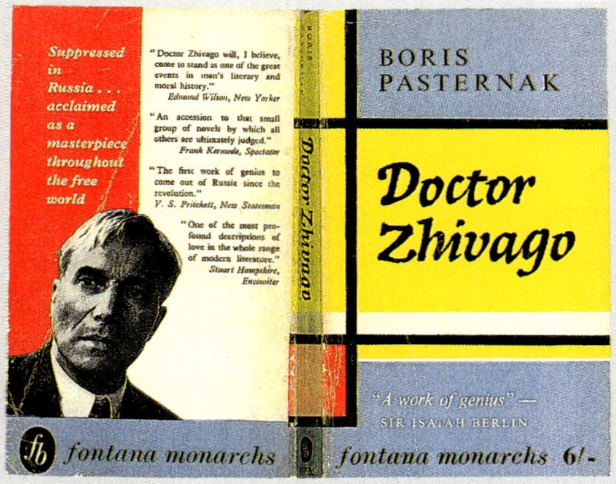

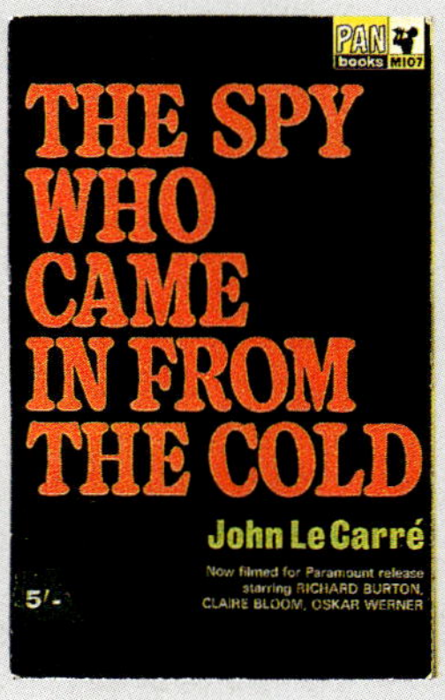

Die Russen waren schon immer begeisterte Leser, doch im Kalten Krieg wurde die erlaubte Lektüre streng kontrolliert. Klassische russische Literatur (mit Ausnahme Dostojewskis, den man für zu pessimistisch hielt) und erbauliche Werke des sozialistischen Realismus, beispielsweise von Maxim Gorki *(Die Mutter)* und Michail Scholochow *(Der stille Don)*, wurden in hohen Auflagen gedruckt.

Nach Stalins Tod 1953 schienen sich die Schleusentore zu öffnen. Ilja Ehrenburg schrieb 1954 *Tauwetter*. Alexander Solschenizyn publizierte 1962 *Ein Tag im Leben des Iwan Denissowitsch*, dessen Erscheinen Chruschtschow als Teil seiner Kampagne gegen Stalins politisches Erbe persönlich genehmigte. Doch der neuen Freiheit waren Grenzen gesetzt. Boris Pasternak konnte 1957 seinen Roman *Doktor Schiwago* nicht in der UdSSR veröffentlichen und duldete die Publikation im Ausland, die nicht autorisiert war. Als ihm 1958 der Literaturnobelpreis zuerkannt wurde, beschied ihn die Führung, er könne nach Stockholm fahren und den Preis entgegennehmen, man werde ihn jedoch nicht mehr nach Rußland zurückkehren lassen. Pasternak fuhr nicht nach Stockholm.

Weitere Werke wurden außer Landes geschmuggelt; unter den ersten waren die Bücher von Andrei Sinjawski (Pseudonym: Abram Terz) und Juli Danijel (Nikolai Arschak). 1966 kamen beide Schriftsteller vor Gericht – Sinjawski wurde unter anderem für sein Buch aus dem Jahr 1960 *Der Prozeß beginnt* angeklagt – und wurden zur Internierung in Arbeitslagern verurteilt. Gegen die Urteile erhob sich ein internationaler Sturm der Entrüstung. Auch einige Russen hatten den Mut zu protestieren (und wurden selbst verhaftet). Solschenizyn, der nach dem Zweiten Weltkrieg acht Jahre in Arbeitslagern verbracht hatte, veröffentlichte 1968 und 1969 im Westen *Der erste Kreis der Hölle* und *Die Krebsstation*. Diesmal schickte man ihn nicht in ein Arbeitslager; ihm wurde jedoch 1974, nachdem der KGB sein Manuskript *Der Archipel GULAG* entdeckt und er die Veröffentlichung im Westen erlaubt hatte, die sowjetische Staatsbürgerschaft aberkannt. Er mußte ins amerikanische Exil gehen.

Erst als 1985 Gorbatschow an die Macht kam, wurde die Zensur allmählich gelockert.

In den Vereinigten Staaten gab es offiziell nie eine Zensur, doch auch dort konnten Bücher während des Kalten Kriegs verboten werden. Aufsichtsgremien von Schulen und Gemeindebüchereien waren bedacht, unamerikanische Überzeugungen und Vorstellungen auszumerzen. Dies bedeutete, daß die Werke »subversiver« Schriftsteller wie Howard Fast, Ring Lardner jr., Dalton Trumbo und sogar L. Frank Baum, Verfasser von *Der Zauberer von Oz*, aus den Regalen verschwanden. Es handelte sich indes um keine systematische Unterdrückung, und selbst als in den fünfziger Jahren die Angst vor der UdSSR ihren Höhepunkt erreichte, gab es immer irgendwo die Werke linker Autoren zu kaufen. Doch während die Bücher eines Howard Fast oder Dalton Trumbo außerhalb radikaler Buchläden praktisch nicht zu finden waren, verkauften sich die Romane der Engländer John le Carré, Ian Fleming und Frederick Forsyth – Spionagethriller vor dem Hintergrund des Kalten Kriegs, in denen die Guten aus dem Westen kamen und die Bösen aus dem Osten – in Millionenauflagen.

Romane, die Sympathie für die Sowjets ausdrückten, gab es so gut wie nicht, offen antikollektivistische politische Werke wie des Engländers George Orwell brillante Satire *1984* (verfaßt 1948) erfreuten sich hingegen überaus großer Beliebtheit. Ayn Rands 1943 erstmals veröffentlichtes Kultbuch *Der ewige Quell* war ein Lobgesang auf solche Tugenden wie Selbstbehauptung und krasser Individualismus, die vermeintlich die Amerikaner auszeichneten, während sie in deren Augen in der Sowjetunion ganz und gar fehlten.

Romane, bei denen Politisches im Vordergrund stand, waren mit Ausnahme von Orwells düsteren Visionen nicht sehr beliebt. Vielfach setzten die linken Schriftsteller Amerikas auch ihre eigenen internen Fehden in Szene. Wer war in den dreißiger und vierziger Jahren Kommunist gewesen, und warum hatte er oder sie die Partei verlassen? Die Dramatikerin Lillian Hellman wurde auf die schwarze Liste gesetzt, als sie sich 1952 weigerte, mit dem Ausschuß des Repräsentantenhauses für unamerikanische Umtriebe (HUAC) zu kooperieren. Teils tat sie das auf Empfehlung ihres Geliebten, des Romanschriftstellers Dashiell Hammett, der in den dreißiger Jahren Kommunist gewesen war; seine bekanntesten Werke sind *Der Malteser Falke* und *Der dünne Mann*. In den folgenden langjährigen Streit waren viele prominente amerikanische Liberale verwickelt – Mary McCarthy, Lionel Trilling, Dorothy Parker, Edmund Wilson, John Hersey –, die in den Romanen und Artikeln der jeweils anderen in wenig schmeichelhafter Darstellung vorkamen.

In den achtziger Jahren, als die USA unter Reagans Präsidentschaft erneut aufrüsteten, schilderten etliche Bestseller die Gefährlichkeit und Durchtriebenheit der Russen. Martin Cruz Smith schrieb 1981 *Gorki-Park*. Frederick Forsyths 1984 erschienener Roman *Das vierte Protokoll* gefiel Margaret Thatcher so gut, daß sie es zweimal las. Auch Tom Clancys *Jagd auf Roter Oktober* wurde 1984 veröffentlicht; von dem Buch wurden fast sechs Millionen Exemplare verkauft.

In den Satellitenstaaten der UdSSR spielten oppositionelle Schriftsteller – die Tschechen Milan Kundera und Václav Havel, die DDR-Schriftsteller Christa Wolf und Stefan Heym, der Pole Czesław Miłosz – mit den Behörden Katz und Maus. Nach Stalins Tod riskierten diese jüngeren Schriftsteller zwar nicht den Gulag, doch immerhin Gefängnis, Hausarrest oder Exil.

Blut und Terror im Osten, Angst und Verachtung im Westen: Für Schriftsteller war der Kalte Krieg eine unbehagliche Zeit.

Jerome Kuehl

OBEN: *Ein lächelnder Alexander Solschenizyn in seinem Exil.*
UNTEN: *Wegen der Veröffentlichung antisowjetischer Werke im Westen stehen Andrei Sinjawski (mit Bart) und Juli Danijel vor Gericht.*

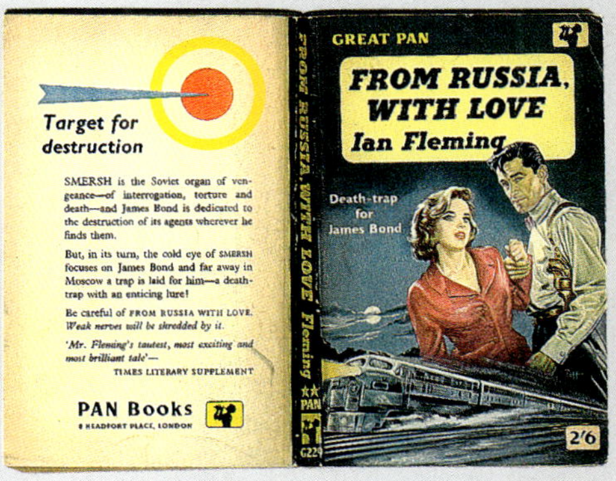

Ian Fleming, der Autor der James-Bond-Romane, trifft in Istanbul während der Dreharbeiten zu »Liebesgrüße aus Moskau« *seinen Helden, gespielt von Sean Connery.*

Jalta, 1974

Die Zeichen standen auf Entspannung, als Leonid Breschnew und Richard Nixon ein Wochenende im Juni in der Datscha des sowjetischen Staatschefs auf der Krim verbrachten. Die beiden Supermächte lernten, miteinander zu leben.

Entspannung

1969–1975

1966. Chinesische Rote Garden demonstrieren in der Nähe der sowjetischen Botschaft in Peking gegen den sowjetischen Revisionismus. Als sich die Gelegenheit ergab, unternahm China Versuche der Annäherung an den Westen.

Ein neuer Hauptfeind

Mao Tse-tung und andere Politiker in Peking beobachteten die Besetzung der Tschechoslowakei durch die Sowjetunion mit Besorgnis. China befürchtete, daß die sogenannte Breschnew-Doktrin – das »Recht« des Kremls, seine orthodoxen Vorstellungen vom Sozialismus auf andere sozialistische Staaten zu übertragen – womöglich auch auf China angewendet werden könnte. Zugleich erschien dies China als Gelegenheit, einen Keil zwischen die Sowjetunion und ihre Satellitenstaaten zu treiben. Ministerpräsident Chou En-lai erklärte, daß das »sozialistische Lager« nicht länger existiere; in Peking begann eine neue Verleumdungskampagne gegen den, wie es hieß, sowjetischen Expansionismus. Die sowjetischen Politiker wurden als die »neuen Zaren« verteufelt und traten an die Stelle der Amerikaner als Hauptfeind Nummer eins.

Die Spannungen zwischen China und der Sowjetunion reichten zurück bis in den Koreakrieg. Nach Stalins Tod spitzte sich der Konflikt weiter zu. Mao akzeptierte Chruschtschow nie als Führer der kommunistischen Welt, statt dessen sah er sich selbst immer mehr als Bannerträger der sozialistischen Weltrevolution. Zu der persönlichen Rivalität kamen ideologische Gegensätze hinzu. Nach Maos Ansicht war die neue sowjetische Politik der »friedlichen Koexistenz« mit den Vereinigten Staaten nach dem Abzug der sowjetischen Atomraketen aus Kuba ein Zeichen von Schwäche. Zudem hatte man in Peking den Eindruck, daß Moskau China in derselben herablassenden Art behandelte wie die osteuropäischen Marionettenstaaten und sein wirtschaftliches und militärisches Wissen eifersüchtig für sich behielt. Das verletzte die Empfindungen der stolzen Chinesen. Der Bruch kam, als die Sowjetunion ihr nukleares Hilfsprogramm für China stoppte. Peking entschloß sich zu einem Alleingang aus eigener Kraft. Obwohl in der Industrie durch Maos »großen Sprung nach vorn« chaotische Zustände herrschten, gelang China im Oktober 1964 der Test einer eigenen Atombombe und weniger als drei Jahre später einer Wasserstoffbombe.

Die Grenze zwischen der Sowjetunion und der Volksrepublik China zieht sich über Tausende von Kilometern durch die entlegensten Gebiete Zentralasiens. Am östlichsten Abschnitt, am Ussuri, konzentrierte sich in den sechziger Jahren der chinesisch-sowjetische Konflikt. 1961 hatten die Sowjets zur Überwachung nur zwölf Divisionen mit halber Stärke abgestellt, Ende der sechziger Jahre waren es bereits 25 volle Divisionen. Eine Million sowjetische Soldaten und 1200 Kriegsflugzeuge standen einer Million chinesischen Solda-

1969. Scharmützel an der sowjetisch-chinesischen Grenze. Das Foto wurde von einem sowjetischen Armeefotografen aufgenommen, der später in den Auseinandersetzungen ums Leben kam. Es trägt den Titel »Chinesische Provokateure lauern sowjetischen Grenzschützern auf«.

ten gegenüber. Im März 1969 provozierten die Chinesen immer mehr und immer ernstere Grenzkonflikte. Bei einem Zwischenfall auf einer kleinen umstrittenen Insel im Ussuri wurden 31 sowjetische Soldaten getötet. Die Sowjets baten ihre Verbündeten im Warschauer Pakt um militärische Unterstützung zum Schutz der Grenze, doch die Rumänen stellten sich auf Drängen der Chinesen offen gegen Moskau und lehnten eine Unterstützung mit der Begründung ab, daß der Pakt nur für die Verteidigung Europas gelte. Moskau ließ die Idee stillschweigend fallen.

Im Sommer 1969 kam es auch entlang der Grenze zwischen Kasachstan und der Provinz Sinkiang zu Zwischenfällen. In der *Prawda* wurde angedeutet, daß die Sowjets den Einsatz von Nuklearwaffen in Betracht ziehen könnten; und tatsächlich wurden entlang der Grenze 120 neue Mittelstreckenraketen vom Typ SS-11 aufgestellt. Gegen chinesische Nukleareinrichtungen wurden Scheinangriffe in Szene gesetzt. Mao goß zusätzlich Öl ins Feuer. Auf seine Anweisung hin wurde der Bau von unterirdischen Gängen und Atombunkern vorangetrieben unter dem Motto »bereitet euch auf den Krieg vor – grabt Gänge«. In Peking, Schanghai, Tientsin und anderen chinesischen Großstädten rissen Armeen von Freiwilligen in einem Akt von staatlich gefördertem Wandalismus alte Stadtmauern und historische Gebäude nieder und bauten mit den Steinen Bunker und unterirdische Befestigungen.

Der chinesische Trumpf

In Washington verfolgte man den ungewöhnlichen Konflikt zwischen den beiden kommunistischen Giganten mit Interesse. Schließlich wies der neu gewählte Präsident Richard Nixon seinen Sonderberater in nationalen Fragen Henry Kissinger an, den »chinesischen Trumpf auszuspielen«. Nixon und Kissinger sahen in dem Bruch zwischen der Sowjetunion und China eine Möglichkeit, den Einfluß der Sowjetunion einzudämmen und den hoffnungslosen Krieg in Vietnam nach dem Abzug der ersten US-Truppen endgültig zu beenden. In Washington war man davon überzeugt, daß China Nordvietnam im Krieg unterstützte. Wenn man Peking umwarb, konnte man damit möglicherweise Hanoi isolieren. Obwohl Nixon zu Beginn der fünfziger Jahre ein erbitterter Gegner des chinesischen Kommunismus gewesen war, änderte er nun ohne weiteres seine Ansichten. Nixon und Kissinger mißtrauten der Bürokratie in Washington und ließen über geheime Kanäle in Pakistan und Rumänien verlauten, daß sie Kontakt mit China anknüpfen und dessen Isolation beenden wollten.

Anfang des Jahres 1970 begannen Nixon und Kissinger ein doppeltes Spiel mit der kommunistischen Welt: Während sie die SALT-Gespräche mit der Sowjetunion intensivierten, nahmen sie gleichzeitig geheime Verhandlungen mit den Chinesen in Warschau auf. Anscheinend wollte Nixon den Krieg in Vietnam dadurch entschärfen, daß verstärkt den südvietnamesischen Streitkräften Kampfeinsätze übertragen wurden – dies wurde als Vietnamisierung bekannt. Auf diese Weise bereiteten die USA den Abzug von 150 000 Mann ihrer Bodentruppen vor. Im Mai führte Nixon dann eine Eskalation herbei durch einen Vorstoß nach Kambodscha, den er mit der Behauptung rechtfertigte, die Zerstörung der Nachschublinien des Feindes werde den amerikanischen Rückzug beschleunigen. Nixons Befehl zur Invasion entfachte neue heftige Proteste gegen den Vietnamkrieg. Auf dem Campus der Kent State University in Ohio wurde die Nationalgarde gegen Studenten eingesetzt; dabei kamen vier Studenten ums Leben, zehn wurden

UNTEN: *Präsident Nixon mit dem Sonderberater in Fragen der nationalen Sicherheit Henry Kissinger.*
UNTEN LINKS: *Nixon teilt den Amerikanern mit, daß er die Invasion in Kambodscha angeordnet hat. Die Entscheidung ließ den Vietnamkrieg erneut eskalieren.*

Als Sicherheitsberater stand mir keine Bürokratie zur Verfügung, daher mußten die Verhandlungen des Weißen Hauses über geheime Kanäle erfolgen. Als ich Außenminister war, gab es keine geheimen Kanäle, weil ich die Verhandlungen so gestalten konnte, wie ich es für richtig hielt.

Henry Kissinger,
Sonderberater Nixons in Fragen der nationalen Sicherheit von 1969 bis 1972, Außenminister von 1973 bis 1977

verletzt. Auf dem Gelände der Jackson State University in Mississippi wurden zwei Studenten von der Polizei erschossen. Amerika war zutiefst gespalten.

Aus Protest gegen den amerikanischen Einfall in Kambodscha sagten die Chinesen die nächste Runde der geheimen Treffen ab. Mao verurteilte das Vorgehen der USA und rief »die Menschen in der Welt« auf, »sich gegen die amerikanischen Aggressoren zu vereinen und sie und ihre Mitläufer zu besiegen«. Doch insgeheim setzte Mao auf eine Fortführung der Gespräche mit Washington. In Peking kam es zu einem Machtkampf. Die Gegner einer Annäherung an die USA wurden angeführt von Lin Piao, Maos designiertem Nachfolger, und von Ch'en Po-ta, dem geistigen Vater der Kulturrevolution. Chou En-lai und Mao waren für den Dialog. Bei einer wichtigen Vollversammlung des Zentralkomitees im August konnte sich die proamerikanische Fraktion durchsetzen.

Im Oktober 1970 gab Nixon in einem Interview mit dem *Time Magazine* einen eindeutigen Hinweis: »Wenn ich etwas in meinem Leben noch tun möchte, dann ist es eine Reise nach China.« Die Hintertür zu den Gesprächen mit Peking öffnete sich einen Spaltbreit und schloß sich auch nicht wieder, als südvietnamesische Truppen in Laos einmarschierten. Im April 1971 hoben die USA ihr 21 Jahre altes Handelsembargo gegen China auf. Im selben Monat begrüßten die Chinesen eine amerikanische Tischtennismannschaft in Peking.

Anfang 1971 war eine amerikanische Tischtennismannschaft bei einem Turnier in Japan gewesen. Auch eine chinesische Mannschaft nahm daran teil. Eines Tages stieg ein amerikanischer Spieler versehentlich in den Bus der chi-

OBEN: *Am 2. Mai 1970 dringen amerikanische Schützenpanzer nach Kambodscha vor.*
UNTEN: *Studenten helfen einem verletzten Kommilitonen nach den Schüssen an der Kent State University.*

Nach den Schüssen an der Kent-Universität

Nach den Schüssen auf dem Campus der Kent State und der Jackson State University wurde aus dem Ärger der Studenten erbitterte Wut. Dozenten und Verwaltungspersonal schlossen sich der Bewegung gegen den Krieg in Vietnam und Kambodscha an. 500 Universitäten wurden geschlossen – 50 davon für die ganze laufende Studienzeit. Die Gouverneure von vier Staaten erklärten für ihre Universitäten den Notstand; 16 Staaten riefen die Nationalgarde zu Hilfe. Doch Meinungsumfragen zeigten, daß die Mehrheit der Bevölkerung den amerikanischen Vorstoß nach Kambodscha befürwortete und daß drei von vier Amerikanern die Proteste ablehnten. Die Konservativen stellten sich hinter Nixon, während seine Gegner seinen Rücktritt verlangten.

»Die Krise hat ihren Ursprung in einem der tiefsten Risse in der amerikanischen Gesellschaft seit dem Bürgerkrieg«, befand die Kommission zur Untersuchung der Proteste. »Ein Land, das Waffen gegen seine eigenen Kinder einsetzen muß, ist ein Land an der Grenze zum Chaos.«

Zur selben Zeit genehmigte der Präsident gegen die Führer der Antikriegsbewegung den Einsatz von Abhörwanzen, Beschattungen und »heimliches Eindringen«, wie man Einbruch euphemistisch nannte. Die Regierung hatte sich auf ein gefährliches Terrain begeben; am Ende stand Watergate.

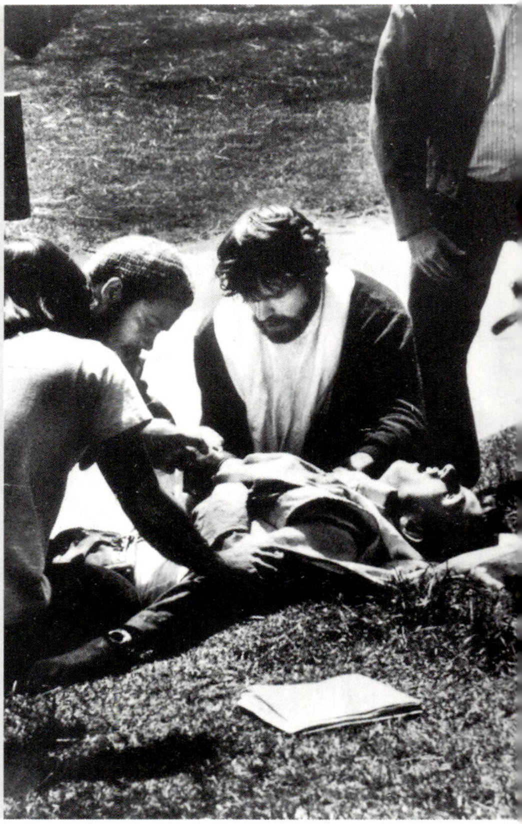

nesischen Mannschaft. Da eine Unterhaltung mit einem Ausländer ein Verbrechen war, ignorierten die meisten chinesischen Spieler den jungen Amerikaner in ihrer Mitte. Der chinesische Mannschaftskapitän war jedoch der Ansicht, daß ein solches Verhalten der chinesischen Gastfreundschaft widersprach, und bot dem amerikanischen Spieler ein Geschenk an. Damit war das Eis gebrochen. Am nächsten Tag fragte der amerikanische Mannschaftskapitän an, ob die Chinesen die Amerikaner zu einem bevorstehenden Turnier

nach Peking einladen würden. Seit Jahren waren keine amerikanischen Mannschaften oder offiziellen Delegationen mehr nach China gekommen. Die Bitte wurde an das chinesische Außenministerium weitergeleitet. Doch niemand wollte die Verantwortung für eine Entscheidung von solcher Tragweite übernehmen. Schließlich erreichte das Gesuch Mao; er lud das amerikanische Team nach China ein.

OBEN LINKS: *Die Mitglieder der amerikanischen Tischtennismannschaft gehörten zu den ersten Besuchern aus dem Westen, die nach der Kulturrevolution China bereisten. Sie verloren die Spiele, aber gewannen Freunde.*
OBEN: *Mao Tse-tung war ein Meister der Pingpong-Diplomatie.*

Im April 1971 nahm die amerikanische Mannschaft an dem Turnier teil. Die Spieler gehörten zu den ersten westlichen Besuchern Chinas nach der Kulturrevolution. Vor Plakaten, auf dem der amerikanische Imperialismus angeklagt wurde, erfuhren die jungen Amerikaner einen herzlichen Empfang. Sie spielten gegen einige der besten Sportler der Welt – und verloren. Die Chinesen prägten den Slogan: »Zuerst Freundschaft, dann Wettkampf.«

Der Wert der Pingpong-Diplomatie zeigte sich im Juli 1971, als Henry Kissinger zu einem Geheimbesuch nach Peking reiste. Es war der erste Besuch eines hochrangigen amerikanischen Politikers in der Volksrepublik China seit ihrer Gründung 1949. Kissinger wurde über Pakistan heimlich ins Land hinein- und wieder herausgebracht; nicht einmal Außenminister William Rogers wußte von der Geheimmission. Kissinger traf sich mit Mao und Chou und war von beiden sehr angetan. Sie sprachen über Vietnam und Taiwan, das die USA immer noch unterstützten und als Republik China anerkannten. Kissinger bot sogar an, Peking über alle Vorgänge zwischen Washington und Moskau auf dem laufenden zu halten – ein ungewöhnlicher Schritt. Im Gegenzug luden die Chinesen Nixon für das nächste Jahr zu einem Gipfeltreffen nach China ein. Im Februar 1972 wurde Nixon mit großem Zeremoniell empfangen. Die wichtigsten Momente – der Toast, den Chou En-lai in der Großen Halle des

China, 1972

Als große diplomatische Überraschung spielten Nixon und Kissinger »den chinesischen Trumpf« aus. Nixon reiste als erster amerikanischer Präsident nach China. Er brachte damit eine neue Weltmacht ins Spiel und setzte die Sowjetunion unter Druck.

Volkes auf dem Platz des Himmlischen Friedens auf den amerikanischen Präsidenten ausbrachte, und ein Besuch der Chinesischen Mauer – wurden live im amerikanischen Fernsehen übertragen. Die Chinesen legten auf diese Berichterstattung ebensoviel Wert wie Nixon, für den bereits die Kampagne zu seiner Wiederwahl begonnen hatte.

Der Besuch hatte eher symbolische als konkret greifbare Bedeutung. Die Beziehungen zwischen den beiden Ländern normalisierten sich dadurch nicht ganz, aber es war ein Schritt aufeinander zu. Nixon wollte der Reise jedoch eine historische Dimension verleihen. Am letzten Tag verkündete er

Nixon und Mao sowie Nixon und Breschnew zeigen, daß Realpolitik die ideologische Kluft überbrücken kann. Den Sowjets wäre es lieber gewesen, wenn Nixon zuerst sie besucht hätte.

seinen chinesischen Gastgebern und den amerikanischen Fernsehzuschauern bei einem Toast: »Diese Woche hat die Welt verändert.« Der wesentliche Effekt war, daß auf die Sowjetunion neuer Druck ausgeübt werden konnte.

Die Unterzeichnung von SALT I

Für die Sowjets war die Annäherung zwischen China und den USA eine erschreckende Aussicht. Sie befürchteten die Bildung einer antisowjetischen Koalition. Das verstärkte für sie den Druck, bei den SALT-Gesprächen in Helsinki und Wien rasch zu einer Einigung zu kommen. In Washington hatte der sowjetische Botschafter Dobrynin zu einem früheren Zeitpunkt angefragt, ob Nixon vor seinem Besuch in China nicht an einem Gipfeltreffen in Moskau teilnehmen wolle. Doch Kissinger war fest entschlossen, daß sein Präsident zuerst nach China reisen sollte. Nach seinem Besuch in Peking brach Kissinger erneut zu einer streng geheimen Reise auf, diesmal nach Moskau. Obwohl er angewiesen war, nur eine Wiederaufnahme der festgefahrenen Vietnam-Gespräche zu erörtern, verhandelte er mit Breschnew tatsächlich über die letzten Hindernisse beim SALT-Abkommen.

Während Nixon noch die Erfolge seiner Dreiecksdiplomatie auskostete, startete Hanoi eine massive Frühjahrsoffensive in Vietnams entmilitarisierter Zone. Die südvietnamesischen Streitkräfte wurden überrannt, Nixon befürch-

Wenn zwei kommunistische Mächte um gute Beziehungen zu uns wetteifern, kann das dem Frieden nur nützen.

Henry Kissinger,
Memoiren,
München 1979

tete, daß Südvietnam verloren sei – und damit seine Wiederwahl. Seine Berater vertraten die Ansicht, daß eine Eskalation des Krieges den anstehenden Gipfel in Moskau und die Unterzeichnung der Rüstungskontrollverträge gefährden könnte. Doch Nixon wollte das Risiko eingehen. Er wußte, daß die Nordvietnamesen ihre Waffen von der Sowjetunion erhielten und daß diese Waffen amerikanische Soldaten töteten. Er befahl die Eskalation des Krieges. Das Risiko zahlte sich aus. Obwohl Nordvietnam um eine Absage bat, beschloß Breschnew, daß der Gipfel stattfinden sollte.

Am 22. Mai 1972 betrat Richard Nixon als erster amtierender Präsident der Vereinigten Staaten den Kreml. Ungeachtet der Ausweitung des Krieges in Vietnam wurde Nixon von den Sowjets freundlich empfangen. Für Nixon und Kissinger war die Entspannungspolitik ein Mittel, ihren Gegner gefügig machen. Der Kreml sah in der Entspannung ein Zeichen, daß die Sowjetunion als Supermacht anerkannt wurde. Nixon und Breschnew unterzeichneten den ersten Vertrag zur Begrenzung strategischer Waffen (SALT I), ein Ereignis von großer Bedeutung.

Nach 25 Jahren Feindschaft waren die UdSSR und die USA übereingekommen, die unaufhörlich steigenden Kosten des Wettrüstens einzuschränken und das Risiko eines Atomkrieges zu reduzieren. Vier Tage nach dem SALT-Vertrag unterzeichneten Nixon und Breschnew einen weiteren Vertrag im Geiste der Entspannungspolitik, die »Grundsatzerklärung« über die Beziehungen zwischen den USA und der UdSSR. Darin war von einer »friedlichen Koexistenz« der Supermächte die Rede und von der Anforderung an beide Seiten, »alles in ihrer Macht Stehende zu tun, damit es nicht zu militärischen Konflikten kommt und ein Atomkrieg verhindert wird«. Beide Seiten versicherten, regionale Konflikte nicht auszunutzen und in den verschiedenen Tei-

Amerikanisches Getreide für die UdSSR

Beim Moskauer Gipfel drängte Nixon die Sowjets, amerikanisches Getreide zu kaufen, da er dachte, die Geste würde in den USA Eindruck machen. Die Sowjets äußerten sich öffentlich nicht dazu. Einen Monat nach dem Gipfel reiste ein Stellvertreter des sowjetischen Landwirtschaftsministers nach Washington und handelte den Kauf von Weizen im Wert von 700 Millionen Dollar aus. Der vereinbarte Getreidepreis war niedrig, außerdem profitierten die Sowjets von den amerikanischen Zuschüssen an Getreidehändler. Die Sowjetunion kaufte unauffällig fast den gesamten amerikanischen Getreideüberschuß auf, den die Amerikaner in Reserve hielten. Als die Amerikaner das erkannten, reagierten sie empört auf den Umfang und die günstigen Konditionen. Der Verkauf wurde als »der große Getreideraub« bezeichnet und galt als Beweis, wie gewitzt die Sowjets sein konnten, wenn sie auf dem kapitalistischen Markt agieren mußten. Kissinger räumte später ein, die Methoden der Sowjets seien »die eines cleveren Händlers, der geschickt unser System der freien Marktwirtschaft ausnutzt …«

len der Welt keine Einflußbereiche für sich zu beanspruchen. Die Sowjets maßen der Grundsatzerklärung ebenso große Bedeutung bei wie SALT I, für Nixon und Kissinger war sie dagegen zweitrangig.

Beide Supermächte stießen mit diesem bedeutsamen Vertrag zur Rüstungsbegrenzung und den Erklärungen zur Entspannungspolitik auf Kritik im eigenen Land. In Washington sprach Kissingers militärischer Berater General Alexander Haig von einem »Tag der nationalen Schande«. Nach seiner Rückkehr von dem Gipfel versicherte Nixon dem Kongreß, daß die USA an ihrem Verteidigungsprogramm zum Schutz der nationalen Sicherheit und ihrer Lebensgrundlagen festhalten würden. »Kein Land auf der Welt ist stärker als die USA heute. Und kein Land wird stärker sein als die USA in der Zukunft.« Der Chef des sowjetischen Generalstabes sagte vor dem Obersten Sowjet: »Den sowjetischen Streitkräften steht zuverlässig alles Notwendige zur Verteidigung der staatlichen Interessen unseres Vaterlandes zur Verfügung.« Doch SALT I und die daran anschließenden regelmäßigen Gesprächsrunden markierten einen Einschnitt. Sie trugen wesentlich zum Abbau der Spannungen bei und läuteten eine neue Phase der Entspannung ein. Zwischen den Supermächten konnten nun politische und wirtschaftliche Beziehungen wachsen; wissenschaftlicher Austausch fand statt. Und Touristen konnten zumindest vom Westen in den Osten reisen.

Zwei Wochen nach Nixons triumphaler Rückkehr vom ersten Gipfel mit Breschnew in Moskau wurden fünf Männer verhaftet, darunter auch der Sicherheitschef von Nixons Wiederwahlkomitee, weil sie in das Hauptquartier der Demokratischen Partei in einem Wohn- und Geschäftsgebäude namens Watergate in Washington eingebrochen waren. Es war der Anfang einer Affäre, die die Leistungen der Regierung Nixon überschatteten und seine außenpolitischen Erfolge in den Hintergrund drängte.

Suche nach einem Ausweg

Das vorrangige außenpolitische Ziel der Regierung Nixon war immer noch die Suche nach einem Ausweg aus dem Vietnamkrieg. Wie Kissinger es gegenüber Dobrynin formulierte: »Eine Einigung in Vietnam ist der Schlüssel zu allem.« Nixon und Kissinger hatten sich bei den Verhandlungen mit Dobrynin über geheime Kanäle die Rollen geteilt: Nixon trat als Verfechter der harten Linie auf, der den Krieg so lange weiter eskalieren lassen würde, bis der anscheinend kompromißbereitere Kissinger positive Verhandlungsergebnisse liefern konnte. Nach SALT I machten Nixon und Kissinger deutlich, daß sie vor den Präsidentschaftswahlen im November gerne einen Waffenstillstand aushandeln würden. Gleichzeitig übten die USA weiter Druck auf Hanoi aus und bombardierten unbarmherzig den Norden. Der Vorsitzende des Präsidiums des Obersten Sowjets, Nikolai Podgorny, reiste nach Hanoi und drängte die Nordvietnamesen zu Verhandlungen. Kissinger begab sich nach Peking, um die Unterstützung Chinas zu gewinnen. Nun machte Peking Hanoi klar, daß es an der Zeit war, den Konflikt zu beenden.

Kissinger hatte bereits 1969 Geheimverhandlungen mit den Vertretern Nordvietnams begonnen. Zu dem Zeitpunkt waren die 1968 aufgenommenen Friedensgespräche in Paris hoffnungslos festgefahren. Seit Anfang 1970

UNTEN: *Neuilly bei Paris, 6. Dezember 1972. Henry Kissinger und der nordvietnamesische Chefunterhändler Le Duc Tho verlassen während ihrer langen Verhandlungen gemeinsam den Sitz der nordvietnamesischen Delegation.*

besprach er sich heimlich mit Le Duc Tho, dem Leiter der nordvietnamesischen Verhandlungsdelegation in Paris. Im August 1972 war das Politbüro in Hanoi schließlich grundsätzlich bereit, eine Einigung zu genehmigen, die allerdings erst noch ausgehandelt werden mußte. In Hanoi setzte man darauf, daß die Situation jetzt günstig war, da Nixon vor den amerikanischen Präsidentschaftswahlen als Friedensstifter erscheinen wollte. Doch Kissinger war zu voreilig. Nach dreiwöchigen intensiven Verhandlungen konnte er sich mit Le Duc Tho am 9. Oktober 1972 auf eine geheime Absprache einigen, doch

OBEN: *Hanoi nach einem Bombenangriff. Die USA versuchten mit militärischen und diplomatischen Mitteln, Nordvietnam an den Verhandlungstisch zu bringen.*
OBEN RECHTS: *Am 27. Januar 1973 wurden die Vereinbarungen von Paris unterzeichnet. Die amerikanischen Truppen zogen kurz darauf ab, aber die Kämpfe zwischen Nord- und Südvietnam gingen weiter.*

diese Absprache war nicht mit Präsident Nguyen Van Thieu in Saigon abgestimmt. Zehn Tage später wies die südvietnamesische Regierung die Abmachung als Kapitulation vor dem Norden zurück. Kissinger jedoch ging bei einer Pressekonferenz eine Woche später, nur wenige Tage vor der Wahl, noch einen Schritt weiter und verkündete: »Wir glauben, daß der Frieden zum Greifen nahe ist.«

Nixon wurde mit einem überwältigenden Vorsprung vor Senator George McGovern wiedergewählt. Einen Monat später wurden die Gespräche in Paris abgebrochen. Kissinger befand sich in einer prekären Lage. Er wollte Hanoi zu einem Abkommen zwingen und befahl verstärkte Angriffe mit B-52-Bombern über Weihnachten. Zwölf Tage lang wurde der Norden dem längsten und schwersten Bombenhagel des Krieges ausgesetzt. Das Ansehen Amerikas und Kissingers Ruf litten sehr darunter. Immerhin wurde Hanoi zurück an den Verhandlungstisch gezwungen, und innerhalb eines Monats war das Waffenstillstandsabkommen offiziell unterzeichnet. Die Vereinbarungen von Paris brachten den Rückzug der amerikanischen Truppen und die Rückkehr von Kriegsgefangenen. Die Truppen des Vietcongs konnten jedoch weiter im Süden bleiben. Nguyen Van Thieus Einwände wurden ignoriert, dafür wurden ihm wirtschaftliche Unterstützung und militärische Unterstützung der Amerikaner angeboten für den Fall, daß Hanoi erneut zu militärischen Maßnahmen greifen sollte. Nixon sprach von einem »ehrenvollen Frieden«. Offen blieb indes die wichtigste Frage, wer den Süden regieren würde. Am 29. März 1973 verließen die letzten amerikanischen Soldaten Vietnam.

Die vietnamesische Bevölkerung mußte noch zwei weitere Jahre mit blutigen Kämpfen überstehen. Im Süden versiegten allmählich die amerikanischen Hilfeleistungen. Nixon verstrickte sich immer stärker in den Watergate-Skandal. Der Kongreß wendete sich anderen Angelegenheiten zu. Anfang 1975 startete der Norden eine weitere Militäroffensive und nahm das zentrale Hochland ein, die Städte Hué und Da Nang fielen. Der militärischen Niederlage folgte der politische Zusammenbruch. Der südvietnamesische Präsident floh. Innerhalb weniger Tage eroberten die Kommunisten Saigon. Die letzten Amerikaner und vietnamesische Verbündete wurden am 29. April 1975 in einer verzweifelten Evakuierungsaktion mit dem Hubschrauber vom Dach der amerikanischen Botschaft in Saigon ausgeflogen.

30. April 1975. Ein Panzer der Nordvietnamesen durchbricht das Tor des Präsidentenpalastes von Südvietnam. Vietnam wurde unter kommunistischer Führung wiedervereinigt.

Ostpolitik

Die späten sechziger und frühen siebziger Jahre waren eine Zeit dramatischer Veränderungen in Europa. Frankreichs Staatspräsident Charles de Gaulle verweigerte die Stationierung amerikanischer Atomraketen auf französischem Boden, lockerte seine Verbindungen zum Westen, zog sich aus der NATO zurück und blickte nach Osten. In der Bundesrepublik kam 1966 eine große Koalition aus Christdemokraten und Sozialdemokraten an die Regierung und unternahm erste vorsichtige Schritte in Richtung Osten. Die Wahl des Sozialdemokraten Willy Brandt zum Kanzler im Oktober 1969 signalisierte den Aufbruch zu einer neuen, aktiven Politik gegenüber dem Osten. Erstmals erkannte die Bundesrepublik die Deut-

Die letzten Tage des Vietnamkrieges

Der verzweifelte Rückzug aus Saigon markierte das traurige und demütigende Ende des längsten Krieges, den Amerika je geführt hat. Die Statistik liest sich schrecklich: Zwei bis drei Millionen Vietnamesen, Kambodschaner und Laoten wurden getötet, ebenso 58 000 Amerikaner. Große Gebiete in Vietnam waren verwüstet; Dschungel und Felder waren für Jahrzehnte durch Chemikalien vergiftet. Die USA hatten für den Krieg über 150 Milliarden Dollar ausgegeben.

Die Wiedervereinigung von Nord- und Südvietnam brachte zwar nicht das gefürchtete Blutbad, doch die Wirtschaft kam nicht voran. Vietnam war zur Armut verurteilt. Der Süden fiel, allerdings ohne Dominoeffekt; nur Laos und Kambodscha wurden auch kommunistisch. Im benachbarten Kambodscha kamen mit dem Diktator Pol Pot die Roten Khmer an die Macht. Während ihrer dreijährigen Schrekkensherrschaft wurden 1,5 Millionen der 7,5 Millionen Einwohner Kambodschas ermordet oder verhungerten. Die Vietnamesen besetzten 1978 Kambodscha, um Pol Pot zu vertreiben. Die UNO stellte daraufhin einen Großteil der Entwicklungshilfe für Vietnam ein.

In den USA verheilten die Wunden des Krieges nur langsam. Die USA blieben zwar auf dem Schlachtfeld ungeschlagen, doch sie hatten den Kampfgeist und die Entschlossenheit ihres Feindes unterschätzt und die Bereitschaft der Amerikaner zur Unterstützung des Krieges überschätzt. Nach jahrelangen Debatten wurde 1982 ein Denkmal für die Veteranen des Vietnamkrieges in Washington eingeweiht.

Bei einem Besuch in Ostdeutschland trifft Kanzler Willy Brandt als erster Regierungschef der Bundesrepublik am 19. März 1970 den DDR-Ministerpräsidenten Willi Stoph.

Als die letzten Amerikaner im April 1975 Saigon verließen, versuchten südvietnamesische Flüchtlinge, mit ihnen zu entkommen, und klammerten sich an die Hubschrauber.

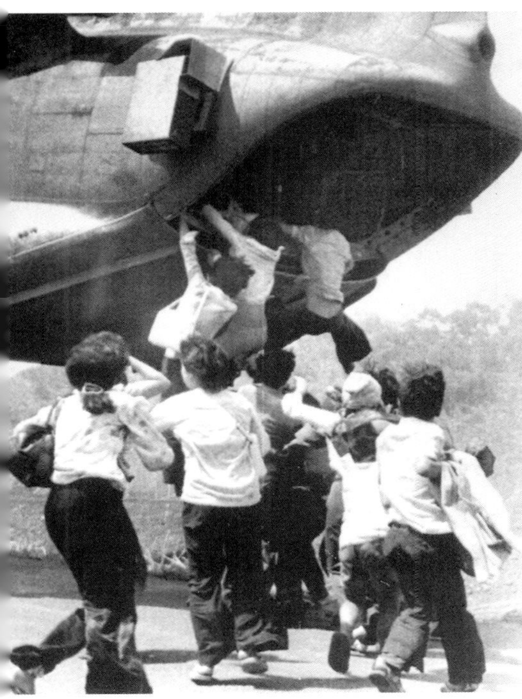

sche Demokratische Republik und die territorialen Veränderungen nach dem Zweiten Weltkrieg an. Die neue Linie wurde als Ostpolitik bekannt.

In seiner Regierungserklärung erkannte Brandt die Existenz der DDR an. Bald darauf reiste er als erster bundesdeutscher Staatsmann nach Ostdeutschland. Zunächst verhandelte Brandt mit der Sowjetunion; im August 1970 unterzeichneten er und Kossygin den Moskauer Vertrag, der einen Gewaltverzicht beider Staaten enthielt. Im Dezember folgte ein Vertrag mit Polen. Darin wurde die Oder-Neiße-Linie als Westgrenze Polens anerkannt. Die Deutschen verzichteten auf ihre Ansprüche auf die im Krieg verlorenen Gebiete. Brandt besuchte das Denkmal im Warschauer Ghetto und kniete als Ehrenbezeugung für die Opfer davor nieder.

Die Sowjets begrüßten die Bemühungen ihres alten Feindes sehr. Jetzt stand nur noch Walter Ulbricht, der letzte Stalinist im Osten, weiteren Fortschritten im Weg. Ulbricht hatte 1953 die Schüsse auf die protestierenden Arbeiter angeordnet und Moskau gedrängt, seinen Plänen für den Bau der Berliner Mauer 1961 zuzustimmen. Im Mai 1971 trat er schließlich unter dem Druck Moskaus zurück. Seine Position übernahm Erich Honecker, der sich den Wünschen der Sowjets bereitwilliger fügte als sein Vorgänger. Der Durchbruch erfolgte im Dezember 1972 mit der Unterzeichnung des Grundlagenvertrags der beiden deutschen Staaten, in dem sie sich wechselseitig anerkannten. Die Gegebenheiten der Nachkriegszeit wurden nun zumindest von den Hauptbeteiligten offiziell akzeptiert. Im Viermächteabkommen über Berlin verpflichtete sich die Sowjetunion, für den reibungslosen Ablauf des Transitverkehrs zwischen West-Berlin und der Bundesrepublik zu sorgen, und erkannte die Verantwortung und die Rechte der drei alliierten Mächte im Westteil der Stadt an. Die Westmächte akzeptierten Ost-Berlin als Teil der DDR, die sie offiziell anerkannten. Die Entspannung drang sogar bis ins Hauptquartier der NATO vor, wo man über Truppenbegrenzung und die »beiden Säulen« Verteidigung und Entspannung sprach. All dies veränderte die europäische Politik und schuf den Hintergrund, vor dem man die Besuche Nixons in China und der Sowjetunion sehen muß.

In den siebziger Jahren war in den Staaten des Ostblocks viel von »Annäherung« die Rede. Die Ostblockländer importierten westliche Technologie in der Hoffnung auf eine Initialzündung für die Wirtschaft und bürdeten sich damit Schulden auf, die ihnen später zu schaffen machen sollten. Die Entspannung kam weiter voran. Ende 1972 wurden die Verhandlungen über eine Ausweitung des SALT-Abkommens aufgenommen. Im Juni 1973 besuchte Breschnew anläßlich eines zweiten Gipfels der Supermächte erstmals die USA. Dabei entstanden eine Reihe bilateraler Handelsverträge und ein ehrgeiziges Abkommen zur Verhinderung eines Atomkrieges, in dem sich beide Supermächte verpflichteten, alles in ihrer Macht Stehende zu tun, um den Ausbruch eines Atomkrieges zu verhindern. Die Sowjets maßen der Vereinbarung großes Gewicht bei. Für die Amerikaner war es kaum mehr als heiße Luft. Kissinger bezweifelte später, »ob das Ergebnis der Mühe wert gewesen war«.

Auf dem Gipfeltreffen warnte Breschnew Nixon, daß die Sowjetunion ihre arabischen Verbündeten kaum zurückhalten könne, weil die USA Israel unterstützten. Ein erneuter Krieg sei durchaus möglich. Vier Monate später

Warschau, 1970

Der Kniefall im Warschauer Ghetto. Am 7. Dezember besuchte Kanzler Willy Brandt das ehemalige Ghetto und kniete im Gedenken an die Opfer vor dem Mahnmal nieder.

Höhenflug: Henry Kissinger erhielt 1973 den Friedensnobelpreis für seinen Einsatz bei den Waffenstillstandsverhandlungen mit Nordvietnam.

Tiefer Fall: Am 8. August 1974 ist Richard M. Nixon wegen des Watergate-Skandals am Ende. Er teilt den Amerikanern mit, daß er das Präsidentenamt niederlegt. Sowjetische Politiker konnten nicht glauben, daß der mächtigste Mann der Welt wegen einer solchen Kleinigkeit zurücktreten mußte.

griffen Ägypten und Syrien Israel an. Der Jom-Kippur-Krieg versetzte den sowjetisch-amerikanischen Beziehungen einen schweren Schlag; fast wäre die Entspannungspolitik daran gescheitert. Die Supermächte bemühten sich gemeinsam um einen Waffenstillstand, gleichzeitig beeilten sie sich jedoch, ihren jeweiligen Verbündeten in der Region zu helfen. Beim Bruch des Waffenstillstands drohte eine atomare Konfrontation. Der Waffenstillstand wurde schließlich eingehalten; die Krise ging vorüber. Während des folgenden Jahres pendelte der Vielflieger Kissinger zwischen den Hauptstädten des Nahen Ostens hin und her, erreichte aber keinen Durchbruch. Allerdings hatte sich gezeigt, daß nun die USA und nicht länger die Sowjetunion der Hauptakteur im Nahen Osten war.

Im Anschluß an den Jom-Kippur-Krieg drosselten die Länder der OPEC, der Organisation Erdöl-exportierender Länder, ihre Förderung. Ein massiver Anstieg der Ölpreise war die Folge. Die daraus resultierende Energiekrise stürzte die westlichen Volkswirtschaften ins Chaos. In den USA mußten sich aufgebrachte Autofahrer an den Tankstellen um Benzin anstellen, ein Rohstoff, der immer günstig und reichlich zur Verfügung gestanden hatte. In Großbritannien, wo auf die Krise ein Streik der Bergarbeiter folgte, führte die Regierung die Drei-Tage-Arbeitswoche ein, um den Energieverbrauch zu drosseln. Der Westen begriff schlagartig, wie abhängig er von einer einzigen Energiequelle war – die größtenteils in Ländern der Dritten Welt und in den Wüsten des arabischen Nahen Ostens sprudelte.

Der amerikanische Kongreß erwog 1973, der Sowjetunion beim Handel die Meistbegünstigungsklausel einzuräumen. Das führte zur Bildung einer kuriosen Koalition gegen den Entspannungsprozeß. Auf der einen Seite versuchten Liberale, die Klausel an die Auswanderung sowjetischer Juden zu binden, die immer noch stark eingeschränkt war. Auf der anderen Seite kämpften die »Falken« des rechten Flügels, die schon die Aussöhnung mit Moskau abgelehnt hatten, gegen diesen Schritt. Die Juden wurden für die sowjetischen Politiker zu einem Stachel im Fleisch. Jüdisch-sowjetische Dissidenten demonstrierten in Moskau für ihr Recht auf Ausreise. In anderen Ländern wiesen jüdische Gruppen bei jedem politischen oder kulturellen Auftritt sowjetischer Vertreter auf das Anliegen der sowjetischen Juden hin.

Watergate

In Nixons letztem Amtsjahr drehte sich alles um Watergate und Nixons Vertuschungsversuche. Die Entspannungspolitik machte nur geringe Fortschritte; sie wurde sogar grundsätzlich in Frage gestellt, als der Watergate-Skandal über den Schöpfer der Entspannungspolitik hereinbrach. Senator Henry Jackson, ein möglicher Präsidentschaftskandidat, verstärkte seine Kampagne gegen weitere Schritte zur Entspannung, darunter auch SALT. Jackson lehnte verbesserte Handelsbeziehungen zur Sowjetunion ab, solange Moskau nicht bei der Auswanderung sowjetischer Juden und der Behandlung politischer Dissidenten einlenke. Die Entspannungspolitik wurde mit der amerikanischen Innenpolitik verknüpft.

Am 8. August 1974 trat Nixon zurück. Nach Anatoli Dobrynins Schilderung beobachteten die sowjetischen Politiker mit Erstaunen, wie der mäch-

Washington, 1974

Richard Nixon und seine Frau Pat verlassen das Weiße Haus und verabschieden sich von Nixons Nachfolger Gerald Ford und seiner Frau Betty.

tigste Mann der westlichen Welt, der die Annäherung an die Sowjetunion herbeigeführt hatte, wegen des »Diebstahls von ein paar albernen Dokumenten« aus dem Amt vertrieben wurde. In der sowjetischen Geschichte gebe es nichts Vergleichbares, meinte Dobrynin. Manche Politiker im Kreml mutmaßten gar, der Watergate-Skandal sei von den Gegnern der Entspannungspolitik arrangiert worden. Gerald R. Ford, seit 1973 Vizepräsident, wurde Nixons Nachfolger im Amt und versuchte, aus den Trümmern eine neue Phase der Entspannung aufzubauen. Eine seiner ersten Amtshandlungen war ein Anruf bei Kissinger, der mittlerweile Außenminister war. Ford sagte zu ihm: »Henry, ich brauche Sie. Das Land braucht Sie. Ich möchte, daß Sie bleiben.«

Bei einem Gipfel mit Breschnew in Wladiwostok im November bekräftigte Ford sein Vertrauen in die Entspannungspolitik. Rasch wurde der Rahmen für ein neues Rüstungsbegrenzungsabkommen ausgearbeitet. Zunächst sollte ein Gleichgewicht bei der Zahl der Raketen und der Sprengköpfe geschaffen werden. Am Ende sollte die Begrenzung der beiderseitigen Nuklearwaffenarsenale stehen. Die Staatschefs einigten sich auf ein Sprengkopfarsenal auf gleichem Niveau – ein wesentlicher Fortschritt, gegen den allerdings das Militär in beiden Ländern Einwände erhob. Ford war sehr optimistisch. Doch die militärischen Probleme erwiesen sich als sehr viel schwieriger, als es sich die beiden Regierungschefs vorgestellt hatten. Die Verhandlungen über Fragen der Definition und der Überprüfung zogen sich in zermürbender Zähigkeit über Monate hin.

Gerald Ford war der einzige Präsident, der weder in dieses Amt noch in das Amt des Vizepräsidenten gewählt worden war. Er garantierte Kontinuität in der amerikanischen Außenpolitik.

Trotz der Verzögerungen bei der zweiten Runde der SALT-Verhandlungen war man 1975 im Kreml voller Optimismus. Die sowjetische Führung glaubte, daß die Sowjetunion den Westen bald wirtschaftlich überrunden werde. SALT I hatte die stärksten Belastungen des Rüstungswettlaufs gemildert. Die neuen Beziehungen zu Europa zeigten im Handel erste Erfolge. Im Frühjahr hatte der Sieg der kommunistisch geführten Nationalbewegung in Vietnam die Schwäche der Amerikaner offenkundig werden lassen. Und ein neuer amerikanischer Präsident hatte grundsätzlich einer neuen Runde von Rüstungsbegrenzungsabkommen zugestimmt.

Der Höhepunkt der Entspannungspolitik

Die Entspannungspolitik fand ihren Höhepunkt in der Schlußakte der Konferenz über Sicherheit und Zusammenarbeit in Europa (KSZE), die im Sommer 1975 in Helsinki unterzeichnet wurde. Die Vertreter von 35 europäischen Staaten sowie der USA und Kanadas einigten sich über eine Regelung der europäischen Nachkriegsgrenzen und erkannten so die Teilung Europas in Ost und West an. Die deutsche Ostpolitik zeigte Wirkung. Die Schlußakte, Ergebnis von mehr als zwei Jahren Verhandlungen, bestand aus drei Teilen oder »Körben«. Der erste Korb beinhaltete die Sicherheit in Europa und die Bestätigung der existierenden Grenzen, die territoriale Integrität von Staaten, die Zusammenarbeit zwischen den Staaten und die Notwendigkeit der friedlichen Beilegung von Konflikten. Im zweiten Korb ging es ganz im Sinne der Entspannung um Kultur- und Handelsbeziehungen sowie wirtschaftliche und wissenschaftliche Zusammenarbeit. Der dritte Korb garantierte Menschenrechte und Grundfreiheiten, das Selbstbestimmungsrecht der Völker und den freien Austausch von Ideen und Informationen.

Im August 1975 unterzeichnet Leonid Breschnew in Helsinki das Abkommen über Sicherheit und Zusammenarbeit in Europa. Auch Präsident Ford unterzeichnete.

In dieser neuen Situation haben auch die Führer der bürgerlichen Welt erkannt, daß der Kalte Krieg sich überlebt hat und daß eine neue, vernünftige und realistische Politik vonnöten ist. Unsere Aufforderungen zu einer friedlichen Koexistenz sind in vielen kapitalistischen Ländern auf Resonanz gestoßen.

Leonid Breschnew, Mai 1975

Im Kreml war man mit dem ersten und zweiten Teil der Schlußakte sehr zufrieden, weil darin der politische Status quo in Osteuropa anerkannt wurde und damit all das, wofür das sowjetische Volk im Zweiten Weltkrieg soviel Blut vergossen hatte. Auch die tiefverwurzelten Ängste vor einem wiedererstarkenden Deutschland wurden weitgehend beschwichtigt. Der dritte Teil über die Menschenrechte stieß hingegen auf empörte Ablehnung – die Sowjets fanden ihn unnötig und störend. Bei einer heftigen Debatte des Politbüros sprachen sich viele Mitglieder gegen eine Unterzeichnung der Schlußakte aus, Breschnew und Gromyko konnten die anderen jedoch für sich gewinnen. Die Sowjetunion habe sich so lange für die Ziele der Konferenz eingesetzt, daß sie nun unterzeichnen müsse. Zu den Menschenrechten sagte Breschnew: »Wir sind Herr im Haus, und wir werden entscheiden, was wir einhalten und was nicht.«

Auch viele Amerikaner kritisierten Teile des Abkommens, da sie die Folgen einer Anerkennung des politischen Status quo in Europa fürchteten. Doch in Washington wurden wie in Moskau die Vor- und die Nachteile gegeneinander abgewägt. Man kam zu dem Schluß, daß eine Unterzeichnung im großen und ganzen von Vorteil war. In Europa beurteilte man das Abkommen positiver; es wurde als Verbindung zwischen dem Entspannungsprozeß innerhalb von Europa und einer weiter gefaßten Versöhnung zwischen Ost und West gesehen.

Am 1. August 1975 versammelten sich die Staatschefs zur Unterzeichnung der Schlußakte in Helsinki. Es sollte Breschnews große Stunde werden. Als wollten sie den neuen Geist der Verständigung symbolisieren, koppelten im Weltall erstmals die amerikanische Apollo-Kapsel und das sowjetische Raumschiff Sojus 225 Kilometer über der Erde aneinander an. Zwei Tage lang führten die Astronauten der rivalisierenden Systeme beim Umkreisen der Erde gemeinsam Experimente durch. Jahrzehntelange Konfrontation war der Entspannung gewichen.

Im All funktionierte die amerikanisch-sowjetische Zusammenarbeit. Ein Ankopplungsmanöver der Raumschiffe Apollo und Sojus gelang.

Angola, 1975

Der Bürgerkrieg in Angola war eine Konfrontation von Ost und West. Jonas Savimbi (rechts), Führer der von der CIA unterstützten UNITA, bereitet sich auf die Vernehmung eines gefangenen kubanischen Soldaten vor – einem von vielen, die für die marxistische MPLA kämpften.

Stellvertreterkriege

1967–1978

Der ägyptische Staatspräsident Gamal Abd el Nasser begeisterte die Araber. In der ganzen arabischen Welt jubelten die Menschenmengen ihm zu – wie hier in der syrischen Hauptstadt Damaskus.

Ein Störfaktor

Am 14. Mai 1964 kam in der brütenden Hitze Oberägyptens eine hochrangige Delegation zusammen, um die letzte Bauphase des Assuanhochdamms und des Elektrizitätswerks zu starten. Letzteres war 1968 voll funktionstüchtig und lieferte Strom für ein neues Industrialisierungsprogramm Ägyptens. General Gamal Abd el Nasser, der ägyptische Staatspräsident, wurde von Nikita Chruschtschow begleitet, denn mit sowjetischen Geldern war der Bau weitgehend finanziert worden, und sowjetische Ingenieure hatten ihn errichtet.

Der ägyptische Assuanhochdamm stand weit entfernt von allen Konflikt- und Krisengebieten, doch sein Bau war ein Schlüsselereignis des Kalten Krieges. Ursprünglich hatten die USA zusammen mit der Weltbank die Kredite zur Finanzierung des gigantischen Projektes zur Verfügung gestellt, das die ägyptische Wirtschaft verändern sollte. Doch 1956 gefiel den USA Nassers radikale Politik immer weniger, und so zogen sie ihr Angebot für Wirtschaftshilfe zurück. Zu Washingtons Verwunderung nahm Nasser die Entscheidung einfach hin und wandte sich mit der Bitte um wirtschaftliche und technische Hilfe an die Sowjetunion. Zum erstenmal spielte ein Staatschef aus der dritten Welt die USA und die Sowjetunion gegeneinander aus. Es sollte nicht das letzte Mal sein, denn mit der Auflösung der alten europäischen Kolonialreiche sahen sich viele junge Staaten auf der ganzen Welt nach Verbündeten und Unterstützung um.

Nasser war der Held des arabischen Nationalismus, ein politischer Führer, der sich der Bevormundung durch die Supermächte widersetzte und dennoch bekam, was er wollte. In der gesamten arabischen Welt gewann die Bewegung für Freiheit und Unabhängigkeit dank Nasser zahlreiche Anhänger. Doch die vielen arabischen Staaten waren untereinander in erbitterte Auseinandersetzungen verstrickt. Sie hatten sich nie zu einer politischen Einigung durchringen können, wie ihre Führer sie erträumten. Nasser hielt sein Land unter anderem wegen Ägyptens tradioneller Rivalität mit dem Irak aus regionalen Bündnissen wie dem Bagdadpakt zwischen dem Irak, Iran, der Türkei und Pakistan heraus. Im Libanon mußte 1958 ein Bürgerkrieg zwischen der westlich orientierten Regierung und arabischen Nationalisten durch die Landung von amerikanischen Marineinfanteristen in Beirut beendet werden. Obwohl sich Ägypten und Syrien zu einer Union zusammenschlossen (der kurzlebigen Vereinigten Arabischen Republik, VAR), mißtrauten die Syrer den Ägyptern wie eh und je, außerdem lagen sie immer wieder mit ihrem Nachbarn Jordanien im Streit. Zu diesen Spannungen kam die Existenz des Staates Israel hinzu, der 1948 gegründet worden war, als die Briten sich von ihrem Mandat in Palästina zurückzogen. Für die Juden war die Schaffung einer sicheren Heimstätte nach der schrecklichen Tragödie des Holocausts eine Lebensnotwendigkeit. Die Araber, die an der Vernichtung der Juden durch die Nationalsozialisten nicht beteiligt gewesen waren, sahen in der Gründung eines fremden Staates mitten in einem Gebiet, das sie als ihr ureigenes Land betrachteten, einen Störfaktor, den man beseitigen mußte. Dazu kam ein bitteres Gefühl der Ungerechtigkeit über die Behandlung der palästinensischen Flüchtlinge, die im Krieg nach der Gründung Israels ihre Heimat verlassen mußten.

Der Sechstagekrieg 1967. Israel fügte den Arabern eine vernichtende Niederlage zu. UNTEN: *Israelische Truppen feiern die Einnahme Ost-Jerusalems und,* UNTEN LINKS, *fahren zwischen den Wrackteilen eines ägyptischen Konvois im Sinai hindurch.*

Über all diesen Spannungen lag die Rivalität der beiden Supermächte im Kalten Krieg. Nach der Sueskrise von 1956, die das Ende des britischen Einflusses in der Region besiegelt hatte, rangen Washington und Moskau um die Machtposition in dem entstandenen politischen Vakuum des Nahen Ostens. Die Sowjets fühlten sich in ihrer Sicht der Geschichte bestätigt. Unter Chruschtschow boten sie den unabhängig gewordenen Staaten auf der ganzen Welt ihre Hilfe an, weil sie in ihnen Verbündete der sozialistischen Sache im Kampf gegen den Westen sahen. Die Unterstützung beim Bau des Assuanhochdamms paßte genau in dieses Konzept: Der gigantische Betonbau wurde zum Symbol der sowjetischen Hilfe für Entwicklungsländer. Die Amerikaner hätten die sowjetische Expansion im Nahen Osten gern eingegrenzt, den radikalen arabischen Nationalismus zurückgedrängt und prowestliche Regierungen unterstützt. Außerdem geriet die Verpflichtung der USA gegenüber Israel im Laufe der Jahre zunehmend mit den anderen amerikanischen Interessen in der Region in Konflikt. Einige politisch Verantwortliche in Washington sahen in Israel ein Bollwerk gegen das sowjetische Vordringen im Nahen Osten. Andere meinten, daß die Unterstützung Israels dessen arabische Feinde in die Arme der Sowjetunion trieb und eine immer radikalere und militantere islamische Haltung förderte, was die ganze Region destabilisieren konnte.

Die Stunde der Wahrheit kam mit dem Sechstagekrieg im Juni 1967, der Israels Stellung als führende Militärmacht im Nahen Osten bestätigte. Aufgestachelt von Nassers fanatischen Reden, der wiederholt gedroht hatte, die Israelis ins Meer zu treiben, und weiteren Drohgebärden griff die israelische Armee die Araber an drei Fronten an. Schon in den ersten Stunden der Kämpfe zer-

Unseren Soldaten … [war bewußt], daß nur ihr persönlicher Einsatz in größter Gefahr den Sieg für ihr Land und ihre Familien bringen würde und daß die Alternative zum Sieg die Vernichtung war.

General Ytzhak Rabin,
israelischer Generalstabschef,
Juni 1967

Israel und seine Nachbarn, 1967–1973

Assuan, 1964

Chruschtschow und Nasser beobachten flußaufwärts von Assuan, wie Arbeiter am 16. Mai den Damm schließen. Damit wurde der letzte Bauabschnitt des Assuanhochdammes eingeleitet. Die USA hatten dem Projekt ihre Unterstützung entzogen. Die Sowjets waren eingesprungen.

störte die israelische Luftwaffe die ägyptischen Flugzeuge noch am Boden. Die israelischen Truppen errangen innerhalb weniger Tage spektakuläre militärische Siege und eroberten in Ägypten den Sinai, in Jordanien die Westbank und in Syrien die Golanhöhen. Das geteilte Jerusalem wurde unter israelischer Herrschaft wiedervereint. Nach sechstägigen Kämpfen erklärten sich auf Druck der UNO alle Seiten mit einem Waffenstillstand einverstanden. David war zu einem militärischen Goliath des Nahen Ostens geworden. Israel war nun verantwortlich für über eine Million staatenloser Palästinenser, die ihren flammenden Haß auf den zionistischen Staat an die kommenden Generationen weitergaben.

Ägypten und Syrien kamen im Jom-Kippur-Krieg (1973) einem Sieg nahe.
OBEN: *Die israelische Artillerie erholt sich von einem Überraschungsangriff der Syrer und schlägt zurück.*
GEGENÜBER: *Ein verwundeter israelischer Panzerkommandant wird versorgt.*

Eine besondere Beziehung

Als Folge des israelischen Sieges im Jom-Kippur-Krieg gewannen die Befürworter einer entschieden proisraelischen Linie in der amerikanischen Außenpolitik an Boden. Viele Amerikaner bewunderten den Pioniergeist der Israelis und befürworteten die Errichtung einer Demokratie in einem Gebiet, in dem demokratischen Strukturen eher mit Mißtrauen begegnet wurde. Die mächtige jüdische Lobby in Washington, organisiert im American Israel Public Affairs Committee (AIPAC), sorgte dafür, daß sich zwischen den USA und Israel ein strategisches Bündnis entwickelte. Unter Richard Nixon und Henry Kissinger bekam Israel aus Washington diplomatische Unterstützung, wirtschaftliche Hilfe und nie versiegende Waffenlieferungen.

Anwar al Sadat

Angesichts dieser Kooperation wandten sich die arabischen Staaten erneut der Sowjetunion zu. Syrien und Ägypten baten um weitere Waffenlieferungen. Der Irak, der aus dem Bagdadpakt (der mittlerweile CENTO hieß, Central Treaty Organisation) ausgeschieden war, unterzeichnete einen Vertrag über Freundschaft und Zusammenarbeit mit der Sowjetunion. Im Sudan und in Libyen waren revolutionäre Regime an die Macht gekommen, die sich an Moskau ausrichteten. Die sowjetische Flotte bezog im östlichen Mittelmeer Stellung und zeigte Flagge gegenüber der amerikanischen 6. Flotte. Einige Länder versuchten ihre Neutralität zu wahren, doch der Nahe Osten entwickelte sich zunehmend zu einem bewaffneten Lager, das in Parteigänger der Sowjetunion und der Vereinigten Staaten aufgeteilt war.

Richard Nixon und Leonid Breschnew unterzeichneten bei einem Gipfel im Mai 1972 eine »Grundsatzerklärung«, daß sie sich in der dritten Welt keine Vorteile über den jeweils anderen verschaffen wollten. Das verärgerte Anwar As Sadat, Nassers Nachfolger als ägyptischer Staatspräsident. Sadat befand, daß er sich bei der Wiedergewinnung des 1967 an Israel verlorenen Gebietes nicht länger auf die Unterstützung der Sowjetunion verlassen konnte. Als Moskau sich weigerte, Ägypten mit fortgeschrittener Militärtechnologie auszustatten, wies Sadat 15 000 sowjetische Militärberater und ein in Ägypten stationiertes Aufklärungsflugzeug aus dem Land. Gleichzeitig unternahm er heimliche Annäherungsversuche an die USA. Nach einer kurzen Unterbrechung erhielt Ägypten wieder Waffen aus der Sowjetunion, obwohl die geheimen Verhandlungen mit Washington fortgesetzt wurden. Im April 1973 traf sich Sadat mit dem syrischen Staatspräsidenten Hafis Asad. Sie sahen in der

Vorbereitung eigener Kriegspläne die einzige Möglichkeit, das an Israel verlorene Land zurückzugewinnen. Breschnew riet den Ägyptern weiterhin von einem Krieg ab. Bei einem Gipfeltreffen 1973 warnte er jedoch Nixon und Kissinger vor einem drohenden Kriegsausbruch.

Am 6. Oktober, dem Tag des jüdischen Versöhnungsfestes Jom Kippur, begannen Ägypten und Syrien mit einem Überraschungsschlag eine gemeinsame Offensive gegen Israel. Ägyptische Panzer eroberten die israelischen Gebietsgewinne aus dem Sechstagekrieg zurück. Aber nach anfänglichen Erfolgen der Araber gewannen die Israelis allmählich wieder die Oberhand. Beide Supermächte forderten abwechselnd immer dann einen Waffenstillstand, wenn es den Anschein hatte, daß die von ihnen favorisierte Seite gerade überlegen war. In der zweiten Kriegswoche versorgten die beiden Supermächte ihre Verbündeten ganz offen mit Waffen. Am 16. Oktober flog Kossygin nach Kairo, wo er Sadat von einem Waffenstillstand überzeugen wollte. Als sich das Kriegsglück der Araber wendete, willigte Sadat schließlich ein. Breschnew lud daraufhin Kissinger, den neuen amerikanischen Außenminister, zu dringlichen Gesprächen nach Moskau ein. Die Gespräche begannen am 20. Oktober. Bereits am zweiten Tag einigten sich Kissinger und Breschnew über die Bedingungen für einen Waffenstillstand. Da die israelischen Streitkräfte kurz davorstanden, die ägyptische III. Armee auf dem Sinai zu vernichten, stimmte die israelische Ministerpräsidentin Golda Meir einer Einstellung der Kämpfe nur zögernd zu. Heute wissen wir, daß Kissinger über den Zeitpunkt, zu dem der Waffenstillstand in Kraft treten sollte, nur vage Angaben machte. Am 22. Oktober verabschiedete der UN-Sicherheitsrat mit Unterstützung der USA und der UdSSR eine Resolution, in der alle Seiten zur sofortigen Waffenruhe aufgefordert wurden.

Der Waffenstillstand hielt nur wenige Stunden. Die Israelis behaupteten, sie seien provoziert worden, und begannen eine Großoffensive gegen die ägyptische III. Armee, die nun am Ostufer des Sueskanals eingekreist war. Die Sowjets mußten befürchten, daß ihr Schützling auf dem Schlachtfeld einer vernichtenden Niederlage entgegensah, und wandten sich mit heftigen Protesten an die amerikanische Regierung; sie sollte den Waffenstillstand bei den Israelis durchsetzen. In einer weiteren UN-Resolution wurde zu einem zweiten Waffenstillstand aufgerufen, doch die Israelis ignorierten auch diese Resolution und nahmen die Stadt Sues ein. Die Sowjetunion drohte Israel mit »schwersten Konsequenzen«, wenn es dem Vormarsch seiner Truppen nicht Einhalt gebiete. Sadat rief die USA und die Sowjetunion auf, zur Durchsetzung des Waffenstillstandes Truppen zu entsenden.

Das Risiko einer einseitigen Intervention

Angesichts der Niederlage, die Israel den Arabern zuzufügen drohte, stand die Sowjetunion mit dem Rücken zur Wand. Am Abend des 24. Oktober wandte sich Breschnew an die Amerikaner: Sie sollten der Sowjetunion bei der Entsendung von Truppen zur Durchsetzung des UN-Waffenstillstandes helfen. In seinem Brief deutete Breschnew an, daß die Sowjets ein einseitiges Vorgehen in Erwägung ziehen würden, wenn die USA nicht mit ihnen kooperieren wollten. Kissinger informierte Nixon nicht über Breschnews Brief, da der Rechts-

Der Jom-Kippur-Krieg

Der Jom-Kippur-Krieg 1973 erhielt seinen Namen vom jüdischen Versöhnungfest Jom Kippur, denn an diesem höchsten jüdischen Feiertag brach der vierte israelisch-arabische Krieg aus.

Der arabische Angriff am 6. Oktober kam für die Israelis völlig überraschend. Viele Soldaten waren im Urlaub und begingen zu Hause den Feiertag. Im Norden stürmten syrische Kommandos die Radarüberwachungsstellung auf dem Berg Hermon. 800 syrische Panzer drangen, unterstützt von drei Infanteriedivisionen, durch Lücken in der israelischen Verteidigung zu den von Israel besetzten Golanhöhen vor.

Im Süden setzten 600 000 ägyptische Soldaten über den Sueskanal. Innerhalb von 24 Stunden hatten fünf ägyptische Infanterie- und Panzerdivisionen die israelischen Verteidigungslinien überrannt und rückten auf dem besetzten Sinai weiter vor.

Die beurlaubten israelischen Soldaten kehrten in höchster Eile zu ihren Einheiten zurück, Reservisten wurden mobilisiert, Blutspenden organisiert. Aus der ganzen Welt trafen Juden ein und meldeten sich als Freiwillige. Israel kämpfte um sein Überleben. Die Regierung bat die USA verzweifelt um militärische Unterstützung.

Nach drei Tagen erbitterter Kämpfe traf der israelische Generalstab eine wichtige Entscheidung. Ein Großteil der Truppenreserven wurde vom Sinai abgezogen und bei den Golanhöhen eingesetzt, wo Israels 7. Panzerbrigade in heftige Gefechte verwickelt war. Die Stellung wurde gehalten. Im Süden stabilisierte sich die Lage, nachdem immer mehr israelische Truppen hastig den Sinai durchquert und Verteidigungsstellungen wiederaufgebaut hatten. Die Ägypter begannen sich einzugraben.

Am 9. Oktober richteten die Sowjets eine Luftbrücke zur Versorgung ihrer Verbündeten mit Waffen und Munition ein. Zwei Tage später beschlossen Nixon und Kissinger im Gegenzug, Israel mit Waffen zu beliefern. Am nächsten Morgen wurden Phantomjets nach Israel geschickt. Transportflugzeuge vom Typ C-130 und C-5 flogen rund um die Uhr Panzer, Helikopter, elektronische Ausrüstung für Störsender und große Mengen an Bomben und Granaten ein.

Nachdem sich das militärische Gleichgewicht zu Gunsten von Israel verschoben hatte, begann eine Großoffensive gegen Syrien. Mehrere Tage tobten erbitterte Kämpfe. Dann konnten die israelischen Truppen die syrischen Linien durchbrechen; sie rückten auf 35 Kilometer an Damaskus heran. Die Sowjets drohten, direkt mit Luftlandedivisionen einzugreifen, wenn die Israelis die syrische Hauptstadt bedrohten, die nun in Reichweite ihrer Artillerie lag. Die israelischen Streitkräfte stoppten und sammelten sich.

In der Zwischenzeit schlugen die Israelis am 14. Oktober einen starken ägyptischen Angriff auf dem Sinai zurück und brachten den Ägyptern schwere Verluste bei. Nach der Niederlage der Ägypter flog Kossygin nach Kairo und drängte Sadat, einem Waffenstillstand zuzustimmen. Während die Gespräche noch andauerten, überquerten die Israelis den Sueskanal in der Nähe von Ismailijja und errichteten am westlichen Ufer einen Brückenkopf. Dadurch wurde die ägyptische III. Armee von den übrigen ägyptischen Streitkräften abgeschnitten. Intensive diplomatische Bemühungen mündeten schließlich bei einer Dringlichkeitssitzung des UN-Sicherheitsrates am 22. Oktober zur Vereinbarung eines Waffenstillstandsabkommens; die USA und die UdSSR hatten sich gemeinsam dafür eingesetzt. Bereits am nächsten Tag wurde der Waffenstillstand gebrochen: Israel setzte seinen Vorstoß in südlicher Richtung fort und kreiste die 20 000 Mann der ägyptischen III. Armee ein. Moskau drohte mit Intervention, um die Einhaltung des Waffenstillstandes zu erzwingen und die ägyptischen Streitkräfte vor einer Niederlage zu bewahren. Kissinger gab bekannt, daß weltweit alle amerikanischen Atomstreitkräfte in höchste Alarmbereitschaft versetzt seien. Es sah so aus, als würde der Jom-Kippur-Krieg erneut eskalieren und als könnten die beiden Supermächte in eine direkte, möglicherweise sogar nukleare Auseinandersetzung hineingezogen werden. Doch dieses Mal hielt der Waffenstillstand.

Israelische Soldaten dringen nach Ägypten vor.

ausschuß des Repräsentantenhauses angekündigt hatte, das Amtsenthebungsverfahren gegen den Präsidenten wegen der Watergate-Affäre fortzusetzen, was Nixon in ziemliche Verwirrung stürzte. Statt dessen berief Kissinger eine Versammlung ein (man ist sich nicht einig, ob es eine Versammlung des Nationalen Sicherheitsrates oder eines anderen Gremiums war). Dort fiel die Entscheidung, die US-Streitkräfte weltweit in Alarmzustand zu versetzen. Zwei weitere Flugzeugträger wurden in das östliche Mittelmeer entsandt. An Breschnew erging die Note, die USA würden »keinesfalls eine einseitige Intervention« der UdSSR dulden.

Vielflieger Henry Kissinger pendelte bei den Verhandlungen über einen Waffenstillstand zwischen Kairo, Tel Aviv und Moskau hin und her. Hier ist er mit der israelischen Ministerpräsidentin Golda Meir und dem ägyptischen Staatspräsidenten Anwar As Sadat zu sehen.

Die Einsatzbereitschaft der amerikanischen Nuklearwaffen auf der gesamten Welt wurde in einer Art und Weise verkündet, daß Moskau von Washingtons ernsten Absichten überzeugt sein mußte. Inzwischen ist klar, daß Breschnew eine einseitige Intervention nie ernsthaft in Erwägung gezogen hat; die verhüllte Drohung war seinem Brief erst nachträglich hinzugefügt worden. Der Kreml reagierte nicht auf den amerikanischen Alarmzustand und versuchte, die Situation zu entschärfen. Zwei Tage später hoben die Amerikaner den Alarm wieder auf. Doch es dauerte noch mehrere Tage, bis sich die Situation wieder entspannt hatte. Erst dann konnten die Amerikaner die Israelis dazu bewegen, den Waffenstillstand anzunehmen und die Versorgung der auf dem Sinai eingeschlossenen ägyptischen Armee mit Wasser und Lebensmitteln zu erlauben. Im Ausgleich dafür stimmte Sadat der Überwachung des Waffenstillstandes durch eine multinationale UN-Truppe zu und bestand nicht länger auf einer gemeinsamen sowjetisch-amerikanischen Truppe.

Kissinger hatte einen großen diplomatischen Sieg errungen. Amerika war bei den arabischen Staaten besser angesehen, da es einen entscheidenden Sieg Israels verhindert hatte. Gleichzeitig hatten die USA aber auch Israel ihre Unterstützung zugesichert, Waffen eingeflogen und weitere Waffenlieferungen im Wert von 2,2 Milliarden Dollar angeboten. Beide Seiten wandten sich nun an Washington, das ihnen helfen sollte, ihre Probleme auf dem Verhandlungsweg zu lösen.

Bedrohungen vor der eigenen Haustür

Die USA betrachteten Mittel- und Südamerika sowie die Karibik als ihren Hinterhof, jede Unsicherheit dort stellte eine unmittelbare Bedrohung dar. Mit Beginn des Kalten Krieges bedeutete »Unsicherheit« ein kommunistisches Regime oder eine linksgerichtete Regierung unter kommunistischem Einfluß. Solche Regierungen würden sich früher oder später mit der Bitte um Hilfeleistungen und Unterstützung an die Sowjetunion wenden und konnten der Ausgangspunkt für eine militärische Unterwerfung der Region sein. So war aus der Sicht Washingtons der Sturz von Präsident Arbenz Guzmán in Guatemala im Jahr 1954 ein überwältigender Erfolg – auch wenn das Land dadurch für Jahrzehnte zerrissen und den Konflikten von Splittergruppen ausgeliefert war. Castros Revolution in Kuba hatte im Weißen Haus für wesentlich größere Unruhe gesorgt; auch nach dem Desaster in der Schweinebucht war man in Washington weiter fest entschlossen, den Revolutionsführer zu stürzen. Die Operation Mongoose, die Castros Vertreibung zum Ziel hatte, wurde nie gestoppt, obwohl die USA im Anschluß an die Raketenkrise 1962 mit der

Sowjetunion ein Abkommen geschlossen hatten, daß sie keine Invasion Kubas durchführen würden. Castro exportierte seine Revolution weiterhin nach Lateinamerika und Afrika.

Auch hinter einem Staatsstreich 1965 in der verarmten Dominikanischen Republik vermuteten die USA Havanna als Drahtzieher. Präsident Johnson wollte kein zweites Kuba riskieren und befahl die Entsendung von 23 000 US-Marines. Später stellte sich heraus, daß Kuba nicht beteiligt gewesen war. Den USA blieb nichts anderes übrig, als sich aus dem Konflikt zurückzuziehen,

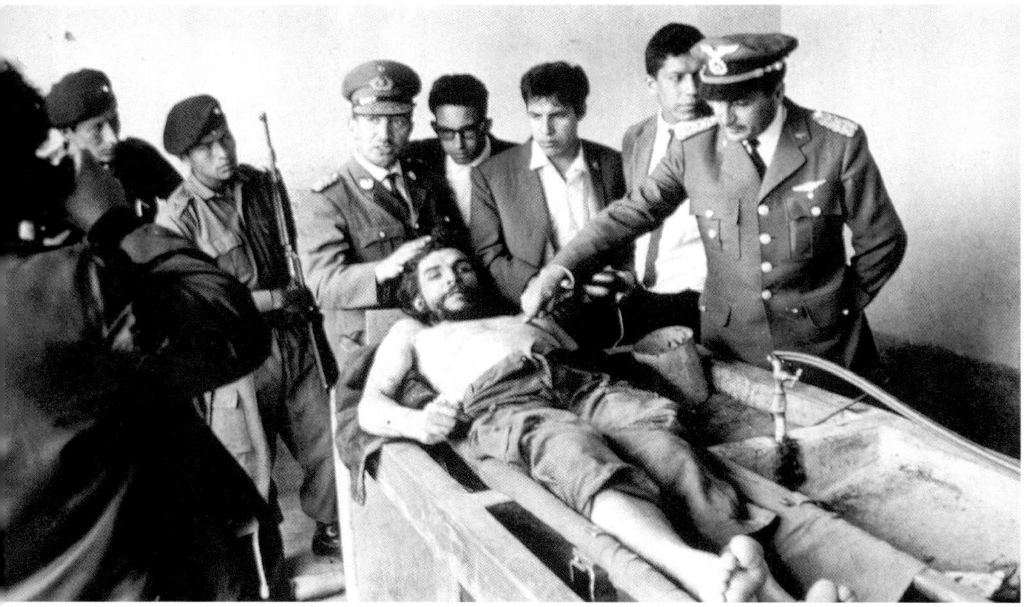

OBEN LINKS: *Der Leichnam Che Guevaras, wie er der Presse nach seiner Gefangennahme und Ermordung 1967 in Bolivien vorgeführt wurde. Che konnte die Revolutionen, die er für Südamerika geplant hatte, nicht in Gang bringen. Doch weltweit wurde er zum Symbol für die Revolution.*

den der Sicherheitsberater McGeorge Bundy einen »unterbrochenen Bürgerkrieg« nannte. Andernorts war die kubanische »Bedrohung« realer. 1965 brach der kubanische Revolutionsheld Che Guevara nach Bolivien auf. Er wollte dort Unruhen auslösen, die, wie er hoffte, den ganzen südamerikanischen Kontinent zur Erhebung gegen den amerikanischen Imperialismus bewegen würden. Doch das Vorhaben scheiterte. Zwei Jahre später wurde ein kranker und erschöpfter Guevara mit wenigen verbliebenen Getreuen in einem Versteck in den Bergen aufgespürt und von Regierungssoldaten umzingelt. Beim anschließenden Feuergefecht wurde Guevara verwundet und ergab sich. Auf direkten Befehl des bolivianischen Präsidenten wurde Guevara ohne Prozeß erschossen. Seine Hände wurden abgehackt und in ein Labor geschickt, damit man ihn über seine Fingerabdrücke identifizieren konnte. Der zerschundene Leichnam wurde fotografiert und verscharrt. Das Bild mit dem Gesicht des Toten ging um die Welt.

Kuba war nur eine kleine Insel. Die Aussicht, daß ein großes lateinamerikanisches Land wie etwa Chile ins kommunistische Lager wechseln könnte, versetzte Washington in Aufruhr. Die USA hielten erhebliche Anteile an den chilenischen Kupfer- und Silberminen; der Konzern ITT kontrollierte einen Großteil des Telekommunikationssystems. Chile besaß für südamerikanische Verhältnisse eine lange demokratische Tradition. Doch als immer mehr dar-

Im September 1970 wurde der Sozialist Salvador Allende zum chilenischen Präsidenten gewählt. Er hatte viele Anhänger bei der armen Bevölkerung (UNTEN RECHTS), *doch in der Mittelschicht stieß er auf Ablehnung* (UNTEN).

auf hindeutete, daß der Sozialist Salvador Allende Gossens mit seiner linksgerichteten Koalition aus Kommunisten und Sozialisten die Wahlen gewinnen würde, beschloß man in Washington, etwas zu unternehmen. Kennedy billigte einen Geheimfonds zur Beeinflussung der Wahlen 1964. Johnson stockte den Fonds später noch auf. Aus den Wahlen gingen die Christdemokraten als Sieger hervor.

CIA-Direktor Richard Helms schlug 1969, ein Jahr vor der nächsten Wahl, bei der Allende und seine Volksfront erneut antraten, eine weitere verdeckte

Aktion für Chile vor. Doch Kissinger zeigte kein Interesse; er war mit anderen Ereignissen beschäftigt. Im September 1970 erhielt Allende bei der Wahl die meisten Stimmen, erreichte aber nicht die absolute Mehrheit. Nixon war außer sich und gab dem Außenministerium sowie der CIA die Schuld. Jahrelang hatte er die Demokraten wegen ihrer Kubapolitik kritisiert, nun mußte er der Möglichkeit ins Auge sehen, daß während seiner Präsidentschaft Chile kommunistisch wurde. Nixon bestand darauf, daß »etwas getan werden muß, *irgend etwas*, um das Versäumnis ungeschehen zu machen«. Nach der chilenischen Verfassung entschied der chilenische Kongreß erst 50 Tage nach der Wahl zwischen den beiden Kandidaten mit den meisten Stimmen, in diesem Fall zwischen Allende und dem Konservativen Jorge Alessandri. Es blieb also noch Zeit zum Handeln. Am 15. September zitierte Nixon Helms und Kissinger ins Oval Office. Kissinger war mittlerweile der Ansicht, daß es sich bei Allende um einen zweiten Castro handelte. Rasch wurde ein Plan mit zwei Varianten entwickelt: Variante eins sah eine verdeckte CIA-Aktion vor, die den chilenischen Kongreß davon überzeugen sollte, Allende nicht zu wählen. Variante zwei war ein streng geheimer Plan für einen Militärputsch. CIA-Agenten mit gefälschten ausländischen Pässen nahmen in Santiago Kontakt mit rechtsgerichteten Generälen auf. Dieser

Vorstoß, der weit über die Bestechung von Politikern hinausging, war nur einer kleinen Gruppe ranghoher Regierungsbeamter bekannt. Das Außenministerium, das Verteidigungsministerium, die Botschaft in Santiago und selbst der Ausschuß in Washington, der heikle Geheimoperationen überwachte, waren nicht eingeweiht.

Wege in den Abgrund

Für die erste Variante ihres Plans heuerte die CIA Journalisten an; sie sollten in der chilenischen und internationalen Presse negative Berichte über Allende verbreiten. ITT bot Allendes Gegnern finanzielle Unterstützung an. Agenten der CIA wandten sich sogar an den scheidenden Präsidenten Eduardo Frei. Obwohl Frei nach der Verfassung nicht noch einmal kandidieren konnte, wollten sie ihn überreden, die Macht zu ergreifen. Frei ließ sich nicht darauf ein.

Damit blieb nur Variante zwei: die Vorbereitung eines Militärputsches. Selbst der verantwortliche CIA-Agent zweifelte: »Soll die CIA ... einen Militärputsch in einem der wenigen Länder in Südamerika fördern, die eine solide und funktionierende demokratische Tradition besitzen?« Der Oberbefehlshaber der chilenischen Armee, General René Schneider, war ein aufrechter und verfassungstreuer Mann und hatte kein Interesse daran, das Militär in die Politik hineinzuziehen. Die CIA sah sich nach anderen Offizieren um, die einem Putsch eher zugeneigt wären, und stieß auf Robert Viaux, einen pensionierten General und Dissidenten. Mit ihm schmiedete sie Pläne für eine Entführung General Schneiders. Doch in Washington hielt man Viaux nicht für vertrauenswürdig; in letzter Minute wurde beschlossen, den Putschversuch aufzugeben. Allerdings hatte Viaux sich zu diesem Zeitpunkt bereits entschieden, den Putsch auf jeden Fall durchzuführen. Nach zwei mißlungenen Anläufen versuchte Viaux am 22. Oktober, zwei Tage vor der Entscheidung des Kongresses, erneut eine Entführung seines Oberbefehlshabers. Vor Schneiders Haus hielten in der Morgendämmerung drei Autos, als Schneider sich gerade auf den Weg zur Arbeit machen wollte; das Feuer wurde eröffnet. Schneider wurde tödlich getroffen. Der Putschversuch bewirkte genau das Gegenteil dessen, was beabsichtigt gewesen war: Nun votierten die Christdemokraten für Allende. Er wurde der erste demokratisch gewählte marxistische Präsident in der westlichen Hemisphäre und auf der ganzen Welt.

Die Regierung Allende verteilte 7 Millionen Hektar Land an ungefähr 40 000 Familien, die in landwirtschaftlichen Kooperativen organisiert waren. Die Banken und der Kupferbergbau wurden verstaatlicht. Washington rächte sich für die Verletzung der amerikanischen Interessen, indem es während der folgenden Jahre alles tat, um die Regierung Allende zu destabilisieren. Kissinger koordinierte persönlich die Unternehmungen über mehrere Regierungsabteilungen hinweg. Millionen Dollar flossen an die Opposition. ITT gab eine Million Dollar aus, um die Regierung Allende zu schwächen. Kredite wurden annulliert. Die Weltbank hatte früher Chile Anleihen in Höhe von mehr als 234 Millionen Dollar zur Verfügung gestellt. Unter Allende wurde keine einzige Anleihe für Chile bewilligt. Allende wandte sich an die Sowjetunion, die zwar Hilfe für die Industrie anbot, aber nicht die Kredite, die das Land brauchte. Fidel Castro kam Ende 1971 zu Besuch. Ursprünglich wollte er zehn

Wir sind Opfer einer neuen Form des Imperialismus, eines subtileren, geschickteren und daher auch erschreckend effektiven Imperialismus ... Wir sind konfrontiert mit Mächten, die im Zwielicht gegen uns vorgehen, ohne Flagge, aber mit starken Waffen.

Salvador Allende
in einer Rede vor der UNO,
4. Dezember 1972

September 1973. Der chilenische Präsidentenpalast (UNTEN) *brennt. Er wurde bei dem Militärputsch bombardiert. Allende kam ums Leben. Viele Chilenen wurden im Fußballstadion von Santiago zusammengetrieben* (OBEN). *Tausende »verschwanden«.*

Tage bleiben, aber daraus wurden drei Wochen. Er drängte die chilenische Regierung zu einem stärkeren Linkskurs. Allende lehnte ab; als Vorsitzender einer demokratisch gewählten Regierung wollte er seine eigene Form des Sozialismus durchsetzen.

Allmählich zeigte der Druck auf die chilenische Wirtschaft Wirkung. Ohne Kredite ging die Industrieproduktion zurück, die Landwirtschaft stagnierte. Die Inflation geriet außer Kontrolle. Die Reichen zogen ihr Geld von den Banken ab. Es gab nicht genug Arbeit. Schon bald hungerten die Menschen. 1972 unterstützte die CIA einen Streik der Lastwagenfahrer, der das Land lahmlegte. Ein Jahr später streikten Ärzte und Lehrer. Es kam zu Ausschreitungen, Unruhen und Straßenschlachten. Die Menschen gelangten allmählich zu der Ansicht, daß der Kommunismus in Chile nicht funktionierte.

Im August 1973 wurde General Augusto Pinochet Ugarte Oberbefehlshaber der Streitkräfte. Sofort bereitete er einen Putsch vor. Am 11. September war es soweit. Bei den Kämpfen im Präsidentenpalast wurde Allende getötet. Es hieß, er habe Selbstmord begangen, doch die Getreuen um ihn waren überzeugt, daß er ermordet wurde. Allendes Witwe Hortensia konnte fliehen und verließ das Land. Alle Mitglieder des Kabinetts wurden verhaftet.

Das Militär hatte die Macht ergriffen und Chiles fast fünfzigjährige demokratische Tradition beendet. Jetzt begann die Jagd auf politische Gegner. Tausende Sympathisanten von Allende wurden verhaftet und ins Fußballstadion von Santiago getrieben. Dort wurden sie gefoltert oder gleich an die Wand gestellt und erschossen. Manche verschwanden einfach; ihre Angehörigen fanden nie heraus, was mit ihnen geschehen war. Das Morden ging über Jahre weiter. Schätzungen zufolge wurden 800 000 Menschen verhaftet. Das enteignete Land, die Kontrolle über die Banken und die verstaatlichten Betriebe wurden an ihre privaten Eigentümer zurückgegeben. Die USA hatten in Chile ihr Ziel erreicht. Doch als Präsident Ford die verdeckten Operationen gegen die Regierung Allende eingestehen mußte, war die Welt über die angewandten Methoden empört. 1975 rekonstruierte ein Senatsausschuß im Rahmen seiner Untersuchungen zur Beteiligung der CIA an Attentatsplänen im Ausland Stück für Stück eine Geschichte von Verschwörungen, Bestechung und Gewalt. Die amerikanische Regierung, die im Kalten Krieg für das Ideal der Freiheit stand, gab zu, daß sie zum Sturz der demokratisch gewählten Regierung eines anderen Landes beigetragen hatte. Grund dafür war die Angst, daß dieses Land zu einer Basis der kommunistischen Subversion vor der eigenen Haustür werden könnte.

Veränderungen

Ein weiterer Schauplatz des Kalten Krieges war Afrika. Dort standen sich die Supermächte in Gestalt von Stellvertretern gegenüber. Die letzte europäische Kolonialmacht war Portugal, dessen rechtsgerichtete Diktatur die Kontrolle über die portugiesischen Besitzungen in Afrika behalten wollte. Im April 1974 wurde das diktatorische Regime Portugals in einem Staatsstreich gestürzt. Eine Militärjunta brachte die Rückkehr zur Demokratie und leitete erste Schritte zur Unabhängigkeit der portugiesischen Kolonien ein. Das neue Regime gab seine Absicht bekannt, das in Südwestafrika gelegene Angola, wo drei Gruppierungen um die Macht kämpften, in die Unabhängigkeit zu entlassen. Die MPLA (Volksbefreiungsbewegung für Angola) unter Führung von Agostinho Neto wollte einen marxistischen Staat errichten. An der Spitze der FNLA (Volksbefreiungsfront) stand Holden Roberto, ein entschiedener Gegner des Kommunismus, der in bescheidenem Rahmen seit langem von der CIA unterstützt wurde, meistens über das benachbarte Zaire. Die UNITA (Union für die vollständige Unabhängigkeit Angolas) unter der Führung von Jonas Savimbi hatte sich von der FNLA abgespalten und eine eigene Machtbasis im Süden Angolas errichtet. Alle Gruppierungen waren mit den Stammesstrukturen verbunden und bezogen von daher ihre Unterstützung und zum Teil ihre ideologische Ausrichtung. Der erbitterte Bürgerkrieg und der Kampf um die Befreiung Angolas verschmolz mit der Rivalität der Supermächte im Kalten Krieg.

In den spannungsreichen Monaten nach dem Staatsstreich in Portugal gelang es der Organisation der Afrikanischen Einheit – einem Zusammenschluß unabhängiger afrikanischer Staaten –, eine Teilvereinbarung auszuhandeln, die im Vertrag von Alvor im Januar 1975 bestätigt wurde. Die drei gegnerischen Gruppierungen erklärten sich bereit, bei Wahlen zusammenzuarbeiten und beim Übergang in die Unabhängigkeit, die für November geplant war, mitzuhelfen. Doch die Interessen außenstehender Parteien wirkten sich schon bald negativ auf die Situation im Land aus. Wie die CIA hatte auch China die FNLA über das benachbarte Zaire in begrenztem Umfang unterstützt. Die Sowjets versorgten die MPLA mit leichten Waffen. Eine Woche nach dem Abschluß des Vertrags von Alvor trat der Geheimdienstausschuß zusammen und beschloß, der FNLA 300 000 Dollar zur Verfügung zu stellen. Die FNLA fühlte sich durch die

Die während des Kalten Krieges weltweit am häufigsten verwendete Waffe, die sowjetische AK-47.

Die AK-47 Kalaschnikow Automatik

Die AK-47 wurde in größeren Stückzahlen hergestellt als jede andere Feuerwaffe. Nach dem Zweiten Weltkrieg war sie vom sowjetischen Militär ursprünglich als Sturmgewehr vorgesehen, da man damals noch in großem Umfang Handfeuerwaffen auf dem Schlachtfeld einsetzte. Die Vorteile der AK-47 sind ihre gute Schußleistung bei hoher Feuergeschwindigkeit und ihre einfache Handhabung. In den fünfziger Jahren wurde die AK-47 an die Streitkräfte des Warschauer Paktes ausgegeben. In den sechziger und den siebziger Jahren war sie weltweit die Standardwaffe der Guerillatruppen, die von der Sowjetunion unterstützt wurden. Ihr geringes Gewicht und ihre Zuverlässigkeit machen die Kalaschnikow auch für Truppen mit verhältnismäßig wenig Ausbildung zu einer idealen Waffe. Von Angola bis in den Libanon, von Nicaragua bis Moçambique war die AK-47 das allgegenwärtige Symbol des Freiheitskämpfers. In der Sowjetunion lernte eine ganze Generation von Schulkindern, die Waffe in 20 Sekunden zusammenzubauen – das zeitliche Limit, das man für das Bestehen der Zivilverteidigungsprüfung brauchte.

Die AK-47 wurde nach ihrem Erbauer Michail Kalaschnikow benannt, einem sowjetischen Waffenbauingenieur, der aus dem hunderttausendfachen Verkauf der Waffe in der ganzen Welt nie einen Rubel sah.

Für die AK-47 wird eine Patrone im Kaliber 7,62 mm verwendet. Auf Dauerfeuer gestellt, gibt sie 90 Schuß pro Minute ab und schießt präzise bis auf eine Entfernung von etwa 300 Metern. Die Kalaschnikow wurde von Streitkräften aus mindestens 35 Ländern verwendet und außer der Sowjetunion noch in mindestens vier anderen Ländern hergestellt. Während des Kalten Krieges wurde sie in millionenfacher Stückzahl produziert.

amerikanische Unterstützung derart ermutigt, daß sie nach der Macht griff, obwohl sie sich im Vertrag von Alvor zu einer friedlichen Zusammenarbeit verpflichtet hatte. FNLA-Truppen aus Zaire griffen die Verbände der MPLA an. 50 bis 60 Aktivisten wurden in einem Ausbildungslager getötet. Die Unterstützung der USA war der Funke, der das Feuer entzündete. Denn die Sowjets stockten nun ihre bislang eher bescheidene Unterstützung für die marxistische Gruppierung auf. Die MPLA erhielt mehr sowjetische Waffen.

Mitte der sechziger Jahre hatte Fidel Castro Afrika bereist und den zahlreichen nationalen Befreiungsbewegungen kubanische Hilfe angeboten. Seitdem unterstützte Kuba die MPLA. Hunderte kubanischer Guerilleros kämpften heimlich in Afrika und waren als militärische Berater tätig – mehr, als zur gleichen Zeit in Lateinamerika waren. 1975 nahm die MPLA ihre Verbindung zu Kuba wieder auf und bat um weitere militärische Hilfe. Nach einigen Verzögerungen besuchte eine hochrangige kubanische Militärdelegation im August Angola, als die Kämpfe immer heftiger wurden. Die Kubaner beschlossen, ihre militärische Unterstützung für die MPLA erheblich auszuweiten. Drei Schiffsladungen mit 12 000 Gewehren aus der Tschechoslowakei, Nahrung und Kleidung sowie etwa 500 Militärberater wurden nach Angola geschickt.

Angola, Oktober 1975. Die Regierungstruppen der marxistisch orientierten MPLA in ihrem Lager in der Nähe der Nordfront. Mit der Unterstützung Kubas konnte sich die MPLA an der Macht halten.

Wir waren jung und die Kinder einer Revolution. Wir träumten von einer Revolution. Wir wollten ein Teil von ihr sein und das Gefühl haben, für sie zu kämpfen.

Ein kubanischer Guerillakämpfer
in den siebziger Jahren in Afrika

In der Zwischenzeit entschied die CIA, die UNITA unter Savimbis charismatischer Führung neben der FNLA in den amerikanischen Interessenbereich einzubeziehen. Im Juli überzeugte Außenminister Kissinger den Geheimdienstausschuß davon, daß die amerikanische Unterstützung ausgeweitet werden sollte. Präsident Ford stimmte der Lieferung von Waren im Wert von 25 Millionen Dollar und von Waffen im Wert von 16 Millionen Dollar Ende August zu. Die Waffen wurden nach Zaire geflogen und von dort an die FNLA und die UNITA verteilt. Zaires Präsident Sese Seko Mobutu sandte paramilitärische Einheiten zur Unterstützung seines Schwagers Neto, der die FNLA kontrollierte. Derartig ausgestattet, marschierte die FNLA siegesgewiß nach Süden in Richtung der Hauptstadt Luanda.

Das Blutvergießen erreicht einen neuen Höhepunkt

Im Sommer 1975 griff Südafrika in den Bürgerkrieg in Angola ein. Südafrika befürchtete, eine linksgerichtete Regierung würde aus Angola einen Stützpunkt für die Angriffe des ANC gegen den Apartheidstaat machen. Ursprünglich ließ Südafrika der UNITA, die ihren Machtbereich im Süden des Landes hatte, Waffen und Beratung zukommen. Für die Regierung in Washington, die gerade erst hatte mit ansehen müssen, wie Vietnam endgültig an den Kommunismus fiel, kam eine direkte Intervention durch amerikanische

Truppen nicht in Frage. Statt dessen wandten sich die USA heimlich an Südafrika. Im Oktober entschloß sich Pretoria daraufhin, mehrere tausend reguläre südafrikanische Soldaten, unterstützt von einem Trupp europäischer Söldner, nach Angola zu schicken. Obwohl die südafrikanischen Truppen eine direkte Beteiligung an dem Konflikt leugneten, zogen sie nach Norden in Richtung Luanda. Sie kamen rasch voran und standen schon bald nur noch rund 150 Kilometer von der Hauptstadt entfernt. Das Blutvergießen in Angola erreichte mit jedem Tag, den der 11. November, der Stichtag für die Unabhängigkeit, näherrückte, einen neuen Höhepunkt. Beide Seiten erhöhten ihre Einsätze, denn keine Supermacht konnte dabeistehen und einfach zusehen, wie ihre Spielfiguren auf dem Schlachtfeld besiegt wurden.

Die MPLA wandte sich hilfesuchend erneut an Kuba, das seine Elitetruppen entsandte, um eine Niederlage der revolutionären Kräfte in Angola zu verhindern. Die Truppen wurden direkt aus der Karibik eingeflogen und in die Schlacht geschickt. Sie leisteten erbitterten Widerstand und konnten den Vormarsch der Südafrikaner stoppen. Moskau lieferte zur Unterstützung der Kubaner Panzer, Raketen und andere Waffen. Innerhalb weniger Monate landeten ungefähr 7000 kubanische Soldaten in Angola, weitere waren unterwegs. In einem Tal südöstlich von Luanda, mitten in der angolanischen Savanne bei einem Ort namens Ebo, trafen die südafrikanischen Truppen am 23. November auf eine gut ausgerüstete kubanische Brigade. Die Kubaner errangen einen überwältigenden Sieg. Die Südafrikaner erlitten schwere Verluste und ließen bei ihrem Rückzug Fahrzeuge und Waffen zurück.

LINKS: *Holden Roberto (im weißen Hemd), Führer der FNLA, zieht in einem Mercedes-Cabrio in Huambo ein, umringt von weißen Söldnern und angolanischen Truppen.*
UNTEN: *Der als Colonel Callan bekannt gewordene britisch-zypriotische Söldner wurde später von der MPLA gefangengenommen und wegen Greueltaten hingerichtet.*

Trotz heftiger Gegenangriffe in den folgenden Wochen hielten die Kubaner die Stellung. Die Kämpfe erwiesen sich als Wendepunkt im Kriegsgeschehen.

In Washington hatte die Regierung die CIA-Gelder erschöpft und mußte sich für eine weitere Unterstützung ihrer Verbündeten in Angola an den Kongreß wenden. Als die Anfrage nach außen drang, regte sich breiter Protest. Sowohl der Senat als auch das Repräsentantenhaus stimmten gegen die Bereitstellung weiterer Mittel für Angola, denn sie sahen die Sache als verloren an. Selbst Kissinger mußte zugeben, daß Angola nicht von nationalem Interesse für die USA war. Nach Ansicht Nixons und Kissingers waren ihnen durch die Kongreßentscheidung die Hände gebunden. Der Weg für einen Sieg der von Kuba unterstützten Marxisten war frei. Gelegentlich flackerten die Kämpfe wieder auf und verlängerten so den Bürgerkrieg um viele Jahre; Tausende wurden getötet, verletzt und verkrüppelt. Nach drei Monaten stand das endgültige Ergebnis fest, die Kämpfe zwischen den Stellvertretern wurden eingestellt, Südafrika und Kuba zogen schon bald ihre Truppen ab.

Die MPLA rief in Luanda eine unabhängige Volksrepublik Angola aus. Die Sowjetunion und mehrere afrikanische Länder, die über die direkte Intervention Südafrikas gegen die MPLA empört waren, erkannten die Regierung an. Die FNLA-UNITA-Fraktion ernannte ihre eigene Regierung, erhielt von den anderen afrikanischen Staaten jedoch wenig Unterstützung. Im Februar 1976 beschloß die Organisation der Afrikanischen Einheit die Anerkennung der Volksrepublik Angola. Später unterzeichnete die Sowjetunion mit Angola einen Freundschaftsvertrag über 20 Jah-

Kindersoldaten, aber mit echten Waffen. Sie wurden von der FNLA rekrutiert.

Söldner

Söldner waren bei den Bürgerkriegen in Afrika im Einsatz seit den Kämpfen, die 1960 nach der Unabhängigkeit des Kongos ausbrachen. Franzosen, Briten und Staatsangehörige aus anderen europäischen Ländern kämpften dort und in Biafra, Angola und auf den Seychellen. Einige wurden zu legendären Gestalten wie zum Beispiel »Mad Mike« Hoare und Rolf Steiner. Die Söldner kämpften für die, die am meisten zahlten, und erwiesen sich in den ohnehin schon blutigen und erbitterten Bürgerkriegen oft als besonders grausam. Einige behaupteten, sie führten einen Kreuzzug gegen den Kommunismus; andere verdingten sich, weil sie den Nervenkitzel liebten, wieder andere, weil sie sonst keine Beschäftigung fanden.

Der berühmteste Söldner in Angola war ein Zypriot namens Kostas Georgiou. Er hatte in einer besonders harten Einheit der britischen Streitkräfte gedient, dem 1. Fallschirmjägerregiment, bis er wegen eines Angriffs auf ein Postamt in Nordirland unehrenhaft entlassen wurde. Georgiou, bekannt als »Colonel Callan«, wurde von der FNLA zusammen mit einer Truppe britischer und amerikanischer Söldner mit CIA-Geldern rekrutiert. Angeblich brachte er Spione und Deserteure eigenhändig um und terrorisierte die Männer unter seinem Kommando, die selbst ungehindert mit Gewalt und Folter gegen Soldaten und Zivilisten vorgingen. Einige Mitkämpfer sagen, Georgiou sei ein Psychopath gewesen. Andere halten ihn für einen tapferen Kommandanten. Georgiou wurde für seine Frontalangriffe gegen überlegene Gegner berühmt, bei denen er auf Schnelligkeit und den Überraschungseffekt setzte. Bei einem Selbstmordkommando gegen eine wesentlich stärkere kubanische Brigade wurde er verwundet und später gefangengenommen. Die MPLA wollte die Verbrechen der Söldner publik machen und brachte zehn Briten und drei Amerikaner in Luanda vor Gericht. Sie wurden beschuldigt, »bezahlte Attentäter« zu sein. Callan und drei andere wurden hingerichtet. Der Prozeß und die Brutalitäten, die dabei zur Sprache kamen, zogen die Aufmerksamkeit der Medien auf sich und lösten eine allgemeine Empörung über Söldner und all jene aus, die in dem Geschäft tätig waren.

re. Die USA lehnten die marxistische Regierung immer noch ab und belegten deshalb deren Antrag auf Mitgliedschaft in der UNO mit ihrem Veto.

Die USA hatten, wie Kissinger einräumen mußte, die Schlacht um Angola verloren und die Ausbreitung des Kommunismus in diesem Teil der dritten Welt nicht verhindern können. Der amerikanische Außenminister verlieh seiner Enttäuschung in einer längeren Rede im März 1976 Ausdruck. Die Entspannung könne »kein zweites Angola verkraften«, meinte er. Kissinger bestritt zwar, daß Amerika Südafrika zu seinem militärischen Vorgehen gegen Angola ermutigt hatte, doch heute weiß man, daß die Aufforderung an Pretoria von höchster Stelle in Washington gekommen war.

Obwohl damals das Ansehen Kissingers einen Höhepunkt erreicht hatte – 1973 erhielt er zusammen mit Le Duc Tho den Friedensnobelpreis für seinen Beitrag bei den Verhandlungen über einen Waffenstillstand in Vietnam –, übten viele Stimmen aufgrund der Enthüllungen über verdeckte Operationen in Südamerika und Afrika Kritik an den Mitteln, die Washington für die Verfolgung seiner Ziele einsetzte. Viele Amerikaner waren der Ansicht, daß nach Watergate die Regierung offener und ehrlicher werden müsse und in der Außenpolitik moralische Prinzipien einen höheren Stellenwert erhalten müßten. Der Präsidentschaftskandidat der Demokraten, Jimmy Carter, bezeichnete die »Menschenrechte« als ein Hauptanliegen der Außenpolitik. Carter versprach nach acht Jahren republikanischer Herrschaft ein Umdenken und eine Wende in der Politik. Im November 1976 wurde er zum Präsidenten gewählt.

Der Sand von Ogaden

Die erste Bewährungsprobe für die neue Regierung Carter war ein Konflikt am Horn von Afrika. Äthiopien, einst ein Vorposten des Westens, fiel an die marxistische Regierung von Mengistu Haile Mariam. Die Revolution in Äthiopien eröffnete der Sowjetunion neue Einflußmöglichkeiten in Ostafrika. Da Äthiopien sich verstärkt Moskau zuwandte, wechselte Somalia, traditionell ein Feind Äthiopiens und mit der Sowjetunion durch einen Freundschafts- und Kooperationsvertrag verbunden, die Seite und suchte ein Bündnis mit den USA. Die sowjetischen Diplomaten bemühten sich, Somalia im sozialistischen Lager zu halten, doch Staatschef Mohammed Siyaad Barre witterte die Gelegenheit, das Gebiet Ogaden im Osten Äthiopiens in die Hand zu bekommen. Im Juli 1977 befahl Barre den Angriff auf Ogaden. Innerhalb von drei Monaten hatte Somalia einen Großteil dieses sandigen, trockenen Gebiets eingenommen. Mengistu bat die Sowjetunion um Hilfe.

Moskau und seine Verbündeten, allen voran Castro in Havanna, befanden, daß sie nicht tatenlos zusehen konnten, wie ein strategisch wichtiges Land von einem Staat besiegt wurde, der nun ein Verbündeter des Westens zu sein schien. Zwischen November 1977 und Februar 1978 brachten sowjetische Flugzeuge und Schiffe ungefähr 15 000 kubanische Soldaten und große Mengen an sowjetischen Waffen nach Äthiopien. Die Somalis konnten aus Ogaden wieder vertrieben werden. Washington beschuldigte nun Moskau, es würde Kuba als Stellvertreter bei der Ausdehnung des sowjetischen Einflußbereichs in Afrika benutzen. Der Sonderberater des amerikanischen Präsidenten für

Addis Abeba, Äthiopien, 13. September 1978. Fidel Castro ist anläßlich der Feier des vierten Jahrestags der sozialistischen Revolution Ehrengast bei Mengistu Haile Mariam. Sie sitzen in Sesseln, die einmal Kaiser Haile Selassie gehörten.

Fragen der nationalen Sicherheit, Zbigniew Brzezinski, behauptete, daß die Krise am Horn von Afrika, die so dicht auf die sowjetisch-kubanische Intervention in Angola folgte, von einer neuen Entschlossenheit im Kreml zeuge.

Diese Anschuldigungen wurden ausgerechnet zu einem Zeitpunkt erhoben, als die Regierung Carter sich um eine Verbesserung der Beziehungen zu Breschnew bemühte, vor allem in den SALT-II-Verhandlungen. Carter war sehr an einem Gipfeltreffen mit Breschnew gelegen, doch der Kreml machte deutlich, daß ein Treffen mit der Unterzeichnung eines neuen Rüstungsbegrenzungsvertrages einhergehen müsse, über den seit über fünf Jahren verhandelt wurde. Die Krise in Afrika drohte diesen Fortschritt zu stören. Die Stimme von Außenminister Cyrus R. Vance, dem Befürworter einer Verständigung mit den Sowjets, verlor an Gewicht zugunsten von Brzezinski, der Fortschritte bei den SALT-Gesprächen mit dem Auftreten der Sowjetunion in der dritten Welt verknüpfen wollte. Durch all die Beschuldigungen und Gegenangriffe verschlechterten sich die sowjetisch-amerikanischen Beziehungen in der ersten Hälfte des Jahres 1978 zusehends. Vorfälle in Gebieten, in denen weder die Sowjetunion noch die USA direkten Einfluß ausübten, waren zu größeren Konflikten im Kalten Krieg aufgebauscht worden und behinderten die Fortschritte bei der weltweiten Rüstungsbegrenzung und den Bemühungen um Weltfrieden. Während der Kalte Krieg immer neue Gebiete der Welt erfaßte, »versanken«, wie es hieß, die Überreste der Entspannungspolitik »im Sand von Ogaden«.

OBEN: *14. September 1979. Der sowjetische Ministerpräsident Alexei Kossygin nimmt in Addis Abeba an einer Parade zu Ehren der Helden des Marxismus-Leninismus teil.*
RECHTS: *Kubanische Panzer stehen den einfallenden Somalis in der Region Ogaden in Äthiopien gegenüber. 15 000 Kubaner kämpften in einem Krieg um Land für das marxistische Äthiopien.*

Moskau, 1979

Menschenrechte. Eine sowjetische Mutter bietet den Polizisten auf dem Roten Platz die Stirn und verlangt eine Genehmigung ihrer Reise zu ihrem Sohn in Schweden.

Eiszeit

1977–1981

Die neue Regierungsmannschaft. Präsident Jimmy Carter neben Außenminister Cyrus Vance (links) und dem Sonderberater für Fragen der nationalen Sicherheit Zbigniew Brzezinski. Vance und Brzezinski waren oft gegensätzlicher Meinung.

Die Entspannung stockt

Es war bitter kalt am 20. Januar 1977, als Jimmy Carter nach seiner Amtseinführung als 39. Präsident der Vereinigten Staaten durch die Pennsylvania Avenue zum Weißen Haus schritt – ein Vorbote der Kälte, die die amerikanisch-sowjetischen Beziehungen in den nächsten Jahren bestimmen sollte. Carter war in Washington ein Außenseiter; seine bisherige politische Karriere hatte sich auf seinen Heimatstaat Georgia beschränkt, wo er Senator und im zweiten Anlauf Gouverneur geworden war. Nach Watergate war er im Wahlkampf für eine neue Ehrlichkeit in der Politik eingetreten. Er sprach viel von Moral und Menschenrechten. Sein Regierungsantritt bedeutete nicht nur einen Wechsel der Partei, sondern auch eine neue Epoche in der Zeit des Kalten Krieges nach dem Ende der Ära Nixon und Ford – und Kissinger.

Tatsächlich stockte die Entspannung bereits seit dem Frühjahr 1976. Die öffentliche Meinung in den USA wandte sich gegen eine Politik, in der Amerika schwach erschien und die Sowjetunion stark. Für die Dauer des Präsidentschaftswahlkampfes hatten Kissinger und Ford die SALT-II-Gespräche in Genf ruhen lassen. Ford verwendete nicht einmal mehr den Begriff Entspannung in der Öffentlichkeit. In Moskau blickte die sowjetische Führung mit einer gewissen Besorgnis auf die erste Regierung der Demokraten seit Beginn der Entspannungspolitik. Im Kreml fürchtete man demokratische Regierungen mehr als republikanische: Eisenhower, Nixon und Ford hatten sich oft verhandlungsbereit gezeigt; unter Truman, Kennedy und Johnson war es dagegen zu größeren Zusammenstößen mit der Sowjetunion gekommen.

Andrei Sacharow und seine Frau Jelena Bonner nach ihrer Verbannung aus Moskau in ihrer Wohung in Gorki, 400 Kilometer von der Hauptstadt entfernt. Sacharow und Bonner kritisierten furchtlos das sowjetische Regime.

Zwei Tage vor Carters Amtsantritt hieß Breschnew den neuen US-Präsidenten in einer Rede willkommen. Er versicherte, die Sowjetunion werde »nie die Aggression suchen, nie werden wir die Waffe gegen ein anderes Land erheben«. Carter sprach in seiner Antrittsrede feierlich über sein »größtes Ziel, die Vernichtung aller Atomwaffen«. Die politische Arglosigkeit, die Carter als Präsidentschaftskandidat so viele Sympathien eingebracht hatte, erwies sich im Weißen Haus als hinderlich. Er hatte so gut wie keine Erfahrung mit internationalen Beziehungen und betrachtete die Entspannung als eine Mischung aus Konkurrenz und Kooperation. Politisch schwankte er zwischen den Empfehlungen seiner wichtigsten Berater. Wenn Außenminister Cyrus Vance sich für eine Verständigung aussprach, wandte sich der Präsident der Sowjetunion zu; wenn der Sonderberater für Fragen der nationalen Sicherheit, Zbigniew Brzezinski, eine härtere Gangart verlangte, schlug der Präsident feindselige Töne an.

Für die neue Regierung besaßen Abrüstung und Rüstungskontrolle eine hohe Priorität. Schon bald kam man überein, Moskau eine drastische Senkung des Rüstungsniveaus vorzuschlagen, Reduzierungen, die weit über das hinausgingen, was Ford und Breschnew im November 1974 in Wladiwostok ausgehandelt hatten. Außenminister Vance überbrachte Moskau den Vorschlag; doch er wurde rundweg abgelehnt. Die übereilte Initiative vermittelte den Sowjets den Eindruck, daß es die neue Regierung Carter mit ihren Beziehungen zu Moskau nicht richtig ernst meinte. Die Zurückweisung gab Brzezinski Auftrieb, der felsenfest von der alles überschattenden »geopolitischen Auseinandersetzung« zwischen den USA und der Sowjetunion überzeugt war.

Die Leute quälten sich, bis sie sich zur Unterschrift entschlossen. Wenn sie schließlich unterschrieben hatten, gerieten sie in einen Zustand der Euphorie. Es war eine Gemeinschaft freier Menschen mitten in einer unfreien Gesellschaft, und sie fühlten sich in Harmonie mit sich selbst.

Václav Havel,
Unterzeichner der Charta 77, später Präsident der Tschechischen Republik

Die Charta 77

Der dritte Abschnitt der Schlußakte von Helsinki über die Menschenrechte erwies sich als Zeitbombe für die Beziehungen zwischen dem sozialistischen Block und dem Westen. Am 7. Januar 1977 gab eine Gruppe von 242 oppositionellen tschechoslowakischen Intellektuellen und ehemaligen Regierungsbeamten eine Charta heraus, in der die Umsetzung der Schlußakte von Helsinki und der UN-Erklärung der Menschenrechte in der Tschechoslowakei gefordert wurden. Die Charta 77 wurde in den Westen geschmuggelt und dort von den Medien groß herausgestellt. Die Obrigkeit griff bei den Unterzeichnern hart durch; viele kamen ins Gefängnis. Der Dramatiker Václav Havel wurde unter Hausarrest gestellt.

Nach den Niederlagen, die die Kommunisten dem Westen in Vietnam, Angola und Äthiopien beigebracht hatten, fand der Westen in den Menschenrechten ein Feld, auf dem er moralisch Punkte sammeln konnte. Das Vorgehen der kommunistischen Regime gegen mutige Oppositionelle, die sich auf die Schlußakte von Helsinki beriefen, verstärkte natürlich noch die Forderungen nach einer Einhaltung der Vereinbarungen. Im Westen wuchs die Feindseligkeit gegenüber der Sowjetunion, was später in der Formulierung Ronald Reagans gipfelte, als er vom »Reich des Bösen« sprach.

Es geht um die Menschenrechte

Mit dem sogenannten dritten »Korb« der 1975 unterzeichneten Schlußakte von Helsinki standen die Menschenrechte auf der politischen Tagesordnung, doch Kissinger hatte sich nicht weiter darum gekümmert. Unter Carter schickte das Weiße Haus ermutigende Botschaften an Dissidenten, die Menschenrechtsverletzungen in der Sowjetunion und den osteuropäischen Staaten anprangerten. Das amerikanische Außenministerium erklärte öffentlich seine Unterstützung für die Charta 77, die Oppositionelle in der Tschechoslowakei verfaßt hatten. Die Menschenrechtler fühlten sich durch Carter ermutigt und richteten Bürgerrechtskomitees zur Registrierung von Menschenrechtsverletzungen und zur Sensibilisierung der Öffentlichkeit ein. Carter hoffte, daß er mit seiner Haltung Linke und Rechte an die Seite seiner Regierung bringen könnte. Das gelang jedoch nicht.

In der Sowjetunion gingen die Behörden schonungslos gegen die Bürgerrechtskomitees vor. Der Dissident Anatoli Schtscharanski wurde beschuldigt, ein Agent der CIA zu sein. Viele andere wurden mit der Begründung verhaftet, sie hätten Staatsgeheimnisse an Ausländer verraten; sie kamen ins Gefängnis oder wurden verbannt. Etliche Dissidenten wurden zu jahrelanger Zwangsarbeit in Arbeitslagern verurteilt. Einige wurden für geisteskrank erklärt und in Nervenheilanstalten eingewiesen, wo man sie mit Medikamenten ruhiggestellte. Im Vergleich zu den Methoden des Stalinismus, als Kritik üblicherweise mit einer Kugel in den Kopf beantwortet wurde, waren dies noch vergleichsweise maßvolle Reaktionen, doch Nachrichten darüber gelangten in den Westen und lösten dort große Empörung aus. Obwohl die Dissidenten

Dissidenten drohten nicht nur Gefängnisstrafen. In der Sowjetunion verschwanden politische Gefangene auch in staatlichen Nervenheilanstalten (UNTEN) *und Arbeitslagern* (UNTEN RECHTS).

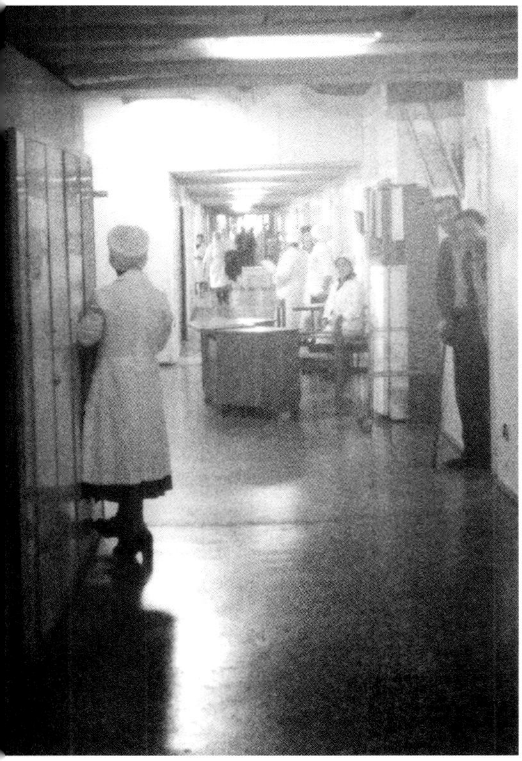

Moskau, 1973

Ein Polizist in Zivil (im hellen Mantel) zerreißt das Plakat eines sowjetischen Juden, der vor dem sowjetischen Innenministerium für das Recht auf Ausreise und ein Ausreisevisum für Israel demonstriert. Der Mann links mit Hut ist ebenfalls Polizist in Zivil; er versuchte später, dem Fotografen den Film wegzunehmen.

ВИЗЫ

sich selbst nicht als Partei betrachteten, befürchtete das sowjetische Regime, daß ihre Kritik sich zu einer allgemeinen Kritik am sozialistischen System und an der Regierung ausweiten könnte.

Zu den Dissidenten zählten auch sowjetische Juden, die nach Israel oder in die USA auswandern wollten. Sie wurden von jüdischen Gemeinden des Westens unterstützt. Unter Druck des Westens stieg die Zahl derer, die auswandern durften: von 14 000 im Jahr 1975, als der Vertrag von Helsinki unterzeichnet wurde, bis auf 51 000 im Jahr 1979.

Trotz aller Anzeichen für eine wachsende Verärgerung der sowjetischen Führung schien Carter zu glauben, daß die ständige Verurteilung der Menschenrechtsverletzungen sich nicht auf die Beziehungen zwischen Washington und Moskau auswirken würde, da die Menschenrechte eine Sache der Ethik waren. Der sowjetische Botschafter Dobrynin protestierte beim Präsidenten persönlich gegen die Einmischung in die inneren Angelegenheiten der Sowjetunion. Brzezinski sah die politischen Vorteile, da man mit den Menschenrechten Druck auf die Sowjetunion ausüben und die Opposition gegen Moskau stärken konnte.

Eine neue Bedrohung für die NATO

1977 begannen die Sowjets mit der Stationierung neuer Festtreibstoffraketen vom Typ SS-20 in Osteuropa. Sie ersetzten die veralteten Flüssigtreibstoffraketen vom Typ SS-4 und SS-5, die seit 20 Jahren im Einsatz waren. Die Mittelstreckenraketen vom Typ SS-20 stellten eine neue Generation der sowjetischen Raketentechnik dar. Sie waren zielgenauer und verläßlicher als ihre Vorgänger und konnten jeweils drei getrennt steuerbare Mehrfachsprengköpfe (MIRV) tragen. Sie wurden auf riesigen Transportern bewegt, was ihre Entdeckung erheblich erschwerte. Und sie waren nach den SALT-Vereinbarungen zulässig, weil die Modernisierung bestehender Raketensysteme erlaubt blieb. In den Augen der Sowjets waren die SS-20-Raketen nur der effektivere und verläßlichere Ersatz für veraltete Systeme.

Der Westen hingegen sah in den SS-20 eine neue Bedrohung. Die USA verstanden nicht, warum die Sowjets neue Mittelstreckenraketen stationieren wollten, wenn Interkontinentalraketen, die vom Boden oder unter Wasser abgefeuert werden konnten, die eigentlichen Nuklearwaffen der damaligen Zeit waren. Für die NATO und Westeuropa waren die SS-20-Raketen noch viel beunruhigender. In Europa hatte man den Eindruck, daß die Sowjetunion einerseits mit den USA eine Politik der Entspannung verfolgte und andererseits Vorbereitungen für einen begrenzten Atomkrieg in Europa traf, der ihr ermöglichen würde, Flughäfen, Militäreinrichtungen und Städte mit einem Präventivschlag auszulöschen. Durch die Beschränkung auf Angriffsziele in Westeuropa konnte die sowjetische Führung die Sicherheit Europas von der Sicherheit der USA abkoppeln. Die NATO suchte nach einer Antwort, die die Abschreckung stärken und die strategische Unterstützung Europas durch die USA sicherstellen würde.

Sowjetische SS-20-Raketen abschußbereit auf ihren Rampen.

Die laufenden SALT-Verhandlungen sollten ein nukleares Gleichgewicht zwischen den USA und der UdSSR herstellen. Doch der deutsche Bundeskanzler Helmut Schmidt war der Ansicht, daß Westeuropa dann nicht nur wegen der sowjetischen Überlegenheit bei konventionellen Waffen, sondern auch durch die SS-20-Raketen verwundbar wäre. Er wollte, daß die USA die SS-20-Raketen in die SALT-Gespräche mit einbezogen, und fühlte sich im Stich gelassen, als die USA das nicht taten.

Obwohl die Regierung Carter immer noch für weitere Rüstungsbegrenzung eintrat, befürwortete sie gleichzeitig eine Aufrüstung im westlichen Bündnis. Die NATO wurde ermuntert, ihren Bestand an konventionellen Waffen zu vergrößern. Die Mitglieder erklärten sich mit einer Erhöhung ihrer Verteidigungsausgaben um 3 Prozent pro Jahr einverstanden. Im Juni 1977 stoppte Carter zwar den strategischen Bomber B-1, doch dann gab er grünes Licht für die Entwicklung der Cruise-Missiles. Im folgenden Monat billigte er Pläne für eine weltweit verfügbare schnelle Eingreiftruppe. Zweieinhalb Jahre lang verfolgten die USA diese Doppelstrategie: Sie verhandelten mit den Sowjets über Rüstungsbeschränkungen und gleichzeitig mit ihren europäischen Verbündeten über die Stationierung neuer Raketensysteme.

Dreifacher Händedruck. Unter dem Beifall der Welt vermittelt Carter das Camp-David-Abkommen zwischen dem ägyptischen Staatspräsidenten Anwar al Sadat und dem israelischen Ministerpräsidenten Menachem Begin.

Bei mehreren internationalen Zwischenfällen gerieten die beiden Supermächte schließlich aneinander. Washington sprach davon, die Sowjetunion wieder in den Nahostfriedensprozeß einzubeziehen. Der ägyptische Staatspräsident Anwar As Sadat setzte sich jedoch darüber hinweg und beschloß im November 1977, selbst nach Israel zu reisen. Mit dieser dramatischen Geste wollte er den Erzfeind Israel anerkennen und Frieden mit ihm schließen. Die Sowjets verdächtigten die USA, sie würden hinter diesem Schritt stecken. Einige Monate später unterzeichneten Sadat und der israelische Ministerpräsident Menachem Begin die Vereinbarungen von Camp David, bei denen Carter persönlich vermittelt hatte. Wieder war Moskau übergangen worden. In der Zwischenzeit wurde am Horn von Afrika Äthiopien im Krieg gegen Somalia von kubanischen Truppen und mit sowjetischen Waffenlieferungen unterstützt. Dieses Engagement des Kremls in der dritten Welt verärgerte wiederum Washington. Der Geist der Entspannung verflüchtigte sich.

Der NATO-Doppelbeschluß

1978 berieten die Regierungen der westeuropäischen Staaten über die Stationierung einer neuen Generation amerikanischer Raketen in Europa: bodengestützte atomare Mittelstreckenwaffen vom Typ Pershing II sowie Marschflugkörper (Cruise-Missile). Bei einem Gipfeltreffen in Guadeloupe im Januar 1979 stimmten Bundeskanzler Helmut Schmidt und der britische Premierminister James Callaghan der Stationierung der Raketen in ihren Ländern zu. Die USA machten ihren Einfluß in Europa geltend, und schließlich willigten auch Italien und nach einiger Überzeugungsarbeit die Niederlande und Belgien in die Stationierung ein. Aufgrund ihres Erstschlagpotentials betrachteten viele die Raketen als besonders aggressiv, als eine neue gefährliche Drehung der Rüstungsspirale, welche die Sowjets nicht einfach hinnehmen würden. Insgesamt sollten nicht mehr als 600 der neuen amerikanischen Raketen in Europa stationiert werden: nicht so viele, daß sie als Provokation aufgefaßt werden konnten, aber doch genug, um Stärke zu demonstrieren.

Die angekündigte Stationierung der neuen Raketen führte in ganz Westeuropa zu Großdemonstrationen. In der Bundesrepublik war die Friedensbewegung besonders aktiv, dort gingen Hunderttausende auf die Straße. In Großbritannien errichteten Frauen aus Protest gegen die Stationierung der Cruise-Missiles vor dem Luftwaffenstützpunkt Greenham Common westlich von London ein Friedenslager. In den nächsten zehn Jahren hielten die Frauen kontinuierlich eine Mahnwache für den Frieden.

In Moskau betrachtete man die Stationierung der Raketen als eine Eskalation des Wettrüstens, als Versuch der USA und der NATO, das atomare Gleichgewicht zu ihren Gunsten zu verschieben. Die Sowjets befürchteten, daß die Pershings als Erstschlagwaffen gegen strategische Ziele im Landesinneren der UdSSR eingesetzt werden könnten. Sie akzeptierten die Erklärung nicht, daß die amerikanischen Raketen eine Reaktion auf die Stationierung der sowjetischen SS-20-Raketen waren; der Kreml beharrte weiterhin darauf, die SS-20 seien nur eine modernisierte Version bereits vorhandener Waffen.

UNTEN LINKS: *Tomahawk, das Cruise-Missile von General Dynamics, wird auf einem Testgelände in den USA abgefeuert.*

UNTEN: *Überall in Europa protestierten Menschen gegen die Stationierung amerikanischer Raketen.*

Im Frühjahr und im Sommer 1978 verschlechterten sich die Beziehungen zwischen den USA und der Sowjetunion weiter, als die sowjetischen Behörden mit harten Strafen gegen Dissidenten vorgingen. Juri Orlow, ein Mitbegründer des Helsinki-Komitees in Moskau, wurde zu sieben Jahren Gefängnis verurteilt. Schtscharanski wurde wegen Verrats und antisowjetischer Umtriebe zu 13 Jahren Zwangsarbeit verurteilt. Vor dem Gerichtsgebäude stand Andrei Sacharow, der bekannte Atomphysiker, um den Fall in den westlichen Medien bekannt zu machen. Anatoli Filatow wurde wegen Spionage zum Tode verurteilt. Washington reagierte schockiert. Mehrere hochrangige Delegationen sagten ihre Besuche in der Sowjetunion ab. Die Lieferung eines großen Computersystems, das bei den kommenden Olympischen Spielen eingesetzt werden sollte, wurde storniert. Lizenzen für den Export von Ausrüstung zur Erforschung von Öl- und Gasvorkommen wurden zurückgezogen. Der Fall Schtscharanski fand in den USA besonderes Echo. Proteste wurden organisiert. Eine Welle antisowjetischer Gefühle überflutete Amerika. Der Fall Filatow hingegen erregte sehr viel weniger Aufsehen – Filatow war CIA-Agent gewesen.

Wenn wir den russischen Bären wirklich an die Kette nehmen wollen, müssen wir zusammenarbeiten.

Teng Hsiao-p'ing
zu Jimmy Carter,
Januar 1979

Noch ein chinesischer Trumpf

In dieser Situation beschloß Washington wieder einmal, die chinesische Karte auszuspielen. Mit Nixons spektakulärem Besuch 1972 waren die Beziehungen zwischen den beiden Ländern aufgenommen worden, doch seither hatten sie sich nur schleppend entwickelt. Nach dem Tod Chou En-lais 1976 herrschten in China chaotische Zustände. Die sogenannte Viererbande, radikale Anhänger der Kulturrevolution, drängten unter Führung von Maos Frau Chiang Ch'ing gemäßigte Politiker wie Teng Hsiao-p'ing aus der Regierung und konnten zeitweise die Macht an sich reißen. Nach Maos Tod im selben Jahr wurde die Viererbande aus der Partei ausgeschlossen und später verurteilt. Im Juli 1977 wurde Teng rehabilitiert und zum stellvertretenden Parteivorsitzenden und Ministerpräsidenten ernannt. Seine Rückkehr an die Macht markierte in China eine Hinwendung zu Wirtschaftsreformen und Modernisierung. Er betrachtete Kontakte zu den USA als einen wichtigen Weg, technische Hilfe und Unterstützung für die wirtschaftliche Modernisierung zu erhalten.

Im Mai 1978 sandte Carter Brzezinski mit dem Auftrag nach China, eine neue Phase in den amerikanisch-chinesischen Beziehungen zu eröffnen. Der Besuch war ein großer Erfolg. Brzezinski besprach mit den Chinesen verschiedene Themen, auch die amerikanischen Ansichten zu den SALT-Gesprächen und Chinas Haltung gegenüber der Sowjetunion. Brzezinski sah in einer Verbesserung der Beziehungen zu China einen wesentlichen strategischen Vorteil gegenüber der Sowjetunion und ein Mittel, um Moskau für sein aggressives Auftreten in Afrika und andernorts zu bestrafen. Unterdessen hatte sich China mit der Sowjetunion vor allem wegen ihrer Unterstützung für Vietnam überworfen. Teng brauchte zudem einen außenpolitischen Erfolg zur Rechtfertigung seines Reformprogramms. Auf beiden Seiten war die Zeit für eine Absprache günstig. Im Gegenzug zum chinesischen Einlenken wegen der amerikanischen Unterstützung Taiwans verkündete Präsident Carter die Normalisierung der Beziehungen zwischen den beiden Ländern ab dem 1. Januar 1979. Die Sowjets reagierten auf die Umorientierung beunruhigt und fühlten sich wie schon 1972 als die ausgeschlossenen Dritten.

Der chinesische Staatschef Teng Hsiao-p'ing unternimmt einen neuen Annäherungsversuch an die USA. Bei seinem Besuch im Januar 1979 setzte er einen Cowboyhut auf.

Die Entscheidung für die Normalisierung der Beziehungen zu China bedeutete für Brzezinski einen Sieg in der internen Debatte im Weißen Haus über die Außenpolitik. Ende Januar kam Teng zu einem Staatsbesuch in die USA. Ganz offen sagte er zu Carter: »Wenn wir den russischen Bären an die Kette legen wollen, müssen wir zusammenarbeiten.« Hocherfreut über den Besuch schrieb Carter: »Für mich ist alles bestens verlaufen.«

Zwei Wochen nach dessen Besuch fiel China als Reaktion auf die vietnamesische Invasion in Kambodscha in Vietnam ein. Teng hatte bei seinem Besuch in den USA öffentlich und privat gedroht, den mit der Sowjetunion verbündeten Vietnamesen »eine Lehre zu erteilen« – seine amerikanischen Gastgeber hinderten ihn nicht daran. Offensichtlich spielte Teng jetzt seinen »amerikanischen Trumpf« aus und setzte darauf, daß die USA China stillschweigend unterstützen und eine sowjetische Intervention zugunsten Vietnams verhindern würden. Carter schien nicht zu erkennen, wie sehr die Chinesen ihn kompromittiert hatten: Er war vorab über ihre Absicht informiert worden und hatte nichts unternommen.

Den Sowjets gefiel die Haltung der Amerikaner gar nicht. Gromyko warnte Washington: »Die chinesische Führung bemüht sich mit großem Eifer, die Sowjetunion und die USA gegeneinander aufzubringen.« Doch Breschnew, der mittlerweile sichtlich gealtert war, bezog sich in seinen Kommentaren zu Vietnam nicht auf die USA und sprach nur davon, daß die SALT-Gespräche sich einem erfolgreichen Abschluß näherten. Er sehe einem Gipeltreffen mit Präsident Carter »in nicht ferner Zukunft« entgegen.

Eine neue Krisenregion

OBEN: *Anti-Schah-Demonstranten verbrennen Müll auf der Straße und greifen die amerikanische Botschaft an.* UNTEN: *Ajatollah Khomeini grüßt seine Anhänger vor seinem Haus in Teheran. Sie strecken die Hände nach ihm aus und wollen ihn berühren.*

Eine neue Krisenregion geriet in den Brennpunkt der internationalen Ereignisse: der Iran. Amerikas engster Verbündeter in der Region am Persischen Golf war Schah Mohammad Resa Pahlawi. Seit 25 Jahren verfolgte der Schah eine ehrgeizige Modernisierungspolitik. Amerikanische und britische Ölgesellschaften hatten profitable Konzessionen zur Ausbeutung der riesigen Erdölvorkommen des Landes ausgehandelt. Die Einkünfte, die der Iran aus dem Erdölgeschäft zog, veränderten das Land tiefgreifend. Mit westlicher Hilfe wurden einige spektakuläre technische Projekte durchgeführt und Bauten errichtet. Doch die Vorzüge des Wirtschaftswachstums kamen nur einer kleinen Elite der iranischen Gesellschaft zugute. Die Opposition gegen die Politik des Schahs sammelte sich um die Ulema, die islamische Geistlichkeit, die jegliche »Verwestlichung«, die traditionelle islamische Werte aushöhlte, ablehnte.

Ende der siebziger Jahre regierte der Schah immer tyrannischer und stützte sich stärker auf das Militär und die von der CIA ausgebildete Geheimpolizei. Trotzdem stand Carter weiter zu ihm und bezeichnete den Iran als »Insel der Stabilität«. Schließlich kam es zur Revolte. Die islamischen Geistlichen bildeten eine starke Opposition. Sie forderten die völlige Abkehr von allen westlichen Einflüssen. Bei heftigen Straßenkämpfen starben viele Menschen. Im November 1978 verhängte der Schah den Ausnahmezustand. Streiks legten die Ölindustrie lahm, die Protestbewegung gegen das Regime schwoll immer weiter an. Im Dezember marschierten über eine Million Menschen durch die Straßen von Teheran und forderten die Absetzung des Schahs und die Rückkehr des fundamentalistischen Religionsführers Ajatollah Khomeini aus dem Exil.

Im Januar 1979 mußte der Schah abdanken und fliehen. Kurz darauf kehrte Ajatollah Khomeini nach Teheran zurück. Er beschimpfte die USA als den »großen Satan«. Wenige Wochen später wurde die Islamische Revolution verkündet. Hunderte Anhänger des Schahs wurden verhaftet und hingerichtet. Alle Zeichen der »Verwestlichung« verschwanden binnen kurzem. Künftig galt die Scharia, die traditionelle islamische Rechtsordnung, Frauen durften nur noch verschleiert aus dem Haus gehen, und auf den Straßen patrouillierten Revolutionskomitees, die für die Einhaltung der strengen islamischen Verhaltens- und Bekleidungsvorschriften sorgten. In einer neuen Verfassung wurde die höchste Autorität dem Religionsführer zuerkannt, und dieses Amt erhielt Ajatollah Khomeini auf Lebenszeit.

Die Iranische Revolution brachte die gesamte Region aus dem Gleichgewicht. Die USA hatten einen wichtigen Verbündeten verloren. Die Sowjetunion beobachtete besorgt die Exzesse des islamischen Fundamentalismus an

Teheran, 1978

Iranische Frauen demonstrieren gegen den Schah. Sie tragen den Tschador, das traditionelle islamische Gewand, und erheben ihre Stimme.

ihrer südlichen Grenze. Im benachbarten Irak befürchtete man, die Revolution könne auf das eigene Land übergreifen. Im Juni hob die OPEC, die Organisation erdölexportierender Länder, als Reaktion auf die Unruhen im Iran den Grundpreis für Petroleum um 24 Prozent an und stürzte damit den Westen in eine neue Ölkrise. Vor den Tankstellen bildeten sich lange Autoschlangen. Dem Westen stand erneut eine Rezession bevor.

Der Gipfel von Wien

Die erste und einzige Begegnung von Carter und Breschnew fand beim Wiener Gipfeltreffen vom 15. bis 17. Juni 1979 statt. Das einzige Ergebnis des Treffens war die Unterzeichnung des SALT-II-Vertrages. Breschnew ging es nicht gut. Der sowjetische Staatschef beschrieb die Bedeutung der Rüstungsbegrenzung mit den Worten: »Gott wird uns ein Scheitern nicht verzeihen.« Diese Worte vom Führer des atheistischen Weltkommunismus erstaunten Carter und schockierten Gromyko, der Breschnew zur Seite stand. Carter hatte gehofft, eine Vielzahl von Themen besprechen zu können, doch der sowjetische Staatschef ging nicht darauf ein. Carter wollte energisch gegen den Einsatz kubanischer Truppen protestieren, die er als Strohmänner der Sowjets ansah, und gegen andere destabilisierende Eingriffe in der dritten Welt. Doch Breschnew bekräftigte die sowjetische Unterstützung nationaler Befreiungskriege. Sie seien Teil eines unaufhaltsamen historischen Prozesses, erklärte er. Die beiden Staatsmänner sprachen kurz über die Bedingungen für die Aufnahme von SALT-III-Gesprächen. Carter schlug eine jährliche Reduzierung der Atomwaffen um 5 Prozent pro Jahr auf der Grundlage der Begrenzungen von SALT II vor. Bei einer privaten Begegnung schnitt Carter das Thema der Menschen-

Meine erste Reaktion war, etwas zu unternehmen. [Doch] keiner von uns wollte etwas tun, das die Gefahr für unsere Landsleute vergrößert hätte.

Jimmy Carter
nach der Geiselnahme
in Teheran, November 1979

SALT II

Der im Juni 1979 in Wien unterzeichnete SALT-II-Vertrag umfaßte im wesentlichen die Vereinbarungen, die Ford und Breschnew 1974 in Wladiwostok getroffen hatten. Beide Seiten einigten sich auf eine Obergrenze von 2400 Raketen für ihre Atomwaffenarsenale, bis 1981 sollte die Zahl auf 2250 Raketen reduziert werden. Beide Seiten stimmten weiterhin einer Höchstgrenze von 1200 Interkontinentalraketen und U-Boot-gestützten Atomraketen zu. Getrennt steuerbare Mehrfachsprengköpfe (MIRV) wurden ebenfalls in das Abkommen einbezogen; pro Rakete waren höchstens zehn Sprengköpfe erlaubt; bereits vorhandene Raketen durften nur so viele Sprengköpfe tragen, wie sie bereits hatten. Schwere Bomber wurden gegen die Gesamtzahl der mobilen Abschußrampen aufgerechnet, wenn sie mit Cruise-Missiles von einer Reichweite von über 600 Kilometern bestückt waren. Jede Seite versicherte, daß sie die andere Seite bei der Überprüfung von Tests und Stationierungen nicht behindern werde.

Die SALT-II-Gespräche hatten sich über Jahre hingezogen. Die Unterzeichnung des Vertrages kam zu spät und konnte das Ende der Entspannung nicht mehr aufhalten. Der amerikanische Senat ratifizierte SALT II nie. Nach dem Einmarsch der Sowjets in Afghanistan im Dezember 1979 gab Carter die Hoffnung auf SALT II auf.

Teheran, 4. November 1979. Militante Studenten nehmen das Personal der amerikanischen Botschaft als Geiseln. Mit verbundenen Augen werden die Botschaftsangehörigen in die Gefangenschaft geführt.

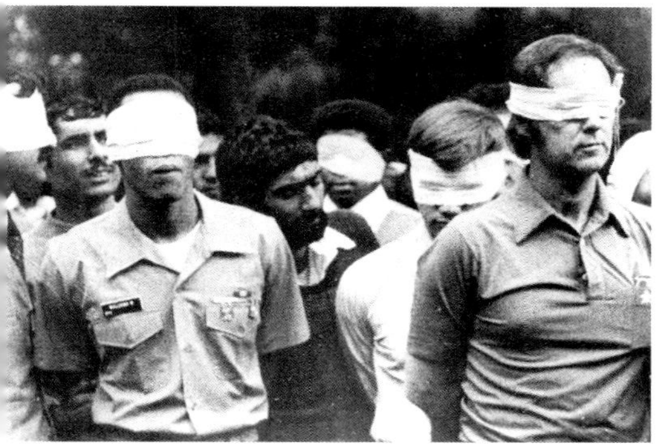

Carter und Breschnew bei der Unterzeichnung von SALT II in Wien am 18. Juni 1979. Schon die Körpersprache zeigt, daß keine weiteren Vereinbarungen erreicht wurden.

rechtsverletzungen an, aber er erreichte nichts. Der Gipfel, der mit Einschränkungen ein Erfolg gewesen war, kam viel zu spät und war nur ein kurzer Hoffnungsstrahl vor dem Abebben der Entspannung.

Carter kehrte voller Stolz über einen in seinen Augen soliden außenpolitischen Erfolg nach Washington zurück, wurde aber von den Rechten und all jenen heftig kritisiert, die SALT als Appeasement gegenüber der Sowjetunion betrachteten. Ronald Reagan, der kommende Mann der republikanischen Rechten, warf Carter vor, er behandle die Sowjets zu vorsichtig. Der SALT-II-Vertrag mußte vom Senat ratifiziert werden, und sofort wurden Änderungen verlangt; einige davon hätten den ganzen Vertrag hinfällig gemacht. Nach monatelangen Beratungen sprach sich der von »Falken« beherrschte Streitkräfteausschuß des Senats gegen eine Ratifizierung aus mit der Begründung, daß SALT II »ohne wesentliche Änderungen nicht im Interesse der nationalen Sicherheit« liege. In der Zwischenzeit gab Carter, der als hart gelten wollte, seine Zustimmung für eine neue Generation von MX-Raketen. Im Dezember forderte er eine Erhöhung des Verteidigungshaushaltes um 5 Prozent pro Jahr, was die Verteidigungsausgaben für das Jahr 1981 auf 165 Milliarden Dollar und für 1985 auf 265 Milliarden Dollar angehoben hätte. Gleichzeitig erklärte sich die NATO mit der Stationierung von Pershings und Cruise-Missiles in Europa einverstanden. All das überzeugte die Sowjets, daß SALT II wirkungslos war und Carter die Entspannungspolitik aufgegeben hatte.

Die Geiseln im Iran

Während SALT II im Senat scheiterte, richteten sich alle Augen wieder auf den Iran. Am 4. November 1979 wurde die amerikanische Botschaft in Teheran von militanten iranischen Studenten besetzt. Die Aktion wurde nachträglich von Ajatollah Khomeini ausdrücklich gebilligt. 66 Amerikaner, darunter Diplomaten und Wachpersonal, wurden als Geiseln genommen. Ajatollah Khomeini verlangte, daß die USA den vormaligen Schah auslieferten, der sich zu der Zeit in New York einer medizinischen Behandlung unterzog.

Die amerikanische Regierung reagierte auf die Krise, indem sie die Ölimporte aus dem Iran aussetzte, die iranischen Bankguthaben in den USA einfror und schließlich dem Iran mit einer Militäraktion drohte, wenn die Geiseln nicht freigelassen würden. Khomeini wollte nicht nachgeben und drohte im Gegenzug damit, einigen Botschaftsangestellten wegen Spionage den Prozeß zu machen. 14 Geiseln, Frauen und Schwarze, waren schon nach wenigen Tagen freigekommen, die übrigen 52 wurden weiter festgehalten. Die Unfähigkeit Washingtons, die Freilassung der Geiseln zu erzwingen, war für viele frustrierte Amerikaner der eindeutige Beweis für die Schwäche der Regierung Carter. Die Demütigung wurde noch schlimmer, als im April 1980 eine Befreiungsaktion in der iranischen Wüste auf tragische Weise scheiterte. Ein Hubschrauber und ein Flugzeug kollidierten beim Auftanken. Acht Bordmechaniker wurden getötet. Die Aktion wurde gestoppt. Die Amerikaner erfuhren von ihrem Präsidenten von dem gescheiterten Rettungsversuch; als Oberkommandant der Streitkräfte übernahm er die volle Verantwortung dafür. Carters Glaubwürdigkeit als Führer einer Supermacht war dahin. Die Geiseln verbrachten insgesamt 14 Monate in

Gefangenschaft. Am Tag der Amtseinführung des neu gewählten amerikanischen Präsidenten Ronald Reagan im Januar 1981 wurden sie freigelassen.

Angesichts der Irankrise und des Scheiterns von SALT II traf man im Kreml die schicksalhafte Entscheidung für eine militärische Invasion in Afghanistan. Viele westliche Beobachter sahen darin den ersten Schritt in einem ausgeklügelten Plan, der zu einem anderen Ziel führen sollte: zu den Ölfeldern am Persischen Golf und zur Herrschaft über die gesamte Region. Die Beobachter berücksichtigten allerdings nicht die komplizierte und von inneren Unruhen bestimmte Geschichte Afghanistans, die der sowjetischen Führung schon lange Kopfzerbrechen bereitete, und die Meinungsverschiedenheiten im Kreml, ob die Entscheidung klug gewesen war.

Mudschaheddin, Soldaten Gottes. Muslimische Rebellen gegen die prosowjetische afghanische Regierung zeigen in einem Stützpunkt in den Bergen ihre Waffen.

Schlachtfeld Afghanistan

Beim Wettlauf der Großmächte des 19. Jahrhunderts um Kolonialreiche hatten die russischen Zaren versucht, Nordafghanistan zu annektieren. Die britischen Herrscher über Indien hatten zur Verteidigung der indischen Nordwestgrenze Gebiete im südlichen und östlichen Afghanistan erobert. Afghanistan besaß traditionell Verbindungen zu Rußland und zu westlichen Ländern, doch sie wurden überschattet von einem aggressiven Nationalismus und der Furcht vor Einmischung von außen. Nach dem Sturz von König Mohammed Sahir durch seinen Vetter Mohammed Daud Khan 1973 wurde Afghanistan zu einem Schlachtfeld im Kalten Krieg. Die USA und der Iran versuchten, das Land mit dem Angebot von Wirtschaftshilfe in den westlichen Einflußbereich einzubeziehen. Dauds Regierung lehnte daraufhin die Präsenz der Sowjetunion ab, entließ mehrere Berater und verbot die kommunistische Partei. Breschnew traf sich im April 1977 mit dem afghanischen Staatschef in Moskau und erhob Einspruch gegen die Vertretung amerikanischer Interessen in Afghanistan. Daud stand auf und verließ den Raum. Das war der endgültige Bruch mit Moskau.

Mohammed Daud Khan

Ein Jahr später, im April 1978, wurde Daud bei einem Staatsstreich afghanischer Offiziere, die von den Sowjets ausgebildet worden waren, gestürzt und ermordet. Der Putsch erfolgte ohne direkte sowjetische Beteiligung. Nur Mohammed Taraki wurde zum Präsidenten des neuen, prosowjetischen Regimes ernannt. Die afghanische Führung war von einer Mischung aus Nationalismus und revolutionärem Marxismus beseelt und zerfiel je nach Stammes- und Parteizugehörigkeit in verschiedene Gruppen, die nun um die Macht kämpften. Die linksgerichtete Regierung leitete eine Bodenreform ein und ermunterte Frauen, gemeinsam mit Männern lesen und schreiben zu lernen. Die Reformen stießen auf Ablehnung bei den Mullahs – in ihren Augen war die neue Regierung gottlos. Nach der iranischen Revolution unterstützte Ajatollah Khomeini die fundamentalistischen Rebellen – die sogenannten Mudschaheddin, Soldaten Gottes –, die das neue »gottlose« Regime bekämpften. Bei einem bewaffneten Aufstand in der afghanischen Stadt Herat töteten die Mudschaheddin Hunderte von Afghanis und sowjetische Berater mit ihren Familien.

Im März 1979 wandte sich Präsident Taraki mit einer dringenden Bitte an den Kreml: »Die Lage ist verzweifelt und verschlechtert sich zusehends. Wir brauchen Hilfe in Form von Männern und Waffen.« Das Politbüro hielt eine dreitägige Krisensitzung ab. Die sowjetische Führung befürchtete, daß ein Wiederaufleben des islamischen Fundamentalismus in unmittelbarer Nachbarschaft zur Sowjetunion die muslimische Bevölkerung in den südlichen Republiken des eigenen Landes in Unruhe versetzen könnte. Es gab aber auch die Befürchtung, daß eine militärische Intervention aussichtslos sei. Gromyko erklärte: »Das würde uns international in eine sehr schwierige Lage bringen. Wir würden alles zerstören, was wir mühevoll aufgebaut haben, vor allem die Entspannung.«

Ein muslimischer Kämpfer in der Provinz Paklia reinigt seine Waffe, mit der er auf die Sowjets schießen will. Es handelt sich ausgerechnet um eine in der Sowjetunion hergestellte, weltweit verbreitete Kalaschnikow AK-47.

Ein muslimischer Kämpfer in der Provinz Paklia reinigt seine Waffe, mit der er auf die Sowjets schießen will. Es handelt sich ausgerechnet um eine in der Sowjetunion hergestellte, weltweit verbreitete Kalaschnikow AK-47.

Hafizullah Amin

Das Politbüro lehnte ein direktes Eingreifen ab. Kossygin teilte Taraki mit, daß Moskau seine Regierung mit Beratern und militärischer Ausrüstung unterstützen werde, daß aber »die Entsendung von Bodentruppen ein fataler Fehler« wäre. Allerdings wurden drei sowjetische Divisionen für den Ernstfall in die Nähe der Grenze verlegt. Die Sowjets schickten einige Kampfhubschrauber und 700 Fallschirmjäger, getarnt als Flugzeugtechniker, nach Kabul. In der Zwischenzeit drängte der starke Mann des neuen Regimes, Hafizullah Amin, weiter auf Reformen und eine totale Konfrontation mit den Mudschaheddin. Regimegegner wurden verhaftet und erschossen, die islamischen Rebellen erbittert verfolgt.

In Washington vertiefte der kommunistische Staatsstreich in Afghanistan die Kluft zwischen Brzezinski und Vance. Brzezinski trat für eine Unterstützung der fundamentalistischen Rebellen durch die USA ein; Vance war der Ansicht, daß man nichts unternehmen dürfe, was das Regime in Kabul »der Sowjetunion noch weiter in die Arme treiben« würde. Einstweilen sah Washington von einem direkten Eingreifen ab, doch die CIA ermutigte den pakistanischen Staatspräsidenten Mohammed Ziaul Haq, den islamischen Rebellen bei der Ausrüstung und Ausbildung zu helfen – obwohl Carter zuvor die Handelsbeziehungen mit Pakistan abgebrochen hatte, da Ziauls Militärregime Menschenrechtsverletzungen beging, nicht genug gegen den Drogenhandel unternahm und an der Entwicklung einer eigenen Atombombe arbeitete.

Mohammed Ziaul Haq

Die Bitten Afghanistans um militärischen Beistand der Sowjetunion wurden 1979 immer dringlicher. Kürzlich freigegebene Dokumente in sowjetischen Archiven zeigen, daß der Kreml den Hilferufen der afghanischen Regierung lange widerstanden hat. Die sowjetischen Streitkräfte selbst sprachen sich gegen eine Intervention aus und erklärten, ein solcher Krieg sei nicht zu gewinnen – ein »sowjetisches Vietnam«.

Im September reiste Taraki nach Moskau zu Gesprächen mit Breschnew. Gemeinsam beschlossen sie, das Tempo der Reformen zu verlangsamen und Amin zu entlassen. Doch bei der Rückkehr des afghanischen Präsidenten nach Kabul wurden die geheimen Pläne bekannt. In einem weiteren blutigen Staatsstreich wurde Taraki von Amin gestürzt, gefangengesetzt und von drei Helfern Amins mit einem Kissen erstickt.

Amin und seine Regierung schienen sich wieder dem Westen anzunähern. Er gab amerikanischen Journalisten Interviews. Der KGB berichtete aus Kabul, Amin sei gegen Moskau eingestellt und die CIA werde zunehmend im Land aktiv. Tatsächlich verhielt sich Washington Amin gegenüber immer noch ablehnend. Doch die sowjetische Führung befürchtete, Amin werde sich wie Sadat verhalten – abrupt mit der Sowjetunion brechen und zum Westen überlaufen. Im Kreml betrachtete man die militanten islamischen Regime im Mittleren Osten mit wachsender Besorgnis. Man befürchtete, Amin werde sich zuerst mit Pakistan und dann mit China verbünden, Pakistans wichtigstem Alliierten. Dazu kam der Eindruck, daß die Tage der Entspannungspolitik gezählt waren und ein neuer Rüstungswettlauf mit dem Westen bevorstand. Zumindest politisch hatte Moskau nicht viel zu verlieren.

OBEN LINKS: *Mudschaheddin unterwegs im Gebirge.*
OBEN: *Sowjetische Truppen marschieren in Kabul ein, Dezember 1979. Die schweren Fahrzeuge, die in gebirgigem Gelände Straßen brauchten, waren für die Mudschaheddin ein leichtes Ziel.*

Die Entscheidung für die Invasion

Das Politbüro trat am Abend des 12. Dezember 1979 zusammen, an dem Tag, an dem die NATO die Stationierung von Cruise-Missiles und Pershing-Raketen in Westeuropa bekanntgab. In dieser gespannten Atmosphäre entschied es über das sowjetische Vorgehen in Afghanistan. Breschnew war gesundheitlich angeschlagen; er hatte zuviel getrunken und war, wie wir heute wissen, nicht in der Lage, die Besprechung effektiv zu leiten. Er wankte, auf Gromyko gestützt, herein, küßte alle Anwesenden und nahm Platz. Einige Minuten lang hörte er sich die Klagen über Amin an, dann schlug er mit der Faust auf den Tisch, schrie »Mistkerl«, stand auf und verließ den Raum. Kossygin, der eine Intervention ablehnte, war bei der Besprechung nicht dabei. Andropow wurde schließlich in elf Stunden für ein Eingreifen gewonnen. Suslow, der für eine Intervention war, erklärte, das Scheitern der afghanischen Revolution gefährde die kommunistischen Regime auf der ganzen Welt. Schließlich traf das Politbüro die historische Entscheidung, zum Sturz Amins sowjetische Truppen zu entsenden und ein prosowjetisches Regime zu etablieren, das auf breitere Unterstützung in der Bevölkerung zählen konnte. Der Generalstab riet immer noch von einer Militäroperation ab, doch niemand hörte auf ihn.

Zehn Tage später wurden KGB-Spezialeinheiten zur Terrorismusbekämpfung nach Kabul geflogen. Am 25. Dezember überquerten Hunderte von sowjetischen Panzern und Zehntausende motorisierter Infanteristen die Grenze nach Afghanistan. Zum erstenmal verletzten sowjetische Truppen die Grenze eines neutralen Landes. Die Invasion war in die Weihnachtszeit gelegt worden, weil der Westen dann wohl kaum mit einem Angriff rechnen würde und die Rote Armee so ein paar Tage freie Hand hatte. Innerhalb von 48 Stunden besetzten die sowjetischen Kommandos die afghanischen Fernseh- und Radiostationen. Am Abend des 27. Dezember stürmten sie den

OBEN RECHTS: *Der Sonderberater des amerikanischen Präsidenten in Fragen der nationalen Sicherheit Zbigniew Brzezinski mit dem pakistanischen Verteidigungsminister General Fasul Haq an der afghanischen Grenze. Brzezinski bot Hilfe im Wert von 400 Millionen Dollar an. Pakistan bat um sehr viel mehr Unterstützung und erhielt sie auch.*

königlichen Palast am Rande der Stadt. Dort töteten sie Amin und seinen Sohn. Moskau setzte einen neuen Präsidenten ein, Babrak Karmal, der als leicht zu lenken galt. Die Einschätzung des Westens, die sowjetische Invasion sei Teil eines sorgfältig vorbereiteten Planes, die Herrschaft über die Region bis an den Persischen Golf zu erringen, traf nicht zu. Der Entschluß zur Intervention kam von einer zerstrittenen, führerlosen Clique, der bereits die Zügel entglitten.

Die Regierung in Washington, die kurz zuvor noch wegen ihrer Politik der Schwäche kritisiert worden war, war hell empört. Am 28. Dezember teilte Carter Breschnew über den »heißen Draht« mit, daß der sowjetische Einmarsch eine »eindeutige Bedrohung« des Friedens und »einen grundlegenden und dauerhaften Wendepunkt in unseren Beziehungen« darstelle. Carter verurteilte die Invasion und forderte Wirtschaftssanktionen gegen die Sowjetunion. Getreidelieferungen wurden storniert. Im Weißen Haus stritten sich Brzezinski und Vance über das weitere Vorgehen. Brzezinski wollte die Sowjetunion für ihr militärisches Einschreiten »bluten lassen«, Vance dagegen wollte einen Rückzug lieber mit dem breiteren Konzept »gegenseitiger Zurückhaltung« im Iran und in Pakistan verbinden. Nach einigem Schwanken entschied sich Carter schließlich für Brzezinski.

In seinem Bericht zur Lage der Nation vom 23. Januar 1980 bezeichnete Carter die sowjetische Invasion als »die größte Bedrohung des Friedens seit dem Zweiten Weltkrieg« und warnte davor, daß »der Versuch einer außenstehenden Macht, die Kontrolle über die Region am Persischen Golf zu erlangen, als ein Angriff auf die Lebensgrundlagen der USA betrachtet und mit allen notwendigen Mitteln vereitelt werden wird, auch mit militärischer Gewalt«. Carter ließ die Sowjetunion wissen, daß dabei Nuklearwaffen nicht ausgeschlossen seien.

Die USA steigerten drastisch ihre Waffenlieferungen an Pakistan. Brzezinski stattete dem Land einen vielbeachteten Besuch ab und reiste auch zum Khaiberpaß an der afghanischen Grenze, wo er für die Fernsehkameras posierte und drohend eine chinesische Maschinenpistole schwenkte. Nach einigem Feilschen erklärte sich Präsident Ziaul einverstanden, daß Pakistan als Umschlagplatz für die geheimen Waffenlieferungen an die Afghanis fungieren sollte, die der sowjetischen Besatzung erbitterten Widerstand leisteten. Brzezinski bot auch wirtschaftliche Hilfe zur Stützung von Ziauls Regime an, was Carter zu einem früheren Zeitpunkt verweigert hatte. Die CIA begann mit der Versorgung der afghanischen Rebellen mit Waffen, die auf dem freien Markt eingekauft wurden. Die erforderlichen Gelder stammten aus den USA und von Saudi-Arabien, Amerikas treuestem Verbündeten in der Region.

Die Olympischen Spiele in Moskau

In den sechziger und siebziger Jahren betrachteten die Ostblockstaaten internationale Sportwettkämpfe als Möglichkeit, durch die Medaillenbilanz die Überlegenheit des sozialistischen Systems über das kapitalistische zu demonstrieren. Das Internationale Olympische Komitee hatte die Olympischen Sommerspiele von 1980 an Moskau vergeben. Zum erstenmal sollten die Spiele in einem Land des Ostblocks stattfinden. Die Sowjets waren fest entschlossen, sie zu den besten Spielen aller Zeiten zu machen. Eigens dafür wurde das riesige neue Lenin-Stadion gebaut; die Mittel kamen aus dem Militärhaushalt.

Nach dem sowjetischen Einmarsch in Afghanistan stellte Präsident Carter ein Ultimatum: Entweder zogen die Sowjets ihre Truppen ab, oder die USA würden die Olympischen Spiele boykottieren. Carters Haltung stieß auf Kritik, daher wandte er sich an das IOC mit der Bitte, die Spiele in eine andere Stadt zu verlegen – was bis dahin noch nie vorgekommen war. Außerdem blieben nur noch sechs Monate bis zur Eröffnung. Carter konnte offiziell keinen amerikanischen Boykott verhängen, also setzte er das amerikanische Olympische Komitee so lange unter Druck, bis es kapitulierte. Nach amerikanischem Vorbild schickten mehrere andere Länder, darunter Kanada, die Bundesrepublik Deutschland, China, Japan und Kenia, ihre Athleten nicht nach Moskau. Die meisten ignorierten jedoch den Boykott. Margaret Thatcher unterstützte den Boykottaufruf, doch das britische Olympische Komitee zeigte, daß es nicht von der britischen Regierung abhängig war, und sandte seine Sportler demonstrativ zu den Spielen.

Die Olympischen Spiele wurden ohne die USA und die anderen Boykottnationen ausgetragen und waren ein mäßiger Erfolg. Die Sowjets und die Osteuropäer gewannen eine Vielzahl von Medaillen.

Die sowjetischen Zuschauer erfuhren aus der Berichterstattung in ihren Medien nie den wahren Grund für den Boykott. Es gingen Gerüchte um, daß sich CIA-Agenten unter die Besucher mischten und vergiftete Kaugummis verteilten.

Vier Jahre später zahlte es die sowjetische Führung den Amerikanern heim und verkündete nach dem Motto »wie du mir, so ich dir« in letzter Minute einen Boykott der Olympischen Sommerspiele in Los Angeles. Wieder gingen die Spiele ihren üblichen Gang, diesmal ohne Tausende von Athleten aus der Sowjetunion, der DDR und anderen sozialistischen Ländern.

OBEN: *Papst Johannes Paul II. in Polen. Sein Besuch löste eine Welle der nationalen Begeisterung aus.*
UNTEN: *Der Bär Mischa, das Maskottchen der Olympischen Spiele in Moskau, vergießt bei der Schlußfeier eine Träne.*

Die Regierung rückte nun von SALT II ab und erhöhte massiv die Rüstungsausgaben. Es wurde beschlossen, daß die US-Marine ständig im Indischen Ozean präsent sein solle. Die Stärke der Schnellen Eingreiftruppe wurde kontinuierlich heraufgesetzt, bis sie zehn Jahre später 45 Milliarden Dollar im Verteidigungshaushalt verschlang.

Breschnew verurteilte Carters »Lügen« über Afghanistan und bestand darauf, daß die sowjetischen Truppen auf Bitten der Regierung in Kabul ins Land gekommen seien. Doch der Widerstand war erbittert, und Moskau mußte immer mehr Truppen nach Afghanistan schicken. Die breit gefächerten Panzertrupps erwiesen sich als nutzlos gegen Guerillakämpfer im Gebirge. Die Zahl der Gefallenen stieg. Wie in Vietnam war es auch in Afghanistan schwierig, aus dem Konflikt wieder herauszukommen.

Irritiert mußte Washington feststellen, daß die Verbündeten Amerikas wegen der Ereignisse in Kabul nicht von der Entspannungspolitik abrücken wollten. Helmut Schmidt reiste nach Moskau, obwohl Carter versucht hatte, den Besuch zu verhindern. Margaret Thatcher, seit Mai 1979 britische Regierungschefin, sicherte Carter zwar ihre Unterstützung zu, unternahm aber weiter nichts. Und im Frühjahr und im Sommer 1980 knüpften Frankreich, die Bundesrepublik, Italien und Japan Gespräche mit Moskau über Handelsbeziehungen an. Das Handelsvolumen der USA mit der Sowjetunion fiel von 4,5 Milliarden auf 2 Milliarden Dollar pro Jahr. Andere westliche Länder nutzten die Gelegenheit. Umfangreiche Handelsverträge, die von amerikanischen Firmen storniert worden waren, wurden von europäischen Firmen übernommen. Washington, so schien es, besaß weder genug Macht, um die sowjetischen Aggressoren in die Schranken zu weisen, noch um seine Linie bei seinen Verbündeten durchzusetzen.

Solidarność und die Lenin-Werft

Das Ende der Entspannungspolitik bekam Polen besonders zu spüren, denn es war mittlerweile vom Handel mit dem Westen und von westlicher Technologie abhängig geworden. Nahrungsmittel und Konsumgüter wurden knapp. Großen Auftrieb gab den Polen die Wahl von Kardinal Karol Wojtyła zum Papst (Johannes Paul II.). Der Besuch des ersten polnischen Papstes in seinem Heimatland im Juni 1979 begeisterte die Polen; auf dem Siegesplatz in Warschau hörten eine halbe Million Menschen, wie der Papst verkündete: »Der Ausschluß Jesu Christi aus der Geschichte ist ein Verbrechen gegen die Menschheit.« Er griff die Regierung nicht direkt an, doch er weckte den Geist einer uralten christlichen Nation neu und trug so zur nationalen »Erwekkung« bei. Er vermittelte den Polen neues Selbstvertrauen.

Im Juli 1980 verkündete die polnische Regierung eine Verdoppelung der Fleischpreise. Aus Protest kam es im ganzen Land zu Streiks und Arbeitsniederlegungen. Am 14. August brach in der Lenin-Werft in Danzig ein Streik aus. Mehr als 17 000 Arbeiter legten ihre Werkzeuge beiseite und verließen die Werft. Die Streikwelle griff auf Stettin und andere Städte der Ostseeküste über. Innerhalb einer Woche wurde in 250 Fabriken nicht mehr gearbeitet. Die Regierung ging zwar auf die Forderungen der Arbeiter in Danzig ein, aber die Streikenden erkannten die Bedeutung ihres Zusam-

August 1980. Ein Streik auf der Lenin-Werft in Danzig rückt Lech Wałęsa, den Führer von Solidarność, in den Mittelpunkt des Geschehens. Hier tragen ihn seine Arbeitskollegen auf den Schultern.

Ich sagte zu dem Mann, der mich verhaftete: »Das ist der Augenblick eurer Niederlage. Das sind die letzten Nägel im Sarg des Kommunismus.«

Lech Wałęsa,
Führer von Solidarność

menhalts und gründeten Solidarność, Solidarität. Solidarność begann als Dachverband der freien Gewerkschaften mit einem breiten Katalog an Forderungen von der Legalisierung von Arbeitsniederlegungen bis zur Genehmigung katholischer Gottesdienste. Nach und nach wurden neben den wirtschaftlichen Forderungen wie bessere Bezahlung auch politische Forderungen wie etwa Abschaffung der Zensur erhoben. Der wortgewandte und gewitzte Lech Wałęsa, ein arbeitsloser Elektromonteur, war der Streikführer auf der Lenin-Werft. Er wurde Vorsitzender von Solidarność und Sprecher der polnischen Arbeiter. Es war offensichtlich, daß eine Auseinandersetzung mit dem polnischen Staat bevorstand; die Konzessionen der Regierung an die Streikenden waren der Anfang, nicht das Ende.

In Washington verfolgte man die Entwicklung mit Interesse; in einer Wahlkampfrede am Labor Day sprach Carter den polnischen Arbeitern in ihrem Kampf seine Sympathie aus. Über Solidarność wurde ausführlich in den westlichen Medien berichtet. Die USA ließen der Gewerkschaft verdeckt Unterstützung zukommen. Washington warnte seine Verbündeten, daß die Sowjetunion möglicherweise in Polen einschreiten würde, entschied sich aber, nichts zu unternehmen, was Moskau provozieren könnte. Carters Position war schwach: Die Geiseln im Iran wurden immer noch festgehalten. Die Erhöhung der Ölpreise durch die OPEC hatte zu Treibstoffknappheit geführt. Die Zinsen waren hoch, und in Afghanistan war die Sowjetunion einmarschiert.

Im Kreml betrachtete man die Solidarność-Bewegung als die möglicherweise größte Bedrohung des kommunistischen Systems in Osteuropa seit dem Prager Frühling. Wirtschaftlich motivierte Proteste mündeten in den Ruf nach einem politischen Wandel. Entlang der polnischen Grenze fanden gemeinsame Manöver der ostdeutschen Nationalen Volksarmee und der Roten Armee statt. Als deutliche Warnung an die Polen wurde ausführlich im Fernsehen darüber berichtet. In Polen wuchs die Unterstützung für Solidarność rasch. Auf dem Höhepunkt der Krise wurden genaue Pläne für eine militärische Intervention des Warschauer Pakts ausgearbeitet. Am 2. Dezember sandte CIA-Direktor Stansfield Turner Präsident Carter eine dringende Mitteilung: »Ich glaube, daß die Sowjets ihre Truppen auf eine Militärintervention in Polen vorbereiten.«

Doch die Regierung in Moskau hatte genug Sorgen mit ihrem Engagement in Afghanistan und ihren Beziehungen zum Westen. Sie entschied sich gegen die Entsendung von Truppen. Die eigentliche Krise ging vorüber. Während des folgenden Jahres wuchs die Zahl der Solidarność-Mitglieder auf zehn Millionen an. Solidarność war bald viel mehr als eine Gewerkschaft: eine landesweite Plattform für die Opposition gegen das kommunistische Regime. Allerdings übernahm zu Moskaus großer Erleichterung Verteidigungsminister General Wojciech Jaruzelski das Amt des polnischen Ministerpräsidenten und die Leitung der polnischen kommunistischen Partei. Jaruzelski stand für eine harte politische Linie. Die wirtschaftliche Lage verschlechterte sich weiter. In den Fabriken wurde nicht mehr gearbeitet, weil Ersatzteile fehlten, die polnische Währung verlor an Wert. Überall mußten die Menschen für Lebensmittel anstehen. Eine neue Streikwelle überrollte das Land. Als die Solidarność eine allgemeine Abstimmung über die Zukunft der kommunistischen Partei und die Beziehung Polens zur Sowjetunion verlangte, wußte Jaruzelski, daß er handeln mußte.

Am 13. Dezember 1981 verhängte Jaruzelski das Kriegsrecht. Ein »Militärkomitee der Nationalen Errettung« mit 21 Mitgliedern wurde ernannt, sie sollten das Land aus der Krise führen. Es herrschte vollständige Nachrichtenkontrolle. Ein Versammlungsverbot wurde ausgesprochen. Strenge Ausgangssperren wurden verhängt; wichtige Wirtschaftsbetriebe wurden »militarisiert«. Alle Verbindungen zur Außenwelt wurden gekappt, das polnische Telefonsystem war gesperrt. Solidarność wurde verboten. Alle führenden Mitglieder wurden zusammen mit Tausenden von aktiven Anhängern verhaftet. Panzer und Panzerfahrzeuge beherrschten die Straßen. Der Schlag traf Solidarność völlig überraschend; sie war plötzlich führerlos, es gab keinen Generalstreik. Vereinzelt kam es zu Zusammenstößen zwischen Streikenden und der Polizei, die mit Panzern und Tränengas gegen die Demonstranten vorging. Einige Arbeiter wurden getötet. Ende Dezember waren auch die letzten Streikenden in den schlesischen Kohlebergwerken an die Arbeit zurückgekehrt. Jaruzelski hatte mit seinem entschlossenen Auftreten eine direkte sowjetische Intervention vermieden. Doch mit Zehntausenden von Verhafteten und Internierten konnte er nicht die nationale Errettung herbeiführen, die er sich vorgestellt hatte. Der Aufbau einer neuen Machtbasis war unmöglich. Der Ausnahmezustand bestand zwei Jahre; die wirtschaftliche Lage verschlechterte sich weiter. Die Opposition ging in den Untergrund und sammelte sich in der katholischen Kirche. Der kommunistische Staat überlebte in Polen nicht mehr lange.

Anfang der achtziger Jahre war das Gefühl der Schwäche in den USA allgegenwärtig. Die Geiseln wurden nach wie vor im Iran festgehalten. Der Anstieg der Ölpreise hatte die Treibstoffe verknappt. Die Zinsen waren hoch. In Afghanistan waren sowjetische Truppen einmarschiert. Carters Konkurrent im Präsidentschaftswahlkampf von 1980 stellte fest: »Amerika hat den Glauben an sich selbst verloren ... Wir müssen unsere Träume wiedergewinnen, den Stolz auf uns selbst und unser Land.«

OBEN LINKS: *In Polen wurde eine sowjetische Militärintervention durch die Ernennung von Verteidigungsminister General Wojciech Jaruzelski (zweiter von rechts), einem Hardliner, zum Ministerpräsidenten vermieden.*
OBEN: *Demonstrierende Studenten Auge in Auge mit der Polizei, Warschau, 1. Dezember 1981. Jaruzelski ging hart gegen die Streikenden und Demonstranten vor und verhängte am 13. Dezember das Kriegsrecht.*

Washington, 1983

Am 23. März 1983 kündigte Präsident Ronald Reagan in einer Rede an die Nation eine entscheidende Neuerung in der amerikanischen Verteidigungsstrategie an: die Installierung eines Schutzschildes im Weltraum, der Raketen abfangen und als Abschreckungsmaßnahme das Prinzip der sofortigen Vergeltung ersetzen sollte. Die Welt sprach fortan vom »Krieg der Sterne«.

Reagan

1981–1984

Reagans Amtsübernahme. Das neue Kabinett hat sich im Oval Office für das offizielle Foto versammelt. Vizepräsident Bush sitzt mit Reagan auf dem Tisch.

Ronald Reagans neue Rolle

Ronald Reagan und seine Mannschaft übernahmen im Januar 1981 voller Zuversicht und Optimismus die Regierungsgeschäfte. Reagan hatte seinen Wahlkampf mit dem Versprechen geführt, daß er Amerika neue Stärke und Entschlossenheit verleihen werde, die freie Welt in ihrem Kampf gegen den Kommunismus zu führen. Der mäßig erfolgreiche Hollywoodschauspieler war 1967 Gouverneur von Kalifornien geworden. 1981 wurde er kurz vor seinem 70. Geburtstag in das Amt des amerikanischen Präsidenten eingeführt – der bislang älteste Präsident der Vereinigten Staaten. Mit Details wollte er sich nicht abgeben. Arbeitspapiere mußten in doppeltem Zeilenabstand geschrieben sein und durften nicht mehr als anderthalb Blatt umfassen. Die Präsidentschaft war für ihn eine Filmrolle, die er mit Intuition und Inspiration zu spielen gedachte.

Reagan stand innen- und außenpolitisch weiter rechts als die meisten Amerikaner, doch er war ein »großer Kommunikator« und konnte seine Ideen so präsentieren, daß sie Anklang fanden. Wohlstand werde sich einstellen, »wenn wir uns weniger Verwaltung aufbürden«. Bei seiner ersten Pressekonferenz verkündete Reagan: »Die Entspannungspolitik ist eine Einbahnstraße, die Sowjetunion hat sie zur Verfolgung ihrer Ziele benutzt.« Seit Reagan Ende der vierziger Jahre mit den Vorwürfen einer kommunistischen Infiltration Hollywoods zu tun gehabt hatte, war er ein leidenschaftlicher und überzeugter Gegner der Kommunisten. Reagans Weltbild schien einem alten Hollywoodfilm zu entstammen, er beurteilte die Dinge nach den einfachen Kriterien gut und böse. Die Kommunisten waren in dieser Sicht die Bösen. Gegen sie führte der Westen einen »Kreuzzug der Freiheit« mit dem Ziel, das ganze kommunistische System schließlich auf die »Abfallhalde der Geschichte« zu verbannen. Nach zwei Jahren im Weißen Haus bezeichnete er die sowjetische Führung als »Zentrum des Bösen in der heutigen Welt« und ihr Land als »Reich des Bösen«. Bereits Reagans Vorgänger Jimmy Carter war schrittweise von der Entspannungspolitik abgerückt und hatte die Verteidigungsausgaben erhöht. Reagan setzte diesen Weg zielstrebig fort.

Reagan begann sofort mit einer neuen Aufrüstungsphase, und zwar in ungeheuren Dimensionen. Schon in den ersten beiden Wochen nach seinem Amtsantritt erhöhte er den Verteidigungshaushalt um 32,6 Milliarden Dollar. Der neue Verteidigungsminister Caspar Weinberger gab bekannt, seine Aufgabe sei die »Wiederaufrüstung Amerikas«. In Reagans erster Amtsperiode wurden die Verteidigungsausgaben um fast 50 Prozent gesteigert und betrugen damit 7 Prozent des amerikanischen Bruttosozialprodukts. Dem Pentagon wurde nahezu jeder Wunsch erfüllt, darunter auch der B-1-Bomber, den Carter abgelehnt hatte, mehr Kriegsschiffe und die Verstärkung des konventionellen Waffenarsenals. In neuen Richtlinien für die Verteidigung war beunruhigenderweise von der Vorbereitung auf einen Atomkrieg die Rede, der sich »über einen längeren Zeitraum« führen ließe. In den Richtlinien wurde für den Kriegsfall zur »nuklearen Enthauptung« der politischen und militärischen Führung der Sowjetunion geraten und betont, daß die USA sich in jedem atomaren Konflikt »durchsetzen« müßten. Außerdem wurde der Einsatz von »Spezialeinheiten« bei verdeckten Anti-Guerilla-Einsätzen dringend empfohlen. Finanziert wurden diese kriegerischen Pläne mit immensen Haushaltsdefiziten und Kürzungen bei Sozialprogrammen. In den achtziger Jahren stieg die öffentliche Verschuldung der USA von einer Billion auf vier Billionen Dollar.

Das amerikanische Arsenal der nuklearen Abschreckung. Swing-Wing-Kampfbomber (mit ausfahrbaren Tragflächenteilen) des Typs FB-111 aufgereiht auf dem Rollfeld.

Im Moment findet ein Wettrüsten statt, doch nur eine Seite rüstet.

Ronald Reagan,
18. Juni 1980

Reagans Überlegung war, daß die USA sich die Kosten für eine erneute Eskalation des Wettrüstens leisten konnten, die Sowjetunion jedoch nicht. Wenige Monate vor seiner Wahl hatte er in einem Interview mit der *Washington Post* gesagt: »Im Moment hören wir von Streiks und Lohnauseinandersetzungen, weil die Menschen nicht genug Lebensmittel bekommen. Sie [die sowjetischen Politiker] sind durch die Rüstungsausgaben so abgelenkt, daß sie sich nicht um die Konsumbedürfnisse ihrer Bevölkerung kümmern können.« Er war überzeugt, daß man die Sowjets besiegen konnte, wenn man sie dazu brachte, sich finanziell bis an die Grenze ihrer Leistungsfähigkeit zu verausgaben. Er schloß: »Im Moment findet ein Wettrüsten statt, doch nur eine Seite rüstet.«

Nach Reagans Ansicht war die Sowjetunion der Urheber »aller Unruhe« auf der Welt; nationale Freiheitskämpfe waren nur ein Mittel der sowjetischen Expansion. Reagan und sein Außenminister Alexander Haig glaubten, daß die Sowjetunion hinter dem internationalen Terrorismus stand. Damit wurde jeder lokale Konflikt zu einer Bedrohung für die Stabilität der gesamten freien Welt. Dem mußte entsprechend begegnet werden. Haig behauptete, daß Moskau eine Liste potentieller Ziele für die »Machtübernahme in Mittelamerika« besitze, ganz oben stünden El Salvador und Nicaragua.

»Unser Hurensohn«

In Nicaragua, dem größten Land in Mittelamerika, herrschte seit den dreißiger Jahren der Somoza-Clan. Durch gnadenlose Ausbeutung häuften die Somozas ein immenses Vermögen an und stiegen zur reichsten

General Anastasio Somoza begrüßt mit Frau und Sohn amerikanische Besucher. Der Somoza-Clan regierte Nicaragua von 1937 an über 40 Jahre.

Sandinistische Guerillakämpfer neben der Leiche eines Mitglieds von Somozas Nationalgarde. Der Mann wurde 1979 bei schweren Kämpfen im Süden von Nicaragua getötet.

Familie der gesamten Region auf. Jahrzehntelang galten sie als treue Verbündete der USA, obwohl der amerikanischen Führung bewußt war, daß sie despotisch und machtgierig waren. Franklin D. Roosevelt soll über den Begründer der Dynastie gesagt haben: »Ich weiß, daß er ein Hurensohn ist, aber er ist unser Hurensohn.« Im Kalten Krieg hatten die USA ein strategisches Interesse an stabilen Verhältnissen in Nicaragua. Daher verdoppelte Präsident Ford die Militärhilfe für Anastasio Somoza Debayle, als Mitte der siebziger Jahre die Opposition gegen den Diktator wuchs. Doch die Liste von Somozas Menschenrechtsverletzungen war erschreckend lang, so daß Präsident Carter die amerikanische Hilfe für Nicaragua wieder verringerte.

1977 sammelten sich die Gegner Somozas in einer vielfältigen Allianz; die Sandinisten, die als von Kuba unterstützte Guerilla begonnen hatten, repräsentierten die Armen auf dem Land. Die gemäßigteren Oppositionellen, darunter viele Geschäftsleute, wurden von Pedro Joaquin Chamorro angeführt. Am 10. Januar 1978 wurde Chamorro ermordet – der Mord war ein Funke im Pulverfaß Nicaragua. Es folgten Wochen voller Unruhen und Aufrufe zum Generalstreik. Die Opposition gegen Somoza umfaßte nun Geschäftsleute, Journalisten, Studenten, Intellektuelle und selbst arme Bauern. Sie alle hofften, daß Washington Druck auf den Diktator ausüben würde, damit er sich kompromißbereit zeigte. Carter hatte zwar gesagt, daß er in Mittelamerika nicht eingreifen werde, doch als die Unruhen sich ausweiteten, entschloß er sich zur Unterstützung der gemäßigten Oppositionellen. Er wollte vermeiden, daß die radikalen Sandinisten an die Macht kamen. Die Entscheidung fiel jedoch zu spät. Die politischen Kräfte polarisierten sich rasch; die Kämpfe eskalierten schon bald zu einem Bürgerkrieg. Mitte 1979 übernahmen die Sandinisten die Herrschaft in der Hauptstadt Managua. Der blutige Bürgerkrieg hatte fast 50 000 Menschen das Leben gekostet. Diktator Somoza, Amerikas langjähriger Verbündeter, floh aus dem Land und wurde später in Paraguay ermordet.

Daniel Ortega

Die neue, linksgerichtete Regierung unter Daniel Ortega Saavedra orientierte sich an der kubanischen Revolution. Sie verteilte Ackerland und verstaatlichte Schlüsselindustrien. Außerdem wurde ein Alphabetisierungsprogramm gestartet, das den Bildungsstand der Bevölkerung heben sollte. Tausende Kubaner kamen zur Unterstützung der Revolution nach Nicaragua – Ärzte, Lehrer, Experten für Landwirtschaft und Militärberater. Doch die alte Schicht der Geschäftsleute überwarf sich schon bald mit den Sandinisten. 1981 brach der Bürgerkrieg erneut aus, als paramilitärische *contrarevolutionarios* (bekannt als die Contras) brutale Überfälle vom benachbarten Honduras aus unternahmen. Die Contras suchten Unterstützung von außen und wandten sich naheliegenderweise an das Weiße Haus unter Reagan.

Im November 1981 genehmigte der Nationale Sicherheitsrat erhebliche Mittel für die Contras. Die CIA übernahm die Bewaffnung und Ausbildung einer Truppe, die von ein paar hundert im Jahr 1981 auf etwa 15 000 Mitglieder Mitte der achtziger Jahre anstieg. Der Nationale Sicherheitsrat nannte als Ziele für das Engagement kurzfristig »die Eliminierung des kubanischen

Die israelische Invasion im Libanon

1975 zerbrach das empfindliche Gleichgewicht kultureller und religiöser Vielfalt im Libanon. Zwischen Christen und Muslimen brach ein Bürgerkrieg aus. Die Auseinandersetzung wurde noch verschlimmert durch die zahlreichen palästinensischen Flüchtlinge, die aus Israel vertrieben worden waren. Ihre Exilregierung, die Palästinensische Befreiungsorganisation (PLO), war fast ein Staat im Staat. Die Palästinenser kontrollierten den Südlibanon und beschossen von ihren Basislagern aus das nördliche Israel mit Raketen, worauf die Israelis regelmäßig mit heftigen Gegenangriffen reagierten. Die UNO entsandte Friedenstruppen in den Südlibanon, die die beiden Kriegsgegner auseinanderhalten sollten.

Im Juni 1982 marschierten die Israelis im Libanon ein. Als Vorwand diente ihnen ein Terroranschlag in London, für den sie Vergeltung üben wollten. Mit überwältigender Feuerkraft stürmten die israelischen Truppen die PLO-Lager im Südlibanon und zogen innerhalb weniger Tage an den UN-Friedenstruppen vorbei, die tatenlos zusehen mußten.

In den ersten Tagen der Invasion trafen die Israelis mit ihren amerikanischen Waffen auf die von der Sowjetunion ausgerüstete syrische Luftwaffe. Sie schossen die syrischen Flugzeuge ab. Binnen weniger Stunden trafen in Damaskus Hunderte von sowjetischen Beratern ein, die beurteilen sollten, ob die Niederlage auf die Überlegenheit der amerikanischen Waffen zurückzuführen war oder ob die Syrer die sowjetische Technik nicht richtig eingesetzt hatten. Moskau bewaffnete die Syrer rasch wieder, warnte die USA aber gleichzeitig vor einer direkten Intervention.

Die Amerikaner beobachteten mit wachsendem Ärger, wie die Israelis West-Beirut besetzten und nach einer wochenlangen Pattsituation zusahen, wie christliche Milizen an palästinensischen Zivilisten in den Flüchtlingslagern Sabra und Schatila Massaker verübten; die Lager unterstanden israelischer Kontrolle. Das Massaker löste hektische diplomatische Aktivitäten aus. Israel und die PLO erklärten sich mit einem Rückzug aus Beirut einverstanden. US-Marines wurden zusammen mit französischen, italienischen und britischen Soldaten zur Sicherung des Friedens nach West-Beirut entsandt.

Die Sowjets waren der Ansicht, daß die USA aus dem Libanon ein Protektorat machen wollten, doch das hatten die Amerikaner niemals vor. Die USA, die durch ihre Unterstützung des prowestlichen Präsidenten Amin Gemayel in den libanesischen Bürgerkrieg hineingezogen worden waren, kamen mit allen Seiten in Konflikt. Im Oktober 1983 fuhr ein islamischer Terrorist mit einem Lastwagen voller Sprengstoff in eine amerikanische Kaserne. Bei der Explosion kamen 241 Marineinfanteristen ums Leben. Darauf zog die Regierung Reagan die amerikanischen Truppen innerhalb von vier Monaten aus dem Libanon ab.

Israelische Panzerfahrzeuge bei der Invasion des Libanons, Juni 1982. Untätig müssen UN-Beobachter sie vorüberziehen lassen.

Begräbnis der palästinensischen Opfer des Massakers im Flüchtlingslager Sabra in Beirut, Libanon.

beziehungsweise sowjetischen Einflusses in dem Gebiet« und langfristig »die Errichtung von stabilen Regierungen, die solchen Einflüssen widerstehen können«. Die Bekämpfung der revolutionären Regierung in Nicaragua wurde ein Hauptanliegen für Ronald Reagan, denn in den Sandinisten sah er eine Vorhut der Sowjetunion in der westlichen Hemisphäre.

In El Salvador führten linksgerichtete Anhänger der Befreiungsfront FMLN jahrelang einen Guerillakrieg gegen das rechtsgerichtete Militärregime. Die Guerillakämpfer wurden von Kuba mit leichten Waffen versorgt, die über Nicaragua ins Land kamen. Reagan erhöhte die Zahlungen an die Militärjunta in El Salvador von 36 Millionen im Jahr 1981 auf 197 Millionen Dollar im Jahr 1984. Die Junta verfolgte die Opposition unbarmherzig und sandte »Todesschwadronen« über das Land. Sie suchten nach Bauern, die die Guerilla unterstützten. Zehntausende wurden getötet oder waren plötzlich nicht mehr da: Sie »verschwanden« einfach. Fast jeder fünfte Einwohner floh ins Ausland. Der Konflikt endete mit einem Patt; keine Seite konnte die andere besiegen. Doch Washington zog eine rechte Militärjunta einer linksgerichteten Revolutionsregierung vor und war daher einigermaßen zufrieden, daß der Kommunismus in El Salvador nicht Fuß faßte.

Regierungstruppen in El Salvador präsentieren die Leichen von Revolutionären.

»Freiheitskämpfer«

Die Regierung Reagan übernahm von ihren Vorgängern ein Programm zur Unterstützung der Mudschaheddin in Afghanistan, das sie erheblich ausweitete. Die Rebellen, die gegen die Rote Armee kämpften, wurden mit Waffenlieferungen unterstützt. Die meisten Waffen wurden über die afghanischen Flüchtlingslager in Pakistan ins Land geschmuggelt; in den Lagern rekrutierten die Rebellen auch ihre Kämpfer. Die pakistanische Regierung hoffte auf die Errichtung eines fundamentalistischen islamischen Staates in Afghanistan. Brzezinski, Präsident Carters Sonderberater in Fragen der nationalen Sicherheit, hatte Pakistan Hilfe im Umfang von 400 Millionen Dollar angeboten; der pakistanische Präsident Ziaul hatte das als »viel zuwenig« abgelehnt. Er wollte Panzer und moderne Hochleistungsflugzeuge wie den F-16-Jet, den Pakistan gegen den Erzfeind Indien einsetzen konnte. Ziaul erkannte, daß er im Weißen Haus unter Reagan auf größte Sympathie stieß, und brachte seine Hilfsforderungen erneut vor. Schließlich stimmte er einem Paket aus 1,7 Milliarden Dollar Wirtschaftshilfe und einer Militärhilfe im Wert von 1,5 Milliarden Dollar zu, zu dem 40 F-16-Jets gehörten und das auf fünf Jahre verteilt werden sollte. Im Gegenzug erhielten die USA die Erlaubnis, die Radarstationen, die sie im Iran verloren hatten, durch neue Beobachtungsstationen in Nordpakistan unweit der sowjetischen Grenze zu ersetzen.

Überdies wollte der neue CIA-Direktor William Casey, daß auch Saudi-Arabien seine finanziellen Leistungen an die Mudschaheddin erhöhte. König Fahd von Saudi-Arabien ließ sich dazu nur durch das Angebot der Amerikaner bewegen, ihm fünf luftgestützte Frühwarn- und Leitsysteme (AWACS) im Wert von 8,5 Milliarden Dollar zu verkaufen.

In den Jahren 1981 und 1982 wurden die Kämpfe in Afghanistan heftiger. Nach schweren Verlusten in der ersten Phase des Krieges rückte die Rote

San Salvador, 1984

Vor den Wahlen im März in El Salvador. 100 Frauen demonstrieren mit den Bildern ihrer vermißten Männer vor der Kathedrale. Sie sollten die »Verschwundenen« nie wieder sehen.

Armee von ihrer Strategie massiver Panzervorstöße ab und verlegte sich auf Bodenaktionen in kleinerem Rahmen mit Unterstützung aus der Luft. Es gab einige große, sorgfältig vorhergeplante Operationen, doch sie endeten ergebnislos. Sobald sich die Sowjets wieder zurückgezogen hatten, kehrten die Mudschaheddin nach und nach zurück. Die Sowjets erlitten weiterhin schwere Verluste. Bis Ende 1982 waren fast 5000 sowjetische Soldaten und Piloten in Afghanistan umgekommen.

Der sowjetische Regierungschef Juri Andropow erklärte, er sei bereit, einen Zeitplan für den Rückzug aus Afghanistan vorzulegen, wenn sich die USA und Pakistan damit einverstanden erklärten, die Waffenlieferungen an die Mudschaheddin einzustellen, und wenn ein Regime eingesetzt würde, das dem in Kabul vorhandenen im großen und ganzen entspreche. Unter Leitung des UN-Gesandten Javier Pérez de Cuéllar (der wenig später UN-Generalsekretär wurde) begannen Friedensbemühungen. Afghanistan und Pakistan wurden über »Annäherungsgespräche« in den Vermittlungsprozeß einbezogen. Beide Seiten trafen sich nicht direkt, sondern verhandelten über einen UN-Vermittler. Die Gespräche begannen im Juni 1982 in Genf. Aus den Moskauer Archiven weiß man inzwischen, daß die Sowjetunion sich ehrenvoll zurückziehen und ein ihr freundlich gesinntes Regime zurücklassen wollte. Pakistan aber wollte keinen Frieden. Wie den USA war es Pakistan recht, wenn der Sowjetunion das Problem Afghanistan erhalten blieb.

Kunar, Afghanistan. Mudschaheddin klettern auf einen sowjetischen Helikopter, den sie abgeschossen haben.

Eine neue Politikergeneration

Zu Beginn der achtziger Jahre erhielt die Friedensbewegung in Europa durch den Widerstand gegen die Stationierung von Cruise-Missiles und Pershing-Raketen Auftrieb und mobilisierte immer größere Menschenmengen. Doch bei der Friedensbewegung gab es sehr unterschiedliche Motive. In der Bundesrepublik Deutschland protestierten manche gegen Atomwaffen, andere gegen die Verwendung von Atomenergie. Kritiker der Friedensbewegung behaupteten, hinter jeder Friedensdemonstration stecke der KGB.

Ungeachtet der wachsenden Ablehnung des Kalten Krieges in der Bevölkerung brachte eine neue Politikergeneration in Europa der Atlantischen Allianz neue Dynamik. In Margaret Thatcher, die beim Amtsantritt der neuen Regierung in Washington bereits seit eineinhalb Jahren britische Premierministerin war, fand Reagan eine Seelenverwandte. Thatcher, die von den Sowjets den Spitznamen »Eiserne Lady« erhalten hatte, verfolgte energisch ihre Politik der Beschränkung staatlicher Interventionen und Subventionen in der Überzeugung, daß nur unbehindert die Vorteile des Kapitalismus ganz zum Tragen kommen könnten. Obwohl sich Großbritannien nun stark nach Europa orientierte, war Thatcher auch eine überzeugte Anhängerin der »dauerhaften Allianz«, wie sie die Beziehung zwischen Großbritannien und den USA bezeichnete. Die Franzosen hatten in François Mitterrand einen Präsidenten gewählt, der die Atomwaffen seines Landes wieder in das Atlantische Bündnis einbringen wollte. Gespräche über die Rückkehr französischer Truppen unter die Militärkontrolle der NATO wurden aufgenommen. In der Bun-

UNTEN: *Ein junger sowjetischer Soldat, der von den Mudschaheddin gefangengenommen wurde, zeigt seinen Ausweis.*
UNTEN RECHTS: *Osterprotest 1983 gegen Atomwaffen. Die Frauen im englischen Greenham Common blockieren aneinandergekettet die Tore eines US-Luftwaffenstützpunktes.*

desrepublik wurde 1982 Helmut Kohl Kanzler. Er fürchtete die sowjetische Bedrohung und war entschlossen, die Stationierung der Atomraketen in Deutschland fortzusetzen.

In der Sowjetunion waren die frühen achtziger Jahre eine Zeit der Stagnation. Leonid Breschnew, inzwischen Mitte Siebzig, war zu krank, um die alternde Männerriege im Kreml effektiv zu führen. Die sowjetische Politik reagierte fast nur noch und zeigte keinerlei Initiative mehr. Beim XXVI. Parteitag im Februar 1981, einen Monat nach Reagans Amtsantritt, verkündete Breschnew, die Sowjetunion wolle »normale Beziehungen zu den USA«, und er betonte: »Wir sind zum Dialog bereit.« Als sich die Beziehungen zwischen

den beiden Supermächten im folgenden Jahr verschlechterten, erklärten die Mitglieder des Politbüros, die Aufrüstung der NATO übersteige »jedes vernünftige Maß« und erhöhe »die Gefahr eines Krieges«. Doch Moskau konnte dagegen nichts ausrichten. Reagan bezichtigte Moskau der Lüge und des Betrugs. Der sowjetischen Führung sei jedes Mittel recht, um ihr Ziel, die Weltrevolution, zu erreichen. Im Kreml meinte man darauf nur, der neuen Regierung in Washington mangele es an »politischem Takt und Höflichkeit«. Moskau suchte nicht nach weiteren Feldern für ein Engagement. Afghanistan erwies sich als schwere Bürde, und die Wirtschaftshilfe für Kuba und Vietnam kostete die UdSSR viel. Die sowjetische Wirtschaft fiel gegenüber der westlichen deutlich zurück. Sie konnte den Anforderungen der neuen Technologien nicht gerecht werden und die Konsumbedürfnisse der Menschen außerhalb der kleinen Nomenklatura, der bürokratischen Elite, nicht befriedigen.

US-Präsident Ronald Reagan und die britische Premierministerin Margaret Thatcher. Die Eiserne Lady steht ihren Mann.

Breschnews Tod im November 1982 beendete die Ära seiner achtzehnjährigen Herrschaft. Die Nachfolge ging reibungslos an Juri Andropow über, den ehemaligen KGB-Chef, der 1956 Moskaus Vertreter in Budapest gewesen war. Man erwartete allgemein, daß Andropow mit harter Hand regieren würde, doch statt dessen brachten die ersten Monate seiner Amtszeit eine neue Friedensinitiative. Andropow rief zu Rüstungsbegrenzungen auf, bot eine Reduzierung der SS-20 in Europa an und regte ein neues Gipfeltreffen zwischen Ost und West an. Mit seinem Vorschlag, daß Teile Europas und das Mittelmeer atomwaffenfreie Zonen werden und daß die Waffenverkäufe an Entwicklungsländer gestoppt werden sollten, ging er sogar noch weiter. Bei einem Treffen der Mitglieder des Warschauer Paktes im Januar 1983 empfahl Andropow einen Gewaltverzichtsvertrag, in dem die NATO und der Warschauer Pakt wechselseitig und innerhalb des eigenen Blocks auf Gewaltanwendung verzichten sollten.

Eine neue Initiative: Der »Krieg der Sterne«

In Washington zeigte sich Reagan überhaupt nicht kompromißbereit. Wenige Tage nach Andropows Friedensangebot hielt Reagan seine berühmte Rede, in der er die sowjetische Führung als »Zentrum des Bösen in der heutigen Welt« bezeichnete. Zwei Wochen später, am 23. März 1983, verwarf Reagan in einer Rede, in der er um Unterstützung für eine Erhöhung des Verteidigungsetats warb, das gesamte Konzept der wechselseitigen Abschreckung, das bei allem Aberwitz über 30 Jahre lang einen Atomkrieg verhindert hatte. Statt dessen warb er für die Strategische Verteidigungsinitiative (SDI), ein ehrgeiziges Projekt für eine Raketenabwehr im Weltraum, das den Spitznamen »Krieg der Sterne« erhielt. Ohne die technischen Probleme und den erforderlichen finanziellen Aufwand überhaupt zu analysieren, unterstützte Reagan die Vision eines Schutzschildes, der jedes ankommende feindliche Projektil mit Laserstrahlen im Weltall abfangen und zerstören sollte. Dieser Schutzschild hätte, wäre er je in die Praxis umgesetzt worden, das nukleare Gleichgewicht so grundlegend verändert wie die Abwehrraketen gegen ballistische Angriffsraketen (ABM) in den sechziger und zu Beginn der siebziger Jahre. Wenn SDI sich als so erfolgreich erwiesen hätte, wie es seine Planer wünschten, hätte es die sowjetische Bedrohung zunächst unwirksam gemacht. Doch mit der Zeit hätten die Sowjets wahrscheinlich einfach die Zahl ihrer Interkontinentalraketen erhöht – in der Hoffnung, daß schon einige durchkommen würden, wenn man genug davon abschoß. Jedenfalls war der »Krieg der Sterne« in Reagans Kreuzzug gegen die Mächte der Finsternis eine starke neue rhetorische Waffe.

»Ich bin zu Gesprächen über das Wettrüsten bereit, wann immer diese russischen Teufel dazu bereit sind!«

In einer Karikatur von 1984 wird über Reagans Gesprächsbereitschaft gespottet. 1986 gab es dann tatsächlich zahlreiche Gespräche.

Andropow reagierte auf SDI mit einer eindeutigen Botschaft: »Alle Versuche, über die Sowjetunion eine militärische Überlegenheit zu erzielen, sind sinnlos. Die Sowjetunion wird das nie zulassen. Sie wird bei keiner Bedrohung schutzlos sein, darüber sollte in Washington keine Unklarheit bestehen. Es ist an der Zeit, die Suche nach Optionen aufzugeben, wie man einen Atomkrieg auslösen kann in der Hoffnung, ihn zu gewinnen. Das ist nicht nur verantwortungslos, sondern es ist wahnsinnig.«

Alle Versuche, militärische Überlegenheit über die UdSSR zu gewinnen, sind sinnlos. Die Sowjetunion wird das nie zulassen.

Juri Andropow, 27. März 1983

Auch die amerikanischen Verbündeten in Europa waren alarmiert. Ein Schutzschild über Amerika würde Europa zum vorrangigen und verletzlichen Ziel machen. Selbst Reagans loyale Anhängerin Margaret Thatcher war von SDI beunruhigt und versuchte Reagan, zu einer Änderung des Plans zu bewegen, so daß auch die übrigen NATO-Mitglieder mit einbezogen würden. Reagan sagte später über Thatchers Besuch im Weißen Haus, er habe »Hiebe mit der Handtasche« bekommen.

Moskau, 1982

Roter Platz, 15. November. Eine Ära geht zu Ende. Mitglieder des Politbüros tragen Breschnews offenen Sarg, rechts Breschnews Nachfolger Juri Andropow. Dieser setzte einen Prozeß der Veränderungen in Gang, starb aber schon knapp zwei Jahre später.

Die »Vorwärtsverteidigung der Freiheit«

Reagans aggressive Äußerungen gegen den Kommunismus wurden als Reagan-Doktrin bekannt. Im Jahr 1983 bezeichnete er in einer Rede vor der Heritage Foundation »den auf der Welt derzeit herrschenden Kampf« erneut als »im wesentlichen einen Kampf zwischen Freiheit und Totalitarismus, zwischen gut und böse«. Reagan sprach sogar davon, die »freiheitlichen Kräfte in totalitären kommunistischen Staaten« in einer Art »Vorwärtsverteidigung der Freiheit« zu stützen. Damit deutete er an, daß die USA Erhebungen in Osteuropa und sogar in der Sowjetunion selbst fördern könnten. Reagan sorgte zusammen mit der katholischen Kirche dafür, daß Solidarność in Polen insgeheim Hilfe bekam. Doch abgesehen davon versetzte Washington mit diesen Drohungen Moskau nur grundlos in Alarmbereitschaft. Allerdings unterstützten die Amerikaner verstärkt die »Freiheitskämpfer« in Afghanistan und Nicaragua und später in beschränkterem Maße auch in Angola, Äthiopien, Moçambique und Kambodscha. Hinter alldem stand der Versuch, den Kommunismus aktiv zurückzudrängen – nicht nur die Sowjetunion in Schach zu halten, sondern den Kalten Krieg zu gewinnen.

Jeder Konflikt an jedem Ort der Welt konnte von dieser simplen Vision eines ideologischen Kreuzzuges gegen den Kommunismus überlagert werden. Das verschaffte den USA merkwürdige Verbündete. In Kambodscha fanden sie sich in ihrer Unterstützung der antikommunistischen Kräfte vereint mit den völkermordenden Roten Khmer. Rechtsgerichtete Militärjuntas bekamen trotz des verabscheuungswürdigen Umgangs mit ihren Gegnern Hilfe von den USA. Der pakistanische Präsident Ziaul machte deutlich, daß er die amerika-

Reagan, flankiert von Vizepräsident George Bush und Verteidigungsminister Caspar Weinberger, versucht mit einem Witz Punkte für SDI zu sammeln.

»Krieg der Sterne«

Obwohl Ronald Reagan gern den starken Mann spielte, entsetzte ihn im Grunde die Aussicht, daß mit nur wenigen Minuten oder gar Sekunden Vorwarnzeit ein Atomkrieg ausgelöst werden konnte. Sein SDI-Programm brachte das seit 35 Jahren bestehende Gleichgewicht zwischen den USA und der UdSSR ins Wanken und versetzte die Sowjetunion in Angst.

Der »Krieg der Sterne« sollte die ohnehin schon große Kluft zwischen der amerikanischen und der sowjetischen Technologie nutzen. Über die USA würde ein elektronischer Schutzschild mit Laserstrahlen ausgebreitet, die feindliche Raketen im All abfingen.

Doch ein derartiges System war ein Verstoß gegen die Vereinbarungen des ABM-Vertrages von 1972 über die Begrenzung von Systemen zur Abwehr ballistischer Raketen, der zur Stabilisierung des nuklearen Gleichgewichts beigetragen hatte. Durch den ABM-Vertrag war sichergestellt worden, daß beiden Seiten die Vernichtung drohte, wenn eine Seite die andere angriff. Wenn SDI funktionierte, so dachte man, könnten die USA eher einen atomaren Erstschlag führen, denn sie wüßten, daß sie der Vergeltung entgehen würden. Reagan vermied diese Drohung, indem er den Sowjets anbot, sie an der neuen Technologie teilhaben zu lassen.

Sowjetische Wissenschaftler waren der Ansicht, daß kein Abwehrsystem alle Raketen stoppen könnte – wenn man nur genug abschoß. Sie glaubten, daß man die Laserstrahlen ablenken könnte, wenn man die Flugbahn der Raketen entsprechend kalkulierte. Außerdem mißtrauten sie in Anbetracht des Geredes über die Sowjetunion als dem »Reich des Bösen« Reagans Versprechen, sie an der neuen Technologie tatsächlich teilhaben zu lassen. Für sie sah das Ganze nach einem Täuschungsmanöver aus. Der »Krieg der Sterne«, so schien es, machte ein erneutes Wettrüsten unvermeidlich – dieses Mal im Weltraum.

nische Unterstützung gerne annehmen und weiterhin eigene Nuklearwaffen entwickeln würde. Vor dem Falklandkrieg zwischen Großbritannien und Argentinien 1982 ließen die USA den argentinischen Generälen Hilfe zukommen, obwohl sie schreckliche Menschenrechtsverletzungen begangen hatten. Es genügte, daß die Militärjunta antikommunistisch war und die Contras unterstützte. In El Salvador, Guatemala und Honduras wurden die Todesschwadronen, die die Landbevölkerung terrorisierten, auch mit verdeckter amerikanischer Hilfe bewaffnet. Während der Reagan-Jahre wuchs der Anteil der USA am internationalen Waffenhandel. All das war eine Folge von Reagans »edlem Kampf« gegen Kommunismus.

»Möge die Macht mit euch sein.« Beispiele für zukünftige Lasertechnik. Reagan prophezeit, sie werde die Geschichte verändern.

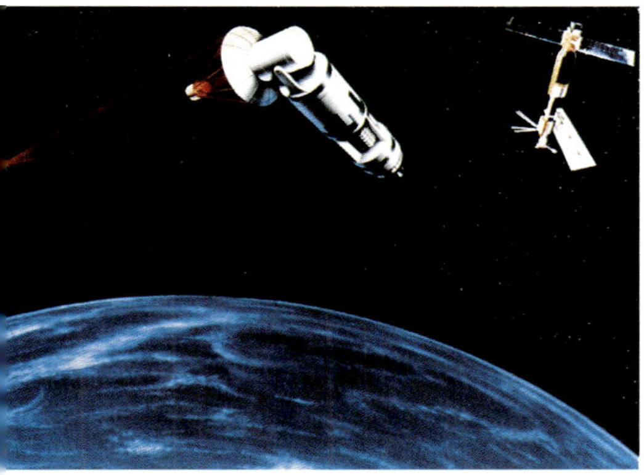

Wie weit die Regierung bei der Verfolgung ihres Zieles notfalls gehen würde, wurde am Beispiel Nicaraguas deutlich. Die Zustimmung des Kongresses für die Unterstützung der Contras schwankte. 1984 stellte der Kongreß die Hilfe für die Contras ein, nachdem als Folge eines von der CIA unterstützten Programmes zur Verminung der Häfen in Nicaragua die Schiffe neutraler und befreundeter Länder beschädigt worden waren. Private Geldgeber in den USA boten einige Mittel an, doch das reichte nicht aus. So leitete das Weiße Haus Gelder an die Contras um, die aus dem illegalen Verkauf von Waffen an den Iran stammten. Die Iran-Contra-Affäre wurde 1986 aufgedeckt und markierte den einzigen deutlichen Popularitätsverlust der Regierung Reagan während seiner letzten Amtsjahre.

Ein seltenes Beispiel einer direkten Militärintervention der USA gab es im Oktober 1983. Amerikanische Truppen landeten auf der kleinen Karibikinsel Grenada, nachdem der dortige Regierungschef bei einem Militärputsch ermordet worden war. Reagan befürchtete, die Insel könnte zu einer kommunistischen Basis für die Region werden, und schritt unter dem Vorwand, amerikanische Medizinstudenten retten zu müssen, entschlossen ein. Eine Invasionstruppe aus 7000 US-Soldaten überwältigte die 600 Mann starke grenadische Streitmacht innerhalb weniger Stunden. Die Belege für eine kubanisch-sowjetische Infiltration Grenadas waren minimal; auf der Insel gab es gerade 43 kubanische Militärberater. Die Start- und Landebahn auf dem Flughafen, die von einer britischen Gesellschaft gebaut wurde, war für Touristenflugzeuge gedacht und nicht, wie Washington behauptete, für sowjetische Langstreckentransportflugzeuge. Die Invasion wurde von einigen Inselbewohnern begrüßt, stieß international jedoch auf Kritik. Der UN-Sicherheitsrat stimmte für eine Resolution zur Verurteilung der Invasion; die USA mußten ihr selten genutztes Vetorecht einsetzen, um die Resolution zu verhindern. Und da Grenada zum britischen Commonwealth gehörte, mußte Reagan einen Verweis von Margaret Thatcher einstecken. Doch in den USA fand die Invasion Zustimmung.

Man weiß heute, daß die Sowjets damals so beunruhigt waren, daß sie den KGB in Alarmbereitschaft versetzten. Moskau hielt einen Angriff der USA gegen sowjetische Verbündete wie Kuba oder sogar gegen die Sowjetunion selbst mittlerweile für möglich. Der KGB erhielt die Anweisung, die Ereignisse im Westen genau zu beobachten und jede ungewöhnliche Aktivität – Kontobewegungen, die Einrichtung von Blutbanken, die plötzliche Rückkehr von Reservisten in den aktiven Dienst – sofort nach Moskau zu melden. Diese Geheimdienstoperation dauerte einige Jahre; sie reflektierte die wachsende Furcht im Kreml.

Ein Flugzeug kommt vom Kurs ab

Ende August 1983 gefährdete ein tragisches Ereignis die sowjetisch-amerikanischen Beziehungen: der Abschuß eines Jumbo-Jets der Korean Airlines, Flug 007 von New York über Anchorage nach Seoul mit 269 Passagieren an Bord. Zu dem Zeitpunkt, als das koreanische Flugzeug von einem sowjetischen Su-15-Abfangjäger abgeschossen wurde, war es 600 Kilometer vom Kurs abgekommen und flog in sowjetischem Luftraum, und zwar über einer besonders sensiblen Sicherheitszone. Gleichzeitig befand sich noch ein weiterer Eindringling in dem Gebiet, ein amerikanisches Aufklärungsflugzeug mit elek-

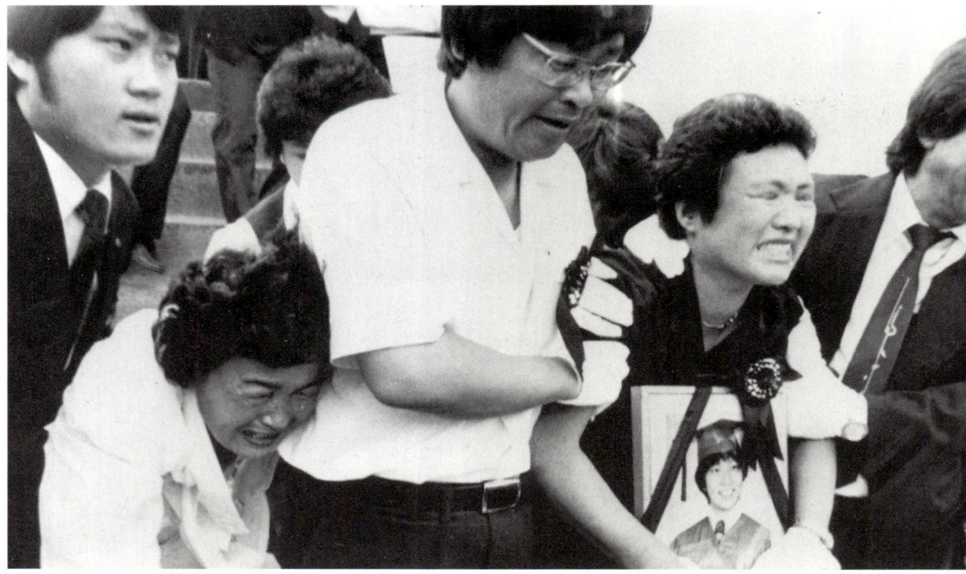

KAL 007. OBEN: *Der Pilot der koreanischen Unglücksmaschine (vordere Reihe Mitte) und der Präsident der Fluggesellschaft (rechts).*
OBEN RCHTS: *Die Angehörigen eines Opfers. Mit einem Bild der Toten trauern sie vor einer Gedenkstätte am Flughafen von Seoul.*

tronischen Lauschgeräten und Radaranlagen an Bord. Es wurde nie geklärt, ob die Tragödie mit einer amerikanischen Spionagemission in Verbindung stand, bei der ein tragischer Fehler passiert war, oder ob das Personal der sowjetischen Luftabwehr aus Inkompetenz ein ziviles Flugzeug abschoß, das vom Kurs abgekommen war.

Washington reagierte auf den Tod so vieler unschuldiger Menschen mit Entsetzen. Reagan drückte seinen »Abscheu vor dieser schrecklichen Gewalttat« aus. Er sprach von einem »Terrorakt«, einem »Verbrechen gegen die Menschlichkeit« und einer »Barbarei«. Vor der UNO bezeichnete ein amerikanischer Vertreter den Abschuß des Zivilflugzeugs als »mutwilligen, geplanten, kaltblütigen Mord«. Auf diese empörten Anschuldigungen reagierte die Sowjetunion mit Schweigen und Ausflüchten. Sechs Tage lang, während das Unglück fieberhaft untersucht wurde, weigerte sich Moskau sogar, den Abschuß des Flugzeuges überhaupt zuzugeben. Heute nimmt man an, daß das sowjetische Militär den Fehler eingestehen wollte, daß die Kreml-Führung dies aber ablehnte, weil sie nicht ihr Gesicht verlieren wollte. Doch auf die Weltöffentlichkeit wirkten die Verzögerungen und das Leugnen wie ein Schuldeingeständnis.

In Washington tauchten Aufzeichnungen des Funksprechverkehrs zwischen dem sowjetischen Piloten und seiner Bodenkontrolle auf. Der Pilot erhielt den Befehl zum Angriff, feuerte die Raketen ab und meldete an die Bodenstation: »Das Ziel ist zerstört.« Allerdings wissen wir heute, daß von den Bändern des amerikanischen Geheimdienstes nur bestimmte Abschnitte veröffentlicht wurden. Der Rest des Bandes macht deutlich, daß der sowjetische Kampfpilot sich an alle internationalen Vereinbarungen zur Warnung eines zivilen Flugzeuges hielt, das vom Kurs abgekommen war. Erst nach all diesen Manövern feuerte der sowjetische Pilot als letzte Warnung Leuchtspurgeschosse über den Bug der Maschine. Als auch das erstaunlicherweise keine Reaktion hervorrief, kam die sowjetische Bodenkontrolle zu dem Schluß, daß

Truppenmassierungen im Pazifik. OBEN: *Das Rückgrat der amerikanischen 7. Flotte im Südchinesischen Meer.* OBEN RECHTS: *Das neue sowjetische U-Boot der Taifun-Klasse.*

es sich bei dem koreanischen Jumbo-Jet um ein amerikanisches Aufklärungsflugzeug handeln mußte, und befahl den Abschuß. Dieser Teil der Aufzeichnung wurde jedoch von Washington nicht freigegeben. Moskau äußerte sich so spät, daß diese Version nichts mehr gegen die amerikanische Propaganda ausrichten konnte.

Nach dem Abschuß des koreanischen Passagierflugzeugs verbot Washington alle Flüge der Aeroflot in die USA – sogar der sowjetische Außenminister Gromyko wurde an der Landung in New York gehindert, als er zur UN-Generalversammlung anreiste. Beide Seiten erwarteten von der jeweils anderen nur das Schlechteste; die sowjetisch-amerikanischen Beziehungen erreichten einen neuen Tiefpunkt. Der schwerkranke Andropow, wegen Niereninsuffizienz in einem Krankenhaus außerhalb Moskaus an die Dialyse gefesselt, sah sich vor den Trümmern der friedlichen Koexistenz. Vier Wochen nach dem Abschuß der koreanischen Linienmaschine ging er schließlich zum Angriff über und beschuldigte die amerikanische Regierung, »einen militaristischen Kurs« einzuschlagen, »der den Frieden ernsthaft bedroht«. Andropow blieb bei der sowjetischen Version, daß der Flug 007 von den USA als absichtliche Provokation der sowjetischen Abwehr benutzt worden war, um die Reaktion der Sowjetunion zu testen. Er entschuldigte sich für den Tod so vieler Menschen, warf Washington jedoch »extremes

Der Abschuß von KAL-Flug 007

Noch immer ist der Abschuß der Maschine der Korean Airlines mit der Flugnummer 007 in der Nacht des 31. August 1983 von Geheimnissen umgeben. KAL 007 befand sich auf einem regulären Linienflug von New York nach Seoul. Bei der Zwischenlandung in Anchorage wurde mehr Kerosin aufgetankt, als für den Flug nach Seoul gebraucht wurde. Von Anchorage steuerte Kapitän Chun Byung-in, ein Veteran aus dem Koreakrieg und einer der erfahrensten Piloten der Fluggesellschaft, die Maschine auf einem Kurs, der immer weiter von der üblichen Flugroute abwich – als ob das hochentwickelte automatische Trägheitsnavigationssystem ausgeschaltet oder falsch programmiert worden wäre. Schon bald war die Maschine Hunderte von Kilometern von ihrem Kurs abgekommen. Allerdings verhielt sich Kapitän Chun bei seinen Meldungen an die Bodenkontrollstationen so, als ob er auf dem vorgegebenen Kurs fliegen würde. Es ist allein schon höchst merkwürdig, daß mehrere Navigationscomputer den Fehler nicht bemerkt haben sollen. Vielleicht geriet ja der koreanische Jumbo-Jet unabsichtlich in einen der gefährlichsten Lufträume der Welt. Damals hatte sich die sowjetische Pazifikflotte zur größten der vier sowjetischen Flotten entwickelt. Zu ihr gehörten mehrere U-Boote der Taifun-Klasse von je 25 000 Tonnen und mit jeweils 80 nuklearen Sprengköpfen an Bord sowie die neuesten Delta-U-Boote. In der Region befanden sich 2 400 sowjetische Kampfflugzeuge und fast eine halbe Million Soldaten, die meisten entlang der chinesischen Grenze stationiert. Als Gegengewicht dazu patrouillierte die amerikanische 7. Flotte im westlichen Pazifik mit vier Flugzeugträgern. Sie wurde von Luftwaffen- und Marinestützpunkten auf den Aleuten, in Japan, Südkorea und auf verschiedenen Pazifikinseln unterstützt. Von den Inseln aus flogen die neuesten F-16-Kampfbomber, zu denen es in der sowjetischen Luftwaffe keine Entsprechung gab. Zuvor waren in dem Gebiet Marinemanöver größeren Ausmaßes durchgeführt worden.

Bei der elektronischen Ausrüstung waren die USA der Sowjetunion weit überlegen. Gelegentlich wurden amerikanische Aufklärungsflüge gestartet, bei denen ein Flugzeug in den sowjetischen Luftraum eindrang, während eine RC-135-Maschine mit Abhöranlagen aufzeichnete, wie die sowjetische Kommandostruktur reagierte und wie ihr Radar und ihre Elektronik funktionierten. Man wollte damit herausfinden, ob es irgendwelche Lücken in der sowjetischen Abwehr gab. Die Sowjets hatten nur wenige Monate vor dem Abschuß der KAL 007 gegen ein solches Eindringen protestiert. In der Nacht vom 31. August auf den 1. September hat KAL-Flug 007 über der Halbinsel Kamtschatka vermutlich ein amerikanisches Aufklärungsflugzeug vom Typ RC-135 passiert. Vielleicht wurden die beiden Flugzeuge auf dem sowjetischen Radar miteinander verwechselt, und sie versetzten ihre Abwehr in Alarmbereitschaft, als das Passagierflugzeug über der Insel Sachalin erneut in den sowjetischen Luftraum eindrang.

Einige Fragen bleiben jedoch offen. War das Flugzeug wegen eines außergewöhnlichen Zusammentreffens mehrerer Navigationsfehler vom Kurs abgekommen? Hatten die Sowjets aus irgendeinem Grund das Navigationssystem blockiert? Wollte Kapitän Chun absichtlich eine Abkürzung fliegen, um Treibstoff zu sparen? Wenn ja, warum war er dann nicht besonders wachsam, da er wußte, daß er sowjetischen Luftraum überflog? Warum vor allem reagierte die Crew von KAL-Flug 007 nicht auf die internationalen Warnsignale des sowjetischen Jägers vom Typ Su-15, der mit den Flügeln wackelte und Leuchtraketen über den Bug der Maschine schoß? Der sowjetische Pilot gab an, er habe das Flugzeug als zivile Boeing 747 identifiziert; doch warum wurde dann der Abschuß befohlen?

Die Sowjets behaupteten, KAL-Flug 007 habe sich auf einem Spionageflug befunden und die sowjetische Abwehr so provozieren sollen, daß sie von der elektronischen Überwachung der Amerikaner festgehalten werden konnte. Das wurde nie bewiesen. Neun Jahre nach dem Unfall kam eine sowjetische Untersuchungskommission zu dem Schluß, der Abschuß sei ein tragischer Unfall gewesen, ausgelöst durch eine panische Reaktion und Inkompetenz bei der sowjetischen Luftabwehr.

Ein sowjetischer Abfangjäger vom Typ Su-15.

Abenteurertum« bei diesem »verbrecherischen Akt« vor. Die sowjetische Presse verurteilte die USA scharf. Die sowjetische Bevölkerung rechnete mit dem Schlimmsten.

Wechselbad der Beziehungen

Wenige Wochen später brachen die Sowjets wegen der Stationierung amerikanischer Cruise-Missiles und Pershing-Raketen in Westeuropa die Abrüstungsverhandlungen in Genf ab. Sie hatten diesen Schritt schon mehrmals angedroht. Nun sahen sie darin die einzige Möglichkeit, die sie noch hatten. Sie hofften, sie könnten damit die öffentliche Meinung im Westen beeinflussen und eine Veränderung der US-Politik erzwingen. Doch es geschah genau das Gegenteil. Washington nutzte die Gelegenheit und gab den Sowjets die

OBEN LINKS: *NATO-Manöver im Herbst 1983 ließen den Kreml glauben, daß ein Angriff des Westens unmittelbar bevorstand.*
OBEN: *Die sowjetisch-amerikanischen Abrüstungsgespräche in Genf wurden am 23. November abgebrochen. Ein neuer Termin für eine Wiederaufnahme der Gespräche wurde nicht vereinbart.*

Schuld, daß Abrüstungsgespräche abgebrochen wurden, die 14 Jahre lang ohne Unterbrechung geführt worden waren.

Das Verhältnis zwischen den beiden Supermächten hatte sich soweit verschlechtert, daß der Kreml aufgrund eines großen NATO-Manövers in Westeuropa zu der Ansicht gelangte, eine amerikanische Offensive stehe unmittelbar bevor. Der Tod der US-Marineinfanteristen in Beirut und die Invasion Grenadas Ende Oktober hatten das amerikanische Militär in Alarmbereitschaft versetzt, was in Moskau aufmerksam registriert worden war. Dann fand im November das zehntägige NATO-Manöver »Able Archer 83« statt, in dem die Zusammenarbeit der einzelnen Kommandos auf höchster Ebene im Falle eines Nuklearangriffs geübt werden sollte. Während die NATO-Truppen die verschiedenen Alarmstufen von normaler bis höchster (nuklearer) Einsatzbereitschaft durchgingen, wurde Moskau zusehends nervöser. Sowjetische Verteidigungsstrategen hatten oft überlegt, daß ein echter Angriff, wenn er denn kam, während eines vorgeblichen Manövers erfolgen könnte. Wieder wurde für den KGB eine spezielle Alarmbereitschaft verhängt. Auf Luftwaffenstützpunkten in der DDR wurden Abfangjäger in Bereitschaft versetzt. Es war die schwärzeste Stunde der Regierung im Kreml seit der Kubakrise. Viele sowjetische Politiker fürchteten die amerikanischen Pershings, die kurz zuvor in Europa stationiert worden waren und den Kreml in wenigen Minuten erreichen konnten.

Der stellvertretende KGB-Chef in London, Oleg Gordiewsky, war ein Doppelagent und arbeitete auch für den britischen Geheimdienst. Anfänglich glaubte niemand Gordiewsky, als er von dem Alarm beim KGB berichtete und davon, daß man im Kreml ernsthaft einen Erstschlag der Amerikaner befürchte. Dennoch wurde die Information von London nach Washington weitergegeben. Der neue Sonderberater für Fragen der nationalen Sicherheit Robert McFarlane unterrichtete Reagan, den die Nachricht sehr beeindruckte. Reagan war erstaunt, aber auch ernsthaft beunruhigt, als er erfuhr, daß der Kreml tatsächlich glaubte, er würde einen Angriff gegen die Sowjetunion

Die Säulenhalle, 11. Februar 1984, Moskau. Würdenträger der sowjetischen kommunistischen Partei erweisen Juri Andropow die letzte Ehre. Andropows Nachfolger wurde ein anderer kranker alter Mann: Konstantin Tschernenko.

befehlen. Er betrachtete ein persönliches Gespräch mit der sowjetischen Führung als unbedingt erforderlich. Diese Überzeugung prägte sein Denken während der kommenden Monate.

Anfang 1984 entschied man sich im Weißen Haus, einen versöhnlicheren Ton anzuschlagen. In einer wichtigen Rede zur Eröffnung seiner Kampagne für die Wiederwahl gab Reagan bekannt, er sei bereit, »den Sowjets auf halbem Weg entgegenzukommen«. Wenige Tage später traf US-Außenminister George Shultz seinen sowjetischen Amtskollegen Gromyko in Stockholm. Statt der üblichen gegenseitigen Anschuldigungen führten sie fünf Stunden lang »ernsthafte« Gespräche, wie es hieß. Und in Washington wurde die Verbindung über den geheimen Kanal, den sowjetischen Botschafter Anatoli Dobrynin, wiederaufgenommen.

Das ganze Jahr 1984 über sandten Reagan und Shultz widersprüchliche Signale nach Moskau. In dem Bewußtsein, daß Amerika wiedererstarkt war, fühlte Reagan sich selbstbewußt genug, um Gespräche mit den Sowjets aufzunehmen. Andererseits verfiel er in seinem Wahlkampf gelegentlich wieder in seine alten antisowjetischen Hetztiraden. Im Kreml betrachtete man die neue Haltung in Washington mit Vorsicht; man wußte nicht so recht, was davon zu halten war. Im Mai verkündeten die Sowjets aus Sorge um die Sicherheit ihrer Sportler den Boykott der Olympischen Spiele in Los Angeles. Rechtsgerichtete amerikanische Gruppen hatten sich zu einer Koalition zusammengefunden, die den Ausschluß der Sowjets erwirken wollte, und drohten mit Gewalttaten gegen die sowjetischen Athleten. Die Sowjets glaubten, ihr Boykott würde Reagans Popularität in den USA schaden. Statt dessen schwelgten die Amerikaner bei den Olympischen Spielen, die ihr Präsident eröffnete, in Nationalstolz und Hurrapatriotismus. Ohne die harte Konkurrenz aus dem Ostblock gewannen die Amerikaner mehr Goldmedaillen als je zuvor. Später im selben Jahr deutete Moskau an, daß eine Wiederaufnahme der Abrüstungsverhandlungen in Erwägung gezogen werde. Der Kreml wollte eine Militarisierung des Weltalls verhindern und rief zu einem Bann von »Weltraumwaffen« auf. Obwohl Washington immer noch der Idee vom »Krieg der Sterne« nachhing, erklärte man sich mit einem Treffen in Wien einverstanden. Und Reagan sprach mit Gromyko am Rande der UN-Generalversammlung. Diese erste Begegnung zwischen Reagan und einem ranghohen sowjetischen Regierungsmitglied wurde in den USA wie ein Minigipfeltreffen gehandhabt. In den frostigen Beziehungen zwischen Moskau und Washington war ein Frühlingshauch zu spüren.

Am 9. Februar 1984 starb Andropow. Ihm folgte Konstantin Tschernenko als Generalsekretär, ein weiterer älterer Parteifunktionär aus dem Umkreis von Breschnew. Die Ernennung Tschernenkos wies auf Veränderungen in der Sowjetunion hin, die allmählich an Tempo gewannen. Während seiner kurzen Amtszeit hatte Andropow einen Reformprozeß in Gang gesetzt. Der Kampf gegen die korrupte Bürokratie wurde aufgenommen, und man suchte nach Möglichkeiten zur Verbesserung der so verhängnisvoll ineffektiv arbeitenden sowjetischen Industrie. Dazu gehörte auch ein Versuch zur Einschränkung des chronischen Alkoholismus, der das Land wie eine Epidemie im Griff hielt. Andropow wollte wirtschaftliche Entscheidungsprozesse dezentralisieren und die Planungen an regionale Verantwortliche delegieren. Er förderte auch eine jüngere Generation von Parteireformern, darunter Michail Gorbatschow und Eduard Schewardnadse. Sie wollten die Sowjetunion aus ihrer Stagnation befreien.

In London beobachteten Margaret Thatchers Berater die neuen, jüngeren Mitglieder des sowjetischen Politbüros mit Interesse. Sie fragten sich, mit wem sie es als nächstes zu tun haben würden, und sprachen eine Reihe von Einladungen für einen Besuch in Großbritannien aus. Zufällig nahm Michail Gorbatschow als erster eine Einladung an und besuchte Ende des Jahres Margaret Thatcher in London. Er kam mit seiner Frau Raissa, was sehr bemerkenswert war, da die sowjetischen Staatschefs selten mit ihrer Ehefrau reisten. Im Vergleich zu den alten Männern, die seit 20 Jahren in der Sowjetunion regiert hatten, war das Ehepaar Gorbatschow jung, lebhaft und charmant. Der Besuch wurde ein großer Erfolg. Nach der Begegnung mit Gorbatschow fragten Reporter die britische Premierministerin, was sie von ihrem Gast hielt. »Ich betrachte ihn mit vorsichtigem Optimismus«, erwiderte sie. »Ich mag Mr. Gorbatschow. Wir kommen miteinander aus.« Margaret Thatchers Urteil leitete die letzte Phase des Kalten Krieges ein.

Ich mag Mr. Gorbatschow. Wir kommen miteinander aus.

Margaret Thatcher,
Dezember 1984

Mit einiger Weitsicht lud Margaret Thatcher Michail Gorbatschow nach London ein. Er brachte seine Frau Raissa mit und einen bei sowjetischen Politikern bislang ungewohnten neuen Regierungsstil.

Spione

OBEN: *Rudolf Abel, der sowjetische Meisterspion in New York, wurde 1957 in den USA verhaftet und fünf Jahre später gegen Francis Gary Powers ausgetauscht, den Piloten der abgeschossenen U-2.* UNTEN: *Oleg Penkowsky nach seiner Verhaftung 1962. Er lieferte dem Westen Informationen in der Kubakrise. Im Mai 1963 wurde er erschossen.*

Sie kamen aus dem Schatten und verschwanden wieder, beschäftigten sich mit Geheimcodes und Mikrofilmen, täuschten und wurden getäuscht. Die Geheimdienstagenten beider Blöcke riskierten ihr Leben, um an Informationen zu gelangen und sie weiterzugeben.

Die frühen Spione im Kalten Krieg – Klaus Fuchs in Los Alamos, Kim Philby, Guy Burgess und Donald Maclean im britischen Geheimdienst – handelten aus politischer Überzeugung. Sie glaubten, daß sie das Richtige taten. Später spionierte Aldrich Ames, der Maulwurf des KGB bei der CIA, nur wegen des Geldes. Dazwischen expandierten beide Geheimdienste gewaltig, die CIA und der KGB rekrutierten Tausende. Unterdessen drohten immer neue technologische Fortschritte bei der Funkaufklärung und bei der Satellitenfotografie – mechanisch, unpersönlich und immer genauer – menschliche Spione auf beiden Seiten überflüssig zu machen.

Spione, die schon vor dem Kalten Krieg im Einsatz waren, verschafften der Sowjetunion zunächst einen Vorteil. Fuchs und Ted Hall arbeiteten als Wissenschaftler in Los Alamos bei der Entwicklung der Atombombe mit. Sie gaben an ihre sowjetischen Vorgesetzten detailgenaue Zeichnungen der Implosionsmethode zur Zündung der Bombe weiter. Als Folge war die sowjetische Atombombe bereits 1949 fertig, Jahre früher als erwartet.

Burgess und Maclean versorgten Moskau in den vierziger und fünfziger Jahren regelmäßig mit Informationen über die westliche Politik, auch über die Vorbereitungen für den Marshallplan. Maclean und vor allem Philby hatten Vertrauenspositionen beim britischen Geheimdienst. Philby verriet an seine Vorgesetzten beim KGB Details über westliche Funkaufklärung und Agenten, die in die Balkanländer eingeschleust wurden – sie wurden festgenommen und erschossen. Die Wirkung dieses spektakulären Verrats, das Wissen, daß der KGB einen Maulwurf mitten in einem westlichen Geheimdienst hatte, war lähmend und bestürzend. Die Amerikaner trauten dem britischen Geheimdienst 20 Jahre lang nicht mehr. Burgess und Maclean setzten sich 1951 in die Sowjetunion ab; Philby konnte noch weitere zehn Jahre eine Enttarnung vermeiden und tauchte schließlich 1963 unter.

Die Agenten auf beiden Seiten brachten ihren Auftraggebern die gewünschten Informationen. Die Amerikaner überschätzten die sowjetische Raketenstärke regelmäßig und trieben deshalb die Verteidigungsausgaben und die Rüstungsspirale der fünfziger und sechziger Jahre in die Höhe. Doch die CIA sagte weder den nordkoreanischen Angriff auf Südkorea im Juni 1950 voraus noch Chinas Eintritt in den Koreakrieg im November desselben Jahres. Die CIA hielt an der Überzeugung fest, daß die UdSSR nicht in den Konflikt hineingezogen werden wollte. China sei ein Parteigänger der Sowjetunion; daher würde auch China nicht eingreifen. Und die Luftaufklärung der CIA reichte damals nur bis zur Grenze eines feindlichen Landes. Das Debakel der CIA in Korea führte zur Gründung der Nationalen Sicherheitsbehörde NSA, die schon bald mit dem größten Computerpool der Welt ausgestattet wurde.

In Berlin grub die CIA 1954 einen langen Tunnel unter dem sowjetischen Sektor und zapfte Telefonleitungen an. Der KGB sah elf Monate lang zu – der KGB-Spion George Blake gehörte zu der Gruppe, die die Arbeit überwachte und die Ergebnisse festhielt.

Der israelische Geheimdienst Mossad verschaffte sich den Text von Chruschtschows Rede beim XX. Parteitag, in der er die Verbrechen Stalins anprangerte. Der Mossad reichte die Information an die CIA weiter, die sie hinter dem Eisernen Vorhang verbreitete. Das trug mit zu den Aufständen in Polen und Ungarn 1956 bei und zu allgemeinen Unruhen im kommunistischen Lager.

Chruschtschow mochte drohen und toben, der Westagent Oleg Penkowsky berichtete zuverlässig, wie es tatsächlich um die militärische Einsatzbereitschaft der Sowjets bestellt war. Eisenhower und Kennedy profitierten von seinen Informationen. Sie wußten, daß Chruschtschow bluffte. Penkowsky wurde zufällig vom KGB ertappt, als er einen britischen Agenten in Moskau kontaktierte, und durch einen Schuß in den Kopf hingerichtet.

Eisenhower erkannte als erster amerikanischer Präsident die Bedeutung von Luftaufklärung und Satellitenfotografie. 1962 erfuhr Kennedy aus den Aufnahmen der U-2-Flugzeuge vom Bau der sowjetischen Raketenbasen auf Kuba. Es war ein Schock für die Regierungsmitglieder – keiner hatte sie gewarnt, daß Chruschtschow dort Raketen stationieren würde. Und kein US-Agent, weder in Havanna noch in Moskau, enthüllte eine andere höchst wichtige Information: Die kubanischen Streitkräfte waren mit strategischen Nuklearwaffen ausgerüstet. Hätten die USA, wie vorgeschlagen wurde, auf Kuba eine Invasion durchgeführt, wären sie mit diesen Waffen vollkommen überrascht worden. Möglicherweise hätte das sogar einen Atomkrieg ausgelöst.

Viel weiter als mit Agenten drang der Westen mit technischen Mitteln in die Sowjetunion vor. Die USA besaßen Luftaufnahmen, die zeigten, wie 1968 sowjetische Panzer für einen Einsatz in der Tschechoslowakei zusammenzogen wurden und 1979 für einen Einsatz in Afghanistan. Der Satellit KH 11 war für die Überwachung der Abrüstungsvereinbarungen von großer Bedeutung; mittels Satellit konnten verzögerungsfreie Kontrollen zur Stützung von SALT II durchgeführt werden.

Aldrich Ames, ein ehemaliger CIA-Beamter in mittlerer Position, spionierte für Geld; heute sitzt er eine lebenslange Haftstrafe ab. Während seiner zehnjährigen Tätigkeit für den KGB verriet Ames zehn CIA-Agenten in der Sowjetunion, alle wurden erschossen. Einer davon war Dimitrij Poljakow. Dieser wurde 1961 für die CIA angeworben. Er war ein alter Mann, der den Lebensabend in seiner Datscha verbrachte, als der KGB 1986 vor der Tür stand und ihn verhaftete.

Der ehemalige CIA-Mitarbeiter Aldrich Ames beim Verlassen des Gerichtsgebäudes in Alexandria im Bundesstaat Virginia, 28. April 1994. Er wurde der Spionage für Moskau für schuldig befunden. Ames spionierte für Geld und kostete vielen Agenten das Leben. Er erhielt eine lebenslängliche Haftstrafe.

Markus Wolf, Chef des ostdeutschen Geheimdienstes, organisierte die DDR-Spionage in der Bundesrepublik. Nach dem Kalten Krieg kam Wolf gegen Kaution frei, wurde verurteilt und erhielt schließlich Bewährung.

Washington, 1987

12. August. Präsident Ronald Reagan und seine Frau Nancy begleiten Michail Gorbatschow zu einem Staatsbankett im Weißen Haus. Beide Männer wirken sehr entschlossen, und schließlich erreichen sie auch, was sie wollen.

Gorbatschow

1984–1988

Konstantin Tschernenko winkt der Menge vom Lenin-Mausoleum aus zu. Tschernenko war der letzte der drei alten Männer, die nacheinander die UdSSR regierten. Am 13. Februar 1984 wurde er zum Generalsekretär der KPdSU ernannt, am 10. März 1985 starb er.

Der Ruf nach »tiefgreifenden Veränderungen«

Jeder Eingeweihte im Kreml wußte, daß Konstantin Ustinowitsch Tschernenko schwer krank war; seine Kurzatmigkeit, Folge eines Emphysems, ließ sich nicht verbergen. Kaum hatte er das Amt des Generalsekretärs angetreten, begann auch schon der Streit um seine Nachfolge. All jene, die eine Rückkehr zu den stabilen Verhältnissen in der guten alten Zeit unter Breschnew wünschten, versuchten Tschernenko zu beeinflussen, daß er Andropows Reformen stoppte. Die Anhänger der Reformen verloren den Mut; der neue Regierungschef zeigte wenig Initiative und schwankte zwischen den verschiedenen Interessengruppen. Tschernenko war oft krank und konnte nur selten an den Sitzungen des Politbüros teilnehmen. Nach spätestens einer Viertelstunde wurde der Generalsekretär des Zentralkomitees gebeten, den Vorsitz zu übernehmen. Das war Michail Gorbatschow, der entschiedener als alle anderen für einen Kurswechsel plädierte. Der alten Garde gefiel seine Position nicht, und sie verschwor sich gegen ihn. Tschernenkos Zustand verschlechterte sich, er hatte Probleme beim Sprechen und Atmen und mied öffentliche Auftritte. Er war zu krank, um seine jährliche Wahlansprache vor dem Politbüro zu halten, doch er konnte nicht auf demokratische Weise aus seinem Amt entfernt werden. Ein kranker und seniler Regierungschef konnte so lange an der Spitze der Sowjetunion stehen, wie seine engsten Kollegen ihn duldeten.

Am 10. Dezember hielt Gorbatschow bei einer Parteikonferenz eine wichtige Grundsatzrede. Er bekannte sich entschlossen zu Reformen und stellte zwei neue Konzepte vor, die in den Wortschatz der Partei eingehen sollten: *Perestroika*, Umbau oder Umstrukturierung, und *Glasnost*, die Offenheit oder Transparenz des öffentlichen Lebens. Wörtlich sagte er: »In der Wirtschaft und im ganzen System der sozialen Beziehungen sind tiefgreifende Veränderungen erforderlich. Ein qualitativ höherer Lebensstandard muß für die sowjetische Bevölkerung gesichert werden... Glasnost ist ein wesentlicher Bestandteil einer sozialistischen Demokratie. Frei verfügbare Informationen sind ein Beweis für das Vertrauen zu den Menschen und zeugen von Respekt für ihre Intelligenz, ihre Gefühle und für ihre Fähigkeit, sich ein eigenes Bild zu machen.« Gorbatschow war der Kandidat der Reformer. Doch innerhalb des Politbüros waren die Reformer in der Minderheit.

Am Abend des 10. März 1985 starb Tschernenko. Er war der dritte alte Parteiführer, der innerhalb von drei Jahren starb. Im Politbüro beeilte man sich mit der Regelung der Nachfolge; eine Sitzung wurde noch am selben Abend für 23 Uhr anberaumt. Andrei Gromyko ergriff als erster das Wort und schlug Gorbatschow vor. Als nächster sprach Nikolai Tichonow, der achtzigjährige Vorsitzende des Ministerrates und ein durch und durch konservativer Reformgegner. Auch er schlug »vorbehaltlos« die Nominierung Gorbatschows vor. Der vierundfünfzigjährige Gorbatschow wurde einstimmig gewählt. So machte man das in der Sowjetunion: Die alten Herren beschlossen, daß ein jüngerer Staatschef gebraucht wurde. Bei einer Sitzung der KPdSU am nächsten Tag, bei der die Nachfolge bestätigt werden sollte, begrüßten die Anwesenden mit unverhohlener Erleichterung die Entscheidung, daß ein jüngerer Mann Tschernenkos Nachfolge antreten sollte. Allein der Name Gorbatschow löste donnernden Applaus aus. Nach seiner einstimmigen Bestätigung durch die Partei umriß Gorbatschow in einer Rede sein Programm. Er sprach davon, daß die Sowjetunion sich »vorwärts bewegen« und sich zu einem sozialistischen System mit mehr Demokratie und sozialem Bewußtsein entwickeln müsse. Er sprach von dem Bedürfnis nach mehr Offenheit – Glasnost. Zur Außenpolitik sagte er: »Wir wollen das Wettrüsten stoppen und nicht mehr fortsetzen. Daher schlagen wir ein Einfrieren der Atomwaffenarsenale und ein Ende der Raketenstationierungen vor.« Gorbatschows Wahl kennzeichnete einen Neuanfang – und sie war der Anfang vom Ende des Kalten Krieges und der Sowjetunion.

Neues Blut für den Kreml

Michail Gorbatschow entstammte einer anderen Generation als seine Vorgänger. Seine Einstellung war nicht von den Entbehrungen und den Leiden des Zweiten Weltkrieges geprägt; er war in der Zeit der friedlichen Koexistenz der Supermächte aufgewachsen. Seine wichtigsten Erfahrungen in der kommunistischen Partei fielen in die Zeit des politischen Tauwetters unter Chruschtschow und der Entspannungspolitik der Breschnew-Ära. Im ersten Jahr nach seinem Amtsantritt entfernte Gorbatschow einen Großteil der alten Garde und brachte neues Blut in den Kreml. Andrei Gromyko, seit 28 Jahren Außenminister, wurde zum Vorsitzenden des Obersten Sowjets befördert und war damit praktisch Staatsoberhaupt. Die entstandene Lücke füllte Gorbatschow zur allgemeinen Überraschung mit einem jungen Georgier: Eduard Schewardnadse, der erste sowjetische Außenminister, der kein Russe war. Auch Boris Jelzin wurde von Gorbatschow in den Kreml geholt. Er übernahm schließlich das Amt von Gorbatschows erbittertstem Gegner, Wiktor Grischin, dem Moskauer Parteichef, der auch als »Gouverneur« von Moskau bekannt war. Jelzin war

»Alkohol am Steuer ist kriminell« warnt dieses sowjetische Plakat. Alkoholismus war in der Sowjetunion ein großes Problem.

aktiv, entscheidungsfreudig, offen für neue Ideen und reformierte die verkrusteten Strukturen der Moskauer KPdSU drastisch. Alexander Jakowlew, ein alter Freund Gorbatschows, wurde Parteisekretär für die Bereiche Nachrichten und Propaganda. Er hatte zuvor eine Expertenkommission geleitet, in der viele Ideen der Perestroika entwickelt worden waren.

Viele Sowjetbürger waren durch die Ernennung eines jungen, dynamischen neuen Regierungschefs wie elektrisiert; einigen erschien er geradezu als der Messias, der zu ihrer Rettung gekommen war. In einem totalitären Staat beginnt ein Reformprozeß normalerweise ganz oben. Doch um die sowjetische

OBEN: *Der neue Generalsekretär Michail Gorbatschow nimmt seinen Platz am Tisch ein. An der Längsseite sitzen Nikolai Ryschkow, Alexander Jakowlew und Eduard Schewardnadse, ihnen gegenüber Anatoli Lukjanow.*
OBEN RECHTS: *Ein Bad in der Menge: Gorbatschow mit seiner Frau Raissa, 8. April 1986.*

Gesellschaft aus ihrer Lethargie zu reißen, war es nach Gorbatschows Ansicht unerläßlich, die Arbeiterklasse für die Reformen zu gewinnen. Er traf gerne Menschen, besuchte von Anfang an regelmäßig Fabriken und Institute und sprach mit dem Mann auf der Straße. Zuerst begegnete ihm die sowjetische Bevölkerung mit dem üblichen Mißtrauen gegenüber Parteichefs. Doch Gorbatschow ließ sich davon nicht beirren. Er rügte die örtlichen Parteivorsitzenden, die ihre Arbeiter angewiesen hatten, in Gegenwart des Generalsekretärs zu schweigen. Die Leute hofften, daß er vielleicht ein offenes Ohr für ihre Probleme hätte, daß sie endlich einmal Gehör finden würden. In einem Stahlwerk in Dnjepropetrowsk in der Ukraine fragte Gorbatschow die Arbeiter, ob ihnen die Reformen zu schnell gingen. Sprecher traten nach vorne und sagten: »Sie sind richtig und notwendig.« Gorbatschow fragte: »Sagen nur ein paar wenige das, oder ist es die Meinung von allen?« Einstimmig riefen die Arbeiter zurück: »Von allen.« Die Reformen konnten gar nicht schnell genug vonstatten gehen.

Gorbatschows Reformen waren radikal, aber nicht revolutionär. Er wollte das bestehende System erneuern, nicht durch ein anderes ersetzen. Er und seine Anhänger wollten unbedingt neue Freiheiten schaffen, doch sie dachten, die Sowjetunion würde auch nach den Reformen kommunistisch bleiben. Gorbatschow täuschte sich. Die liberale Politik lockerte die Kontrolle der Partei. Die Veränderungen, vor allem in der Wirtschaft, destabilisierten das System.

Gorbatschow und seine Berater wußten, daß die laufenden Verteidigungsausgaben die Sowjetunion in den Ruin trieben. Die sowjetische Wirtschaft war einer weiteren Runde des Wettrüstens nicht gewachsen, wie sie die Regierung Reagan, mittlerweile in der zweiten Amtsperiode, anstrebte. Gorbatschows Regierungsmannschaft mußte dauerhafte Entspannung sicherstellen, wenn die sowjetische Wirtschaft zum Vorteil der Bevölkerung wachsen sollte, was unerläßlich war. 40 Jahre lang waren die Absurditäten des Systems verschleiert worden, da alles Offizielle strenger Geheimhaltung unterlag. Der Staatshaushalt war den Parteivorsitzenden nur in groben Zügen bekannt. Bei der Vorstellung des Haushaltsbudgets vor dem Obersten Sowjet umfaßte die Spalte »Sonstiges« jedes Jahr mehr als 100 Milliarden Rubel. Kein Abgeordneter fragte jemals, was sich hinter diesem Haushaltsposten verbarg. Das enorme Haushaltsdefizit wurde mit Anleihen bei Sparkassen finanziert, was die Millionen Sparer nie erfuhren. Alles, was nur im entferntesten im Zusammenhang mit Verteidigungsausgaben stand, war ein Tabu, selbst die Mitglieder des Politbüros wagten nicht danach zu fragen. Ohne wirksame Kontrolle waren jedoch Ineffektivität und ungeheurer Verschwendung Tür und Tor geöffnet.

Wenn sowjetische Jugendliche auf amerikanische Schulen und Universitäten gehen könnten, würden sie zuerst einmal lernen ..., daß wir dem sowjetischen Volk nichts Böses antun wollen ... Sie würden lernen, daß wir alle Kinder Gottes sind, die viel gemeinsam haben.

Ronald Reagan
in einer Fernsehansprache,
14. November 1985

Verlierer im Tauschhandel

Die Zahlen über den Außenhandel der Sowjetunion wurden wie ein Staatsgeheimnis gehütet. So sollte die Tatsache verborgen werden, daß das Gleichgewicht in den Handelsbeziehungen zwischen der UdSSR und ihren Satellitenstaaten stark zuungunsten der Sowjetunion verschoben war. Die riesigen Erdöl-, Erdgas- und Metallvorkommen in Sibirien hätten die UdSSR zu einem reichen Land machen können. Doch sie stellte ihren sozialistischen Verbündeten Energie und andere Rohstoffe zu sehr günstigen Preisen zur Verfügung, und die Länder konnten im Austausch dafür wenig bieten. Wertvolle Ressourcen wurden zu unglaublich niedrigen Preisen im Austausch für Fertigerzeugnisse von geringem Nutzen für die Industrie oder qualitativ minderwertige Konsumgüter verschleudert. Von 1981 bis 1986 erhielt Kuba Hilfslieferungen in Höhe von vier Milliarden Dollar. Vietnam wurde jährlich mit einer Milliarde unterstützt. Der Irak erhielt allein 1981 Handelskredite in Höhe von 1,5 Milliarden Dollar. Die jährliche Subvention der Öllieferungen der UdSSR an die Verbündeten des Warschauer Pakts beliefen sich auf rund drei Milliarden Dollar. Das behinderte den Fortschritt in der Sowjetunion und hielt das Land in relativer Armut. Und das Verteidigungsbudget, dessen Volumen schwierig zu ermitteln war, weil es auf mehrere Ministerien verteilt war, verschlang, wie Schewardnadse einmal gestand, jedes Jahr 50 Prozent des sowjetischen Bruttosozialproduktes.

Gorbatschow wußte, daß soziale Veränderungen ohne ein Ende des Wettrüstens mit dem Westen nicht möglich waren. Nur so würden die gigantischen Summen, die das Militär verschlang, für andere Zwecke frei werden. Wenige Tage nach Schewardnadses Amtsantritt als Außenminister wurde mitgeteilt, daß Reagan und Gorbatschow sich im November in Genf treffen würden. Die Vorbereitungen für dieses erste Gipfeltreffen seit der Begegnung von Carter und Breschnew liefen bereits an. Die Außenminister Shultz und Schewardnadse trafen sich mehrmals, und auch Reagan unterhielt sich mit dem sowjetischen Außenminister. Zunächst wurden nur die Verhandlungs-

September 1985. Der sowjetische Außenminister Schewardnadse (zweiter von rechts) und der amerikanische Außenminister George Shultz (zweiter von links) trafen sich in New York, um vor dem Genfer Gipfel über Abrüstungsfragen zu sprechen.

Bei ihrer Begegnung im November 1985 in Genf verstanden sich Reagan und Gorbatschow prächtig – allein sogar noch besser als mit anderen zusammen.

positionen beider Seiten erläutert. Die Sowjets erklärten sich mit einer fünfzigprozentigen Reduzierung der Zahl der strategischen Sprengköpfe auf beiden Seiten einverstanden. Voraussetzung dafür war ein Abkommen, das festlegte, keine »Weltraumwaffen« zu entwickeln, zu testen oder zu stationieren. Doch der amerikanische Präsident, der von seinem Sonderberater für Fragen der nationalen Sicherheit, dem »Falken« Robert McFarlane, aufgestachelt worden war, bestand darauf, daß sein »Krieg-der-Sterne«-Projekt nicht Verhandlungsgegenstand sein dürfe. Darauf wollte er nicht verzichten.

Um sich auf das Treffen vorzubereiten, sprach Reagan mit den früheren Präsidenten Ford und Nixon. Er ließ sich Videos von den Besuchen Gorbatschows in Großbritannien und Frankreich vorführen. Seine Reise nannte er eine »Friedensmission« und war von der Notwendigkeit überzeugt, daß die atomare Bedrohung verringert werden müsse.

Gorbatschow seinerseits wollte keine »kosmetischen Korrekturen«, sondern einen grundlegenden Wandel der Außenpolitik. Er beschäftigte sich intensiv mit den amerikanischen Plänen für den »Krieg der Sterne« und legte sich die Argumente zurecht, um verschiedenen amerikanischen Positionen begegnen zu können. Ja, er soll sich sogar einen Hollywoodfilm mit Reagan von 1942 angesehen haben.

Als die beiden Staatsmänner sich schließlich am 19. November 1985 in Genf trafen, beobachtete die Welt gespannt, wie der vierundsiebzigjährige amerikanische ehemalige Schauspieler und der jugendlich wirkende Russe zusammenpaßten. Wer würde als »Sieger« aus der Begegnung hervorgehen? Der Gipfel begann mit einem persönlichen Gespräch, für das ursprünglich 15 Minuten vereinbart worden waren, das dann aber über eine Stunde dauerte. Beide trugen ihre Positionen vor, die Gegensätze traten deutlich zutage. Reagan prangerte die Mißachtung der Menschenrechte in der Sowjetunion an. Gorbatschow kritisierte den Einfluß der Militärindustrie auf die amerikanische Politik. Sie debattierten über regionale Konflikte. Jeder warf dem anderen vor, er teile die Welt in zwei Teile und betreibe ein wahnsinniges Wettrüsten, das die Menschheit an den Rand einer nuklearen Katastrophe gebracht habe. Die beiden Verhandlungsdelegationen erzielten ebenfalls kaum Fortschritte. Beim Mittagessen mit seiner Delegation meinte Gorbatschow über den amerikanischen Präsidenten, der sei nicht nur konservativ, sondern ein »Höhlenmensch, ein politischer Dinosaurier«.

Der menschliche Faktor

Am Nachmittag stritten die beiden Regierungschefs erbittert über das SDI-Programm. Gorbatschow war gegen eine Ausdehnung des Wettrüstens auf den Weltraum. Reagan sprach weiter über »offene Laboratorien« und betonte, an der SDI-Technologie könnten alle teilhaben. Gorbatschow glaubte ihm einfach nicht. Reagan schlug eine kurze Pause mit einem gemeinsamen Spaziergang vor. Danach setzten sie ihr persönliches Gespräch in einem anderen Zimmer vor einem brennenden Kaminfeuer fort. Die Atmosphäre war nun entspannter. Dann geschah etwas, womit niemand gerechnet hatte: Trotz ihrer ideologischen Differenzen entwickelten die Regierungschefs der beiden Supermächte Sympathie füreinander. Beide erkannten, daß es wichtig

Genf, 1985

Gorbatschow meinte nach dem ersten Gespräch mit dem amerikanischen Präsidenten zu seinen Beratern, Reagan sei ein »Dinosaurier«. Doch ein Kaminfeuer und bequeme Sessel wirkten Wunder, und schon bald entwickelte sich zwischen den beiden Regierungschefs ein herzliches Verhältnis.

Tschernobyl

Am Samstag morgen, dem 26. April 1986, zerriß um 1 Uhr 23 eine Explosion den Reaktor in Block 4 des Atomkraftwerkes Tschernobyl, rund 100 Kilometer nördlich von Kiew in der Ukraine. Zu dem Unfall kam es während eines Experimentes im Reaktor, bei dem das Notkühlwassersystem abgeschaltet wurde. Die Wucht der Explosion sprengte den schweren Stahlmantel des Reaktors. Dabei wurden radioaktive Stoffe freigesetzt und über ein großes Gebiet verteilt. 31 Menschen starben auf der Stelle, 500 Verletzte wurden in Krankenhäuser gebracht.

In Moskau trat das Politbüro zu einer Krisensitzung zusammen, doch zunächst hatte niemand eine klare Vorstellung vom Ausmaß der Katastrophe. Zwei Tage später registrierten schwedische Meßstationen ein hohes Maß an Radioaktivität in der Atmosphäre. Die sowjetische Regierung mußte den Unfall öffentlich eingestehen. Nach und nach wurde der Regierung das ungeheure Ausmaß des Schadens bewußt. Obwohl keine angemessene Schutzkleidung zur Verfügung stand, begannen Freiwillige mit der Beseitigung des radioaktiv verseuchten Materials. Die meisten mußten nach kurzer Zeit in Krankenhäuser eingeliefert werden, viele starben. In der Zwischenzeit betrieben sowjetische Wissenschaftler und Ingenieure Schadensbegrenzung an dem Reaktor.

Erst nach tagelangen Verzögerungen wurde die radioaktive Belastung gemessen und die Evakuierung der Bevölkerung organisiert. Aus einer Zone im Umkreis von 30 Kilometern um das Kraftwerk wurden 135 000 Menschen an andere Orte umgesiedelt. Mit chemischen Mitteln sollte eine radioaktive Verseuchung des Dnjepr verhindert werden.

Starke Winde trieben die Radioaktivität, die hoch in die Wolken aufgestiegen war, zunächst nach Westen. Der Fallout ging über der westlichen Sowjetunion und dann über Europa nieder, selbst Italien, Frankreich, Schottland und Irland waren betroffen.

Im Juli beschloß man, den beschädigten Reaktor in einem Betonsarkophag einzuschließen. Die anderen Reaktorblöcke von Tschernobyl wurden wieder in Betrieb genommen. Es gab noch eine Reihe kleinerer Unfälle. 1991 forderte das ukrainische Parlament die Stillegung des Kraftwerks, doch es arbeitet bis heute.

Das Gebiet wurde zwar evakuiert, aber die Maßnahmen zum Katastrophenschutz in Tschernobyl erfolgten zu spät und zu halbherzig. Schilddrüsenkrebs, Leukämie und andere durch Radioaktivität verursachte Erkrankungen treten bei der betroffenen Bevölkerung wesentlich häufiger auf als üblicherweise. In den folgenden Jahren kamen viele Tiere mißgebildet zur Welt.

Der Vorfall in Tschernobyl zeigte den veralteten Standard der sowjetischen Technologie. Er zeigte auch auf tragische Weise, daß das alte Regime nicht fähig war, auf eine Katastrophe solchen Ausmaßes angemessen zu reagieren und darüber zu berichten. Der Unfall demonstrierte die Dringlichkeit von Gorbatschows Reformbemühungen.

Kernschmelze. Tschernobyl im April 1986, drei Tage nach der Explosion des Reaktors. Der Fotograf, der das Gebiet in einem Hubschrauber überflog, erlitt Strahlenschäden.

war, den Dialog fortzusetzen. Als sie sich später den Fotografen stellten, konnte man an ihrer Körpersprache ablesen, daß sie gut miteinander auskamen.

Die Atmosphäre am zweiten Tag der Begegnung war erneut spannungsgeladen. Obwohl die Sowjets zunehmend Druck auf Reagan und seine Delegation ausübten, weigerten sich die Amerikaner, bei SDI nachzugeben. Gorbatschow erzielte bei der Reduzierung strategischer Waffen nur begrenzte Fortschritte. Und wieder besserte sich die Stimmung im persönlichen Gespräch der beiden Staatsmänner. Persönlich räumten sie die Probleme bei der Formulierung des gemeinsamen Schlußkommuniqués beiseite. Bei der Unterzeichnung sah alles sehr vielversprechend aus. Die Abrüstungsgespräche sollten fortgesetzt werden; im Prinzip wurde eine Halbierung der Nuklearwaffenarsenale angestrebt. Für die Menschen in Amerika und der Sowjetunion sollte es vielfältige neue Begegnungsmöglichkeiten geben. Beide Staatsmänner stimmten darin überein, daß »ein Atomkrieg nicht gewonnen werden kann und niemals geführt werden darf«. Ein Krieg zwischen ihren Ländern müsse unter allen Umständen vermieden werden, und beide Seiten »wollen keine militärische Überlegenheit anstreben«. Die beiden Staatsmänner verbrachten mehr als fünf Stunden allein zusammen. Der Dialog war in Gang gekommen.

Auf dem XXVII. Parteitag der KPdSU im Februar 1986 unterstützten die Delegierten Gorbatschows »neues Denken« begeistert.

Reagans Delegation wertete das Gipfeltreffen als Erfolg. Die Amerikaner hatten beim SDI-Programm keine Zugeständnisse gemacht und alle Themen angesprochen, die ihnen wichtig waren. Für Washington bestand kein Bedarf an neuen Initiativen. Gorbatschow dagegen hatte den Eindruck, daß er erst am Anfang der Abrüstungsgespräche stand und keinen konkreten Erfolg vorweisen konnte. Daher bot er im Januar 1986 die Vernichtung aller Atomwaffen bis zum Jahr 2000 an. Er schlug weiter eine bilaterale Vereinbarung zwischen den USA und der UdSSR über den Abzug aller Mittelstreckenraketen aus Europa vor – alle Raketen vom Typ SS-20, Pershing und Cruise-Missile sollten verschwinden. Fernziel von Gorbatschows dramatischer »Friedensoffensive« war eine atomwaffenfreie Welt in 15 Jahren. Die neue Politik fand auf dem XXVII. Parteitag im Februar 1986 in Moskau breite Zustimmung. Gorbatschows Führungsstil und sein Konzept des neuen Denkens, *nowoje myschlenje*, wurden von der Partei gebilligt.

Im Westen betrachtete man das Friedensangebot als einen neuen Propagandatrick Moskaus. Washington kritisierte, dem Angebot mangle es an »Seriosität«. Die europäischen Politiker hielten es für Heuchelei; nach dem Abzug der SS-20, der Pershings und Cruise-Missiles bliebe den Sowjets immer noch ihre Überlegenheit bei konventionellen Waffen. Die Genfer Abrüstungsgespräche gingen weiter, brachten aber keine Fortschritte. In der Zwischenzeit gewann Moskau den Eindruck, daß die USA zu einem Konfrontationskurs zurückkehrten. Zwei amerikanische Kriegsschiffe, darunter der mit vielen elektronischen Überwachungsgeräten ausgerüstete Zerstörer »Caron«, drangen absichtlich in sowjetische Hoheitsgewässer ein und kreuzten knapp zehn Kilometer vor der Küste der Krim. Washington behauptete, die Schiffe würden nur ihr Recht zur Vorbeifahrt ausüben. Doch es war offensichtlich, daß sie spionierten. Als amerikanische Kriegsschiffe vor der libyschen Küste auftauchten, wurden sie von den Libyern mit Schüssen empfangen. Einen Monat später bombardierten amerikanische Flugzeuge Ziele in Tripolis und Bengasi, rund 100 Libyer starben. In Washington wurden die Angriffe auf Libyen als Vergeltung für Terroranschläge gerechtfertigt. Dann ließen die USA zwei Tage nach Gorbatschows Vorschlag einer Ausweitung des Atomteststoppabkommens einen atomaren Sprengkörper detonieren. All dies betrachtete man in Moskau als ein Wiederaufleben des amerikanischen Militarismus, der die Sowjetunion und die Länder der dritten Welt bedrohte.

Afghanistan

Ronald Reagan lebte immer noch in der Ära des Kalten Krieges. Im März 1986 trat er für eine weitere Unterstützung der »Freiheitskämpfer« auf der ganzen Welt ein und sprach von der »langen Geschichte sowjetischer Brutalität gegen Schwächere«. Er forderte den Rekordverteidigungsetat von 320 Milliarden Dollar und billigte persönlich eine verdeckte militärische Unterstützung im Umfang von 300 Millionen Dollar für die afghanischen Mudschaheddin. Er stimmte zu, die sowjetischen Truppen »mit allen verfügbaren Mitteln« aus Afghanistan zu vertreiben.

Afghanistan war eines der großen Probleme, mit denen Gorbatschow als neuer sowjetischer Regierungschef konfrontiert wurde. Er erhielt Tausende von Briefen: »Warum müssen unsere Söhne dort sterben?« – »Warum haben Sie meinen Sohn ins Unglück gestürzt?« Bis 1986 wurden die Meldungen über Afghanistan in den sowjetischen Medien streng zensiert. In Zeitungen, Zeitschriften und im Fernsehen wurden nur positive Bilder gezeigt: Sowjetische Soldaten verteilten Hilfsgüter und Medikamente an arme Dorfbewohner, halfen den Alten und sorgten für die Kranken. Ganz anders klangen die Erzählungen der Veteranen, die von den Schrecken des Krieges und von Massakern

Die Rote Armee in Afghanistan

Beim Feldzug in Afghanistan legten die sowjetischen Streitkräfte von Anfang an Wert darauf, die einheimische Bevölkerung für sich zu gewinnen. Die Soldaten brachten Ärzte und Medikamente mit, Nahrungsmittel und Kleidung für die Kinder. Mit den Dorfältesten wurden Gespräche geführt. Doch parallel zu solcher Sympathiewerbung griffen die Sowjets zu immer brutaleren Mitteln. Zur Einschüchterung wurden Dörfer unter Artilleriebeschuß genommen; Orte, die Rebellen unterstützt hatten, wurden zur Vergeltung bombardiert. Viele Soldaten zeigten sich gegenüber den Opfern unter der Zivilbevölkerung gleichgültig. All das weckte den Haß der Bevölkerung gegen die »Besatzer«. Für nervöse Wehrpflichtige, die ein Dorf durchsuchen mußten, war jeder Bauer ein möglicher Feind. Es kam zu Massakern unter den Zivilisten. Im September 1982 wurden im Dorf Padkhwab-e-Shana in der Provinz Logar 105 Männer und Frauen verbrannt, die sich in einem unterirdischen Bewässerungskanal versteckt hatten. Die sowjetischen Soldaten gossen Petroleum in den Tunnel und zündeten es an.

Die sowjetischen Soldaten verrohten durch den Dienst in Afghanistan, ihr Verhältnis untereinander verschlechterte sich. »Alte Kämpfer« tyrannisierten neu eingetroffene Wehrpflichtige. Die Zahl der Deserteure war hoch, und auch Ausfälle durch Hitzschlag und Krankheiten wie Ruhr und Typhus waren häufig. Dazu kam der Alkohol- und Drogenmißbrauch. Haschisch und Kokain wurden am häufigsten genommen; die Soldaten tauschten bei den Einheimischen alle möglichen Dinge gegen Drogen. Die Rote Armee in Afghanistan hatte ähnliche Probleme wie die amerikanischen Streitkräfte in Vietnam.

Afghanistan. OBEN LINKS: *Ein sowjetischer Konvoi gerät in einen Hinterhalt der Mudschaheddin.*
OBEN: *Ein Denkmal für die Gefallenen.*
UNTEN: *Nach acht Jahren Krieg kehren die sowjetischen Soldaten heim.*

berichteten. Augenscheinlich verbreiteten die Medien ein gigantisches Lügengespinst. Unter dem Einfluß von Glasnost berichteten sie allmählich immer mehr über das tatsächliche Geschehen in Afghanistan; ab 1987 forderten sie sogar den Abzug der Truppen. Überall in der Sowjetunion waren auf den Friedhöfen frische Gräber ausgehoben worden. Mütter erfuhren nichts von ihren vermißten Söhnen, bis sie – oft lange nachdem sie ihre Söhne für tot erklären lassen hatten – plötzlich einen versiegelten Zinksarg präsentiert bekamen. Da die Leichen oft entsetzlich verstümmelt waren, durften die Mütter keinen letzten Blick auf ihre Söhne werfen. Der Schmerz war unermeßlich.

1984 und 1985 setzten die sowjetischen Streitkräfte verstärkt Kampfhubschrauber ein, um die Rebellen aufzuspüren und zu vernichten. Im März 1986 beschlossen die USA, die Regimegegner mit der neuesten Version der Stinger-Flugabwehrraketen auszurüsten, die man von der Schulter aus abschießen konnte; die ersten trafen im September in Afghanistan ein. Die Stinger-Raketen waren einfach zu handhaben und garantierten bei tieffliegenden Flugzeugen eine hohe Treffsicherheit, da die Rakete einen hitzegesteuerten Suchkopf besitzt, der sich nach dem Motor eines Flugzeuges richtet. Die Sowjets änderten daraufhin ihre Taktik. Sie ließen die Bomber höher fliegen, die nun jedoch die Ziele weniger genau trafen. Obwohl die sowjetischen Piloten die Flugabwehrraketen manchmal durch Leuchtgeschosse ablenken konnten, trugen die Stinger-Raketen entscheidend dazu bei, daß sich das Kriegsgeschehen zuungunsten der Sowjetunion entwickelte.

Gorbatschow hatte sich schon vor dem Einsatz der Stinger-Raketen zum Rückzug aus Afghanistan entschlossen. Doch der Zeitplan für einen Truppenabzug, den er im Austausch für die amerikanische Unterstützung einer Koalition aus Kommunisten und Mudschaheddin in Kabul anbot, wurde von Washington rundweg abgelehnt. Den USA ging es immer noch um den Sieg im Kalten Krieg; sie wollten die UdSSR nicht so einfach davonkommen lassen. So starben weiter sowjetische Soldaten und afghanische Rebellen.

Obwohl die Spannungen wieder wuchsen, blieben Gorbatschow und Reagan persönlich in brieflichem Kontakt. Bei Reagan festigte sich die Überzeugung, daß es neben der amerikanischen Stärke die sowjetische Bereitschaft, Zugeständnisse zu machen, gab.

Eine verkürzte »Verschnaufpause«

1986 wurde kurzfristig für Oktober ein Minigipfel in Reykjavik auf Island vereinbart, auf halber Strecke zwischen den USA und der UdSSR.

Gorbatschow brauchte außenpolitische Erfolge, um zu Hause Rückhalt für seine Politik der Perestroika zu bekommen. Er mußte unbedingt Ressourcen für die Finanzierung der innenpolitischen Reformen freisetzen. Zwar beabsichtigte er nicht, in Reykjavik zu einem Abkommen zu gelangen, aber er wollte den Weg für eine Reduzierung der strategischen Waffen ebnen. Das Politbüro unterstützte seine Verhandlungsposition. Reagan hatte seine Haltung während der vergangenen Monate deutlich gemacht und immer wieder die amerikanische Stärke demonstriert. Die Sowjets konnten ihm entweder entgegenkommen oder durchhalten und warten, daß die Amerikaner nachgaben. Niemand setzte große Erwartungen in die Begegnung.

Am ersten Tag des Gipfels in Reykjavik, am 11. Oktober 1986, ergriff Gorbatschow die Initiative. Er machte einen weitgehenden Vorschlag zur Reduzierung von strategischen Waffen, Mittelstreckenraketen und Weltraumwaffen. Mit einem völlig neuen Ansatz trennte er sich von Argumenten, über die man in Genf ergebnislos diskutiert hatte. Reagan hatte seine wichtigsten Punkte auf Karten notiert. Als er sie versehentlich fallen ließ und seine vorbereitete Antwort auf Gorbatschows Vorschläge nicht mehr finden konnte, wurde er nervös. Shultz sprang für ihn ein und erklärte, die sowjetische Ausgangsposition sei prinzipiell akzeptabel. Die Verhandlungen zogen sich den ganzen Tag und bis in die Nacht hin, da andere Delegierte immer neue Vorschläge für weitere Reduzierungen in die Debatte warfen.

Am zweiten Tag beschleunigte sich das Tempo. Gorbatschow und Reagan machten da weiter, wo ihre Vertreter aufgehört hatten. Die beiden Staatsmänner einigten sich auf die »Nullösung« für Mittelstreckenraketen in Europa: vollständiger Abzug aller Raketen. Sie einigten sich außerdem auf die Reduzierung aller ballistischen Raketen (Interkontinentalraketen und U-Boot-gestützte strategische Raketen) um die Hälfte innerhalb von fünf Jahren. Beim Mittagessen schlugen die Amerikaner die Abschaffung aller ballistischen Raketen innerhalb von zehn Jahren vor. Gorbatschow beschloß, den Einsatz zu erhöhen, und schlug einen Verzicht auf alle strategischen Nuklearwaffen in dieser Zeitspanne vor. Reagan fand das Tempo »atemberaubend«. Er erklärte sich mit Gorbatschows letztem Vorschlag einverstanden und überbot ihn noch mit der Ankündigung, er sei bereit, alle Atomwaffen innerhalb von zehn Jahren abzuschaffen – mit anderen Worten, auf die nukleare Abschreckung vollständig zu verzichten. Shultz war verblüfft. Später erzählte er: »Ich sagte mir, er ist der Präsident. Er wurde zweimal gewählt. Er hat aus seiner Ansicht über Atomwaffen nie einen Hehl gemacht. Wer bin ich denn, daß ich ihn davon abhalten sollte, das zu sagen, was er denkt und für das er im Wahlkampf eingetreten ist?« Gorbatschow akzeptierte den Vorschlag sofort.

Das bedeutendste und bemerkenswerteste Abkommen in der Geschichte des 20. Jahrhunderts stand kurz vor dem Abschluß. Aber Gorbatschow bedrängte Reagan weiterhin wegen des SDI-Programms: »Aus unserer Begegnung kann keiner als Sieger hervorgehen. Entweder gewinnen wir beide, oder wir verlieren beide.« Die Sowjets hatten ihre bisherige Position bereits etwas abgeschwächt. Sie forderten nun, wie schon im ABM-Vertrag festgehalten, daß die Forschung für den »Krieg der Sterne« auf das Labor beschränkt bleiben solle. Doch der amerikanische Präsident wollte von seiner Lieblingsidee eines Verteidigungssystems im Weltraum immer noch nicht Abschied nehmen. Die Arbeit daran sollte weitergehen. Gorbatschow hielt dagegen, es sei schon schwierig genug, dem Wettrüsten auf der Erde Einhalt zu gebieten; im Weltraum dagegen sei es unmöglich. Reagan, dessen Position zu SDI stets eindeutig und unverrückbar gewesen war, zögerte einen Moment. Er schob Shultz auf einem Stück Papier die Frage zu: »Habe ich recht, George?« Shultz kritzelte »absolut« darunter und schob den Zettel zurück. Reagan brach das Treffen ab. Es sollte keine Einigung geben.

Für beide Seiten war der Abbruch eine große Enttäuschung. Dennoch war allen klar, daß eine historische Linie überschritten worden war. Gorbatschow sagte auf einer Pressekonferenz: »Trotz des Dramas ist Reykjavik kein Fehlschlag; es ist ein Durchbruch, denn wir haben zum erstenmal über unseren eigenen Horizont hinausgeblickt.« Zwei Tage später erklärte Reagan: »Glauben Sie mir, die Bedeutung der Gespräche in Reykjavik liegt nicht darin, daß wir am Ende kein Abkommen unterzeichnet haben; die Bedeutung liegt darin, daß wir uns so nahe gekommen sind.«

LINKS: *Reykjavik, Oktober 1986. Die Gipfelteilnehmer kamen einer Einigung nahe.* UNTEN: *Schließlich setzte sich der Wille zu einer drastischen Rüstungsbegrenzung durch. Sowjetische Truppen verpacken Raketen, die verschrottet werden sollen.*

Reykjavik war ein historischer Wendepunkt. Es zeigte uns, daß Fortschritte möglich sind.

Michail Gorbatschow
über den Minigipfel
im Oktober 1986

Erneute Spannungen

Nach dem Gipfel von Reykjavik kam es erneut zu Spannungen. Gorbatschow verlieh seiner Meinung über die USA deutlich Ausdruck: »Es zeigt sich, daß sie nicht nur keine konstruktiven Vorschläge zu den wichtigsten Fragen der Abrüstung bieten können, sondern daß sie nicht einmal den Wunsch haben, eine Atmosphäre zur Fortsetzung des Dialoges zu schaffen.« Washington reagierte mit neuer Kritik an sowjetischen Menschenrechtsverletzungen. Die europäischen Verbündeten der USA waren konsterniert, daß Amerika sich beinahe zum Verzicht auf die nukleare Abschreckung bereit erklärt hatte. Ihrer Ansicht nach hing ihre Sicherheit von der Abschreckung ab; Washington hatte sie nicht einmal konsultiert. Zumindest in London und Bonn war man über das Scheitern in Reykjavik erleichtert.

Oliver North

Ende 1986 verwickelte sich die Reagan-Regierung immer mehr in ein Netz aus Intrigen und Skandalen. Die Contras in Nicaragua waren mit illegalen Waffenverkäufen an den Iran finanziert worden. Mehrere ranghohe amerikanische Regierungsbeamte waren über ein obskures Netzwerk aus israelischen und saudiarabischen Waffenhändlern, geheimen Schweizer Bankkonten und Geheimdienstagenten aus vielen Ländern an der Sache beteiligt. Vizeadmiral John Poindexter, McFarlanes Nachfolger als Sonderberater des Präsidenten in Fragen der nationalen Sicherheit, trat zurück. Doch der Großteil der Schuld fiel auf Oberstleutnant Oliver North vom Nationalen Sicherheitsrat, der die illegale Aktion geleitet hatte. Die Iran-Contra-Affäre mit ihren Enthüllungen und Vertuschungsversuchen warf ein schlechtes Licht auf die Regierung. Reagans Popularität sank in den Meinungsumfragen von 67 auf 46 Prozent. Auf der ganzen Welt verlor er an Glaubwürdigkeit.

Im Februar 1987 verkündete Gorbatschow auf einem Friedensforum für eine atomfreie Welt in Moskau, es stehe zuviel auf dem Spiel, als daß man noch »mehr Zeit mit Kräftemessen verbringen kann«. Zwei Wochen später stimmte er bedingungslos der Abschaffung aller sowjetischen und amerikanischen nuklearen Mittelstreckenraketen (INF) in Europa zu. Der Verzicht auf SDI war keine Voraussetzung dafür gewesen. Die britischen und französischen Atomwaffenarsenale wurden von dem Vertrag ausgenommen. Reagan meinte, Gorbatschow kapituliere vor der Stärke des Westens, und forderte ihn aus einem Gefühl der Überlegenheit bei einem Besuch an der Berliner Mauer heraus: »Wenn Sie nach Frieden streben, wenn Sie Wohlstand für die Sowjetunion und Osteuropa wünschen, wenn Sie die Liberalisierung wollen ..., dann, Mr. Gorbatschow, reißen Sie diese Mauer nieder.«

Gorbatschow widmete immer noch einen Großteil seiner Zeit den dringenden wirtschaftlichen und politischen Reformen in seinem Heimatland.

Das Zentralkomitee hatte zu Beginn des Jahres 1987 eine weitere Kampagne für *demokratisazija* und Glasnost gestartet, die die konservative Fraktion heftig bekämpfte. Das gesamte kommunistische System wurde durch die Privilegien für die Nomenklatura unterhöhlt, die Elite, die den Status quo erhalten wollte, von dem sie so profitierte. Obwohl Gorbatschow die Bürokratie in Partei und Staat tiefgreifenden Veränderungen unterwarf, lehnten selbst viele der von ihm ernannten Funktionäre weitere Reformen ab, da auch sie fest in den bestehenden Verhältnissen verwurzelt waren. Gorbatschows Stellvertreter in der KPdSU, Jegor Ligatschow, war gleichzeitig Anführer einer reaktionären Clique, die Glasnost kritisierte. Er sagte voraus, daß eine Lockerung der Parteidisziplin und die Entfesselung des Nationalismus in den baltischen Staaten und den südlichen Republiken der Sowjetunion sich als zerstörerisch erweisen würden. Gorbatschow stritt weiterhin ab, daß Perestroika »die sozialistischen Werte« bedrohe, und drängte zu noch rigoroseren Reformen.

Die Verhandlungen über den INF-Vertrag mit den USA kamen sehr langsam voran. Schewardnadse und Shultz trafen sich regelmäßig, um die Themen für den nächsten Gipfel festzulegen, der vom 7. bis 10. Dezember 1987 in Washington stattfand. Das Kernstück war die Unterzeichnung des INF-Vertrages. Reagan hatte die Nullösung erstmals 1981 den »alten Herren« in der sowjetischen Führung angeboten und erhielt jetzt dank der neuen Denkweise eines anderen Regierungschefs, was er wollte. Gorbatschow wiederum konnte überzeugend vermitteln, wie wichtig ihm die Abrüstung war. Die Unterzeichnung im Weißen Haus wurde vom amerikanischen und sowjetischen Fernsehen live übertragen. Der Vertrag war ein Meilenstein, denn dadurch wurde eine ganze Klasse amerikanischer und sowjetischer Atomwaffen aus Ost- und Westeuropa entfernt. Die SS-20-Raketen, die den Westen so beunruhigt hatten, sollten zusammen mit den Cruise-Missiles und den Pershings, die soviel Protest hervorgerufen hatten, abgezogen und verschrottet werden. Zum erstenmal sollten auf beiden Seiten Raketenstandorte, Fabriken und Verschrottungseinrichtungen von Experten inspiziert werden.

Bei den strategischen Waffen wurden auf dem Gipfel in Washington jedoch keine ähnlich dramatischen Vorstöße wie in Reykjavik erzielt. Gorbatschow war immer noch von Reagans Hartnäckigkeit bei SDI enttäuscht – obwohl der amerikanische Kongreß kurz vor dem Gipfel Reagans Haushaltsantrag um ein Drittel gekürzt hatte. Gespräche über ein weiteres Atomteststoppabkommen wurden aufgenommen, doch der allgemeine Abrüstungsprozeß wurde als »oberstes Ziel« auf unbestimmte Zeit verschoben.

Die beiden Regierungschefs sprachen auch über regionale Konflikte, vor allem über Afghanistan und Nicaragua. Die Sowjets hatten den Amerikanern vor dem Gipfel ihre Absicht zum Rückzug aus Afghanistan mitgeteilt. Reagan konstruierte daraus die Bedingung, daß die amerikanische Militärunterstützung für die Mudschaheddin nur beendet würde, wenn Moskau sich zurückziehe. In der Frage der Menschenrechte kritisierte Reagan Gorbatschow, daß nicht mehr sowjetischen Juden die Ausreise erlaubt würde. Der sowjetische Regierungschef fragte daraufhin ärgerlich, warum die USA, wenn sie doch so auf die Freizügigkeit der Menschen bedacht seien, bewaffnete Grenzpatrouillen gegen die Mexikaner einsetzten.

Glasnost. OBEN: *Generalsekretär Gorbatschow spricht in der sowjetischen Botschaft in Washington vor amerikanischen Geschäftsleuten, 10. Dezember 1987.*
UNTEN: *Sowjetische Jugendliche genießen die neuen Freiheiten in vollen Zügen.*

»Mann des Jahres«

Gorbatschows erster Besuch in den USA war ein Triumph. Die amerikanische Hauptstadt verfiel der »Gorbimania«. Michail und Raissa ließen ihre Fahrzeugkolonne anhalten und umarmten die begeisterten Menschen am Straßenrand. 65 Prozent der Amerikaner hatten einen positiven Eindruck von Gorbatschow – der amerikanische Präsident erreichte auf der Beliebtheitsskala nur 58 Prozent. Die Zeitschrift *Time* kürte Gorbatschow zum »Mann des Jahres«. Er traf mit Hunderten von Amerikanern aus dem Kunst- und Medienbereich, aus Wissenschaft und Technik und mit vielen Politikern zusammen. Von langfristiger Bedeutung waren zwei kurze persönliche Gespräche mit Vizepräsident George Bush. Bei einer dieser Begegnungen fuhr Bush mit Gorbatschow zum Flughafen. Der Vizepräsident versicherte ihm, daß er, was immer auch im kommenden Präsidentschaftswahlkampf gesagt werde, im Falle seiner Wahl weiterhin an einer Verbesserung der sowjetisch-amerikanischen Beziehungen arbeiten werde.

Am 14. April 1988 wurden in Genf mehrere Abkommen zu Afghanistan unterzeichnet. Es war der Abschluß eines langwierigen und langsamen Friedensprozesses, der 1982 begonnen hatte und von dem UN-Gesandten Diego Cordovez betrieben worden war. Das Abkommen wurde von der Sowjetunion, Afghanistan und Pakistan unterschrieben. George Shultz fungierte für die USA als Zeuge. Die Sowjetunion erklärte sich zum Abzug ihrer Truppen aus Afghanistan innerhalb eines Zeitraums von zehn Monaten bereit. Doch die Unterzeichner verpflichteten sich nicht, die militärische Unterstützung für

Glasnost: Kein Weg zurück

Zu Glasnost gehörte, daß der Öffentlichkeit mehr Informationen zugänglich gemacht und daß neue Ausdrucksformen in der Sowjetunion gefördert wurden. Doch mit der Gewährung neuer Freiheiten für die Sowjetbürger war die Büchse der Pandora geöffnet; es gab keine Möglichkeit, sie wieder zu schließen. Zum erstenmal durfte die Regierung in der Presse und im Fernsehen kritisiert werden. Journalisten wandten sich sogar gegen die Ideen der sowjetischen Führung oder übten Kritik am Militär.

Bisher verbotene Filme und Theaterstücke wurden freigegeben. Große Teile der sowjetischen Geschichte konnten kritisch neu interpretiert werden. Dazu gehörte auch die Auseinandersetzung mit der Stalin-Ära und ihren Greueltaten. Ebenso wurden Breschnew und seine Zeit in einem neuen Licht gesehen. Es herrschte größere religiöse Freiheit. Westliche Musik war leichter zugänglich. Die meisten Dissidenten, die während Breschnews Regierungszeit verhaftet worden waren, wurden nun freigelassen. Anatoli Schtscharanski erhielt die Ausreiseerlaubnis für Israel; Andrei Sacharow durfte sein Exil in Gorki verlassen.

Unfähigen und korrupten Beamten in öffentlichen Ämtern wurde der Prozeß gemacht. Die Verantwortlichen für den Reaktorunfall in Tschernobyl und ein großes Zugunglück kamen vor Gericht.

Im Baltikum und in den südlichen, islamischen Republiken der Sowjetunion erwachte der Nationalismus, ebenso unter Armeniern in der Provinz Bergkarabach in Aserbaidschan Anfang 1988.

Vieles stieß auf Kritik. 1987 und 1988 kam es auf Parteitagen immer häufiger zu Zusammenstößen zwischen progressiven und reaktionären Parteimitgliedern. Dadurch war Gorbatschow gezwungen, den politischen Reformprozeß zu verlangsamen. Die wirtschaftlichen Reformen gerieten ins Stocken, weil niemand wußte, wie man den Übergang zur Marktwirtschaft bewerkstelligen sollte. Doch es gab kein Zurück.

die verschiedenen Gruppen in Afghanistan einzustellen. Die Bewaffnung der fundamentalistischen islamischen Kräfte blieb ein terroristisches Vermächtnis für die neunziger Jahre. Der Bürgerkrieg zwischen den rivalisierenden Gruppen zog sich jahrelang hin. Die CIA versuchte zwar, die Stinger-Raketen, mit denen sie die afghanischen Rebellen beliefert hatte, zu inflationären Preisen zurückzukaufen, doch Dutzende, wenn nicht gar Hunderte von Raketen tauchten nicht wieder auf.

Das nächste Gipfeltreffen von Reagan und Gorbatschow, das vom 29. Mai bis zum 2. Juni 1988 in Moskau stattfand, war eine Showveranstaltung. Reagan hatte eigentlich keine Verhandlungsziele, doch er wollte sich mit Dissidenten treffen, das Oberhaupt der russisch-orthodoxen Kirche, den Patriarchen Alexei II., besuchen und vor den Studenten der Moskauer Universität eine Rede halten. Bei einem nicht geplanten Gang über den Roten Platz rief ein Journalist: »Glauben Sie immer noch, daß Sie im ›Reich des Bösen‹ sind, Mr. Reagan?« Reagan antwortete kurz und knapp: »Nein.« – »Warum nicht?« – »Damals habe ich über eine andere Zeit und eine andere Ära gesprochen.« Gorbatschow war hoch erfreut; Reagan hatte seine Ansicht geändert, nachdem er, Gorbatschow, neues Denken in den Kreml gebracht hatte. Reagan war von der Begegnung mit einfachen Russen sehr bewegt; noch nie war er ihnen so nahe gekommen. Er sagte zu Michail und Raissa (seit dem Gipfel in Washington sprachen sie sich mit Vornamen an), daß er und seine Frau Nancy die beiden als »Freunde« betrachteten. Er sprach von seinem »Gefühl tiefer Freundschaft«, das er gegenüber den Menschen in der Sowjetunion empfinde. In den letzten drei Jahren hatte die Beziehung, wie Gorbatschow befand, »eine große Entwicklung« durchgemacht.

Die Olympischen Spiele in Seoul

Gorbatschow überraschte 1988 viele mit seiner Entscheidung, daß die Sowjetunion an den Olympischen Sommerspielen in Seoul in Südkorea teilnehmen werde. Die Sowjetunion hatte die Republik Korea nach dem Koreakrieg 35 Jahre zuvor nicht anerkannt. Die Nordkoreaner hatten verlangt, die Spiele zwischen dem Norden und Süden aufzuteilen und die Wettkämpfe an verschiedenen Orten durchzuführen. Dieser Vorschlag wurde abgelehnt, daraufhin riefen sie zu einem Boykott der Spiele durch die sozialistischen Bruderländer auf. Das Internationale Olympische Komitee ging nicht auf das Drängen der Nordkoreaner ein und fragte, wie man die Wettkämpfe auf verschiedene Orte verteilen sollte, wenn dazwischen die am stärksten befestigte Grenze der Welt lag. Gorbatschow zitierte den betagten nordkoreanischen Staats- und Parteichef Kim Il Sung, einen der letzten Stalinisten, zu einer Standpauke nach Moskau. Gorbatschow sagte Kim, er denke nicht an einen Boykott. Kim begriff, daß sich die von der Sowjetunion geführte sozialistische Allianz für immer verändert hatte. Die meisten Mannschaften aus dem sozialistischen Block nahmen an den Spielen in Seoul teil. Es waren die ersten Sommerspiele seit zwölf Jahren, die nicht durch einen größeren Boykott beeinträchtigt wurden: ein weiteres Zeichen, daß die Welt freundlicher geworden war.

Eine Welt im Wandel. Kaum jemand glaubte, daß die Sowjets nach Südkorea gehen würden, doch sie nahmen an den Olympischen Spielen 1988 in Seoul teil. Die sowjetischen Turnerinnen gewannen Gold.

1988. Gorbatschow und Reagan im Zentrum Moskaus. Als man Reagan fragte, ob er immer noch denke, er sei im »Reich des Bösen«, antwortete er mit »Nein«.

Doch abgesehen von dem Austausch des mittlerweile ratifizierten INF-Vertrages und kleineren bilateralen Abkommen über Fischereirechte, einen Kultur- und Studentenaustausch und die Zusammenarbeit bei der Erforschung des Weltraums brachte der Gipfel wenig konkrete Ergebnisse. Eine mitreißende Erklärung des sowjetischen Regierungschefs zum Verzicht auf Krieg als Mittel der Konfliktlösung wurde von der US-Delegation abgelehnt. Sie fürchtete, eine solche Erklärung könnte in Washington eine Kürzung des

Verteidigungsbudgets zur Folge haben. Trotz weiterer Gespräche über Abrüstung wurden nur kleine Fortschritte erzielt. Die Sowjets waren einverstanden, ihre Militärhilfe für Namibia und Angola einzustellen, und hatten bereits ihren Abzug aus Afghanistan bekanntgegeben. Gorbatschow schlug eine Verringerung der konventionellen Truppen in Europa um 500 000 Mann auf beiden Seiten vor. Doch die Amerikaner waren mißtrauisch und hatten kein Verhandlungsmandat der NATO, daher wichen sie dem Thema aus. Wie bei früheren Begegnungen war SDI der Hauptstreitpunkt. Reagan wollte nicht nachgeben.

Höchstwahrscheinlich bauen wir die Barrieren der Nachkriegszeit ab. Höchstwahrscheinlich treten wir in eine neue Ära in der Geschichte ein, eine Zeit des dauerhaften Wandels in der Sowjetunion. Das wird sich zeigen.

Ronald Reagan, 3. Juni 1988 beim Gipfel in Moskau

Perestroika geht trotz Widerstands weiter

In der Sowjetunion wurde der Umbau des Systems – Perestroika – fortgesetzt, obwohl die Reformen bei einer Sondersitzung der KPdSU Ende Juni auf Widerstand stießen. Gorbatschow stellte sich kampfbereit seinen Gegnern, die der Meinung waren, daß seine Konzessionen gegenüber den USA nicht auf der gegenseitigen Anerkennung gemeinsamer Interessen basierten, sondern die Kapitulation vor den amerikanischen Forderungen bedeuteten. Doch Gorbatschow verhielt sich in der Partei sehr geschickt. Ein Kongreß der Volksdeputierten wurde geschaffen, der über dem Obersten Sowjet stand. Später im Jahr wurde Gorbatschow als Nachfolger Gromykos zum Staatspräsidenten gewählt.

Gorbatschow hatte den Eindruck, daß beim Moskauer Gipfel »eine günstige Gelegenheit versäumt« worden war. Wieder ging der nächste Vorstoß zur

Abrüstung von ihm aus. Als Forum wählte er die UNO. In einer Rede vor der Generalversammlung am 7. Dezember 1988 sprach er nicht vom Klassenkampf in einer geteilten Welt, sondern von den gemeinsamen Interessen aller Menschen. Gorbatschow trat für das Selbstbestimmungsrecht aller ein und deutete damit an, daß die sowjetischen Satellitenstaaten ihre eigenen Wege gehen könnten. Dann erstaunte er die Welt mit seiner Ankündigung von einer einseitigen Reduzierung der sowjetischen Truppen um eine halbe Million Mann.

Dazu gehörte auch der Abzug von 10000 Panzern, 8500 Artilleriegeschützen und 800 Kampfflugzeugen aus Osteuropa. Er gab außerdem einen Abzug großer Teile der sowjetischen Streitkräfte aus der Mandschurei und entlang der Grenze zu China bekannt. Dies war eine völlige Neubewertung der Funktion militärischer Macht. Das Politbüro hatte die Rede einstimmig unterstützt – das sowjetische Militär hatte sogar noch stärkere Reduzierungen vorgeschlagen.

Am selben Tag traf sich Gorbatschow zum letztenmal mit Reagan. Auch der neugewählte, aber noch nicht in sein Amt eingeführte Präsident George Bush war anwesend, hielt sich aber im Hintergrund. Das Treffen war Ronald Reagans letzte größere Amtshandlung als Präsident und in erster Linie als Geste für ihn gedacht. Reagan blieb überzeugt, daß die Stärke und die Entschlossenheit der USA die Sowjets zum Nachgeben bewogen und an den Verhandlungstisch gezwungen hatten. Gorbatschow hatte in zahlreichen Reden sein Engagement für die Abrüstung betont und gezeigt, daß er nicht bereit war, die Muskelspielereien seiner Vorgänger fortzusetzen. Konfrontation war seiner Ansicht nach keine stabile Grundlage für den Frieden. Kompromißbereitschaft, gegenseitiges Vertrauen und Zusammenarbeit wiesen den Weg in die Zukunft. Diese neue Denkweise berücksichtigte indirekt die Erkenntnis, daß die sowjetische Bevölkerung »nicht länger so weiterleben kann«, wie es schon zu Beginn seiner Amtszeit hieß. Das sowjetische System konnte nur mit grundlegenden Strukturveränderungen überleben. Die sowjetische Wirtschaft lag am Boden; sie konnte eine sich immer schneller drehende Rüstungsspirale nicht verkraften, nur damit die Sowjetunion in der Rolle der Supermacht blieb. In diesem Punkt besaß die Sowjetunion nicht die Stärke der USA. Jemand mußte den Prozeß stoppen. Gorbatschow tat es. Ein erzkonservativer Präsident wie Reagan setzte die Entwicklung bei den Amerikanern und der westlichen Allianz durch. Die Auswirkungen der neuen Politik der Sowjetunion auf ihre Verbündeten in Osteuropa sollten sich noch zeigen.

Washington, 8. Dezember 1987.
LINKS: *Ronald Reagan und Michail Gorbatschow unterzeichnen im Weißen Haus ein Abrüstungsabkommen, das Geschichte machte.*
OBEN: *Nach der Zeremonie schütteln sie sich herzlich die Hände. Das ungleiche Paar machte das Unmögliche möglich.*

Ich … kenne heute keine andere Führungspersönlichkeit in den USA, die so gehandelt hätte wie Reagan und so auf Gorbatschow eingegangen wäre, die westliche Allianz so gesteuert und uns durch eine Zeit geführt hätte, in der … die Beendigung des Kalten Krieges konstruktiv eingeleitet wurde. Es wird viele Menschen geben, die es nicht ertragen können, daß die Anerkennung dafür einem Mann gebührt, der vom »Reich des Bösen« gesprochen hat, doch meiner Ansicht nach ist die Schlußfolgerung unumgänglich, daß nur Ronald Reagan das leisten konnte.

Rozanne Ridgway,
Staatssekretärin im amerikanischen Außenministerium, zuständig für Europa und Kanada, 1985–1989

Ungarn, 1989

Mai. Der erste Spalt im Eisernen Vorhang. Ungarische Grenztruppen zerschneiden den Stacheldrahtzaun an der Grenze zu Österreich. Durch diese Lücke flohen bald Tausende in den Westen.

Die Macht des Volkes

1989

New York, 7. Dezember 1988. Michail Gorbatschow bei seiner Rede vor der UNO, in der er den Abzug sowjetischer Truppen aus Europa verspricht. Die sowjetischen Satellitenstaaten konnten nun ihren eigenen Weg gehen.

Die Saat des Wandels

Die Sowjetunion hatte den Warschauer Pakt mit Gewalt zusammengehalten: 1953 in Ost-Berlin, 1956 in Ungarn, 1968 in der Tschechoslowakei. Sobald ein osteuropäisches Land eigenständige Schritte unternahm, wurde es von sowjetischen Truppen wieder auf den richtigen Kurs gebracht. In Polen genügte 1981 die bloße Drohung. Der Eiserne Vorhang, den Winston Churchill schon bald nach dem Zweiten Weltkrieg in Europa hatte niedergehen sehen, existierte mehr als 40 Jahre. Auf westlicher Seite waren die demokratischen Mitglieder der NATO und der Europäischen Gemeinschaft. Im Osten standen die Länder, in denen kommunistische Parteien unter dem Einfluß von Moskau regierten und dank der Androhung einer Militärintervention der Sowjetunion an der Macht blieben. Die meisten kommunistischen Regierungschefs in Osteuropa waren alt und seit Jahrzehnten im Amt. Michail Gorbatschow veränderte alles. Seine Rede vor den Vereinten Nationen im Dezember 1988 war der Auslöser für die bedeutsamen Ereignisse in Osteuropa im Jahr 1989. Seine Ausführungen zum »Selbstbestimmungsrecht« aller Völker, einem Prinzip, das »keine Ausnahmen kennt«, war ein Signal: Moskau würde nicht noch einmal Panzer und Soldaten zur Unterdrückung der Menschen in osteuropäische Städte schicken. Mehr noch: Gorbatschows Versprechen, einseitig zahlreiche Truppen abzuziehen, zwang die Führer der unpopulären Regime, ihren eigenen Völkern ohne die sowjetische Armee im Rücken gegenüberzutreten.

Doch der Beginn des Jahres 1989 ließ nichts Gutes für die Reformbewegungen und die nationale Besinnung ahnen. Bei einer Kundgebung in Prag wurden 800 Demonstranten wegen Anstiftung zum Aufruhr verhaftet – kurz darauf auch Václav Havel. Das von Armeniern besiedelte Gebiet Bergkarabach in Aserbaidschan wurde direkt Moskau unterstellt. Im Februar demonstrierten 15 000 Menschen in der georgischen Hauptstadt Tiflis am Jahrestag der sowjetischen Annexion Georgiens. In den baltischen Staaten Estland, Lettland und Litauen kam es zu Protesten gegen die sowjetische Herrschaft. Doch Gorbatschow und der Kreml waren fest entschlossen, die Sowjetunion zu erhalten. Sie ignorierten die Anzeichen des Sturms, der sich in den 15 Republiken der Sowjetunion zusammenbraute.

Die Saat der radikalen Veränderungen ging zuerst in Ungarn, dann in Polen langsam auf. In Ungarn beschloß das Parlament im Januar, Vereini-

Veränderungen liegen in der Luft. LINKS: *Lech Wałęsa, der Führer der Gewerkschaft Solidarność, trifft zum erstenmal seit acht Jahren mit dem polnischen Staats- und Parteichef Jaruzelski zusammen.* OBEN: *Die Regierung und die Gewerkschaft Solidarność verhandelten am runden Tisch. Die Kommunisten akzeptierten freie Wahlen und erklärten sich bereit, bei einem entsprechenden Wahlausgang die Macht zu teilen.*

gungs- und Versammlungsfreiheit zu gewähren. Damit war der Weg frei für die Gründung von politischen Parteien und für echte Wahlen zwischen mehreren Parteien, die im folgenden Jahr stattfinden sollten. Im Mai rissen ungarische Soldaten in einem symbolischen Akt die mit Stacheldraht bewehrten Grenzzäune zu Österreich nieder – und öffneten so den ersten Spalt im Eisernen Vorhang. Gorbatschow befürwortete die Reformen in Ungarn, und die Bundesrepublik Deutschland unterstützte sie mit Krediten. In Polen, das tief in einer Wirtschaftskrise steckte, nahm Staats- und Parteichef Wojciech Jaruzelski die Gespräche am »runden Tisch« mit der in den letzten sieben Jahren verbotenen Gewerkschaft Solidarność wieder auf. Nach monatelangen Verhandlungen einigte man sich auf Wahlen im Juni. Die Reformkräfte gewannen in Osteuropa an Boden.

In Washington war die Regierung 1989 wesentlich vorsichtiger als während Reagans letzten Tagen im Amt. Anders als die beiden vorherigen Präsidenten besaß George Bush bei seinem Einzug ins Weiße Haus langjährige Erfahrung in Washington. Er war Kongreßabgeordneter für Texas, UN-Botschafter, Leiter des Verbindungsbüros der USA in Peking, Direktor der CIA und in den letzten acht Jahren Vizepräsident unter Ronald Reagan gewesen. Bush verfügte über große Erfahrung in der Außenpolitik. Doch er war kein Visionär wie Reagan, er mißtraute Visionen zutiefst. In Reagans letzten Amtsjahren verbarg er seine Besorgnis über das Tempo der Veränderungen in der Außenpolitik nicht. »Der Kalte Krieg ist nicht vorbei«, sagte er zu Reportern, als er das Gipfeltreffen in Moskau zu Hause am Bildschirm verfolgte.

Bei seinem Amtsantritt unterzog Bush das Verhältnis zwischen Washington und Moskau einer sorgfältigen Prüfung. Die wichtigsten Mitarbeiter für die Außenpolitik in der neuen Regierung – Außenminister James A. Baker, der Sonderberater in Fragen der nationalen Sicherheit, Brent Scowcroft, und Verteidigungsminister Richard Cheney (der erst im März 1989 ernannt wurde) – vertraten die gleiche Linie. Bushs außenpolitische Berater lagen nicht in ständigem Wettstreit, beim Präsidenten Gehör zu finden. Unter Bushs Führung verfolgten sie einen vorsichtigen, pragmatischen Ansatz. Es gab keine spektakulären ersten 100 Tage im Amt. Die Überprüfung der Außenpolitik durch Hunderte von Mitarbeitern dauerte Monate. Allgemein war man der Ansicht, Gorbatschows Reformen seien rein »kosmetischer Natur«. In Afghanistan zogen die sowjetischen Truppen zwar rasch ab, doch die Streitkräfte des von der Sowjetunion unterstützten Regimes in Kabul gingen in einer Offensive gegen die Mudschaheddin in Jalalabad vor, der zweitgrößten Stadt des Landes. In Mittelamerika gelangten weiterhin viele Waffen aus der Sowjetunion und den Staaten des Warschauer Paktes in das Waffenarsenal der Sandinisten. Scowcroft meinte, es sei vielleicht am besten, wenn man die Sowjets eine Weile in ihrem eigenen Saft schmoren ließe. Reformer und Reaktionäre in der Sowjetunion sollten ihre Streitigkeiten unter sich austragen, bevor sich die USA zu sehr engagierten. In dieser kritischen Phase könnte Hilfe aus dem Westen sogar den Reformdruck verringern. Andere fragten, wie lange Gorbatschow sich halten konnte. Was würde geschehen, wenn die USA der Sowjetunion zu große Zugeständnisse machten und Gorbatschow dann durch einen Staatsstreich rechtsgerichteter »Hardliner« abgesetzt würde? Sehr viele in Washington fanden die künftige Entwicklung unabsehbar.

Im Mai reiste James Baker zum erstenmal nach Moskau. Er war erstaunt, wie rückständig und schmuddelig die Hauptstadt der »anderen Supermacht« war. Ein Journalist fragte ihn, ob er sich an Städte in der dritten Welt erinnert fühle. Baker antwortete, es sei »schlimmer«. Aber Baker entwickelte ein enges Verhältnis zu Gorbatschows Außenminister Eduard Schewardnadse; die beiden Männer vertrauten und respektierten einander. Bei Bakers Besuch verkündete Gorbatschow den weiteren einseitigen Abzug von 500 atomaren Sprengköpfen in Osteuropa. Baker hatte kein Gegenangebot aus Washington mitgebracht.

»Status quo plus«

Im Mai 1989 war die Überprüfung der amerikanischen Politik gegenüber der Sowjetunion abgeschlossen. Neue Initiativen oder Erkenntnisse, wie man auf die radikalen Veränderungen im Ostblock reagieren sollte, gingen daraus nicht hervor. Die politischen Berater prophezeiten, Gorbatschow habe eine gut fünfzigprozentige Chance, trotz der wachsenden Opposition an der Macht zu bleiben. Sie empfahlen jedoch, die amerikanische Politik solle weder versuchen, ihm zu helfen noch ihm zu schaden. Die Überprüfung der militärischen Aspekte führte zu dem Schluß, daß sich zwar tatsächlich im Kreml ein Wandel vollzogen habe, daß es aber noch fünf bis sieben Jahre dauern würde, bis die Auswirkungen zu beobachten seien. Die Empfehlung lautete, bei den amerikanischen Streitkräften weltweit keine neuen Reduzierungen oder größere Veränderungen vorzunehmen. Ein Berater im Außenministerium faßte die neue Haltung unter dem Begriff »Status quo plus« zusammen. Angesichts des Tempos der Ereignisse wurde der neuen Regierung Bush vorgeworfen, als sie nicht auf den Umbruch in Osteuropa reagierte, sie »schlafwandle durch die Geschichte«. Selbst Bush verlor langsam die Geduld, weil aus seinem Stab vor allem zur Abrüstung keine neuen Ideen kamen. Seine Untätigkeit in diesem Bereich wurde offen kritisiert. Bei einer hitzigen Debatte im Oval Office über den Abbau konventioneller Waffen in der NATO platzte Bush heraus: »Ich will das durchsetzen. Sagen Sie mir nicht ständig, warum es nicht geht. Sagen Sie mir, wie es geht.«

Ende März wurden in der Sowjetunion die ersten weitgehend freien Wahlen seit 75 Jahren abgehalten. 170 Millionen Menschen wählten den neuen Kongreß der Volksdeputierten. Ein Drittel der Sitze war der KPdSU vorbehalten; insgesamt gingen ungefähr 80 Prozent der Sitze an Parteimitglieder. Doch bezeichnenderweise fehlten 20 Prozent, was für eine deutliche Zahl von Ablehnungen sprach, obwohl es oft keine Gegenkandidaten gab. Wenn Wähler den Namen des einzigen aufgestellten Kandidaten durchstrichen, zählte das als Stimme gegen ihn. Der Leningrader Parteichef Juri Solowjew, Mitglied des Politbüros, wurde nicht gewählt, da er 130 000 Gegenstimmen und nur 100 000 Stimmen erhielt. In Moskau bestätigte die Wahl die wachsende Popularität des kommunistischen Reformers Boris Jelzin: Fünf Millionen wählten ihn wieder zum Bürgermeister. Ende Mai trat der Kongreß zur Wahl des neuen Obersten Sowjets zusammen. Gorbatschow wurde mit 95 Prozent der Stimmen zum Staatspräsidenten gewählt. Die Debatten im Kongreß wurden im Fernsehen übertragen und stießen auf solches Interesse, daß die Arbeiter die Fabriken verließen und täglich die Sendungen am Bildschirm verfolgten. Die Produktivität brach ein.

Die Reformen in Moskau erschütterten die ganze Sowjetunion. Unruhen im georgischen Tiflis wurden im April brutal von sowjetischen Truppen niedergeschlagen. Dabei kamen 20 Demonstranten ums Leben. Eduard Schewardnadse, selbst Georgier, war entsetzt. In den folgenden Wochen gab es in vielen Städten Zentralasiens Ausschreitungen. Gorbatschow unterstützte zwar eine Liberalisierung in den osteuropäischen Ländern, reagierte aber nicht auf entsprechende Forderungen der Sowjetrepubliken. Selbst als Alexander Jakowlew in Moskau die Annexion der drei baltischen Republiken durch Stalin im Jahr 1940 verurteilte, machte er deutlich, daß der Kreml Unabhängigkeitsbestrebungen ablehnte. Dennoch erklärten Estland, Lettland und Litauen im Juli ihre »Souveränität«.

Mai 1989. Gorbatschow, hier mit dem chinesischen Regierungschef Teng Hsiao-p'ing in Peking, war seit 30 Jahren der erste sowjetische Generalsekretär, der China besuchte. Bei seinem Aufenthalt kam es zu Zusammenstößen chinesischer Studenten mit der Polizei und dem Militär. Kurz nach seiner Abreise wurde der Ausnahmezustand verhängt.

Überschattete Versöhnung

In der Zwischenzeit söhnte sich Gorbatschow mit einem langjährigen Feind der Sowjetunion aus. Drei Jahre zuvor hatte er in einer bedeutenden Rede in Wladiwostok gesagt, die Sowjetunion sei bereit, mit China über Maßnahmen

»zur Schaffung einer gutnachbarlichen Atmosphäre« zu verhandeln. Er sprach von »konkreten Schritten zu einer ausgewogenen Reduzierung der Bodentruppen« an der langen, umstrittenen Grenze zwischen den beiden Ländern. Im Dezember 1988 hatte Gorbatschow vor der UNO den Rückzug von 200 000 Mann aus Asien vorgeschlagen. Mit dem Abzug der sowjetischen Truppen aus der Mongolei schien die Zeit reif für die Beilegung des alten Konfliktes.

Am 15. Mai 1989 reiste Gorbatschow zum ersten chinesisch-sowjetischen Gipfel seit Chruschtschows Besuch in der chinesischen Hauptstadt 30 Jahre zuvor. Durch das Gipfeltreffen normalisierten sich die Beziehungen; es war der Schlußstrich unter 30 Jahre Spannungen. Eine Reihe bilateraler Abkommen über ein Ende der Grenzstreitigkeiten, den beginnenden Truppenabzug und intensivere wirtschaftliche Beziehungen wurden vereinbart. Beide Seiten verpflichteten sich zur »Restrukturierung und Reform« ihrer sozialistischen Systeme und zum Austausch von »Informationen und Erfahrungen« über den Gang der Veränderungen. Doch Gorbatschows historischer Besuch wurde durch dramatische Ereignisse auf den Straßen von Peking in den Hintergrund gedrängt. Ungefähr eine Million junge Anhänger der chinesischen Demokratiebewegung demonstrierten in der Stadt und forderten politische Reformen. Obwohl der Gipfel sorgfältig so inszeniert war, daß Gorbatschow nicht mit den Demonstranten direkt in Berührung kam, wurden sie durch den Besuch des Reformers zweifellos ermutigt. Die Chinesen warteten nach der Abreise Gorbatschows höflich noch einen Tag ab und verhängten dann das Kriegsrecht. Das rücksichtslose Vorgehen gegen die Protestbewegung fand Anfang Juni beim Massaker auf dem Platz des Himmlischen Friedens seinen blutigen Höhepunkt. Moskau gab zu dem Vorfall keinen Kommentar ab, um die wiederaufgenommenen Beziehungen zu Peking nicht zu gefährden. Doch das Massaker an den Anhängern der Demokratiebewegung warf einen Schatten auf die Aussöhnung der beiden Länder. Die überalterte Regierung in Peking verfolgte aufmerksam die Ereignisse in Osteuropa und gelangte zu der Überzeugung, daß eine »friedliche Weiterentwicklung« des Sozialismus nicht der richtige Weg sei. Die wirtschaftlichen Reformen, die Teng nach der katastro-

OBEN: *Tagelang demonstrierten chinesische Studenten im Zentrum von Peking und forderten Freiheit.*
OBEN LINKS: *Panzer rollen auf den Platz des Himmlischen Friedens. Hunderte starben, als das Militär das Feuer eröffnete.*

phalen Kulturrevolution eingeleitet hatte, wurden zwar fortgesetzt, aber zugleich beschloß die chinesische Führung, mehr auf Eigenständigkeit und politische Orthodoxie zu pochen. Politische Reformen lehnten Teng und die chinesische Führung ab. China wollte die letzte kommunistische Weltmacht bleiben – wenn schon nicht wirtschaftlich, dann wenigstens politisch.

Im Juni traf Gorbatschow mit Bundeskanzler Helmut Kohl zusammen. Sie einigten sich auf die Unterstützung von Selbstbestimmung und Abrüstung und auf den Bau eines »gemeinsamen europäischen Hauses«. Kohl bedeutete Gorbatschow, daß der ostdeutsche Staats- und Parteichef Erich Honecker die Perestroika nicht verstehe und weiterhin seine harte Linie verfolge. Gorbatschow machte deutlich, daß er der DDR nicht vorschreiben werde, wie sie ihre inneren Angelegenheiten zu regeln habe.

In Polen errang die Gewerkschaft Solidarność im Juni bei den ersten freien Wahlen einen überzeugenden Sieg und gewann 99 der 100 Sitze im Senat. Allgemein wurde erwartet, daß die erste Kammer, der Sejm, weiterhin von den Kommunisten dominiert bleiben würde, doch überraschenderweise gewann Solidarność auch dort die Mehrheit der zur Wahl stehenden Sitze. Wie in der Sowjetunion wurden viele Kandidaten der Kommunistischen Partei, die keine Gegenkandidaten hatten, dadurch geschlagen, daß die Wähler deren Namen durchstrichen. Schon bald nach den Wahlen reiste Präsident Bush nach Polen und Ungarn. Er lobte die ersten Schritte zur Demokratie in den beiden Ländern und wurde von großen Menschenmengen bejubelt. Bush

Die ersten freien Wahlen in Polen brachten in beiden Häusern des Parlaments einen überwältigenden Sieg für Solidarność und eine Niederlage für die Kommunisten.

Das Massaker auf dem Platz des Himmlischen Friedens

Ende Mai 1989 sah es so aus, als würde der Regierung in Peking die Kontrolle über die Situation entgleiten. Eine Million chinesischer Studenten und Arbeiter besetzten in gewaltfreien Protestaktionen große Teile der Stadt. Sie forderten rasche politische Reformen und Demokratie. Auf dem Platz des Himmlischen Friedens, einem großen, offenen Platz mitten im Stadtzentrum, errichteten Studenten ein Monument in Form der New Yorker Freiheitsstatue, das sie Göttin der Demokratie nannten.

Hinter den Kulissen tobte ein heftiger Machtkampf zwischen den Parteiführern. Einige traten für einen Dialog mit der Demokratiebewegung und für rasche Reformen ein, andere wollten die Demonstrationen gewaltsam niederschlagen. Die interne Auseinandersetzung verlängerte die Proteste und ermöglichte ihr Übergreifen auf andere Städte in China. Es gab auch Zweifel, ob die Volksbefreiungsarmee gegen die Demonstranten vorgehen würde; daher wurden Anfang Juni Einheiten aus entfernten Provinzen zum Einsatz gegen die Demonstranten in der Hauptstadt angefordert.

Am 3. Juni entschieden Regierungschef Li Peng und die Befürworter eines gewaltsamen Vorgehens die Debatte für sich. Soldaten sollten mit Unterstützung von Panzern die Demonstranten von den Straßen vertreiben. Bei dem anschließenden Massaker wurde eine unbekannte Anzahl junger Chinesen getötet. Ihre Leichen wurden schnell weggebracht, bevor man sie zählen konnte. Alle Schätzungen belaufen sich auf mehrere hundert Tote. Das Massaker spielte sich vor den Kameras internationaler Fernsehsender ab, die bewegende Bilder aufnahmen, wie sich mutige, unbewaffnete Protestanten den Panzern entgegenstellten. Die Bilder wurden von CNN live in die ganze westliche Welt übertragen und diskreditierten die chinesische Regierung. Nach dem Blutbad wurden Tausende verhaftet und kamen ins Gefängnis. Die Demokratiebewegung in China verstummte für Jahre.

wollte die Stimmung auf keinen Fall aufheizen und nichts tun, was Gorbatschows Reformen erschweren könnte. Er traf sich mit Gewerkschaftsführer Lech Wałęsa, der um amerikanische Hilfe in Höhe von 10 Milliarden Dollar nachsuchte, um sein Land vor einem Bürgerkrieg zu bewahren. Bush hatte bereits 100 Millionen Dollar angeboten und nahm die Bitte zunächst kommentarlos zur Kenntnis. (Später wurde die Summe bei Kongreßberatungen zum Hilfsprogramm der Regierung noch bedeutend erhöht.)

Seine Reise hatte Bush von der Notwendigkeit einer persönlichen Begegnung mit Gorbatschow überzeugt. Er dachte an eine informelle Begegnung »ohne Programm« mit möglichst wenig Aufwand. »Was soll das Gerede, machen wir es doch einfach«, sagte er. Beim Heimflug von Paris, wo er an der Zweihundertjahrfeier zur Französischen Revolution teilgenommen hatte, schrieb Bush an Gorbatschow und schlug ein Treffen vor. Gorbatschow war einverstanden. Die langwierigen Verhandlungen über den ersten Gipfel zwischen Bush und Gorbatschow begannen. Die Wahl des Ortes erwies sich als schwierig. Gorbatschow wollte nicht schon wieder in die USA reisen, und Bush wollte das protokollarische Drumherum nicht, das mit einem Gipfel in einem neutralen Land verbunden wäre. Schließlich einigte man sich auf eine Begegnung auf See. Da die Gewässer um Alaska als zu rauh ausschieden, fiel die Entscheidung für ein Treffen im Mittelmeer in der Nähe von Malta Ende des Jahres. Einstweilen sollten die Vorbereitungen streng geheim bleiben.

Nach dem Massaker ziehen sich die Panzer vom Platz des Himmlischen Friedens zurück, verletzte Demonstranten werden weggetragen. Die chinesische Regierung zerschlug die Opposition rücksichtslos. Die meisten kommunistischen Länder in Europa waren zu Reformen bereit.

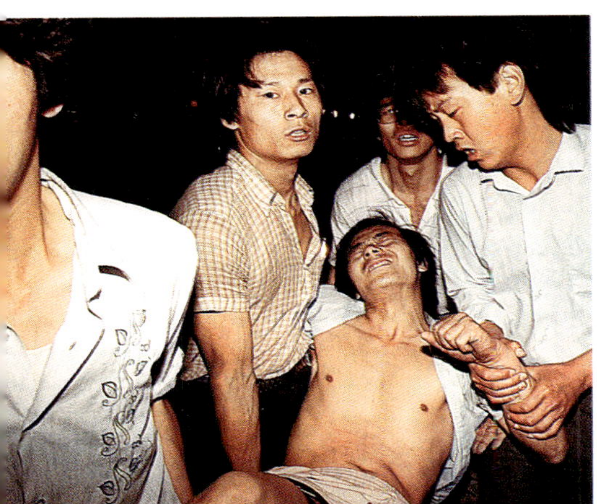

Gefahr für die Reformen

Glasnost und Perestroika in der Sowjetunion lieferten Gorbatschow auf der internationalen Bühne Argumente für sein »neues Denken« und für die Beendigung des Kalten Krieges. Von noch größerer Bedeutung war die wirtschaftliche Situation im eigenen Land, die er unbedingt verbessern mußte. Das war nur möglich, wenn das Wettrüsten aufhörte und Einsparungen bei den immensen sowjetischen Verteidigungsausgaben möglich wurden. Die Rüstungsspirale konnte nur durch internationale Abkommen gestoppt werden. Den ganzen Sommer des Jahres 1989 war Gorbatschow mit dem Umbruch in der Sowjetunion beschäftigt. Doch sein Reformprogramm geriet in Gefahr: In Sibirien streikten Tausende von Bergleuten, die baltischen und die zentralasiatischen Republiken forderten mehr Freiheiten von Moskau. Der Druck auf Gorbatschow, die Sowjetunion aus dem internationalen Wettlauf herauszunehmen und die Abrüstungsgespräche mit den USA fortzusetzen, war enorm.

Im August erreichte die Krise in Polen ihren Höhepunkt. Die Kommunisten verhandelten mit Solidarność über eine Beteiligung an der neuen Koalitionsregierung. Auf dem Höhepunkt der Krise, am Abend des 22. August, telefonierte der Generalsekretär der Polnischen Vereinigten Arbeiterpartei, Mieczysław Rakowski, mit Gorbatschow und fragte ihn um Rat. Sie unterhielten sich 40 Minuten lang. Die polnischen Kommunisten waren gespalten, das Gespräch mit Moskau war von entscheidender Bedeutung. Gorbatschow sagte Rakowski offen, es sei an der Zeit, »sich von der Macht zu trennen«; die Kommunisten sollten einer Koalitionsregierung mit

Solidarność als Teil eines Prozesses »der nationalen Versöhnung« zustimmen. Zwei Tage später wurde Gewerkschaftsführer Tadeusz Mazowiecki mit überwältigender Mehrheit zum Ministerpräsidenten einer von der Solidarność geführten Koalition gewählt. Das Undenkbare war geschehen: Die Kommunisten hatten auf die Macht verzichtet – mit dem Einverständnis der Sowjetunion oder eher sogar mit direkter sowjetischer Ermunterung. Agenten des amerikanischen Geheimdienstes meinten später, bei Rakowskis Telefonat mit Gorbatschow sei »der Rubikon überschritten« worden.

Nur wenige Stunden nach Gorbatschows telefonischer Intervention in Polen verbrachte der ungarische Außenminister Gyula Horn am 23. August

eine schlaflose Nacht. Er sorgte sich über die Veränderungen in seinem Land. Der Abbau des Grenzzaunes zu Österreich, den die Regierung im Mai veranlaßt hatte, war für die Ungarn nur von symbolischer Bedeutung gewesen, da sie bereits in den Westen reisen konnten. Doch Tausende enttäuschter DDR-Bürger waren auf der Flucht vor ihrem eigenen unpopulären Regime über die Tschechoslowakei nach Ungarn gekommen. Ungarn hatte sich 1968 in einem Vertrag mit der DDR verpflichtet, Ostdeutsche auf der Flucht in den Westen nicht ungarisches Territorium passieren zu lassen. Nun lotete Horn die Reaktion Moskaus aus für den Fall, daß sich Ungarn nicht an diese Verpflichtung halten würde. Die Sowjets erhoben keine Einwände, und so beschloß Horn, die ungarische Grenze für die Ausreise der DDR-Bürger in den Westen zu öffnen. Trotz heftiger Proteste der Regierung in Ost-Berlin konnten die ostdeutschen Flüchtlinge die ungarische Grenze zu Österreich ab 10. September ungehindert passieren. Innerhalb von drei Tagen flohen 13 000 DDR-Bürger in den Westen. Es war die größte Massenflucht seit dem Bau der Berliner Mauer 1961 – und es war erst der Anfang.

In Washington blieb man weiterhin vorsichtig. Bei einer vielzitierten Rede in der Georgetown University drückte der stellvertretende Außenminister Larry Eagleburger seine Besorgnis über den möglichen Zerfall der Weltordnung aus, wenn die Konfrontation zwischen den USA und der UdSSR endete. Er warnte vor einem militärischen Chaos, politischen Zusammen-

In Osteuropa gärt es.
OBEN LINKS: *Demonstrationen in Ungarn.*
OBEN: *DDR-Bürger machen zum Ärger ihrer Regierung Urlaub in Ungarn und reisen von dort weiter in den Westen.*
OBEN RECHTS: *Ein Zug bringt ostdeutsche Flüchtlinge von Prag in den Westen und damit in die Freiheit.*

brüchen und neuen Diktaturen in Europa. Kongreßabgeordnete warfen der Regierung vor, den »Kalten Krieg geradezu nostalgisch zu verklären«.

Ende September reiste Schewardnadse nach Washington und forderte Bush auf, »eine energischere und engagiertere Politik« gegenüber der Sowjetunion zu betreiben. Baker lud Schewardnadse auf seine Ranch nach Jackson Hole in Wyoming ein. Auf dem viereinhalbstündigen Flug von Washington nach Wyoming unterhielten sich die beiden Männer angeregt. Schewardnadse erstaunte Baker mit seiner Offenheit. Der sowjetische Außenminister war direkt im Anschluß an eine zweitägige Sitzung des Zentralkomitees über die Probleme des Separatismus und der ethnischen Konflikte in der Sowjet-

James Baker und Eduard Schewardnadse führten im September Gespräche in Jackson Hole in Wyoming. Forellen angelten sie vorwiegend für die Kameras. Das gute Verhältnis war echt.

union nach Washington gekommen. Schewardnadse beschrieb, wie die Ungerechtigkeiten der Stalin-Ära in den sowjetischen Republiken Feindseligkeit gegenüber Moskau erzeugt hatten; bei den Unruhen in Zentralasien und im Baltikum fiel dies nun auf die Regierung in Moskau zurück. Als Georgier vertrat Schewardnadse die Ansicht, daß den Republiken eine gewisse Form der Autonomie innerhalb der Sowjetunion gewährt werden sollte. Allerdings bestand er auf Gewaltfreiheit. Schewardnadse sprach auch ganz offen über die wirtschaftlichen Sorgen Moskaus.

In Jackson Hole angelten Baker und Schewardnadse, jeder mit einem Cowboyhut, gemeinsam Forellen – für Schewardnadse war das etwas völlig Neues. Sie wanderten durch Kiefern- und Espenwälder, aßen an einem Abend Spare Ribs und Büffelsteaks, eine Band spielte Country-music. Die offiziellen Gespräche verliefen in den üblichen Bahnen. Schewardnadse machte weitreichende Zugeständnisse. Er hoffte, damit die Abrüstungsgespräche wieder in Gang zu bringen. Moskau bestand nicht mehr auf einer Begrenzung des amerikanischen SDI-Programms als Voraussetzung für die Unterzeichnung des START-Vertrages. Das war ein großes Zugeständnis bei dem einzigen Punkt, der die Unterzeichnung eines umfassenden Abkommens zur Abrüstung durch Gorbatschow und Reagan verhindert hatte. Außerdem erklärte sich Schewardnadse zur Demontage der gigantischen Frühwarnradaranlage in Krasnojarsk in Sibirien bereit, die in den Augen der USA eine Verletzung des

Ungarn, 1989

Nach 40 Jahren verlassen die sowjetischen Truppen Ungarn. Nachdem Gorbatschow den sowjetischen Satellitenstaaten ihr Recht auf Selbstbestimmung gewährt hatte, gab es für die Besatzungstruppen keine Aufgabe mehr.

ABM-Vertrages darstellte. Die Sowjets verlangten umgekehrt nicht die Demontage entsprechender amerikanischer Anlagen in Thule auf Grönland und in Fylingdales Moor in Großbritannien. Trotz dieser Konzessionen blieb Baker hart und lehnte Schewardnadses Vorschläge ab. Vielleicht fühlte er, daß Washington durch Moskaus Verhandlungsbereitschaft in der besseren Position war. Die Gespräche in Wyoming erbrachten mehrere bilaterale Abkommen, darunter ein Abkommen über die Reduzierung der chemischen Waffen. Darüber hinaus wurde bekanntgegeben, daß im nächsten Jahr ein Gipfeltreffen mit Gorbatschow und Bush stattfinden sollte (das Treffen vor Malta wurde

UNTEN LINKS: *6. Oktober. Gorbatschow spricht mit Erich Honecker bei einer Feier anläßlich des 40. Jahrestages der Gründung der DDR. Die Menschenmenge rief: »Gorbi, hilf uns.«*
UNTEN: *Eine abendliche Demonstration in Ost-Berlin.*

noch einen Monat geheimgehalten). Allerdings waren Schewardnadse und Gorbatschow sehr enttäuscht, daß die USA nicht auf ihre weitreichenden Zugeständnisse eingegangen waren. Gorbatschow geriet nun zunehmend unter den Druck des sowjetischen Militärs, das einen Wechsel seiner Taktik verlangte. Für Baker waren die Gespräche in Wyoming, vor allem die Unterhaltung im Flugzeug, jedoch ein Wendepunkt. Er war nun überzeugt, daß der neue Kurs Moskaus ehrlich war und daß Gorbatschow und Schewardnadse es »ernst meinten«. Jetzt lag es an den USA, Moskau zu unterstützen und »von gegenseitigem Verständnis zu gemeinsamem Handeln und wenn möglich zu einer Partnerschaft« zu gelangen. Baker schloß: »Die Voraussetzungen sind günstig für eine ganz neue Welt.«

Die Wende

Während der nächsten Monate veränderte sich die internationale Situation grundlegend. Im Oktober wandte sich die Ungarische Sozialistische Arbeiterpartei (MSzMP) offiziell vom Leninismus ab. Am Jahrestag des Aufstandes von 1956 änderte sie die von den Ländern des sowjetischen Blocks geführte Bezeichnung »Volksrepublik« in das schlichte »Republik Ungarn« um. Zum erstenmal gab in Budapest eine kommunistische Partei, die an der Regierung war, ihre ideologische Überzeugung auf und bekannte sich zu Kapitalismus und Marktwirtschaft.

Die Breschnew-Doktrin gilt nicht mehr… Kennen Sie das Lied »My Way« von Frank Sinatra? Ungarn und Polen gehen ihren eigenen Weg. Wir haben jetzt die Sinatra-Doktrin.

Gennadi Gerassimow, sowjetischer Regierungssprecher, Oktober 1989

Am 6. Oktober reiste Gorbatschow zu einem zweitägigen Besuch anläßlich der Feiern zum vierzigjährigen Bestehen der DDR nach Ost-Berlin. Die Regierung, die seit 18 Jahren von dem mittlerweile vierundsiebzigjährigen Erich Honecker geführt wurde, war eine der repressivsten in Osteuropa. Nur vier Tage zuvor hatte die DDR ihre Grenze zur Tschechoslowakei abgeriegelt, um zu verhindern, daß ihre Bewohner mit den Füßen abstimmten und über Ungarn in den Westen flohen. In Ost-Berlin schlug Gorbatschow Honecker vor, den vehementen Protest gegen seine Regierung mit einer ostdeutschen Version der Perestroika zu beenden. Honecker wollte nichts davon hören. Doch

In Leipzig, der zweitgrößten Stadt der DDR, trafen sich die Bürgerrechtler jede Woche in der Nikolaikirche und zogen von dort aus durch die Stadt.
OBEN: *Montagsdemonstration mit Kerzen.*
OBEN RECHTS: *An die 100 000 Menschen demonstrieren für freie Wahlen, Meinungsfreiheit und eine neue Regierung. Die Staatsführung erwog eine gewaltsame Niederschlagung der Proteste, hielt sich aber zurück.*

Gorbatschow ließ nicht locker und empfahl bei einer großen Kundgebung Reformen nach sowjetischem Vorbild. Er fügte allerdings hinzu, über die ostdeutsche Politik müsse »nicht in Moskau, sondern in Berlin« entschieden werden. Honecker, der neben ihm stand, warf ihm wütende Blicke zu.

Gorbatschows Besuch gab dem Protest gegen das ungeliebte Regime ungeheuren Auftrieb. Tausende handverlesener Parteimitglieder waren für einen Fackelzug zu Ehren Gorbatschows Unter den Linden in Ost-Berlin beordert worden. Zur allgemeinen Überraschung brachen sie in »Gorbi, Gorbi, Gorbi, hilf uns«-Rufe aus. Eine außergewöhnliche Kehrtwende hatte stattgefunden: Osteuropäer bejubelten nun einen sowjetischen Regierungschef, der sie von der Tyrannei ihrer eigenen Regierung erlösen sollte. Gorbatschow meinte zu seinen Beratern, er sei »empört« über Honeckers »ungeschickten« Umgang mit der Krise – die »Regierung kann nicht an der Macht bleiben«. Nach seiner Rückkehr nach Moskau wies er den Generalstab an, dafür zu sorgen, daß die in der DDR stationierten sowjetischen Soldaten ihre Kasernen nicht verließen und nicht in das Chaos hineingezogen wurden, das sicher bald im Land herrschen würde.

Einen Tag nach Gorbatschows Abreise kam es in Leipzig zur Kraftprobe. Honecker befahl der Polizei, das Feuer auf die 70 000 Teilnehmer eines Protestmarschs durch die Innenstadt zu eröffnen. Die örtlichen Parteivorsitzenden wollten ein Blutbad wie auf dem Platz des Himmlischen Friedens in

Berlin, 1989

Die Nacht vom 9. auf den 10. November. Die DDR-Grenze zum Westen kurz vor der Öffnung. Die Mauer hatte Deutschland und die ganze Welt geteilt. Jetzt sollte sich alles ändern.

Peking verhindern und verweigerten den Gehorsam. Das löste einen Machtkampf im Politbüro aus. Honecker wurde abgesetzt und durch ein jüngeres Politbüromitglied ersetzt: Egon Krenz. Hunderte von Demonstranten wurden freigelassen. Krenz präsentierte sich als ostdeutscher Gorbatschow.

Doch das war zuwenig und kam zu spät. Der brennende Wunsch nach Reformen wurde damit nicht erfüllt. Je verhandlungsbereiter Krenz schien, um so lauter wurde der Ruf nach einem radikalen Wechsel. Ende Oktober forderten 300 000 Demonstranten in Leipzig und Dresden das Ende des kommunistischen Regimes. Krenz entließ sein gesamtes Kabinett und zwei Drittel des Politbüros. Die Grenze zur Tschechoslowakei wurde wieder geöffnet. Doch

»Wir sind das Volk!« Demonstranten in Ost-Berlin vor der Mauer und im Stadtzentrum. Wenig später stürmten sie die Mauer.

auch das reichte noch nicht. Krenz rief Gorbatschow im Kreml an und fragte ihn um Rat. Gorbatschow schlug eine Öffnung der Grenzen vor, damit würde »Dampf abgelassen« und »eine Explosion« vermieden.

Am Samstag, dem 4. November 1989, drängten sich über eine halbe Million Menschen in den Straßen Ost-Berlins. Sie hörten sich ein Konzert an, das live im ost- und im westdeutschen Fernsehen übertragen wurde. Die Veranstaltung sollte für eine Unterstützung der Reform des sozialistischen Systems werben. Die Protestierenden waren inzwischen mutig geworden. Dichter, Musiker und Schriftsteller lasen und sangen Satiren über die DDR und die Mißstände dort und forderten einen demokratischen Staat. Die Kundgebung zeigte, daß die Menschen kein Interesse mehr am Erhalt der DDR hatten. Während der nächsten Tage flohen weitere 50 000 in den Westen. Die Deutsche Demokratische Republik stand kurz vor dem Zusammenbruch.

Der Fall der Mauer

Krenz zögerte, doch schließlich fügte er sich in das Unvermeidliche. Am 9. November gab die ostdeutsche Regierung bekannt, daß ab dem folgenden Tag allen Bürgern, die »den Westen besuchen« wollten, automatisch Ausreisevisa ausgestellt würden. In der Nacht bildeten sich an den acht Grenzübergängen in Berlin Menschenschlangen. Das Mißtrauen überwog. Keiner wußte, was geschehen würde; immerhin waren in den vergangenen 28 Jahren fast 200 Menschen erschossen worden bei dem Versuch, die Mauer zu überwinden. Die diensthabenden Grenzbeamten hatten noch nie eine so große Menschenansammlung erlebt und wußten nicht, wie sie sich verhalten sollten. Sie riefen ihre Vorgesetzten an, erhielten aber keine klaren Anweisungen. Zuerst bestanden sie darauf, daß jeder ein gültiges Visum vorweisen mußte, bevor er am nächsten Tag die Grenze überqueren konnte. Doch als die Menge immer größer wurde, eskalierte die Situation. Die Menschen wollten sofort über die Grenze, warum noch auf ein Visum warten? Die Grenzbeamten öffneten die Übergänge. Zuerst wagten sich einige mutige einzelne hinüber. Doch aus dem Rinnsal wurde schon bald ein reißender

Strom. Hunderte, dann Tausende, dann Zehntausende strömten in den Westen, um einen Vorgeschmack der Freiheit zu bekommen. Auf der anderen Seite versammelten sich die West-Berliner, begrüßten und bejubelten die Ostdeutschen. Familienangehörige und völlig Fremde fielen sich in die Arme. Mit Hammer, Meißel und allem, was gerade zur Hand war, begannen die Menschen, die häßliche Betonbarriere, die sich durch ganz Berlin zog, einzureißen. In bewegenden Szenen triumphierte die Macht des Volkes. Im folgenden Jahr wurde die Berliner Mauer, das Symbol des Kalten Krieges, Stück für Stück abgetragen.

OBEN: *Ausgelassene Freude. Umarmungen und Küsse bei der Öffnung der DDR-Grenzen nach Westen.*

OBEN LINKS: *Punks bearbeiten den mit Graffiti bedeckten Beton der Berliner Mauer mit Hammer und Meißel.*

Die Bilder vom Fall der Mauer wurden live über Satellit in die ganze Welt übertragen. Überall waren die Menschen von den bewegenden Szenen in Berlin ergriffen und oft zu Tränen gerührt. Nur das Weiße Haus bildete eine Ausnahme. Reporter und Fernsehteams wurden ins Oval Office vorgelassen, um die Reaktion des Präsidenten festzuhalten. Bush saß an seinem Schreibtisch, spielte nervös mit einem Stift und verlor nur ein paar nichtssagende Sätze über Berlin. Der Gipfel an Emotion war die Feststellung, er sei »sehr erfreut«.

Die Amerikaner waren vom mangelnden Enthusiasmus ihres Präsidenten enttäuscht. Seit Kennedy hatte jeder amerikanische Präsident den Abriß der Mauer gefordert. Meinungsumfragen zeigten, daß 90 Prozent der Amerikaner den Fall der Mauer für »aufregend und ermutigend« hielten. Kritiker warfen Bush vor, er sei der Lage nicht gewachsen. Privat zeigte sich Bush erstaunt über die Entwicklung in Berlin. Er meinte zu seinen Beratern: »Wenn die Sowjets den Sturz der Kommunisten in Ostdeutschland zulassen, müssen sie es wirklich ernst meinen – ernster, als ich dachte.«

Gorbatschow äußerte sich im privaten Kreis keineswegs begeistert über den Fall der Mauer. Gerassimow beschrieb das Geschehen als »positives und wichtiges Ereignis« im Einklang mit den sozialistischen Entwicklungen in der Sowjetunion. Doch die Aussicht auf eine deutsche Wiedervereinigung, auf einen wirtschaftlichen und politischen deutschen Giganten mitten in Europa erfüllte Gorbatschow mit Sorge. Moskau wollte den Osten Deutschlands nicht als »strategischen Verbündeten« verlieren und in Westeuropa aufgehen sehen.

Freiheit ist ansteckend, das Fieber griff von Ost-Berlin (UNTEN LINKS) *auf Prag* (UNTEN) *über. In der Tschechoslowakei wurde das kommunistische Regime durch friedliche Demonstrationen ohne Blutvergießen gestürzt.*

Gorbatschow schrieb an Bush und andere westliche Regierungschefs und betonte, daß die Sowjetunion an der Zukunft Deutschlands großes Interesse habe. Die Dinge sollten mit Bedacht angegangen werden, damit sie nicht außer Kontrolle gerieten. Der US-Präsident sagte zu seinem Stab: »Der ist wirklich bestürzt.« Beim Besuch des Außenministers der Bundesrepublik, Hans-Dietrich Genscher, im Dezember in Moskau erklärte Gorbatschow ihm sehr deutlich, daß Kohls kürzlich bekannt gewordenen Pläne für eine schnelle Wiedervereinigung verfrüht seien und Europa destabilisieren würden.

In der DDR wurde die verhaßte Geheimpolizei, die Stasi, aufgelöst. An die Stelle von Krenz trat der kommunistische Reformpolitiker Hans Modrow, der von der Volkskammer zum Ministerpräsidenten gewählt wurde. Ostdeutschland näherte sich immer mehr dem Westen an. Doch mehrere Monate lang widersetzte sich die Sowjetunion entschieden der Wiedervereinigung Deutschlands.

Die Veränderungen erfaßten nun auch Bulgarien und die Tschechoslowakei. Am Tag des Mauerfalls fand in Sofia eine Versammlung des Politbüros statt, die zu einer Kraftprobe zwischen den einzelnen Fraktionen wurde. Todor Schiwkow, der am längsten amtierende Regierungschef in Osteuropa, der seit 1954 an der Macht und seit 1971 Staatsratsvorsitzender war, wurde abgesetzt und durch Petar Mladenoff ersetzt, den Führer der Reformgruppe. Unter Mladenoff überlebte der Reformkommunismus in Bulgarien noch über ein Jahr, bevor er auch dort von demokratischen Kräften hinweggefegt wurde.

Ein Held kehrt zurück. Alexander Dubček tritt wieder in der Öffentlichkeit auf. Er hatte alle seine Ämter verloren, nachdem Panzer im August 1968 den Prager Frühling beendet hatten. Dieses Mal wurde der Traum von Freiheit wahr.

In Prag wurde am 17. November aus einer Studentenkundgebung auf dem Wenzelsplatz eine Demonstration gegen die Regierung. Nervöse Polizisten feuerten in die Menge. Dieser Versuch, Proteste gewaltsam niederzuschlagen, und die Ereignisse in Deutschland trieben die Menschen nur in noch größerer Zahl auf die Straßen, wo sie freie Wahlen forderten. Eine oppositionelle Dachorganisation wurde gegründet, das Bürgerforum. Am 20. November demonstrierten 200 000, zwei Tage später 250 000 Menschen. Am 24. November marschierten 350 000 Demonstranten durch Prag. In derselben Nacht traten bei einer Krisensitzung des Zentralkomitees der Kommunistischen Partei der Generalsekretär und das gesamte Politbüro zurück. Sie wußten, daß sie nicht auf sowjetische Unterstützung hoffen konnten. Eine neue Parteiführung wurde gewählt. Der Bürgerrechtler und Dramatiker Václav Havel, inzwischen aus dem Gefängnis entlassen, verurteilte die Umbesetzungen in der Partei als Betrug und Versuch der Kommunisten, an der Macht zu bleiben. Eine ungeheure Menschenmenge (etwa 800 000) verlangte demokratische Wahlen. Arbeiter zeigten mit einem zweistündigen Generalstreik ihre Solidarität mit der Protestbewegung. Das ganze Land war lahmgelegt. Angesichts einer so überwältigenden Demonstration des Volkswillens gab die Regierung nach. Sie verzichtete auf den »Führungsanspruch« der Kommunistischen Partei und öffnete die Grenze zu Österreich. Anfang Dezember wurde eine neue Koalitionsregierung gebildet, in der die Kommunisten in der Minderzahl waren. Am 10. Dezember 1989 trat der dreiundsiebzigjährige Gustáv Husák, der seit 1968 Parteichef gewesen war, als Staatspräsident zurück. Ende des Monats fanden freie Wahlen statt. Alexander Dubček, Symbolfigur des Prager Frühlings, wurde Parlamentspräsident und Oppositionsführer, Havel wurde Staatspräsident. Die Wende in der Tschechoslowakei ging als die »Samtene Revolution« in die Geschichtsbücher ein. Fünf der sechs ehedem linientreuen kommunistischen Regime in Osteuropa waren nun gestürzt.

Der seekranke Gipfel

Während all dieser stürmischen Ereignisse rüsteten sich Bush und Gorbatschow für das Treffen vor Malta. Bush wurde über die jüngsten Entwicklungen in der Sowjetunion informiert. Er erfuhr, daß die meisten Sowjetbürger immer noch hinter Gorbatschow und der Perestroika standen, daß viele aber von dem langsamen Tempo des wirtschaftlichen Wandels enttäuscht waren. Viele warteten »ungeduldig darauf, daß die politischen Reformen sich materiell auswirken«. Bisher habe der Umbruch »nur Schweiß und keinen Preis« gebracht. Bushs Berater sagten voraus, daß Gorbatschow noch »längere Zeit am Ruder« bleiben werde, allerdings seien die Jahre 1990 und 1991 entscheidend. Sie vermuteten, daß Moskau die drohenden ethnischen Unruhen mit repressiven Mitteln niederschlagen würde. Bush beschloß, den sowjetischen Regierungschef »nach Kräften« zu unterstützen.

Gorbatschows Berater wollten, daß er alles tat, um Bush als ebenbürtiger Gesprächspartner entgegenzutreten. Er sollte den amerikanischen Präsidenten von einer Vertiefung der sowjetisch-amerikanischen Partnerschaft in dieser Zeit des Umbruchs überzeugen. Er wurde gewarnt, keine ähnlich dramatischen Abrüstungsvorschläge wie in Reykjavik zu präsentieren, denn das würde den praktisch denkenden US-Präsidenten verunsichern und befremden. Beiden Männern war klar, daß die als »erstes Kennenlernen« geplante Begegnung angesichts der Geschwindigkeit der Ereignisse in Osteuropa die Form eines historischen Gipfels annahm.

Gorbatschow traf am Freitag, dem 1. Dezember, abends auf Malta ein. Er kam aus Rom, wo er Papst Johannes Paul II. getroffen und in die Sowjetunion eingeladen hatte; bei dieser Gelegenheit hatte er ein neues Gesetz zur Religionsfreiheit angekündigt. Bush war bereits am Morgen gelandet. Die Gespräche sollten auf zwei Kriegsschiffen stattfinden, dem sowjetischen Kreuzer »Slava« und dem amerikanischen Kreuzer »Belknap«, dem Flaggschiff der 6. Flotte. Die Staatsmänner würden so vor den neugierigen Blicken der Journalisten geschützt sein und sich ohne großes Zeremoniell in einer privaten Atmosphäre unterhalten können, wie es Bush so sehr schätzte. Beide hatten es sich allerdings kaum in ihren Quartieren bequem gemacht, als ein schwerer Sturm aufkam.

Am Samstag morgen entschied Gorbatschow, daß die See zu rauh war, um von dem Kreuzfahrschiff »Maxim Gorki«, das im Hafen als sein schwimmendes Hotel vertäut war, zur »Slava« überzusetzen. Bush war einverstanden, sich auf der »Maxim Gorki« mit ihm zu treffen. Der Präsident und seine Delegation, darunter ein sehr blasser Außenminister, setzten in einer Barkasse über das sturmgepeitschte Meer zur »Maxim Gorki« über. Im Kartenraum auf dem Promenadendeck, das eilig für die unerwarteten Gäste hergerichtet worden war, begrüßten sich Gorbatschow und Bush. Der Präsident begann: »Die Welt wird besser sein, wenn die Perestroika Erfolg hat.« Er umriß zahlreiche wirtschaftliche Projekte. Gespräche über ein sowjetisch-amerikanisches Handelsabkommen sollten aufgenommen werden. Bush kündigte an, daß vor

Es gibt kein Problem auf der Welt – und sicher kein Problem in Europa –, das durch eine Verbesserung der sowjetisch-amerikanischen Beziehungen nicht vermindert werden könnte. Ein besseres sowjetisch-amerikanisches Verhältnis ist für sich genommen schon viel wert, doch es sollte auch ein Instrument zur positiven Veränderung der Welt sein.

George Bush
bei der gemeinsamen Pressekonferenz zum Abschluß des Gipfels vor Malta, 3. Dezember 1989

Sturm vor Malta

Präsident Bush war im Zweiten Weltkrieg Pilot bei der Marine gewesen. In seiner Freizeit jagte er gerne mit schnellen Booten über die Wellen. An jenem Samstag nachmittag des Malta-Gipfels beobachteten die Fernsehzuschauer entgeistert, wie der Präsident und sein außenpolitisches Team von der »Maxim Gorki« zur »Belknap« übersetzten. Ihre kleine Barkasse wurde in peitschendem Regen vom heulenden Sturm hin und her geworfen. Kaum waren sie sicher an Bord des Kreuzers, erfuhr Bush von seiner Marine- und Geheimdienst-Sondergruppe, daß eine Rückkehr zu gefährlich sei. Der Präsident und sein Team warteten den ganzen Nachmittag und sahen die »Maxim Gorki« nur aus der Ferne über fünf Meter hohe Sturmwellen hinweg.

Das Debakel bescherte den wartenden Journalisten einen großen Tag. Die Regierungschefs der beiden mächtigsten Länder der Welt, berichteten sie, seien an diesem kritischen Punkt der Geschichte um die halbe Welt geflogen – und waren nun durch einen tosenden Sturm 900 Meter voneinander getrennt. Die Reporter machten die unvermeidlichen Witze über Supermächte, die Kräfte jenseits ihrer Kontrolle außer Gefecht gesetzt hatten, und sprachen von einem »seekranken Gipfel«. An jenem Abend genossen Bush und die Mitglieder seines Stabes, die dazu in der Lage waren, ein hervorragendes Essen. Der Präsident meinte, er bedaure, daß Gorbatschow nicht bei ihnen sei, um »einen Eindruck von der Verpflegung bei der US-Marine zu bekommen«.

dem nächsten Gipfel – der für Juni 1990 in Washington angesetzt war – der Sowjetunion die Meistbegünstigungsklausel eingeräumt werden sollte. Die Sowjetunion sollte Hilfestellung beim Umbau des Wirtschaftssystems erhalten. Und er, Bush, werde einen Beobachterstatus der Sowjetunion bei der nächsten Runde der GATT-Verhandlungen über den Abbau von Zöllen und Handelshemmnissen befürworten. Bei der Abrüstung schlug Bush ein erhöhtes Tempo bei START vor. Er wollte alle wichtigen Punkte bis zu dem Gipfel im Juni klären, zu einer Einigung bei der Vernichtung chemischer Waffen kommen und die Verhandlungen über den Abbau konventioneller Streitkräfte in Europa (VKSE) beschleunigen.

Gorbatschow hörte aufmerksam zu und machte sich in einem kleinen orangefarbenen Buch Notizen. Er antwortete Bush mit einer langen Erklärung über die Veränderungen in der Welt und die Notwendigkeit, daß die Sowjetunion und die USA sich ebenfalls veränderten. Er sagte, er habe wiederholt die Erklärungen des Präsidenten über die Unterstützung der Perestroika gehört, doch erst jetzt auch Beweise gesehen. »Ich wollte Sie heute bitten«, fuhr er lächelnd fort, »es nicht bei Worten zu belassen. Doch das haben Sie bereits getan.« Zur Frage der Abrüstungskontrolle an Ort und Stelle meinte er: »Sie können so viele Inspektoren bestimmen, wie Sie wollen.« Zum Truppenrückzug aus Osteuropa: »Es ist uns klar, daß unsere Streitkräfte dort nicht so recht willkommen sind.« Robert Blackwill, der als einer der wenigen amerikanischen Berater mit Bush am Tisch saß, hatte den Eindruck, daß dieser Moment echter Übereinstimmung der Wendepunkt in der Nachkriegszeit war.

Beim Gipfel auf hoher See vor Malta erklärten Gorbatschow und Bush, daß ihre Länder nicht länger Feinde seien. Vor ihnen lag nun die Zusammenarbeit. Der Kalte Krieg hatte von Jalta bis Malta gedauert.

Wieder einmal schieden sich beim Thema Mittelamerika die Geister. Bush nannte es gegenüber Gorbatschow einen »kräftigen Dorn in Ihrem Schuh«. Er führte Beweise für kubanische Waffenlieferungen an die Sandinisten und für eine Unterstützung der Rebellen in El Salvador durch Nicaragua an. Gorbatschow unterbrach ihn und sagte: »Ich habe Castro gesagt, daß wir nicht mehr die gleiche Linie vertreten und er es wie die osteuropäischen Länder machen soll. Aber er ist sein eigener Herr.« Die Sowjets könnten »ihm nicht einfach befehlen«. Bei einem Gespräch unter vier Augen wurde das Thema erneut aufgegriffen. Gorbatschow konterte und warf Bush Einmischung auf den Philippinen vor. Die Amerikaner würden Jets zur Unterstützung der Regierung von Präsidentin Corazon Aquino schicken. Auch in Panama und Kolumbien würden sie sich einmischen, Bush solle also nicht so selbstgerecht über Mittelamerika sprechen.

Zum Mittagessen trafen sich die Delegationen wieder komplett. Während Kellner besten russischen Kaviar in silbernen Schüsseln servierten, sprach man über die wirtschaftlichen Probleme der Sowjetunion. Danach sollte es eine Unterbrechung von drei Stunden »zur freien Verfügung« geben, bevor es mit einer weiteren Gesprächsrunde auf der »Maxim Gorki« und einem Arbeitsessen an Bord der »Belknap« weiterging. Da der Sturm noch immer tobte, schlug Gorbatschow vor, Bush solle auf der »Maxim Gorki« bleiben. Doch der Präsident wollte unbedingt auf sein Schiff zurückkehren. Da der Sturm immer stärker wurde, fielen die Gespräche für diesen Tag aus.

Am Sonntag morgen hatte sich der Sturm ein wenig gelegt, aber die ursprünglich auf der »Belknap« geplanten Gespräche wurden trotzdem auf die ruhigere »Maxim Gorki« verlegt. Gorbatschow erklärte, mit dem Umbruch in Europa komme den USA dort eine wichtige Rolle zu. »Wir wollen Sie in Europa. Sie müssen in Europa präsent sein.« Und er fuhr mit dem entscheidenden Satz fort: »Wir betrachten Sie nicht länger als Feind. Die Dinge haben sich verändert.« Er versicherte Bush, daß die UdSSR nie einen Krieg gegen die USA beginnen würde. Für einige Anwesende beendeten diese Worte eine ganze Ära.

Gorbatschow bat Bush, keine einseitigen Bezeichnungen für die Veränderungen in Osteuropa zu verwenden, etwa die Beschreibung als »Triumph westlicher Werte«. Die gleichen Werte gebe es in der Sowjetunion auch. Baker

Die rumänische Regierung widersetzte sich dem Wandel in Osteuropa erbittert.
OBEN: *Nicolae Ceaușescu und seine Frau Elena nach ihrer Festnahme. Von einem Kriegsgericht wurden sie wegen Verbrechen gegen das Volk zum Tode verurteilt und erschossen.*
OBEN RECHTS: *Trauer und der Wille zum Widerstand bei den Rumänen, als die Leichen ihrer Landsleute vorbeigetragen werden, die bei dem Aufstand getötet wurden.*

schlug die Bezeichnung »demokratische Werte« vor. Gorbatschow war einverstanden. Für Bush waren demokratische Werte gleichbedeutend mit westlichen Werten, doch in Zukunft achtete er darauf, keine triumphierenden Bezeichnungen zu verwenden, die die Sowjets kränken konnten, und sprach von »universellen Werten«.

Nach der Gesprächsrunde am Morgen beschloß man eine gemeinsame Pressekonferenz. Im hastig umgestalteten Schallplattenraum der »Maxim Gorki« demonstrierten Bush und Gorbatschow vor versammelter Presse den neuen Geist der Zusammenarbeit und der Partnerschaft zwischen den beiden Ländern, die sich 44 Jahre lang als Gegner betrachtet hatten. Vor Malta wurden zwar keine Abkommen unterzeichnet, doch der Gipfel symbolisierte in vielerlei Hinsicht das Ende des Kalten Krieges. Er bot eine erste Ahnung von einem neuen Verhältnis zwischen Ost und West.

Der letzte Stalinist

Rumänien war das einzige osteuropäische Land, das immer noch von einem Kommunisten alter Schule regiert wurde. Der Tyrann Nicolae Ceaușescu herrschte seit 1965 mit eiserner Hand und hatte das Land Schritt für Schritt in einen Polizeistaat verwandelt. Die Geheimpolizei Securitate terrorisierte die Menschen und nötigte sie zum Gehorsam. Ceaușescu zwang dem Land und seiner Wirtschaft seinen stalinistischen Willen auf. Bei einer Versammlung der Regierungschefs der Warschauer-Pakt-Staaten in Moskau nach Gorbatschows Rückkehr von Malta war Ceauşescu der einzige kommunistische Parteichef, der seit der letzten Konferenz des Warschauer Paktes fünf Monate zuvor noch amtierte. Er forderte den Ausbau des Warschauer Paktes gegen die gemeinsame Bedrohung durch die NATO. Die Regierungschefs der anderen osteuropäischen Länder ignorierten ihn.

Zwei Wochen später eröffnete Ceauşescus Geheimpolizei das Feuer auf Demonstranten, die sich in der traditionell oppositionellen transsylvanischen Stadt Timişoara in Westrumänien versammelt hatten. In den folgenden Tagen wurde immer wieder auf Demonstranten geschossen, dennoch nahmen immer mehr an den Kundgebungen teil. Am 22. Dezember hielt Ceauşescu vom Balkon seines Präsidentenpalastes in Bukarest eine vorbereitete Rede vor einer eigens versammelten großen Menschenmenge. Er wollte zeigen, daß er immer noch Anhänger hatte. Zur Wiederherstellung der Ordnung wurde die Rede live im Fernsehen übertragen. Aber die Rumänen hatten genug. Sie pfiffen und buhten. Benommen brach Ceauşescu seine Rede ab und verließ den Balkon. Er entschloß sich zur Flucht. Als am nächsten Tag die unbewaffnete Menge das Hauptquartier der Kommunistischen Partei stürmte, hob er in einem Hubschrauber ab. Eine Front zur nationalen Rettung wurde proklamiert, bestehend aus ehemaligen Beratern Ceauşescus und einigen prominenten Dissidenten. Die Streitkräfte übertrugen der neuen Regierung die Befehlsgewalt. Zwischen Soldaten und Männern der Geheimpolizei, die dem alten Regime treu blieben, kam es zu vereinzelten Scharmützeln. Die Vereinigten Staaten ließen die Sowjets wissen, daß sie nichts dagegen einzuwenden hätten, falls diese sich zu einer militärischen Intervention in Rumänien entschließen sollten. Doch eine Intervention war nicht nötig. Am Tag ihrer Flucht wurden Ceauşescu und seine genauso unbeliebte Frau Elena, die Mitglied des Politbüros und de facto Vizepräsidentin des Landes war, von Truppen des neuen Regimes aufgegriffen. Sie kamen vor ein Militärgericht und wurden nach einem hastigen Verfahren am ersten Weihnachtsfeiertag erschossen. Das rumänische Fernsehen und Fernsehsender rund um die Welt zeigten Bilder von ihren Leichen.

Rumänische Revolutionäre in einem beschlagnahmten Lkw bei einer Freudenfahrt durch Bukarest. Auf das Ende der Diktatur folgte zunächst ein Chaos.

Zu Beginn des Jahres 1989 hatte der Eiserne Vorhang wie seit über 40 Jahren Europa in zwei Teile zerschnitten. Ende des Jahres waren die Regierungen in allen osteuropäischen Ländern vom Volk abgesetzt worden. Nur Bulgarien bildete noch eine Ausnahme, doch es sollte schon bald folgen. Überall hatte sich der Wille des Volkes durchgesetzt, und außer in Rumänien floß nirgendwo Blut. Mit atemberaubender Geschwindigkeit hatte sich der europäische Machtbereich der Sowjetunion aufgelöst, die Pufferzone, die Stalin so rücksichtslos aufgebaut hatte und die von seinen Nachfolgern notfalls mit Gewalt zusammengehalten worden war, existierte nicht mehr. Das Jahr 1989 war wahrhaftig ein *annus mirabilis*, ein Wunderjahr.

Moskau, 1991

Gorbatschow gab den Russen die Demonstrationsfreiheit. Jetzt demonstrieren sie für ein Ende des kommunistischen Machtmonopols und für den radikalen Demokraten Boris Jelzin.

Wie es endete

1990–1991

Januar 1990. Bei einem Spaziergang durch die litauische Hauptstadt Vilnius setzt sich Gorbatschow dafür ein, daß Litauen ein Teil der Sowjetunion bleibt. Die Litauer beharren auf ihrer Forderung nach Unabhängigkeit.

Die neue Zeit wird eingeläutet

Am Neujahrstag 1990 erklangen nach Jahren erstmals wieder die alten Glocken der Basiliuskathedrale am Roten Platz. Die Veränderungen, die sie einläuteten, fanden in der ganzen Sowjetunion Widerhall – das Alte wurde verabschiedet, eine neue Zeit begann.

Vom 11. bis 13. Januar 1990 hielt sich Gorbatschow in der litauischen Hauptstadt Vilnius (Wilna) auf; die dortige kommunistische Partei hatte im Monat zuvor für die Unabhängigkeit des Landes gestimmt. Die baltischen Republiken Litauen, Estland und Lettland waren erst seit relativ kurzer Zeit Teil der Sowjetunion. Sie waren ohne ihr Wissen und ihre Zustimmung in dem geheimen Zusatzprotokoll des berüchtigten Hitler-Stalin-Paktes von 1939 Stalin zugeschlagen worden. Die Vereinbarung zwischen dem nationalsozialistischen Deutschland und der Sowjetunion zur Teilung Polens ermöglichte Hitler, in Polen einzumarschieren. Entschlossen betrieb Stalin nach dem Zweiten Weltkrieg die Schaffung einer Pufferzone aus Satellitenstaaten an der Westgrenze der Sowjetunion. Dabei wurden auch die drei baltischen Republiken der Sowjetunion einverleibt.

Doch die Menschen in den baltischen Ländern, die seit dem Ende des Ersten Weltkriegs unabhängig waren, hatten sich nie in ihr Schicksal gefügt. Die USA hatten die sowjetische Herrschaft über das Baltikum nie anerkannt und die Anerkennung ihrer Unabhängigkeit auch nie offiziell zurückgezogen. Jetzt forderten die baltischen Republiken erneut ihre Unabhängigkeit. Doch wenn Gorbatschow den Forderungen Litauens nachgab, wo würde das enden? Gorbatschow klammerte sich an Kompromißlösungen und bestand auf dem Erhalt der Sowjetunion.

Kaum war er am 15. Januar nach Moskau zurückgekehrt, brachen an anderer Stelle der Sowjetunion Unruhen und ein Bürgerkrieg aus: in Aserbaidschan. Die muslimischen Aserbaidschaner sahen mit Sorge, daß die größtenteils christliche armenische Bevölkerung des Gebiets Bergkarabach gegen ihre Herrschaft aufbegehrte. Unweit der iranischen Grenze kam es zu Unruhen. Die Aserbaidschaner mobilisierten Truppen. Gorbatschow sandte das Militär. In den folgenden Kämpfen wurden Hunderte, vielleicht sogar Tausende getötet. Dann schlug Anfang Februar die ostdeutsche Regierung ein wiedervereintes und neutrales Deutschland vor. Gorbatschow stimmte zu.

OBEN LINKS: *Sowjetische Panzer und Soldaten in den Straßen von Baku. Sie schlagen eine Revolte der Aserbaidschaner nieder. Rund 1000 Menschen kamen dabei ums Leben.*

OBEN: *Die Opfer. Ähnliche Szenen drohten überall in der Sowjetunion, als immer mehr Republiken die Unabhängigkeit forderten.*

Bei einer großen Kundgebung in Moskau forderten die Demonstranten ein Ende des Machtmonopols der KPdSU. Gorbatschow mußte sich nun anstrengen, mit dem Reformdruck Schritt zu halten. Am 5. Februar verkündete er, daß die Sowjetunion, die über 70 Jahre eine kommunistische Autokratie gewesen war, das Einparteisystem abschaffen, ein Mehrparteiensystem einführen und einen »menschlichen, demokratischen Sozialismus« vertreten werde. Er stellte vor allem wirtschaftliche Reformen in Aussicht, versprach eine Verminderung der Mitglieder des Zentralkomitees und forderte ein neues Amt in der Exekutive: das Amt eines Präsidenten der UdSSR. Nach einer stürmischen Debatte, bei der die reaktionären Ansichten der Altkommunisten auf die Meinung der Reformer trafen, wurden die Vorschläge angenommen.

Der amerikanische Außenminister James Baker traf sich am 9. Februar mit Gorbatschow in Moskau. Er schlug dem sowjetischen Regierungschef eine »Zwei-plus-vier-Lösung« für die deutsche Wiedervereinigung vor: Die beiden Teile Deutschlands und die vier alliierten Mächte des Zweiten Weltkriegs – die USA, Großbritannien, Frankreich und die Sowjetunion – sollten die Bedingungen für eine Wiedervereinigung festlegen. Am nächsten Tag waren Bundeskanzler Kohl und Außenminister Genscher in Moskau. Gorbatschow gab ihnen zu verstehen, daß er gegen eine Wiedervereinigung keine Einwände erheben würde. Die Zwei-plus-vier-Lösung wurde von den vier am 13. Februar in Ottawa angenommen. In diesen erstaunlichen Wochen – am 11. Februar wurde Nelson Mandela in Südafrika aus dem Gefängnis entlassen, die Ankündigung für den Übergang zur Demokratie am Kap der Guten Hoffnung – ließ der Druck auf Gorbatschow nicht nach. Die Menschen in der Sowjetunion waren ungeduldig, aber geteilter Meinung, wie die Demonstrationen zeigten. Die Kommunisten warfen Gorbatschow vor, daß er ein zu schnelles Tempo einschlug, den Reformern konnte es nicht schnell genug gehen. Der Oberste Sowjet wählte Gorbatschow mit überwältigender Mehrheit zum Staatspräsidenten.

Am 11. März verkündete Litauen offiziell seine Unabhängigkeit. Der Musikwissenschaftler Vytautas Landsbergis wurde zum Präsidenten gewählt. Gorbatschow verurteilte den Akt als »unrechtmäßig und ungültig«, zögerte aber, gewaltsam einzuschreiten. Vor Malta hatte er sich mit Bush auf einen Gewaltverzicht geeinigt. Bush wiederum hatte versprochen, Gorbatschows Aufgabe nicht noch schwieriger zu machen. Der US-Präsident hielt sich in der Öffentlichkeit mit Bemerkungen über die Situation zurück.

Moskau. Vor dem Kongreß der Volksdeputierten setzt sich Gorbatschow für die Erhaltung der Sowjetunion auch nach der Perestroika ein. Doch die Woge des Nationalismus war stärker.

Im März verschärfte sich die Krise. Sowjetische Fallschirmjäger besetzten die Parteigebäude in Vilnius. Am 25. März stimmten die Kommunisten in Estland für die Unabhängigkeit. Lettland folgte im Mai. Am 28. März wurden im unabhängigen Ungarn die ersten freien Wahlen seit 1945 abgehalten.

Gorbatschow versuchte, die Lage wieder in den Griff zu bekommen, und verhängte ein Wirtschaftsembargo über Litauen. Er stoppte die Öllieferungen und 84 Prozent der Versorgung mit Erdgas, das über Pipelines nach Litauen gelangte. Die Energie reichte gerade für lebenswichtige Einrichtungen wie Krankenhäuser.

Jelzin wird Parlamentspräsident

Am 24. Mai verkündete der von Gorbatschow ernannte Ministerpräsident Nikolai Ryschkow die neuesten Wirtschaftsreformen, von deren erfolgreicher Umsetzung die zukünftige amerikanische Wirtschaftshilfe abhing. Ryschkows Plan umfaßte, vielleicht um Gorbatschow in Schwierigkeiten zu bringen, eine Erhöhung des Brotpreises um das Dreifache. Das führte zu einem Sturm auf die Brotgeschäfte. Das allgemeine Mißtrauen gegen Gorbatschow wuchs. Am 29. Mai wurde Boris Jelzin, der auf seine Mitgliedschaft im Präsidium des Obersten Sowjets und auf seine Ämter in der KPdSU verzichtet hatte, Präsident des Kongresses der Volksdeputierten von Rußland. Der Kongreß teilte mit, daß seine Gesetze Vorrang vor den sowjetischen Gesetzen hätten. Damit erklärte sich Rußland im Prinzip für souverän und sagte sich weitgehend von der Sowjetunion los.

Boris Jelzin

Vom 30. Mai bis zum 2. Juni traf sich Gorbatschow mit Präsident Bush zu einem Gipfel in Washington und Camp David. Gorbatschow verzichtete nun auf die Bedingung der Sowjets, daß ein wiedervereintes Deutschland neutral sein müsse, und akzeptierte, daß die deutsche Bevölkerung über eine Mitgliedschaft in der NATO entscheiden sollte.

In den folgenden Wochen wurden die Bedingungen für die Wiedervereinigung Deutschlands ausgehandelt. Die Sowjetunion setzte sich nicht durch mit dem Plan, daß die Streitkräfte der DDR für eine Übergangsphase eine »assoziierte Mitgliedschaft« im Warschauer Pakt behalten sollten – ein offensichtlicher Unsinn –, und auch ein Abkommen, nach dem die anderen Mächte über eine Zeit von drei bis fünf Jahren das Verhalten Deutschlands beaufsichtigen sollten, kam nicht zustande. Anfang Juli gab die NATO bei einem Gipfel in London gegenüber den Staaten des Warschauer Paktes die Garantie für einen Gewaltverzicht ab. Das half. Deutschland versprach außerdem, die Grenze zu Polen anzuerkennen, die Truppenstärke der deutschen Bundeswehr in Zukunft zu begrenzen und die Kosten für den Abzug der 500 000 in Ostdeutschland stationierten sowjetischen Soldaten sowie für ihre Unterbringung in der Sowjetunion zu übernehmen. Kohl und Genscher reisten nach Moskau. Bei einer Pressekonferenz am 16. Juli erklärte Gorbatschow: »Ob es uns gefällt oder nicht, die

Zeit wird kommen, in der ein wiedervereintes Deutschland, wenn es will, in der NATO sein wird. Dann – wenn es will – kann es in gewissem Maß und in gewisser Form mit der Sowjetunion zusammenarbeiten.«

OBEN LINKS: *Bundeskanzler Helmut Kohl mit Michail Gorbatschow in Moskau. Kohl verpflichtete sich zu einer Reduzierung der deutschen Truppenstärke und bot beträchtliche Finanzhilfen an. Schließlich stimmte Gorbatschow der Wiedervereinigung und der NATO-Mitgliedschaft Deutschlands zu.*

Diese ungewöhnliche Äußerung war, wie Kanzler Kohl formulierte, »ein Durchbruch, ein phantastisches Ergebnis«. Zwei Wochen zuvor war Gorbatschow beim XXVIII. Parteitag der KPdSU von orthodoxen Kommunisten heftig angegriffen worden, weil er auf die baltischen Länder verzichte, den Warschauer Pakt schwäche und die ideologischen Grundlagen der Sowjetunion und der Partei untergrabe. Dennoch wurde er als Generalsekretär wiedergewählt. Und jetzt verpflichtete sich Gorbatschow öffentlich, auf das wichtigste Element der sowjetischen Sicherheitspolitik zu verzichten. Da Deutschland immer im Brennpunkt des Kalten Krieges in Europa gestanden hatte, kann dieser entscheidende Moment mit gutem Grund als das Ende des Kalten Krieges betrachtet werden.

Kooperation der Supermächte

Schon nach wenigen Wochen wurde die vereinbarte friedliche Zusammenarbeit der Supermächte durch die Ereignisse am Persischen Golf auf die Probe gestellt. Am 2. August 1990 fielen die Streitkräfte Saddam Husseins, des brutalen, großspurigen irakischen Diktators, im Nachbarland Kuwait ein, einem kleinen, aber sehr reichen Erdölproduzenten. Irak war mit der Sowjetunion verbündet, mehrere tausend Sowjets arbeiteten dort. James Baker und Eduard

Schewardnadse, die gerade in Irkutsk Gespräche führten, flogen nach Moskau. Baker wollte sicherstellen, daß die Sowjetunion gemeinsam mit den USA die Invasion verurteilte und jede Maßnahme unterstützte, die die USA eventuell ergreifen würden. Trotz der Verbindungen zwischen der Sowjetunion und dem Irak und der anfänglichen Ablehnung Gorbatschows und einiger anderer Mitglieder des Politbüros trat Schewardnadse am nächsten Tag mit Baker auf dem Flughafen von Wnukowo vor die Presse. Gemeinsam erklärten sie, daß die beiden Supermächte »die internationale Gemeinschaft dazu aufrufen, ein allgemeines Waffenembargo gegen den Irak zu verhängen«. Aus der Konfrontation der Supermächte war Kooperation geworden. Für James Baker bedeutete

OBEN: *August 1990. Auf Befehl von Saddam Hussein fallen irakische Streitkräfte in Kuwait ein und annektieren das Land. Obwohl der Irak ein sowjetischer Verbündeter war, schloß sich die UdSSR der allgemeinen Verurteilung der Invasion an.*

OBEN RECHTS: *Ukrainer protestieren gegen die sowjetische Herrschaft. Die Ukraine war eine von vielen Sowjetrepubliken, die 1990 ihre Unabhängigkeit forderten.*

dies das Ende des Kalten Krieges; für andere war es die erste gemeinsame sicherheitspolitische Maßnahme in einer Welt nach dem Kalten Krieg.

Der Wettkampf war zwar beendet, doch die Kämpfer hatten die Arena noch nicht verlassen. Noch bestand die Sowjetunion, wenn auch schwer angeschlagen. Gorbatschow sah sich im eigenen Land vor zwei schwierigen Aufgaben: Er versuchte so schnell wie möglich die Wirtschaft und ein Regierungssystem zu reformieren, das sich vollkommen verselbständigt hatte. Und er versuchte, gegen alle auseinanderstrebenden Kräfte die Sowjetunion zusammenzuhalten. Am 16. Juli erklärte sich die Ukraine für unabhängig, im August folgten Armenien, Turkmenistan und Tadschikistan, im Oktober Kasachstan und Kirgisien. Im Oktober teilten Rußland und die Ukraine mit, daß ihre Landesrechte höhere Gültigkeit hätten als die Rechte der Sowjetunion. Das verhieß nichts Gutes. Der Oberste Sowjet erklärte diesen Schritt im November für unzulässig. Gorbatschow schlug die Schaffung einer neuen zentralen Regierung vor, der Repräsentanten der 15 Sowjetrepubliken angehören sollten. Jelzin, der Präsident der Russischen Republik, machte klar, daß er die Macht nicht im Zentrum, in Gorbatschows Händen, konzentriert sehen wollte. Ende November legte Gorbatschow einen neuen Vorschlag vor: eine Union aus souveränen sowjetischen Republiken mit lockeren Bindungen zwischen den einzelnen Republiken und der zentralen sowjetischen Regierung.

Am 1. Oktober verabschiedete der Oberste Sowjet ein Gesetz, das Religionsfreiheit garantierte, und am 9. Oktober eines zum Mehrparteiensystem. Auch die

Berlin, 1990

Das Brandenburger Tor in Berlin, 3. Oktober 1990. Eine riesige Menschenmenge feiert die deutsche Wiedervereinigung.

sowjetischen Medien sollten nicht länger vom Staat kontrolliert werden. Ein größeres Problem war die Wirtschaft: Schon allein die Aussicht auf einen wirtschaftlichen Wandel drohte ein soziales Chaos zu verursachen und löste Ängste und Sorgen aus. Der Aufbruch aus einer Kommandowirtschaft, in der jeder tat, was ihm gesagt wurde, zu einer Wirtschaftsform ohne zentrale Planung und mit Preisen, die sich am Markt bildeten, war ein Vorstoß in unbekanntes Terrain.

Am 20. Juli wurde ein »500-Tage«-Programm veröffentlicht, wie die Sowjetunion zur Marktwirtschaft geführt werden sollte. Darin wurde der Verkauf der meisten staatlichen Unternehmen vorgeschlagen, die Auflösung der kollektiven landwirtschaftlichen Betriebe, eine Währungs- und eine Bankenreform. Doch Gorbatschow verließ der Mut. Die Reformen wurden nicht eingeleitet. Die Lage war schlecht, und Unsicherheit machte sie noch schlimmer. Die Regierung Bush, die dringend um finanzielle und wirtschaftliche Hilfe gebeten wurde, lehnte kategorisch ab. Hilfe sollte erst als Belohnung für die Durchführung von Reformen geleistet werden, nicht als Anreiz. Die USA fürchteten überdies immer noch, daß Gorbatschow abgesetzt werden könnte, und blieben in militärischer Bereitschaft.

Das Geschehen wurde jedoch weiterhin von dramatischen Vorgängen außerhalb der Sowjetunion bestimmt. Seit August entsandten die USA in der Aktion »Desert Shield« Land-, See- und Luftstreitkräfte nach Saudi-Arabien, um die Iraker aufzuhalten. Der UN-Sicherheitsrat forderte in der ersten von mehreren Resolutionen den sofortigen Rückzug des Irak aus Kuwait. Am 3. Oktober erfolgte die Wiedervereinigung West- und Ostdeutschlands. Im November unterzeichneten die Staats- und Regierungschefs der NATO-Staaten und der Staaten des Warschauer Paktes beim KSZE-Sondergipfel in Paris einen historischen Vertrag, der eine Verminderung der konventionellen Waffen in ganz Europa, vom Atlantik bis zum Ural, vorsah (VKSE). Gorbatschow versicherte Bush noch einmal, daß er ein verläßlicher Partner bleiben werde. Bush hatte bereits im September in Helsinki heimlich eine internationale Konferenz über den Nahen Osten für die Zeit nach der Golfkrise vereinbart. Er gewährte damit der Sowjetunion, was Kissinger ihr immer versagt hatte: eine Rolle in der Region am Golf. Am 29. November autorisierte der UN-Sicherheitsrat mit der Resolution 678 den Einsatz von Gewalt, wenn der Irak sich nicht bis zum 15. Januar 1991 aus Kuwait zurückziehen sollte.

Ende 1990 bewegte sich Gorbatschow unter dem ständigen Druck der Konservativen nach rechts. Der Oberste Sowjet konnte sich nicht auf ein Wirtschaftsprogramm einigen und hatte Gorbatschow besondere Vollmachten eingeräumt, so daß er beim Übergang zur Marktwirtschaft mit Dekreten regieren konnte. Gorbatschow entließ seinen gemäßigten Innenminister und ersetzte ihn durch Boris Pugo, einen ehemaligen KGB-Chef. Im Fernsehen wurde bekanntgegeben, daß das Militär Angriffe mit Schüssen beantworten werde. Am 20. Dezember warnte Schewardnadse vor der Gefahr einer Diktatur der Hardliner und trat als Außenminister zurück.

Schewardnadse stand für Perestroika, Glasnost und die Politik, die den Kalten Krieg beendet hatte. Doch nun hatte er den Eindruck, daß Gorbatschow ihm allein die Verantwortung für ihre gemeinsame Außenpolitik

OBEN: *Berlin. Die Menschenmengen und Fahnen künden von der Wiedervereinigung Deutschlands im Rahmen der Europäischen Gemeinschaft.* UNTEN: *Bundeskanzler Kohl und seine Frau (rechts Bundespräsident von Weizsäcker) feiern seinen größten Tag. Die Kosten der Wiedervereinigung fielen erst später an.*

zuschob, vor allem für die Schritte, die am meisten kritisiert wurden: die Konzessionen gegenüber Osteuropa und Deutschland sowie die Unterstützung der USA am Persischen Golf. Als er erfuhr, daß Gorbatschow ihn wegloben und zum Vizepräsidenten ernennen wollte, trat er zurück und kehrte in sein Heimatland Georgien zurück. Schewardnadses Nachfolger wurde Alexander Bessmertnych. Am 26. September 1990 stimmte der Kongreß der Volksdeputierten neuen Vollmachten für den Präsidenten der UdSSR zu. Gorbatschow machte nun einen Konservativen zu seinem Vizepräsidenten, Gennadi Janajew.

George Bush telefonierte am Neujahrstag 1991 mit Michail Gorbatschow. Er dankte seinem Verbündeten, daß er ihm gegen Saddam Husseins Überfall auf Kuwait beistand. Bush sagte, er wisse, welche Schwierigkeiten Gorbatschow habe. Dieses Mal warnte er nicht vor voreiligen Maßnahmen im Baltikum; vielleicht fühlte er, daß die Amerikaner bereits genug gesagt hatten. Bush wollte nicht, daß amerikanische Einwände die sowjetisch-amerikanische Allianz am Persischen Golf zerstörten.

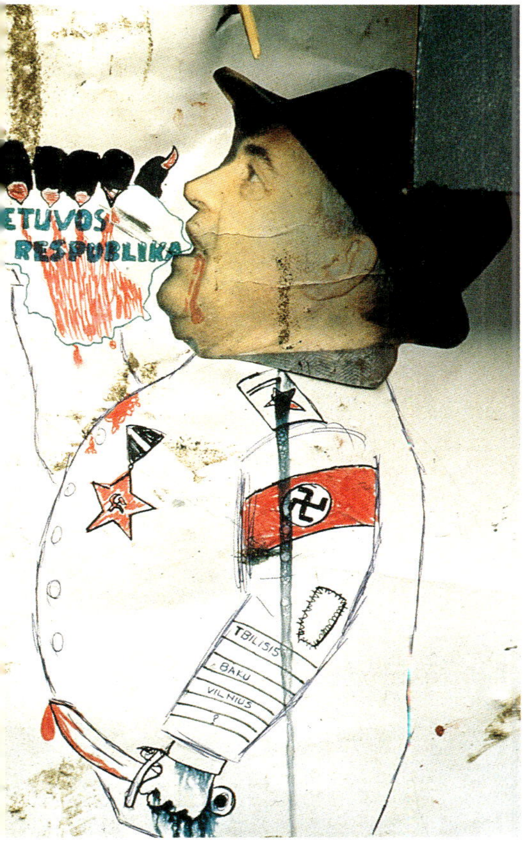

Die Litauer sahen Gorbatschow, der ihnen die Unabhängigkeit verweigerte, als nationalsozialistischen Besatzer mit blutigem Messer.

Ein Rückfall in die Rhetorik des Kalten Krieges

Am 2. Januar 1991 eskalierte die Lage im Baltikum. Moskau sandte ein Polizeiaufgebot, das die staatlichen Gebäude in der litauischen Hauptstadt Vilnius und der lettischen Hauptstadt Riga besetzte. Am 7. Januar erhielten Eliteeinheiten der Fallschirmjäger den Befehl, Deserteure und Wehrpflichtige festzunehmen, die sich dem Wehrdienst entzogen. Die USA warnten nun vor dem Einsatz von Gewalt. In einem Rückfall in die Rhetorik des Kalten Krieges wies die Sowjetunion die USA an, sich nicht in ihre inneren Angelegenheiten einzumischen. Am 13. Januar stürmten sowjetische Truppen den Fernsehturm und andere öffentliche Gebäude in Vilnius. 14 Männer und Frauen wurden getötet. Am 20. Januar nahm eine sowjetische Spezialeinheit das Innenministerium in Riga ein und tötete fünf Letten. Die USA und die Welt reagierten empört; wenn diese Methoden – nach dem Vorbild des Massakers auf dem Platz des Himmlischen Friedens in Peking – gegen jede Republik eingesetzt werden sollten, die unabhängig werden wollte, würde ein Blutbad auf das andere folgen.

Die Anweisungen für das harte Vorgehen in Vilnius kamen angeblich »von ganz oben«; doch nach den ersten Toten lenkte Gorbatschow ein und beendete die Aktion. Er wollte nach Vilnius reisen. Aber ihm wurde mitgeteilt, daß dort für seine Sicherheit nicht garantiert werden könne. So blieb er in Moskau. In einer Rede vor dem Obersten Sowjet verteidigte er, was geschehen war, und lehnte es ab, den Einsatz von Gewalt zu verurteilen. Am 21. Januar verurteilte Gorbatschow schließlich das brutale Vorgehen und versprach die Bestrafung der Verantwortlichen. Seine Haltung war ein Drahtseilakt zwischen den Hardlinern, die die Niederschlagung aller gegen eine Zentralregierung gerichteten Kräfte forderten, und den Reformern, die einen Wandel auch um den Preis der Einheit der Sowjetunion wollten. In der Zwischenzeit unterzeichnete Jelzin als Parlamentspräsident von Rußland einen bilateralen Sicherheitspakt mit den baltischen Republiken.

Angesichts der sich verschlechternden Ost-West-Beziehungen wurde ein für Februar geplantes Gipfeltreffen von Gorbatschow und Bush abgesagt. Gor-

Vilnius, 1991

Januar. Sowjetische Truppen marschieren in Vilnius ein und erobern öffentliche Gebäude zurück. Die Litauer versammeln sich zur Verteidigung ihres Parlaments und der Radio- und Fernsehstationen. Bei der Auseinandersetzung werden 14 Menschen getötet.

OBEN: *Golfkrieg. Amerikanische Marineinfanteristen verstärken bei Khabji in Saudi-Arabien die Front.*
UNTEN: *Boris Jelzin, der frei gewählte Präsident der Russischen Republik, Juli 1991.*

batschow dachte an die sowjetischen Verbindungen zum Irak und die Opposition der sowjetischen Altkommunisten gegen die Kanonenbootdiplomatie der USA, die trotz der Entscheidung der Sowjetunion in der UNO für einen Militäreinsatz gegen den Irak immer noch vorhanden waren. Er versuchte die USA davon zu überzeugen, erst einmal abzuwarten und ihm Zeit für Verhandlungen mit dem Irak zu geben. Am 18. Februar traf sich Gorbatschow mit dem irakischen Außenminister Tarik Aziz zu einem letzten Vermittlungsversuch in Moskau. Doch der Zeitplan für einen Bodenkrieg gegen den Irak war bereits festgelegt. Die Operation »Wüstensturm« begann am 24. Februar. Am 27. Februar gab Präsident Bush bekannt, daß Kuwait »befreit« sei.

In Moskau kämpfte Gorbatschow weiter. Er führte erfolgreich ein Referendum durch und erhielt die Zustimmung für den von ihm vorgeschlagenen Unionsvertrag. Die Sowjetunion sollte als erneuerte Föderation gleichberechtigter souveräner Republiken erhalten bleiben, in der die Menschenrechte und die Freiheit aller Nationalitäten gewahrt würden. Mehrere Republiken boykottierten die Abstimmung. Im März begann im Donbass in der Ukraine ein Bergarbeiterstreik. In Moskau fanden große Demonstrationen statt – für Jelzin und gegen Gorbatschow.

Im April erklärte sich Georgien unabhängig. Gorbatschows konservativer Ministerpräsident Walentin Pawlow stellte ein Programm zur Krisenbewältigung vor, mit dem die Macht der Zentralregierung wiederhergestellt werden sollte. Die Einzelhandelspreise stiegen. Gorbatschow, der von seiner harten Linie wieder abwich, führte mit den Vertretern von neun Sowjetrepubliken Gespräche über ein Reformbündnis für Politik und Wirtschaft und für eine neue Grundlage der Beziehungen zwischen Moskau und den Republiken. Sie einigten sich auf einen Vertrag, das Eins-plus-neun-Abkommen. Am 12. Juni gewann Jelzin mit überwältigender Mehrheit die Wahlen für die neugeschaffene Position eines Präsidenten von Rußland; auf ihn entfielen 57 Prozent der 80 Millionen Stimmen. Er war das erste demokratisch gewählte Staatsoberhaupt in der russischen Geschichte.

Die Sowjetunion hoffte verzweifelt auf amerikanische Wirtschaftshilfe. Der Weltfrieden schien nicht mehr durch die militärische Stärke der Sowjetunion bedroht, sondern durch ihre wirtschaftliche Schwäche. Würden die USA das erkennen und der Sowjetunion mit einem »Superangebot« für massive Wirtschaftshilfe – vielleicht jährlich 20 Milliarden Dollar über fünf Jahre – so helfen, wie sie mit dem Marshallplan Europa mehr als 40 Jahre zuvor geholfen hatten? Doch die USA waren nicht interessiert – die Sowjetunion stellte ein zu hohes Kreditrisiko dar.

Gorbatschow bemühte sich noch einmal intensiv um amerikanische Hilfe zur Stützung des Rubels und zur Versorgung der Sowjetunion mit Konsumgütern bei einem Treffen der Gruppe der sieben führenden Industrienationen (G7), am 17. Juli in London. Es war ihm noch nicht gelungen, die USA davon zu überzeugen, daß er es mit dem direkten Übergang zur Marktwirtschaft ernst meinte, so ernst wie Boris Jelzin, der in Washington als begeisterter Anhänger der Marktwirtschaft aufgetreten war. Beim Treffen der G7, als es darauf ankam, war Gorbatschow wenig überzeugend und kehrte danach mit leeren Händen in die Sowjetunion zurück.

Moskau, 1991

Eine Anti-Gorbatschow-Demonstration. Der Präsident der Sowjetunion hatte auf beiden Seiten Widersacher: bei den Gegnern und bei den Befürwortern der Reformen. Der Schritt zu seinem Sturz ging von kommunistischen Hardlinern aus.

VKSE und START

Noch während die Konfrontation zwischen den Supermächten andauerte, sahen beide Rüstungskontrolle und -begrenzung als den besten Weg, um mehr Sicherheit auf der Welt zu erreichen. 1990 hatten erstaunliche Initiativen die politische Landschaft dramatisch verändert. Die Sowjetunion beherrschte Osteuropa nicht mehr. Dennoch blieb die Rüstungskontrolle ein wichtiges Anliegen der USA und der UdSSR – der letzte Punkt, der noch geklärt werden mußte.

Bei zwei Verhandlungsreihen zur Abrüstung stand ein Ergebnis noch aus: bei START (Strategic Arms Reduction Talks) und VKSE (Verhandlungen über konventionelle Streitkräfte in Europa). Die sowjetischen Streitkräfte würden aus Europa abgezogen und ebenso die meisten amerikanischen Truppen, die in Westeuropa zur Abwehr einer sowjetischen Invasion stationiert waren. Die Sowjetunion hatte sehr viel mehr Truppen stationiert, erklärte sich daher einverstanden, wesentlich mehr Soldaten abzuziehen. Das VKSE-Abkommen begrenzte die Zahl der konventionellen Waffen – Panzer, Artillerie, Flugzeuge – zwischen dem Atlantik und dem Ural. Damit endete die militärische Teilung des Kontinents.

Der historische VKSE-Vertrag wurde im November von 22 Staaten beim Sondergipfel der KSZE (Konferenz über Sicherheit und Zusammenarbeit in Europa) in Paris unterzeichnet. Bush und Gorbatschow, die beide anwesend waren, konnten stolz auf das Geleistete sein.

Probleme bereiteten noch einige Details des Vertrages und mehrere Fragen der Interpretation. Die Sowjets wollten Schiffe ausklammern. Sie argumentierten, sie brauchten die Schiffe für interne Zwecke auf der Ostsee und im Schwarzen Meer. Die USA bestanden darauf, alles zu zählen. Erst im Juni 1991 wurde in Wien der endgültige Text formuliert.

Zu den langfristigen Zielen von START gehörte auch die Reduzierung strategischer Langstreckenwaffen. Das war jedoch schwierig. Sollten beide Seiten die atomaren Sprengköpfe oder die Trägerraketen abbauen? Die Sowjets, die gerade an der Entwicklung zweier neuer Raketentypen arbeiteten, wollten ihre Raketen behalten und traten für eine Begrenzung der Sprengköpfe ein. Die USA waren dagegen. In Washington war Außenminister Baker eher zu einer Einigung bereit als der Sonderberater des Präsidenten in Fragen der nationalen Sicherheit, Brent Scowcroft.

Erst Minuten vor dem geplanten Treffen von Bush und Gorbatschow am 17. Juli 1991 in London konnte man durch geringfügige Konzessionen doch noch einen Text präsentieren, der für beide Seiten akzeptabel war. Am 31. Juli unterzeichneten Bush und Gorbatschow START I. Beide Supermächte reduzierten ihr Atomwaffenarsenal auf weniger als 9000 Sprengköpfe und Bomben und 1500 Transporteinrichtungen.

START II, das 1993 von Bush und Jelzin unterzeichnet und 1996 vom amerikanischen Senat ratifiziert wurde, verlangt den Abbau von weiteren 3500 Sprengköpfen und Bomben. Die Atomwaffenstaaten sind nach Artikel VI des Atomwaffensperrvertrages, der 1995 von 175 Staaten verlängert wurde, »dem Ziel einer völligen Abschaffung der Atomwaffen« verpflichtet.

Relikte des Kalten Krieges. Tausende sowjetischer Panzer standen zum Verkauf, als die Abrüstungsverträge wirksam wurden. Die Waffen sicherten lange den Frieden, am Schluß wartete der Schrottplatz.

Wenn die Perestroika scheitert …

Gorbatschow wurde 1990 mit dem Friedensnobelpreis ausgezeichnet und nahm ihn am 5. Juni in Oslo entgegen. In seiner Dankesrede warnte er: »Wenn die Perestroika scheitert, wird die Aussicht auf den Beginn einer neuen, friedlichen Epoche dahinschwinden, zumindest für absehbare Zukunft.« Die Botschaft wurde zur Kenntnis genommen, aber man reagierte nicht. Gorbatschow hatte die Perestroika in Gang gebracht; es lag an ihm und der Sowjetunion, daß sie nicht scheiterte. Doch Gorbatschows Nobelpreis wurde mit Beifall begrüßt; die Folgen seiner Politik waren überall zu sehen. Im Juni 1991 war der Abzug der sowjetischen Truppen aus Ungarn und der Tschechoslowakei beendet. Die Ungarn und die Tschechoslowaken hatten diesen Augenblick jahrzehntelang herbeigesehnt und jubelten, als die letzten Soldaten ihr Land verließen. Wesentlich nüchterner erfolgte die offizielle Auflösung des COMECON, des Rates für gegenseitige Wirtschaftshilfe, und des Warschauer Paktes. Ebenfalls im Juni unterschrieben die USA und die Sowjetunion in Wien ein Abkommen, das den bisherigen Vertragstext der seit 1989 laufenden Verhandlungen über konventionelle Waffen in Europa (VKSE) verbesserte. Am 31. Juli unterzeichneten Bush und Gorbatschow bei einem Gipfel in Moskau START I, das erste Dokument in einer Reihe neuer Vereinbarungen zum Abbau strategischer Waffen.

Moskau, 19. August 1991. Die Putschisten gegen Gorbatschow bei einer Pressekonferenz, die im Fernsehen übertragen wurde. Von links: Boris Pugo, Gennadi Janajew und Oleg Baklanow. Als der Putsch scheiterte, erschoß der frühere KGB-Chef Pugo seine Frau und dann sich selbst.

In einer Villa am Meer

Im August reiste Gorbatschow in seine Villa in Foros am Schwarzen Meer. Im Juni war ein Versuch der Kommunisten der alten Garde gescheitert, ihn durch Resolutionen des Kongresses der Volksdeputierten zu stürzen. Jetzt versuchten sie es erneut, diesmal mit Gewalt. Als Gorbatschows Urlaub zu Ende ging, gab am frühen Morgen des 19. August in Moskau ein »staatliches Komitee für den Ausnahmezustand« im Radio und Fernsehen bekannt, daß der Präsident krank sei und seine Pflichten nicht erfüllen könne. Vizepräsident Janajew übernehme die Aufgaben des Präsidenten, der Notstand sei ausgerufen worden. Es war ein Staatsstreich, doch dem einfachen Bürger in Moskau oder Leningrad waren die Hintergründe nicht bekannt. Wo war Gorbatschow? War er vielleicht wirklich krank? Es gab viele Gerüchte, kaum Informationen.

Am Sonntag nachmittag – es war der 18. August – war in Gorbatschows Villa am Meer eine Delegation aus Moskau eingetroffen und hatte um ein Gespräch gebeten. Bevor sie hereingelassen wurde, versuchte Gorbatschow noch nach draußen zu telefonieren, doch die Leitungen waren tot. Vom Meer her näherte sich drohend ein Schiff. Die Verschwörer verschafften sich Zugang zum Haus: Gorbatschows Stellvertreter im Verteidigungsrat, Oleg Baklanow, Parteisekretär Oleg Schenin, Verteidigungsminister General Valentin Warennikow und Gorbatschows Stabschef, Waleri Boldin. Sie teilten Gorbatschow mit, er solle eine Notstandserklärung genehmigen und unterschreiben. Ansonsten müsse er zurücktreten und seine Macht an Janajew übertragen. Gorbatschow lehnte rundweg ab; seine Zustimmung hätte den Staatsstreich legitimiert. Die Verschwörer stellten Gorbatschow unter Hausarrest, unterbanden jeglichen Kontakt zur Außenwelt und gingen.

An dem Putsch waren noch weitere Regierungsmitglieder beteiligt: Ministerpräsident Pawlow, der KGB-Chef Wladimir Krjutschkow, Innenminister

Pugo und Verteidigungsminister Marschall Dimitri Jasow. Die meisten drängten Gorbatschow seit Monaten zur Verhängung des Ausnahmezustandes. Jetzt hatten sie es selbst getan und hofften, daß Gorbatschow darauf eingehen würde. Er hatte ihre Stärke unterschätzt; sie hatten seinen Willen zum Widerstand unterschätzt. Gorbatschows Weigerung war mutig. Der eigentliche Kampf fand indes in Moskau statt.

In jedem Ministerium in Moskau und in den Republiken mußten sich die Beamten entscheiden, wie sie sich verhalten sollten. Die meisten warteten zunächst ab, wie sich die Lage weiter entwickelte. Doch es gab genug Männer und Frauen in der Regierung, beim Militär und beim KGB, die sich weigerten, die Befehle des Notstandskomitees zu befolgen, und so dafür sorgten, daß der Staatsstreich scheiterte. Gorbatschows Hartnäckigkeit bei der Demokratisierung zahlte sich aus. Boris Jelzin leitete den Widerstand vom Sitz des russischen Parlamentes aus, dem sogenannten Weißen Haus. Obwohl Jelzin selten mit Gorbatschow einer Meinung war, hielt er in dieser Situation zu ihm. Er verurteilte den Putsch und die Drahtzieher und scharte die Kräfte um sich, die eine rechtmäßige Regierung und eine liberale Zukunft statt einer Rückkehr in die finstere Zeit der totalitären Tyrannei wollten. Wer mit Jelzin einer Meinung war und den Mut hatte, das zu sagen, ging zum Weißen Haus, das von Soldaten und Panzern umstellt war, und erklärte seine Unterstützung. Schewardnadse war einer der ersten.

Präsident Bush, der Urlaub in Kennebunkport in Maine machte, war an jenem Abend des 18. August früh zu Bett gegangen. Er freute sich auf eine Runde Golf früh am nächsten Morgen. Da läutete das Telefon und brachte die Nachricht aus Moskau. Bush befand sich in einem klassischen diplomatischen Dilemma. Welchen Kommentar sollte er am nächsten Morgen abgeben? Sollte er den Putsch rundweg verurteilen? Doch was, wenn die Verschwörer sich durchsetzen konnten und an der Macht blieben? Die USA müßten dann mit ihnen auskommen. Oder sollte er ausweichen und damit riskieren, die Putschisten zu ermutigen?

Um acht Uhr morgens stellte sich Bush der Presse. Er rühmte Gorbatschow als »historische Persönlichkeit«, wich bei Janajew aus und vermied nur knapp eine Verurteilung des Putsches, als er den Griff nach der Macht als »nicht verfassungsgemäß« bezeichnete. Die amerikanische Regierung beabsichtige nicht, »die amerikanische Bevölkerung oder die Welt zu sehr zu beunruhigen ... Wir werden diplomatisch und vorsichtig vorgehen und nicht impulsiv entscheiden.« Mit anderen Worten: Man werde abwarten und sehen, was weiter passierte.

In der Nacht des 20. August floß erstmals Blut. Drei junge Männer wurden von Schützenpanzern getötet, die zur Unterstützung des Putsches auf das Weiße Haus zufuhren. Wenn das Notstandskomitee härter reagiert hätte, wären sicher mehr Menschen getötet worden. Doch die Beteiligten zögerten, sie waren sich ihrer Macht, ihrer Unterstützung und vielleicht auch ihrer Sache nicht sicher. Der Putsch scheiterte.

Am Tag darauf wurde bekanntgegeben, daß eine Delegation auf die Krim reisen und sich von Gorbatschows schlechtem Gesundheitszustand überzeugen dürfe. In Gorbatschows Haus in Foros war man alarmiert. Aus Angst vor

George Bush wägt mögliche Reaktionen auf die Nachricht aus Moskau ab. Die USA mußten mit der Regierung auskommen, die an der Macht war.

Gift wurde bereits das Essen abgekocht. Wollten die Verschwörer nun versuchen, ihre Behauptungen wahr zu machen, und Gorbatschow irgendwie töten? Die Delegation, die sich tatsächlich mit Gorbatschow aussöhnen wollte, traf um 17 Uhr in Foros ein und bat um eine Unterredung. Zu den Delegierten gehörten Krjutschkow, Jasow, Baklanow und Anatoli Lukjanow, der Vorsitzende des Obersten Sowjets. Gorbatschow wollte sie nicht empfangen: »Sagen Sie ihnen, ich will niemanden sehen, bis die Verbindung zur Außenwelt wiederhergestellt ist.« Um 17 Uhr 45 funktionierten die Telefone wieder.

OBEN: *Panzer auf den Straßen. Ein Putschversuch in Moskau. Doch das Militär führte die Befehle des Notstandskomitees nur halbherzig aus. Den Verschwörern gelang es nicht, die Macht an sich zu reißen.*
OBEN RECHTS: *Eine Menschenmenge drängt sich vor dem Gebäude des russischen Parlaments, von dem aus Boris Jelzin den Widerstand gegen den Putsch organisiert.*

Gorbatschow rief Jelzin an, und Jelzin fragte: »Michail Sergejewitsch, lieber Freund, sind Sie am Leben? Wir halten hier seit 48 Stunden die Stellung.« Kurz danach kam eine russische Delegation unter Führung von Jelzins Vizepräsident Alexander Ruzkoi, um Gorbatschow und seine Familie zurück nach Moskau zu bringen. Ohne zu packen, machten sie sich auf die Heimreise.

Später schrieb Krjutschkow an Gorbatschow und drückte seine Reue aus. Jasow, der auf eine glänzende Militärkarriere zurückblicken konnte, wußte, daß er sich zum Narren gemacht hatte. Lukjanow hatte keine Antwort, als Gorbatschow ihn fragte: »Warum haben Sie nicht Ihre eigenen verfassungsmäßigen Rechte ausgeübt?«

In Moskau hatte sich Janajew in den Alkohol geflüchtet. Pugo erschoß seine Frau und dann sich selbst, als er von Jelzins Anhängern verhaftet werden sollte. Gorbatschows Militärberater, Marschall Sergei Achromejew, beging ebenfalls Selbstmord. Er hinterließ eine Notiz: »Alles, wofür ich gearbeitet habe, ist zerstört.« Bessmertnych, der sich aus allem herausgehalten hatte, mußte zurücktreten.

Ein anderer Mann, ein anderer Staat

Alles hatte sich verändert. Gorbatschow schien das bei seiner Rückkehr nach Moskau allerdings nicht zu bemerken. Zwar sagte er spontan: »Ich bin aus

Foros in ein anderes Land zurückgekommen, und auch ich selbst bin nun ein anderer Mensch.« Aber er vermittelte den Eindruck, alles könnte so weitergehen wie bisher; er bekräftigte sogar seinen Glauben an die KPdSU und die Notwendigkeit, sie zu erneuern.

Das war nicht das, was viele hören wollten. Gorbatschow wurde im russischen Parlament mit Jubel empfangen, aber von Jelzin gedemütigt. Er drückte Gorbatschow ohne Vorwarnung mehrere Blätter in die Hand, deren Inhalt Gorbatschow nicht kannte, und zwang ihn, die Dokumente live im

22. und 23. August 1991. Rückkehr in ein verändertes Moskau: Gorbatschow steigt aus dem Flugzeug, das Jelzin ihm geschickt hat. Jelzin hatte nun das Sagen. Am nächsten Tag zwang er Gorbatschow, vor dem russischen Parlament Dokumente zu verlesen, die die Mitwirkung von Gorbatschows Parteifreunden an dem Putsch bewiesen.

Fernsehen vorzulesen. Sie zeigten, daß Gorbatschows kommunistische Parteifreunde, allesamt Mitglieder seiner Regierung, hinter dem Putsch standen. Amerikanische Diplomaten wußten angesichts dieser Bilder genau wie die sowjetischen Fernsehzuschauer, daß Gorbatschows politische Karriere zu Ende war, zerstört von einem mißlungenen Putsch. Jelzin, der den Widerstand gegen den Staatsstreich geleitet hatte, hatte nun das Sagen. Am 24. August trat Gorbatschow als Generalsekretär der KPdSU zurück und löste damit das Zentralkomitee auf. Der Schritt kam zu spät, er rettete ihn nicht mehr. Am 29. August löste sich die KPdSU praktisch selbst auf. Eine Ära war – beinahe – zu Ende.

Es galt nun noch, das Verhältnis zwischen der UdSSR und den einzelnen Republiken zu regeln. Am 20. und 21. August erklärten sich Estland und Lettland unabhängig. Litauen wiederholte seine Erklärung von 1990. Die Ukraine, Weißrußland, Moldawien, Aserbaidschan, Usbekistan, Kirgisien, Tadschikistan und Armenien folgten.

Am 2. September gab Präsident Bush bekannt, daß die USA die Unabhängigkeit der baltischen Republiken anerkannten. Damit erwies er allerdings Gorbatschow keinen Gefallen. Am 6. September erkannte der Staatsrat der UdSSR ihre Unabhängigkeit an. Am selben Tag brach Georgien alle Verbindungen zur Sowjetunion ab. Gorbatschow hoffte immer noch auf die Bildung einer Föderation im Stil der USA mit verschiedenen zentralen Vollmachten. Doch die anderen waren dagegen. Jetzt schien höchstens noch eine lose Konföderation unabhängiger Staaten wahrscheinlich.

Die Amerikaner konnten diese Lösung akzeptieren, vorausgesetzt, sie erhielten Garantien für die Sicherheit und die Kontrolle der Atomwaffen. Wer würde in Zukunft den kleinen Koffer mit dem Computer tragen, mit dem man einen Atomschlag auslösen konnte? Der amerikanische Kongreß stellte unterdessen 500 Millionen Dollar aus dem Verteidigungsetat für die Verschrottung sowjetischer Atomsprengköpfe zur Verfügung.

Die sowjetischen Republiken lehnten in einer Abstimmung Gorbatschows Unionsvertrag ab; der neue Staat sollte eine Konföderation sein. Am 30. November übernahm Rußland, die politisch beherrschende Macht in dem neuen Verband, die Kontrolle über das sowjetische Außenministerium und alle sowjetischen Botschaften im Ausland. Am 8. Dezember setzten Jelzin für Rußland, Krawtschuk für die Ukraine und Schuschkewitsch für Weißrußland im Abkommen von Minsk ohne Rücksprache mit den anderen Republiken den Gründungsvertrag der Sowjetunion außer Kraft und riefen an ihrer Stelle die »Gemeinschaft Unabhängiger Staaten« (GUS) ins Leben. Darauf informierten sie telefonisch zunächst George Bush, dann Michail Gorbatschow, der ihnen am nächsten Tag das Recht zu diesem Vorgehen absprach. Das russische Parlament ratifizierte das Abkommen. In den folgenden Tagen schlossen sich die anderen Republiken bis auf eine dem Bund an.

Die Lage der Nation? Ausgezeichnet. Präsident Bush vermeldet den Sieg im Kalten Krieg, 28. Januar 1992.

James Baker, der eine Woche später nach Moskau reiste, traf sich mit Jelzin und Gorbatschow. Er wurde demonstrativ darauf hingewiesen, daß das sowjetische Militär nun hinter Jelzin und der GUS stand. Gorbatschow akzeptierte die vollendeten Tatsachen und kündigte an, daß alle zentralen sowjetischen Institutionen mit Jahresende aufhören würden zu existieren. Die vier Republiken, die über Atomwaffen verfügten – Rußland, die Ukraine, Weißrußland und Kasachstan –, teilten mit, daß sie sich an die Vereinbarungen zur Abrüstung der konventionellen Waffen und der Atomwaffen halten würden, die Bush und Gorbatschow geschlossen hatten.

Am 25. Dezember 1991 hörte die Union der Sozialistischen Sowjetrepubliken auf zu existieren. Die Rote Fahne mit Hammer und Sichel, Symbol der weltweiten Revolution der Arbeiterklasse, die indes nie stattgefunden hatte, wurde zum letztenmal über dem Kreml eingeholt. Diesen Ausgang hatte Gorbatschow nicht gewollt. Er trat von seinem nicht mehr bestehenden Amt zurück.

Ein gemeinsamer Sieg

Gorbatschow verabschiedete sich telefonisch von Präsident Bush in Camp David und wünschte ihm und seiner Frau Barbara frohe Weihnachten. Er sagte, er sei immer noch davon überzeugt, daß es besser gewesen wäre, die unabhängigen Republiken in der Sowjetunion zu halten, doch er hoffe, daß die USA nun mit der GUS zusammenarbeiten und Rußland wirtschaftlich unterstützen würden. Der kleine Koffer mit dem Knopf für einen Atomschlag sei verfassungsgemäß an den russischen Präsidenten Boris Jelzin übergegangen. »Daher können Sie es sich am Weihnachtsfest bequem machen und nachts ruhig schlafen.«

Ich betrachte das Ende des Kalten Krieges nicht als Sieg für eine Seite … Das Ende des Kalten Krieges ist unser gemeinsamer Sieg.

Michail Gorbatschow, Januar 1992

Zwei Stunden später hielt Gorbatschow im Fernsehen eine lange Rede an die Bürger der 15 ehemaligen Sowjetrepubliken und rechtfertigte sich. Noch einmal erklärte er, daß die Sowjetunion bei seinem Amtsantritt 1985 nicht so habe weitermachen können wie bisher. »Wir mußten alles verändern.« Und das hatte er getan.

Bush reiste für seine Weihnachtsansprache von Camp David nach Washington. Er lobte Gorbatschow, gab die offizielle diplomatische Anerkennung der neuen Republiken bekannt und bat Gott um seinen Segen für die

Januar 1990: »Mann des Jahrzehnts« für das Magazin Time. *Dezember 1991: arbeitslos. Michail Gorbatschow, der auf der ganzen Welt für seine Rolle bei der Beendigung des Kalten Krieges gefeiert wurde, stieß in seiner Heimat Rußland auf Ablehnung.*

Menschen in der ehemaligen Sowjetunion. Mehr als 40 Jahre lang hätten die USA den Westen »in seinem Kampf gegen den Kommunismus und die von ihm ausgehende Bedrohung unserer wichtigsten Werte« geführt. »Diese Auseinandersetzung ist vorüber.«

In seinem Bericht zur Lage der Nation behauptete Bush im Wahljahr 1992 triumphierend, daß die USA »den Kalten Krieg gewonnen« hätten. Auch andere behaupteten das. Gorbatschow glaubte lieber an »unseren gemeinsamen Sieg«. Natürlich waren die USA am Ende des Kalten Krieges die alleinige Weltmacht, die Sowjetunion existierte nicht mehr. Doch die USA hatten den Gegner nicht in die Knie gezwungen. Bush hatte mit seiner vorsichtigen Haltung die Zusammenarbeit der beiden Supermächte schrittweise gefördert und es geschickt vermieden, den orthodoxen Kommunisten einen Vorwand zur Abkehr von der Perestroika zu geben. Die Initiative zur Beendigung des Wettrüstens war jedoch von Gorbatschow ausgegangen. Er hatte auf die kommunistische Herrschaft in Osteuropa verzichtet und, wenn auch nur langsam, ein Mehrparteiensystem in der Sowjetunion eingeführt. Eine wirtschaftliche Reform war ihm nicht gelungen, die Geschäfte in Moskau waren noch immer leer. Die Auflösung der Sowjetunion konnte er nicht verhindern, und er konnte sein eigenes Amt nicht retten. Doch er war maßgeblich an der Beendigung des Kalten Krieges beteiligt und hatte vor allem die Art beeinflußt, wie er zu Ende ging.

Die Kosten

Der Kalte Krieg war eine Auseinandersetzung zwischen zwei militärisch ebenbürtigen Gegnern. Das Gleichgewicht des Schreckens verhinderte einen neuen Weltkrieg. Doch dieses Gleichgewicht wurde auf einem absurd hohen und kostspieligen Niveau gehalten. Sowohl die USA als auch die Sowjetunion verfügten über wesentlich mehr Atomraketen, als sie zur Verteidigung und Abschreckung brauchten. Die Atomwaffen kosteten die Supermächte zusammen mit den konventionellen Waffen Billionen Dollar. Ein Großteil des Geldes

war vergeudet und hätte besser für soziale Zwecke verwendet werden können. Aber jede Seite meinte, daß nur so der Gegner in Schranken zu halten war.

Schätzungen besagen, daß von 1945 bis 1996 weltweit etwa acht Billionen (8 000 000 000 000) Dollar für atomare und konventionelle Waffen ausgegeben wurden. Auf dem Höhepunkt der Entwicklung lagerten in den Atomarsenalen 18 000 Megatonnen Sprengkraft. Heute gibt es noch 8000 Megatonnen. Alle im Zweiten Weltkrieg zum Einsatz gelangten Bomben haben zusammen eine Sprengkraft von 6 Megatonnen besessen; im Koreakrieg: 0,8 Megatonnen, im Vietnamkrieg: 4,1 Megatonnen.

Die Gesamtausgaben der Sowjetunion für den Kalten Krieg sind schwer zu bestimmen. Schewardnadse hat berechnet, daß die Sowjetunion für Verteidigung, Waffen und die Streitkräfte 50 Prozent des Nationalprodukts ausgegeben hat, was verhinderte, daß die sowjetischen Völker ein besseres Leben geführt haben.

Laut amtlichen Regierungsangaben haben die Vereinigten Staaten im Zweiten Weltkrieg 40 Prozent des Bruttosozialprodukts für ihre Kriegsanstrengungen ausgegeben, in den fünfziger Jahren mehr als 10 Prozent, in den sechziger Jahren 9 Prozent, in den Jahren der Abrüstung (siebziger Jahre) 5 Prozent, in den achtziger Jahren wieder 6 Prozent. Das bedeutet in der Zeit der Kriege in Korea und Vietnam sowie in der zweiten Häfte der achtziger Jahre 40 Milliarden Dollar jährlich – nach dem Wert des Dollars im Jahr 1996.

Wenn Wände reden könnten. OBEN: *Gedenkstein für Ida Siekmann, die am 22. August 1961 an der Berliner Mauer getötet wurde. Fenster zur Westberliner Seite wurden zugemauert, um eine Flucht in den Westen zu verhindern.* OBEN LINKS: *Das bewegendste Kriegerdenkmal: Die Namen der über 58 000 amerikanischen Männer und Frauen, die im Dienst für die USA in Vietnam starben. Keine Wand wäre groß genug für die Namen aller Opfer eines Atomkrieges gewesen.*

Die USA waren auch nach dem Ende des Kalten Krieges eine Supermacht mit einer boomenden Wirtschaft. Doch die Armen in Amerika und überall in der Welt hätten sicher etwas von dem Geld gebrauchen können, das im Kalten Krieg für Waffen ausgegeben wurde, wenn die Regierungen es ihnen hätten zukommen lassen. Nicht umsonst hatte Martin Luther King kritisiert, daß Lyndon B. Johnsons Versprechen einer »Großen Gesellschaft« auf den Schlachtfeldern Vietnams zugrunde gegangen war.

Moskau, August 1991. Den Toten des mißlungenen Putsches wird mit der russischen Trikolore die letzte Ehre erwiesen.

Noch lange Zeit wird Geld für die Beseitigung der von Kernwaffen verur-

sachten atomaren Verseuchung ausgegeben werden müssen. Für die USA belaufen sich die Kosten schätzungsweise auf 100 bis 400 Milliarden Dollar. In Rußland und in der alten Sowjetunion stellen die Kosten ein gravierendes Problem dar. Die Nachfolgestaaten der UdSSR sind damit einfach überfordert.

Über dem finanziellen Verlust steht der Verlust an Menschenleben. Eine Atomkatastrophe wurde durch das Gleichgewicht des Schreckens zwar verhindert, doch die mit konventionellen Waffen ausgetragenen Konflikte des Kalten Krieges kosteten zahllosen Menschen das Leben: Millionen in Korea, in Vietnam und in Afghanistan, Hunderttausenden in Angola, Zehntausenden in Nicaragua, El Salvador und Äthiopien, Tausenden in Ungarn und Rumänien. In der Zivilbevölkerung waren mehr Opfer zu beklagen als unter den Soldaten. Männer und Frauen wurden bei Fluchtversuchen über die Berliner Mauer getötet, Streikende in Polen erschossen, Demonstranten in Prag von sowjetischen Panzern überrollt, Aufständische kamen in Budapest ums Leben, Kirchgänger wurden auf der Treppe der Kathedrale in San Salvador niedergeschossen. Zu einigen Kriegen wie den Auseinandersetzungen, die mit dem Ende der Kolonialherrschaft ausbrachen und viele Opfer forderten, wäre es ohnehin gekommen. Doch durch den Kalten Krieg floß in jedem lokalen Konflikt, wenn er die

Interessen der Supermächte tangierte, noch mehr Blut. Verdeckte Aktionen der Geheimdienste kosteten weiteren Zehntausenden das Leben.

Der Kalte Krieg erstickte neue Ideen und freie Gedanken. Jahrzehntelang waren die Menschen in den totalitären Systemen in Osteuropa »lebendig begraben«, wie es einmal formuliert wurde – sie waren vom Westen abgeschnitten und fühlten sich im Stich gelassen. Als sich die Gelegenheit bot, lehnten Deutsche, Tschechen, Slowaken, Polen, Ungarn, Rumänen und Bulgaren den Kommunismus ab. Auch in Mittelamerika trafen die Menschen diese Entscheidung; in Nicaragua führten die Sandinisten freie Wahlen durch und verloren sie. Wenn die Menschen die Wahl hatten, entschieden sie sich für die Demokratie. Nur Fidel Castro auf Kuba, der letzte große Überlebende des Kalten Krieges, hielt weiterhin die Rote Fahne hoch und die Idee der sozialistischen Revolution am Leben.

Das letzte große Rätsel des 20. Jahrhunderts ist China: Wie wird das riesige Land sich entwickeln? Das bevölkerungsreichste Land der Welt ist immer noch eine kommunistische Autokratie, wenn auch nicht mehr marxistisch-leninistischer Prägung. Wird China die kommunistische Ideologie erfolgreich mit einer freien Marktwirtschaft verknüpfen können? Wird das Machtmonopol der kommunistischen Partei dort auch fallen?

Es ist vorüber. Glückliche Gesichter an der Berliner Mauer beim Ende des Kalten Krieges. Die Menschheit hat überlebt und die Menschlichkeit gesiegt.

Die Welt ist sicherer geworden

Obwohl es keine neue Weltordnung gibt und obwohl immer wieder blutige Konflikte aufbrechen, ist die Welt seit dem Ende des Kalten Krieges insgesamt sicherer geworden. Wir können es uns heute nur noch schwer vorstellen, manche können sich vielleicht kaum mehr daran erinnern, doch ganze Generationen in unserem Jahrhundert lebten mit der Angst, daß eine Krise – in Korea, Vietnam, Berlin, auf Kuba, im Nahen Osten – eine atomare Katastrophe auslösen könnte, wenn die beiden großen Blöcke die Machtprobe wollten. Die Welt stand viel zu oft nah am Abgrund.

Und permanent drohte, ohne daß uns das recht bewußt war, ein Nuklearunfall. Erst heute wissen wir, wieviel Glück wir einige Male hatten. Die Angst war immer da und wurde zur Routine. Kinder, die in den fünfziger und den sechziger Jahren aufwuchsen, erinnern sich an die Schutzbunker und die Übungen für den Ernstfall – »ducken und sich schützen«. Tschernobyl hat gezeigt, wie unzulänglich solche Sicherheitsvorkehrungen im Ernstfall gewesen wären. In vielen Ländern wissen die Eltern noch, wie sie, wenn die Nachrichten immer bedrohlicher klangen, ihre Kinder und dann sich ansahen und hofften, sie würden am nächsten Tag noch leben. Diese Angst ist nun von uns genommen.

Das atomare Gleichgewicht hat funktioniert, weil die Verantwortlichen auf beiden Seiten im Ernstfall die menschlichen Interessen über den eigenen politischen und strategischen Gewinn stellten. Doch selbst wenn sie gewußt haben sollten, was in jeder Krise zu tun war – wir wußten damals nicht, wie es ausgehen würde.

45 Jahre lang haben die Menschen auf der Erde in Angst gelebt – und sie haben überlebt.

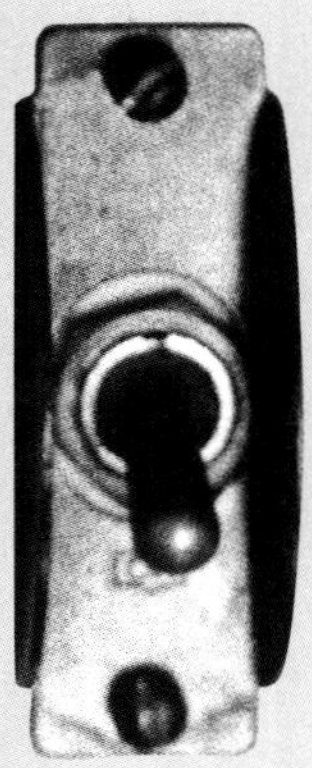

Auswahlbibliographie

Allgemein

Cold War, A Television History, Essays. John Lewis Gaddis, Wladislaw Subok, Lawrence Freedman, John Lloyd, Neal Ascherson. Unveröffentlicht 1995.

Gaddis, John Lewis, *We now know. Rethinking Cold War History.* Oxford 1997.

Hershberg, James G. (Hg.), *Bulletins of the Cold War International History Project.* 1991 bis heute

Loth, Wilfried, *Die Teilung der Welt. Geschichte des Kalten Krieges 1941–1955.* München 1990.

Subok, Wladislaw, Konstantin Pleschakow, *Der Kreml im Kalten Krieg. Von 1945 bis zur Kubakrise.* Hildesheim 1997.

Waffenbrüder

Gaddis, John Lewis, *The United States and the Origins of the Cold War, 1941–47.* New York 1972.

Hamby, Alonzo L., *Man of the People. A Life of Harry S. Truman.* Oxford 1995.

Leffler, Melvyn P., *A Preponderance of Power. National Security, the Truman Administration, and the Cold War.* Stanford 1992.

Mee, Charles L., *Die Teilung der Beute. Die Potsdamer Konferenz.* Wien, Gütersloh, Stuttgart 1979.

Rhodes, Richard, *The Making of the Atom Bomb.* New York 1986.

Wolkogonow, Dmitri, *Stalin.* Düsseldorf 1993.

Yergin, Daniel, *Shattered Peace. The Origins of the Cold War.* New York 1990.

Der Eiserne Vorhang

Acheson, Dean, *Present at the Creation. My Years at the State Department.* New York 1969.

Annan, Noel, *Changing Enemies. The Defeat and Regeneration of Germany.* New York 1995.

Ascherson, Neal, *The Struggles for Poland.* New York 1987.

Gaddis, John Lewis, *Strategies of Containment. A Critical Appraisal of Postwar American Security Policy.* Oxford 1982.

Kennan, George F., *Memoiren eines Diplomaten.* Stuttgart 1968.

Leffler, Melvyn P., David S. Painter (Hg.), *Origins of the Cold War. An International History.* London 1994.

Reynolds, David (Hg.), *The Origins of the Cold War in Europe. International Perspectives.* New Haven 1994.

Thomas, Hugh, *Armed Truce. The Beginnings of the Cold War, 1945–46.* London 1988.

Der Marshallplan

Cairncross, Alec, *Economic Ideas and Government Policy.* London 1996.

Ellwood, David, *Rebuilding Europe. Western Europe, America, and Postwar Reconstruction.* Harlow 1992.

Hogan, Michael J., *The Marshall Plan. America, Britain, and the Reconstruction of Europe, 1947–52.* Cambridge 1987.

Milward, Alan, *The Reconstruction of Western Europe, 1945–51.* Berkeley 1984.

Berlin

Heuser, Beatrice, *Western »Containment« Policies in the Cold War. The Yugoslav Case, 1948–53.* London 1989.

Shlaim, Avi, *The United States and the Berlin Blockade.* Berkeley 1983.

Tusa, Ann und John, *The Berlin Blockade.* London 1988.

Korea

Chen Jian, *China's Road to the Korean War. The Making of the Sino-American Confrontation.* New York 1994.

Foot, Rosemary, *The Wrong War. American Policy and the Dimensions of the Korean Conflict, 1950–53.* Ithaca 1985.

Hastings, Max, *The Korean War.* New York 1987.

Rees, David, *Korea, the Limited War.* New York 1964.

Shu Guang Zhang, *Mao's Military Romanticism. China and the Korean War, 1950–1953.* Lawrence 1995.

Die Roten

Aitken, Jonathan, *Nixon. A Life.* London 1993.

Brendon, Piers, *Eisenhower. Von West Point ins Weiße Haus.* München 1988.

Caute, David, *The Great Fear.* London 1978.

Summers, Anthony, *Official and Confidential. The Secret Life of J. Edgar Hoover.* London 1993.

Thomas, Evan, *The Very Best Men. Four Who Dared.* New York 1995.

Nach Stalin

Ambrose, Stephen E., *Eisenhower. The President.* New York 1984.

Chruschtschow, Sergej, *Nikita Chruschtschow. Marionette des KGB oder Vater der Perestroika.* München 1990.

Sputnik und die Bombe

Divine, Robert A., *The Sputnik Challenge. Eisenhower's Response to the Soviet Satellite.* Oxford 1993.

Holloway, David, *Stalin and the Bomb.* New Haven 1994.

Pocock, Chris, *Dragon Lady. The History of the U-2 Spy Plane.* Shrewsbury 1989.

Die Mauer

Bering, Henrik, *Outpost Berlin. The History of the American Military Forces in Berlin, 1945–1994.* USA, Carol Stream 1995.

Beschloss, Michael R., *Powergame. Kennedy und Chruschtschow – die Krisenjahre 1960–1963.* Düsseldorf 1991.

Gelb, Norman, *The Berlin Wall. Kennedy, Khrushchev and a Showdown in the Heart of Europe.* New York 1986.

Tusa, Ann, *The Last Division. Berlin and the Wall.* London 1996.

Wyden, Peter, *Die Mauer war unser Schicksal.* Berlin 1995.

Der amerikanische Hinterhof: Guatemala und Kuba

Dobrynin, Anatoly, *In Confidence.* London 1995.

Fursenko, Aleksandr, Timothy Naftali, *»One Hell of a Gamble«. Khrushchev, Castro, and Kennedy, 1958–64.* New York 1997.

Gleijeses, Piero, *Shattered Hope. The Guatemalan Revolution and the United States, 1944–54.* Princeton 1991.

Lebow, Richard Ned, Janice Gross Stein, *We All Lost the Cold War.* Princeton 1994.

Smith Thompson, Robert, *The Missiles of October.* New York 1992.

Vietnam

Caputo, Philip, *A Rumor of War.* New York 1977.

Karnow, Stanley, *Vietnam. A History.* Manly 1983.

McNamara, Robert, *Vietnam. Das Trauma einer Weltmacht.* Hamburg 1996.

Sheehan, Neil (Hg.), *Die Pentagon-Papiere. Die geheime Geschichte des Vietnamkrieges.* München, Zürich 1971.

Sheehan, Neil, *A Bright Shining Lie.* London 1989.

Sicherheit durch Abschreckung

Medvedev, Zhores A., *Nuclear Disaster in the Urals.* Pymble 1979.

Rhodes, Richard, *Dark Sun. The Making of the Hydrogen Bomb.* New York 1995.

Sagan, Scott D., *The Limits of Safety. Organizations, Accidents, and Nuclear Weapons.* Princeton 1993.

Kulturkriege

Ambrose, Stephen, James Alden Barber (Hg.), *The Military and American Society.* New York 1972.

Anderson, Terry H., *The Movement and the Sixties. Protest in America from Greensboro to Wounded Knee.* Oxford 1995.

Caute, David, *Sixty-Eight.* London 1980.

Dawisha, Karen, *The Kremlin and the Prague Spring.* Berkeley 1984.

Gardner, Lloyd C., *Pay Any Price. Lyndon Johnson and the Wars of Vietnam.* Chicago 1995.

Kearns, Doris, *Lyndon Johnson and the American Dream.* London 1976.

Chruschtschow, Nikita, *Chruschtschow erinnert sich.* Hg. von Strobe Talbott. Hamburg 1971.

Mailer, Norman, *Miami and the Siege of Chicago.* London 1968.

Remington, R. (Hg.), *Winter in Prague.* Cambridge 1969.

Entspannung

Garthoff, Raymond L., *Détente and Confrontation. American-Soviet Relations from Nixon to Reagan.* Washington 1994.

Hersh, Seymour, *The Price of Power. Kissinger in the Nixon White House.* New York 1983.

Isaacson, Walter, *Kissinger. A Biography.* London 1992.
Kissinger, Henry, *Memoiren. 3 Bde.* München 1979, 1981.
Salisbury, Harrison, *The New Emperors. China in the Era of Mao and Deng.* London 1992.
Snepp, Frank, *Decent Interval.* New York 1977.

Stellvertreterkriege

Arbatov, Georgi, *The System. An Insider's Life in Soviet Politics.* London 1992.
Bowker, Mike, Paul Williams, *Superpower Détente. A Reappraisal.* London 1988.
Crockatt, Richard, *The Fifty-Years' War. The United States and the Soviet Union in World Politics, 1941–1991.* London 1995.
Henze, Paul B., *The Horn of Africa. From War to Peace.* New York 1991.
Kissinger, Henry, *Memoiren. Band 4-6.* München 1984.
Mockler, Anthony, *The New Mercenaries. The History of the Mercenary from the Congo to the Seychelles.* London 1985.
Sachar, Howard M., *A History of Israel. From the Rise of Zionism to Our Time.* New York 1979.
Shlaim, Avi, *War and Peace in the Middle East.* New York 1995.
Stockwell, John, *In Search of Enemies. A CIA Story.* New York 1978.
Vadney, T. E., *The World Since 1945.* New York 1992.

Eiszeit

Andrew, Christopher, Oleg Gordiewsky, *KGB. Die Geschichte seiner Auslandsoperationen von Lenin bis Gorbatschow.* München 1990.
Garton Ash, Timothy, *The Polish Revolution.* London 1991.
Bourne, Peter G., *Jimmy Carter. A Comprehensive Biography from Plains to Postpresidency.* New York 1997.
Cordovez, Diego, Selig S. Harrison, *Out of Afghanistan. The Inside Story of the Soviet Withdrawal.* Oxford 1995.
Steele, Jonathan, *The Limits of Soviet Power. The Kremlin's Foreign Policy, Brezhnev to Chernenko.* New York 1984.

Reagan

Cannon, Lou, *President Reagan. The Role of a Lifetime.* New York 1991.
Garthoff, Raymond L., *The Great Transition. American-Soviet Relations and the End of the Cold War.* Washington 1994.
Hersh, Seymour, *»The Target Is Destroyed«. What Really Happened to Flight 007.* London 1986.
Johnson, R. W., *Shootdown. The Verdict on KAL 007.* London 1986.
Lake, Anthony, *Somoza Falling. A Case Study of Washington at Work.* Amherst 1989.

Gorbatschow

Brown, Archie, *The Gorbachev Factor.* Oxford 1996.
Gorbatschow, Michail, *Erinnerungen.* Berlin 1995.
Roxburgh, Angus, *The Second Russian Revolution.* London 1991.

Die Macht des Volkes

Gaddis, John Lewis, *The United States and the End of the Cold War. Implications, Reconsiderations, Provocations.* Oxford 1992.
Garton Ash, Timothy, *Ein Jahrhundert wird abgewählt. Aus den Zentren Mitteleuropas.* München 1990.

Wie es endete

Beschloss, Michael R., Strobe Talbott, *Auf höchster Ebene. Das Ende des Kalten Krieges und die Geheimdiplomatie der Supermächte 1989–1991.* Düsseldorf 1994.
Gorbatschowa, Raissa, *Leben heißt hoffen. Erinnerungen und Gedanken.* Bergisch Gladbach 1991.
Palazchenko, Pavel, *My Years with Gorbachev and Shevardnadze. The Memoirs of a Soviet Interpreter.* University Park 1997.
Remnick, David, *Lenin's Tomb. The Last Days of the Soviet Empire.* New York 1993.

Bildnachweis

Sollte es dem Verlag nicht gelungen sein, alle Rechteinhaber der Abbildungen ausfindig zu machen, wende man sich bitte an: Diana Verlag AG, Postfach, 80323 München

ABKÜRZUNGEN
o = oben, u = unten, l = links, r = rechts, M = Mitte, SSEES = School of Slavonic and Eastern European Studies, London University

Titelei
Camera Press, London

Waffenbrüder
2: Hulton Getty. 3: Camera Press, London. 4: Nowosti. 5: Hulton Getty. 6: Nowosti, 7l: Corbis-Bettmann/UPI; r: Popperfoto. 8l Peter Newark's Military Pictures; r: Corbis-Bettmann/UPI. 9l: Peter Newark's Military Pictures; r: David Low, Evening Standard/Centre for the Study of Cartoons and Caricature, University of Kent, Canterbury. 10l: Camera Press, London; r: Nowosti. 11l: David King Collection; or: Camera Press, London; ur: Imperial War Museum, London. 12: Master and Fellows of Churchill College, Cambridge. 13: E.T. Archive/Imperial War Museum, London. 14-15: Yevgenny Khaldei/Camera Press, London. 16l: Corbis-Bettmann/UPI; r: Popperfoto. 17: Popperfoto. 18o: Popperfoto; u: Hulton Getty. 19: Harry S. Truman Library. 20l: Popperfoto; r: Corbis-Bettmann. 21l: Hulton Getty; r: E.T. Archive

Der Eiserne Vorhang
22: Corbis-Bettmann/UPI. 23: Hulton Getty. 24o: Peter Newark's Military Pictures; u: Corbis-Bettmann/UPI. 25l: Nowosti; r: Popperfoto. 26l: Hulton Getty; r: Popperfoto. 27: Corbis-Bettmann/UPI. 28l: Popperfoto; r: Robert Capa/Magnum Photos. 30l: Corbis-Bettmann/UPI. r: Harry S. Truman Library. 31l: David King Collection; r: Popperfoto. 32-33: Popperfoto. 34l: Corbis-Bettmann/UPI; 34-35: Camera Press, London; 35r: Hulton Getty/Frederick Gamage. 36l: Popperfoto. 37: Corbis-Bettmann. 38ol, ul: Corbis-Bettmann/UPI; 38-39: Lustige Blätter; 39r: Popperfoto. 40l: Popperfoto; r: Imperial War Museum, London. 41l: Imperial War Museum, London; r: Corbis-Bettmann/UPI

Der Marshallplan
42: Corbis-Bettmann/UPI. 43: Popperfoto. 44l: Krokodil,SSEES; r: Corbis-Bettmann/UPI. 45l: Fitzpatrick/Colliers Magazine; r: Hulton Getty. 46: George C. Marshall Research Library. 47: Popperfoto. 48-49: Corbis-Bettmann/UPI. 50: Corbis-Bettmann/UPI. 51: Hulton Getty. 52l: Hulton/Haywood Magee; r: Fitzpatrick/St. Louis Post-Dispatch/Peter Newark's Military Pictures. 53l: Krokodil, SSEES; r: Popperfoto. 54: Agence France Press. 55: Krokodil, SSEES. 56l: Popperfoto; r: Camera Press, London. 57: AKG. 58: Private Collection. 59: Popperfoto. 61o: Popperfoto; u: National Archives, Washington

Berlin
62-63: Popperfoto. 64: Corbis-Bettmann/UPI; 64-65: Hulton Getty; 65: Corbis-Bettmann/UPI. 66o: Popperfoto; u: Corbis-Bettmann/UPI; 66-67: Popperfoto. 68l: Private Collection; r: Imperial War Museum, London. 69: Fitzpatrick/St. Louis Post-Dispatch/Peter Newark's Military Pictures: 70l: Corbis-Bettmann/UPI; r: Popperfoto; u: AKG. 71: Hulton Getty. 72: Popperfoto. 73l: Hulton Getty; r: Corbis-Bettmann/UPI. 74: Popperfoto. 75o: Popperfoto; u: Krokodil, SSEES. 76-77: AKG. 78l: Private Collection; r: Landesbildstelle. 79l: Popperfoto; r: Private Collection. 80l: Corbis-Bettmann/UPI; r: NATO. 81: Popperfoto

Korea
82: Sovfoto. 83: Hulton Getty. 84: Corbis-Bettmann/UPI. 85: Camera Press, London. 86: Krokodil, SSEES. 87l: David King Collection; r: Sovfoto. 88l: Corbis-Bettmann/UPI; r: Krokodil, SSEES. 89: E.T. Archive. 90: Popperfoto. 91: Yonhap/Camera Press, London. 92-93: Hulton Getty. 94: Camera Press, London. 95l: Krokodil, SSEES; r: Popperfoto. 96: Xinhua/Eastfoto. 97l: Camera Press, London; r: Popperfoto. 98-99: Corbis-Bettmann/UPI. 100l: Corbis-Bettmann/UPI; r: Hulton Getty. 102-103: Popperfoto. 104o: New China Pictures/Eastfoto; u: Sovfoto. 105l: Camera Press, London, r: Hulton Getty

Die Roten
106:Elliott Erwitt/Magnum Photos. 107: Corbis-Bettmann/UPI. 108: Popperfoto. 110-111: Corbis-Bettmann/UPI. 112o: Hoover Institution Archives/International News Soundphoto; u: Corbis-Bettmann. 114: 20th Century Fox/Kobal Collection. 115l: Camera Press, London; r: Popperfoto. 116-117: David King Collection; 116u: Advertising Archives; 117r: Popperfoto. 118o: Associated Press; u: Kratky Films. 119l: David King Collection: u: Popperfoto. 120: Popperfoto. 121l: Krokodil, SSEES; u: Hulton Getty. 122: United Artists/Ronald Grant Collection. 123o: United Artists/British Film Institute; M: Universal/British Film Institute; u: MGM/British Film Institute

Nach Stalin
124:Hulton Getty. 125: Nowosti. 127l: Popperfoto; or: Corbis-Bettmann/UPI; ur: Popperfoto. 128: Archiv der Sozialen Demokratie. 129o: Herblock Cartoons; u: Hulton Getty. 130-131: Popperfoto. 132o: Popperfoto; M: David King Collection; u: Associated Press. 133: Popperfoto; 134-135: Popperfoto; 136l: Popperfoto; 136-137: Hulton Getty, 137r: Hungarian Press Agency. 138-139: Popperfoto; 139r: John Frost Historical Newspapers. 140-141: Hulton Getty. 142: Hulton Getty. 143: Corbis-Bettmann/UPI

Sputnik und die Bombe
144: Collection Jamie Doran. 145: Hulton Getty. 146: Nowosti; 146-147: John Frost Historical Newspapers; 147: Corbis-Bettmann. 148o, u: Corbis-Bettmann/UPI; 148-149: Popperfoto. 150-

151: Corbis-Bettmann/UPI. 152-153: Popperfoto. 154l: Camera Press, London; or: Krokodil, SSEES; ur: Nowosti. 155l: Nowosti; r: Corbis-Bettmann/UPI. 156l: MGN Ltd; r: Corbis-Bettmann/UPI. 157: Salamander Picture Library. 158ol: Corbis-Bettmann; or: David King Collection; Ml: Edward Santalone; Mr: Popperfoto. 159: Popperfoto. 160l: Nowosti; 160-161: Corbis-Bettmann/UPI; 161o: Carl Mydans, Life Magazine © Time Inc./Katz; u: Nowosti. 162: Nowosti. 163l: Camera Press; r: Nowosti

Die Mauer

164: Camera Press, London. 165: Popperfoto. 166ol, or: Popperfoto; u: Camera Press, London. 166-167: Camera Press, London. 168-169: Popperfoto. 170: Popperfoto. 171l: Corbis-Bettmann/UPI; r: Carl Purcell/Camera Press, London. 172: Popperfoto. 173ol, cr: Camera Press, London; u: Joseph Parrish/Chicago Tribune. 174: Nowosti. 175l: Popperfoto; r: Camera Press, London. 176-177: AKG. 178o: AKG; u: Camera Press, London. 179l: Wolfgang Bera; r: AKG. 180: Popperfoto. 181l: Hulton Getty; r: AKG. 182: Popperfoto. 183: AKG

Der amerikanische Hinterhof: Guatemala und Kuba

184: Popperfoto. 185: Popperfoto. 186l: Popperfoto; or: Corbis-Bettmann/UPI; ur: Associated Press. 187l: Richter Library, University of Miami; r: Corbis-Bettmann. 188l: Hulton Getty; r: Popperfoto. 189l: Kukryniksky/Prawda; r: Popperfoto. 190-191: Corbis-Bettmann/UPI; 191ol: Corbis-Bettmann/UPI; or: National Archives. 192: AP Newsfeatures. 193: Corbis-Bettmann/UPI. 195l: John Frost Historical Newspapers; r: Hulton Getty. 196-197: Hulton Getty. 198o: Popperfoto; u: Hulton Getty. 199: Corbis-Bettmann/UPI. 200l: Popperfoto; 200-201: Corbis-Bettmann/UPI. 202: John Frost Historical Newspapers. 203o: Hulton Getty; u: Nowosti

Vietnam

204: Corbis-Bettmann/UPI. 205: Camera Press, London. 206: Camera Press, London. 207: Popperfoto: 208: Hulton Getty. 209: Hulton Getty. 210: Cornell Capa/Magnum Photos: 211: Corbis-Bettmann/UPI. 212o: Corbis-Bettmann/UPI, u: Hulton Getty. 213o: Hulton Getty; u: Corbis-Bettmann/UPI. 214-215: Carl Mydans/Life Magazine © Time Inc./Katz. 216: Hulton Getty. 217: David King Collection. 218o: Corbis-Bettmann/UPI; u: James Pickerell/Camera Press, London. 219ol: Nowosti; or: Richard Gott/Camera Press, London; u: Philip Jones-Griffiths/Magnum Photos. 220-221: Yoichi R. Okamoto/LBJ Library Collection. 222: Max Scheler/Camera Press, London. 223o: Bruno Barbey/Magnum Photos; u: Tim Page. 224-225: Corbis-Bettmann/UPI; 225: Larry Burrows/Life Magazine © Time Inc./Katz. 226l: Popperfoto; r: Philip Jones-Griffiths/Magnum Photos. 227: Coribs-Bettmann/UPI. 228: Krokodil, SSEES. 229l: Hulton Getty; r: Corbis-Bettmann/UPI

Sicherheit durch Abschreckung

230: Popperfoto. 231: Corbis-Bettmann/UPI. 232l: Corbis-Bettmann/UPI; r: Ron Cobb/Los Angeles Free Press. 233: Nowosti. 234-235: Nowosti. 236o: Popperfoto; 236-237: Popperfoto; 237o: British Museum. 238: Camera Press, London. 239l: Corbis-Bettmann/UPI; r: Popperfoto. 240: Popperfoto. 241: Camera Press: 242 Hawk Films/Columbia/Kobal Collection. 243o: AKG; u: Hulton Getty. 244: Krokodil/SSEES. 245: Rex Features

Kulturkriege

246: Associated Press. 247: Cornell Capa/Magnum Photos. 248: Camera Press, London. 249ol: Advertising Archives; ul, r: Corbis-Bettmann/UPI. 250l: Hulton Getty; r: Corbis-Bettmann/UPI. 251: Corbis-Bettmann/UPI. 252-253: Popperfoto. 254o: David King Collection; u: British Museum. 255o: Paul Conklin/Time Magazine © Time Inc./Katz; u: Corbis-Bettmann/UPI. 256ol: Hulton Getty; ul: Popperfoto; r: Corbis-Bettmann/UPI. 257l: Popperfoto; or: Corbis-Bettmann/UPI; ur: Rex Features. 258: Taylor Downing. 259: Hulton Getty. 260-261: Nowosti; 261u: Popperfoto. 262l: Popperfoto; 262-263: Nowosti. 264l: Czech News Agency; r: Hulton Getty. 265: Czech News Agency. 267: Czech News Agency. 268o, M. u: Image Diggers. 269o: Associated Press; M: Camera Press, London; ul: Associated Press; ur: Image Diggers

Entspannung

270: Corbis-Bettmann/UPI. 271: Hulton Getty. 272: Nowosti. 273l: Hulton Getty; r: Nixon Presidential Archives. 274o: Corbis-Bettmann/UPI; u: Howard Ruffner/Life Magazine © Time Inc./Katz. 275l: Corbis-Bettmann/UPI; r: David King Collection. 276-277: Corbis-Bettmann/UPI. 278-279: Popperfoto. 280: Hulton Getty; 280-281: Rex Features; 281: Camera Press, London. 282: Popperfoto. 283: Popperfoto. 284-285: AKG. 286o: Hulton Getty; u: Corbis-Bettmann/UPI. 287: Nixon Presidential Archives. 288: Corbis-Bettmann/UPI. 289l, r: AKG Berlin

Stellvertreterkriege

290: Gamma/Frank Spooner Pictures. 291: Camera Press, London. 292: Popperfoto; 292-293: Corbis-Bettmann/UPI. 294-295: Popperfoto. 296: Corbis-Bettmann; 296-297: Corbis-Bettmann/UPI; 297u: Philip Jones-Griffiths/Magnum Photos. 298: Micha Bar-Am/Magnum Photos. 299: Corbis-Bettmann/UPI. 300: Contact Press/Colorific. 300-301: Christian Belpaire/Camera Press, London; 301o: Lynn Pelham/Camera Press, London; u: Corbis-Bettmann/UPI. 302-303: M. Piquemal/France Match/Camera Press; 303 l, r: Corbis-Bettmann/UPI. 304: Salamander Picture Library. 305: Gamma/Frank Spooner Pictures. 306l: Gamma/Frank Spooner Pictures; r: Y.G. Berges/Sygma. 307: Gamma/Frank Spooner Pictures. 308: René Lefort/Gamma/Frank Spooner Pictures; 308-309: Gamma/Frank Spooner Pictures; 309: Gamma/Frank Spooner Pictures

Eiszeit

310: Sichov/Sipa Press/Rex Features. 311: David Burnett/Colorific. 312: Corbis-Bettmann/UPI. 313l: Marc Boulet/Sipa Press/Rex Features; r: Georgi Mikhailov/Sipa Press/Rex Features. 314-315: Corbis-Bettmann/UPI. 316-317: Corbis-Bettmann/UPI; 316u: Salamander Picture Library; 317r: Rex Features. 318l: General Dynamics/TRH Pictures; 318-319: Sipa Press/Rex Features; 319u: Gilbert Uzan/Gamma/Frank Spooner Pictures. 320: Corbis-Bettmann/UPI. 321: Frank Spooner Pictures. 322-323: Gianfranco Gorgoni/Contact/Colorific; 323o: Reza/Sipa Press/Rex Features. 324l: Sipa Press/Rex Features; r: Gamma/Frank Spooner Pictures. 325l: Gianfranco Gorgoni/Contact/Colorific; or: Corbis-Bettmann/UPI; ur: Dilip Mehta/Contact/Colorific. 326l: Gamma/Frank Spooner Pictures; 326-327; Gamma/Frank Spooner Pictures; 327r: Borrel/Sipa Press/Rex Features. 329o: Gianfranco Gorgoni/Contact/Colorific. u: Society for Co-operation in Russian and Soviet Studies. 330l: Apesteguy-Bulka/Gamma/Frank Spooner Pictures; r: Flochon/Gamma/Frank Spooner Pictures. 351: Czar/Gamma/Frank Spooner Pictures

Reagan

322: Corbis-Bettmann/UPI. 333: Corbis-Bettmann/UPI. 334: Gamma/Frank Spooner Pictures. 335 ol: Popperfoto; ul: Emilio Rodrigues/Gamma/Frank Spooner Pictures; r: Jacques Goffinon/Gamma/Frank Spooner Pictures. 336: Gamma/Frank Spooner Pictures. 337: Gamma/Frank Spooner Pictures. 338-339: Roland Neveu/Gamma/Frank Spooner Pictures. 340: Chip Hires/Gamma/Frank Spooner Pictures. 341 ol: Shamin Ur Rahman/Frank Spooner Pictures; or: Corbis-Bettmann/UPI; u: Paul Conklin/Colorific. 342: Paul Conrad/Los Angeles Times. 343: Nowosti. 344: Corbis-Bettmann/UPI. 345o: K. Edmondson/Frank Spooner Pictures; u: Corbis-Bettmann/UPI. 346l´, r: Yonhap/Camera Press, London. 347 l, r: TRH Pictures. 348: Salamander Picture Library. 349: Deville/Frank Spooner Pictures; r: Alain Morvan/Frank Spooner Pictures. 350: Nowosti. 351: Colorific. 362o, u: Associated Press. 353o: Popperfoto; u: Associated Press

Gorbatschow

354: Corbis-Bettmann/UPI. 355: Nowosti. 356-357: Nowosti. 358-359: Ferry/Liaison/Frank Spooner Pictures; 359: Contact/Colorific. 360-361: Fackelman/Camera Press, London. 362: Shone/Zoufarov/Gamma/Frank Spooner Pictures. 363: Lehtikuva/Colorific. 364: Chris Gregory/Frank Spooner Pictures. 365: Nowosti. 366: Corbis-Bettmann/UPI; 366-367: Nowosti; 367: Brad Markel/Gamma/Frank Spooner Pictures. 368: Ricki Rosen/Colorific; 368-369: Corbis-Bettmann/UPI. 370: Du Clos/Guichard/Gduyer/Gamma/Frank Spooner Pictures. 371: Corbis-Bettmann/UPI. 372-373: Corbis-Bettmann/UPI

Die Macht des Volkes

374: Eric Bouvet/Gamma/Frank Spooner Pictures. 375: Corbis-Bettmann/UPI. 376l: Gamma/Frank Spooner Pictures; 376-377: Gamma/Frank Spooner Pictures; 377 or, ur: Shone/Gamma/Frank Spooner Pictures; 378: Xinhua/Gamma/Frank Spooner Pictures. 379 l: Chip Hires/Gamma/Frank Spooner Pictures. r: Eric Bouvet/Gamma/Frank Spooner Pictures. 380: O'Driscoll/Gamma/Frank Spooner Pictures. 381ol: Chip Hires/Gamma/Frank Spooner Pictures; ul: David Turnley/Detroit Free Press/Black Star/ Colorific; r: KOK/Gamma/Frank Spooner Pictures. 382l: David Turnley/Detroit Free Press/Black Star/ Colorific; r: Contrast/Gamma/Frank Spooner Pictures. 383l: Piel/Gamma/Frank Spooner Pictures; r: Gamma/Frank Spooner Pictures. 384-385: P: Guerrini/Liaison/Gamma/ Frank Spooner Pictures. 386l: Gamma/Frank Spooner Pictures; r: Peter Turnley/Black Star/Colorific. 387l: Detroit Free Press/Black Star/Colorific; r: Merillon/Gamma/Frank Spooner Pictures. 388-389: Eric Bouvet/Merillon/Gamma/Frank Spooner Pictures. 390l: Piel/Gamma/Frank Spooner Pictures; r: Merillon/Gamma/Frank Spooner Pictures. 391l: David Turnley/Detroit Free Press/ Colorific; r: Camera Press. 392l: Eric Bouvet/Merillon/ Gamma/Frank Spooner Pictures; 392-393: David Turnley/Detroit Free Press/Colorific. 395o: Chip Hires/Gamma/Frank Spooner Pictures; u: Chip Hires/V. Shone/Gamma/Frank Spooner Pictures. 396l: Gamma/Frank Spooner Pictures; r: Peter Turnley/Black Star/Colorific. 397: David Turnley/Black Star/Colorific

Wie es endete

398:Shone/Blanche/Gamma/Frank Spooner Pictures. 399: Contrast/Katz. 400l: Osvald/Gamma/Frank Spooner Pictures; r: Azer/Gamma/Frank Spooner Pictures. 401l: Heikki Saukkoma/Katz; r: Nowosti. 402: Erma/Camera Press, London; 402-403: Gamma/Frank Spooner Pictures; 403: Grytsyuk/Soja/Gamma/Frank Spooner Pictures. 404-405: dpa/Camera Press, London. 406l: Tass/Camera Press, London; or: Van der Stockt/Gamma/Frank Spooner Picutres; ur: Gilles Saussier/Gamma/Frank Spooner Pictures; 407l: Stephen Ferry/Gamma/Frank Spooner Pictures; r: Nowosti. 408-409: Stephen Ferry/Gamma/Frank Spooner Pictures. 410 o: Corbis-Bettmann/Reuter; u: Blanche/Gamma/ Frank Spooner Pictures. 411: Shone/Gamma/ Frank Spooner Pictures. 412: Tom Stoddart/ Katz. 413: Gamma/Frank Spooner Pictures. 414r: Roberta Koch/Contrast/Katz; r: Markel/ Liaison/Gamma/Frank Spooner Pictures; 414-415: Gamma/Frank Spooner Pictures; 415: URSS/Gamma/Frank Spooner Pictures. 416l: Tass/Camera Press, London; r: Shone/Gamma/ Frank Spooner Pictures. 417: Markel/Liaison/ Gamma/Frank Spooner Pictures. 417: Markel/ Liaison/Gamma/Frank Spooner Pictures. 418l: Peter Turnley/Black Star/Colorific; r: © Time Inc./Katz. 419l: Bresse/Liaison/Gamma/Frank Spooner Pictures; r: Gert Schütz/AKG Berlin. 420: Klaus Reisinger/Black Star/Colorific. 421: Erma/Camera Press, London. 422: Camera Press, London

Danksagung

Der besondere Dank der Autoren gehört dem Fernsehteam:

Nina Aldridge, Neal Ascherson, Laurence Aston, Rosalind Bain, Martina Balazova, Olivia Baldwin, James Barker, Robin Barnwell, Steve Bergson, Thomas Blanton, Shelagh Brady, Lee Brooks Rivera, William Burr, David Boardman, Milica Budimir, Ian Buruma, Neil Cameron, Kate Clark, Tessa Coombs, Mary Currie, Carl Davis, Andrew Denny, Alexander Dunlop, Peter Eason, Mark Frankland, Lawrence Freedman, Marilyn Freeman, John Lewis Gaddis, Jody Gottlieb, Germaine Greer, Stephen Hallett, Cate Haste, Max Hastings, Jim Hershberg, Beatrice Heuser, Isobel Hinshelwood, Cathy Houlihan, Ann Howard, Jim Howlett, Crystal Hutton, Margaret Kelly, Ken Kirby, Jerome Kuehl, Deuk-Sung Lee, Jonathan Lewis, John Lloyd, Gerald Lorenz, Alison McAllan, Aileen McAllister, Richard Melman, Pat Mitchell, Abi Moore, Brian Moser, Dunja Noack, Andrew Page, Mike Pavett, Svetlana Palmer, Ana Ransom, Hugh O'Shaughnessy, Hella Pick, Lynda Regnier, Simon Reid, Gina Sanchez, Vivian Schiller, William Shawcross, Martin Smith, Janina Stamps, Roy Stamps, Catherine Stedman, Ben Steele, Jonathan Steele, Karin Steininger, Maggie Still, Alexander Tchoubarian, David Thaxton, Mike Thomas, John Veal, Miriam Walsh, Nicola Wicks, Gillian Widdicombe, Beryl Wilkins, Trevor Wilkinson, Joe Zak, Vladislav Zubok

Register

A

B

C

D

E

F

G

H

I

J

K

L

M

N

O

P

Q

R

S

W

Z